# 이스라엘의 성경 전승과 공관복음서:

## 신 · 구약의 성경-신학적 관계

**이스라엘의 성경 전승과 공관복음서:**
**신구약의 성경-신학적 관계**



초판 4쇄 발행 2016년 8월 20일

지은이 윌라드 M. 스워틀리
옮긴이 류호영
펴낸이 장대윤

펴낸곳 도서출판 대서
등록 제22-2411호
주소 서울시 서초구 방배동 981-56
전화 02-583-0612 / 팩스 02-583-0543
메일 daiseo1216@hanmail.net

디자인 참디자인(02-3216-1085)

ISBN 978-89-92619-38-7 03230

책값은 뒷표지에 있습니다.
잘못된 책은 교환하여 드립니다.

Israel's Scripture Traditions and the Synoptic Gospels

# 이스라엘의 성경 전승과 공관복음서

신·구약의 성경-신학적관계

윌라드 M. 스워틀리 류호영 옮김

도서출판 대서

# | 서문 |

“정말로 크리스천들은 우리가 텍스트나 내러티브에 의해서가 아니라 특정한 시간과 공간 속에 있었던 예수 그리스도의 삶과 죽음, 부활에 의해서 구원을 받는다고 언제나 믿어왔다.” 브레바드 S. 차일즈(Brevard S. Childs)[1]

차일즈는 위와 같은 지적을 하면서 내러티브, 즉 신앙을 가진 크리스천으로 하여금 자신의 신학을 가장 잘 표현하게 해주며 크리스천 성품 형성에 가장 필수적이고 중요한 수단인 내러티브에 관한 데이비드 켈시(David Kelsey)와 스탠리 하우어바스(Stanley Hauerwas)의 탁월한 업적에 대해 비판한 바 있다. 본 연구인 *Israel's Scripture Traditions and the Synoptic Gospels : Story Shaping Story* 역시 비슷한 맥락에서 비판 받을 수 있을 것이다.

그러나 차일즈의 비판에 답하자면 크리스천 신앙은 오래된 복음 송가가 말하듯이 ‘스토리를 이야기하기 좋아하는’ 사람들에 의해 세대에서 세대로 전해진다는 점이 또 다른 차원의 진실이다. 스토리와 스토리에 대한 이야기가 없었다면[2] 우리는 ‘예수 그리스도의 삶과 죽음, 그리고 부활’이

---

1) B. S. Childs, *Biblical Theology of the Old and New Testaments : Theological Reflections on the Christian Bible*(Minneapolis : Augsburg/Fortress, 1992), 665.

2) 성경 스토리를 이야기하는 일과 발전에 관해서는 다음을 참조하라: T. Boomershine, *Story Journey : An Invitation to the Gospel as Storytelling*(Nashville : Abingdon, 1988).

란 구원의 진리를 알 수 없었을 것이다.

본 연구는 세 공관복음서를 살펴보며 옛 언약과 새 언약에 표현된 성경의 신앙 이야기가 공관복음서에서 어떻게 이야기되고 있는가를 분명하게 이해할 수 있도록 돕고자 한다. 이런 점에서 본 연구는 연속성과 새로운 변화에 관한 필자의 성경-신학적인 연구라 할 수 있다.

1979년에 필자는 *Mark: The Way for All Nations*(마가복음 : 만민을 위한 길)란 책을 출판한 바 있다. 이 책은 1973년 미국 프린스턴 신학교에 제출한 '마가복음의 구조'에 관한 필자의 박사학위 논문에서 얻은 여러 통찰을 보다 대중화시킨 것이다. 여기에서 마가복음을 섹션별로 자세히 연구해 나갔다. 구조상의 일관성을 지니고 있는 요소들에 특별한 관심을 두었다.

또한 필자는 프린스턴 대학에서 공부하면서 번하드 W. 앤더슨(Bernhard W. Anderson)의 성경-신학적 접근방식에 크게 고무되었고 마가복음이 이스라엘의 신앙 이야기를 활용했다는 인식을 갖게 되었다. 구체적으로 말해 마가복음은 바다에서의 구출, 산 위에서의 언약-제정, 광야에서의 시험, 길에서의 인도하심, 성전과 왕권을 중심으로 한 자기정체성에 관한 논쟁 등 구약 신앙과 관련된 주요한 주제들을 담고 있음을 알게 되었다.

여러 해에 걸친 연구 결과, 필자는 이 같은 통찰이 옳다는 점을 확인했고 계속해 마가복음에 대한 통찰을 발전시켜 나갔다. 이후 1986년을 기점으로 새로운 이해들이 생겨났고 보다 성숙한 이해에 도달하게 되었다. 다시 말해 마가복음은 구조상 구약-신약이란 관계의 색조를 띠고 있을 뿐만 아니라 공관복음서 모두 이러한 구약-신약이란 관계라는 정체성의 표지를 담고 있다는 것이다. 물론 각각의 공관복음서는 그 자체의 특정한 구조상의 형태와 문학적 목적, 신학적 강조점들을 보여주고 있는 것이다.

1980년대 필자는 매년 6월에 열리는 세미나 학회를 총괄하는 자리에 있었다. 몇몇 교수와 세미나 전문위원으로 구성된 이 세미나 학회는 평화가 신학적 흐름의 핵심 사고와 어떠한 관계를 맺고 있는가를 규명하고 확정하고자 했다.

1986년 열린 세미나에서 두 명의 구약학자 제랄드 게르브란트(G. Gerbrandt)와 벤 올랜버거(Ben Ollenburger)가 주도해 왕권에 대한 집중적인 토의가 열렸다. 이 토의는 공관복음서에 관한 특정한 생각과 개념을 발전시켜 나가는 데 일종의 돌파구를 제공해주는 핵심적 통찰의 역할을 해주었다.

두 학자는 구약의 신학적 표현에서 신적 요소와 인간적 요소를 모두 담고 있는 왕권의 긍정적 역할을 설득력 있게 주장했다. 더욱이 올랜버거는 구약의 수많은 본문은 다윗 계열의 왕적 노선에 대한 여호와의 언약적 공약과 시온이란 노선에 대한 여호와의 언약적 공약을 구별하고 있다고 주장했다. 이러한 주장은 그의 저서인 *Zion, the City of the Great King*(전능하신 왕의 도성, 시온)에 잘 나타나 있다.

동일한 세미나에서 이스라엘의 출애굽 전승과 이 전승이 남쪽 다윗 계열의 왕권 전승과 맺고 있는 관계를 심도 있게 논의했다. 이 논의는 매우 진지하면서도 명쾌했다. 갈릴리와 예루살렘이라는 지향성을 지니는 공관복음서의 구조적 형태를 이해하고자 하는 필자의 연구에 결정적인 통찰을 가져다주었다(갈릴리-예루살렘이란 공관복음서의 구조적인 형태는 많은 학자들에 의해 구조적인 적대관계와 신학적인 양극성이란 특징으로 간주되어 왔다).

필자는 이상의 과정을 통해 발견한 바를 다음과 같이 분명하게 규명할 수 있었다. 공관복음서의 갈릴리 섹션은 북쪽에서 유래한 이스라엘의 신앙 전승과 연관된 신학적 강조점을 발전시키고 있다. 동일한 맥락에서 공관복음서의 예루살렘 섹션은 이스라엘 남쪽 계열의 종교적 경험, 즉 성전과 왕권이란 주제에 보다 본질적으로 속해 있는 신앙 전승에 대한 새로운 신학적 해석을 전개해 나간다.

논제의 정당성 여부에 대한 학자들의 검증은 이후 안식년 기간 집중된 연구를 살펴보기까지 몇 년이 더 걸렸다. 메노나이트 연합 성경 신학교(the Associated Mennonite Biblical Seminaries, 이하 AMBS)에서 받은 안식년 기간 동안 필자는 각 공관복음서의 주조와 신학적 기여에 대해 철저한 연구를 해 나갔다. 일대학교 신학부와 도서관에서 제공한 풍부한 자료를 바탕으로 이 연구 과제를 수행할 수 있다.

이 때 특별히 브레바드 차일즈(B. Childs), 리차드 헤이즈(Richard Hays), 수산 게렛트(Susan Garrett), 펄 미니어(Paul Minear)에게 좋은 조언과 격려를 받았는데 이에 대해 그들에게 진심으로 감사를 전한다. 이 분들은 본 연구의 초기 단계에서 초고를 꼼꼼히 읽어주었으며 소중한 조언과 격려를 아끼지 않고 해주었다.

당시 AMBS의 스승이었으며 후에 동료가 하워드 찰스(Howard H. Charles)와 밀라드 린(Millard Lind)에게도 깊이 감사한다. 특별히 하워드 찰스는 귀납적 성경 연구 방법을 가르쳐주었다. 귀납적 연구는 본문에 대한 주의 깊고도 세밀한 관찰, 분석을 하도록 이끌어주었다. 밀라드 린은 구약-신약 연계 수업과 강의를 통해 이스라엘의 출애굽과 정복 전승에 관한 많은 가르침을 주었다. 또한 성경에 대한 정경-내 본문 연구(intra-canonical approach)에 지대한 관심을 갖고 있었던 제이콥 엔즈(Jacob Enz)에게서도 배운 바가 많다.

이외에도 많은 분들이 필자의 학문적 통찰력과 공헌도를 발전시키고 증진시키는 데 도움을 주었다. 4장에 기록된 마가복음, 누가복음 부분을 읽고 충고를 해준 AMBS 동료 교수들, 초고를 처음부터 끝까지 읽고 자신의 생각을 나눠준 페리 요더(Perry Yoder), 제이콥 엘리아스(Jacob Elias)에게서도 큰 도움을 받았다. 필자는 이들의 제안을 통해 이전 주장들을 재평가하고 다른 견해와 문헌을 참고하게 되었다.

편집상 중요한 도움을 준 베트 본트래거(Beth Bontrager)와 쥬엘 깅거리히-롱게네커(Jewel Gingerich-Longenecker), 본 저서의 문체와 가독성에 기여한 윌라드 롯트(Willard Roth), 다이엔 자에르(Diane Zaerr)에게도 깊은 감사를 전한다.

AMBS에서 안식년을 보내며 원고 내용과 문헌적 문제에 도움을 준 뉴질랜드 출신의 크리스 마샬(Chris Marchall), 필자의 신약 신학과 신약 윤리 과목을 들으면서 유익한 제안을 해준 학생들, 인도 푸네(Pune)에 자리한 유니온 성경 신학교(Union Biblical Seminary) 학장인 애쉬스 크리스팰(Ashish Chrispal), 저작 색인과 성경구절 색인을 감당해준 베트 본트래거(Beth Bontrager), 컴퓨터로 주제 색인 작업에 힘을 보태준 케빈 밀러(Kevin Miller)에게도 감사를 빼놓을 수 없다.

또한 본 연구를 마칠 수 있도록 필자를 격려해주고 핸드릭슨(Hendrickson) 출판사를 섭외해준 데이비드 M. 쇨러(David M. Scholer)와 핸드릭슨 출판사 편집장패트릭 H. 알렉산더(Patrick H. Alexander)에게도 감사한다.

이 분들의 도움이 없었다면 이 프로젝트는 현재의 형태를 갖추지 못했을 것이다. 다시 한 번 진심으로 감사의 마음을 전한다.

# | 역자 서문 |

성경을 하나님의 계시의 말씀으로 믿고 사는 사람들에게는 성경을 바르게 읽고 해석해야 할 당위성이 존재한다. 문제는 어떻게 하면 성경을 바르게 읽고 해석할 것인가 하는 점이다. 간단히 말하자면 바른 성경해석은 두 가지를 필요로 한다. 첫째로 성경을 들여다보는 바른 창이 열려 있어야 한다. 여기서 바른 창이란 성경-신학적 창을 말한다. 단순히 성경이 하나님의 말씀이라는 고백적 차원의 전제를 말하는 것이 아니라 성경을 읽는 일과 관련해 성경의 원래적 성격인 신학적 저술이란 점에 상응하는 성경-신학적 전망을 갖고 있어야 한다는 점이다. 성경 본문들은 기본적으로 어떤 추상적 원리나 도덕적 명제를 기술하는 것이 아니라 하나님의 창조-구속 행위들의 신학적 성격들에 대해 증언하고 있기에 이러한 성격을 파악하고 이해하는 데는 거기에 상응한 하나님-중심적인 관점이 필요하다는 뜻이다.

둘째로 바른 성경 해석을 위해서는 바른 해석방법을 알고 있어야 한다. 성경 본문이 지닌 역사적-문법적 의미, 곧 원래적 의미를 찾을 수 있는 적법한 해석의 단계들을 잘 숙지하고 있어야 한다는 점이다. 적법한 해석의 여러 단계들이 존재하지만 간단히 바른 해석 방법을 요약한다면 본문 자체의 내용과 구조에 대한 연구(textual studies)가 필요하고 그 다음 본문의 문학적 문맥 연구(contextual studies)가 필요하며, 다음으로 책-내 본문 연구

(intra-textual studies), 그리고 "책-간 본문 읽기"(inter-textual studies)가 반드시 필요하다.

본문 자체에 대한 연구와 문학적 문맥 연구는 이미 잘 알려진 사실이기에 책-내 본문 연구와 책-간 본문 연구를 간단히 설명하고자 한다. 책-내 본문 연구는 연구할 본문이 속한 책 내의 다른 유사본문들(parallel passages)과 본문을 비교하여 함께 읽는 일이다. 이를 통해 본문을 본문이 속한 책의 전체적인 신학적-문학적 구조와 관점에서 바르게 읽을 수 있게 된다. 둘째로 책-간 본문 연구는 연구할 본문이 속한 책과 다른 책에 있는 유사 본문들과 본문을 비교하여 함께 읽는 일이다. 이를 통해서 본문을 성경 전체의 성경-신학적 구조와 전망에서 바르게 읽을 수 있게 된다.

본서는 성경을 바르게 읽는 일과 관련한 이상의 두 가지 사실, 즉 바른 관점과 바른 해석 방법과 관련하여 기여하는 바가 크다. 특히 본서는 공관복음서의 저작 과정에서 이루어진 복음서들의 신학적-문학적 구조가 구약의 중요한 신학적 주제인, 출애굽-시내산 신앙, 길-정복 신앙, 성전 신앙, 그리고 왕권 신앙에 뿌리를 두고 있으며, 이러한 중요한 구약의 신학적 주제들이 예수 그리스도의 지상 사역을 통해 근본적으로 성취되었다는 복음서 저자들의 확신을 반영하고 있다고 본다. 이런 점에서 역자는, 독자들은 분명 본서가 강력하게 제시하고 있는 구약과 복음서 사이의 일관된 성경-신학적 관점과 구조를 잘 배우고 익힐 수 있다고 생각한다.

두 번째로 보다 중요하게는 독자들은 본서를 통해서 성경을 바르게 읽는 일과 관련하여 이상에서 제시한 문맥적 읽기와 책-내 본문 읽기, 그리고 책-간 본문 읽기의 전형들을 분명하게 볼 수 있다는 점이다. 본서는 복음서의 특정한 본문들이 어떠한 문학적 맥락에 놓여 있는지, 특별히 책 전체의 구조와 구성에서 특정한 본문들이 어떠한 역할을 차지하고 있는지에 대해 잘 설명하고 있다. 뿐만 아니라 본서는 복음서의 특정한 본문들이 구약의 다른 평행 구절들과 어떠한 연관관계를 맺고 있는지, 또한 두 본문들 사이에 놓여 있는 주제상의 연속성을 어떻게 이해해야 하는지, 보다 중요하게는 예수 그리스도를 통한 구약의 성취라는 관점에서 원래의 구약 본문을 특정한 복음서의 본문은 어떻게 새롭게 변화시켜 이해하고 있는지를 잘 보여주고 있다.

역자는 미국 칼빈 신학대학원에서 유학하던 시절인 90년대 초에 이 책을 흥미롭게 읽은 바 있고, 몇 년이 지나 영국 글래스고우 대학에서 박사과정을 하면서 다시 이 책에 대해서 비평적 관점에서 글을 쓴 적이 있다. 당시 이 책에 대한 역자의 의문은 구약의 중요 신학적 주제들을 너무 기계적으로 공관복음서 이해에 적용하는 것은 아닌가 하는 점이었다. 그러나 오랜 기간의 신학대학원에서의 강의를 통해서 성경은 단순히 가치-중립적인 역사적 기록이 아니라 하나님-중심적인 관점에서 기록된 신학적 저작이라는 사실을 더욱 깊이 깨닫게 되면서 비록 특정한 전제를 갖고 성경을 읽는다는 점에서 다소 무리가 있겠지만 바른 성경-신학적 전망과 관점에서 성경을 읽는다는 것이 중요하다는 것을 재삼 인식하게 되었다. 이런 맥락에서 역자는 본서가 지닌 중요성과 성경해석과 관련한 신학교육에서 본서가 지닌 잠재적 기여를 생각해 보았다.

아무쪼록 본서가 성경을 매우 책임성 있게 읽기를 원하는 독자들에게, 다시 말해서 하나님-중심적 관점에서, 즉 원래 읽히도록 의도된 방식으로 성경을 읽기 원하는 사람들에게 좋은 지침서가 될 것이라 확신한다. 비록 내용이 처음에는 친숙하지 않아서 읽기가 쉽지 않을 수도 있으나 다시 정독해서 읽게 되면 분명 저자가 의도한 성경-신학적 관점이 독자들에게도 생겨날 것이라 또한 확신한다. 다시 한 번 본서가 성경을 바르게 읽고 해석하는 일에 작게나마 효과적으로 기여할 수 있기를 바란다.

# | 차례 |

# 서론

필자는 본 연구에서 구약의 핵심적 신학 전승들이 공관복음서의 구조와 신학에 영향을 끼쳤다고 제안하면서 이러한 영향이 공관복음서의 네 가지 주요 섹션에서 어떻게 일어나고 있는가를 살펴보고자 한다.

본 연구는 현재 정경적 형태의 공관복음서에 분명히 드러나고 있듯이 이스라엘의 주요한 신앙 전승들이 예수에 대한 공관복음서의 묘사에 구조적인 뼈대를 제공했다고 주장한다. 구약의 신앙 전승들은 의식적, 반의식적 차원 모두에서 하나의 패턴을 제공하는 역할을 하는데, 초대교회는 이 패턴에 따라 공관복음의 예수 이야기를 파악했을 뿐만 아니라 예수 이야기를 해석하고 또한 현재의 형태로 묘사했다. 공관복음서는 이스라엘 신앙이 지닌 개념적이고도 예전적인 구조들을 사용함으로써 이야기를 형성하는 이야기(Story Shaping Story)를 독특한 방식으로 재현하고 새롭게 묘사하고 있다.

본 연구는 각 공관복음서의 특이성과 독특성을 인정하면서 동시에 공관복음 전승이 지닌 공통의 핵심을 새롭게 이해하여 그 이해들을 제안하고자 한다.[1] 공관복음서의 핵심에 대한 새로운 전망과 이해는 신약과 구약의 관계를 고려한 성경-신학적 토대 위에서 제시되며 또한 공관복음서의 기원과 역할을 토대로 제시된다.

---

1) 공관복음서의 기원의 순서를 평가하는 데 필요한 새로운 자료들은 본 연구를 진행하면서 부차적으로 얻어지는 유익한 결과물이다.

1950년대에 이루어진 공관복음서에 대한 기념비적인 편집비평 연구(누가복음의 경우는 콘젤만[Conzelmann], 마가복음은 막센[Marxsen], 마태복음은 본캄[Bornkamm], 바르트[Barth], 헬트[Held])는 공관복음서 각각의 다양한 신학적 강조점들을 부각시켰다.[2] 이러한 연구의 결과 마태복음에서부터 누가복음에 이르는 세 복음서를 하나로 묶어주는 구조상의 패턴이나 신학적인 패턴에는 그리 많은 관심이 주어지지 않았다.

또한 신약 신학과 신약 윤리 분야에서 이루어진 업적과 기여도 공관복음서의 특징적인 구조라는 문제를 정당하게 다루는 데에 이용되지 못했다. 이 업적과 기여는 다음과 같은 세 가지 접근 방식 중 하나를 선호하는 경향을 보여 왔을 뿐이다: 역사적 예수에 대한 관심(예레미아[Jeremias]의 경우)[3], 예수의 묘사에 대한 공관복음서의 신학을 제시함에 있어서 기존의 표준적 토픽의 형태를 따르는 방식(래드[Ladd],[4] 쿰멜[Kummel],[5] 고펠트[Goppelt][6]), 먼저 예수를 기술한 다음에 공관복음서의 편집상의 강조점을 기술하는 방식(쉴라게[Schrage],[7] 버히[Verhey][8]).

---

2) 공관복음서의 다양성들을 부각시킴으로써 오히려 이러한 연구들은 '공관'이란 개념(synoptic conception)을 포기하게 되는 결과에 이를 수도 있었다. 그러나 이런 일은 일어나지 않았다. (최소한 형식적인 의미에서) 공관복음서의 일반적 내용상의 유사점과 정경적 형태의 공관복음 전승이 지니고 있는 유사한 순서는 분명히 '공관복음'이란 개념이 학문의 장에서 일관되게 유지되어왔던 개념이라는 점을 충분히 스스로 증명해 왔다.

3) J. Jeremias, *New Testament Theology : The Proclamation of Jesus*, trans. J. Bowden (New York : Scribner's, 1971).

4) G. E. Ladd, *A Theology of the New Testament* (Grand Rapids : Eerdmans, 1974), Part Ⅰ.

5) W. Kummel, *The Theology of the New Testament*, trans. J. E. Steely(Nashville/New York : Abingdon, 1973).

6) L. Goppelt, *Theology of the New Testament*, vol. 1 (Grand Rapids : Eerdmans, 1981).

7) W. Schrage, *The Ethics of the New Testament*, trans. D. E. Green (Philadelphia : Fortress, 1988). Schrage의 접근 방식은 먼저 '예수의 종말론적인 윤리'라는 제하에서 몇몇 토픽을 다루고, 그 다음 이 토픽들을 '가장 초기 크리스천 공동체들의 윤리적 시작들'이란 제하에서 다루며, 마지막으로 '공관복음서의 윤리적 강조점'이란 제하에서 다룬다. 여기서 각각의 공관복음서는 서로 분리되어 독립적으로 다루어지고 있다.

이러한 업적이 공관복음 전승에 공통된 주제-하나님 나라의 선포, 예수의 비유들, 기독론적인 묘사(들), 사랑의 계명, 예수와 율법-를 제시한다는 이점을 지니는 반면에 특별히 신학적 연구들은 세 공관복음서 각각이 지닌 유사하면서도 독특한 신학적이고도 윤리적인 강조점들을 평가하는 데 실패했다.[9)]

그러기에 공관복음서의 신학과 윤리를-그리고 예수의 이야기를- 제시하기 위해서는 반드시 공관복음서의 내러티브상의 통일성과 유사점의 문제가 여전히 다루어져야 할 의제로 남아 있다. 아울러 각각의 복음서가 예수의 이야기에 대한 묘사가 지닌 공통된 구조상의 패턴을 어떻게 특징적으로 발전시키고 있는가를 보여주어야 할 의제가 여전히 남아있다.[10)]

최근 '이야기로서의 복음서'(Gospel as Story)라는 새로운 해석 방법이 복음서들이 독특한 문학적 저작이라는 이해를 증진시켰다.[11)] 그러나 이러한

---

8) A. Verhey, *The Great Reversal : Ethics and the New Testament* (Grand Rapids : Eerdmans, 1984). Schrage와 마찬가지로 Verhey는 예수의 윤리, 초대교회의 윤리, 각 공관복음서의 윤리를 서로 분리하여 순차적으로 제시하고 있다.

9) Ladd는 서로 다른 강조점을 지니고 있는 주제들을 세 복음서가 어떻게 발전시키고 있는지에 대해 아무런 관심을 보이고 있지 않다. 다시 말해서 Ladd는 세 개의 다른 공관복음서라는 자료를 한데로 통합해 주어진 특정한 주제를 중심으로 논의를 전개하는 방식을 취하고 있다는 뜻이다. 자료 선택과 사용에 있어 보다 비평적 자세를 취하고 있긴 하지만 Goppelt 역시 공관복음서에 나타나는 다른 강조점들을 주목하는 데 실패했다(예를 들어, Goppelt의 책 124-127페이지에 나오는 예수의 '율법 중단'에 대한 논의를 보라). 마태와 마가 혹은 누가와 마가는 예수와 율법의 관계에 대해서 동일한 시각을 제공하고 있는가?

10) 아마도 각각의 복음서의 특징에 대한 고찰이 신학적인 논의 부분이 아니라 윤리적 문제를 다루는 부분에서 나타나고 있다는 점은 주목할 만하다(Verhey와 Schrage의 경우). 그러나 이러한 윤리적 차원의 연구는 보다 후대인 1980년대에 이루어졌으며, 이것이 아마도 중요한 차이점을 보여주고 있는 듯하다. Verhey는 공관복음서 모두에 해당되는 주제들을 예수의 가르침이라고 규정하는 방식으로 이 주제들을 다루고 있다. 먼저 이러한 공통의 주제들을 다룬 다음에 각각의 공관복음서가 지닌 독특한 강조점들을 제시한다. 이 두 섹션 모두 몇몇 동일한 복음서 본문들을 사용하기는 하지만, 각각의 복음서에 의해서 독특하게 제시되고 있는 예수의 가르침을 중재하는 공통의 공관복음서의 핵심에는 어떠한 관심도 보이지 않는다.

11) 다음을 보라. D. Rhoads and D. Michie, *Mark as Story : An Introduction to the Narrative of a Gospel* (Philadelphia : Fortress, 1982).

복음서 연구는 복음서가 예수에 대한 '공관'(synoptic)의 증언이 되도록 특징짓고 한정하는 공통의 구조에 대한 이해를 증진시킬 목적으로 이루어지지 못한 것도 사실이다.[12] 예를 들어 각 복음서의 역사적 상황을 비교할 수 있는데, 이 비교 연구들은 복음서들에 대한 '이야기'(Story) 관점에서 저술했던 저자들에 의해서 이루어졌다.

보 라이케(Bo Reicke)는 공관복음서의 내용과 구조는 초대교회에 있었던 교리문답적 필요와 교육적 필요에 대한 반응에서 발전되었다고 주장한 바 있다. 라이케는 자신의 주장에 대한 근거로 제자도에 관한 여러 항목을 담고 있는 토픽상의 묶음들을 제시했다.[13] 그러나 라이케의 제안은 구약의 신앙 전승들과 구약의 주제들이 이러한 문학적 단위들의 형성과 발전에 미친 잠재적 영향력을 고려하지 않고 있다.

도드(C. H. Dodd)는 동일한 맥락이지만 매우 대비되는 설명을 내놓았다. 그는 라이케보다 몇 년 앞서 공관복음서 패턴의 기본 혹은 원천이 되는 마가복음은 초대교회의 선포를 위해서 시작되었고, 이 선포에서 기원했다고 주장한 바 있다. 이런 점에서 공관복음서 패턴의 기초는 케리그마적(복음 선포적) 성격을 지니고 있다고 볼 수 있다.

도드는 마가가 연대적이고 지형적인 몇몇 특징(그렇지만 본질적으로 토픽상 특징)을 보존했던 예수 사역에 대한 초기 형태의 케리그마적 개요를 사용함으로써 사건들에 대한 연대기적 순서와 토픽상의 순서 사이에서 적당한 타협점을 찾았다고 주장한다.[14] 도드 자신의 영향력 있는 저서 *Accord-*

---

12) '공관복음 문제'라는 이슈에 집중하는 최근의 연구 역시 공관복음서를 한데 묶고 있는 공통의 흐름과 구조를 보여주지 못한다. 이들은 단지 공관복음서의 기원의 순서라는 문제에 관심을 집중하고 있을 뿐이다.

13) B. Reicke, *The Roots of the Synoptic Gospels* (Philadelphia : Fortress, 1986), 특별히 4-6장.

14) C. H. Dodd, "The Framework of the Gospel Narrative," *ExpTim* 43(1932), 396-400 = *NTS* 1 (1953), 1-11. Dodd의 주장은, 마가는 자신이 전해 받은 것을 모은 자에 불과하다는 자

*ing to the Scriptures*[15]보다 20년 전에 제안된 도드의 주장은 마가-이전의 공관복음서 개요의 형성에 영향을 준, 마가 자신의 내러티브 발전의 형성에 영향을 준 구약의 신앙 전승 혹은 신앙 이야기가 담고 있는 구성적 역할을 고려하지 못하고 있다.

수많은 저자들이 구약이 공관복음서 각각에 혹은 모두에 끼친 다양한 유형의 영향들을 제시했다(1장을 보라). 그러나 복음서 구성 이면에 놓여 있는 예배를 위한 성구 낭송의 역할(lectionary function)을 주장하는 사람들만 공관복음서의 기원에 대한 특정한 이해를 발전시켰다. 공관복음서의 기원은 공관복음서의 독특한 내용과 순서에 끼친 구약의 영향을 반영한다는 것이 그 특정한 이해이다.

이 가운데 특별히 주목할 것이 굴더(M. D. Goulder)의 주장이다. 그는 공관복음서가 유대 전통의 예배를 위한 성구 낭송집(lectionaries)의 형태를 따라 구성되었다고 제안한다.[16] 그러나 이 같은 주장도 공관복음서의 내용

---

신의 추론에 근거한다는 점에서 어려움이 있다. Dodd의 가설에 따르면 마가는 독립된 페리코피들과 보다 큰 내러티브 문맥을 선대로부터 전해 받았고, 그 다음 예수의 전체 사역에 대한 구조를 설정한 후에 이 구조 속에 독립된 페리코피들과 보다 큰 내러티브 문맥을 통합시켰다는 것이다. 이때 이 구조가 너무 빈약해서 그가 전해 받은 모든 내러티브들을 위한 세팅의 역할을 할 수 없었기에 마가는 연대기적 순서와 토픽상의 순서 사이에서 하나의 타협점을 찾았다는 것이다(400페이지). 공관복음서에 대한 보다 후대의 폭넓은 편집-비평적 연구의 관점에서 볼 때 이제 Dodd의 이러한 제안은 '원시적' 제안처럼 보인다.

15) C. H. Dodd, *According to the Scriptures: The Substructure ofNew Testament Theology* (London : Nisbet, 1952).

16) M. D. Goulder, *The Evangelists' Calendar : A Lectionary Explanation of the Development of Scripture* (London : SPCK, 1978), *Midrash and Lection in Matthew* (London: SPCK, 1974). 불행히도 1970년대 E. Richard의 누가복음 연구에 대한 폭넓은 보고 자료("Luke- Writer, Theologian, Historian : Research on Luke in the 1970s," *BTB* 13 [1983], 3-15)는 누가복음 이면에 놓여 있는 저작 동기에 관심을 집중하고 있는 Goulder의 연구에 대해 간략한 언급조차 담고 있지 않다. 또한 이 보고 자료는 J. Drury의 저작인 *Tradition and Design in Luke' Gospel* (Atlanta : John Knox, 1976)에 대해서도 전혀 언급하지 않는다. Drury의 이 저작은 C. F. Evans가 앞서 제안했던 바인 누가의 중간 여정 기사는 신명기서의 토픽상의 순서를 따르고 있다는 주장을 따르고 있다 (138-164페이지). 이와 마찬가지로 F. Boven의 폭

상 순서를 제한적으로밖에 설명해주지 못한다. 그 이유는 내용상의 순서가 복음서마다 다르기 때문이다.

또한 각 공관복음서의 보다 큰 차원의 구성 속에서 내용이 지니는 역할에 대해서도 제한적인 설명을 할 뿐이다. 한 걸음 더 나아가 이러한 주장은 갈릴리 사역과 예루살렘 사역으로 양분되는 구조와 이 구조 사이에 놓여 있는 예수의 순례 여정 섹션이라는 삼중적 요소로 이루어진 공관복음서의 독특한 구조에 대해서도 설명하지 못한다.

본 연구는 공관복음서 연구의 이러한 공백을 메워주는 역할을 한다. 구체적으로 말해 본 연구는 공관복음서의 독특한 매크로 구조에 대한 하나의 합리적 근거를 제안하고 있다. 이 구조는 요한복음과 비-정경적 복음서들의 구조와는 다른 구조이다.

또한 본 연구는 특정한 단락이나 페리코피가 어떤 이유에서 현재의 복음서 패턴이 담고 있는 각각의 주요 섹션 내에 놓이게 되었는지를 보여준다.[17] 이렇게 함으로써 본 연구는 이스라엘의 신앙 전승들이 어떻게 공관

---

넓은 연구 역사 역시 누가복음과 구약 해석에 관한 연구들에 대한 자신의 개관에서 C. F. Evans의 글과 제안을 언급하지 않는다 (*Luke the Theologian : Thirty-three Years of Research [1950-1983]*, trans. K. McKinney[Allison Park, Penn. : Pickwick, 1978], 78). 또한 F. Boven은 누가복음의 구조를 다루는 자신의 최근 글에서 역시 Evans를 언급하지 않는다("Studies in Luke-Acts : Retrospect and Prospect," *HTR* 85[1992], 183-186). Riesenfeld와 Gerhardsson의 기여는 전체적인 복음서 전승 전반에 대한 기원의 문제를 다루고 있다는 데 있지만, 이들은 요한복음의 구조와는 다른 공관복음서의 독특한 구조에 대한 이유 혹은 논리에 대해서는 침묵하고 있다.

17) 마가복음의 구조에 대한 다음의 필자의 박사학위 논문이 이러한 연구 과정의 첫 번째 시도였다 ("A Study in Markan Structure : The Influence of Israel's Holy History Upon the Structure of the Gospel of Mark" [ Princeton Theological Seminary, 1973]). W. A. Meeks의 저서인 *The Prophet-King : Moses Traditions and the Johannine Christology* (NovTSup n. s. 14; Leiden : E. J. Brill, 1967)는 요한복음에 대한 이러한 연구 과정이 지닌 몇몇 요소들을 보여주고 있다. Meeks의 연구가 보여주듯이 출애굽 전승과 왕권 전승은 요한의 예수 이야기를 형성하는 데에 가장 큰 영향을 미쳤다. 그러나 이 연구는 요한복음이 말하는 왕권 전승은 다윗 계열의 왕권이 아니라 모세를 왕으로 묘사하고 있는 주전 2세기부터 주전 1세기 사이의 유대 문헌들로부터 기인하는 왕권이라는 점을 주장하고 있다. 이 책의 부록 I을 보라.

복음서의 예수 이야기들의 내용과 구조를 형성하게 되었는지를 보여주게 된다.

1장은 신약, 특히 공관복음서에 끼친 구약의 영향에 대한 학문적 작업의 맥락에서 연구를 진행한다. 이 일을 위해 구약과 신약 사이의 관계에 대해 어느 정도의 관심이 주어진다. 다음으로 본 연구의 방법론에 대해 언급할 것인데, 필자는 복음서들에 대한 다양한 연구 방식들에 근거하되 기본적으로 구성 분석(compositional analysis)과 유사한 해석 방식을 방법론으로 취할 것이다.

이런 점에서 본 연구에서는 구조 분석과 내러티브 분석을 효과적으로 사용할 것이다. 이 책의 연구방법론은 정경적 형태의 신앙 전승에 대한 신학적 성찰을 촉구했던 브레바드 차일즈(Brevard Childs)의 해석방법론과 일맥상통하며, 동시에 신앙공동체들을 유지시키고 양육했던 공동체의 신앙 전승들의 유산과 발자취에 대한 충분한 인식을 담고 있다.

2장은 공관복음서에 대한 성경-신학적 접근의 핵심인 구약의 네 가지 신학적 전승을 규명하고 설명한다. 반면 공관복음서 전승의 독특한 구조인 갈릴리-예루살렘 구조와 다양한 학자들이 이해한 이 구조의 중요성에 특별히 주목할 것이다.

3장부터 6장까지는 구약의 네 가지 신앙 전승이 공관복음서의 구조와 신학에 미친 영향의 정도와 성격에 대해 논할 것이다. 구체적으로 3장은 각 공관복음서에 미친 구약의 출애굽(구출과 광야) 신앙 전승과 시내산 신앙 전승의 영향에 주안점을 둘 것이다.

4장은 구약 학자들이 ('전능한 전사이신 하나님'[divine warrior]이라는 주제를 포함해서) '정복 전승'이라고 부르는 바가 공관복음서에 미친 영향에 초점을 맞춘다. 필자의 견해로는 '정복 전승'은 달리 명명되는 게 옳다고 본다(4장 A를 보라). 이러한 신앙 전승(출애굽 신앙 전승, 시내산 신앙 전승, 정복 전승)이 공관복음서에서 예수의 이야기 묘사 중 갈릴리 섹션과 중간 여정 섹션에 중요하고도 결정적인 역할을 하고 있다고 보기 때문이다.

또한 이 부분에서 필자는 공관복음서의 차이점과 유사점을 보여줄 것이다. 예를 들어 출애굽 전승은 복음서 각각의 구성에서 매우 중요한 역할을 하는 반면 그 영향의 정도와 형태는 복음서마다 다르다. 구체적으로 언급하자면 누가복음과 마태복음의 중간 여정에 관한 내러티브 모두에서 출애굽 전승의 영향을 찾아볼 수 있지만, 누가복음에서 더욱 두드러져 나타난다.

더욱이 출애굽 신앙 전승과 정복 신앙 전승은 누가복음의 갈릴리 섹션과 중간 여정 섹션 모두에 영향을 주는 데 반해서 마가복음에서는 출애굽 전승이 지닌 구성적 차원의 영향력이 갈릴리 섹션에서 더 두드러지게 나타나며, 정복 전승은 중간 여정(ὁδός) 섹션에서 훨씬 더 구성적 차원의 영향을 보여준다.

5장과 6장은 구약의 성전 전승과 왕권 전승이 예수의 예루살렘 사역에 대한 공관복음서의 묘사에서 중요하고도 결정적인 역할을 하였다는 점을 보여준다. 이 부분에서도 공관복음서의 차이점과 유사점을 주목하게 될 것이다. 예를 들어 마가가 이스라엘의 성전 전승을 사용해 이 전승과 예수의 관계에 대해 기술한 것과 누가가 이 전승을 사용하고 기술한 것은 다르다. 그러나 세 공관복음서 모두 예수와 성전의 관계는 가장 초기의 예수 이야기에서 기인하는 성전 전승들을 반영하며, 수난 이전의 기사를 형성하는 데에 주요한 역할을 한다. 또한 5장은 지혜 전승을 다룬다. 그 이유는 지혜 전승이 마태의 성전 섹션에 영향을 미친 것으로 여겨지기 때문이다.[18] 6장은 왕권 전승이 수난 기사를 형성하는 데 상당한 영향을 미쳤

18) 이 부분은 성전 전승의 영향을 받은 복음서 섹션에 속하는데 이 전승은 제사장적이며 성전적인 세팅을 반영하고 있고, 이 세팅에서 지혜가 이스라엘 역사 속에서 꽃을 피웠던 것으로 여겨진다.

음을 보여줄 것이다.

본 연구가 공관복음서의 특정 부분들에 미친 영향과 관련해 구약의 전승의 역사적 순서나 연대기적 요소를 강조하긴 하지만 이러한 구약 전승은 구약과 신약 모두 어느 정도 서로 중복되고 혼재되어 나타난다.

출애굽 전승과 왕권 전승은 사복음서가 제시하는 예수 이야기 서술의 토대를 이룬다. 공관복음서와 요한복음 사이의 접점을 이루고 있기도 하다. 공관복음서 전반에 퍼져있는 하나님 나라라는 모티프와 마찬가지로 왕권 역시 단순히 수난 기사에만 국한시킬 수 없는 주제이다.

그럼에도 복음서 앞부분에 등장하는 이야기에서 이미 예견되고 있는 왕권 모티프, 즉 왕으로서 예수의 정체성은 수난 기사에서 주된 초점이 되고 있음이 분명하다. 더욱이 모티프들이 혼재되어 있고, 때로 중복된다는 점, 모티프들을 복음서 저자들이 독창적이고도 예술적으로 직조하듯 섞어 짜고 있다는 점을 인정하더라도 출애굽 전승, 정복 전승, 성전 전승, 왕권 전승이 지닌 시간-순서상의 구성적 영향은 여전히 중요성을 잃지 있는 것도 사실이다.

공관복음서는 내러티브 구성을 전개하면서 특정 섹션에서 여러 이스라엘 전승 중 하나의 전승만을 사용하고 있다는 생각을 거부할 필요가 있다. 다른 한편으로는 공관복음서 구조와 신학이 상당할 정도로 구약 전승에 의해서 시간-순서상으로 형성되고 있다는 사실을 발견하게 된다는 점도 염두에 두어야 한다. 이러한 형태는 공관복음서에서는 두드러지게 나타나지만 요한복음이나 비-정경 복음서에는 나타나지 않는다.

필자는 독자들이 이 책의 3장부터 6장을 이 책 전체에 비추어 생각할 수 있도록 하기 위해, 또한 본 연구의 방법론과 범주가 지닌 각 단계를 보여주기 위해서 여기에서 도식화된 형태로 각 장에서 다루게 될 토픽의 순서를 제시하고자 한다. 이 도식화는 각 토픽이 어디에서 시작되는가를 보여주기 위해 페이지 숫자를 제시한다.

| 장. 섹션3장. | 출애굽 전승 | 4장. 정복전승 | 5장. 성전전승 | 6장. 왕권전승 |
|---|---|---|---|---|
| 전승 설명 | 95 | 187 | 291 | 370 |
| 마가복음 | 100 | 190 | 297 | 378 |
| 마태복음 | 121 | 219 | 318 | 401 |
| 누가복음 | 144 | 236 | 344 | 433 |
| 연속성과 새로운 변화 | 175 | 273 | 356 | 462 |

7장에서는 3장에서 6장의 연구에서 발견한 것들이 지닌 통찰을 요약하고 규명해 나가면서 4개 장에 걸친 연구 내용을 종합할 것이다. 그리고 두 번째로 구약의 신앙 전승에 대한 공관복음서의 해석학적 용례를 간략히 분석할 것이다. 세 번째로 7장은 구약 전승의 사용과 관련해 공관복음서가 보여주는 독특한 구성의 의미를 규명하고자 할 것이다. 특별히 갈릴리와 예루살렘이 지닌 상징적 역할을 생각해 볼 것이다. 7장에서 필자는 갈릴리 섹션과 예루살렘에 이르는 중간 여정 섹션에 대한 공관복음서의 신학적 강조가 구약의 전승, 특히 북쪽 이스라엘의 신학 전승과 상관관계가 있다는 가설을 설명할 것이다.

마찬가지로 수난-이전 기사와 수난 기사에 나타나는 예수의 예루살렘 사역에 대한 공관복음서의 기술들은 구약의 남쪽 유다의 신학 전승과 일맥상통한다는 것을 설명할 것이다. 그리고 필자는 전체적인 연속적 순서로 되어있는 구약의 네 가지 주요한 신앙 전승이 복음서 전승의 현재적 형태인 공관복음의 구조와 패턴을 형성하고 있다는 점을 제안할 것이다.

넷째로는 공관복음이 왜 이러한 구조와 패턴을 띠는가에 대한 보다 자세한 설명을 위해서 초대교회에서의 공관복음서의 기원과 역할이라는 토픽을 다룰 것이다. 3장부터 7장이 구조와 패턴, 강조라는 관점에서 '하나님의 일련의 총체적인 행위'[19]와 관련해 구약과 신약 사이에는 의미심장한 상관관계가 있음을 주장하고 있기에, 필자는(보다 최근의 토마스 J. 탤리[Thomas J. Talley]를[20] 포함해) 마이클 굴더(Michael Goulder)의 주장, 즉 공관복음서의 기원은 초대교회의 예배시의 성구 낭송과 심지어 내러티브 형태로 예수의 이야기를 들려주는 연중행사로서의 예배시의 성구 낭독에 대한 필요성이란 관점에서 논의되어야 한다는 주장과 본 연구와의 관계를 다룰 것이다.

본 연구는 예배시의 성구 낭송이란 요소가 중요하다고 판단하지만 동시에 다른 중요한 역할을 제시하고자 한다.

> (1) 신학적 정체성과 관련한 자기-이해의 일환으로써 당시 유대교와 함께 공유했던 신앙 전승을 공관복음서가 새롭게 변화시키는 일
> (2) 공관복음서의 두 가지 목적의 변증적 역할, 즉 한편으로는 유대교와 관계에서의 자기-이해라는 역할과 이방인들의 관계에서의 선교적인 역할

본 연구의 후반부에 수록한 두 개의 부록은 본 연구가 발견한 것과 연관된 질문에 초점을 맞추게 될 것이다. 부록 I은 공관복음서와 요한복음의 관계를 이해하는 데에 본 연구가 지닌 중요성을 고찰할 것이다. 또한 정경에 속한 복음서와 비-정경 복음서의 관계에 관해 본 연구가 어떤 새로운 빛을 비춰줄 것인가를 생각해 볼 것이다.

---

19) 이 표현은 다음에서 기인한다: D. Patrick, *The Rendering of God in the Old Testament* (Philadelphia : Fortress, 1981), 113.
20) T. J. Tally, *The Origins of the Liturgical Year* (New York : Pueblo, 1986), 231-238.

부록 II는 '외부적 점검표'을 통해서 본 연구의 발견한 것의 건전성 여부를 확인하고자 할 것이다. 필자는 일반적으로 인식되고 있는 공관복음서의 특징적인 형태들이 공관복음서의 네 개의 섹션 각각에 놓인 이스라엘의 신앙 전승에 대한 주제적 관심과 관련한 본 연구의 제안과 어떠한 관계가 있는지의 여부를 탐구할 것이다. 광의적 의미에서 이 탐구를 통해 얻어진 결과들은 본 연구에서 제안하고 전개하는 논지들을 확증하게 될 것으로 여겨진다.

# 1장
# 방향 설정

Israel's Scripture Traditions and the Synoptic Gospels

# 1장
# 방향 설정

대개 성경학자들은 예수의 삶의 정황과 초대교회의 삶의 정황, 그리고 복음서 저자의 삶의 정황을 구별한다. 본 연구는 복음서의 최종적인 정경적 형태에 초점을 맞춘다. 이러한 접근 방식은 예수와 초대교회, 복음서 저자를 모두 하나의 묘사 속으로 통합한다. 역사적 연구는 이러한 통합에서 초기 요소들이 후기 요소들을 형성했다는 사실을 전제로 한다. 복음서의 저자가 현재의 정경적 형태에 대한 최종적인 책임을 지고 있기 때문에 본 연구에서 일반적인 지시의 대상은 복음서의 저자를 뜻하게 될 것이다.

예수의 말씀과 행적, 초대교회의 선교적 필요와 교육적 필요가 공관복음서의 예수 이야기를 형성했으며 이스라엘의 신앙 전승들 역시 예수의 이야기에 영향을 주었다. 더욱이 본 연구는 초대교회의 고백적 자기정체성에 대한, 성경의 증언을 통해 자신의 삶을 형성하기를 소망하는 자들의 동일한 정체성에 대한 공관복음서의 독특한 구조의 중요성을 이해하고자 진력한다.

최근 피터 스툴마허(Peter Stuhlmacher)는 초대 크리스천들이 예수에 대한 자신의 이해와 성찰을 위해 구약에 호소했는데 이를 통해 그들의 최초 신앙을 이해하고자 했다는 점을 강조했다. 스툴마허는 초대교회 초창기 시절 케리그마(복음 선포)는 믿음에 대한 예수의 의미를 이해할 목적으로 구약을 살펴보았다고 주장을 했는데 올바른 주장이다. 자세한 설명을 위해 구약 전승들에 의존하고 있는 초대교회의 케리그마에 앞서서 이미 예수의 이야기는 시작된 것이다. 스툴마허는 이 점과 관련해 다음과 같이 말한다.

> 성경 정경은 예수에 관한 복음서들의 이야기와 함께 시작하고 있는 신약이 어떻게, 어떤 이유에서 구약에 지속적으로 의존하고 있는가 하는 신학적인 질문을 우리 앞에 제기하고 있음이 분명하다. 뿐만 아니라 분명한 사실은 초대교회의 케리그마가 형성된 최초의 과정들조차도 명시적으로, 그리고 암시적으로 구약에 호소하고 있다. 이는 초대 교회가 구약에 대한 호소에서 시작해 한걸음 더 나아가 예수가 누구이시며, 예수는 믿음과 관련해 어떤 분이 되셨고, 무슨 일을 하셨는가를 이해하고 듣는 일이 가능하도록 하기 위함이었다.[1)]

스툴마허는 로쉬(Loshe)와 고펠트(Goppelt)를 인용하면서 초대교회가 구약성경의 도움을 받아 예수의 삶과 죽음, 부활의 중요성을 이해했다고 주장했다.[2)] 스툴마허의 주장은 다음 장에서 설명될 것이다.

## 본 연구의 문맥 살피기

신약의 구약 사용, 혹은 역으로 표현해 신약에 끼친 구약의 영향이란 토픽에 대한 지난 40년간의 학문적 연구들은 크게 세 가지 유형으로 분류할

---

1) P. Stuhlmacher, "Jesus as Reconciler. Reflections on the Problem of Portraying Jesus within the Framework of a Biblical Theology of the New Testament", in *Reconciliation, Law & Righteousness : Essay in Biblical Theology*, trans. E. R. Kaling (Philadelphia : Fortress, 1986), 3.

2) 초대교회가 예수에 대한 최초의 고백적 이해에 어떻게 도달했는지에 대한 탁월한 설명에 대해서는 다음을 참조하라: L. T. Johnson, *The Writings of the New Testament : An Interpretation* (Philadelphia : Fortress, 1986), 87-111.

수 있다.

**1. 구약의 주요 본문**-도드(Dodd), 린다(Lindars), 쥬엘(Juel) 혹은 구약의 주요 주제-파이퍼(Piper), 마우저(Mauser), 홉스(Hobbs)- **를 사용하는 유형**[3]

렌델 해리스(Rendel Harris)는 저서 *Testimonies*에서 신약에서 구약의 본문을 사용하는 것에 대해 설명한다.[4] 도드는 보다 더 만족스러운 설명을 내놓으려는 일환으로 다음과 같은 제안을 했다.

> 대략 15개 정도의 구약 본문이 예수의 삶과 죽음, 그리고 부활과 승천에 관한 초대교회의 이해와 선포에 중요한 역할을 했다.[5]

---

3) 본 연구의 범주를 넘어서지만, 공관복음서의 특정한 부분들에 나타나는 혹은 특정한 하나의 복음서 전체에 나타나는 구약 본문의 인용 사례들에 대한 많은 연구들이 있다. 가장 주목할 만한 연구들로는 다음과 같은 것들이 있다: K. Stendahl, *The School of St. Matthew and Its Use of the Old Testament* (2d ed.; Philadelphia : Fortress, 1986); R. H. Gundry, *The Use of the Old Testament in St. Matthew's Gospel* (NovTSup 18; Leiden : E. J. Brill, 1967); A. Suhl, *Die Funktion der alttestamentlichen Zitate und Anspielungen im Markusevangeliums* (Gutersloh : Gerd Mohn, 1965); J. Marcus, *The Way of the Lord : Christological Exegesis of the Old Testament in the Gospel of Mark* (Louisville, Ky. : Westminster/John Knox, 1992); D. J. Moo, *The Old Testament in the Gospel Passion Narratives* (Sheffield : Almond, 1983); R. T. France, *Jesus and the Old Testament : His Application of Old Testament Passages to Himself and His Mission* (Downers Grove, Ill. : InterVarsity, 1971). R. N. Longenecker, *Biblical Exegesis in the Apostolic Period* (Grand Rapids : Eerdmans, 1975); C. K. Barrett, "The Interpretation of the Old Testament in the New", in D. McKim, ed., *The Authoritative Word : Essays on the Nature of Scripture*(Grand Rapids : Eerdmans, 1983), 37-58; E. E. Ellis, "How the New Testament Uses the Old", in *Prophecy and Hermeneutic in Early Christianity* (Grand Rapids : Eerdmans, 1978), 147-172. E. E. Ellis, *The Old Testament in Early Christianity* (Grand Rapids : Baker, 1992), 53-74.

4) R. Harris, *Testimonies I and II* (Cambridge : Cambridge University, 1916 and 1920).

5) 이 본문들은 다음과 같다: 시 2:7; 8:4-6; 110:1; 118:22-23; 사 6:9-10; 53:1; 40:3-5; 28:16; 창 12:3; 렘 31:31-34; 욜 2:28-32; 슥 9:9; 합 2:3-4; 사 61:1-2; 신 18:15,19. C. H. Dodd, *According to the Scriptures: The Substructure of New Testament Theology* (London : Nisbet, 1952), 31-57.

이 구약의 본문이 근본적 역할을 했다는 점은 신약 전반에 걸쳐 빈번하게 사용된다는 사실에 의해서 지지를 받는다. 또한 도드는 구약 본문이 단지 예수에 대한 증빙자료의 역할만 한 것이 아니라 보다 더 큰 본문, 즉 신약의 구약 사용에 관한 논쟁에 심대한 영향을 주었던 큰 차원의 본문에 대한 지표의 역할을 했다고 주장한다.[6)]

도드는 이 구약 구절들을 묵시론적-종말론적 그룹, 새 이스라엘 그룹, 여호와의 종과 고통당하는 의인 그룹이라는 세 범주로 분류하면서[7)] 초대교회는 이 본문들을 사용해 하나님의 종말론적 역사 속에서 초대교회가 차지하는 위치에 대한 이해, 초대교회 자체의 정체성, 예수를 기독론적으로 이해하는 초대교회 자신의 이해를 구성해냈다고 주장한다. 이러한 초대교회의 성취를 통해서 기독교 신학의 모든 하부구조가 형성되었다는 것이다.[8)]

바나바 린다스(Barnabas Lindars)는 도드가 파악한 구약 본문들을 포함해 보다 많은 다른 구약 본문을 사용함으로써 신약의 구약 사용이라는 문제를 다른 방식으로 이해시켰다.[9)] 그는 초대교회가 구약 본문들을 수정해 그 구절의 적용 방향을 바꾸었다는 점을 강조하면서 신약 내 구약 용례의 네 가지 주제별 범주를 자세히 다뤘다.

(1) 예수의 부활과 관련된 본문.[10)]

---

6) Ibid., 126.

7) Ibid., 62-103.

8) Ibid., 111-127.

9) B. Lindars *New Testament Apologetic* (London : SCM, 1961).

10) 여기서 Lindars는 어떻게 초대교회의 논리가 다음과 같은 방식으로 진행되었음을 보여준다: 무덤이 예수를 붙잡아 둘 수 없었다는 방식(행 2:24; 시 116), 부활은 승천을 포함하고 있다는 방식(이 점에서 시 110:1은 고전 15:25에서 시 8:7과 연결되고 있다; 엡 1:22; 히 2:5-8), 성령의 오순절 강림은 사역을 위한 능력을 부어주는 선물로 이어졌다는 방식(시 68:19; 행 2; 엡 4:8-11).

(2) 예수의 수난에 대한 변증을 발전시키는 데 도움이 되는 본문.[11)]

(3) 예수 사역의 사건들을 '그리스도의 계시'(Christus Revelatus)로 다루고 있는 본문.[12)]

(4) 예수의 출생과 계보라는 질문들을 다루고 있는 본문.[13)]

또한 린다스는 바울이 사용한 구약 인용 구절과 초대교회가 사용한 보다 폭넓은 구약 본문이라는 두 가지 점에 관심을 둔다.[14)] 이러한 여러 가지 과정 중에서 가장 주목할 사실은 예수의 메시아 직분에 대한 초대교회의 이해와 설명이 유대인들의 불신앙에 대한 변증의 형태로 이루어졌다는 점이다.

> "불신앙은 변증의 가장 초기 단계에서 집중적인 관심을 필요로 하는 요소이다."[15)]

도날드 쥬얼(Donald Juel)은 예수의 메시아 정체성에 대한 연구의 초점을 새롭게 함으로써 결과적으로 십자가에 못 박힌 메시아로서의 예수가 초대교회의 메시아적 해석에서 가장 중요한 이슈가 되게 했다. 그의 저서

---

11) 여기서 사 53장과 고난의 시편들, 그리고 슥 9장과 14장이 중요하다.

12) 공관복음서에 나타나는 주된 본문들은 다음과 같다: 시 2:7; 사 42:1; 61:1; 시 78:2; 사 6:9f; 시 8:3; 사 28:16과 함께 시 118:22 (이 본문은 눅 20:18에서 단 2:34과도 연결되어 있음).

13) 다음의 본문들은 이 본문들이 어떻게 초대교회 당시의 발전 과정 중에 있던 기독론을 형성했는가를 보여주기 위해서 인용되고 논의된다: 미 5:1; 사 8:23-9:1; 9:5; 11:1; 10; 신 18:15; 19; 삼하 7:14; 사 7:14; 민 24:17; 사 60:1.

14) 바울의 구약 성경 사용에 대한 보다 자세한 연구를 위해 다음을 보라: E. Earle Ellis, *Paul's Use of Old Testament* (Edinburgh : Oliver and Boyd, 1957 [repr. Grand Rapids : Baker, 1981]). 또한 최근의 연구인 R. B. Hays, *The Echoes of Scripture in the Letters of Paul* (New Haven : Yale, 1989)을 참조하라.

15) Lindars, *New Testament Apologetic*, 285-286.

*Messianic Exegesis*(메시아적 해석)에서 쥬얼은 이 점을 다음과 같이 표현하고 있다.

> "예수에 대한 크리스천들의 여러 이해의 시작은 이스라엘의 성경책에 대한 해석에서 찾을 수 있으며, 이러한 해석의 주요 초점은 예수 곧 십자가에 못 박히신 그리고 부활하신 메시아였다."[16)]

쥬얼은 자신의 주장이 닐스 달(Nils Dahl)의 저서인 *The Crucified Messiah*에 의존하고 있음을 인정하면서 "가장 초기 형태의 부활 이후 크리스천 신앙의 핵심 이슈는 '유대인의 왕'으로서 십자가에 못 박힌 자, 곧 자칭 메시아라고 주창하는 자가 어떻게 실제로 이스라엘의 왕적 메시아 소망을 이룬 자인가를 이해하는 것이었다. 이것이 당시 초대교회의 씨름이었다. 이스라엘 역사의 중심부에서 이루어진 구원 사건들을 이해하는 일과, 십자가에 못 박힌 메시아란 복음을 이해하고자 하는 노력이 여타의 모든 변증적인 시도들을 앞서고 있다는 뜻이다[17)]"라고 주장했다.

이런 연유에서 쥬얼은 구약의 왕적 메시아 전승들, 특히 사무엘하 7장 14절과 이 구절이 보다 후기의 히브리 성경과 성경 이후 시기의 유대교에 미친 영향을 살피며 연구를 시작한다. 이러한 질문과 탐구의 맥락에서 시

---

16) D. Juel, *Messianic Exegesis : Christological Interpretation of the Old Testament in Early Christianity* (Philadelphia : Fortress, 1988), 1. 책 제목이 암시하듯이 Juel은 초대 크리스천들의 구약 성경 사용은 기본적으로 기독론적인 초점을 지니고 있다고 주장한다. 그러나 Hay의 저서인 *Echoes of Scripture*는 바울의 구약 성경 해석의 원리는 교회론적인 초점을 지니고 있다고 주장한다. 즉 바울의 해석 원리는 새로운 백성 됨, 즉 크리스천이라는 특징적인 정체성에 의해서 동기가 부여되고 있고 또한 이 정체성을 기본 방향으로 삼고 있다는 뜻이다. 필자가 판단하기로는 이 두 주장은 상호보완적이지 어느 하나를 선택할 문제가 아니다. 즉 두 주장은 초대 크리스천이 경험한 두 차원을 말하고 있을 뿐이다.

17) Juel, *Messianic Exegesis*, 60.

편 2장 7절과 이사야 42장 1절에 대한 공관복음서의 사용을 바라보게 된 것이다. 이에 쥬얼은 다음과 같이 말한다.

> 시편 22, 31, 69편은 부활 이후 크리스천 신앙이 시작되었을 때부터 왕적 메시아 시편으로 다루어졌다. 그 이유는 주제와 이미지가 크리스천들로 하여금 고난을 받아 십자가에 못 박혀 죽으신 메시아의 의미를 이해할 수 있게 했으며, 이 신앙을 고백할 수 있도록 했기 때문이다.

쥬얼은 시편 22, 31, 69편과 시편 89편 사이에 놓인 단어상의 연결들을 기초로 이 시편들이 본질상 왕과 관련된 역할을 했다고 주장한다.[18] 그런 다음 이사야 53장(고난 받는 종)과 시편 110편(왕적 메시아)이 초대교회의 기독론적인 이해에 미친 영향을 차례대로 다룬다. 뒤이어 다니엘 7장 13절의 인자전승이 미친 영향을 살펴본다. 이들 본문이 담고 있는 사상과 이 본문에 대한 후대 크리스천 전통의 이해가 진행되어 가는 속에서 변치 않고 그대로 머물러 있는 것은 십자가에 못 박힌 메시아라는 역설과 스캔들이다.[19]

이상 언급한 세 학자들 외에 다른 부류의 학자들은 이스라엘의 구원 역사에서 기인하는 특별한 주제들이 미친 영향에 초점을 맞추어왔다. 오토 파이퍼(Otto Piper)는 1950년대에 많은 글을 통해서 마가복음과 보다 큰 범주의 신약에 대해 출애굽 사건이 끼친 영향을 주장했다. 하지만 그는 이

---

18) 필자가 판단하기로는 쥬얼의 해석 방식은 다소 의심스러우며, 결국 이러한 해석 방식은 쥬얼의 입장을 복음서 내러티브가 보여주는 입장보다 더 애매모호한 입장에 이르게 한다. 예수의 왕 되심에 대한 호소가 이렇게 분명하고도 강하게 이루어지게 되면, 공관복음서의 수난 이야기가 지닌 힘이 사라지고 만다. 예수의 왕 되심은 시 89의 관점에서 단순히, 그리고 명시적으로 주창되고 있다기보다는, 언제나 왕적 전승을 제한하고 새롭게 변화시키려는 도전으로 왕 되심이 주창되고 있는 것이다. 6장이 이 점을 보여줄 것이다.

19) Juel, *Messianic Exegesis*, 119-179.

러한 흥미로운 주장을 뒷받침할 만한 실제적인 증거, 즉 어떻게 자신의 주장이 복음서의 자세한 연구를 통해서 구체화될 수 있는가에 대해 제시하지 못했다. 물론 출애굽 사건이 신약에 끼친 영향이 복음서 형태의 기원과 관련된 것이라는 점을 제안하기는 했지만, 그 이상의 실제적인 증거들을 제시하지는 않았다.[20]

존 보우만(John Bowman)과 E. C. 홉스(Hobbs)는 마가복음에 미친 출애굽의 영향에 대한 수많은 구체적인 예들을 규명해냈다.[21] 울리히 마우저(Ulrich Mauser)의 통찰력 있는 기여로 이 연구가 보완되었는데, 마우저는 마가복음에 나타난 광야 모티프의 영향을 보여주었다.[22]

도드와 린다, 쥬얼이 기여한 바는 구약의 몇몇 주제들(특별히 왕권 전승과 고난 받는 종의 전승)이 예수에 대한 초대교회 크리스천들의 이해를 형성했다는 것을 보여준다.[23] 이상의 저작들이 본 연구가 이루고자 하는 바의 얼마를 이미 예견하고 있는 것이 사실이지만, 어떤 저작은 연구 범위를 마가복음으로 한정하고 있다. 또한 이 중 어떤 저작도 자신의 주창하는 바와 공관복음 형태의 구조를 서로 연결짓는 시도를 하지 않았다는 아쉬움을

20) O. A. Piper, "God's Good News : The Passion Story According to Mark", *Int 9* (1955), 165-182; "Unchanging Promises : Exodus in the New Testament ", *Int 11* (1957), 3-22; "The Origin of the Gospel Pattern", *JBL 78* (1959), 115-124.

21) J. Bowman, *The Gospel of Mark : The New Christian Jewish Passover Haggadah* (SPB 8; Leiden : E. J. Brill, 1965) and E. C. Hobbs, "The Gospel of Mark and the Exodus" (Ph.D. diss.; University of Chicago, 1958).

22) U. Mauser, *Christ in the Wilderness : The Wilderness Theme in the Second Gospel and its Basis in the Biblical Tradition* (London : SCM, 1963). 또한 Paul S. Minear의 막 3:13-19에 대한 다음의 주석에 나오는 유사한 형태의 분석을 주목할 필요가 있는데, 특히 산에서 열두 사도를 임명하신 사건이 여호와께서 "야곱을 만드시고 이스라엘을 이루신" 배경에 비추어서, 그리고 거룩한 계시의 장소로서의 산의 중요성에 비추어서 설명되고 있다는 점에서 그렇다 (*Saint Mark* [LBC; London : SCM and Nashville : Abingdon, 1962], 65).

23) D. M. Hay, *Glory at the Right Hand: Psalm 110 in Early Christianity* (SBLMS 18; Nashville/New York : Abingdon, 1973)을 참조하라.

갖고 있다.

### 2. 구원 - 역사에 대한 그리고 교회라는 정체성에 대한 초점 - 본 라드 (von Rad), 게제(Gese), 다알(Dahl)

1920년대 이후 성경 연구에서 주된 흐름은 구약과 신약 사이의 관계, 특별히 초대교회 크리스천과 이들의 저작이 히브리 성경과 맺고 있던 관계의 성격을 규명하고 이해하려는 노력이었다.[24] 리벤트로우(Reventlow)는 이 문제를 해결하려는 노력과 시도의 범주를 규명하고 논의한 바 있다.[25]

다양한 제안 가운데서 게르하르트 본 라드(Gerhard von Rad)와 하르트무트 게제(Hartmut Gese)의 연구가 필자가 판단하기에는 가장 의미 있고, 본 연구가 이루고자 하는 바를 잘 조명해주고 있다고 생각한다.

본 라드는 리벤트로우가 구약과 신약 사이의 관계에 대한 구원-역사적이고 모형론적인 이해에서 제시한 강조점 중에서 다음의 두 요소를 강조했다:

(1) 전승 역사의 과정

(2) 구약과 신약의 관계가 지닌 모형론적인 성격

---

24) 다음과 같은 두 소논문집들이 이를 대표한다: B. W. Anderson, ed., *The Old Testament and the Christian Faith : A Theological Discussion* (New York : Harper & Row, 1963); C. Westermann, ed., *Essays on Old Testament Hermeneutics* (Richmond, Va,: John Knox, 1963). 또한 다음 저작들을 보라: J. Barr, *Old and New in Interpretation : A Study of the Two Testaments* (New York : Harper & Row, 1966); F. F. Bruce, *This is That : The New Testament Development of Some Old Testament Themes* (Exeter : Paternoster, 1978). H. G. Reventlow, *Problems of Biblical Theology in the Twentieth Century*, trans. J. Bowden (Philadelphia : Fortress, 1986).

25) Reventlow, *Problems*.

본 라드에 따르면 "전승 역사의 과정 속에서 새로운 해석들은 일관되게 이전의 전승을 현재의 전승과 연결짓고 있으며 모형론은 구약과 신약 양자 모두에 의해 기록된 구원 사건들 사이의 구조상 유비 관계를 발견해내는 수단이다."[26)]

E. E. 앨리스(E. Earle Ellis)는 본 라드의 이해를 채용해 주요 모티프를 담지하고 보여주는 전승 과정을 다음과 같이 기술하는데 모티프의 상당 부분은 본 연구가 진행되면서 보다 자세히 설명될 것이다.

> "전승 과정의 첫 번째 주요 양상은 전승 과정이 다음과 방식으로 이루어지고 있다는 점에서 자명하다. 즉 선지자들이 하나님의 새로운 역사적 행위들을 정경적 역사 속에 있는 이전의 기본적인 사건들과 정확히 동일한 범주 가운데 위치시켰던 방식과 동일한 방식으로 전승 과정이 이루어지고 있다는 점이다. 이 범주는 새 창조, 새 출애굽, 새 언약, 새 다윗 왕국, 새 시온 혹은 새 성전이다."

앨리스는 전승 과정은 계속해서 신약으로 이어져 나간다고 주장한다.[27)] J. A. 베이커(J. A. Baker)의 모형론 이해 역시 이와 유사하다. "모형론은 '주석 혹은 해석의 한 방법이 아니라 자신의 백성 가운데서 행하셨던 하나님의 행위의 서로 다른 부분들 사이에 놓인 역사적이고도 신학적인 상

---

26) Ibid., 12, 25. Oscar Cullmann의 접근 방식 역시 이와 유사하다: "매번 과거의 구원 사건들의 해석에 대한 교정들이 새로운 사건들의 비추어서 이루어진다"(*Salvation in History* [New York : Harper & Row, 1967], 88). 사건과 해석 사이의 관계에 대한 Cullmann의 이해는 von Rad의 이해와 다르다. Cullmann은 사건이 계시의 수용자에 대해 감당하는 역할을 강조하는 데 반해서(91) von Rad는 역사 속에서 결정적인 사건들을 이스라엘의 신앙의 대상으로 간주한다 (*Old Testament Theology*, trans. D. Stalker [Edinburgh : Oliver and Boyd, 1962], 1.120).

27) E. E. Ellis, "The Old Testament Canon in the Early Church", in *Mikra : Text, Translation, Reading and Interpretation*, ed. M. J. Mulder and H. Sysling (Philadelphia : Fortress, 1988), 687.

관관계의 학문이다.'"[28]

하르트무트 게제(Hartmut Gese)는 본 라드의 이해를 확장하고 수정해 정경에 의해 증언되는 전승을 재해석하는 과정이 자신이 강조하는 바의 핵심을 이루게 했다. 게제는 다음과 같이 주장한다.

> 정경은 전승 역사 과정에 '하나의 결론과 하나의 경계선'을 제공한다. 그 이유는 신약은 계시의 역사가 예수의 죽음과 부활 속에서 그 목표를 달성했기 때문이다.[29] 구약 내에서 시내산과 시온 양자는 주된 해석상의 센터이며, 동시에 신약이 강조하는 바들을 상당할 정도로 담당한다.[30]

크라우스(H. J. Kraus)는 이러한 성경-신학적 사항을 단순히 개념 발전에 대한 탐구와 동일시하는 모든 시도를 피하려 했다. 그리고 구약과 신약의 관계를 *개념*(conceptions)으로 이해하는 것을 경계했다. 오히려 *주제*(themes)로 이해하는 것을 선호했다. "주제를 통해서 관련된 주제를 담고 있는 본문을 서로 연결짓고자 하는 노력이 이루어져야 한다."[31]

이상의 노력과 일맥상통하는 것이 닐스 다알(Nils Dahl)의 저서 *Das Volk Gottes* 에 담긴 통찰이다. 이 책의 부제가 암시하듯이[32] 다알의 연구는 초대교회 크리스천들의 교회를 중심으로 한 자기정체성에 관심을 두고 있는데, 특별히 하나님의 백성으로서 이스라엘과의 관계에 비추어 본 자기정체성이었다.

---

28) Reventlow, *Problems*, 31.

29) H. Gese, *Essays on Biblical Theology*, trans. Keith Crim (Minneapolis : Augsburg, 1981), 32.

30) Reventlow, *Problems*, 149-151.

31) Ibid., 159-160.

32) N. Dahl, *Das Volk Gottes : Eine Untersuchung zum Kirchenbewusstsein des Urchristentums* (Oslo : I Kommisjon hos Jacob Dybwad, 1941).

다알은 저서 전반부를 이스라엘의 자기정체성에 깔려 있는 주요 인식과 개념(*Gedanken*)에 할애한 뒤 이어서 신약 성경에 있는 자기정체성의 기본적인 이미지들을 살펴나간다. 신약 크리스천들과 구약 백성들에 대한 묘사는 주요 정체성의 인식과 개념을 공유한다. 공관복음서에서 예수를 따르는 자들의 위치는 이스라엘의 위치와 거의 일치함으로써 결과적으로 예수를 따르는 자들과 회당 사이에 일종의 긴장관계가 생겨나게 된다.

예수를 따르는 자들은, 후에 바울이 이들을 명명하는 데서도 알 수 있듯이(갈 6:16) '새 이스라엘'이라고 불리지 않았다. 오히려 하나님의 아들이시며 동시에 이스라엘의 왕이신 참 목자의 양으로 묘사되고 있다.[33] 제자(μαθηται) 혹은 그리스도인(Χριστιανοι)이라 명명되는, 예수를 따르는 자들은 하나님의 백성(λαος θεοῦ)이라는 특징적인 자기정체성을 이어나가고 있다.[34] 또한 교회는 정체성에 대한 새로운 개념을 갖게 되었다. 특별히 '그리스도의 몸', '성령의 전'이라는 개념으로 인해 다알은 교회의 삼위일체적 자기정체성이란 말을 하게 된다.[35]

크라우스(Kraus)와 마찬가지로 다알은 개념에 대한 역사 연구나 모티프 연구와 자신의 연구를 구별 짓는다. 그는 시간과 역사 속에 나타난 민족과 백성의 출현, 이스라엘과의 관계 안에서 그들의 자기정체성에 관심을 갖는다. 모티프와 주제 안에 있는 자기정체성에 대한 개념은 이전처럼 상당 부분 지속되지만 이스라엘을 향한 하나님의 약속이 예수 안에서 이루어졌으며, 하나님의 백성의 마지막 때가 도래했다는 점이 본질적으로 다르다.[36] 크리스천 공동체의 종교적 정체성에서 찾을 수 있는 가장 주목

---

33) Ibid., 173-174.

34) Ibid., 203.

35) Ibid., 278.

36) 하나님의 백성에 대한 하나님의 구원 역사 속에 나타난 유사점들과 통일성을 발전시키고 있는 또 하나의 학문적인 기여는 다음과 같다: P. Minear *The Eyes of Faith : A Study in the Biblical Point of View* (Philadelphia : Westminster, 1946).

할 만한 특징적 요소는 하나님에 대한 이스라엘의 유일신론적 개념과 초대교회 공동체 속에서 생겨난 하나님에 대한 삼위일체적인 견해 사이의 차이에 있다[37].

이와 같은 두 번째 유형의 연구가 이 책에 미치는 적실성은 이전 신앙 전승들과 새로운 신앙 전승들 사이의 연속성과 불연속성에 대한 강조에 있다. 본 연구는, 예수에 대한 초대교회 크리스천들의 이해는 근본적 차원에서 이스라엘과 자신을 동일시하는 초대 교인들의 사고가 지닌 모티프들과 구조들을 반영하고 있다는 점을 보여준다.

강력한 긴장과 갈등이 존재함으로써 결국 이전의 이야기가 수정되거나 새롭게 변화되기는 하지만, 분명한 사실은 이전의 이야기인 이스라엘 이야기가 새로운 이야기인 크리스천 이야기를 형성하고 있다는 점이다. 보다 오래된 사건에 비추어 새로운 사건을 해석하는 전승 역사의 과정은 자아-정의(self-definition)를 위한 탐구로 이어진다.

하나님의 새로운 백성으로서 우리가 증언하고 있는 이야기의 예수, 곧 예수 안에서 드러난 하나님의 구원의 계시와 심판을 어떻게 이해하고, 표현하고 방어하며 선포할 것인가?

**3. 예전적인 역할** - 다우베(Daube), 보우만(Bowman), 굴더(Goulder) **혹은 문학적-구조상의 패러다임** - 누가의 예루살렘에 이르는 중간 여정 내러티브의 경우 에반스(Evans), 모에스너(Moessner)[38], 마가복음의 경우 데레트(Derrett), 로트(Roth)

37) Ibid., 277-278.

38) John Drury는 Goulder가 지적한 예전적 강조점들의 측면들을 반향하고 있으며 또한 누가복음의 중간 여정 이야기에 대한 신명기의 영향을 주장한다. 그렇지만 Evans와 Moesnner와 달리 보다 온건한 방식으로 이 점을 개진한다. Drury는 신명기의 영향 이외에도 엘리사 이야기의 영향을 포함시키며, 누가복음의 다른 부분들, 특히 1-2장에 대한 다른 구약 본문들의 영향을 주장한다(*Tradition*, 46-71, 138-164).

데이비드 다우베(David Daube)는 1958년에 쓴 *The Earliest Structure of the Gospels*에서 복음서 내러티브의 구조는 유월절 전날 예전 시에 행해진 강론에 의해서 결정적 영향을 받았다고 주장했다.[39] 다우베가 제시하는 가장 설득력 있는 증거는 마가복음 12장 13-37절에 나오는 일련의 네 가지 질문과 유월절 예전에 관한 네 가지 질문의 구조적 상관관계이다.

다우베는 일반적인 구조상의 평행관계뿐만 아니라 하가다 예전(the Haggadah liturgy)에 나오는 네 유형의 아들들에게 제시된 질문의 유사한 성격을 보여주고 있다. 이것은 복음서 저작의 "즉각적인 자극이 구약이나 평범한 랍비 문헌에서 나온 것이 아니라 하가다로부터 왔음을 의미한다."[40]

존 보우만(John Bowman)은 마가복음의 기원에 대해 비슷한 주장을 펼쳤다. "마가복음은 새로운 크리스천 유월절과 주님의 십자가 죽으심을 회상하는 연례 축하연을 위한 새 하가다(Haggadah)이다. 초대교회에는 이러한 예배 의식이 필요했을 것이다."[41]

보우만은 상당한 양의 논의를 미드라쉬 계열의 문헌들에 할애하고 있으며, 마가복음은 이런 배경 하에서 이해되어야 한다고 주장한다.[42] 또한 보우만은 마가복음에 나오는 사건들을 구약에 나오는 특정한 사건들과 연결짓는다. 예를 들면 마가복음 6-8장에 나오는 수천 명의 무리들을 먹이시는 사건과 출애굽 12장을 연결시킨다. 보우만은 이외에도 다음과 같은 많은 평행구절들을 제시한다.

(1) 예수의 수세 장면과 모세가 부름 받는 장면 사이의 평행관계.

(2) 세례 요한과 아론 사이의 평행관계.

---

39) D. Daube, "The Earliest Structure of the Gospels", *NTS* 5 (1958), 174-187.

40) Ibid., 186.

41) Bowman, *Mark*, 158.

42) Ibid., 31-89 and 125, n. 1.

(3) 혈루병을 앓은 여인의 치료 기사와 애굽에 내린 피의 재앙이 지닌 도치된 평행관계.[43]

마가복음은 "승리의 서사적인 구원 이야기로서 이야기가 예루살렘에서의 절정을 향해 치달으면서 하나님의 백성을 옥죄고 있던 모든 속박들을 하나씩 하나씩 깨뜨리고 부수고 있다." 새로운 유월절 하가다의 역할을 하고 있는 마가복음은 "선포된 구원의 이야기이다."[44]

보우만의 논지가 마가복음에 초점을 맞추고 있는 반면 마이클 굴더(Michael Goulder)는 마태복음과 누가복음이 기록된 이유가 크리스천들에게 일 년 단위의 예배용 성구-낭독집(lectionaries)을 제공하기 위한 것이라는 이론을 발전시킨다. 그러나 마가복음의 경우는 단지 반 년 간의 성구-낭독집을 제공하고 있을 뿐이다.

이 점은 마가복음의 성구-낭독집에 대한 필립 케링톤(Philip Carrington)의 이론과 상충한다. 케링톤의 이론은 마가복음의 헬라어 사본인 바티칸 사본이 제시하고 있는 48개의 단락 구분에 대한 분석에 근거를 두고 있다.

굴더는 유대 전통의 예배용 성구-낭독집을 살펴본 뒤에 토라와 역사서, 이사야와 12 선지서(예컨대 3년 주기의 달력에 따라 매년 12 선지서 중 하나씩), 성문서나 벤-시락서,역대기서에 대한 연중 낭독 목록집을 제시하고 있다. 그 다음 이상의 구약 성경과 함께 사용되는 병행 본문, 신약의 서신서와 마태복음, 누가복음에서 추출한 일 년 길이의 낭독집을 제안하고 있다. 마가복음 본문의 경우 그 주기를 반년으로 삼는 낭독집을 제안하고 있다.[45]

43) Ibid., 105-115, 147.

44) Ibid., 158, 315.

45) 이에 대한 이론과 증거는 이 책 전반에 걸쳐 전개되고 있으며, 낭독을 위한 성경구절들에 대한 요약은 307페이지에 나오는 간지 형태 종이의 Table Ⅷ (*Calendar*)에 있다.

굴더는 이 제안이 다소 파격적인 것임을 알기에 공관복음서의 기원과 관련한 진기한 이론을 고려할 때 보다 열린 자세가 필요함을 역설하면서 다음과 같이 질문한다.

> "복음서들이 현재의 형태와 순서를 띠고 있는 이유는 초대교회 당시 일 년 동안의 교훈과 지침을 제공하기 위함일 수 있다. 이 교훈은 배경상 부분적으로는 유대 전통을 띠고 있다. 그렇지만 매해 유월절과 부활절을 그 절정으로 삼을 수 있는 가능성도 있지 않은가?"

굴더는 공관복음서마다 묵시론적 강화와 수난 기사, 부활 기사로 끝을 맺고 있다는 사실에 주목하면서 다음과 같이 질문한다.

> "부활절로 이어지는 일련의 토요일 밤 행사와 축제 예배용 낭독을 위해 세 공관복음서가 기록되었을 가능성이 있지 않는가?"[46]

필자가 판단하기에 굴더 주장 중 가장 설득력 있고 확실한 부분은 복음서의 긴 섹션을 일 년을 주기로 하는 유대 전통의 축제 주간들과 연결짓는 부분이다. 예를 들어 마태복음 5-7장은 오순절과 연결되어 있다. 이것은 시내산에서 토라를 받는 것을 기념하는 유대 전통의 축제 주간(Feast of Weeks)에 상응한다. 마태복음 13장에 나오는 추수 비유는 유대 전통의 초막절 축제일(추수 축제일)과 연결되어 있다.

다우베와 보우만, 굴더의 주장(신약학계에서는 폭넓게 받아들여지고 있지는 않다)은 부분적으로는 공관복음서에 어떤 내용이 선택되고 그 내용이 어떤

---

46) Goulder, *Calendar*, ix.

순서를 지니고 있는지를 설명해 주고는 있기는 하다. 하지만 공관복음서의 독특한 구조에 대해서는 충분한 이론적 근거를 제시하자는 못한다. 요한복음의 구조에 대해서도 그렇고 *공관복음서 구조 내에서 현재적 행태의 순서*로 나열되고 있는 내용에 대해서도 그렇다. 비-정경적 복음서 구조와 상당히 다른 면이다.

바로 이 점이 예배용 성구낭송 이론의 결점이다. 공관복음서의 독특한 구조를 바르게 설명할 수 없다면 복음서마다 서로 다른 공관복음서의 단락들의 순서에 대한 굴더의 설명이 설득력 있게 받아들여질 수 있겠는가?

에반스(C. F. Evans)와 모에스너(David P. Moessner)는 부분적이기는 하지만 누가복음의 예루살렘에 이르는 중간 여정 이야기는 신명기를 따라 구성되었다고 굴더와 비슷한 맥락에서 주장한 바 있다. 굴더는 누가복음, 신명기 본문 낭송을 9월부터 11월까지 이어지는 회당의 토라 낭독과 연결지으면서 두 본문에서 수없이 상응하는 주제들을 밝힌 바 있다.[47]

이에 앞서 에반스는 누가복음의 예루살렘에 이르는 중간 여정 내러티브 전부와 신명기 사이에 놓인 본문상의 일치점을 구체적으로 제안하고 밝힌 적이 있다.[48] 에반스에게 누가복음과 신명기의 일치점이 중요한 이유는 이 일치점이 구조상 하나의 모델을 제공하기에 충분하기 때문이다. 구체적으로 말해 신명기와 누가복음 9장 51절부터 19장 44절까지 말씀은 순례 여정이라는 구조 속에 있다.

누가복음의 경우에만 해당하긴 하지만 에반스는 공관복음의 구조상 구성 가운데 있는 주요한 섹션에 대한 설명을 제공하는 기여를 한다(에반스에 대한 보다 자세한 설명을 위해 이 책 제 4장, 특별히 도표 3을 참고하라).

---

47) Ibid., 95-104.

48) C. F. Evans, "The Central Section of Luke's Gospel", in *Studies in the Gospels*, ed. D. E. Nineham (Oxford : Blackwell, 1955, 1967), 37-53.

굴더는 에반스의 제안에 주목하기는 하지만 두 책의 일치점이 구조상 유사성(순례 여정이라는 문맥)이라는 관점이 아닌 일 년 단위의 예배용 성구 낭독 중에 함께 읽힌다는 측면에서 두 본문의 역할상 연결을 중심으로 설명하고 있을 뿐이다.

그 다음 굴더는 불균형에 대해 설명한다. 그 불균형은 누가복음 9장부터 18장까지 아홉 개 장을 낭독하는 기간이 단지 3개월인 데에 반해서, 1-9장까지의 아홉 개 장은 8개월에 걸쳐 낭독한다는 점에 있다. 굴더에 따르면 이러한 불균형은 부활절에 행해지는 세례를 위해 입문자들을 교육하고, 수난 기사 전체로 이루어져 있는 열두 번째 달의 본문 낭독을 절정에 이르게 하려는 목적 때문이다.

그리스도의 제자 됨에 관한 교육에 초점을 두고 있는 예루살렘에 이르는 순례 여정 이야기는 이런 점에서 매주 세 번의 본문 낭독거리를 제공함으로써 교회의 교육적 목적을 충족시키는 셈이다. 신명기가 교육적인 의도를 지녔던 것처럼 누가복음의 예루살렘을 향한 순례 여정 기사 역시 교육적인 의도를 지닌다. "초대교회는 신명기를 택해서 교회의 교리교육의 기초로 삼았던 것이다."[49]

모에스너의 최근 연구 역시 누가는 신명기를 모델로 삼아 자신의 예루살렘 여정 기사를 구성했다고 주장한다.[50] 에반스의 제안에 미심쩍어 했던[51] 모에스너는 다음과 같은 근본적인 주제 상 유사점들을 기초로 두 책의 연결 관계를 확립하고자 했다.

(1) '순례-여정' 세팅

49) Goulder, *Calendar*, 90-94.

50) D. P. Moessner, *Lord of the Banquet : The Literary and Theological Significance of the Lukan Travel Narrative* (Minneapolis : Augsburg/Fortress, 1989).

51) Ibid., 44, n. 123.

(2) 순례하는 연회 초대 손님/배척받는 선지자로서의 예수, 이 이미지와 연결된 주제로서 주의 면전에서 먹고 즐거워하는 이미지들

(3) 모세와 예수를 하나님이 보내신 선지자로 인정하기를 거부하는 사람들의 불신과 완악함

(4) 모세와 같은 선지자이신 예수라는 구체적인 누가의 묘사(행 3:22)[52]

또한 모에스너는 누가의 순례-여정 기사는 지역상 북쪽과의 특별한 유착관계, 스데반-빌립의 신학적 전통, 사마리아 세팅 등을 특징으로 하는 목격자 전승(eyewitness tradition)을 대변하고 있다는 이론을 전개한다.[53]

모세처럼 예수는 자신의 백성을 위해 살고 죽었으며, 이 죽음은 백성들의 완고함에 의해 촉진된 것으로 죽음의 저변에는 "하나님이 뜻하셨던 바, 곧 하나님은 모세에 의해 선도되었던 출애굽 구원이 모세와 같이 고난당해 죽으심으로써 사람들에게 새 출애굽이 가능케 했던 선지자 예수의 출애굽 가운데서 절정을 이루도록 의도하셨기 때문"[54]이라는 사실이 놓여 있다. 에반스와 모에스너가 기여한 바는 상당히 분명한 증거들을 담고 있으며, 본 연구의 제 4장에서 보다 자세하게 다루어질 것이다.

몇몇 학자들이 구약의 특정한 구조상 패러다임들이 마가복음의 형성에 미친 영향에 대해 여러 이론을 제시한 바 있다. 던칸 데레트(Duncan Derrett)

---

52) Ibid., 84-187. 특별히 이러한 주제들을 하나로 통합하려는 시도를 위해서 174 이하를 주목하라. 필자가 판단하기에 Moessner의 논지가 힘을 잃게 되는 이유는 눅 11:37-54이 Moessner 자신이 누가의 중간 섹션에서 핵심적이라 생각하는, 순례 여정 중에 있는 연회 초대 손님과 배척받는 선지자라는 두 주제를 명시적으로 연결짓고 있는 유일한 본문이기 때문이다. 또한 여기서 연회를 베푸는 자가 다름 아닌 바리새인이라는 점도 문젯거리이다. Moessner가 자신의 책 176에서 제시하고 있는 도표는 그가 어떻게 서로 다른 본문들을 선택해서 자신의 요지를 주창하기 위해서 이 본문들을 한데 엮고 있는지를 잘 보여준다.

53) Ibid., 318-322.

54) Ibid., 323.

는 모세-여호수아 내러티브가 마가복음 1-12장의 이면에 놓여 있다는 점과 마가는 자신의 복음서 각각의 페리코피를 구약 내러티브의 원형을 본떠서 구성했다는 점을 증명해 보이고자 진력했다:

> 마가복음 1-12장은 출애굽기, 민수기, 여호수아서와 맞추기 위해서, 그리고 이 책들의 해석 차원에서 기록되었다. 특별히 순서상의 세밀한 부분에 초점을 맞추되 마가복음과 상충되는 부분이나 에피소드는 배제시키는 방식으로 기록되었다. 이에 반해 창세기와 신명기는 어느 정도 기정사실화하는 형태로, 희미한 배경적 역할로 머물러 있었다.[55]

또한 데레트는 마가가 초기 유대교 전통에서 행해졌던 강해-설교적 해석 원리를 따랐다고 주장한다. "마가복음의 각 단락은 설교자에게 준비된 자극제이며, 마가복음 전체는 강해-설교적이고 자극제적인 연속물이다."[56]

데레트가 제시하는 몇몇 증거에는 상당한 설득력이 있다. 본 연구는 데레트가 제시한 연결점에 대한 보다 폭넓은 구조와 보다 구체적인 이론적 근거를 제공하면서, 마가복음뿐만 아니라 공관복음의 구조적 패턴이 이스라엘의 주요 신앙 전승에 의해 영향을 받았다는 사실을 주장한다. 실제로 공관복음의 이러한 구조 하에서 갈릴리 섹션과 예루살렘에 이르는 순례-여정 섹션은 모세와 여호수아 이야기들이 담고 있는 신학적 모티프들을 크게 반향하고 있음이 분명하다.

그러나 볼프강 로트(Wolfgang Roth)는 모세와 여호수아 내러티브보다

55) J. D. M. Derrett, *The Making of Mark : The Scriptural Bases of the Earliest Gospel* (Shipston-on-Stour : Drinkwater, 1985), 24.

56) Derrett, *Making*, 24 (pp. 24-37).

확실하고 보다 설득력 있는 구조적 패러다임은 "엘리아/엘리사 내러티브로 이 내러티브가 마가복음에 대한 개념상의 모델과 이야기 모델을 제공하기 때문"이라고 주장한다.[57] 로트는 자신의 주장에 다음과 같은 다양한 증거들을 제시한다.

(1) 엘리사 내러티브와 마가복음 7장 37절 "그가 모든 것을 다 잘하였도다" 같은 사람들의 감탄이 드러난 구절에 이르기까지 엇비슷한 수효의 16개의 기적[58] - 이 구절 이후 나타나는 마가복음의 기적은 엘리사와 엘리야의 관계와 상응케 하려는 목적에서 '되풀이 되는' 모티프 맥락으로 다루어진다[59]

(2) 열왕기하 2-13장과 마가복음 1장 9절부터 11장 33절 사이의 유비적 진행 과정 - 이 과정에 따르면 선지자에게 주어지는 위임 명령은 두 본문 모두 "성전 사건들을 바른 위치에 자리매김하는 일로 이어진다"[60]

(3) 엘리야가 엘리사에 위임을 명령하는 장면은 마가복음 1장 14-15절에 나오는 세례 요한-예수 구도와 비슷하다. 동시에 성전 청결 사건에 대

---

57) W. Roth, *Hebrew Gospel: Cracking the Code of Mark* (Oak Park, Ill. : Meyer-stone Books, 1988), 19.

58) Ibid., 5-8.

59) Roth이 제시한 증거의 상당 부분이 지닌 불만족스러운 성격을 보여준다. 막 8:1-9에 나오는 4천 명을 기적적으로 먹이는 사건 이외의 기적은 결코 하나의 사건에 대한 복제라고 간주될 수 없는데, 예를 들어 막 8:21-26은 소경에 대한 최초의 치유 사건을 담고 있기 때문이다. Roth는 막 7:37 이후 여덟 가지 기적을 찾아낸 다음 이것을 엘리야의 여덟 가지 기적들과 병치시면서, 이 모델이 온전한 형태의 복제로 취급될 수 있는 또 다른 16개 사건의 경우보다 더 중요하다고 주장한다(16-17). 그러나 엘리아-엘리사 내러티브가 정말로 근본적인 패러다임이라면 왜 예수의 기적들을 동일한 엘리아-엘리사 순환구조 가운데 제시하지 못하고 있는가? 더욱이 Roth 역시 세례 요한-예수라는 순환구조가 엘리야-엘리사라는 순환구조와 평행을 이루고 있다고 주장하지 않는가? 또한 그가 막 7:37 이후에서 여덟 가지 기적을 찾아냈다고 하는 것도 논란의 여지가 있다. 이러한 주장은 A. M. Farrer의 주장과 마찬가지로 문제가 있는데, Farrer는 '12 더하기 1'이라는 기적들의 순환구조-그리고 제자들-는 마가의 구조를 구약의 12 족장이란 숫자와 연결짓고 있다는 설득력 없는 주장을 제시하고 있기 때문이다(*St. Matthew and St. Mark*, 2d ed. [Philadelphia : Westminster, 1966], 98, 206).

60) Roth, *Hebrew Gospel*, 9.

한 후속 장면인 마가복음 11장27-33절의 권위 논쟁에 대한 배경과도 일치함

(4) 엘리야-엘리사 내러티브와 마가복음 전체가 지닌 4중적 개요[61] - 필자의 견해로는 다소 자의적인 주장이긴 하지만

이상 제시된 부분적 혹은 전체적 관점에서 공관복음서 내용과 구약 본문과의 연결점에 설득력 있는 증거가 결여되어 있다는 점에서 중대한 오류를 지니고 있긴 하지만, 몇몇 모방적 차원의 문학적 연결 관계들이라는 근본적인 개념은 결코 무시하고 지나칠 수 없을 것이다.[62]

본 연구가 목표하는 바는 이러한 연결 관계가 많은 해석자들에게 의해 관찰될 수 있는지에 대한 이유를 설명하고 공관복음서의 구조적 패턴에 대한 전체적 이해를 만들어 가는 것이다. 공관복음서의 구성상의 동기에 대한 이론으로서의 이러한 연결 관계가 일반적으로 설득력을 지니지 못하는 것이 사실이지만 공관복음서와 구약 본문들 사이의 일치점들은 '이야기를 형성하는 이야기'라는 보다 큰 그림, 곧 보다 깊은 차원에 놓여 있음이 분명하다.

---

61) Ibid., 24-25. 필자는 마가복음에 대한 다음과 같은 Roth의 섹션 구분을 지지하는 그 어떠한 문학적 내러티브 연구나 내러티브 구조에 관한 연구를 들어본 적이 없다: 막 1:1-13; 1:14-7:37; 8:1-15:39; 15:40-16:8. 7:37과 8:1 사이의 구분은 수많은 본문상의 문학적 암시와 실마리를 무시하는 처사이며, 이러한 암시와 실마리는 대부분의 주석이 지적하고 있는 바이다.

62) 누가의 예루살렘을 향한 중간 여정 이야기가 신명기에 의존하고 있다는 점은 이들 중 가장 설득력 있는 것임이 분명하다. 마가복음에 대한 Derrett의 제안은 일반적으로는 설득력이 있지만, 단락별 연결 시도는 그렇지 못하다. 본 연구는 보다 폭넓은 고려 사항을 포함하는 관점을 추구한다. 그 고려 사항이란 왜 이런 유형의 연결들은 주목되면서도 문학적 모델의 이론만큼 그렇게 설득력이 없는가를 잘 설명해 줄 수 있는 고려 사항으로, 신앙 전승-역사와 신학적인 모티프들과 같은 것들을 포함한다. 마가복음에 적용될 수 있는 문학적 모델에 대한 보다 폭 넓은 논의를 위해 다음을 보라: V. K. Robbins, *Jesus the Teacherb : A Socio-Rhetorical Interpretation of Mark* (Philadelphia : Fortress, 1984).

## 연구방법론과 신학적 관점을 찾아서

본 연구는 보다 일반적인 의미에서 신약 학계의 연구 업적에 의존하면서 연구의 방법론적 토대를 다음과 같은 현금의 세 가지 해석방법론의 결집된 형태에 두고자 한다.

(1) 정경비평

(2) '전승의 흐름'이라는 의미에서의 전승 역사(이하의 설명과 2장을 참조하라)

(3) 구성 분석과 내러티브 분석

그러므로 본 연구는 구약의 주요한 신앙 전승이 정경적 형태의 공관복음 전승에 끼쳤던 구성적 차원의 영향을 증명해 보이고자 한다는 점에서 전승사 비평의 통찰력을 사용한다. 공관복음서에 대한 참신한 연구에 기여한다는 점에서 본 연구는 이스라엘의 신앙 전승에 대해서 이미 이루어진 학문적 업적에 의존할 것이다.

또한 본 연구는 구성 비평과 내러티브 비평의 성향을 지닌다. 공관복음서에 대한 본 연구의 이해가 구성 분석과 내러티브 분석을 중점적으로 사용하는 구조적 연구에서 기인한 개념에 크게 의존하기 때문이다.

공관복음서에 대한 이해를 크게 진작시켜왔던 수많은 편집 비평적 관점의 연구가 없었다면 비교적 얼마 되지 않은 연구방법인 구성 비평과 구조주의적 해석방법, 내러티브 분석 등의 연구방법들은 아마도 지금과 같은 내실 있는 방법이 되지 못했을 것이다. 정말로 이와 같은 다양한 연구방법은 성경 연구에 대한 문학적 패러다임을 중심으로 한 상호보완적 요소로 사용되어야 마땅하다.

본 연구의 진행 과정과 추구하는 목표는 방법론적 중요성과 신학적 중요성을 지니고 있는 두 요소에 달려 있다. 첫 번째는 성경의 정경적 형태와 전승-담지자인 신앙 공동체들 사이의 상호작용이라는 요소로서, 특별히 신앙 공동체 안에서 성경은 정경적 형태를 얻게 된 것으로 여겨진다. 두 번째는 연구 방법으로서의 구성-내러티브 분석과 성경의 정경적 형태, 특별히 정경적 형태의 공관복음서의 구조가 지닌 신학적 중요성 사이의 상호작용이라는 요소이다.

### 정경적 형태와 전승-역사

차일즈(Brevard Childs)는 성경이 지닌 최종적 정경 형태의 중요성에 관심을 기울였다. 차일즈의 기여가 여러 점에서 인정되지만, 필자는 본 연구에서 중요시되는 다음의 세 가지만을 다루고자 한다.

1. 특정한 전승들은 후대에 가서 정경이라는 문헌 형태의 발전 과정에서 기억되어 전수되고, 문헌 형성상의 중요한 동력과 추진력으로 가치가 인정되기에 소중한 자신으로 받아들여졌다. 이 점을 차일즈는 다음과 같이 설명한다.

> 정경이라는 이슈가 특정한 전승들이 신앙과 실천 공동체에 끼친 권위적인 역할의 문제로 귀착되는 것을 주목할 필요가 있다. 확정된 거룩한 문헌으로 이루어진 정경 발전의 역사적 과정에는 일종의 유기적인 연속성, 즉 신약의 최초 단계로부터 시작해서 신약 범주에 대한 최종적 정경 확정에 이르기까지의 일관된 연속성이 존재한다.[63]

그러나 본 연구는 "신약의 최초 단계로부터 시작해서 신약 범주에 대한

63) B. S. Childs, *The New Testament as Canon : An Introduction* (Philadelphia : Fortress, 1984), 21.

최종적 정경 확정에 이르기까지의" 진행 과정에 초점을 두지 않는다. 구약의 신학적 전승들이 최종적 형태라는 관점에서 진행 과정에 어떠한 영향을 미쳤는가에 초점을 두고 그것을 중점적으로 살펴본다.

이런 점에서 본 연구는 제임스 샌더스(J. A. Sanders)보다는 차일즈가 말하는 정경 비평 쪽에 가깝다고 할 수 있다. 정경이 형성되는 과정을 강조하는 샌더스는 해석학적 측면에 관심을 두며, 정경 비평이라는 표현을 선호한다. 이에 반해 차일즈는 이러한 움직임을 경계한다. 우리의 해석 원리가 정경 과정에서 파생한다고 생각하는 것은 정경적 형태와 내용을 우리의 사고와 삶에 대한 교회 권위의 토대로 받아들이기보다는 우리 자신을 정경-형성 차원으로 부각시키는 것이기 때문이다.[64)]

차일즈의 일차적 관심은 성경 연구가 성경의 최종적 정경 형태에 더 많은 관심을 기울여야 하며, 교회의 신앙과 행동을 형성하는 데에 정경적 형태가 권위의 원천이라는 사실을 인식시키는 데 있다.

그러나 샌더스는 정경화 과정에 있는 전승-전수의 역할과 관련해 차일즈와 비슷한 입장을 취하긴 하지만 성경 본문을 이해하기 위해 사용하는 석의와 해석원리에 정경화 과정이 갖는 중요성에 더 큰 강조를 둔다. 다음에서 이러한 샌더스의 견해를 확인할 수 있다.

> 정경 비평의 주요한 요소 중 하나가 연구 대상인 성경 본문 속에서 두 가지 유형의 '선행' 자료를 찾아내고 규명하는 일이다. 우선 본문에서 요청되거나 반영되는 신앙 공동체의 전승이나 보편적인 지혜 전승을 찾아야 한다. 다시 말해 본문 해석자는 토착 전승과 외래 전승을 찾아 나서야 한다. 이것이 (서론적 석의 작업이 이루어진 후에 행해지는) 정경 비평의 첫 번째 단계이다. 두

64) 이 이슈들이 본 연구에 끼치는 영향에 대한 보다 자세한 논의를 위해 이 책의 제 7장 (각주 65-70)을 보라.

번째 단계는 이렇게 해서 규명된 전승이 어떠한 해석 원리에 따라 본문에서 기능하는지를 살피는 것이다. 또한 어떻게 이 전승이 채택되어 공동체의 주도적인 신앙으로 표출되었으며, 공동체 내에서 새로운 의미를 지니게 되었는가를 살피는 일이다.[65)]

본 연구는 샌더스의 제안을 이용해 공관복음서에 있는 토착적 신앙전승에 초점을 맞추는데, 이 신앙전승은 신약 형성기의 신앙공동체가 이스라엘 대한 하나님의 언약 관계 속에 있는 자신들의 유산으로부터 가져온 것들이다. 동일한 맥락에서 차일즈의 강조점을 반영하는 본 연구는 신약 형성기의 신앙공동체의 신앙 전승이 예수에 대한 공관복음서의 묘사와 기술에 결정적인 영향을 끼쳤음을 보여주고 있다.

한 걸음 더 나아가 본 연구는 단순히 구약 본문의 인용이나 암시에 대한 복음서의 용례 —이상에서 주목한 바 있듯이 이것은 신약 학계에서 중요하고도 폭넓게 인식되는 연구 대상이다— 에 초점을 두지 않는다. 대신에 공관복음서의 형태(*Gestalt*) 그 자체, 혹은 구조상의 형태에 초점을 둔다.

본 연구는 공관복음서의 구조상 형태와 패턴을 살펴봄으로써 공관복음서가 어떻게 구약의 주요 신앙 전승에 의해서 형성되었는가를 이해하고자 한다. 특별히 예수 사건의 의미를 설명하기 위해 전승들을 사용하는데 당시 복음서 공동체의 신앙-정체성을 형성했던 구약 전승들이 공관복음의 구조와 패턴에 어떠한 영향을 끼쳤는가를 살펴볼 것이다.[66)]

---

65) J. A. Sanders, *Canon and Community : A Guide to Canonical Criticism* (Philadelphia : Fortress, 1984), 47.

66) Odil Hannes Steck은 우리는 '전승의 흐름'이란 구조 속에서 생각한다는 제안을 하는데, 이 제안은 본 연구의 접근 방식을 잘 설명해준다. Steck은 본문상의 용례보다 폭넓게 생각해야 하며, 나아가 지속적으로 나타나는 확장적인 개념상의 강조점들이 내용에 영향을 미치는 방식뿐만 아니라 저작의 형태에 영향을 미치는 방식을 함께 생각해야 한다고 말한다. 이에 대한 예로서 Steck은 지혜 전승과 예루살렘 제의 전승을 인용한다. 그의 창의적이고도 유용한 다음의 글을 보라:

그러나 중요한 사실은 예수에 의해 형성된 새로운 신앙-정체성이 없었다면 복음서는 존재할 수 없었다는 점이다.

2. 공관복음서에 나타난 예수에 대한 이야기들은 초대교회에 내에서 현존했던 예수 전승과 정경적 형태의 히브리 성경 문헌을 형성했던 초기 신앙 전승에 의해 형성되었다. 차일즈는 신약 정경의 형성과 관련해 자세한 설명을 덧붙인다.[67] 그 논리는 신약 정경의 형성을 넘어서 신약 공동체가 이스라엘의 신앙 경험에서 신앙 유산으로 받아들인 신앙 전승으로까지 나아간다.

> 전해 받은 전승의 객관적인 통로가 아니었던 신약의 전승자들, 저자들, 편집자들은 전승의 선택과 형성, 전수 과정을 통해서 전해진 자료에 대한 포괄적인 이해에 중대한 영향을 미쳤다. 이 과정의 핵심에는 변증법적인 움직임이 놓여 있었다. 다시 말해서 이 움직임 속에서 당시 형성 과정 중에 있던 신약의 전승자들은 그들이 성경적 규범으로 전수하고, 선택하고, 형성해 갔던 전승 자료의 내용에 의해 본인 자신이 새롭게 형성되어 갔다는 뜻이다.[68]

월터 래스트(Walter Rast)는 이러한 사실을 본문 연구를 통해 증명해 보

---

"Theological Streams of Tradition", in *Tradition and Theology in the Old Testament*, ed. D. A. Knight (Philadelphia : Fortress, 1977), 183-214 (197-198).

67) Hartmut Gese는 구약 내에서 전승의 발전과 이 발전이 구약의 최종적 형태에 미치는 영향을 설명하면서 동일한 요지를 말한다. Gese는 먼저 '전체의 형성'(formation of a totality) 혹은 '전체를 향한 성장'(growth toward a whole)을 설명한 다음 "정경화는 전승 형성의 최종적 결과다"라고 말하고 있다. 보다 자세한 설명을 위해 다음의 그의 글을 보라: "Tradition and Biblical Theology", in *Tradition and Theology*, ed. D. A. Knight, 301-326 (315-317).

68) Childs, *Canon*, 22.

인다. 래스는 먼저 '방법론과 신학'(Method and Theology)이라는 성찰에서 다음과 같이 말한다. 성경 전반에 걸쳐 나타나는 출애굽 신앙 전승의 영향을 설파한 글이다.

> 구약 신학은 하나님의 말씀과 행하신 일들을 받아들이며 반응하는 이스라엘 자신의 독특한 방식에서 생겨난다. 이스라엘과 함께 했던 하나님의 방식에 대한 오래된 주제들이 보다 후대에 가서 새로운 방식으로 채택되고 받아들여지는 과정은 하나님에 대한 구약 자체의 고백들을 이해하는 방식 그 자체를 보여준다.[69)]

동일한 맥락에서 하르트무트 게제(Hartmut Gese)는 시내산 전승에서 시온 전승에 이르는 연구에서 구약과 신약은 구약의 전승-내용이 담고 있는 목표(τέλος)에 의해 연결된다고 제안한다. 게제는 신약 신학, 보다 구체적으로 말해 신약 기독론은 히브리 성경 신학의 현현(*Geschehen*)이라고 간주한다. 신약은 단순히 구약 신학의 첨가 부분이 아니라 구약의 신학을 담고 있다는 뜻이다. 그러기에 계시적 과정은 존재론적이며, 존재론적 과정에서 예수의 죽음과 부활이 절정을 이룬다.[70)]

포스터 맥컬리(Foster R. McCurley)의 저작에는[71)] 기본적인 종교 개념(질서 대 혼돈, 신적인 성적 특질과 인간적인 성적 특질, 거룩한 산 등등)이 연속성 요소를 담고 있긴 하지만 그럼에도 불구하고 어떻게 엄청난 변화를 거치는가를 보여준다. 또한 전통을 담지하는 것과 전통을 형성하는 것 사이의 상호작용이 오랜 시간에 걸쳐 기존의 개념에 미치는 영향에 대해서도 말하고 있

69) W. E. Rast, *Tradition History and the Old Testament* (Philadelphia : Fortress, 1972), 72.
70) H. Gese, *Vom Sinai zum Zion* (Munich : Chr. Kaiser, 1974), 30.
71) F. R. McCurley, *Ancient Myths and Biblical Faith : Scriptural Transformations* (Philadelphia : Fortress, 1983).

다. 그리고 샌더스가 주목한 바 있던 다음과 같은 이중적 형태의 영향에 대해서도 예증해 보인다.

(1) 토착적 전승의 영향과 외래적 전승의 영향 모두가 중요하다.

(2) 두 영향 사이의 변증법적 진행 과정 속에 있는 마찰적 요소들은 특정한 형태의 결말이나 해결점으로 형성되어 나가게 되며, 결국 공동체의 지속적인 신앙 정체성을 형성하는 데 기여한다.[72)]

3. 현재의 정경 문헌들 각각의 책들뿐만 아니라 정경 전체의 의미는 각각의 책과 정경 전체의 원래적이고도 특정한 역사적 중요성을 뛰어넘는 초월적 성격을 지닌다. 이러한 초월적 성격은 역사적 연구와 문학적 연구에 대한 통제력을 벗어 던지라는 경적을 의미하지 않는다.

오히려 이 성격은, 신앙 공동체의 임무인 전통을 담지하는 일과 전통을 형성하는 일이 용인될 수 있는 다양성의 한계를 가지치기하는 기준으로서의 정경에 종속되어 있긴 하지만[73)] 이러한 기준이 되는 정경 그 자체를 넘

72) Northrop Frye은 자신의 위대한 저작인 *The Great Code: The Bible and Literature* (New York/London: Harcourt Brace Jovanovich, 1982)에서 담대하고도 매크로-주제적 방식으로 정경-내 성찰에서 잠재적으로 드러나는 연속성이란 줄기와 정경적 완성이란 의미를 대변해준다. 이 책은 전승을 담지한다는 것과 전승을 새롭게 변화시킨다는 두 역할은 역동적인 변증적 관계로 진행된다고 말한다. Frye의 제안이 보통의 신약 성경의 내러티브 분석의 한계를 넘어서고 있지만, 그가 본문 속에서 발견한 바들을 부정하기는 쉽지 않다. 특히 우리가 본문의 의미가 저자의 의도나 원래의 역사적 상황에 국한되지 않는다는 점을 인정할 경우 더욱 그렇다. Frye는 1930년대의 '신 비평'(new criticism)과 자신이 사용한 신화비평으로부터 생겨나게 된 이러한 견해, 즉 본문의 의미가 저자의 의도와 원래의 역사적 상황에 국한되지 않는다는 견해를 받아들이고 있다. 필자는 부분적으로 이 견해에 동의하지만, 저자의 의도에 대한 우리의 이해를 보다 확장시킬 필요가 있다고 생각한다. 다시 말해서 저자의 의도를 저자가 저술하던 순간에 지녔던 저자의 의식의 특정한 시점으로 국한시킬 것이 아니라 저자를 전승의 담지자로 인식하고, 의미를 저자의 특정한 시점과 상황을 넘어서는 것으로 인식할 필요가 있다는 뜻이다. 항상 저자란 자의식적으로 보다 큰 의미에 기여하는 입장에 서 있는 사람이다.

73) 정경의 이중적 역할의 발전과 성숙에 대해서 다음을 참조하라: J. H. Yoder, "The Authority of

어서 계속 이어져 간다는 점을 강력하게 암시한다.

또한 텍스트의 의미가 텍스트를 낳게 했던 역사적 사건의 의미를 초월한다고 주장하는 것이 사건의 해석자가 텍스트의 의미를 만들어 낸다는 것을 결코 의미하지 않는다.[74] 텍스트는 특정한 전승을 담지하고 있는 큰 흐름에 속해 있다는 바로 그 이유 때문에 텍스트가 석의의 핵심 부분에 놓여 있으며, 해석의 원리의 핵심 부분을 차지하고 있는 것이다.

해석자의 임무는 현재 정경적 형태로 놓여있는 텍스트의 의미를 파악하되 텍스트와 텍스트의 정경-이전의 궤적을 낳게 했던 역사적 정황에 대한 지식은 텍스트의 의미를 밝혀줄 것이라는 역설을 받아들이는 것이다. 이와 동시에 정경의 역할을 하고 있는 문학적 내러티브로서의 텍스트가 지닌 지속적인 의미는 역사적 사건의 본래의 역사적 의미를 초월한다는 점도 인정해야 할 것이다.[75]

---

the Canon", 265-90, and W. M. Swartley, "Beyond the Historical-Critical Method", 246-248, both in *Essays on Biblical Interpretation : Anabaptist-Mennonite Perspectives*, ed. W. M. Swartley (Elkhart, Ind. : Institute of Mennonite Studies, 1984).

74) Mary Ann Tolbert는 "의미는 텍스트와 독자 사이의 상호작용 속에서 생겨난다"고 바르게 지적했다. 텍스트는 "독자를 바르게 인도할 수 있는 구조와 실마리를 제공하며" 독자는 텍스트 안에 있는 틈과 공백들을 채워야 한다. 독자는 "텍스트에 의해 통제 받는 동시에 텍스트에서 자유롭다. 텍스트는 독자에게 하나의 역할을 부여하지만, 각각의 독자들은 역사적 혹은 개인적인 상황에 따라 역할을 서로 다르게 감당하기 때문이다"(*Sowing the Gospel : Mark's World in Literary-Historical Perspective* [Minneapolis : Augsburg/Fortress, 1989], 52). 필자가 판단하기에 비록 독자는 텍스트의 의도된 의미(들)에 우선권을 부여해야 하지만, 해석의 역사를 보면 개인적, 역사적, 문화적 상황이 얼마나 크게 해석에 영향을 미치고 있는지를 알 수 있다 (참조. W. M. Swartley, *Slavery, Sabbath, War and Women : Case Issues in Biblical Interpretation* [Scottdale, Penn. : Herald, 1983]).

75) 이 점을 Childs는 다음과 같이 잘 표현한다: "정경적 형성의 역할은 정확히 말하자면 때때로 텍스트를 어떤 특정한 역사적 정황으로부터 벗어나게 하며 원래의 독자들을 초월하게 하는 일이다. 정경의 편집자들이 자신의 족적을 숨기고 대개의 경우 자신의 역사적 정체성을 감추는 경향을 보였다는 바로 그 사실이 역사적 재구성이란 해석 모델이 지닌 위험성을 말해준다"(*Canon*, 23). 이런 점에서 Childs는 '정경적 위치의 텍스트'를 전승을 최초에 모은 자들의 특정한 역사적 단계와 연계시키는 Barr, Dunn, Brown과 의견을 달리한다.

## 내러티브 분석과 구조의 신학적 중요성

공관복음서의 구성 분석과 내러티브 분석에 대한 수많은 학자들의 기여와 업적을 사용함과 동시에 본 연구 자체의 통찰력을 보여주는 이 책은 공관복음서 각각의 전체적 구조를 파악하면서 이 구조가 어떻게 내러티브의 특정한 강세들을 담지하는가를 보여주고자 진력한다.

내러티브 분석이 복음서 연구에 아주 적합한 해석 방식이라는 사실이 널리 인식되고 있다.[76] 반면 본 연구의 독특한 측면은 구약의 주요 신학적 전승이 문학적 저작인 공관복음서의 구성과 내러티브 형식에 영향을 끼쳤다는 점을 예증하고 있다는 점이다. 본 연구는 최근의 수많은 연구, 특별히 로즈(Rhoads), 컬페퍼(Culpepper), 테너힐(Tannehill), 톨버트(Tolbert)과 함께 내러티브 비평에 일차적인 관심을 집중하고 있다.[77] 이 비평이론에 따르면 의미는 텍스트의 내러티브 세계를 분석함으로써 파악될 수 있다고 본다.

그렇다고 내러티브 해석방법론이 역사-비평적 연구와 전승-역사 해석방법론과는 동떨어진 고아처럼 취급되어서는 안 된다. 해석의 선조와도 같

---

76) A. Wilder는 몇 년 전 다음의 저작에서 이 점을 분명하게 밝힌 바 있다: *Early Christian Rhetoric : The Language of the Gospel* (New York : Harper & Row, 1964), xxv. 또한 이 점에 대한 J.Donahue의 최근의 진술을 위해 다음을 보라: *The Gospel in Parable : Metaphor, Narrative, and Theology in the Synoptic Gospels* (Philadelphia : Fortress, 1988), 25.

77) 내러티브(서사) 비평에 대한 설명을 위해 다음을 참조하라: D. Rhoads, "Narrative Criticism and the Gospel of Mark", *JAAR50* (1982), 411-434; Tolbert, *Sowing*, 90-108; S. D. Moore, *Literary Criticism and the Gospels : The Theoretical Challenge*(New Haven, Conn : Yale University, 1989), 41-68. 보다 폭 넓은 관점의 설명을 위해서는 다음을 보라: M. Bal, *Narratology : Introduction to the Theology of Narrative*(Toronto : University of Toronto, 1985); W. C. Booth, *The Rhetoric of Fiction*, 2d ed. (Chicago : University of Chicago, 1983); S. Chatman, *Story and Discourse : Narrative Structure in Fiction and Flim* (Ithaca, N.Y. : Cornell University, 1980). 내러티브 비평을 복음서 연구에 대표적으로 적용한 예들은 다음과 같다:Rhoads and Michie, *Mark as Story*; R. C. Tannehill, *The Narrative unity of Luke-Acts : A Literary Interpretation*, vol. 1 (Philadelphia : Fortress, 1986); R. A. Culpepper, *Anatomy of the Fourth Gospel* (Philadelphia : Fortress, 1983).

은 앞선 해석방법론이기 때문이다. 내러티브는 본향과 같은 원천을 갖고 있다.

구체적으로 말해 내러티브가 지닌 의미와 중요성의 온전한 잠재성은 내러티브를 그 자체적 관점에서 의미를 담지하고 있는 대상으로 볼 때뿐만 아니라 특정한 기원과 배경에 의해서 형성된 사회적이고 역사적이며 생물학적인 객체로 볼 때 비로소 파악될 수 있다는 뜻이다. 그러기에 내러티브 연구의 경우 부모, 동기간의 관계, 자녀들에 관한 질문들은 내러티브의 온전한 의미에 대한 우리의 이해에 기여한다.

이와 동일한 맥락에서 내러티브 연구는 일차적인 관심이 공관복음서의 내러티브에 있긴 하지만, 순수한 면에서 성경 본문에 대한 전승-역사 연구와 배경 연구에 의존하고 있음이 사실이다. 또한 내러티브 연구는 복음서 내러티브에 대한 연구를 수 세기에 걸쳐서 구전 혹은 문서의 형태로 신앙 공동체에 의해 전해 내려온 신앙 전승들에 대한 연구와 연결짓고자 진력한다. 성경 내러티브의 경우 전승의 강은 깊이 흐르며, 새로운 모든 세대에 대한 샘솟는 듯한 신선함의 역할을 한다.

본 연구는 전승-역사 연구와 구성 분석 방법을 결합시킴으로써 책간-본문 연구 (intertextuality, 아래 코트[Kort]의 주장을 참조하라)와 책내-본문 연구(intratextuality)의 중요성을 추구하고자 하는 지속적인 노력으로부터 생겨나는 통찰력을 예증할 것이다. 특별히 책간-본문 연구와 책내-본문 연구를 통해 의미는 사용되는 특정한 언어와 이 언어가 대변하는 전승에 의해 전달된다고 판단 내릴 것이다.[78)]

78) 책간-연구(intertextual)가 본 저서의 연구 방법을 가리키는 반면에, 본 연구가 저자와 독자들에게 요구하는 시간과 노력에 대한 헌신은 책내-연구 방식에 관한 헌신의 일환이다. 즉 본 연구가 독자들에게 성경 내러티브와 성경 이미지, 성경의 상징적 의미를 담는 구조에 자신의 사고와 삶을 깊이 침륜시킬 것을 요구한다는 뜻이다. 이러한 책내-연구 방식에 대한 헌신에 관해서는 다음을 보라: G. A. Lindbeck, *The Narrative of Doctrine : Religion and Theology in a Postliberal Age* (Philadelphia : Westminster, 1984), 113-124.

웨슬리 코트(Wesley A. Kort)는 내러티브 분석이 다음의 네 가지 상이한 문학적 해석 방법 중 하나를 의미한다는 점을 보여준 바 있다.

(1) 신화 비평

(2) 구조 분석(여기서 코트가 의미한 바는 구조주의이다)[79]

(3) 비평적 해석학(필자의 견해로는 가다머[Gadamer]와 리쾨르[Ricoeur]의 저작에 대한 그리 만족스럽지 못한 호칭이다)

(4) 구성 비평

코트는 네 가지 유형 중에서 마지막 유형인 구성 비평을 로버트 알터(Robert Alter)의 저작인 *The Art of Biblical Narrative*와 프랭크 커모드(Frank Kermode)의 저작인 *The Genesis of Secrecy*를 통해 예증하고 있

79) 구조주의 해석방법은 구성 분석에 유용한 통찰을 제공한다. 이 점을 E. S. Malbon은 마가복음에 대한 자신의 두 글에서 잘 보여준다: "Galilee and Jerusalem : History and Literature in Marcan Interpretation", *CBQ* 442 (1982), 242-255; "The Jesus of Mark and the Sea of Galilee", *JBL* 103 (1984), 363-377. 이 두 글은 텍스트 분석에 구조주의 해석방법을 의미 있게 사용하고 있음을 증명해 준다. 또한 Malbon는 다음의 책에서 구조주의 해석방법을 마가복음에 보다 포괄적으로 적용하고 있다: *Narrative Space and Mythic Meaning in Mark* (San Francisco : Harper &Row, 1986). 이 책은 잘 분석해서 드러난 구조가 어떻게 의미를 드러내고 있는가를 예증해 보여준다. Malbon이 발견한 바의 결과는 본 연구에서 사용되는 구성 분석 통찰과 일맥상통한다. 또한 Malbon의 글인 "Structuralism, Hermeneutics, and Contextual Meaning" (*JBL* 51/2, 1983, 207-220) 역시 구조주의 해석방법이나 해석학적인 방법론으로 본문 석의를 하는 사람들이 동일한 해석방법론 내에서 다른 해석의 목표들(예를 들어 철학이나 이론)에 관심을 기울이고 있는 사람들보다 어떻게 서로에게 더 근접한지를 보여준다. Malbon의 해석방법의 경우와 달리, C. W. Hedrick의 다음 글은 구조주의 해석방법의 부적절한 사용의 예를 대변해 준다: "What Is a Gospel? Geography, Time, and Narrative Structure" *Persp Rel Stud* 10 [March 1983], 255-268. Hedrick은 마가복음에 있는 시간적이고 공간적인 '표지'에 대한 형식상의 고려들로 자신의 해석방식을 제한시킴으로써 예수께서 유대 지경에 도달하신 것(10:1)을 구조상으로 결정적인 것으로 취급하고 있다. 그럼으로써 8:27-10:52 전반에 걸친 중요한 세 번의 수난 예고와 일곱 번에 걸쳐 전략적으로 나타나고 있는 ὁδὸς의 용례들을 평가절하 한다. 이런 점에서 우리는 어떤 해석방법을 사용할 것인가를 생각해야 할 뿐만 아니라 선정한 해석방법을 어떻게 포괄적으로 적용할 것인가를 진지하게 생각해야 할 것이다.

다.[80] 코트에 따르면 구성 비평이 강조하는 바는 본 연구와 잘 들어맞는데 특별히 다음의 경우에 있어서 그렇다.

(1) 자료 선택의 원리

(2) 종종 저자가 작품의 이면으로 사라지는 것을 의미하는 저자와 문학적 기교의 정교한 결합

(3) 저자의 의도는 내러티브 속에 표면적으로 의미하는 바보다 더 큰 의미를 만들어내는 것이라는 견해, 즉 그 끝을 모르는 함축적인 의미로 가득 찬 내러티브를 창출해 내는 것이라는 견해[81]

롤랜드 프라이(Roland Frye)는 복음서에 담긴 내러티브의 통일성을 규명하고자 노력하면서 복음서 각각의 내러티브에서 핵심적 사건, 곧 대단원을 찾고자 한다.[82] 주목할 만한 사실은 각각의 복음서가 페리코피들의 선택과 배열에서 서로 서로 다른 차이점을 지니는 데에도 불구하고, 핵심적 사건인 대단원의 경우는 각각의 공관복음서마다 동일하다는 것을 발견했다는 점이다.

다시 말해 각각의 공관복음서는 구체적인 내용에서는 서로 다르지만

---

80) W. A. Kort, *Story, Text, and Scripture : Literary Interests in Biblical Narrative* (University Park, Penn./London : Penn State University, 1988), 50-96.

81) Kort, *Story*, 86, 90, 94(위 본문의 인용은 94페이지에 기인한다). Kort의 이상의 분류는 비록 유용하기는 하지만 동시에 한계를 지닌다. 그 이유는 이상의 네 범주가 지닌 강세와 절차가 반드시 배타적이지는 않기 때문이다. 예를 들어 신화 비평의 요소는 구성 비평으로 통합될 수 있으며, 이 점은 구조주의 분석과 비평적 해석학의 경우도 마찬가지이다. 그러나 구조주의 분석과 비평적 해석학은 해석의 방법이라기보다는 텍스트와 언어의 철학에 보다 더 가깝다고 할 수 있다. Kort 자신이 내러티브성(narrativity)보다 본문성(textuality)을 선호하는 이유(4-5장)가 우리의 관심을 끈다. 그러나 본 연구는 이 둘의 혼용을 보여준다.

82) "The Jesus of the Gospels : Approaches Through Narrative Structure" in *From Faith to Faith : Essays in Honor of Donald G. Miller*, ed. D. Y. Hadidian (PMS 31; Pittsburgh : Pickwick, 1979), 75-89.

이야기 전체, 즉 각각의 복음서 전체와의 관계에서 개별적인 단락이 지닌 역할상의 중요성은 놀랄 정도로 유사하다는 뜻이다.

그 다음 프라이는 마태복음과 누가복음에 묘사된 예수의 시험 장면을 서로 비교한다. 그리고 두 복음서가 지닌 상이한 편집상의 관심에도 불구하고 시험 장면 이야기와 보다 큰 차원의 복음서 이야기들의 역할이 놀랄 정도로 똑같다는 점을 예증해 보인다.

이와 마찬가지로 이스라엘의 기본적인 신앙 전승 역시 공관복음서에서 유사한 구조상의 역할과 의미-담지적인 역할을 한다. 각각의 공관복음서가 구약의 신앙 전승에서 서로 상이한 차원의 의미와 중요성을 발전시키고 있지만 말이다.

## 내러티브 분석과 전승-역사

성경의 정경적 형태가 단지 전승-역사의 과정과 성과에 연계되는 것은 아니다. 내러티브 분석 역시 정경상의 본문의 종교적 혹은 신학적 의미를 확정함에 필요한 구조의 중요성을 보여주며, 한 걸음 더 나아가 내러티브 분석 그 자체는 내러티브 속에 있는 전승의 중요성에 대한 성찰을 촉구한다.

본 연구는 내러티브 분석과 전승 역사 사이의 본질적인 관계에 대한 보다 확장된 예증을 제공해 준다. 본 연구는 내러티브 분석이 구조의 중요성을 설명하는 반면에, 구조 이면에 놓여 있는 전승은 상당할 정도로 본문의 종교적 의미를 결정한다는 점을 보여준다.

본문의 종교적 의미는 성경적 의미, 혹은 정경적 의미 혹은 신학적 의미 등등으로 다양하게 표현될 수 있다. 이렇게 본문의 의미에 대해서 다양한 용어가 사용된다는 것은 권위라는 개념을 내포하고 있다는 뜻이며, 이런 점에서 다양한 용어는 믿는 자들, 곧 과거와 지금 모두 본문이 주창하는 바들에 자신의 삶을 헌신하는 자들인, 믿는 자들의 공동체 속에서 신앙을

형성하고 이루어가는 데에 본문이 어떤 방식으로 역할을 하는가를 말해 준다.[83)]

이런 점에서 내러티브는 신앙 공동체의 정체성에 대해 증언하고 있으며, 한 걸음 더 나아가 공동체 자신의 신앙-이해와 자아-정의라는 맥락에서 공동체의 정체성을 발전시켜 나간다. 이 과정에서 내러티브는 종교적 의미를 만들어내고 전달하며, *'성경'*(scripture)으로서 역할을 하는 것이다. 내러티브가 이런 방식으로 기능할 때에 내러티브는 삶에 대한 권위를 제공함으로써 정경으로서의 지위를 얻게 된다.[84)]

이 과정에서 내러티브의 특정한 구조는 믿음을 증진시키는 역할을 한다. 내러티브의 구조는 내러티브를 만들어낸 사람들의 신앙 전승에 기초하는데, 이러한 내러티브는 다시 내러티브를 만들어낸 사람들의 믿음을 형성하는 역할을 한다.

우리는 일종의 연속적인 의존 관계를 볼 수 있다. 즉 성경은 내러티브에 의존하며, 내러티브는 내러티브 구조에 의존하고, 내러티브 구조는 신앙 전승에 의존하는데, 특별히 신앙전승은 성경으로서의 내러티브를 소유하

---

83) 정경의 발전에 대한 W. R. Farmer의 저작이 이 점을 독특하고도 인상적인 방식으로 잘 드러내준다. 이에 관해 다음을 보라: *Jesus and the Gospel : Tradition, Scripture, and Canon* (Philadelphia : Fortress, 1982), 165-221; Farmer and D. M. Frtkasfalvy, *The Formation of the New Testament Canon : An Ecumenical Approach* (New York/Ramsey/Toronto : Paulist, 1985), 9-40.

84) 텍스트가 지닌 종교적인, 혹은 성경적 의미에 대한 다음의 두 논의가 의미심장하고도 도전적이다: *BiblicalInterpretation of the Bible* (New York : Oxford University, 1988)라는 저서에서 R. Morgan은 J. Barton과 함께 성경 텍스트가 지닌 종교적인 의미에 관심을 집중하는데, 여기서 종교적 의미란 역사적 혹은 문학적 의미와는 다른 의미이다(21-43). W. C. Smith는 성경에 대한 역사적 연구는 성경-이전 국면(pre-scriptural phase)이며, 새롭게 주창되는 문학적 해석방법은 성경-이후 국면(post-scriptural phase)이라고 제안한다. 이 두 국면 모두에서 "성경은 초월적인 발광체의 역할을 하지 못하고 있으며 … 학자들인 우리는 사실상 성경이 무엇인지에 대한 이해를 갖고 있지 못하다. 우리는 성경으로서의 텍스트를 다루는 법을 알지 못하고 있다" ("Scripture as Form and Concep t: Their Emergence for the Western World", in *Rethinking Scripture*, ed. Miriam Levering [Albany, N.Y. : State University, 1989], 45-46).

는 사람들, 즉 이 내러티브를 *성경*이라 주창하고 이 내러티브에 따라 사는 사람들의 종교적인 경험에서 발전되는 순환적 관계를 지닌다.

이런 점에서 내러티브 분석과 전승 역사을 경쟁적인 해석방법론이 아닌 상호보완적인 관계로 보아야 한다. 다시 말해 텍스트를 창으로 보아야 할 것인가 아니면 텍스트를 거울로 보아야 할 것인가 하는 둘 사이의 선택은 잘못 이해된 것이다.

워너 켈버(Werner Kelber)는 내러티브의 책무 중에서 전승이 차지하는 역할에 대한 새로운 해석학적 평가를 촉구한 바 있는데 올바른 촉구라고 생각된다. 켈버는 정경 복음서들의 내러티브적 성격은 형식과 장르란 관점에서 비-정경 복음서들과 분명한 차이점을 보인다는 점을 주목하는데 본 연구는 이 점에 대해서 결론 부분에서 보다 자세히 다룰 것이다. 켈버는 내러티브적 성격이 전승의 사용을 필요로 한다는 점을 주목하며 다음과 같이 말한다.

> 복음서가 전승에서 기인하며 동시에 전승에 대한 반응이라고 말하는 것은 내러티브적 성격에 대한 연구와 전승-역사적 분석은 서로를 풍요롭게 하며 서로를 교정해 주는 해석 작업이란 이해의 가능성을 암시하는 것이다.[85)]

본 연구는 내러티브 분석과 전승 역사 연구라는 두 해석방법론이 서로 연결되어 있다는 점을 전제할 뿐만 아니라 이 점을 예증해 보인다. 그 이유는 복음서의 내러티브적 성격이 전승을 필요로 하기 때문이다.[86)] 내러

---

85) W. H. Kelber, "Narrative as Interpretation and Interpretation of Narrative : Hermeneutical Reflections on the Gospels", *Semeia* 39 (1987), 107-133; 위의 인용은 124-125에서 이루어지고 있다. Kelber가 '전승'이라는 용어를 사용하여 예수와 초대교회에서 물려받은 것을 가리키는 데 비해 이러한 전승이란 단어의 사용이 예수와 초대교회가 구약 신앙(본 연구의 초점임)으로부터 물려받은 것에도 적용된다는 점을 지적하고자 한다.

티브가 온전한 의미를 드러냄에 따라서 내러티브는 여러 질문을 생성한다. 종종 이 질문은 텍스트 이면에 놓여 있는 전승에 대한 이해를 통해서만 대답이 가능하다.

이런 이유에서 내러티브 분석의 중요한 구성 요소인 구성 분석의 임무는 책-간 연구(inter-textual study)와 책-내 연구(intra-textual study)를 필요로 한다.[87] 복음서 연구는 내러티브적 성격과 전승을 우리가 '복음서'라고 부르는 장르의 본질적 구성 요소라고 확언하는 해석방법론을 사용해야 마땅하다.[88]

성경학계가 지속적으로 해석방법론적 접근 방식을 발전시킴에 따라 학계와 교회 모두 정경 복음서의 장르의 본질적인 요소인 내러티브적 성격과, 전승을 담고 있는 증언이라는 두 요소들을 동시에 정당하게 평가하고 여기에 관심을 기울이는 해석방법론을 만들어 감으로써 더욱 풍요로워질 것이다.[89]

이런 점에서 본 연구는 공관복음서가 증언하는 크리스천 신앙을 이해

86) 다음과 같은 일반적인 문학적 차원의 기여 위에서 지적한 바가 이러한 기여들에 대한 반성과 성찰의 출발점이 되게 했다. J. Hollander는 다음과 같이 다섯 가지 유형의 책-간 반향들을 제안한다: 청각적 반향, 풍유적 반향, 도식적 혹은 개요상의 반향, 은유적 반향, 환유적 반향 (*The Figure of Echo : A Mode of Allusion in Milton and After* [Berkely : University of California, 1981]). 필자의 견해에 따르면 이 반향들 중에서 도식적/개요상의 반향이 공관복음서가 주요한 구약의 신학 전승들을 반향하는 방식을 대변하고 있다. T. M. Greene은 어떤 문헌이 선대의 문헌들을 반영하는 네 가지 유형의 책-간 관계들을 다음과 같이 규명하고 설명한다: 모방적 관계, 절충적 관계, 발견적 관계, 그리고 변증법적인 관계 (*The Light in Troy : Imitation and Discovery in Renaissance Poetry* [New Haven, Conn. : Yale University, 1982], 38-46). 이 모든 요소들이 이스라엘의 신학 전통들에 대한 공관복음서의 사용에 나타나는 것이 사실이지만, 필자는 이 유형의 어떤 것도 본 연구가 지향하는 책간 연구 방법에 잘 들어맞지 않음을 보게 된다.

87) n. 78.

88) 이것은 정경 복음서에 적용되는 사실이다. 그러나 모든 비-정경 복음서에 적용되지 않을 수 있다. 이 책 부록 I을 보라.

89) Lindbeck, 82-84, and Stanley Hauerwas, *The Peaceable Kingdom* (Notre Dame/London : University of Notre Dame, 1983). esp. 29ff.

하고자 진력하는 사람들의 진지한 탐구에 헌신되어 있으며 동시에 현재의 정경적 형태의 성경을 사고와 삶의 능력으로 소중히 여기는 크리스천 공동체의 정체성을 형성하는 일에 헌신되어 있다.

# 2장
# 기본적인 구성요소들

Israel's Scripture Traditions and the Synoptic Gospels

2장

# 기본적인 구성요소들

본 연구의 핵심에는 서로 연관된 세 가지 구성 요소가 놓여 있다.

(1) 구약의 신앙 전승

(2) 공관복음서의 내용

(3) 공관복음서의 독특한 공통의 구조 - 바로 이 점이 공관복음서를 요한복음과 다른 비-정경 복음서와 구분 짓는 표식이며, 공(*syn*)-관(*optic*) 복음서로 불리는 이유다.

본 장에서 구약의 신앙 전승을 규정하고 기술할 것이다. 이어지는 3-6장을 통해서는 구약의 신앙 전승이 공관복음서의 예수 이야기를 형성하는 데에 영향력 있는 요소였음이 예증될 것이다. 또한 본 장은 공관복음서의 독특한 내용을 규명하고 공관복음서의 독특한 구조를 함께 살펴볼 것이다.

## 구약의 신앙 전승(Old Testament Faith Traditions)

본 서의 3-6장은 이스라엘의 네 가지 신앙 전승이 공관복음서의 예수 이야기 구조와 주제상의 강조점을 형성하는 데에 주요한 역할을 했다는 사실을 보여줄 것이다. 주목할 만한 사실은 이와 동일한 네 가지 신앙 전승이 가장 초기의 시형 형태로 이루어진 이스라엘의 신앙 규명들 중 하나에 나타나고 있다는 점이다. 구체적으로 말해서 이 규명은 출애굽기 15장 1-18절에 나오는 유명한 모세의 노래에 나타나 있다.

이스라엘을 위한 하나님의 구원 행위에 관한 이 노래는 하나님의 구속 행위가 담고 있는 동일한 네 가지 주제를 언급하고 있다. '출애굽, 광야-정복, 성전, 왕권'[1] 이 네 가지 주제가 공관복음서의 이야기를 형성하고 있는 것이다. 모세의 노래는 자연스럽게 다음과 같이 네 가지 요점으로 이루어진 개요의 형태로 구분 된다.

| | |
|---|---|
| 홍해 바다에서의 여호와의 구원 | 1a-12 |
| 여호와께서 가나안 정복을 이끄신다 | 13-16 |
| 여호와께서 이스라엘 백성들을 자신의 성소로 인도하신다 | 17 |
| 여호와께서 영원히 다스리실 것이다. | 18 |

찬송시 형태의 노래를 통해 홍해 도하 사건은 시내산 사건이나 광야 사건과 달리 출애굽 전승 내에서 독특한 자리를 차지한다. 차일즈는 이 점에 대해 "출애굽기 15장은 홍해 바다 사건에 대한 하나의 시형 형태의 전승을 반영하며, 이 전승은 출애굽 전승과 정복 전승이라는 보다 커다란 구조 가운데 후대로 전수되었다"[2]고 말한다.

또한 차일즈는 언어적 이미지와 강조점에서 출애굽기 15장과 수많은 시편 사이에 놓인 많은 연결점들을 주목한다. 이 점은 시편이 이스라엘의 신앙 전승의 커다란 도가니였다는 카펠루드(Kapelrud)의 통찰을 확언해 준다. "시편은 이스라엘 전통의 유대 종교라는 커다란 그림을 만들어 냈으

1) 여기서 출 15:1-18에 대한 필자의 인지와 이 본문이 공관복음의 구조상의 순서와 연결되어 있다는 점에 대한 인식은 모두 Walter Brueggemann으로부터 기인한다: 참고 월터 브루그만, 『구약신학』, 류호영·류호준 역(CLC, 1997).

2) B. S. Childs, *Exodus : A Commentary* (London : SCM, 1974), 245.

며, 이것은 유대교와 기독교에 의해서 이어졌다."[3]

카펠루드는 종교적 제의와 신앙 전통이 지닌 상호적이고도 구성적인 역할을 강조한다. 동일한 맥락에서 출애굽기 15장 1-8절은 실제로 시형 형태의 찬송의 예배라 할 수 있다.

홍해의 기적과 가나안 정복이 찬양 시에서 찬송되는 일차적 사건인 반면에 - 물론 여호와가 이 두 사건의 유일한 실행자요 주체이시다 - 여호와의 성전[4]과 여호와의 영원한 왕국에 대한 언급이 홍해의 기적에서 언급되는 것은 놀라운 일이다. 그 이유는 이들의 기원이 매우 이른 시기일 가능성이 높기 때문이다.[5]

이스라엘의 제의적 유산은 이상의 네 가지 신앙 전승이 예배 공동체 내에서, 그것도 아주 이른 시기에 차지했던 두드러진 역할을 분명하게 보여준다.[6]

---

3) A. S. Kapelrud, "Tradition and Worship : The Role of the Cult in Tradition Formation and Transmission," in *Tradition and Theology in the Old Testament*, D. Knight (Philadelphia : Fortress, 1977), 121.

4) 그러나 Martin Noth는 17b의 '성소'는 '단일한 거룩한 장소'를 가리킨다기보다는 '여호와의 소유물로서 땅 전체'를 가리킨다는 입장을 견지한다(Exodus : A Commentary [OTL; Philadelphia : Fortress, 1962], 126). 그렇다 해도 이 구절이 보여주는 사고의 구조는 이 찬송시에 대한 보다 후대의 활용이 분명 시온산에 있는 성전으로 집중되어 있는 형태를 띠고 있음이 분명하다.

5) 이러한 형태는 바알과 다른 고대 근동 지방의 신화의 영향을 반영하는 것처럼 보인다. 전체적 관점에서 시편, 특히 많은 시온과 왕권 계열의 시편에서 성전과 시온에 대한 강조가 출애굽과 정복이란 주제에 대한 강조보다 더 많은 지면을 차지한다.

6) 여기서 그리고 공관복음 전승들에 대한 4중적인 구조상의 개요가 지닌 강조점들이 George Ernest Wright가 자신의 저서인 *God Who Acts : Biblical Theology as Recital* (SBT 8; London : SCM, 1952)에서 말하는 역사 중에 나타난 하나님의 행위들에 대한 낭송의 신학과, 또한 Paul Minear가 *The Eyes of Faith*에서 말하는 바와 유사점들을 지니고 있지만, 몇몇 근본적인 범주들은 아주 다르다. 본 연구는 역사 속에서의 하나님의 계시를 강조하는 대신에 성경 속의 전승들에 대해 말하고 있으며(이런 점에서 말씀이 역사보다 더 관심 사항이다), '낭송 혹은 회고'를 신앙 고백의 장르로 만들기보다는 성경 내러티브의 주요 섹션, 즉 전체 복음서들을 고찰하고 있다. 본 연구는 Gerhard von Rad의 신앙 전승들에 대한 강조와 유사점을 갖고 있지만, 이스라엘의 신앙과 이스라엘 역사 사이의 불연속성을 강조해야 할 아무런 이유를 찾지 못한다. 이 점에서 본 연구는 본 라드의 그것과 다르다(von Rad, *Theology*, 1. 116-121을 보라).

프랭크 크로스(Frank Cross)는 시편 24편과 함께 출애굽기 15장에 대한 해석에서 자신이 명명한 바 있던 '예식의 정복'(ritual conquest)이 고대 이스라엘 제의 전승의 기본적 요소라고 규명한 바 있다.[7] 'Seba'ot'와 '전능한 용사'(gibbôr milhamâh/기보르 밀하마)로서의 여호와 이미저리는 이스라엘의 출애굽과 가나안 정복을 찬양하는 초기 찬송시에 수없이 나타난다(신 33:2-3; 삿 5:4-5; 시 68:8-9).

이러한 찬송시들이 수많은 우주적 표상("하늘로부터 별들을 명하시며")을 반영하고 있는 반면 출애굽기 15장의 찬송시는 이스라엘 왕조와 후대의 묵시 문헌에서 자주 나타나는 '창조-왕권' 모티프에 시대적으로 앞서고 있다.[8] 더욱이 크로스는 출애굽기 15장에 나오는 출애굽-가나안 정복의 찬송시는 특별히 시내산에서 자신의 거룩한 처소로 임재하시는 여호와의 오심을 찬양하며 축하했던 길갈의 제의에 그 기원을 두고 있다고 주장한 바 있다(시 68:18; 출 15:13).

크로스는 계속해서 여호수아 3-5장은 출애굽-가나안 정복 사건을 기념하는 봄의 축제에서 기인하는 제의 전승을 담고 있다고 주장한다. 봄의 축제의 경우 다음의 여섯 가지 제의적 요소가 재-천명된다.

(1) 거룩한 전쟁(聖戰)에 참여하거나 성전에 들어가기 위한 경우처럼 백

7) F. M. Cross, Jr., "The Divine Warrior in Israel's Ealry Cult," in *Biblical Motifs : Origins and Transformations*, A. Altmann (Cambridge, Mass. : Harvard University, 1966), 24-25.

8) Cross는 출 15장의 연대를 주전 15세기경으로 제안한다("Divine Warrior," 22). Cross는 분명히 위에서 언급한 바 있는 다른 텍스트들의 저작 연대 역시 동일한 시대라고 보고 있다(25). 시 68과 여기서 말하는 Yahweh Seba'ot 전승에 대한 앞부분의 묘사에 대한 보다 자세한 분석을 위해 다음을 참조하라: P. D. Miller, Jr., The Divine Warrior in Ealry Israel (HSM 5; Cambridge, Mass. : Harvard University, 1975). 또한 출 15장과 삿 5장에 대한 M. C. Lind의 설명은 그의 저작인 *Yahweh Is a Warrior* (Scottdale, Penn. : Herld, 1980), 46-89를 보라. B. S. Childs는 자신의 저서인 *Exodus*, 245-247에서 저작 시기에 대한 학자들의 다양한 견해를 다루고 있다.

성을 정결하게 하는 일(수 3:5)

(2) 엄숙한 행렬 중에서 언약궤를 메는 일

(3) 홍해 도하 기적을 재현하기 위해 요단강을 건너는 일(수 4:21-24)

(4) 길갈 성소에 열두 돌을 기념으로 세우는 일

(5) 할례 예식을 재현하는 일(수 5:2-8)

(6) 여호와의 전쟁을 수행하는 천사장의 현현에 대한 낭송 예식[9)]

크로스는 출애굽-가나안 정복 전승이 남쪽의 왕권-제의 전승과 연결되었고 그 결과 북조 연맹의 제의와 남조 이스라엘 왕국의 제의'가 합쳐지게 되었다고 주장한다. 두 전승, 즉 출애굽-정복 전승과 왕권-제의 전승 모두 하나님의 전쟁 사상(divine warfare)과 하나님의 성소 임재라는 사상이 두드러지게 부각된다. 비록 성전이 국가적 제의적 예식으로 자리 잡게 된 것이 당시 가나안 전통을 반영한다고 할지라도 변함이 없는 사실이다.[10)] 이스라엘 왕조의 경우 북조 연맹의 전승들, 즉 출애굽-가나안 정복 전승은 점점 더 그 중요성이 줄어들게 되고, 다윗 언약 전승과 시온 전승이 우위를 점하게 된다.

---

9) Cross, "Divine Warrior," 27. 공관복음서의 '갈릴리에서 예루살렘을 향한 중간 여정 섹션'에서 다음과 같은 다소 유사한 모티프들을 볼 수 있는 가능성이 있다: (1) 십자가를 지고 복음을 위해 자기 목숨을 내어주라는 예수의 복음 초청; (2) 제자도의 삶에 대해 가르치면서 거룩한 행보 가운데 제자들을 이끄시는 예수; (3) 부활-이후 능력, 즉 예수 안에서 이루신 하나님의 승리에 의해서 깨어진 궁극적인 장벽을 가리키는 변화산 사건과 축사 사건들; (4) 열두 제자에게 정복과 심판의 권좌를 약속하심(마 19:27과 눅 18:30에만 나타남); (5) 고난의 잔을 마심; (6) 자신을 많은 사람들을 위한 대속물로 내어주시는 분으로 나타나는 예수, 그리고 이를 뒤이어 길에서 예수를 뒤따르는 소경 바디매오의 눈이 열린 사건. 여리고가 양쪽 이야기 모두에서 두드러진 역할을 하고 있다는 점이 주목할 만하다. 이러한 연결 고리들 중 어떤 것들은 근거가 빈약하며 단지 기발한 통찰의 결과인 것도도 있다. 이러한 해석자의 기발한 통찰에 의해 이루어지는 '해석학적인 사건'(hermeneutical event)은 독자로서의 나의/우리의 마음에 속하는 일일 수 있을 뿐 결코 저자의 마음의 일부이거나 텍스트의 해석학적인 사건의 일부일 수는 없는 것이다.

10) Cross, "Divine Warrior," 28.

그러나 제2이사야의 경우 출애굽-정복 전승과 제2출애굽-제2정복 이미저리는 하나님의 왕권과 온 세상을 위해 시온과 시온의 백성을 하나님이 회복시키심의 핵심적 요소들로 재-부상되고 있다(참조 사 40:3-6; 51:9-11; 35:8-10; 25:6-8; 55:1-5; 가장 주목할 본문인 52:7-12).[11] 이 본문들에서 '예전상 가나안 정복에서 기인하는 신앙 전승', '시온을 향한 언약궤의 행렬과 여호와 왕권의 현현에서 기인하는 신앙 전승'[12]이라는 두 유형의 전승이 서로 연결된다. 심지어 쿰란의 War Scroll(전쟁 규범서)에서도 나타나 있는 후대의 예언적 종말론은 이 두 신앙 전승을 다양한 형태로 혼합하고 반향한다.[13]

그러나 구약 학계는 최근 들어 북조 연맹의 전승과 남조 왕국의 전승을 엄격히 구분하는 것을 경계하고 있다. 앤더슨(B. W. Anderson)은 시내산 언약 전승과 다윗의 언약 전승을 각각 북조와 남조에 귀속시키는 로스트(L. Rost)의 주장[14]과 성전과 왕권이라는 이질적인 제도가 생겨나 오래된 모세 전통이 시들어 가게 되었다는 풀센(N. Poulssen)의 주장[15]을 주목한 후에 "지리적 위치를 근거로 모세 언약 전승과 다윗 언약 전승을 구분하는 것은 분명히 과도하게 단순화 시키는 우를 범하게 된다"고 말한 바 있다.[16]

한 걸음 더 나아가 앤더슨은 이상에서 살펴본 크로스의 저작에 근거해 전능한 용사이신 여호와라는 주제(the theme of Yahweh as divine Warrior)가 출애굽 전승과 시온 전승에 공통적으로 나타난다는 점에 주목한다. 더욱

---

11) Ibid., 28-29.

12) Ibid., 30.

13) Ibid., 이와 마찬가지로 본 연구의 핵심을 이루고 있는 네 가지 전승 중에서 출애굽 전승과 왕권 전승이 공관복음서에 가장 두드러진 영향을 주었다.

14) L. Rost, "Sinaibund und Davidsbund," *TLZ* 72 (1947).

15) N. Poulssen, *König und Tempel im Glaubenszeugnis des Alten Testamentes* (SBM 3; Stuttgart : Katholisches Bibelwerk, 1967).

16) B. W. Anderson, "Exodus and Covenant Theology in Second Isaiah and Prophetic Tradition," in Magnalia Dei : The Mighty Acts oh God, ed. F. M. Cross, W. E. Lemke, and P. D. Miller, Jr. (New York : Doubleday, 1976), 345.

이 다윗이 언약궤를 예루살렘으로 인도해 가는 것은 북조의 신앙 전승이 하나님의 임재라는 남조의 상징과 신앙으로 융합되는 것을 보여준다. 이처럼 북조의 전승과 남조의 전승의 융합은 로스트가 주장하는 바와 달리 신명기 저자의 저작 이전에 나타난 일이다.[17)]

욘 레벤슨(Jon Levenson)은 보다 앞선 시기의 학자들이 '다수 의견'이라 명명한 주장, 곧 서로 다른 북조의 전승과 남조의 전승을 지지하는 주장에 대한 증거를 사실적으로 자세히 살펴본 바 있다.[18)]

그는 '북쪽의 전승'(시온의 중앙 집중화된 제의와 시온의 왕권에 대한 견해에 비평적이었던 주변의 성소 지역들을 가리킴)이라고 불리는 신학적 강세들이 남쪽에도 존재했었다는 점이 증명될 수 있으며, '남쪽의 전승'(왕권에 대한 왕조적 관점의 견해라 할 수 있음)이라고 불리는 신학적 강세들 역시 북쪽에도 존재했었다는 사실이 증명될 수 있다고 주장한다.

예를 들어 호세아 3장 5절은 공공연한 반-왕조적 성향의 책이면서도 그 안에 친-다윗 계통의 요소들이 담겨 있다. 미가 6장 1-8절은 남쪽 계열의 예언서이면서도 시내산 계열의 언약 전통을 보여주고 있다. 또한 시온 전승 시편이 분명한 시편 97편은 시내산 전승의 신현적 언어를 반영하고 있다. 이런 점에서 레벤슨은 신앙 전통에 대한 구별은 기본적으로 지리적 위치에 따른 것이 아니라 사회적인 구별이라고 제안한다. "구별은 북쪽 이스라엘과 남쪽 유다 사이의 구별이 아니라 촌락 지역과 도시 지역 사이의 구별이라는 뜻이다."[19)]

그러나 레벤슨의 주된 요지는 시내산 전승과 시온 전승 각각이 지닌 독

---

17) Anderson, "Exodus and Covenant," 345-346.

18) J. D. Levenson, *Sinai and Zion : An Entry into the Jewish Bible* (San Francisco : Harper & Row, 1985), 188-192.

19) Ibid., 192ff.

특함을 부정하는 것이 아니라 두 전승이 본질적으로 서로에 반하는 것이 아니라는 점을 보여주는 데 있다. 오히려 시온 계열의 문헌들은 시내산 전승을 이어받고 있다. "명백한 남쪽 계열 문헌 중에서도 모세/시내산적 경향과 다윗/시온적 경향이 조화롭게 함께 공존할 수 있었다."[20)]

레벤슨은 북쪽의 보다 오래된 기원을 지닌 전승의 독특함도 남쪽 후대의 기원을 지닌 전승의 독특함도 부정하지 않는다. 대신 두 가지 독특한 전승이 서로 양립할 수 없다는 점을 부정하는 것이다. 남쪽과 북쪽의 완전한 양분을 기정사실화 하는 주장과 견해에 반대하는 것이다.

레벤슨은 이스라엘의 다양한 계층의 전승들(보다 초기 전승과 보다 후기의 전승, 북쪽 전승과 남쪽 전승과 같이)이 공통 요소로 충분히 한데 합쳐지고 융합됨으로써 결과적으로 이어지는 남조의 유다 왕국이 자연스럽게 북조의 시내산 계열의 언약 유산을 자신의 신앙 전승으로 고백하게 되었다는 점을 올바르게 강조하고 있다.

이런 점에서 레벤슨이 대안적으로 제시하는 촌락과 도시 사이의 사회적 구별은 레벤슨 자신의 요지를 실질적으로 위협하는 하나의 방백과 같은 대사가 되고 말았는데, 이것은 전적으로 지리적 위치를 중심으로 한 남쪽과 북쪽의 전승 구별이 레벤슨의 요지를 위협했던 것과 마찬가지의 경우이다.

그러므로 구약 학계의 보다 넓은 움직임을 대변하고 있는 이스라엘의 신앙 전승에 대한 레벤슨의 주장은[21)] 보다 앞선 주장인 이스라엘 전승의 과도한 구분에 대한 환영할 만한 교정책이다.

하지만 이러한 교정책이나 앤더슨의 경고성 주장은 남쪽 전승과 북쪽 전승 각각의 독특함을 훼손하거나 사회학적 의미에서 촌락인 북쪽 세팅

---

20) Ibid., 194.

21) H. Gese, *Vom Sinai zum Zion, Tradition and Theology in the OldTestament.*

과 사회학적 의미에서 도시를 센터로 삼고 있는 남쪽 세팅이란 개념, 즉 상호보완적인 일련의 전승을 만들어냈던 북쪽과 남쪽 세팅이란 개념을 훼손하지 않는다. 실제로 출애굽-시내산 그리고 가나안 정복 전승은 왕조-이전 시기의 이스라엘 가운데서 발전되었고, 시온이라는 개념이 존재하기 이전에 북쪽에서 성장되었다. 앤더슨의 경고성 주장과 레벤슨의 교정책을 이해하는 데 필요한 전제는 다음과 같다.

(1) 서로 다른 전승의 개별적 정체성
(2) 전승이 기원에서 별도의 독특한 역사를 갖고 있다는 인식
(3) 지리적 지시점들

레벤슨이 주목하듯이 아모스 5장 4-5절과 호세아 8장 11-14절, 9장 15절, 10장 5절에 나오는 벧엘과 길갈에 있는 국가 제의적 산당들에 대한 언급은 모세-시내산 전승이 남아 있었다는 빈약한 증거가 된다. 그 이유는 실제로 선지자들이 우상숭배인 혼합주의를 신랄하게 비판하고 있기 때문이다.[22] 그럼에도 불구하고 이상의 본문은 북쪽 계열의 제의적 산당들이 존재했었음을 보여주고 있으며(삼하 3:19-4:22, 렘 7:12의 실로를 보라), 이 산당의 기원은 시온 전승의 발생보다 시기적으로 앞선다.

마찬가지로 왕조 시기 혹은 보다 이른 시기에 발전했던 성전 전승과 왕권 전승(앞의 각주 5번을 보라)이 원래의 남쪽의 도시라는 세팅을 갖고 있었으며, 다양한 방식으로 이스라엘 전반에 걸쳐서 퍼져 나갔음이 분명하다. 이스라엘의 제의적 삶은 이스라엘의 신앙 전승의 커다란 도가니였다는 카벨루드(Kapelrud)의 주장을 받아들인다 해도, 또한 전승을 순전히 지리적으

22) Levenson, *Sinai and Zion*, 192.

로 구별하는 것에 대한 레벤슨의 비평을 인정한다 해도 여전히 다음과 같은 점은 반드시 주목할 필요가 있다.

많은 시편은 어떤 경우에라도 출애굽-시내산과 가나안 정복 전승이든지 아니면 시온의 성전과 왕권 전승이든지, 하나의 전승을 반영하는 경향을 보인다는 점이다. 특별히 전자인 북쪽 전승을 위해서는 시편 75, 77, 78, 80, 81, 105, 106, 114, 136편을 참조하고, 후자인 남쪽 전승을 위해서는 시편 20, 46, 48, 76, 84, 87, 89, 97, 99, 101, 132편을 보라. 시편 72, 74, 114편은 두 전승 모두를 보여주고 있다.

때때로 이 두 종류의 전승이 한데 합쳐짐으로써 결과적으로 두 전승이 서로를 각각 교정한다는 레벤슨의 주장은 시사하는 바가 크다. 예레미야 7장 1-15절과 시편 50편에 대해서 레벤슨은 "예레미야 7장의 경우는 시내산 전승이 시온 전승의 오만을 무너뜨리고 있으며, 시편 50편의 경우는 시온 전승이 시내산 전승의 오만을 무너뜨리고 있다"[23]고 말한다.

이처럼 개별적 유형의 전승이 한데 어우러져서 상호보완적이며 때로는 비평적인 관계를 형성했다는 점은 공관복음서의 예수 이야기에 대한 중요한 전조의 역할을 한다.

제2이사야가 이러한 전승에 새롭게 활력을 불러일으키며 한데 묶는 일에 주된 역할을 했다는 점이 본 연구에서 중요하다. 그 이유는 제2이사야가 출애굽 전승이 이사야의 두드러진 시온 신학으로 폭넓게 통합되고 있음을 보여주고 있을 뿐만 아니라[24] 시온 신학의 우주적 주창과 동일한 맥

---

23) Ibid., 209.

24) 제 2이사야서에서 시온 신학이 지닌 핵심적 위치와 역할에 대해서는 다음을 참조하라: B. C. Ollenburger, *Zion, the City of the Great King* (Sheffield: JSOT, 1987). 이 시온 신학으로 출애굽 모티프들이 통합된 것에 대해서는 다음을 보라: B. W. Anderson, "Exodus Typology in Second Isaiah," in *Israel's Prophetic Heritage : Essays in Honor of J. Muilenberg*, ed. B. W. Anderson and W. Harrelson (New York : Harper & Row, 1962), 177-195. 제2이사야에 나타나는 주제와 모티프는 다음과 같이 요약될 수 있다:

락에서이스라엘을 향한 하나님의 목표에 대한 비전을 온 세상을 포함하는 지평으로 방향을 잡고 있기 때문이다(참조 사 42:6; 49:6-7; 52:7-10 등등). 앤더슨은 이 점을 다음과 같이 기술한다.

> 제2이사야의 저자는 다음과 같은 자들에 빚진 자이다. 첫째, 고전적으로 오경에서 발견되는 이스라엘의 거룩한 역사 이야기에 빚진 자이다. 둘째, 선대의 선지자들. 셋째, 지혜 전승. 넷째, 시편의 예전적 전승. 다섯째, 왕적 전승의 시온 신학에 빚진 자이다. 이사야서 저자의 예언을 통해서 이스라엘의 모든 신앙 전승이 통합되었으며, 이사야의 시적이고도 신학적인 통찰의 연금술을 통해서 모든 신앙 전승이 새로운 조형물로 거듭났다.[25)]

선지자 이사야의 기여는 공관복음서의 구조와 신학에 대한 본 연구에 필수적이다. 그 이유는 공관복음서의 구조가 단순히 '갈릴리-예루살렘' 구조가 아니라 '갈릴리-예루살렘-갈릴리로의 회귀'(특히 마가복음과 마태복음에 있어서)라는 구조를 띠고 있기 때문이다. 갈릴리로의 회귀가 기능한 역할을 하는 방식은 구조상, 그리고 중요성 면에서 하나님의 구원이 온 땅을 포함할 것이라는 이사야의 선포와 정확히 일치하는 방식이다.

---

| | |
|---|---|
| 1. 40:3 | 광야에 길이 예비된다. |
| 2. 40:17-20 | 여호와께서 광야를 새롭게 변화시킨다. |
| 3. 42:14-16 | 여호와께서 미지의 길을 예비하신다. |
| 4. 43:1-3 | 여호와께서 물과 불기둥으로 이스라엘을 보호하신다. |
| 5. 43:14-21 | 여호와께서 *새로운* 일, 곧 광야에 길을 내시는 일을 행하신다. |
| 6. 48:20-21 | 백성들이 돌아옴에 따라서 반석에서 물이 흘러나온다. |
| 7. 49:8-12 | 광야와 산들이 평탄한 대로가 되며, 이 길 옆에는 샘물들이 있고 이스라엘이 다시 약속의 땅으로 들어가게 된다. |
| 8. 51:9-10 | 옛 출애굽과 옛 창조에 그랬던 것처럼 여호와께서는 바다 가운데 길을 내신다. |
| 9. 52:11-12 | 여호와께서 새로운 출애굽 가운데서 자기 백성을 인도하실 것이다. |
| 10. 55:12-13 | 이스라엘이 "기쁨과 … 평안 가운데 나아갈 것이다." |

25) Anderson, "Exodus and Covenant," 340.

이런 연유에서 이사야가 이스라엘의 초기의 신앙 전승과 후기의 신앙 전승을 사용했던 방식이 공관복음서의 예수 이야기에 대한 구조상의 모델 역할을 하고 있는 것이다.

이 책의 다음 네 개 장에서는 이스라엘의 네 가지 신앙 전승의 내용과 범위, 강조점을 기술하며 시작된다. 예기 차원에서 두 가지 설명이 필요하다.

먼저 출애굽 전승과 시내산 전승의 본래적 독특성과 후대에 들어 나타난 정경상의 융합을 반영하기 위한 목적에서 사용되고 있는[26] 출애굽과 시내산(혹은 출애굽-시내산)이란 두 용어는 3장에서 설명될 구약의 전승을 가리키고 있다. 두 전승이 이스라엘의 신앙 이야기 안에서 분리되어 있으면서 동시에 서로 연결되어 있는 것처럼[27] 공관복음서 형성에 대한 영향에서도 역시 각각의 독특하면서도 동시에 상호보완적인 정체성을 그대로 유지하고 있다.

## 독특한 구조 : 갈릴리-예루살렘

공관복음서는 공통적으로 갈릴리 섹션, 예루살렘을 향한 중간 여정 섹션, 예루살렘 섹션으로 이루어져 있다.[28] 왜 공관복음서가 예수의 사역을

26) G. von Rad, The Problem of the Hexateuch and other Essays, trans. E. W. Trueman Dicken(New York : McGraw Hill, 1966), 53-54.

27) Von Rad는 두 전승이 하나로 융합된 것을 Yahwist라 불리는 야훼 문헌의 편집자에게서 기인한 것으로 간주한다. 그리고 이 편집자가 시내산 전승을 출애굽-가나안 정착 전승의 일환으로 통합시켰기에 (후반부 시 106과 느 9장의 회상과 낭송 부분을 보라) "가나안 정착 전승이 지닌 단순한 구원론적인 개념은 … 이제 시내산의 신적 자기-계시라는 색깔을 띠고 있다"는 점에 주목한다. 다시 말해서 '구속적 행위'의 하나님은 인간에게 순종을 요청하시는 하나님이라는 뜻이다. Von Rad는 이러한 두 전승의 융합을 '성경 전체 메시지의 두 전제인 율법과 복음'을 근본적으로 정의하는 것으로 간주하고 있다(*The Problem*, 54). 필자는 이러한 이해에 의문을 제기하며 대신 근본적인 정의는 해방과 율법으로서의 복음에 대한 정의라고 제안한다. 시내산 전승이 출애굽 전승으로 통합되었다는 von Rad의 논지는 비평적 검증이 필요하다. 출애굽 이야기는 두 전승 혹은 주제들이 본질상 하나였음을 보여준다.

28) 이러한 공통의 구조 혹은 형태 안에 많은 특이한 형태가 존재한다. 누가복음의 중간 여정 섹션은 마태복음과 마가복음의 중간 여정 섹션보다 길며, 마태복음의 갈릴리 섹션은 마가복음과 누가

'갈릴리-예루살렘을 향한 순례 여정-예루살렘'이라는 독특한 구조 안에 넣었는지를 이해하기 위한 수많은 시도가 이루어졌다.

요한복음은 예루살렘과 갈릴리 사이에서 이루어진 예수의 움직임에 대해서 역사적으로 보다 설득력 있는 개요(북쪽과 남쪽으로 세 번에 걸친 예루살렘을 향한 여정을 보여줌)를 제공하고 있기 때문에 공관복음서의 경우 신학적이든, 다른 어떤 방식으로든 현재의 공관복음서의 독특한 구조에 대해 설명할 필요가 더 크게 요청된다.

대부분의 학자들은 신학적 저작 목적과 연계된 문학적 스타일 영역에서 질문에 대한 대답을 추구해 왔다. 물론 다음의 두 가지의 예외가 지적되어야 할 것이다. 첫째, 예전적 견해(물론 보다 기술적인 측면에서 신학적 특성을 지니긴 했지만)로 이 견해에 대해선 굴더(M. D. Goulder)의 연구가 가장 중요하다. 둘째, 공관복음의 독특한 구조를 구조주의자의 신화적 입장에서 이해하려는 시도이다. 말본(Elizabeth Struthers Malbon)이 대표적이다.

이러한 시도 외에도 공관복음서의 독특한 구조에 대한 신학적 설명은 본질상 세 가지 유형으로 이루어져 있다. 모두 공통적으로 동의하는 토대를 갖고 있다. 갈릴리-예루살렘 구조가 하나의 양극성을 나타낸다는 데에 동의한다. 즉 갈릴리는 받아들임, 곧 수용의 땅을 대표하며, 예루살렘은 거절의 땅을 상징한다(물론 이것은 말본의 구조 분석의 핵심이기도 하다). 그러나 이 세 유형은 갈릴리가 지닌 중요성에서는 의견의 불일치를 보인다.

1. 언스트 로메이어(Ernst Lohmeyer)는 빌리 막센(Willi Marxen)의 뒤를

---

복음의 갈릴리 섹션보다 비교적 길다. 이러한 공통의 구조를 넘어서면 공관복음서의 시작과 끝부분 모두에서 차이점이 나타난다. 비록 모든 복음서가 시작 부분에 유대 지역에 관해 간략한 것들을 담고 있지만 말이다. 마태복음과 누가복음은 각각의 독특한 예수 출생 기사들을 담고 있고, 누가복음은 이와 달리 끝부분에서 갈릴리로의 회귀를 다루지 않고 대신 사도행전에서 펼쳐질 구원 드라마에 대한 예루살렘에서의 기다림을 다룬다.

이어 다음과 같은 견해를 발전시켰다.

> "마가복음에서 갈릴리는 복음의 거룩한 땅이요, 복음의 종말론적 성취의 장소이다. 예루살렘은 예수에 대한 악의적인 저항과 원수 됨의 도성이며, 죄의 도성이며, 죽음의 도성이다."29)

마가복음에서 갈릴리는 종말론적 성취 장소와 갈릴리 기독교의 기원을 암시한다. 이것은 마가복음의 시원적 동력에 해당된다.

갈릴리에서 예수께서는 하나님의 나라의 도래를 선포하셨다. 마찬가지로 예수의 제자들은 하나님의 나라의 종말론적 완성을 위해 갈릴리로 가라는 지시를 받는다(막 14:28; 16:8). 이 명령을 복음서의 절정으로 삼음으로써 마가복음의 저자는 자신의 신앙 공동체에게 임박한 종말론적 완성에 대한 강렬한 소망의 신호를 보내고 있는 것이다.

막센은 마가복음 13장 14절이 담고 있는 "읽는 자는 깨달을진저"라는 함축적인 표현을 예루살렘에서 도망해 펠라에 정착했던 자들에 대한 경고로 해석한다. 그렇다면 갈릴리로 가라는 예수의 명령은 마가 공동체 구성원들의 새로운 거주 장소를 정당화할 뿐만 아니라 동시에 이들에게 임박한 재림을 기다리라는 암시를 주고 있는 셈이다. 30)

워너 켈버(Werner Kelber) 역시 이상의 견해를 따르지만 여기에 새로운 요소를 첨언한다. 갈릴리가 지닌 종말론적 역할은 오랫동안 유지되어 온 유

---

29) E. Lohmeyer, *Galiläa und Jerusalem* (Göttigen : Vandeanhoek & Ruprecht, 1936), 26, 34 = L. E. Elliott-Binns, Galilean Christianity (SBT 16; London : SCM, 1956), 35.

30) W. Marxsen, *Mark the Evanrelist : Studies on the Redaction History of the Gospel*, R. A. Harrisville et al. (Nashville/New York : Abingdon, 1969), 175-176. Marxsen의 논지에 대한 비평가들은 보다 정확하게 말하면 펠라(Pella)는 갈릴리에 있지 않고 데가볼리에 있다고 바fms 지적을 하고 있다.

대교의 메시아 대망 사상과 반대 입장에서 마가에게 '하나의 새로운 시간과 새로운 장소를' 대변한다는 점이다. 실제로 구약의 시온 전승은 분명히 예루살렘을 종말론적인 성취의 장소라고 나타내주고 있다.

이런 점에서 마가복음은 종말론적 성취 가운데 하나의 새로운 단계를 도입해 주고 있는 것이다. 즉 하나님 나라의 종말론적 완성은 도래할 새로운 시간에 새로운 장소에서 이루어질 것이라는 뜻이다. "갈릴리는 새 예루살렘인데, 그 이유는 마가 당시, 이곳 예루살렘에 진정한 미래가 놓여 있기 때문이다."[31)]

엘리오트-빈스(Elliott-Binns)의 저서 *Galilean Christianity*[32)]에는 이상의 주장에서 파생된 독특한 강조가 담겨 있다. 그는 갈릴리 기독교가 이방인들로 이루어진 교회와 연계되어 있다는 이상의 주장에 대해 반론을 제기한다. 대신 빈스는 유대 크리스천들로 이루어진 교회가 초기의 팔레스타인 기독교 전반에 걸쳐 주요한 역할을 했다고 주장한다. 예를 들어 예수의 형제요 갈릴리 사람인 사도 야고보가가 죽은 후에 예루살렘 교회의 지도적 위치를 차지했다는 점을 주목한다.

**2. 라이트후트(Lightfoot)[33)], 부바이어(Boobyer)[34)], 에반스(Evans)[35)], 버킬(Burkill)[36)]은 (다른 많은 사람들과 함께) 갈릴리는 이방 선교 사역 곧 이방**

---

31) W. Kelber, *The Kingdom in Mark : A New Place and New Time* (Philadelphia : Fortress, 1974), 136-147(139에서 인용).

32) 각주 29를 보라.

33) R. H. Lightfoot, *The Gospel Message of St. Mark* (Oxford : Oxford University, 1950), 106-116. *Locality and Doctrine in the Gospels* (London : Hodder & Stoughton, 1938), 62-67.

34) Boobyer, "Galilee and Galileans," 334-338.

35) C. F. Evans, "I Will Go Before You Into Galilee," *JTS* n.s. 5 (1954), 3-18.

36) T. A. Burkill, *Mysterious Revelation : An Examination of the Philosophy of St. Mark's Gospel* (Ithaca, N. Y. : Cornell University, 1963), 252-257.

선교에 대한 초청과 부르심의 장소를 대변한다고 주장한다. "이방의 갈릴리여"(마 4:15)라는 선지자 이사야의 표현이 결정적이다. 이사야의 말은 예수와 교회를 연결짓는다. 갈릴리가 문자적으로 예수의 왕국 선포와 사역의 장소였듯이, 갈릴리는 예수께서 자신의 제자를 세상으로 내보내실 장소가 될 것이라는 뜻이다. 마태는 이 점을 명시적으로 선언하고 있기도 하다.

그러나 이 저자들은 마태복음의 이사야 본문 차용과 마태복음을 특정 형태의 초기 갈릴리 기독교와 동일시하는 것 사이의 연결 고리에 대해서는 침묵하고 있다.

2번 견해가 앞선 1번 견해에 비해 갖는 강점은 마가복음과 마태복음이 갈릴리가 지닌 분문상의, 상징적인 중요성에 대해 서로 일치한다는 것이다. 이것을 역으로 달리 표현할 수 있다. 갈릴리와 재림을 연결하는 문제에서 1번 견해가 지닌 약점은 마가복음의 증언과 다른 모든 정경 복음서의 증언이 일치하지 않는다는 것이다.

이런 점에서 마가복음은 공관복음서의 보다 큰 전승과 배치된 입장에 서 있다고 할 수 있다. 마태복음은 부활하신 예수께서 갈릴리로 돌아가시는 것이 제자들이 선교를 위해 열방, 곧 이방인에게 나갈 것이라는 예수의 위임 명령 가운데 절정에 이르는 것으로 분명하게 묘사하고 있다. 예수의 승천과 궁극적으로 승천하신 방식대로 똑같이 돌아오실 것이라는 재림에 대한 누가복음과 사도행전의 묘사는 예루살렘 밖에 있는, 하루 안식일 정도가 걸리는 유대 땅의 감람산 위에 자리하고 있다(행 1:10-12).

**3. 노만 페린(Norman Perrin)이 제안하고, 로이드 가스톤(Lloyd Gaston)이 발전시킨 견해는 앞의 두 견해를 하나로 통합한다.**

페린과 가스톤은 이방 선교가 마가복음에서 재림을 대치하는 방식으로 이해되어서는 안 되며, 재림이 이루어지는 장소이고 문맥이라는 차원에서 이해되어야 한다는 데에 의견을 같이 한다.[37)]

마가복음 16장 7절의 경우 갈릴리는 이방 선교와 재림을 연결시킨다. 마가복음 13장 10절 말씀도도 마찬가지이다. 이방 선교와 재림은 마가에게 예수의 부활과 이를 통한 성전의 재건이라는 두 주제로 연계되어 있음이 분명하다.[38)] "너희보다 먼저 갈릴리로 가리라"는 말은 다름 아닌 "내가 부활한 후에"란 말이다. 부활과 성전의 약속된 재건은 '삼일'이라는 말로 연결되어 있다(막 8:31; 9:31; 10:33; 14:58). 이런 연유에서 '갈릴리로의 회귀'는 다음의 복음 주제들을 절정에 이르게 한다.

(1) 예수의 부활

(2) 성전의 재건

(3) 이방 선교(막 13:10; 14:9)

(4) 예기된 재림(막 13:10)

모든 주제가 '삼일'과 약속된 부활-이후 갈릴리에 나타나심이라는 마가의 문학적 모티프에 의해 서로 연결되어 있다. 이방 선교는 새 성전 예배가 행해지는 장소요, 동시에 예배가 행해지는 수단이다. 분리의 기능을 지닌 휘장이 있는 옛 성전 'ναός'가 없어지고, 새 성전 'ναός'가 일으켜 세워졌다. 이 성전은 이방인과 유대인이 선교적 사명을 지닌 제자도와 종말론적 소

---

37) H. D. Betz, ed., *Christology and a Modern Pilgrimage : A Discussion with Norman Perrin* (Claremont, Calif. : The New Testament Colloquium, 1971), 43; Lloyd Gaston, *No Stone Upon Another : Studies in the Significance of the Fall of Jerusalem in the Synoptic Gospels* (NovTSup 23; Leiden : E. J. Brill, 1970), 474-475.

38) "Temple and Nations in Mark 11-16" *SBL Abstracts* (Missoula, Mont. : Scholar, 1976), no. 262.

망 가운데서 하나가 되는 바로 그 곳에 세워진다. 그렇다면 갈릴리 자체가 그러했듯이, 갈릴리로의 회귀는 마가에 있어서 재림을 예기하라는 명령과 초청을 궁극적이고 상징적인 역할로 삼고 있는 셈이다.

그러나 '노중에 있는'(on the way) 전 세계적인 선교와, 유대인과 이방인을 모두 포함하면서 동시에 선교 자체의 세팅에서 정확히 이루어지고 있는 새로운 성전 예배는 재림의 본질적 전조라 할 수 있다. 본문-내러티브 분석을 통해서 이러한 강조점이 본 연구의 제 5장에서 보다 자세하게 설명된다.

마가의 갈릴리-예루살렘이라는 지리적 공간에 대한 말본(E. S. Malbon)의 연구는 적어도 첫 단계에서는 보다 분명한 연구를 위해 내러티브의 기능과 역할을 신학적 중요성으로부터 분리시키고자 한다. 또한 말본의 연구는 갈릴리와 예루살렘의 양극적 적대 관계를 부각시킨다.[39] 보다 구체적으로 말해 말본의 연구는 마가복음의 경우 예루살렘에서 이루어지라고 기대되었던 종말론적 완성이 깨어져 버렸으며, 이런 점에서 예기에 대한 극적인 반전이 존재한다는 결론을 내린다.

오랫동안 유지되어 온 구약의 전승, 곧 여호와께서 시온에 거하시며, 시온으로부터 자기 백성에게 안정을 가져다주신다는 구약 전승이 반전을 겪게 된다. 달리 표현하자면 종말론적 복들이 이제 갈릴리에서 오게 된다는 것이다. 말본의 구조적 이해가 옳으며 반전이라는 주제가 잘 정리되어 표현된 셈이다.

그러나 반전의 주제가 종말론적 소망으로 국한되어서는 안 된다. 시온 전승 역시 토라가 예루살렘으로부터 온 열방을 향해 나가는 것을 포함하고 있기 때문이다(사 2:4). 토라의 움직임은 이미 마가 당시에 샬롬(*šālôm*)

---

39) 2장의 각주 79를 보라.

을 온 열방에 가져다주는 수단이었다. 이전의 원수를 그리스도 안에서 한 몸으로 연합시키는 기적을 지닌 이방 선교는, 그리스도 안에 있는 평화를 이루는 비전, 곧 열방에게 샬롬을 가져다주는 비전의 성취이다.

지금까지의 논의는 갈릴리-예루살렘이라는 구조에 대한 학문적 연구의 개관을 통해 이 구조가 마가복음에서 차지하는 중요성을 강조하려는 데에 일차적인 관심을 두었다. 이 개관을 통해서 마가복음에서는 갈릴리-예루살렘이라는 구조의 중요성이 마태복음의 구조의 중요성과 다를 수 있다는 점이 드러났다.

그러나 앞에서 살펴본 두 번째 견해가 강조하는 바를 따를 경우, 이러한 차이점은 사소한 것일 수 있다. 어떤 견해를 취하든지 갈릴리의 역할은 예루살렘의 역할과 비교해 볼 때 상당히 긍정적이다.

이스라엘의 신학적 전승에 초점을 맞추고 있는 이상의 논의에 비추어 볼 때 마가와 마태의 지리적-공간적 측면의 내러티브 구조의 중요성은 이스라엘의 신학적 전승이 분명히 새로운 변화를 겪었다는 사실에 대한 인식과 이에 대한 연구가 필요함을 강력히 시사하고 있다.

시온의 영광(*shekinah*)이 갈릴리로 바뀌었는가? 시온의 영광은 열방을 향한 순례자로 순례하며 그들에게 하나님의 다스림의 복음을 선포하고 있는가? 또한 제자들에게 성령을 받을 때까지 예루살렘에 머물러 있으라고 명령하시는 예수를 묘사하고 있는 누가는 어떻게 이렇게 새롭게 변화된 패러다임과 조화를 이루고 있는가? 혹시 공관복음서의 구조적 형태 안에 도날드 고젠(Donald Goergen)의 제안에 대한 증거가 있는 것은 아닐까?

"예수께서는 예루살렘보다는 광야, 다윗-메시아보다는 모세-선지자, 시온 전승보다는 출애굽 전승에 더 많이 영적으로 자신을 일치시켰던 것처럼 보인다."[40]

공관복음서의 구조와 신학을 이스라엘의 주요 신앙 전승과 연계시키고자 시도하는 가운데 해결될 수 있는 질문들이다. 7장에서 필자는 본 연구를 통해 얻은 바들을 한데 모으고 이것을 신 프레인(Sean Freyne)의 최근 저서 *Galilee, Jesus and the Gospels*와 비교할 것이다. 이것으로 공관복음서 전체의 문학적 구도, 신학적 의도와 관련한 공관복음서의 지리적 구조의 중요성을 규명하고 해결할 것이다.

---

40) D. Goergen, *The Mission and Ministry of Jesus* (Wilmington, Del. : Michael Glazier, 1986), 1.157.

# 3장

## 구약의 출애굽 전승과 시내산 전승이 공관복음의 갈릴리 섹션에 미친 구성적(형성적) 영향

Israel's Scripture Traditions and the Synoptic Gospels

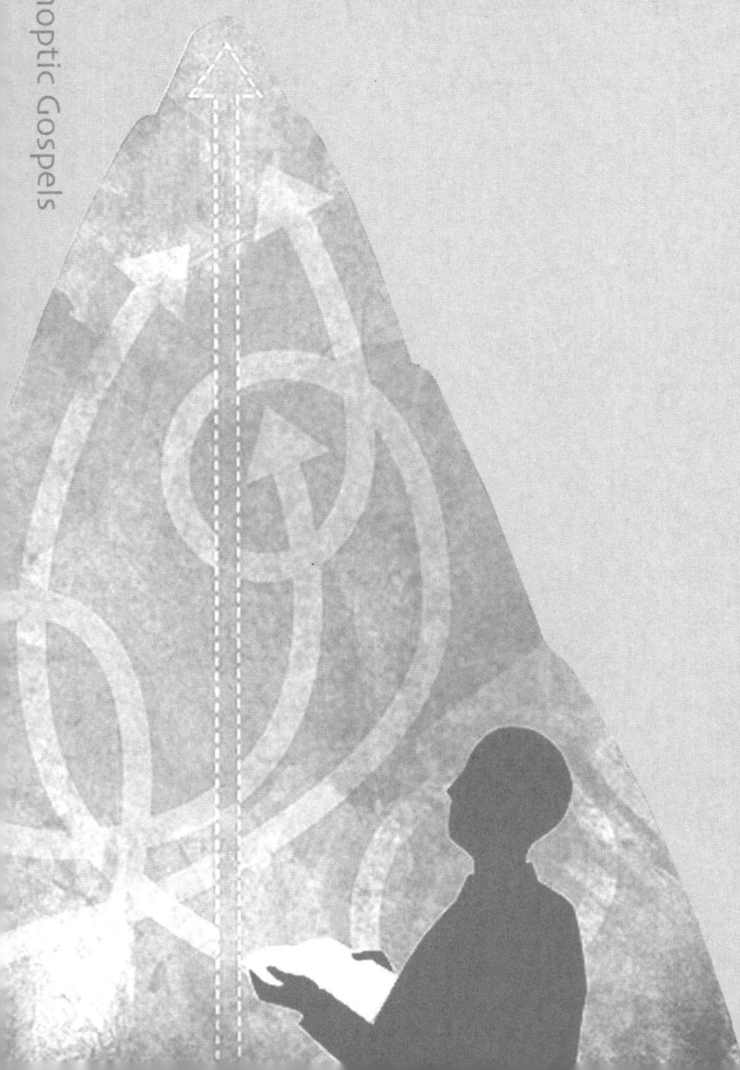

## 3장

# 구약의 출애굽 전승과 시내산 전승이 공관복음의 갈릴리 섹션에 미친 구성적(형성적) 영향

출애굽 전승과 시내산 전승은 예수 사역의 갈릴리 단계에 대한 공관복음의 묘사에 중요한 역할을 했다. 이를 예증하고자 본 장의 첫 번째 섹션은 이스라엘의 출애굽 전승과 시내산 전승이 의미하는 바를 간략하게 정의 내린다. 공관복음서가 예수의 행적과 말씀에 관한 내러티브를 각각 달리 발전시키고 있기 때문에 두 번째 섹션부터 네 번째 섹션(각 장의 두 번째 섹션부터 네 번째 섹션 모두)까지 공관복음서를 하나씩 별도로 다루면서 각 복음서에 담긴 갈릴리 사역 묘사가 출애굽과 시내산 전승의 영향을 어떻게 반영하고 있는가를 보여주고자 한다. 다섯 번째 섹션은 두 전승의 연속성과 단절성의 문제를 다루게 된다.

이 책의 4장부터 6장은 이상의 5중적 단계를 따라가면서 광야-정복 전승, 성전 전승, 왕권 전승이 각 공관복음서에 미친 영향을 예증해 나갈 것이다.

구약의 신앙 전승 속에 있는 연속성과 단절성이라는 요소는 사고의 중요한 변화를 보여준다. 이 새로운 변화는 각 공관복음서의 특정한 강조점을 반영한다. 이 강조점들은 예수와 초대교회의 가르침에 뿌리를 두고 있다. 보다 자세히 말하면 복음서의 원래 독자인 교회 공동체의 필요와 연관된 복음서 저자의 저작 목적에서 비롯된다.

이런 점에서 각 복음서는 신학적이고도 목회적인 목표를 지닌다. 그 이유는 복음서가 예수의 이야기를 성경적-신학적 성취로 제시하고 있고, 이것을 특정한 신앙 공동체의 구체적인 필요라는 문맥 내에서 제시하고 있기 때문이다. 이러한 목회적이고 선교적인 도전이 각 복음서에 독특한 특성을 부여하는 것이다. 예를 들어 마가복음은 선포적 어조를, 마태복음은 교훈적 성격을, 누가복음은 몇몇 차원의 변증적 목적을 지니고 있다.

필자는 공관복음서를 마가복음, 마태복음, 누가복음의 순으로 다루게 될 것이다. 다수의 신약 성경 학자들이 지속적으로 마가복음의 우선설을 유지해 나가고 있기 때문이다.

본 연구는 세 복음서의 강조점을 빈번하게 비교할 것이다. 하지만 공관복음서 사이의 문학적 의존성에 대한 기존 이론에 근거해 이루어지는 현금의 방식, 곧 문학적 의존성을 전제로공관복음 대조를 통해 특정한 복음서의 편집상의 강조점을 확언하는, 일반적이면서도 동시에 의심스러운 방식을 피하고자 진력한다.

본 연구의 기본적 논제들은 복음서 기원의 순서에 대한 그 어떤 특정한 이론에 의존하지 않는다. 대신 주석 부분에서 각각의 복음서를 그 복음서의 자체적 관점으로 다루게 될 것이다. 이렇게 각각의 복음서를 주석하기로 결정한 근거는 다음과 같이 이중적이다.

(1) 내러티브 분석이 효과적으로 이루어지는 방법은 공관복음서의 연구를 성경 저자에게 전해 내려온 전승 부분과 성경 저자가 첨부한 편집 부분을 나누고자 하는 추론적인 노력과 분리하는 것이다.

(2) 복음서 기원의 순서에 관한 특정 이론에 구애받지 않는 연구의 결과들은 결국 복음서 기원 순서에 대한 새로운 성찰로 이어진다. 복음서의 신학적 강조점과 구조적 구성이 상이한데, 어떤 복음서의 신학적 강조점과

구조적 구성이 나머지 다른 복음서의 신학적 강조점과 구조적 구성을 만든 개연성이 가장 큰가 하는 질문을 하는 것이 자연스럽기 때문일 것이다. 이 책 부록I에 나오는 몇몇 제안을 제외하고는 이상의 질문과 관련된 문제들은 본 연구의 범주에서 벗어난다.

## 출애굽 전승과 시내산 전승

출애굽기 1-15장은 이스라엘이 애굽의 속박에서 구출된 사건을 기술하고 있는 근원적인 성경 본문이다. 이 내러티브 본문에서는 *구출*(출 3:8)과 *구원*(출 14:13; 15:2)이 주된 초점이다. 이스라엘의 출애굽 회상과 기념에 따르면 인간의 저항과 불신에도 불구하고 하나님의 능력과 하나님의 뜻이 우위를 점하며 주도적으로 역사한다.

출애굽 사건은 이스라엘의 열조들에게 주어진 하나님의 약속에 대한 하나님 자신의 신실하심을 증거하고 있기 때문에 이스라엘에게 하나님의 섭리를 확신시켜주고 있다. 보다 구체적으로 말해 소이 사건은 소망의 상징으로서 장차 다가올 사건들을 전조하고 있다.[1)]

마이클 피시베인(Michael Fishbane)은 히브리 성경 전반에 걸쳐서 나타나는 출애굽 모티프의 강력한 힘을 추적한 바 있다. 피시베인은 출애굽 모티프와 가나안 정복과의 연결 관계에 주목하고 두 구속 사건은 종종 이스라엘의 시적이고도 예전적인 표현과 한데 어우러져 나타난다고 지적한다.

---

1) M. Fishbane, "Exodus 1-4 : The Prologue to the Exodus Cycle," in *Text and Texture : Close Readings of Selected Biblical Texts* (New York : Schocken Books, 1979), 64-65. J. S. Croatto는 다음의 저서에서 자유를 가져오는 공의의 의미를 밝히기 위해 출애굽 전승과 이 전승의 중요성에 초점을 맞춘다:*Exodus : A Hermeneutics of Freedom*, trans. Salvator Attanasio (Maryknoll, N.Y. : Orbis, 1981). Croatto는 또한 이 책에서 자유를 가져오는 공의라는 모티프가 선지자들과 예수, 바울에게 어떻게 핵심적 역할을 하고 있는지를 보여준다.

바다가 보고 도망갔고

요단강이 뒤로 돌아섰도다(시 114:3).

출애굽과 가나안 정복이라는 두 구속 모티프는 이스라엘의 시형적 예전(시편의 예배)에서 뿐만 아니라 미래에 대한 소망을 담고 있는 선지자들의 예언 신탁(호세아, 예레미야, 이사야)에서도 나타난다.[2)]

이스라엘의 광야 경험 역시 출애굽 모티프와 연결된다(호 2:16-17; 사 48:20-21).[3)] 광야 전승에는 이스라엘에 대한 하나님의 인도하심과 시험, 이스라엘의 반역, 하나님의 선물인 만나가 포함된다. 출애굽기에서는 이러한 광야 여정의 주제가 시내산에서의 신현 사건 이전과 이후 모두에 나타난다. 신현 사건이라는 주제가 민수기를 주도하고 있다.[4)]

시편 78편(13-31절을 보라)에는 애굽의 속박에서 이스라엘의 구출과 광야에서 이스라엘의 반역, 하나님의 인도하심과 하늘에서 내린 만나의 제공이라는 주제가 모두 연계되어 나타난다. 구출과 광야라는 주제가 시편 78편 52절에서 상당히 밀접하게 연결된다. 시편 78편의 중심 주제는 다음과 같이 요약적으로 진술된다.

주께서 자기 백성을 양처럼 이끌어 내셨고,

그들을 양무리처럼 광야에서 인도하셨도다.[5)]

---

2) Fishbane, "The 'Exodus' Motif : The Paradigm of History Renewal," in Text and Textre, 121-140. Noth는 오경 전승에 대한 기념비적 연구 중에서 출애굽과 가나안 정복이라는 두 주제를 두 개의 기본적이고 보완적인 주제로 간주하며 다음과 같이 명명한다: '애굽으로부터의 인도함'과 '가나안 땅으로의 인도함' (M. Noth, *A History of Pentateuchal Traditions*, trans. B. W. Anderson [Englewood Cliffs, N. J. : Prentice-Hall, Inc., 1972], 47-54).

3) Fishbane, "Exodus," 125, 134, 그리고 Noth, *History*, 58-59. 이 두 사람은 이러한 연결이 남쪽 지파들의 기여라고 주장한다.

4) 이 점에 대해서는 G. W. Coats의 훌륭한 저작인 다음을 보라: *Rebellion in the Wilderness : The Murmuring Motif in the Wildness of the Old Testament* (Nashville : Abingdon, 1968).

이상의 동의적 평행법적 구조를 통해 볼 때, 이스라엘의 광야 경험과 출애굽 사건은 서로 연결되어 있음이 분명하다.

출애굽 전승과 연결된 또 다른 사건은 하나님이 시내산에서 이스라엘 백성들에게 율법을 주신 사건이다. 시내산에서 율법을 부여하신 이 사건에는 하나님이 이스라엘과 언약을 맺으신 일(출 19:3-8)과 이 언약의 핵심적 사안으로 십계명을 주신 일(출 20:1-17)이 담겨 있다. 그러기에 전승 역사에서 시내산 전승은 언약과 율법을 모두 담고 있으며, 신학적으로 표현하자면 시내산 전승이 담고 있는 언약과 율법은 결코 분리할 수 없는 단일한 요소라 할 수 있다.[6)]

시내산 전승은 초기의 신앙 고백(시 78, 105, 136) 중에 언급되지 않는다는 이유에서 외견상 독립된 기원을 지니고 있는 것으로 판단되고 있다. 그러나 시내산 전승은 후대에 이르러 분명히 출애굽 전승과 연결되었고(참조 느 9장), 결국 출애굽기 1-24장 내러티브의 핵심적이 되었다.

느헤미야 9장에 나타나는 회개의 기도, 즉 이스라엘에 대해 행하신 하나님의 은혜로운 일들을 기술하고 있는 에스라의 회개의 기도는 광야 경험의 일부로써 시내산에서 주어진 '올바른 규례들과, 참된 계명들, 선한 법령들과 명령들'을 언급한다(느 9:12-15).

후대 신앙 고백인 스데반이 산헤드린 앞에서 행한 변호 설교에 따르면 스데반은 앞선 구약 백성의 신앙 고백과 마찬가지로 시내산에서 광야의 이스라엘 회중에게 주어졌던 하나님의 선물인 생명의 말씀을 언급하고 있

---

5) 시 105와 106 역시 가나안 정복 사건과 출애굽-광야 사건을 통합하고 있는데, 특히 106편은 광야에서의 이스라엘의 반역을 강조하고 있다.

6) 이 점과 관련해 고대 근동지방의 힛타이트 계열의 영주가신 조약들과 성경적 언약 양식이 지닌 구조상의 유사점에 관한 중요한 저작인 다음을 참조하라: K. Baltzer, *The Covenant Formulary* (Philadelphia : Fortress, 1971); G. E. Mendenhall, "Ancient Oriental and Biblical Law," *BA* 17 (1954), 26-46, and "Covenant Forms in Israelite Tradition," *BA* 17 (1954), 50-76; D. J. McCarthy, *Treaty and Covenant*, 2d ed. (AnBib 21A; Rome : Pontifical Institute, 1978).

다(행 7:38). 이런 점에서 공관복음서가 기록된 시점에 이르러서는 출애굽 전승과 광야 전승, 시내산 전승을 모두 함께 연결지을 수 있는 선례가 이미 존재해 있었던 것이 분명하다.[7)]

앞에서 언급한 바 있듯이 출애굽 전승과 시내산 전승은 어느 시점에 이르러 광야-정복 전승과 연결된다(앞의 피시베인과 2장의 차일즈를 참조하라). 이런 연유에서 출애굽-시내산 전승과 가나안 정복 전승을 이스라엘의 신앙 고백과 기념들 속에서 서로 연결된 하나의 회상 복합체로 취급할 수 있는 분명한 근거로 삼을 수 있다.

이 점은 뒤에 5장에서 보다 자세하게 설명될 요점, 즉 성전 전승과 왕권 전승은 이스라엘의 이야기와 공관복음서의 예수 이야기 속에서 서로 중첩되고 연결되어 있다는 요점과 일맥상통한다.

이런 관점에서 본 연구의 주된 관심은 출애굽-정복 전승과 성전-왕권 전승이라는 두 개의 주요 전승이 공관복음서의 형성에 미친 영향에 있다. 그러나 두 그룹의 신앙 전승이 구약과 신약이라는 두 정경 속에서 중첩되고 서로 연결되어 있을지라도 각 전승의 주제상의 독특성과 모티프상의 구별성은 여전히 분명하다.

심지어 구약과 신약 모두 이야기에 대한 내레이션에는 각 이야기의 독립적 혹은 분리된 성격과 이야기가 전개되면서 나타나는 각 이야기들이 지닌 순차적 강조가 상당할 정도로 존재함이 또한 분명하다.

보다 오래된 이야기인 이스라엘의 주된 역사 속에 놓인 출애굽기 23장 20절은 출애굽 내러티브에서 광야-정복 내러티브로의 전환을 다음과 같이 보여준다.

7) 출애굽이 근원적 사건이기 때문에 출애굽이란 용어는 이 용어가 강조하는 전체적 흐름을 나타내기 위한 목적에서 일반적인 성경 연구에서 자주, 그리고 본 연구에서 때때로 사용된다.

내가 사자를 네 앞에 보내어
길에서 너를 지키게 할 것이요,
너를 내가 예비한 곳에 이르게 할 것이라.

이 구절이 보여주는 광야-정복이라는 주제는 민수기와 신명기에서도 계속된다. 그리고 여호수아서에 이르러 하나님께로부터 온 선물인 가나안 땅을 이스라엘이 소유하면서 그 절정에 다다르게 된다.

마찬가지로 공관복음서에서도 예수의 예루살렘을 향한 순례 여정 이야기의 시작은 출애굽-광야 모티프에 대한 주된 관심에서 광야-정복 주제로의 전환을 나타낸다. 그러나 시내산 사건들을 강력하게 반향하는 예수의 변화산 사건은 출애굽-광야 전승과 광야-정복 전승이 중첩되고 있음을 잘 예증하고 있다.

마태복음과 마가복음에서 변화산 사건은 예루살렘을 향한 순례 여정 이야기가 시작되는 부근에 놓여 있다. 이 점은 출애굽기 24장과 34장에 나오는 시내산 사건이 광야를 지나 가나안 땅에 이르는 여정을 담고 있는 섹션의 초기 부분에 놓고 있는 것과 정확히 일치한다.

그러나 누가복음의 경우 변화산 사건은 예루살렘을 향한 순례 여정이 시작되기 이전에 있는 출애굽 섹션에 놓여 있다(9:51). 4장에서 보다 자세히 다루겠지만 누가가 변화산 사건을 이 시점에 둔 목적은 출애굽 모티프를 강화하고 예수의 '출애굽'을 압제당하는 자들을 구해내는 자신의 구속 사역과 연계시킴으로써 이스라엘의 출애굽 가운데 역사하셨던 하나님의 구속을 반향하기 위함이다.

결론적으로 말해서 출애굽 전승과 정복 전승이 중첩되고 통합되고 있다는 점과 아울러 이 두 전승 사이에는 구별이 있다는 점을 인식하는 것이 중요하다. 이러한 구별은 출애굽기에서부터 여호수아서에 이르는 이스라엘의 이야기와[8] 공관복음서의 예수 이야기 모두에서 출애굽 전승과 정복 전승에 속해 있는 주제 혹은 모티프에 적용되며, 또한 이러한 주제와 모티프가 전개되는 내러티브 섹션에도 적용된다.

## 마가복음

### 마가복음 갈릴리 섹션의 내용과 구조

마가복음의 갈릴리 섹션은 1장 14절에서 시작된다. 여기서 예수께서는 갈릴리에 들어가서 하나님의 복음을 선포하신다. 이 섹션은 8장 27절에서 끝을 맺는다. 예수께서는 제자들을 '노중에서' 인도하사 가이사랴 빌립보 지역으로 나아가신다. 갈릴리 섹션의 내용은 다음과 같다.

(1) 네 제자를 부르심(막 1:16-20)

(2) 가버나움과 그 부근에서의 한 날의 사역(막 1:21-45)

(3) 종교 지도자들과의 마찰(2:1-3:6)과 이어지는 요약적 진술(막 3:7-12)

(4) 열두 사도를 임명하시고 하나님의 나라의 능력과 백성을 정의하심(막 3:13-35)

(5) 비유로 가르치심(막 4:1-34)

(6) 네 개의 기적 기사(막 4:35-5:43)와 이어지는 주제상의 요약 진술(막 6:1-6)

(7) 요한에 대한 회상을 불러일으키는 열두 제자의 파송(막 6:7-30)

(8) 두 번에 걸쳐 예수께서 무리를 먹이심, 7장에서 예수의 사역에 대한 상반된 반응들이 나타남(막 6:30-8:26)[9]

8) 이스라엘의 이야기에 대한 서막인 창세기는 자주 이 두 전승을 예기해 주고 있다.

마가복음에 대한 수많은 연구를 통해 제자도가 마가복음의 주요 주제 중 하나라는 것이 판명되었다.[10] 더욱이 많은 마가복음 주석이 마가복음을 6개의 주요 섹션으로 구분하는데, 이 중 1:16-3:12, 3:13-6:6a, 6:6b-8:26(30)가 처음 세 섹션을 구성한다고 간주한다.[11] 이처럼 마가복음의 구조는 제자도라는 주제를 두드러지게 한다. 그 이유는 각 섹션의 시작이 다음과 같이 제자들을 상대로 한 예수의 점진적 사역을 보여주고 있기 때문이다.

(1) 네 명의 제자를 부르심.
(2) 열두 사도를 택하심.
(3) 열두 제자를 파송하심.

그러나 정작 주목 받지 못하고 있는 점이 있다. 바다(막 1:16-20), 산(막 3:13-19) 등 일련의 사건이 나타내는 각각의 지형적인 위치에 대한 인식이다. 또한 파송되었던 제자들을 불러 모아 광야 지역(막 6:31-35에서 세 번 언급되는 ἔρημός τόπος)으로 데리고 나가신다는 사실도 그렇다.

이러한 요소는 마태복음과 누가복음에서는 나타나지 않는다. 분명 마

---

9) 이상의 구분과 내용에 대한 기술은 필자의 저서에 나오는 마가복음의 구조에 대한 분석에서 기인한다: *Mark: The Way for All Nations*, 2d ed. (Scottdale, Penn. : Herald, 1981), 2-6장. 한걸음 더 나아가 이 구분과 내용 기술은 필자의 박사학위 논문("Markan Structure")에서 기인한다.

10) 이에 대한 가장 용이한 자료들을 위해 이 책 4장 각주 4번을 보라. 거기에 나오는 자료들과 거기에서 언급되지 않는 자료들이 다음의 C. C. Black의 최근 저작에 잘 나타나 있다: *The Disciples according to Mark: Markan Redaction in Current Debate* (JSNTSS 27; Sheffield : Academic, 1989). Black의 이 책의 2-5장은 마가복음에서 제자들의 역할에 대한 다양한 해석을 제시하고 있다. 또한 이 책의 5장과 6장은 현행 편집 비평적 해석 방법의 부적합성을 보여주는데, 특히 학자들이 상이한 방법론적 전제와 다른 본문 읽기 방식으로 그들의 연구를 수행하고 있다는 점에서 그렇다.

11) 이 이슈에 대한 주석가들 사이의 폭넓은 동의에 대해서는 Swartley, "Markan Structure," 39-53을 보라.

가복음의 독특한 구성적 구조의 일환이다.[12] 그러나 출애굽이라는 주제에 관심을 집중하고 있는 갈릴리에서의 예수 사역에 대한 공관복음의 공통적 전승은 마가로 하여금 출애굽-시내산-광야라는 일련의 전승을 바다, 산, 광야라는 지형적인 순서로 발전시켜 나가도록 이끌었다. 이것은 결국 제자도를 강조하기 위한 내러티브 구조라는 역할을 하고 있는 것이다.[13]

느헤미야 9장과 사도행전 7장에 나타나는 일련의 주제상의 강조 역시 출애굽-시내산-광야 순서와 정확히 일치한다. 이것은 매우 주목할 만한데, 그 이유는 이스라엘의 이야기 속에 있는 내러티브, 특히 출애굽기와 민수기의 경우 광야 모티프가 시내산 사건 이전과 이후 모두에 나타나고 있기 때문이다. 마가복음의 바다-산-광야라는 순서는 마가 당시 회자되던 교회 공동체의 신앙 고백의 순서를 정확히 반영하고 있다.

## 마가복음에서의 해방

### 1. 마가복음 1장 16절-3장 12절

이 섹션은 예수께서 바다에서 네 명의 제자를 부르시는 장면으로 시작

---

12) 필자의 보다 앞선 연구들(*Mark* 와 "Markan Structure")이 이 점을 보다 자세히 다루고 있다. 이스라엘의 이야기의 순서, 즉 홍해 *바다*에서 구출되어 *산*에서 열두 부족들에 대한 토라-언약이 주어졌고 광야에서 만나를 먹었던 일들의 순서가 마가가 자신의 복음서를 구성하는 데에 영향을 미쳤던 것으로 보인다. Swartley, "Markan Structure," 205-222을 보라.

13) O. A. Piper는 다음과 같이 주장한 바 있다: 마가는 출애굽 모티프들을 강조했고, 현재의 공관복음 구조의 기원은 이들 모티프들에 의해서 영향을 받았으며 나아가 이러한 영향은 예수의 지상 사역 동안 예수 자신의 자기-의식으로부터 기인했다("God's Good News," 165-182; "Unchanging Promises," 3-22; "Origin of the Gospel Pattern," 115-124). Piper는 이러한 자신의 통찰을 공관복음서, 혹은 마가복음의 구조와 연결시키지는 않았는데, 이 점에 착안해 필자는 박사학위 논문에서 연결을 시도했다. 본 연구는 필자의 박사학위 논문에서 개진한 바 있는 견해들에 대한 약간의 수정된 제안들을 하게 될 것이며, 이러한 수정은 단지 마가복음만이 아니라 현재의 정경적 형태 가운데 있는 공관복음서 전승 전체와의 관계 속에서 이루어질 것이다.

되며 본질상 해방의 성격을 지닌 일련의 두 이야기를 담고 있다. 워너 티센(Werner Thissen)은 2장 1절-3장 6절에 나오는 다섯 개의 이야기에 퍼져있는 해방이라는 주제의 강조를 예증한 바 있다.[14)]

티센은 이 섹션이 어떻게 앞선 섹션과 연결되어 있는지를 예증해 보여준다. 구체적으로 그는 앞선 단락에 속한 1장 22절 이하에서[15)] 예수의 자유롭게 하시는 구속의 일들에 의해 제기된 문제에 대한 답을 주고 있다.[16)] 이 섹션에 나타난 예수의 자유롭게 하는 구속 사건은 다음과 같다.

(1) 죄를 용서하심(막 2:1-12)

(2) 세리인 레위를 제자로 부르심(막 2:13-15)

(3) 죄인들과 세리들과 식사하심(막 2:15-17)

(4) 관습에 따른 금식을 행하지 않으심(막 2:18-21)

(5) 생명을 주고자, 즉 배고픈 제자들에게 음식을 제공함으로 안식일을 어기심(막 2:22-28)

(6) 손 마른 자를 고치심(막 3:1-6)

---

14) W. Thissen, *Erzählung der Befreiung : Eine exegetische Untersuchung zu MK 2,1-3,6* (Echter Verlag, 1976). 이 책은 전체적으로 이 점을 다루고 있다.

15) Thissen은 이 섹션의 이야기들이 진정한 역사의 예수를 보여주고 있다는 주장을 설득력 있게 개진했다. 이것이 정확히 예수께서 행하신 바이며 이것이 예수의 전승과 이 전승에 의해서 형성된 공동체들을 형성시킨 바이다(*Erzählung der Befreiung*, 245-255). Thissen은 역사적 진정성을 결정하기 위해서 다양한 기준을 사용하고 있는데, 이 기준은 단순히 Bultmann의 이중 국면을 지닌 배제 원리(exclusion principle)보다 더 큰 범주의 기준이다. 그러나 Thissen은 심지어 Bultmann에게서 기인하는 변증적 견해를 인용한다. Bultmann은 역사적 예수의 특징으로 다음을 열거하고 있다: 축사들, 안식일 명령의 위반, 정결법을 무력화시킴, 유대법에 대한 변증적 논박, 세리나 창녀와 같은 소외된 자들과의 교제, 여자와 어린아이들에 대한 관심. 실제로 예수는 세례 요한처럼 금욕주의자가 아니었다(254, 각주 92; R. Bultmann's *Das Verhältnis der urchristlichen Christusbotschaft zum historischen Jesus* [Heidelberg, 1960], 11).

16) Thissen, *Erzahlung der Befreiung*, 260-321.

이러한 구속 행위들 때문에 예수는 종교지도자들과 직접적인 마찰에 직면하게 된다. 이렇게 마가복음의 초두 이야기들은 예수의 죽음에 대한 전조를 띠게 된다(막 3:6). 그러나 만약 이 섹션이 티센이 제안하듯이 보다 앞선 섹션의 질문에 답을 하고 있다면, 1장 22절 이하 역시 구속적인 성격을 지니고 있는 셈이다.

예수의 공적 사역에 대한 마가의 초기 묘사는 회당에서 이루어진 축사였다(막 1:21-28).[17] 어두움의 세력을 물리치는 예수의 왕국 능력에 대한 마가의 전체적 묘사와 동일한 맥락에서 예수께서는 자신의 공적 사역의 초두에서 귀신들과 귀신들이 대변하고 있는 사탄의 세력들을 대면하신다.

이 점은 마가복음에서 지속적으로 나타나는 또 다른 주제인(막 4:41; 11:28 이하) 예수의 권세라는 이슈를 중심으로 충격적인 질문들을 가져오게 된다(막 1:27-28). 귀신을 내어 쫓는 사건에 이어 예수께서 열병에 든 베드로의 장모를 고치신다(막 1:29-31). 마지막으로 32-34절은 마가의 요약적 진술로써 같은 날 저녁에 있었던 예수의 행적을 기록하고 있으며, 또한 예수께서 많은 아픈 자들을 고치신 것과 귀신들린 자들을 구출해내신 일을 두드러지게 묘사하고 있다.

이런 점에서 1장 21절-3장 6절 부분은 '속박으로부터의 구출'이라는 표제를 갖는 것이 마땅하다. 1장 35-39절을 제외하고서는 속박으로부터의 구출, 곧 구속이라는 주제가 이 섹션에 있는 모든 이야기를 아우르고 있다.[18] 귀신을 내어 쫓는 것과 병든 자들을 치료하는 것이 예수의 구속 행

17) H. C. Kee는 이런 강조점 이면에 놓인 공동체의 정황을 다음과 같이 규명하고자 한다: "만약 누군가 이러한 모음 자료들에 대한 *Sitz im Leben* (삶의 정황)을 찾고자 한다면, 일련의 사건들 중 첫 번째 사건인 축사가 우리에게 실마리를 제공한다: 여기서 삶의 정황은 하나의 공동체로서 이 공동체 속에서 예수는 마지막 때에 사탄의 세력을 물리치기 위해서 오신 종말론적인 인물로 간주되고 있다"(*Community of the New Age: Studies in Mark's Gospel* [Philadelphia : Westminster, 1977], 36).

위의 가장 두드러진 두 가지 형태이다. 예수의 첫 번째 공적 사역은 축사였다(막 1:21-28을 보라; 또한 1:32-34과 3:7-12에 나오는 요약적 진술들을 참조하라).

축사와 치유의 경험은 주후 1세기 당시에는 일반적인 사건이었다. 반면 현대에 이르러 의식적으로 소외되고 무시되어 왔다. 이러한 경험의 진정성마저 의심되어 왔다. 물론 이렇게 된 이유는 이성과 과학적 방식이란 현대적 세계관에 들어맞지 않기 때문이다.[19)]

축사 사건에 이어서 다음 네 가지 치유 사건이 나온다.

(1) 베드로의 장모의 치유(막 1:29-31)

(2) 문둥병자의 치유(막 1:4-45)

(3) 중풍병자의 치유(막 2:1-12)

(4) 손 마른 자의 치유(막 3:1-6)

치유에 대한 강조가 요약적 진술을 담고 있는 두 단락에서 나타난다. 이 단락 역시 귀신을 내어 쫓는 일을 언급하고 있다(물론 앞 단락[막 1:39]과 달리 뒷 단락에서는 귀신을 내어 쫓는 일이 암시되고 있을 뿐이다).

예수의 구속 행위의 세 번째 유형은 계층 규약과 사회적 지위 규약을 예

---

18) 막 1:35-39은 예수가 지닌 초월적 능력의 원천과 예수 자신을 연결짓는데, 원천인 성령은 마가복음의 서막(막 1:1-13)에 나오는 예수의 세례 장면과 광야의 시험 장면에서 공포된 바 있다. 예수께서 성령의 초월적 능력에 의존하고 있다는 사실의 중요성에 대한 훌륭한 설명을 위해서는 다음을 보라: M. J. Borg, *Jesus, A New Vision: Sprit, Culture and Life of Discipleship* (San Francisco : Harper & Row, 1987), 39-75.

19) 이와 관련해 다음을 참조하라: Borg, Jesus, A New Vision, 60-65; G. H. Twelftree, *Christ TriumphantExorcism Then and Now* (London : Hodder and Stoughton, 1985); W. Wink, *Unmasking the Powers : The Invisible Forces That Determine Human Existence* (Philadelphia : Fortress, 1986), 43-50; M. S. Peck, *People of the Lie : The Hope for Healing Human Evil* (New York : Simon and Schuster, 1983); W. M. Swartley, ed., *Essays on Spiritual Bondage and Deliverance* (OP11; Elkhart, Ind. : Institute of Mennonite Studies, 1988).

수께서 경시하셨고 무관심하셨다는 점이다. 예수께서는 세리인 레위를 불러 자기를 따라오게 하셨으며, 세리, 죄인들과 함께 음식을 드셨다. 사회 구조 속에 있던 계층 간의 나뉨으로부터 생겨난 인간 소외의 속박과 구속을 파기하신 것이다.

네 번째로, 예수께서는 때가 하나님 나라의 도래를 축하하는 축제의 때이기에 금식하지 않기로 작정하심으로써 종교적 제의 가운데 새로운 자유의 길을 내셨으며, 요한의 제자들의 금욕적인 실행을 축제의 잔치로 대체하셨다.

구속 행위의 다섯 번째 유형은 안식일 규례(*sabbath halakah*)에 의해 규정되던 당시 유대인의 정체성이라는 요소를 위협하는 것이었다. 예수께서 행하신 가장 극적인 경우였다. 바리새인들의 견해에 따르면[20] 예수께서는 이 섹션에서 두 번씩이나 안식일 규례를 어기셨다(막 2:23-28; 3:1-6). 이것은 당시 율법 규정에 대한 가장 큰 위반이었다.

그러나 예수 자신의 견해에 따르면 예수의 행동은 가장 중요한 구속 행위였다. 예수의 안식일 위반 행위가 안식일의 목적이 무엇이냐는 근본적인 질문을 불러 일으켰고, 그렇게 함으로써 출애굽 회상 그 자체를 전면에 부각시켰기 때문이다. 다시 말해 안식일을 준수하는 것이 율법을 지키는 것인지 아니면 속박으로부터의 해방을 의미하는 것인지에 관한 핵심 이슈를 제기한 것이다.

예수의 준엄한 선포(막 2:27)와 신랄한 질문(막 3:4)은 핵심을 파고드는 것이었다. 출애굽 전승의 안식일은 이 문제에 대해 분명한 입장을 취하고 있다. 안식일은 애굽에서 구출된 이스라엘 백성들에게 새로운 시대를 알리기 위해 제정된 것이었으며(출 12장), 이런 점에서 인간애적 동질성(주인과 종

---

20) 바리새인들의 *halakah*의 권위와 토라의 권위에 대한 일치와 관련한 논증을 위해서 다음을 보라: L. Goppelt, *Theology of the New Testament* (Grand Rapids : Eerdmans, 1981), 1,87-91.

들이 동일하게 안식한다는 점에서)과 속박으로부터의 자유(신 5:12-15)를 축하하기 위한 하나님의 선물로 지켜지도록 의도된 것이었기 때문이다. 예수께서는 이러한 안식일의 목적을 재삼 확언하셨다.

## 2. 마가복음 3장 13절-6장 6절

예수의 갈릴리 사역의 두 번째 섹션(막 3:13 이하)은 출애굽 전승과 연계된 시내산 모티프로 시작한다. 예수께서 산에서 열두 사도를 세우신 것(막 3:14, 16에서 ἐποίησεν으로 표현됨[21])은 모세가 이스라엘의 열두 지파에 상응하는 12개의 돌기둥을 들어 이스라엘을 제정했던 것을 반향한다(출 24:4).[22] 그리고 곧 이어지는 바알세불 논쟁은 모세가 금송아지를 만든 이스라엘 백성들의 우상숭배를 대면해야 했던 것과 평행을 이룬다.[23]

다음 단락에서 예수께서는 자신이 세우시는 새 공동체에서 누가 공동체의 구성원인가에 대해 정의 내리신다. "누구든지 하나님의 뜻대로 행하는 자가 내 형제요 자매요 어머니이니라"(막 3:35). 예수의 혈통상 가족은 하나님의 나라의 새 가족과 비교해 그 중요성이 사라져 버렸다. 이러한 새 왕국 가족의 구성원에 대한 정의는 이스라엘의 언약 공동체에 대한 규정과 유사하다(출 19:3-5).

---

21) 필자는 16절의 경우 사본상 주요 사본들인 ℵ B CΔ 565에 의해 지지를 받는 보다 긴 독법을 받아들인다. 마가는 여기서 의도적으로 이 용어를 사용하고 있다. 즉 예수께서 열두 제자를 *만들었다*는 것이다.

22) 마가의 이 본문에 대해서 Paul Minear는 다음과 같이 말한다: "제자들이 파송되는 위치, 곧 산이 여기서 중요하다. 고대 동양적 사고에 따르면 하늘과 땅은 산-꼭대기에서 서로 간에 가장 가까워진다. 산은 특별히 거룩한 계시의 장소로(막 9:2; 13:3), 중요한 사명 부여의 장소로, 은혜와 능력의 수여의 장소로 가장 적합한 곳이었다. 그냥 관행적인 만남의 장소가 아니다…. '예수께서는 열두 사도를 임명하셨던 것이다.' 12란 숫자 역시 의도적이다. 예수께서는 이스라엘의 열두 지파에 대한 새로운 대표를 원하셨던 것이다" (*Saint Mark*, 65).

23) 이러한 연관 관계는 우상숭배가 사탄의 세력에 의해 부추겨진다는 성경적 사상에 기인한다(신 32:17; 시 106:37과 시 96:5 [칠십인역]; 바룩서 4:7). 또한 고전 10:6-22에 나오는 바울의 주장을 보라.

하나님 나라의 비유(막 4:1-34) 역시 새 왕국과 백성의 독특한 성격을 묘사하고 있다는 점에서 시내산 전승과 모형론적으로 일치한다. 시내산 언약이 부름 받은 자의 정체성과 이들로 하여금 '제사장의 나라'가 될 것에 대한 초청으로 주어졌듯이 하나님 나라의 비유에서 예수께서는 새 왕국의 성격에 대해 말씀하신다.

물리적으로 봄이라는 측면에서 볼 때, 새 왕국은 분명 그 순간에는 비밀스럽게, 심지어 거의 보이지 않는다. 그러나 들을 귀, 곧 이해할 수 있는 귀(13절에 따르면 제자들조차 이 귀를 갖고 있지 못했다)를 가진 자들에게는 뿌려지는 씨가 발아할 것이요, 싹이 돋아나 어떤 경우에는 풍성한 열매를 맺게 될 것이다. 씨가 자라나 번성하고 풍요롭게 될 자들이 지닌 중요한 정체성의 한 양상이 있다면 그것은 이들이 하나님 나라의 초청을 진실로 듣는다는 점이다(막 4:3-33에서 동사 'ἀκουω'의 다양한 형태가 무려 13회에 걸쳐 나타난다).

그렇다면 마가복음의 비유는 형태가 아니라 그 역할이란 측면에서 하나님이 이스라엘과 언약-토라 관계를 형성하셨던 것을 똑같이 반향한다고 할 수 있다. 하나님 나라의 비유들은 (다시) 새롭게 된 백성-됨(peoplehood)을 약속하고 있다. 이러한 새로운 백성-됨의 형태는 여전히 드러나야 할 미래적인 일에 속한다.[24]

마가복음의 씨에 관한 단락을 한데로 연결짓는 씨의 이미지는 네 개의

24) 비유들에 대한 마가의 편집상의 작업은 이미 이방인들이 하나님의 새로운 공동체 안에 포함될 것을 암시하고 있다. 두 곳에서 이 사실이 드러나고 있다: 듣고 (많은) 열매를 맺는 자들을 가리키기 위해서 ἐκεῖνοι, (보다 거리감 있는 지시 대명사임)를 마가가 독특하게 사용하고 있다는 점에서 (20절), 그리고 32절에서 마가가 ὑπὸ τὴν σκιὰν αὐτοῦ τὰ πετεινὰ τοῦ οὐρανοῦ κατασκηνοῦν 라는 독특한 표현을 사용하고 있다는 점에서. 예컨대 여기서 암시되고 있는 구약의 '큰 나무'에 관한 본문들인 단 4:21, 렘 17:23, 그리고 겔 31:6에서, 특히 겔 31:6의 세 번째 연(칠십인역)만이 '그늘'(σκια)과 '거하다'(비록 형태가 다른 단어인, κατῴκησεν이 사용되지만)란 표현이 사용된다. 겔 31:6의 '온 민족들이'(πᾶν πλῆθος ἐθνῶν)란 표현은 마가복음의 표현인 '새들'(πετεινὰ)이란 표현의 이면에 놓여 있는 것 같다. 막 4:32의 μεῖζον πάντων이란 표현 역시 겔 31:6의 πᾶν πλῆθος를 반향하고 있는 듯하다.

비유 본문 중 세 개의 본문에서 나타난다. 실제로 씨를 뿌리는 자가 뿌리고 있는 것은 말씀(λόγος, 14절)이다. '말씀'(τὸν λόγον)이라는 단어는 땅과 열매에 대한 표현에 모두 네 번에 걸쳐 나타난다. 당시 이 비유를 듣고 있던 청중들의 입장에서 *말씀*에 대한 반응은 매우 중요하다. 동일한 맥락에서 예수는 이 말씀의 선포자요 동시에 선생으로 묘사된다.[25)]

이것 역시 출애굽 모티프 일환으로써 토라의 수여자요 교사인 모세를 반영하고 있는 것이다.[26)] 티센은 마가가 어떻게 교사의 이미지를 잘 엮어서 예수에 대한 묘사로 표현하는가를 보여준 바 있다.

마가는 세 군데의 다양한 형태의 본문 속에 "예수께서 그들에게 말씀을 하시더라"(막 2:2; 4:33; 8:32) 같은 표현을 어떤 면에서 지속적인 사고의 흐름이라 할 수 있는 맥락 가운데에 떨어뜨려 놓는다. 이 표현은 종교 지도자들과의 갈등과 마찰을 다루는 기사 초두에, 또한 하나님 나라의 비유 본문 끝에, 베드로의 고백과 뒤이은 예수 꾸짖음 사이에(막 8:32은 예루살렘을 향한 순례 여정의 초두에 놓여 있으며, 여기서 사용되고 있는 *드러내놓고* [παρρησίᾳ]라는 단어는 예수와 제자들의 관계에서 새로운 국면을 암시하는 것으로 여겨진다) 나타난다. "말씀을 하시더라"는 표현이 병발하는 것을 1장 22절에서 —여기서 처음으로 예수는 권세 있게 가르치시는 분으로 소개된다(막 1:27-28; 참조 막 4:1-2; 9:31)— 암시하듯이 예수의 가르치심(διδάσκω)에 대한 혹은 권세 있게

---

25) 비록 다른 관점이지만 R. Meye와 V. Robbins에 의해 마가복음에서 예수가 선생으로 묘사되는 것이 주창된다. 다음을 보라: R. Meye, *Jesus and the Twelve* (Grand Rapids : Eerdmans, 1968); Robbins, *Jesus the Teacher.*

26) 갈릴리 섹션인 막 1:44과 7:10에서 마가는 모세를 토라-수여자요 선생으로 묘사하고 있다. 그러나 가르침의 그 어떤 부분도 산이란 배경에 놓여 있지 않으며, 명시적인 방식으로 모세의 가르침이 지닌 특정한 주제를 반향하고 있지 않다. 아마도 마가는 막 1:21-28에서, 다시 막 4:1-5:43에서 가르침의 부분과 구출 혹은 구원의 부분을 서로 연결지음으로써 예수를 선생-구원자로서 제시하고자 의도했던 것 같다. 그러나 이에 대한 분명한 본문상 표지는 존재하지 않아 보인다. 이러한 본문상의 표지를 주장하려면, 막 4:1에서 예수께서 가르치기 위해서 배 위에 앉아 계시다는 이상한 표현을 표지로 삼아야 할 텐데 개연성은 분명히 없어 보인다.

가르치시는 예수에 대한 마가의 강조라는 관점에서 이해할 경우 이 표현은 마가에게 매우 중요한 요점임이 분명하다.

티센은 "말씀을 하시다"란 표현이 마가의 독특한 동사로 '복음' (εὐαγγελίον)이라는 명사형 단어에 대한 마가의 독특한 사용과 일치한다고 주장한 바 있다. 실제로 '복음'이라는 단어는 마가의 핵심적 도입 부분에서 두 번 사용된다. 갈릴리에 예수께서 나타나신 것에 대한 표현이었다.

그가 오셔서 하나님의 나라의 복음/εὐαγγελίον을 선포하셨더라[27]

이상의 주장과 지적이 물론 사실이겠지만, 만약 정말 올바른 해석이라면 예수의 선포에 대해 사용되는 동사 κηρύσσω와 이 단어의 반복 사용(막 1:38, 39, 45; 6:12) 등이 초미의 관심사가 되어야 할 것이다. 동사 κηρύσσω가 사용되는 구절 모두 마가의 요약적 진술이며, 이런 점에서 예수에 대한 묘사에서 마가의 특별한 관심을 대변하고 있는 것이다.[28]

마가복음 4장 35절부터 5장 43절 사이에 나오는 일련의 기적 기사는 마가의 이야기를 교사로서의 예수를 묘사하는 것에서 벗어나 다시 속박으로부터의 해방이라는 출애굽 모티프로 재개시킨다. 동시에 첫 번째 섹

---

27) Thissen, *Erzählung der Befreiung*, 322-330.

28) 이 점에서 대한 Thissen의 관심은 양면적이다: 첫 번째 관심은 마가가 어떻게 바울-이전의 복음 전승을 선생으로서의 예수와 한데 연결시키고 있으며, 이를 통해 케리그마를 복음이라 불리는 이러한 새로운 현상과 연계시켰는가를 보이고자 함이다. 두 번째 관심은 그렇게 함으로써 마가가 어떻게 하나의 '내러티브 신학' 혹은 '신학적 내러티브'를 창출해냈는가를 보이고자 함이다(*Erzählung der Befreiung*, 330). Thissen의 통찰력 있는 추론은 마가가 바울이 선포했던 예수의 수난과 부활이라는 케리그마를 어떻게 예수의 지상 사역 중 말씀과 행적들과 연결시키고 있는가를 보여주는 데에 유용하다. 그러나 이것 자체가 복음이 하나의 신학적인 내러티브인가를 판단하는 데에 필요한 하나의 문학적 척도나 잣대를 제공하지는 않는다. 이것이 이 점에 기여할 수도 있겠지만, 다른 요소들이 또한 고려됨으로써 결과적으로 복음이 지닌 내러티브적 성격이 드러날 수 있도록 해야 한다. 이 점과 관련해 다음을 보라: D. Rhoads and D. Michie, Mark as Story.

션(막 1:16-3:6)에서 이미 강하게 나타났던 이 모티프를 더욱 강화시켜준다.

수많은 마가복음 학자들이 예수께서 바다를 꾸짖으신(ἐπετίμησεν) 것은 출애굽 사건과 창조 사건 가운데 있었던, 혼돈의 바다와 싸우시고 혼돈을 평정하신 전능하신 용사 하나님의 전쟁 전승의 일환이었다는 점을 주목해 왔다.[29] 마가복음에서 폭풍우 중에 있는 혼돈의 바다는 하나님의 왕국이 무너뜨리고 정복하게 될 사탄의 세력의 일부로 여겨지고 있다. 바로 이어서 예수께서 거라사인의 귀신들린 자로부터 귀신을 내어 쫓는 기사가 나온다. 군대 귀신이었다.

이어지는 두 치유 기사는 병들어 고통당하는 자들을 치료할 수 없는 병과 심지어 죽음으로부터 구출해내시는 예수의 능력을 극명하게 보여준다. 회당장 야이로의 12살 난 죽은 딸을 일으켜 세우시는 일로 그 절정에 다다르는 일련의 기사와 함께 마가복음의 이야기는 최초의 정점에 도달함과 동시에 예수 자신의 부활과 아울러 모든 악의 세력들에 대한 승리를 예기하게 된다.

캐틀린 M. 피셔(Kathleen M. Fischer)와 본 발데(Urban C. von Walde)가 이 일련의 기적 기사에 대한 연구에서 주목하고 있듯이 마가는 이 네 가지 기적 기사를 통해서 예수 사역 가운데 역사하는 하나님의 전능하신 능력을 보여주고자 한다.

폭풍을 잠잠케 하심으로써 "예수는 우주를 사탄으로부터 되찾아서 우주의 질서와 조화를 재-창조하셨던 여호와와 유사한 방식으로 행동하시고 있는 것이다." 귀신을 내어 쫓으심으로써 예수께서는 사탄에 의해 붙

---

29) McCurley, *Ancient Myths and Biblical Realities*, 58-61; T. Fawcett, *Hebrew Myth and Christian Gospel* (London : SCM, 1973), 88-90; T. N. D. Mettinger, "Fighting the Powers of Chaos and Hell-Towards a Biblical Portrait of God, : ST 39 (1985), 36; H. C. Kee, "The Terminology of Mark's Exorcism Stories," *NTS* 14 (1968-1969), 232-246; *Miracle in the Early Christian World* (New Haven/ London : Yale University, 1983), 151-165.

잡힌 개인에 대한 하나님의 능력을 드러내 보이신다. 치료할 수 없는 병에 걸린 여인을 치유하시고 야이로의 죽은 딸을 살리심으로써 "세상에 대한 악의 궁극적 괴롭힘과 고통의 원인이 … 정복되고 있다." 더욱이 피셔와 발데는 다음과 같은 사실에 주목한다.

> 예수의 기적들은 단순히 하나님의 능력에 대한 예증이 아니라 본질상 축사 사건이다. 당시 마가의 묵시론적 세계관에 따르면 이러한 방식의 축사를 통해서 사탄에 대한 하나님의 전능하신 주권이 강력하게 주창된다. 이 주권은 삶의 모든 영역을 다스린다. 마가는 그 어떤 인간적인 재난과 고통보다도 훨씬 더 큰 능력을 갖고 계신 예수를 묘사하고 있다. 이 능력은 인간과 세상에 대한 사탄의 통제를 무너뜨리고 그를 다스림으로써 창조의 질서를 바르게 세우시고자 역사하시는 하나님께로부터 기인한 능력이다.[30)]

속박으로부터 모든 피조물을 구출해 내시는 예수의 사역은 포괄적이고도 온전한 사역이다. 그러나 이 사역이 지닌 의미의 깊이는 비밀로 남아 있으며 여전히 베일이 벗겨지기를 기다리고 있다. 결론 부분에 해당하는 단락인 마가복음 6장 1-6절은 불신 때문에 예수께서 자신의 고향에서 배척당하시는 것을 강조해 보여주면서 내러티브 구성상 오직 고난을 통해서만 최후의 승리를 얻을 것이라는 필연성을 보여주는 역할을 하는 대적자들의 대적을 크게 부각시키고 있다. 이 주제는 4장에서 마가복음 8장 27절-10장 52절을 다루면서 보다 자세히 설명할 것이다.

지금까지 속박으로부터 해방과 자유를 가져오시는 구속자로서의 예수에 대한 마가의 묘사와 모세의 사역 사이에서 유비관계를 살펴봤다. 그러

---

30) K. M. Fisher and U. C. von Walde, "The Miracles of Mark 4:35-5:43: Their Meaning and Function in the Gospel Framework," *BTB* 11 (1981), 15.

나 출애굽기 신학은 모세가 아니라 여호와를 실질적인 해방자로, 다시 말해 영광스럽게 승리하는 전능하신 용사로서의 여호와를 증언하고 있다(출 15:1-3).

전능한 용사이신 여호와께서 기사와 이적을 통해서 압제자 애굽을 정복하셨듯이("그가 바로의 병거와 그 군대를 바다에 던지셨고 … 주께서 주의 바람을 일으키시매 바다가 그들을 덮었도다…" [출 15:4, 10]) 마가에 의해 예수께서는 치료 사역뿐만 아니라 축사 사역을 통해 사탄의 본거지를 공격하시는, 하나님의 전능한 용사로 묘사된다.

대적을 굴복시키시는 예수의 방식은 정확히 하나님의 전쟁-이적 기사 전승에 놓여 있다 할 수 있다.[31] 다시 말해 *예수 안에서, 예수를 통해서 (하나님의) 말씀은 귀신들을 궤멸시키는 능력이다.* 이런 점에서 예수의 사역 이면에 놓여 있는 출애굽 모형은 모세가 아니라 여호와 모형인 것이다.

때문에 마가의 이야기에서 견인차적 역할을 하는 것은 "그렇다면 이가 누구이기에?"(막 4:41; 6:2)라는 질문에 대한 대답이다. 예수의 참된 정체성을 아는 일, 곧 지금까지 내러티브에 나오는 모든 등장인물들에게 비밀로 남아 있던, 예수가 진정 하나님의 아들이라는 사실 (막 1:11; 9:7; 15:39)을 아는 것이다.[32]

제임스 로빈슨(James M. Robinson)은, 마가는 예수의 사역을 "하나님의 종말론적인 다스림을 도래시키기 위한 역사 속의 우주적 갈등과 싸움으

---

31) M. C. Lind의 *Yahweh Is a Warrior*는 본질상 기적의 성격을 지닌 여호와의 전쟁에 대한 최고의 설명을 담고 있다. 출 14:14에서 잘 설명되고 있는 여호와의 전쟁이라는 주제에서 기인하는 많은 다른 변이 형태의 사상들이 이스라엘의 역사 가운데서 나타나고 있는데, 그렇다 해도 이러한 새로운 사상 때문에 여호와의 전쟁이 담고 있는 본질적인 성격은 변하지 않는다.

32) F. J. Matera는 이러한 마가의 문학적 특징을 다음과 같이 잘 기술하고 있다: "독자들은 마가복음에 등장하는 인물들이 얻고자 하는 지식, 곧 예수는 하나님의 아들이라는 인식을 이미 갖고서 마가의 이야기 세계로 들어간다."(*Passion Narratives and Gospel Theologies* [Maryknoll, New York : Paulist, 1986], 52).

로 묘사하고 있다"[33]고 주장한 바 있다. 로빈슨은 예수와 귀신들이 주고 받은 언어적 교환은 대화를 구성하고 있는 것이 아니라 적대적인 외침과 명령으로 이루어졌다는 바른 지적을 하고 있다.

귀신들은 예수를 "하나님의 거룩한 자"(막 1:24), "하나님의 아들"(막 3:11), "지극히 높으신 하나님의 아들"(막 5:7)이라고 부름으로써 예수의 신적 능력을 인식하고 있었다. 하지만 귀신들이 "예수의 비밀스럽고도 영적 세계의 이름을 사용함으로써 예수를 압도하는 힘을 얻고자 하는 유혹적인 시도"였을 뿐이다.[34]

예수께서는 일관되게 귀신들을 잠잠케 하셨다. 예수의 능력과 귀신의 능력은 서로 적대적인 세력으로, 이 둘 사이에는 공통의 여지가 전혀 존재하지 않기 때문이다. 오히려 극명한 대립만 생겨났다. 귀신들은 폭력적이요 파괴적이며, 인간의 손상과 죽음을 추구하는 데 반해 예수의 사역은 인간을 자유하게 하며, 회복시켜서 자신과 다른 사람들과의 참된 교제와 평안으로 이끈다.

이런 연유에서 두 세력의 대결 구도에 놓여있는 역사는 '하나님의 아들 *대* 사탄', '거룩한 영이신 성령 *대* 더러운 영"의 우주적 싸움을 드러내고 있는 것이다. 예수의 역할은 "인류의 참된 종국을 위해 자신이 지닌 천상의 능력을 갖고 싸움에 임하셔서… 끝내 승리를 가져오시며, 승리가 가져오는 생명과 영적 교제에 이르게 하시는 일"이라고 로빈슨은 주장한다.[35] 예수 사역에 대한 마가의 묘사는 가장 근본적 의미에서 예수 사역의 구속적 성격을 극명하게 드러내 주고 있다.

포스터 R. 맥컬리(Foster R. McCurley)는 이상의 논지에 보다 커다란 성경

---

33) J. M. Robinson, *The Problem of History in Mark* (SBT 21; London : SCM, 1957), 38.
34) Robinson, *Problem of History*, 36-37.
35) Ibid., 39, 42.

-신학적 국면들을 부여한다. 맥컬리는 창조 시에 있었던 시원의 혼돈에 대한 하나님의 승리와 이스라엘 역사 가운데 나타났던 왕이시며 전능한 용사이신 여호와를 통해서, '혼돈에 맞서 싸우시는 하나님의 아들'이신 예수를 통해서 이루어진 혼돈과 속박에 대한 하나님의 승리를 모두 포괄하는 하나의 기나긴 궤적을 기술하고 있다.[36]

예수의 사역에 대한 맥컬리의 묘사는 지금까지 살펴본 바와 정확히 일치한다.[37] 맥컬리는 예수께서 바다의 혼돈을 꾸짖으신 것을 여호와께서 사탄을 꾸짖으신 것(슥 3장)과 하나님이 창조 시의 시원의 혼돈을 꾸짖으신 것(시 18:15를 보라)과 일치하는 것으로 보고 있다.

귀신을 꾸짖고 내어 쫓으심으로써 예수께서는 하나님의 목적을 이루시며, 악에 대한 승리를 통해서 하나님의 주권을 세우셨다(여호와께서 대적을 꾸짖으시는 것과 대적에 대한 여호와의 승리에 대해서 시 76:5-6; 80:16; 104:7을 참조하라).[38] 예수에 대한 이러한 묘사는 구약 성경이 말하는 하나님의 구속 행위들을 확장시켜 나가고 있는 것이다.[39]

---

36) McCurley, *Ancient Myths*, 12-71.

37) 필자가 판단하기에 맥컬리의 묘사는 마가복음과 누가복음과 잘 들어맞지만 마태복음과는 잘 들어맞지 않는다. 마태복음은 마가복음과 누가복음이 예수와 사탄의 세력 사이에 놓인 역사적 혹은 우주적 싸움을 강조하고 있는 것과 달리, 이 싸움을 강조하고 있지 않다.

38) McCurley, *Ancient Myths*, 46-52. 예수가 거룩한 하나님의 전사라는 주제는 P. D. Bender의 최근 연구에 잘 개진된 바 있다: "The Holy War Trajectory in the Synoptic Gospels and the Pauline Writings" (M.A. Thesis, Associated Mennonite Biblical Seminaries, 1987).

39) 이러한 예수에 대한 묘사는 한편으로 압제로부터 자유를 가져오게 하는 하나님의 구원의 행위에 대한 회상과 잘 들어맞는다(참조. Wright, *God Who Acts*, 35-58). 다른 한편으로 이러한 묘사는 J. D. Levenson의 다음의 주장과 잘 들어맞는다: 악에 대한 하나님의 승리의 역사는 시원과 종말에 집중적으로 나타나는데, 복음서가 예수를 자신의 삶과 죽음을 통해서 하나님의 나라의 종말론적인 승리를 가져오시는 분으로 묘사하고 있기 때문이다. 여기서 사용되는 언어는 Levenson이 보여주듯이 이스라엘이 시원적인 승리를 기초로 하여 하나님께서 분연히 일어나셔서 이스라엘의 역사 가운데 행동하심으로써 하나님의 주권을 위협하는 대적들에 대한 하나님의 승리를 보여 달라는 요청의 언어이다(*Creation and the Persistence of Evil* [San Francisco : Harper & Row, 1988], 11-25, 50). 필자가 판단하기로 Levenson은 불필요하게 자신의 견해와 용사 하나님이란 전승(Warrior tradition)에서 유래하는 여호와를 분리하고 있다. 이 전승은

예수의 사역이 악에 대한 하나님의 전쟁이라는 문맥에서 "무서워하지 말고 오직 믿기만 하라"(막 5:36)는 마가의 강조는 주목할 만한 말씀으로 부각된다. 이 말씀은 구약 성경에서 두드러지게 나타나는 "두려워 말라"(*'al tîrā'*)라는 하나님의 전쟁 신탁의 전승에 놓여 있는 말씀이다.[40] 전쟁에서 물러서지 않기 위해 여호와를 신뢰하라는 명령 역시 이사야의 시온 신학과 왕의 시편들의 주요 특징 중 하나이다.[41]

최근 두 개의 학위 논문이 마가복음의 이러한 주제에 대한 이해를 증진시켜준다. 먼저 크리스토퍼 D. 마샬(Christopher D. Marshall)은 내러티브 비평을 사용해 '믿으라'는 마가의 요청은 주요한 내러티브 요소로 작동하고 있음을 예증해 보였다.[42] 또한 허버트 L. 스워츠(Herbert L. Swartz)는 마가

---

Levenson이 주장하듯이(50페이지와 166페이지 각주 7) 하나님을 역사 속에서 지속적으로 행동하시는 분으로 보고 있지 않으며, 오히려 하나님이 악을 궤멸시키기 위해서 나타나시는 특정 시점과 특정 사건을 따로 명기하고 있다.

40) E. W. Conrad, *Fear Not Warrior : A Study of 'al tira' Pericopes in the Hebrew Scriptures* (BJS 75; Chico, Calif. : Scholars, 1985). Conrad은 히브리 성경의 여러 곳에 나타나는 이 공식어구의 편재성을 잘 드러내 준 바 있지만 불행히도 Conrad은 시편을 자신의 연구 가운데 포함시키지 않았다. 만약 시편을 이 연구 가운데 포함시켰다면, 하나님의 우주 창조시의 승리와 그 후 하나님의 전쟁들 가운데 나타난 여호와의 전쟁들 사이의 연관관계가 더욱 분명해졌을 것이고, 동시에 위에서 언급한 바 있는 Levenson에 대한 비평을 더욱 강화시킬 수 있는 토대를 마련했을 것으로 판단된다. 또한 이러한 점들은 즉각적으로 다음과 같은 해석방법론적인 이슈를 제기한다: 역사 가운데 나타난 하나님의 승리는 우주 창조 시의 승리의 신학에 대한 토대를 제공하는가, 아니면 그 반대의 경우인가? 많은 성경 본문에서 시원의 승리를 분명한 역사적 승리에 대한 토대로 제시하고 있지만, 이스라엘의 신학적 성찰의 과정은 그 반대의 경우로 전개되어 왔던 것으로 여겨진다.

41) Ollenburger는 자신의 저서인 *Zion*에서 수많은 왕의 시편과 이사야의 시온 신학에 대한 연구를 통해 여호와께서는 이스라엘에게 하나님의 보호와 안정을 겸손히 신뢰하고 여기에 전적으로 의존하라고 요청하고 계신다는 점을 보여주고 있다. 이런 점에서 시온 신학은 이스라엘의 자기 의존적인 군사적 제휴를 반박하고 있다.

42) C. D. Marshall, *Faith as a Theme in Mark's Narrative* (SNTSMS 64; Cambridge University, 1989). Marshall은 믿음에 대한 요청이 마가복음의 시작부터 11장까지 널리 퍼져 있는 반면 불신은 믿음을 강조하기 위한 반면교사의 역할을 하고 있다는 점을 잘 보여준다: "믿음과 불신이란 요소는 마가가 자신의 이야기를 어떻게 말하고 있는가를 구성하는 데에 중요한 역할을 하고 있다."(226).

복음의 두려움과 놀람이라는 주제가 믿으라는 요청과 어떠한 대척점에 있는가를 다음과 같이 보여주고 있다. 두려움과 놀람은 믿음을 대치하거나 대적할 수 있는 원치 않는 대용물이다.[43)]

마샬이나 스워츠 모두 자신의 연구를 구약의 하나님의 전쟁 신탁과 연계시키지는 않지만, 이들을 함께 고려할 경우 마가복음에 대한 새로운 이해가 가능해진다. 무서워하지 말고 단지 믿기만 하라는 명령은 악과 싸우시는 하나님의 전쟁에 적합한 인간의 역할을 강조하는 이스라엘의 전승을 반영한다고 정리할 수 있는 것이다.

실제로 마가의 수수께끼 같은 내러티브는 마가복음을 읽는 독자들에게 *'깨달으라'*, *'이해하라'*고 요청하고 있다. 문제는 베드로가 자신의 고백에서 예수가 메시아라는 점을 이해한 것처럼 보였을 때 예수로부터 꾸짖음을 받았다는 점이다. 전혀 예기치 못한 방식, 즉 예수께서는 고난을 통해서 악을 이기신다는 점이 여전히 배워야 할 교훈으로 남아 있었던 것이다. 믿음에 뿌리를 두고 있는 이 교훈은 두려움, 놀람, 떨림 등과 대척점에 있다. 그러나 제자들에게 이 교훈은 악에 대한 예수의 승리를 기다리는 것이다.

### 3. 마가복음 6장 6절-8장 30절

마가복음의 세 번째 섹션은 열두 사도를 내보내는 것으로 시작된다(막 6:7-13). 이것은 이스라엘의 열 두 지파를 약속의 땅으로 내보내는 출애굽

43) H. L. Swartz, "Fear and Amazement Responses : A Key to the Concept of Faith in the Gospel of Mark"(Th.D. diss., Toronto School of Theology, 1988). Swartz는 마가복음에서 믿음이라는 주제에 대한 독특한 내러티브상의 강조를 잘 보여주고 있다. 다시 말해 그는 이러한 주제상의 특징은 마태복음과 누가복음과 비교해 볼 때 단순히 비율적으로 더 많이 사용되고 있다는 정도의 문제가 아니라 마가의 문체와 신학에 깊이 뿌리를 두고 있다는 점을 설득력 있게 예증하고 있다(291). Swartz는 막 16:8을 의도된 내러티브 절정으로 보고 있으며, 이 절정은 마가복음 내러티브 전반에 걸쳐서 발전되고 있는 믿음이라는 주제에 비추어 볼 때, 독자로 하여금 전율과 놀람, 두려움 때문에 믿음이 사라져버리지 못하게 하라는 요청을 받아들이게 한다(254-275).

이야기를 반향하는 것으로 보인다. 그러나 마가복음의 경우 제자들에게 주어진 사명은 전적으로 긍정적인 성격을 띤다. 보냄을 받은 제자들이 예수께서 지시하신 대로 행했다는 점에서 그렇다.

그런데도 제자들에게 광야 경험의 시기가 뒤따른다. 이 경험에서 제자들은 떡 기적을 통해 예수가 누구이신가를 이해하고 깨달을 수 있는 초기 단계로 이끌린다. 첫 번째 떡 기적에 이어서 제자들은 배를 타고 가는 동안 바다에서 유령처럼 나타나신 예수를 보고 무서워하고 놀란다. 마가는 당시 무서움에 대해 "그들이 그 떡 떼시던 일을 깨닫지 못하고 도리어 그 마음이 둔하여졌음이러라"(막 6:52)라고 설명한다.

실제로 강퍅해진 제자들의 마음이라는 주제는 광야에서 만나를 통해 보여주셨던 하나님의 섭리적 임재를 이스라엘 백성들이 이해하지 못하고, 심지어 밝히 드러난 하나님의 기적적인 능력을 깨닫기를 거부했던 이스라엘의 무능과 반역을 반향하고 있다.[44] 그러나 마가는 제자들이 깨닫고 이해해야 했던 것이 무엇인지에 대해서 아무런 암시를 주지 않는다. 이해가 절대로 필요한 것이었음을 주장하면서도 말이다.[45]

이어서 두 번째 떡 기적 후 배에 오른 제자들은 떡이 단 한 조각 밖에 없

---

44) 불평과 원망의 모티프가 이스라엘의 광야 여정을 특징짓고 있으며, 이 점을 시 78이 잘 보여주고 있다. 여러 이스라엘 이야기에서 해석되는 이 불평과 원망은 하나님의 섭리적 보호와 인도하심을 깨닫지 못하는 것을 대변하여 보여준다(예를 들면 민 11장과 20장을 보라). 또한 Coat가 자신의 저서인 *Rebellion in the Wilderness*에 제시하고 있는 반역과 불평의 주제에 대한 연구를 참조하라.

45) "그들이 그 떡 떼시던 일을 깨닫지 못하고 도리어 그 마음이 둔하여졌음이러라"는 구절의 렌즈를 통해서 마가복음을 해석하고 있는 Q. Quesnell의 연구는 훌륭하다. 이 연구는 마가가 어떻게 독자들을 자신의 이야기 속으로 끌어들이고 있으며 여기저기에 비밀을 깨달을 수 있는 실마리들을 주고 있는지를 잘 보여주고 있다. 물론 이 비밀은 F. Kermode가 주장하듯이 마가복음 속에서 결코 해결될 수 있는 것은 아니지만 말이다. 보다 자세한 설명을 위해 다음을 보라: Q. Quesnell, *The Mind of St. Mark : Interpretation and Method Through the Exegesis ofMark 6:52* (AnBib 38; Rome : Pontifical Biblical Institute, 1969). F. Kermode, *The Genesis of Secrecy : On the Interpretation of Narrative* (Cambridge, Mass. : Harvard University, 1979), 56-72.

음에 대해 논의한다(여기서 διελογίζομαὶ 라는 단어는 '주장하다' 혹은 '논쟁하다' 뜻을 지닌다. 이 경우 불평과 투덜거림의 논조가 배어 있다. 막 2:8을 보라). 이에 대해 보다 격렬한 질문과 대답이 오가는 대화가 뒤따른다(막 8:17-21), 이 대화의 초점은 "너희가 아직도 깨닫지 못하느냐?"라는 질문에 있다.[46)]

세 번째 섹션은 출애굽-광야 전승의 요소를 사용하면서 동시에 이 전승 요소를 새롭게 변화시키고 있다. 그 이유는 이스라엘은 이웃 국가와의 관계에서 배타적으로 행동했던 것에 반해서 예수께서는 두로와 시돈이라는 이방 지역에서 환영을 받고 있기 때문이다.

수로보니게 족속의 여인(막 7:24-30)이 적합하게 반응한 믿음의 모형으로 등장한다. 이 여인은 유대 지도자들이 자신의 관습에 속박되어 있어(막 7:2, 5) 나누어 주기를 거절했던 떡(ἄρτος라는 단어가 27절에서 나타남을 주목하라!)을 요청한다. 더욱이 귀먹고 벙어리 된 자의 치유(막 7:31-37)가 외인인 이방인 지역에서 일어나고 있다. 이 치유는 한 목소리의 찬양으로 이어지며, 심지어 예수의 메시아 되심에 대한 공표를 암시하기까지 한다(막 7:37은 사 35장을 반향하고 있다).

두 번째 떡 기적 역시 이방 지역에서 일어난다. 예수의 사역에 대한 이방인들의 긍정적인 반응은 내인들의 부정적 반응과 극명한 대조를 보여준다(막 7:1-23; 8:10-12). 더욱이 이중적 문학적 패턴, 즉 두 번의 떡 기적, 두 번에 걸쳐 제자들이 배에 탄 것, 7장에 나오는 두 개의 대립되는 반응 등은 벳새다에서 두 번에 걸쳐 이루어진 소경 치유 사건(막 8:22-26)을 예비하고 있

46) 이 섹션에 대한 강해와 학문적 논쟁을 위해서 다음을 보라: S. Masuda, "The Good News of the Miracle of the Bread : The Tradition and Its Markan Redaction," *NTS* 28 (April 1982), 191-219. 이 이야기를 이해하는 데에 독자들의 역할에 특별히 관심을 기울이고 있는 유용한 두 연구가 있다: R. Fowler, *Loaves and Fishes* (Chico, Calif. : Scholars, 1981); J. Bassler, "The Parable of the Loaves," *JR* 66 (1986), 157-172. 또한 이 섹션에 대한 필자의 연구인 다음을 참조하라: *Mark*, ch. 6; "Markan Structure," 86-91, 198-202.

다. 특별히 벳새다의 소경 치유는 유대인과 이방인에 대한 예수의 이중적 사역을 상징적으로 묘사하는 것으로 보인다.

이 모든 것이 이스라엘의 북단 접경 지역에 위치한 가이사랴 빌립보에서 밝혀진 예수의 메시아 정체성에 대한 선결 조건이다.[47] 이스라엘의 종교적, 정치적, 군사적 힘이 집중된 예루살렘으로부터 가장 멀리 떨어진 지역에서 예수께서 베드로의 고백을 이끌어 내신다. 더욱이 베드로의 고백은 이방인들이 예수에 의해서 치료되고 배불리 먹여진 후에 비로소 이루어지고 있다.

그러나 예수의 임박한 수난에 관한 가르침에 대한 베드로의 반응은 베드로가 아직 예수께서 의도하신 대로 예수의 메시아 직분을, 또는 예수께서 선포하셨던 왕국의 성격을 이해하지 못했다는 것을 보여준다. 또한 베드로는 예수의 사역의 새로운 돌파구가 마련된, 즉 죽음을 통한 메시아 되심의 의미가 드러난, 예루살렘에서 먼 변방 지역의 중요성도 이해하지 못했던 것 같다.

마가복음의 구조적 관점에서 볼 때 베드로의 고백은 광야 섹션의 끝부분에, 마가의 '노중' 섹션의 초두에 나타난다(이 책 4장을 보라). 신학적 전승 역사라는 관점에서 볼 때 베드로의 고백은 이스라엘의 광야 전승과 정복 전승 모두에 대한 새로운 변화의 시각을 도입한다. 구조적 관점에서 본 베

---

47) Swartley, *Mark*, 112-121; W. Kelber, *The Kingdom in Mark*, 48-65, Mark's Story of Jesus (Philadelphia : Fortress, 1979), ch. 2; E. Malbon, "The Jesus of Mark and the Sea of Galilee," *JBL* 103 (1984), 363-377. 많은 학자들 역시 두 번의 떡 기적 사건에 의해 연계되는 둘로 이루어진 일련 사건 의 상호적인 중요성을 다음과 같이 인지하고 있다: 유대인들에 대한 의미를 담고 있는 서쪽 지역에서 이루어진 기적의 떡의 사건이 지닌 숫자 5와 12의 중요성, 그리고 이방인들에 대한 의미를 담고 있는 동쪽 지역에서 이루어진 기적의 떡의 사건이 지닌 숫자 4와 7의 중요성. 예수께서 배를 타신 가운데 이러한 숫자들을 통해 요지를 말씀하시며 제자들이 즉각적으로 지녔어야 할 깨달음에 대해 말씀하시고 있다는 것은 이러한 해석을 확증하고 있는 듯하다. 다음을 보라: Masuda, "Good News," 204-206; Swartley, *Mark*, 127-130.

드로의 고백은 본 장의 끝에서 설명될 것이며, 신학적 전승 역사라는 관점에서 본 베드로의 고백은 다음 장인 4장에서 설명될 것이다.

## 마태복음

### 마태복음의 갈릴리 섹션 내용과 구조

마태복음의 경우 예수의 갈릴리 사역에 관한 섹션은 4장 12절이나 4장 17절에서 시작해서 베드로의 고백 직전인 16장 12절이나 베드로의 고백 직후인 16장 20절에서 끝난다. 갈릴리 섹션의 시작과 끝이 각각 4장 12절과 16장 12절이라는 증거를 살펴보자. 4장 12-16절에서 이미 예수께서 갈릴리에 계신 것이 나타나며(마 4:12-16은 종말론적-신학적 중요성을 지니고 있다), 16장 13절에서 예수의 순례 여행은 갈릴리를 넘어서 가이사랴 빌립보와, 가울라니티스(Gaulanitis)라 불리는 지역으로까지 확장되고 있다. 더욱이 마태복음의 독특한 용어인 '가이사랴 빌립보 지방'은 예수와 제자들이 갈릴리를 이미 떠났다는 것을 암시하고 있다.

반면 갈릴리 섹션의 시작과 끝이 각각 4장 17절과 16장 20절이라는 증거는 마태복음의 전체적 구성에 중요한 역할을 하고 있는 구조상의 표지를 보면 알 수 있다. 즉 4장 17절과 16장 21절은 "이때부터 예수께서…하기 시작하셨더라"('ἀπὸ τότε ἤρξατο ὁ Ἰησοῦς)는 표현으로 시작된다는 점이다.

잭 D. 킹스베리(Jack Dean Kingsbury)는 이 표현이 예수의 갈릴리 사역과 베레아-예루살렘 사역을 각각 도입하고 있는 마태복음의 구조상의 표지라는 점을 설득력 있게 주장한다.[48] 실제로 예수의 공적 사역은 4장 17절

48) J. D. Kingsbury, Matthew : Structure, Christology, Kingdom(Philadelphia : Fortress, 1975), 7-37. Kingsbury는 마 4:12-16은 4:13-14이 2:23과 병치된다는 점에서 마태복음의 보

이전에는 언급되지 않는다. 마찬가지로 16장 21절 이전까지는 '예수께서 필연적으로 예루살렘에 가서야 한다'(δεῖ αὐτὸν εἰς Ἱεροσόλυμα ἀπελθεῖν)는 마태의 이야기가 진술되고 있지 않다.

4장 17절과 16장 20절의 구분이 보다 설득력 있게 보인다. 하지만 묘사적인 내러티브 형태와 이사야 본문 인용 형태를 띠고 있는 4장 12-16절이 지닌 갈릴리에 대한 이중적 강조도 결코 간과되어서는 안 될 것이다. '이방인의 갈릴리'라는 표현은 예수의 갈릴리 사역 전체에 중요한 해석상의 전망을 제공하고 있다.

마태복음의 갈릴리 섹션의 내용은 세 개의 확장된 강화와 각각의 강화를 뒤따르는 내러티브 섹션으로 이루어져 있다. 특별히 내러티브 섹션은 예수께서 행하신 일들과 예수의 일반적인 움직임을 상술하고 있다.

첫 번째 강화인 산상수훈(5-7장)은 10개의 기적 기사를 담은 내러티브 섹션(8-9장)으로 이어진다. 두 번째 강화인 선교(10장)는 예수의 정체성과 이에 따른 예수와 유대 지도자들 사이의 점증하는 마찰에 초점을 두고 있는 내러티브 섹션으로 이어진다.

이러한 맥락에서 12장 15-18절은 이사야 42장 1-2절을 인용함으로써 예수께서 갈릴리로 돌아오실 것을 암시할 뿐만 아니라 한 걸음 더 나아가 10장 6절의 대담한 명령인 "오직 이스라엘 집의 잃어버린 양에게로 가라"는 명령을 무효화 시킨다.

세 번째 강화인 비유(13장)는 제자들에게 자신의 말씀을 가르치시는 예수의 모습을 그려준다. 세 번째 강화는 마가복음 본문인 6장 30절-8장 26절(이 본문은 뒤따르는 이방 지역의 사역과 대조를 이루는 유대 지역의 사역을 먼저 묘

---

다 앞 섹션인 예수의 출생 기사 부분에 속하며 이런 점에서 마 4:12-16은 예수의 초기의 여정의 결론 부분에 해당된다고 주장한다. 마 4:12-16은 출생 기사 섹션을 마감하고 4:17에서 시작되는 갈릴리 사역의 토대를 놓는 역할을 하고 있다.

사한다) 내용으로 이어지고 있다.

마태복음의 갈릴리 섹션은 예수께서 행하신 일들 대한 묘사에서 마가복음의 갈릴리 섹션을 그대로 따른다. 이런 점에서 마가의 요점이었던 예수 사역이 지닌 속박으로부터의 해방에 대한 강조와 관련해 마가복음에서 지적되었던 바들이 여기에서도 똑같이 적용된다.

그러나 공관복음 전승의 내용과 관련해서만 그렇다는 것이지 공관복음 전승에 대한 마태의 사용에 관한 문제에는 해당되지 않는다. 공관복음 전승에 있는 이야기들에 대한 마태의 용례가 지닌 두드러진 양상은 이 이야기들이 교육적인 목적의 역할을 감당하는 방식이다. 여기서 방식이란 이야기들이 기독론과 제자도, 선교라는 분야에서 마태의 교회 공동체를 반영하고 있다는 점과 이 공동체를 교육하고 있다는 점을 뜻한다.[49)]

이상에서 살펴본 마태의 주된 세 개의 강화는 이와 같은 독특한 내러티브 의도를 더욱 발전시켜 나가고 있다.

## 출애굽 전승

출애굽 전승이 마태복음의 갈릴리 섹션에 미친 영향은 오랫동안 학문적 논쟁의 일환이 되어왔다. 실제로 구속적 성격의 출애굽 모티브가 마태복음 초두에 나오는 예수의 요람기의 이야기에 두드러지게 나타난다.

예를 들어 "그가 자기 백성을 저들의 죄에서 구원하실 것이기 때문에"(마 1:21)라고 아기 이름을 예수라고 지은 사건은 출애굽(구원) 전승과 정복(예

---

49) Heinz Joachim Held는 마태복음의 기적 이야기들이 지닌 기독론적인 역할에 대한 강조점과, 믿음과 제자도에 대한 요청을 강조하고 있다. 다음을 보라. "Matthew as Interpreter of the Miracle Stories" in *Tradition and Interpretation in Matthew*, ed. G. Bornkamm, G. Barth and H. J. Held (Philadelphia : Fortress, 1963), 168-206, 246-259. R. H. Gundry는 8-9장에 나오는 일련의 기적 이야기들에 대한 마태의 사용을 예수의 권위를 강조하기 위한 것으로 보고 있다. 다음을 보라: *Matthew : A Commentary on Literary and Theological Art* (Grand Rapids : Eerdmans, 1982), 137-180.

수=여호수아) 전승을 한데 연결짓고 있다. 이와 같은 전승의 연결은 구약의 신앙 전승 가운데 흔한 일이었음을 주목한 바 있다.

헤롯이 예수를 죽이려는 시도로 남자 영아들을 죽인 것은(마 2:16-18) 모세를 포함해 모든 남자 아이를 죽이라는 바로의 명령(출 1:16)을 상기시킨다. 예수와 모세는 모두 살아남기 위해서 도피하지 않을 수 없었다. 후에 예수께서 애굽을 떠나실 때, 출애굽 전승을 반영하는 예언의 말씀을 성취하셨다. "애굽에서 내가 나의 아들을 불렀다"(호 11:1을 인용한 마 2:15).

광야에서 세례 요한이 회개와 천국 도래를 선포한 것(마 3:1)은 죄의 회개를 통해 참된 믿음에 이르라는 출애굽의 광야 요청을 반향하고 있다. 마찬가지로 예수의 시험 장면은(마 4:1-13) 출애굽 전승의 세 가지 모티프를 보여주고 있다.

(1) 광야라는 장소

(2) 40주야의 금식(출 24:18; 34:28)

(3) 순종을 시험함[50)]

아마도 마태는 자신의 모형론적 차트를 한 단계 더 발전시켜서 출애굽 모티프를 예수의 영아-준비 섹션에 넣었고, 그 다음 갈릴리 섹션에서 또 하나의 주제를 발전시키고 있는 듯하다. 물론 마태가 사용한 공관복음 전승의 이야기들이 철저히 구속적인 성격을 지니고 있다.

실제로 출애굽 모티프가 때때로 주창되어왔던 만큼 그렇게 마태복음의 갈릴리 섹션에서 폭넓게 나타나지는 않지만, 출애굽 전승의 보다 큰 범주

50) 그러나 B. Nolan은 출애굽 원형은 "다윗에 대한 확실한 맹세만큼 그렇게 큰 증거를 지니고 있지 않다"고 말한다. 다음을 보라: *The Royal Son of God: The Christology of Matthew 1-2 in the Setting of the Gospel* [OBO 23; Gottingen : Vandenhoeck & Ruprecht, 1979], 36-38.

인 시내산 전승이 구조와 신학적 강조라는 두 측면 모두에서 예수의 이야기에 영향을 미치고 있음이 사실이다. 또한 출애굽 모티프가 지닌 구속적인 측면이 갈릴리 섹션에 부재하지 않으며, 오히려 몇몇 구조상의 중요한 면들에서 그 모습을 분명히 드러내고 있다.

## 1. 마태의 요약적 진술

마태의 요약적 진술은 마태복음의 기나긴 갈릴리 섹션에 하나의 해석상의 특성을 보여줌으로써 예수 사역이 지닌 구속적 차원을 부각시킨다. 세 개의 유사한 공식 어구가 갈릴리 섹션의 내러티브를 아치형으로 장식한다. 이 어구들은 마태복음 4장 23-25절, 9장 35-36절, 15장 29-31절에 등장하는 공식 어구는 대략 갈릴리 섹션의 시작과, 중간, 끝 부분을 장식한다. 갈릴리 섹션 전체를 종결의 형태로 구분 짓고 있는 셈이다.

첫 번째 진술과 두 번째 진술은 예수의 사역을 요약하기 위해 동일한 세 가지 표현을 사용한다

(1) "저들의 회당에서 가르치시며"
(2) "천국 복음을 전파하시며"
(3) "모든 질병과 모든 약한 것을 고치시더라"

세 개의 요약적 진술 모두 큰 무리가 예수께 나아왔다고 말하고 있다. 그리고 처음 진술과 마지막 진술은 예수의 치유의 범위를 명시하고 있다.

(1) "각종 병에 걸려서 고통 당하는 자, 귀신 들린 자, 간질하는 자, 중풍병자"(마 4:24)
(2) "다리 저는 사람, 장애인, 맹인, 말 못하는 사람, 기타 여럿"(마 15:30).

분명 마태복음은 예수를 치료자로 제시하고자 하는 의도를 지니고 있다. 예수는 모든 형태의 질병을 치료하셨다는 뜻이다. 마태복음은 첫 번째 그룹에 속한 세 개의 치유 기사를 다음의 선지서의 본문으로 마침으로써 이 점을 분명히 하고 있다. "그가 우리의 연약한 것을 친히 담당하시고 우리의 질병을 짊어지셨도다"(마 8:17).

테렌스 L. 도날드슨(Terence L. Donaldtion)도 마태복음의 첫 번째와 세 번째 요약적 진술이 예수의 갈릴리 사역을 열고 닫는 일종의 수미상관 구조의 역할을 한다고 설득력 있게 주장한 바 있다. 이 두 진술은 마태의 독특한 세팅인 산을 그 배경으로 하고 있다.[51] 예수의 사역을 요약하고 있는 산이란 위치와 구속적 강조는 시내산 전승과 출애굽 전승을 잘 반향한다고 할 수 있다.

## 2. 이방인들의 긍정적인 반응

마태복음은 갈릴리 섹션에 부가적 출애굽 모티프들을 담고 있다. 마태복음의 초두에 나타나는 각색 질병에 대한 맨 처음의 요약적 진술은 예기치 못한 구절로 끝을 맺는다. "그의 명성이 온 수리아에 퍼졌고 사람들이 그에게 모든 병든 자들 …을 데려오니…"(마 4:24a).

4장 25절에서는 예수를 따라 온 무리들의 원래 속한 지역이 언급된다. 갈릴리, 데가볼리, 예루살렘, 유대, 요단강 건너편 등 이스라엘의 모든 주요 지역이 나열되어 있다. 실제로 시리아처럼 데가볼리와 요단강 건너편은 예수의 구속 사역이 유대인들에게 국한되지 않고 이방인들까지도 포함하는 것을 암시한다.

51) T. L. Donaldson, *Jesus on the Mountain : A Study in Matthew Theology* (JSNTSS 8; Sheffield : JSOT, 1985), 113, 119. 또한 마 4:23-25이 산에서 주어진 산상수훈과 연결되어 있음을 주목하라.

마태복음은 마가복음에서는 나타나지 않는 이야기인 가버나움 백부장의 치유 사건(마 8:5-13)에 이야기의 우위를 둠으로써 이 점을 부각시킨다. 예수 사역의 구속적 성격의 핵심도 이 사건에서 나타난다. "내가 진실로 너희에게 이르노니, 내가 이와 같은 믿음을 이스라엘에서 보지 못하였노라." 이어 일반적인 진술이 뒤따른다. 이 진술에는 아브라함과 이삭과 야곱이 참여한 메시아 연회 가운데 이방인들이 함께 참여한다는 것과 '왕국의 상속자들'에게 심판이 있으리라는 신랄한 선언이 포함된다.

마태복음이 이스라엘을 벗어나는 지역까지를 통합하는 모습은 열 개로 이루어진 일련의 단일하고도 긴 기적 기사의 구조에서도 드러난다(마 8-9장).[52] 마가복음의 경우 기적은 세 개의 독립된 단위 형태로 나타난다(막 1:21-45; 2:1-3:6; 4:35-43). 마태복음의 경우 8장 10-13절이 보여주는 이방의 반응과 이스라엘의 반응 사이의 구조적 양극화는 일련의 기적 기사의 결론 부분에 나타나는 다음과 같은 무리들의 감탄의 외침과 일맥상통한다: "이스라엘 가운데서 이와 같은 일을 결코 본 적이 없도다"(마 9:33b). 외형적으로 볼 때 이 외침은 기적이 이스라엘 밖에서 일어나고 있음을 말하고 있는 것처럼 보인다. 하지만 본문에서는 외견상의 의미에 대한 어떠한 증거도 발견할 수 없다.[53] 오히려 *마태는 이방인들로 구성된 합창단이 예수의 사역에 대한 찬양의 후렴구를 노래하고 있음*을 보여주고 있는 듯하다.

갈릴리 섹션에 대한 마태복음의 마지막 요약적 진술은 이와 동일한 방

52) 이 기적 기사는 제자도를 강조하는 두 부분의 가르침(마 8:18-22; 9:9-18)에 산재되어 있다. 기적 기사 중 하나인 바다의 풍랑을 잠잠하게 하시는 이야기 역시 제자도에 관한 단락으로 변화된다. 다음을 보라: Held, "Matthew as Interpreter," 248; P. F. Ellis, Matthew : *His Mind and His Message* (Collegeville, Minn. : Liturgical, 1974), 42.

53) 모든 지역으로 예수의 소문이 널리 퍼져나간다는 두 번에 걸친 진술(26절과 31절)은 두 소경의 치유 사건이 야이로의 딸의 치유가 일어났던 곳과 다른 장소, 아마도 갈릴리에서 일어났음을 암시하고 있는 듯하다. 이것이 사실이라면 마태복음은 이 마지막 기적 이야기를 사용해 동일한 요점을 말하고 있는 셈이다. 이야기 관점에서 볼 때 사건이 일어난 장소는 그리 중요하지 않다. 그 이유는 소문이 널리 퍼졌다는 후렴구의 역할이 분명하기 때문이다.

식으로 똑같은 요점을 반복해서 말하고 있으며, 다음과 같은 구절로 끝을 맺는다. "그들이 이스라엘의 하나님을 찬양하였다"(마 15:31c). 이 요약적 진술은 무리에 이방인이 포함되어 있는지 구체적으로 밝히지 않지만 "이스라엘의 하나님"이라는 표현은 9장 33절에서와 마찬가지로 이방인의 관점에서 나온 말임을 암시한다. 더욱이 4장 24-25절이 이미 마태복음이 무리 가운데 이방인이 포함되어 있음을 보여준 바 있다.

또한 예수의 갈릴리 사역의 중간 섹션 역시 이상에서 말했던 것에 대해 시사하는 바가 크다. 무리들이 데리고 온 많은 자들을 예수께서 고치신 것을 강조하는 두 번째 요약적 진술은 10장에 있는 선교 강화로 이어진다.

그런데 중요한 사실은 이러한 이어짐이 무리가 목자 없는 양과 같기 때문에 예수께서 무리를 크게 불쌍히 여기셨다는 사실에 대한 강조를 통해 이루어진다는 점이다. 열두 제자가 선택되어(마 10:1-4)[54] "이방인들 가운데로 가지 말고, 사마리아인들의 마을에도 들어가지 말라. 오직 이스라엘 집의 잃어버린 양들에게 가라"는 명령과 함께 보냄을 받는다(마 10:5-6). 그러나 이와 대조적으로 마태복음은 예수께서 제자들을 '온 나라들로' 보내는 장면으로 끝을 맺는다.

분명히 10장은 예수의 사역이 무엇보다도 이스라엘의 회복을 가져오는 것임을 암시하고 있다. 그러나 마태복음에서 묘사되는 예수의 사역은 결코 이스라엘에 국한되지 않는다. 이제 두 개의 독특한 내러티브 양태를 살펴볼 것이다. 논리상 모순처럼 보이는 이 문제에 대한 마태의 견해와 그의 강조를 이해하는데 도움을 줄 것이다.

도로시 J. 위버(Dorothy J. Weaver)는 첫 번째 내러티브 양태에 주의를 기울인다. 예수의 선교 강화는 제자들이 실제로 선교 여행을 떠났다거나 선

54) 여기서 마태복음은 제자들이 선택되는 것과 보내지는 것을 한데 연결시키는데, 마가복음에서는 선택과 보내짐이 서로 분리되어 나타난다(막 3:13-19; 6:7-13).

교 여행으로부터 돌아왔다고 말하지 않는다는 점이다. 제자들이 '파송된 명령' 아래 놓여 있지만, 그들의 파송의 성취는 마태복음 11장 2절부터 28장 16-20절까지 전반에 걸쳐 문자적으로 열린 상태로 놓여 있다.[55)]

오히려 마태복음 11장 1절에서는 "예수께서 거기로부터 나아가 그들의 고을에서 전파하시고 가르치시더라"처럼 예수 자신의 움직임에 초점을 맞추고 있다. 결과적으로 독자들은 오직 예수의 움직임에서 제자들의 움직임을 추론할 수 있을 뿐이다.

결국 마태복음은 독자들로 하여금 제자들의 움직임이 아니라 예수의 말씀과 행적에 초점을 맞추도록 하고 있다. 정작 제자 파송은 28장 16-20절에서 독자들도 세상으로 나아가도록 요청할 때까지 지연되는 셈이다.

파송 명령의 성취를 본문 내 한 시점(마 11:1)에서 본문을 넘어서는 시점(마 28:20을 넘어서는 시점)으로 지연시킴으로써 "10장 5-42절에서 설명되고, 28장 18-20절에서 다시 제기되는 예수의 명령에 독자들의 암묵적이고 긍정적인 반응을 이끌어 내고 있는 것이다."[56)]

위버의 통찰이 지닌 하나의 주요한 함의는 '오직 이스라엘'을 향한 선교는 온 세상을 향한 선교와 따로 분리되어 독립적으로 존재할 수 없다는 점이다. 마태복음의 내러티브에서 이스라엘과 온 세상은 구별된 대상이다. 하지만 이스라엘 선교의 성취를 지연시키는 것으로 인해 이스라엘과 온 세상이 궁극적으로 하나로 통합되는 결과를 가져온다. 이러한 내러티브 구조를 통해 마태는 유대인의 우선순위와 이방인의 확실성을 모두 견

55) D. J. Weaver, *Matthew's Missionary Discourse : A Literary-Critical Analysis* (JSNTSS 38; Sheffield : JSOT, 1990), 124-153. Peter Ellis가 마 5-7장은 28:16-20의 빛 아래에서 유대인들과 이방인들 모두로 이루어진 마태 당시의 계속되는 크리스천 공동체의 지속적인 크리스천 삶의 표준이 되고 있음을 보여주고 있듯이(*Matthew*, 121), Weaver 또한 이스라엘이란 선교적 한계를 담고 있는 마 10장 역시 28:16-20의 관점에서 해석되어야 함으로 잘 보여주고 있다.

56) Weaver, *Missionary Discourse*, 153.

지하고 있다.

마태복음의 독특한 견해를 보여주고 있는 내러티브의 두 번째 양태는 12장 15-21절에서 볼 수 있는 극적인 방향 선회이다. 예수께서 두 번에 걸쳐 안식을 위반하자 유대 지도자들이 격렬하게, 부정적으로 반응했다. 이후 마태복음은 예수께서 이방의 한 지역으로 물러나신 것으로 기록하고 있다. 이 본문이 이사야 42장 1-4절을 인용하고 있는 것에서 그 근거를 찾을 수 있다.

여기서 이사야 본문이 인용된 이유는 예수의 사역이 '그의 이름에 이방인들이 소망을 두게 될 것이기'(21절) 때문에 '이방인들에게 공의를 선포하는 일'을 포함한다는 점을 선언하기 위함이다. 마태복음은 이사야 본문을 인용해 독자들에게 "이방인들 가운데로 가지 말라"(마 10:5)는 명령이 예수 자신의 참된 의도에 의해서 수면 밑으로 잠기게 됨을 암시한다.

그러나 여기에서도 마태의 내러티브는 예수께서 즉각 이방 지역으로 나가셨다고 묘사하고 있지 않다. 오히려 예수께서는 바리새인들과 바알세불에 대해 논쟁하신다(마 12:24 이하). 15장 21-38절에 이르러서야 예수께서는 행동을 통해서 자신이 이방인에게 지대한 관심을 갖고 계심을 예증해 보이신다. 마태의 내러티브는 12장 15-21절에서 이사야 본문을 인용해 예수의 이러한 행동에 대한 정지 작업을 미리 하고 있는 것이다.

그렇다면 어째서 예수의 갈릴리 사역 속에 포함된 이방인에 대해 마태는 이처럼 폭넓은 관심을 가지게 된 것일까? 몇몇 학자들이 주장하듯이 변증적 이유 때문일까? 다시 말해 마태의 공동체로 하여금 포로-이후의 이스라엘이 그랬던 것처럼 생존한 남은 공동체로서 이방인 선교에 매진하도록 신학적 준거의 틀을 제공하고 있는 것일까?

그럴지도 모른다. 마태복음에서 갈릴리를, 먼저 이스라엘에 대한 선교가 일어나고 그 다음 이방인 선교가 일어나는 장소로 간주하는 킹스베리의 주장이 옳을 수 있다. 물론 이스라엘-이방인이라는 일련의 순서가 마태복음의 묘사에 의해 거시적 관점에서 지지를 받지는 않지만 말이다.[57)]

이방인에 대한 폭넓은 관심에 따른 또 다른 제안은 마태복음이 흔히 회자되는 출애굽 모티프, 즉 '애굽 사람들로 내가 여호와임을 알게 하기 위함이라'는 출애굽 주제가 성취되었다는 점을 보여준다는 것이다. "*예수의 갈릴리 사역을 통해 모든 자들이 이스라엘의 하나님을 찬양하게 되었다!*" 라는 뜻이다.

마태복음 8-9장에 나오는 10개의 기적과 출애굽기에 등장하는 10개의 재앙 사이의 평행관계에 대한 평가는 데이비스(Davies)와 다른 학자들이 판단했던 것보다 더 긍정적으로 평가되어야 마땅하다.[58)] 10개의 기적과 10개의 재앙의 역할은 출애굽기와 마태복음의 큰 중심 주제와 직접적으로 연계되어 있기 때문이다.

이런 점에서 마태복음이 기여하는 바는 출애굽기의 재앙 전승을 사용해 *예수 안에서* 성취된 전승의 선교적 의도를 보여주는 것이다. 여기서 말하는 선교적 의도는 이방인에 대한 심판이 아닌 이들에 대한 구원이요 축복이다(창 12:3을 반향함). 서글픈 이야기지만 역으로 말하면 이스라엘의 강퍅한 마음이 예수에 대한 불신과 거절에 이르게 하며 결국 하나님의 심판이 이스라엘 위에 임하게 된다.

마태복음 8장 11-13절, 11장 20-24절, 12장 38-42절은 응답하지 않는 이스라엘에 대한 예수의 통렬한 질책을 잘 설명해준다. 각각의 본문에서 이스라엘의 반응은 이방인의 반응과 대비된다. 마지막 본문에서 예수께서는 '요나의 표적'에 호소하셨다(마 12:38-42). 이 표적은 돌이키라는 예언의

---

57) Kingsbury, *Matthew*, 24.

58) W. D. Davies, *The Setting of the Sermon on the Mount* (Cambridge : Cambridge University, 1964), 86-93. 그러나 10개의 기적 이야기가 출애굽 모티프를 반향한다는 견해는 수많은 학자들에 의해서 지속적으로 제기되고 있다.

말씀이 주어지자 이방인들이 회개했다는 사실을 아이러니하게 보여준다.

때문에 10장에 나오는 '오직 이스라엘'을 향한 선교는 *'구원-역사적'*(heilsgeschichtliche)순서를 강조한다기보다는 이스라엘의 박탈된 기회를 분명히 보여주는 것이라고 할 수 있다. (마가복음에서 수로보니게 사람이라 표현된 것과 달리) 가나안 여인의 딸을 치유하는 기사에 나오는 "나는 이스라엘 집의 잃어버린 양 외에는 다른 데로 보내심을 받지 아니하였노라 "(마 15:24)는 구절 역시 미묘한 방식이지만 예수의 사역의 양면성을 보여주고 있다.

### 3. 원수를 사랑하라는 예수의 명령

이상의 고찰에 따르면 예수에 대한 이방인들의 반응이 긍정적으로 묘사되고 있음을 알 수 있다. 그러나 산상수훈의 몇몇 구절에서 이방인이라는 용어는 예수께서 명하시는 행동과 대비되는 행동을 묘사하기 위해 사용된다(마 5:47; 6:7, 32; 그리고 마 7:6 이후에 나타나는 부정적 묘사는 18:17; 20:19, 25; 24:9을 보라). 더욱이 예수께서 사랑하라고 명하시는 원수와 저항하지 말라고 지시하고 있는 악은 이방인일 개연성이 높다.

유대인과 이방인 모두 예수의 사역을 받아들이고 수용하는 자들이라는 마태 이야기의 강한 암시에 비추어 볼 때 이상의 명령은 앞에서 주목한 바 있는 출애굽 모티프에 대한 또 다른 시각을 제공한다.

여기서 원수라는 용어가 이방인을 포함하는지, 아니면 일차적으로 이방인을 가리키는지에 대한 질문이 생겨난다. 이방인을 포함하든 아니면 이방인을 직접 가리키든 원수를 사랑하라는 명령에 담긴 의의는 과연 무엇인가? 이 용어가 마태복음의 갈릴리 섹션에 나타나는 이방인에 대한 고찰에 어떤 빛을 던져주고 있는가?

성서학자들은 5장 38-48절의 해석에 따른 다양한 이슈에 대해 논쟁해왔다. 그 가운데 하나가 '원수가 누구인가?'(정치적, 종교적, 혹은 개인적 의미의 원수인가?) 하는 정체성 문제요, 다른 하나는 원수의 정체성이 교훈의 삶의 정황과 어떠한 상호작용을 하고 있는가 하는 문제이다.

리차드 A. 홀슬리(Richard A. Horsley)는 "원수를 사랑하라는 명령은 외부의 정치적 대적에 관한 것도, 비폭력이나 무저항 문제에 관한 것도 아니다"[59]라고 주장한다. 테너힐(Tannehill)의 영향을 받은 홀슬리는 5장 39-42절을 '초미의 관심사'로 간주한다. 그리고 이 명령의 삶의 정황은 당시 공동체 생활 안의 지역적인 사회적-경제적 관계라고 제안한다. 홀슬리의 주장은 다음과 같이 계속된다.

> 예수의 가르침은 궁핍한 경제적 상황 속에 놓여 있는 사람들에게 주어지지만, "너희 원수를 사랑하라"는 명령은 엘리트 집단과 부요한 지배 계층을 염두에 두고 있지 않다.[60] '초미의 관심사'가 보다 넓은 범주를 대상으로 하고 있을지 모른다. 하지만 "너희 원수를 사랑하라"는 명령이 일차적으로는 종교 공동체 밖에 있는 박해자들을 가리키지만, 여전히 지역적인 거주 집단 내에 있는 박해자들을 가리키기도 한다. 그럼에도 원수가 로마인들과 같은 국가적 혹은 정치적 대적은 아니었음이 분명하다.[61]

'대적'에 대한 홀슬리의 이해는 원수를 사랑하라는 명령이 갈릴리 섹션의 여타 다른 곳에 나타나는 이방인 묘사와 어떻게 연결되어 있는지에 관

59) R. A. Horsley, "Ethics and Exegesis : 'Love Your Enemies' and the Doctrine of Non-Violence," *JAAR* 54 (1968), 3. *The Love of Enemy and Nonretaliation in the New Testament*, ed. W. M. Swarley (Louisville : Westminster/ John Konox, 1992), 72.

60) R. A. Horsley, Jesus and Sprial of Violence : Popular Jewish Resistance in Roman Palestine (San Francisco : Harper & Row, 1987), 262-269.

61) Horsley, "Ethics," 24, in *The Love of Enemy*, ed. M. Swarley, 93. Horsley는 원수를 사랑하라는 예수의 명령을 이해하는 데 열심당원들(Zealots)을 반면교사로 사용하는 것에 반대하고 있다. Morton Smith를 따라서 Horsley는, 열심당은 주후 66년 이전에는 존재하지 않았다고 주장한다.

한 고찰에 아무런 도움이 되지 못한다. 원수는 바로 경제적 생존을 위해 서로 경쟁하는 같은 지역의 동료들이기 때문이다.

월터 윙크(Walter Wink)는 예수의 가르침이 있었던 사회적-경제적 정황에 대한 홀슬리의 재구성이 옳다고 간주하면서 부가적으로 농민의 삶에는 로마의 지배라는 실체가 담겨져 있다고 주장한다. 특히 부채는 예수의 갈릴리 정황이 지닌 가장 심각한 사회적-경제적 문제였다. 윙크의 주장은 다음과 같이 이어진다.

> 예수께서는 농토와 소유, 심지어 의복까지 빼앗아 굴욕을 안겨주는 당시 제도에 한 맺힌 증오를 품고 있는 가난한 사람들에게 말씀하셨다.[62] 특히 로마의 지배 하에 있던 사람들에게 주어진 '초미의 관심사'는 원수와의 관계를 해결할 수 있는 새로운 방식의 반응을 가르쳐 주고 있다. 예수께서는 놀라운 비폭력적 방식을 명하고 계시다. 이 방식은 압제가 지닌 경멸적 모욕성을 폭로하고 드러낸다. 압제 상황에서 주도권을 잡음으로써 압제 당하는 자의 존엄성이 회복되며 동시에 원수 관계가 해체된다. 예수께서는 한 사람이 모든 힘을 다해 악과 싸우되 그 악에 도리어 영향을 받지 않는 방식을 설명하고 계신 것이다.[63]

윙크가 5장 38-42절에 대한 해석을 5장 43절에 나오는 원수를 사랑하라는 명령과 명시적으로 연결시키지는 않지만, 이후 홀슬리에 대한 윙크의 반응은 "예수께서는 로마사람들과 로마의 하수인들을 염두에 두시고 원수를 사랑하라는 교훈을 주고 있다"[64]는 점을 확언하고 있다.

---

62) W. Wink, "Neither Passivity nor Violence : Jesus' Third Way," SBL 1988 Seminar Paper (Atlanta : Scholars, 1988), 214. in *The Love of Enemy*, ed. W. Swarley, 107.

63) Wink, "Neither Passivity nor Violence," in *SBL Paper*, 223; in *The Love of Enemy*, ed. W. Swarley, 117.

급진적이긴 하지만 예수의 '제 3의 방식'은 원수에 대한 사랑을 나타내고 있다. 원수에 대한 사랑은 관계를 새롭게 변화시키고자 하는 노력을 통해 이루어지며, 노력의 결과 압제자와 압제를 당하는 자, 침략자와 피해자 모두에게서 인간성 황폐 현상이 끝나게 된다.[65)]

윙크의 해석에 따르면 사랑받아야 할 원수는 거의 대부분 이방인이다. 윙크는 예수께서 원수 관계를 해체하고 인간관계를 새로운 토대 위에 놓기 위한 방식을 규정하고 있다고 주장하기 때문에 이방 압제자에 대한 사랑의 반응은 위에서 주목한 바 있는 예수에 대한 이방인의 반응에 대한 마태복음의 호의적인 묘사와 잘 조화를 이룬다.

도로시 J. 위버(Dorothy Jean Weaver)는 마태의 내러티브 차원에서 동일한 본문들을 고찰했다. 위버는 악한 자를 대적하지 말고 원수를 사랑하라는 예수의 명령은 욕하고 (마 5:11), 핍박하고(마 5:11, 44), 악한 것들을 말하며(마 5:11), 제자들에 대해 거짓을 말하는 (마 5:11)자들을 가리킨다고 주장한다.

> 송사하는 자(마 5:25)와 '공회'(마 5:22), 재판관(마 5:25), 법정 종사자들(마 5:25)이 원수의 범주에 들어간다. 이들은 '악한 자들'(τῷ πονηρῷ 마 5:39)이며 '원수들'(τοὺς ἐχθροὺς 마 5:44)이다.[66)]

---

64) Wink, "Counterresponse to Richard Horsely," in *The Love of Enemy*, ed. W. Swarley, 134.

65) Horsley는 원수를 사랑하라는 명령을 실질적인 원수에 대한 적용으로부터 제한하려는 듯 보인다. 비록 이 명령을 동네의 다른 경쟁적 집단들 사이의 충돌과 갈등 상황에 적용하려는 그의 주장 역시 받아들일 수 없지만 말이다. 이와 달리 Wink는 적용의 범주를 대적 관계가 존재하는 곳이면 어디든지, 예를 들면 사회-경제적, 종족상, 정치적, 혹은 개인적 관계 등등의 모든 대적 관계에 열어 놓는다.

66) D. J. Weaver, "Trasforming Nonresistance : Form *Lex Talionis* to 'Do Not Resist the Evil One," *The Love of Enemy and Nonretaliation in the New Testament*, ed. W. M. Swarley (Louisville : Westminster/ John Konox, 1992), 49.

정황상 원수에 속하는 자들은 아마도 이방 세계에 속한 사람들이었을 것이다. 물론 로마가 유대인들에게 가한 핍박이라는 개연성을 완전히 배제할 수는 없다. 윙크의 주장과 더불어 위버의 주장에서도 원수를 사랑하라는 명령은 이방인에 대한 마태의 묘사의 중요한 한 측면이다. 그렇다면 마태복음에서 반향되는 출애굽 신앙 전승과는 어떠한 관계를 맺고 있는가?

윌리암 클라센(William Klassen)이 말한 바 있듯이 원수를 사랑하는 명령은 그리 새로운 것이 아니다.[67] 토라 율법이 어려움 중에 있는 원수에게 친절을 베풀고 도움을 주라고 명하고 있기 때문이다(출 23:4-5; 신 22:1-4). 그러나 특별히 출애굽 전승과 가나안 정복 전승의 관점에서 볼 때 예수의 명령은 토라 율법을 새롭게 변화시키고 있음이 분명하다.

예수와 마태가 활동하던 당시 사회에서 유대인들 사이의 적대관계는 사회적-종족상의 문제일 뿐만 아니라 정치적이고(윙크가 주장하듯이) 종교적인(위버가 주장하듯이) 문제였다. 이런 점에서 백부장에 대한 예수의 반응뿐만 아니라(마 8:4-13) 마태의 갈릴리 섹션에서 묘사되는 유대인과 이방인으로 이루어진 무리는 원수를 사랑하라는 예수의 명령을 마태가 자신의 언어로 잘 이해하여 표현하고 있는 것임을 단적으로 보여주는 것이라고 할 수 있다(마 15:22 이하를 보라).[68]

---

67) W. Klassen, *Love of Enemies* (Philadelphia : Fortress, 1984), 12-66. Klassen이 인용하는 본문 모두가 원수에 대한 사랑을 가리키고 있는 것은 아니다. 대부분의 본문은 형제에 의해서 불이익을 당했을 때 보복하지 말라는 것에 대해 말하고 있으며 어떤 본문은 사랑의 반응에 대해 말하고 있다(59). 또한 다음을 보라: "The Novel Element in the Love Commandment of Jesus," in *The New Way of Jesus*, ed. William. Klassen (Newton, Kans : Faith and Life, 1980), 100-114. 또한 예수의 명령이 얼마나 새로운 부분을 담고 있는지를 논하는 자료들을 위해서는 Klassen의 "The Novel Element" 112페이지 각주 5번을 보라. 그러나 다시 말하지만 이것은 원수 사랑과 동일한 명령이 아니다.

68) 필자는 산상수훈이 마태복음의 이야기와 신학의 핵심적인 부분이라고 생각한다. 산상수훈이 주후 45년경 팔레스타인 유대 전통의 기독교적 환경에서 마태복음 자체로부터 온 다양한 신학적

그렇다면 이방인에 대한 마태복음의 묘사를 어떻게 유대인이 아니었던 애굽 사람들에 대한 출애굽기의 묘사와 비교할 수 있겠는가? 이방인에 대한 출애굽기의 묘사와 마태복음의 묘사 사이의 관계는 연속성을 지니는 동시에 반전의 요소를 지닌다.

구약의 이스라엘 이야기를 보면 "애굽 사람들로 하여금 여호와가 하나님이심을 알게 하기 위함이라"와 같은 핵심적 주제가 출애굽기 전반에 걸쳐서 나타난다. 애굽에 내린 재앙의 목적은 이스라엘 백성과 애굽 사람들 모두 여호와가 하나님이심을 알도록 하기 위함이었다. 마태복음의 내러티브 구조에서 볼 때 한 목소리로 이스라엘의 하나님을 찬양하는 이방 사람들이 대단히 중요하다.

이와 같이 출애굽기가 말하는 재앙의 목적과 마태복음이 말하는 이방인들의 찬양이라는 각각의 내러티브상의 강조는 외인들에게 이스라엘의 하나님을 알리려는 선교적 목적이 담겨 있다는 점에서 강력한 연속성을 보여준다.

또한 출애굽기와 달리 마태복음은 이상하게도 수로보니게 족속의 여인을 가나안 사람으로 규정하고 있다. 그리고 이 여인의 요청을 이스라엘의 집의 잃어버린 양에게로만 보냄을 받았다는 예수의 사역(마 15:24)과 명시적으로 연계시키고 있다. 그럼에도 가나안 여인의 요청은 거절되지 않고 받아들여져 예수께서 이 여인의 딸을 치료하신다. 결국에는 마태복음 8장에서 백부장을 칭찬하셨던 것처럼 이 여인의 커다란 믿음을 칭찬하신다.

이방인에 대한 예수의 반응을 상당히 긍정적으로 묘사하는 것에는 구약에서 애굽 사람들에게 재앙이 미쳤다는 출애굽 전승과 관련한 반전 요

---

요소와 함께 어우러져 구성된, 보다 앞선 시기의 문학적 저작이라는 Hans D. Betz의 주장은 여기서 제시되는 바와 다른 주장이다. 다음을 보라: H. D. Betz, "The Sermon on the Mount : In Defense of an Hypothesis," *BibRes* 36 (1991), 74-80.

소가 담겨 있다.

애굽 사람과 가나안 사람은 정복당하고 멸망당한다. 그러나 마태복음 2장에서 애굽은 예수의 안전과 사역을 돕고 있다. 마태복음에서 이방인과 가나안 사람은 멸망당하지 않고(마 15:22을 보라), 오히려 예수에게 긍정적 반응을 보인 것에 칭찬을 듣는다. 예수께서 이들을 정치적 압제나 종교적 박해로 인해 '원수'로 만나게 되었다 하더라도 저항의 대상이 아닌 사랑의 대상이어야 한다는 뜻이다.

이런 점에서 마태복음에서 새로운 변화의 요소가 나타나고 있는 것이며, 이 요소는 마태복음에서 핵심적인 부분을 차지하고 있다.

### 오경과 시내산 전승의 영향

베이컨(Bacon)은 마태가 구약의 오경을 본떠서 다섯 개의 주요 내러티브-강화 부분으로 복음서를 구성했으며 "예수께서 이 말씀을 마치시매… 하였더라"(마 7:28; 11:1; 13:53; 19:1; 26:1)라는 표준적 어구로 각 부분의 끝을 맺었다고 주장한다.

이 주장 역시 구약 이야기에 대한 하나의 반향으로 재고되어야 마땅하다. 킹스베리는 이러한 5중적 구분을 마태복음의 주요 구조로 보는 것에 대해 반대하지만[69] 건드리(Gundry)는 5중적 패턴[70]과 킹스베리가 제안한 마태복음 1장 1절, 4장 17절, 16장 21절의 구조, 예견되는 다른 구조적 형태 역시 마태복음에 대한 해석에서 반드시 고려되어야 마땅하다고 지적한다.

건드리는 한걸음 더 나아가 "우리는 모세의 오경과 예수의 다섯 가지

---

69) Kingsbury, *Matthew*, 7.

70) 5중적 패턴과 관련해서 Gundry는 다음과 같은 문헌이 지닌 5중적 패턴을 인용하고 있다(*Matthew*, 10-11) : 시편; Megilloth; Jason of Cyrene에 의한 마카비의 역사; 1 Enoch; Pirke Aboth를 구성하고 있는 원래의 Perekim ; Papias의 "Expositions of the Lord's oracles."

강화 내용에서 헛되이 유사점을 찾고 있다"[71]고 주장한다. 예를 들어 내용상의 유사점을 보면 창세기를 마태복음 5장 1절-7장 29절 바로 옆에 놓고 하나씩 비교하거나 출애굽기를 마태복음 10장 이후와 하나씩 비교해 간다면 내용상의 유사점이 존재하지 않다는 것을 쉽게 알 수 있다.

그럼에도 산상수훈에 나오는 여섯 개의 대조가 구약 오경의 여러 부분에서 유래하고 있다는 점은 인정하게 된다. 하지만 "너희가 들었거니와"라는 인용 구문[72] 외에 구약 오경이 산상수훈이나 마태복음의 나머지 부분의 *내용*에 미친 영향은 두드러지지 않는다. 구약 오경의 5중적 패턴이 마태복음의 구조에 영향을 미쳤다는 것을 부정할 수 는 없지만, 그렇다고 해도 이 점이 출애굽 전승에 대한 마태의 독특한 신학적 사용을 이해하는데 그리 중요하게 작용하지 않는다.

구약 오경의 구조에 대해서는 수많은 연구가 이루어졌지만, 오경 내 전승의 영향에 대해서는 충분한 연구가 이루어지지 않았다. 엘리스(Ellis)가 주목하듯이 마태복음의 구조는 교차대구법, 대칭법, 동심원적 구조[73]와 같은 다양한 구성적 장치를 사용함으로써 그 성격이 매우 다층적이다.

이러한 다층적 성격을 이해한다면 마태복음의 5중적 내러티브-강화 구조를 모세 오경에 대한 반향으로 간주하는 것이 적절할 것이다. 물론 이

71) Ibid.

72) (마 5:21, 27에서 언급되는) 출 20, 신명기 5의 십계명 부분에서 나오는 두 계명은 다음의 법들을 가리킨다: 신 24의 이혼에 관한 법 (참조 마 5:31); 레 19:12, 민 30:2, 신 23:23에 나오는 거짓 맹세에 대한 법(참조 마 5:33); 출 21:23-24과 레 24:19-20에 있는 언약법전에 나오는 *lex talionis*에 대한 인용(참조 마 5:38); 레 19:18의 성결법전에 나오는 "네 이웃을 사랑하라"는 명령의 인용(참조 마 5:43). 모든 경우에서 전승에 대한 새로운 변화가 두드러진다. 비록 "원수를 미워하라"는 표현이 '모세의 책' 어디에서도 발견되지 않지만 말이다. 이 점에 대해서는 다음을 보라: P. Lapide, *The Sermon on the Mount : Utopia or Program for Action?* trans. Arlene Swidler (Maryknoll, N. Y. : Orbis, 1986), 85-95.

73) Ellis, *Matthew*, 10-25. 마태복음의 강화 부분이 28:16-20의 기본적 주제에서 나왔다는 Ellis의 동심원적인 구조에 대한 주장(19-22)은 그의 교차대구법적 분석(10)만큼 설득력이 없다.

구조는 이스라엘의 신앙 전승에 대한 마태의 용법의 열쇠가 아니다. 마태복음의 신학적 의도에 대한 열쇠도 아니다.

예수께서 마태복음 5장 17절에서 "내가 율법과 선지자를 폐하러 온 것이 아니라 성취하러 왔노라"고 선언하신 것은 마태가 지닌 오경-토라의 의도를 분명히 하고 있는 것이다.

마태복음은 예수를 토라(그리고 선지자들)를 성취하시는 분으로 제시하고 있으며, 예수의 가르침이 예수를 따르는 자들과 마태의 교회에 대한 새로운 토라 가르침이라고 말하고 있다. 하나님의 토라(율법)에 대한 예수의 가르침은 그를 따르는 자들로 하여금 '더 큰 의' 곧 예수께서 하나님 나라를 도래케 하심으로써 실현하신 더 큰 의를 따라 살도록 해준다.

예수께서 행하신 많은 구속 사역 가운데 나타난 능력과 권세를 통해서 제자들은 예수를 주님으로 환호하고 맞아들였다(마 8:25; 9:28; 참조 8:21; 9:38). 속박으로부터의 구출이 마태 이야기의 중요한 일환인 반면 여기서의 강조점은 출애굽 전승의 시내산-토라 부분에 주어진다.

예수께서는 새로운 공동체의 권세 있는 선생이요 주님이시다. 이 분의 산상수훈은 예수를 최초로 따랐던 자들과 마태의 교회 구성원들에게 '삶의 표준'이 되었다.[74] 마태는 예수의 선교 파송 지침을 통해 결국 열두 사도와 마태의 교회, 오늘날 신실한 독자들이 이 가르침을 받는 자들이 되고 있음을 말하고 있다.

마태복음의 하나님 나라의 비유들은 예수의 이중적 오심을 한데로 묶고 있다. 예수께서는 하나님의 나라를 자신의 갈릴리 사역 가운데 가져오시고, 자신의 다가오는 재림 시에 최후의 심판과 함께 이 나라를 완성하신다(이중 후자의 주제는 이미 마태복음 13장의 비유들 가운데 나타나고 있다).

---

74) 다음을 보라: A. M. Hunter, *A Pattern for Life : An Exposition of theSermon on the Mount, Its Marking, Its Exegesis, and Its Meaning*, rev. ed. (Philadelphia : Westminster, 1962).

도날드슨(Donaldson)은 앞서 모든 사람이 이스라엘의 하나님을 알고 그분을 찬양하게 하려는 목적을 지닌 출애굽 반향과 예수를 하나님의 토라의 중재자인 모세의 성취로 제시하기 위한 목적의 시내산 반향을 제시한 바 있다.[75]

이에 덧붙여 도날드슨은 시내산 전승을 반영하는 제 3의 내러티브 형태를 규명해 밝혔다. 제 3의 형태는 산을 문학적 세팅으로 채용하고 있다. 그는 갈릴리 섹션 전체를 두 개의 산을 근간으로 구성한다. 이것이 시내산 전승에 대해 마태가 기여한 바인 것 같다.[76]

도날드슨은 5장 1절 이면에 놓여 있는 시내산 모형론을 인정하긴 하지만 그것을 크게 부각시키지 않는다. 하나님께서 종말론적으로 백성들을 모으신다는 주제에 초점을 맞추고 있는 시온산 모형론의 일차적 중요성을 언급하기 위해서였다.

그러나 도날드슨이 시내산 모형론을 뒤로 하고 시온산 모형론을 선택한 것은 의문의 여지가 없이 분명하다. 도날드슨은 구약 성경에 나오는 산 전승에 대한 앞선 연구에서 다음과 같은 새로운 율법이라는 주제를 중심으로 시내산과 시온산 전승이 하나로 통합된다는 점을 인정한 바 있다.

---

75) Ellis(Matthew)는 예수와 율법과의 관계에 대한 마태복음의 묘사를 잘 요약해준다. 예수의 위치가 모세를 폄하하지 않는 중에 높이 고양되는데, 그 이유는 '율법이 무효화되지 않기' 때문이다(Verhey의 표현으로 다음으로 보라: *The Great Reversal : Ethics and the New Testament*[Grand Rapids : Eerdmans, 1984], 83). Eillis는 마태가 예수와 율법과의 관계에 관해 자신의 공동체를 교훈했던 네 가지 방식을 다음과 같이 주목한다: (1) 옛 율법에 대해서 새 율법이 지닌 우월성으로 바리새인들에 의해 주창된 바이다; (2) 모세에 대한 예수의 우월성; (3) 옛 율법의 제자도에 대한 크리스천 제자도의 우월성으로 바리새인들에 의해 주창된 바이다; (4) 예수의 참된 제자로서 크리스천이 율법을 *반드시 행해야* 하며 동시에 모든 율법을 행해야 할 필요성(36).

76) Donaldson은 마태가 산상수훈이 지닌 산이라는 배경에 대해서 막 3:13에 의존하고 있을 수 있음을 주목하지만 동시에 마태가 산이란 배경을 사용하고 있는 방식이 독특하다는 점을 말하는데(*Mountain*, 110-111) 이 점이 중요하다. 마가는 다른 종류의 사건, 즉 열두 사도를 부르시는 사건에 대해서 산을 배경으로 사용하고 있기 때문이다.

"최종적 구속이 종종 새 출애굽으로 묘사되고 있듯이 새 출애굽의 목표인 종말론적 시온산은 야고보서 2장 2절, 예레미야 31장 31-34절, 에스겔 40장 이하의 본문에서 새로운 시내산으로 나타난다. 미래에 시온산은 율법이 들리게 될 장소일 것이다."[77]

실제로 시온산과 시내산이라는 두 주제는 서로 연결되어 있다. 출애굽 전승에 대한 누가복음의 사용 예에서 다루게 될 것이지만 마태복음은 출애굽 전승을 시온 전승 속으로 통합한다.

두 전승은 산상수훈에 주어지는 산이라는 장소가 지닌 중요성을 이해하는 데 도움을 준다. 시내산 전승을 반영하는 산상수훈은 마태와 교회 공동체를 향한 토라에 대한 메시아적 관점의 해석이다. 그리고 시온 모티프를 성취하고 있는 이 공동체는 바로 하나님의 백성의 종말론적인 모임이다.[78]

산상수훈은 토라에 관한 모세의 선지자적 역할을 대신하시는 분으로 예수를 묘사하면서 예수가 예언적 신탁의 성취라고 선언한다. "네 하나님 여호와께서 너희 가운데 네 형제 중에서 너를 위하여 나와 같은 선지자 하나를 일으키시리니"(신 18:15).

도날드슨이 지적하듯이 마태복음 15장 29-30절에서 예수께서 산 위에서 무리들(ὄχλος)을 모으시는 장면은 예수의 갈릴리 사역의 마지막 장면을 대변한다. 이 장면 역시 하나님이 종말론적 백성을 불러 모으신다는 주제를 강하게 암시하고 있다.

이에 덧붙여 예수께서 4천 명을 먹이신 사건은 종말론적 연회라는 새 출애굽과 시온 모티프를 반영한다(사 25:6-10). 마태의 내러티브 전개상 메시

77) Ibid., 46.
78) Ibid., 115, 119.

아적-종말론적 떡으로 이방인들이 잔치를 벌인다는 것은 '그들이 이스라엘의 하나님을 찬양했다'는 이방인들의 환호에 대한 하나님의 응답이고 반응이라 할 수 있다.

예수를 시험하려(πειράζοντες) 표적을 요구하는 바리새인과 사두개인에 대해서는 대조적으로 짧은 반응을 보이신다. 이 요구에 예수께서는 '요나의 표적'만을 허락하신다. 그리고 갈릴리에서 예수의 공적 사역이 막을 내린다. 이어 예수께서는 배를 타고 다니는 여정 중에 4천 명을 먹이신 일에 제자들이 어떤 깨달음을 얻었는지 질문하신다. 예수의 질문은 마가복음에서와 달리 누룩, 곧 바리새인들과 사두개인들의 가르침을 주의하라는 경고였다.

그리고 베드로는 앞서 "진실로 하나님의 아들이로소이다"(마 14:33)라는 감탄의 외침과 동일한 맥락으로 "주는 그리스도시요 *살아계신 하나님의 아*들이시니이다"이라고 고백한다. 베드로의 고백은 갈릴리 섹션의 클라이막스와 다음 섹션으로 넘어가는 전환부의 역할을 한다. 동시에 마태복음의 탄생 기사와 공생애 준비 기사에 드러난 주제를 발전시키고 있다.

그러나 당시 예수의 갈릴리 사역에 대한 유대인들의 반응은 호세아 11장 1절을 인용한 마태복음 2장 15절이 암시하는 출애굽 기적("애굽에서 내 아들을 불러냈도다") 위에 어두운 그림자를 드리게 한다. 서로 다르지만 연계되어 있는 이스라엘 역사와 예수 역사에서 하나님의 두 아들, 곧 이스라엘과 예수는 불로 정결케 하시는 분에 대해 여전히 배워야 할 것이 있음을 암시하고 있다.

## 누가복음

### 누가복음의 갈릴리 섹션 내용

누가복음의 갈릴리 섹션은 예수께서 나사렛의 한 회당에서 이사야가 전한 복음 성취에 대해 가르치시는 것으로 시작해서(눅 4:16) 예루살렘을 향해 올라가기로 예수께서 굳게 결심하시기 직전인 9장 50절에서 끝을 맺는다.

마태복음과 마찬가지로 누가복음의 예수 출생에 관한 기사와 공생애 준비 내러티브는 출애굽 이미저리로 가득 차 있다. 누가복음은 예수의 출생을 하나님의 구원, 곧 이스라엘과 이방인 모두에 대한 구속으로 묘사한다(눅 1:47, 69, 77, 79; 2:11, 30-32; 3:6). 구원은 평화의 선물을 가져온다(눅 1:79; 2:14). 평화는 다음 본문이 암시하듯이 기존의 사회질서를 전복시키는 역할을 한다.

> 주는 팔로 힘을 보이셨으며
> 그는 마음의 생각이 교만한 자들을 흩어 버리셨도다.
> 그는 권세 있는 자들을 그 권좌에서 내리치셨으며
> 비천한 자들을 높이셨도다.
> 그는 주리는 자들을 좋은 것으로 채우셨으며
> 부요한 자들을 빈손으로 보내셨도다. (눅 1:51-53)

누가복음의 출애굽 이미저리는 갈릴리 섹션 이전에서 시작해 이후 내러티브에서 계속되고 있다. 누가의 두 번째 책에 해당하는 사도행전에까지 이어진다. 특히 사도행전과 관련한 출애굽 이미저리의 경우 베드로는 예수를 하나님이 모세를 일으키셨던 방식과 동일한 방식으로 일으키실 선지자라고 분명하게 밝히고 있다(행 3:22).

많은 성서 연구가 누가복음의 예루살렘을 향한 순례 여행 내러티브에 미친 출애굽 전승의 영향을 규명하는 데는 기여했지만, 갈릴리 섹션에서는 그렇게 하지 못했다. 본 연구는 출애굽이라는 주제가 갈릴리 섹션에 널리 퍼져 있다는 점을 예증함으로써 학문적으로 미진한 부분을 보완하고자 한다.

갈릴리 섹션에 대한 찰스 탈버트(Charles Talbert)의 구조 분석은 다음과 같이 일련의 에피소드가 서로 평행관계를 띠고 있음을 보여준다. 이 에피소드들은 예수께서 나사렛 회당에서 무리들을 대면하신 일에 대해 누가복음에서 처음 기술한 이후에 시작된다.

| | |
|---|---|
| (1) 예수께서 귀신들을 대면해 내어 쫓으심 | 눅 4:31-41; 8:26-39 |
| (2) 배를 타신 예수 : 자연 기적들 | 눅 5:1-11; 8:22-25 |
| (3) 바리새인들과 죄 사함에 대한 논쟁하심 | 눅 5:17-26; 7:36-50 |
| (4) 세례 요한과 다르게 먹고 마심 | 눅 5:27-6:5; 7:31-35 |
| (5) 제자들과 함께 계시며 무리를 가르치심 | 눅 6:12-16; 8:1-3 |
| (6) 무리를 가르치시며 '듣고 행하는 것'을 강조하심 | 눅 6:17-49; 8:4-8, 16-20[79] |

위 (2)번에 소개된 본문은 순서대로의 에피소드를 기록하고 있지 않다. 이 점이 누가복음의 커다란 구성적 구조에 대한 탈버트의 논지를 어느 정도는 약화시키는 것이 사실이지만 누가복음에서 잇달아 나타나는 한 쌍(doublet)의 구조, 혹은 이중적 구조(duality)가 다른 여러 곳에서도 발견되

79) C. Talbert, *Literrary Patterns, Theological Themes, and the Genre of Luke-Acts* (Missoula, Mont. : Scholars, 1974), 40.

는 것도 의심의 여지가 없다.[80] 이러한 한 쌍의 구조는 누가복음이 강조하는 바를 드러내준다.

(1) 귀신과의 싸움
(2) 바다를 다스림(5장 1-11절은 바다의 혼돈보다 제자도와 더 관련이 있다)
(3) 죄의 용서
(4) 왕국 시대의 축제
(5) 세워지는 예수 공동체의 핵심, 12제자
(6) 하나님의 나라의 길을 배움.

그러나 탈버트의 구조분석은 갈릴리 섹션의 내용의 상당 부분을 모호하게 만든다. 하나의 작은 에피소드가 전체를 대변하고 있는 것처럼 보이게 만든다는 점에서 그렇다. 누가복음의 갈릴리 섹션에 속한 많은 단락이 마가복음의 그것과 형식과 순서 면에서 매우 유사하다. 마가복음에 속한 단락과 거의 비슷한 누가복음의 단락은 8장에 이르기까지 누가가 부가적으로 첨가한 부분과 번갈아가며 나타난다. 때때로 마태복음에 속한 단락과 일치하기도 한다(마태복음과 일치하는 부분을 일련의 학자들은 Q라고 부르기도 한다). 본 장의 끝에 도표 I이 소개된다. 누가복음의 갈릴리 섹션에 관한 목록이다. 큰 단락들이 나타나는 순서와 내용, 마가복음에 속한 단락과의 유사점이나 차이점을 보여준다.

누가복음에 나와 있는 갈릴리 섹션의 마지막 부분(눅 9:18-50)은 마가복

80) F. Neirynck는 누가복음에서 이중적 구조가 얼마나 널리 퍼져 있는지에 대한 연구를 한 바 있는데, 이 연구는 두 개 혹은 세 개의 증거를 통해 확증하고자 하는 노력에서 기인한 듯하다. 보다 자세한 설명을 위해 다음을 보라: *Duality in Mark : Contributions to the Stdy of the Markan Redaction* (Louvain : Leuven University, 1972).

음과 마태복음의 예루살렘을 향한 순례 여정 내러티브를 담고 있다. 누가복음이 이 부분을 지금의 자리에 가져다 놓은 것은 9장 51절에서 새로운 시작을 도입하기 위한 정지 작업의 일환이다. 또한 이 같은 독특한 구성 아래 베드로의 고백이 가이사랴 빌립보에 자리 잡고 있지 않다.

이러한 연유에서 두로와 시돈을 거쳐 데가볼리에 이르는 예수의 여정을 묘사하는 부분에서 누가는 '대 생략'(Great Omission)을 통해 하나의 내러티브를 구성한다. 이 내러티브에 따르면 예수께서는 갈릴리 지역 밖으로 나가지 않은 것으로 되어 있다. 거라사인에 대한 예수의 사역도 갈릴리와(참조 '갈릴리 맞은 편'[ἀντιπέρα τῆς Γαλιλαίας], 눅 8:26)의 관계 속에서 묘사된다. 누가복음 9장 51절에서 예수께서는 사마리아의 한 마을을 지나가시면서 예루살렘을 향한 여정에 첫 발을 내디디신다. 그렇게 마침내 갈릴리를 떠나시는 것으로 묘사되고 있다.

### 누가의 출애굽 신학

갈릴리 사역의 한계점이 어디인가에 대한 논란이 일긴 하지만[81] 누가가 9장 18-50절을 갈릴리 섹션에 포함시킨 것은 출애굽 신학이 공관복음서의 갈릴리 사역에 대한 묘사에 영향을 미쳤음을 분명히 보여주는 증거가 된다.

누가복음 9장 18-50절은 예수의 변화산 사건을 담고 있다. 누가복음은 '출애굽'이라는 명시적인 단어를 변화산 이야기에 도입시킨다. 이 단어는 성경 RSV 버전과 NRSV 버전에서 '떠남'이나 '출발'(눅 9:31)로 번역된다(개역개정 성경에서는 '별세'로 표기되어 있음).

81) 누가복음이 자료를 새롭게 배치시킴으로써 나타나는 이러한 차이점은 실제적으로 누가가 예루살렘을 향한 중간 여정 섹션에 위치시키고 있는 자료들(이 자료들은 마태복음과 마가복음에서는 갈릴리 섹션에 나타난다)의 정도와 비교해 볼 때 그리 큰 문제가 아니다.

"장차 예루살렘에서 이루어질(ἤμελλεν πληροῦν)"이라는 표현에서 미래의 어떤 경험과 연결되고 있다는 점이 암묵적으로 강조되긴 하지만 "이루어지다"는 단어는 이미 시작된 행동의 종결을 나타내준다. 그 시작은 예수의 갈릴리 사역이다. 그리고 사역은 갈릴리 섹션에 대한 누가복음의 권두언과 같은 4장 14-19절의 구속적 톤과 내용에 의해 도입되고 있음이 분명하다.

이런 연유에서 누가복음은 갈릴리 섹션을 '출애굽 모티프'로 열고 닫는 문학적 장치인 수미상관 구조(inclusio)라는 내러티브 구조를 보여준다. 한 걸음 더 나아가 누가가 어떻게 예수의 갈릴리 섹션을 출애굽이라는 신앙의 눈을 통해서 구성하고 있는지를 나타내준다.[82)]

이미 많은 연구에서 누가복음의 출애굽 주제를 인식해 왔다. '출애굽'으로서 예수의 죽음에 초점을 맞추거나 '출애굽'으로서 예수의 죽음과 부활, 승천에 많은 관심을 둔다. 출애굽 주제를 예수의 예루살렘을 향한 여정 내러티브와 연결짓기도 한다.[83)]

그러나 출애굽 주제가 예수의 갈릴리 사역에 대한 누가복음의 이야기를 강조하고 있다는 사실을 거의 보여주지 못한다. 누가복음이 갈릴리 섹션을 출애굽 모티프로 열고 닫는다는 사실 외에도 다음의 다섯 가지 특징이 누가가 갈릴리 섹션을 출애굽에 대한 강조 가운데 구성하고 있다는 점을

82) 이 점을 통해서 필자는 누가가 마가복음과 마태복음을 사용했다는 것을 말하고 있는 것이 아니다. 필자가 말하고자 하는 바는 공관복음서 저자 모두에 의해서 사용되고 있는 예수 전승이 이들에 앞서 이미 그렇게 이해되었다는 뜻이다. 본 장에서 필자는 각각의 복음서를 따로 취급함으로써 복음서 각 저자가 어떻게 출애굽 신앙이란 관점에서 예수의 갈릴리 사역을 구성했는가를 보여주고자 한다. 실제로 예수께서 자신의 사역을 이런 식으로 의도하셨다는 분명한 개연성을 부정할 수 없다.

83) S. H. Ringe는 이러한 몇몇 연구를 언급하며 누가의 중간 섹션에 미친 출애굽 전승의 영향을 제안하고 있다. 다음을 보라: *Jesus, Liberation, and the Biblical Jubilee* (Philadelphia : Fortress, 1985).

잘 보여준다.

### 1. 예수는 희년을 동시의 문맥 속에서 이해(상황화)하셨다

이에 대한 예증은 누가복음 4장 16-19절이 이사야 61장 1-2절을 성취하고 있다는 점이다. 누가복음은 4장 18-19절에서 예수의 공적 사역에 대한 일종의 권두언으로 이사야 61장 1-2절을 인용함으로써 강력한 구속적 톤으로 예수의 사역을 도입하고 있다. 전승-역사라는 측면에서 누가복음은 보다 앞서 제2(혹은 제3)이사야에 의해 사용된 바 있던 출애굽 신학을 활용하고 있는 것이다.[84] 속박으로부터의 해방, 곧 구속에 대한 5중적 묘사가 이사야 본문에 잘 나타나고 있다:

a 가난한 자들에게 좋은 *소식*을 전파하며,

b 포로 된 자들에게 *놓임*을 선포하고,

c 눈먼 자들에게 *시력*의 회복을,

b' 압제된 자들을 *놓임* 가운데 돌려보내며,

a' 여호와의 *은혜의 해*를 선포하게 하려하심이라.[85]

그러나 이사야 61장 1-2절을 문자적으로 그대로 인용하지는 않았다. 61장 1절 "마음이 상한 자를 고치며"가 생략되었고 그 자리에 b'처럼 58장 6절에 나오는 "눌린 자를 자유롭게 하고"라는 표현이 들어갔다. 이사야 58장 6절이 인용된 것은 누가가 압제로부터 사람들을 자유하게 하는 것

84) 이에 대한 전반적인 논의를 위해 다음을 보라: B. W. Anderson, "Exodus Typology in Second Isaiah." 이사야에서 이 본문이 출애굽 전승으로 사용되고 있는 것에 대해서는 다음을 보라: D. L. Tiede, Prophecy and History in Luke-Acts (Philadelphia : Fortress, 1980), 44.

85) 이러한 교차대구법적 구조는 부분적으로 Tiede의 분석을 따르고 있다. 비록 Tiede는 이러한 구조를 본문 전체로까지 확장시키고 있지만 말이다(Tiede, *Prophecy and History*, 35).

을 부각시키기 원했음을 암시한다.

압제로부터의 해방이라는 주제는 누가가 희년을 당시의 정황에 맞춰서 상황화 했음을 보여주는 예이다. 다시 말해 누가가 구약의 희년에 관한 규정을 당시 문화적 정황 속에서 의미를 지니는 방식으로 활용했다는 것을 의미한다. 이러한 누가의 적용은 예수의 구원과 평화의 복음 선포에 대한 누가 자신의 묘사를 통해, 예수께서 사탄의 속박에서 사람들을 구출해 내신다는 누가의 많은 이야기를 통해 이루어진다.

예수의 치료와 축사의 사건들과 "그가 나가셔서 좋은 일들을 행하시며, 마귀에 붙잡힌 자들을 모두 치료하셨더라"(행 10:38) 같은 말씀은 예수의 사역에 대한 누가의 요약적 진술은 누가복음의 구속이라는 주제를 나타내주는 증거이다.

수잔 게렛트(Susan Garrett)가 제안하듯이 이사야 58장 6절은 누가복음의 전체적인 강조를 표현함과 동시에 이사야 61장 1-2절에 대한 누가복음의 활용을 주도하고 있다. 이처럼 예수께서는 하나님의 영으로 기름부음을 받으셨고, 이를 통해 "흉악의 결박을 풀어 주고, 멍에의 줄을 끌러주며, 압제당하는 자를 자유롭게 하며, 모든 멍에를 꺾으신다."[86)]

누가의 내러티브 전략은 많은 구속 이야기를 통해 예수의 하나님 나라 복음이 사람들을 온갖 형태의 압제로부터 자유하게 한다는 점을 보여주는 것이다. 이 복음은 예수 안에서 "우리 하나님이 통치하신다!"는 복음이다. 이러한 선포의 외침은 이사야 52장 7절에서 기인하며 동시에 누가의

86) S. R. Garrett, *The Demise of the Devil : Magic and the Demonic in Luke-Acts* (Minneapolis : Augsburg/ Fortress, 1989), 71-72. Garrett는 행 8:23에서 마술사 시몬에 대해 사용되는 표현인 "불의의 매인 바"라는 용어는 사 58:6을 암시하고 있다고 제안한다. Garrett가 "악독이 가득한"이라는 용어를 "우상숭배를 행함으로써 언약에 불순종하는 자들에 대한 저주"를 말하고 있는 칠십인역 신 29:17(MT: 18절)과 연결짓고 있음을 주목하라(138). Garrett의 책의 부제가 암시하듯이 누가는, 복음이 귀신들린 자들과 마술사들과 직면하는 것을 강조하고 있으며, 이들에 대한 승리를 보여주고 있다.

이야기를 구성한다(4장을 보라).

여러 학자들은 누가복음에서 이사야 61장 1-2절이 활용된 것과 예수께서 희년을 선포하셨고 예수의 사역은 희년이라는 관점에서 이해되어야 한다는 사실을 폭넓게 연결시켜 왔다.[87)]

누가는 4장 18-19절을 쓰기 위해 이사야 61장 1-2절을 인용하면서 그 안에 이사야 58장 6절을 집어넣었다. 그렇게 해서 b와 b'에서 '놓임'(ἄφεσις, 자유)라는 단어가 반복해서 쓰이고 있다. 이것은 누가가 예수의 사역에서 최초의 복음 선포를 희년과 연결시키고자 했음을 암시하는 것이다. '놓임'은 칠십인역 레위기 25장과 27장에서 yôbēl, 즉 희년을 알리는 나팔소리를 번역하기 위해 사용되고 있기 때문이다.[88)]

그러나 희년의 구체적인 관심사는 누가복음에서 문자적으로 전개되지 않는다. 채무 변제에 대해 강조하고 있을 뿐[89)] 다른 희년의 규정, 즉 종들을 놓아주는 것, 땅을 휴경 상태로 남겨두는 것, 땅의 재분배 관한 규정(레 25; 신 15장)은 언급하고 있지 않다.

채무 항목에 대해서도 직접적 언급은 피한다. 마태복음 6장 12절과 마찬가지로 누가복음에 소개된 주의 기도(눅 11:4)를 보면 '채무'(ὀφειλήματα)라는 말 대신 (채무에 관한 주의 기도 후반부에서 마태복음에서는 명사형인 τοῖς ὀφειλέταις가 사용되고, 누가복음에서는 분사형인 παντὶ ὀφείλοντι가 사용된다) 아이

---

87) J. H. Yoder, *The Politics of Jesus* (Grand Rapids : Eerdmans, 1972), 2-3장; R. B. Sloan, *The Favorable Year of the Lord : A Study of Jubilary Theology in the Gospel of Luke* (Austin, Tex. : Schola, 1977); D. Blosser, "Jesus and Jubilee, Luke 4:16-30 : The Year of Jubilee and Its Significance in Luke," (Ph. D. diss., University of St. Andrews, 1979); S. H. Ringe, *Jesus, Liberation, and the Biblical Jubilee* (Philadelphia : Fortress, 1985).

88) 대부분의 사람들은 이러한 연관관계를 간과하고 있다. 다음을 보라: R. Bultmann, *TDNT*, 1. 510.

89) Yoder는 희년의 시작으로서의 예수의 사역이 지닌 이러한 측면을 강조한다(Politics, 34-37, 66-74). 이 점이 바로 가난한 자들에 대한 예수의 관심의 일환이다. 다음을 보라: W. Stegemann and L. Schottroff, *Jesus and the Hope of the Poor* (Maryknoll : Orbis, 1986).

러니하게도 '죄들'(ἁμαρτίας)이라는 표현을 사용하고 있다.

그렇다고 '채무' 대신 '죄'라는 표현을 쓴 것이 누가복음의 희년 복음서가 아니라고 의미하는 것은 아니다. 오히려 누가복음은 희년을 동시대에 맞춰 상황화 시켜 예수의 사역에 대해 예언적이고도 혁신적인 강력한 묘사를 제시하고 있다.

예수께서는 가난한 자들에게 복과 좋은 소식을 선포하고 있으며, 부요한 자들에게는 경고와 심판을 발하신다. 그리고 세리, 죄인과 더불어 식탁 교제를 하시고, 여자들에게는 내러티브상의 긍정적 역할을 부여하신다. 복음을 선포하심으로써 인종적 구별과 국가적인 경계표지를 무너뜨리고 계신다(특별히 사도행전에서 두드러지지만 누가복음에서도 쉽게 발견할 수 있다. 유대인과 사마리아인 사이의 담을 허무시는 것을 통해 잘 알 수 있다).

이러한 예언적이고도 혁신적인 요소들은 중요한 의미를 지닌다. 이것을 통해 누가복음이 예수를 희년의 전령으로 묘사하고 있음이 드러나기 때문이다.

### (1) 가난한 자들에게 복이, 그러나 부요한 자들에게 화가 있으리로다

누가는 예수께서 이사야 본문을 읽으신 것에 내러티브상의 특별한 위치를 부여해 희년의 모티프를 부각시킨다.

이 본문에서 구체적으로 밝히고 있는 예수의 첫 번째 행동은 '가난한 자들에게 복음을 선포하신'(εὐαγγελίσασθαι πτωχοῖς) 것이다. 가난한 자들에 대한 복음이라는 주제는 누가복음 1장 51-53절에 묘사된 마리아 송가에서 이미 부각된 바 있다. 그리고 예루살렘을 향한 순례 여정 내러티브에서 최고조에 달한 뒤 누가복음-사도행전 전반에 걸쳐서 핵심 주제로 머물러 있다.

또한 예수께서 나사렛 회당에서 이사야 본문을 읽으신 이후 전개되는 갈릴레 섹션에서 이 주제는 강세를 지닌 권면 형태(눅 6:20-21, 24-25)와 내러티브 주석 부분(눅 8:1-3)으로 두 번에 걸쳐 나타난다.

누가복음의 평지 설교는 먼저 "가난한 자는 복이 있나니 하나님의 나라가 너희 것임이요"(눅 6:20)라고 약속하고 있다. 그리고 이 약속과 대조를 이루는 화를 선언하고 있다. "너희 부요한 자에게 화가 있으리니, 이는 너희가 이미 위로를 받았기 때문이라"(눅 6:24).

예수의 사역을 돕고자 자신이 가진 것을 함께 나누었던 여인들의 모습(눅 8:1-3)은 경제적인 것들을 완전히 공유하는 것을 보여준다. 이것은 누가복음의 예수와 그를 따르는 자들의 도덕적 성품을 특징짓는 모범적 행위이다.

이상의 강조점은 희년에 대한 문자적 실행을 의미하는 것이 아닌 누가가 희년의 규정을 크리스천 문맥에서 해석한 바를 반영한 것이다. '가난한 자들에 대한 복과 부요한 자들에 대한 화'는 하나님의 다스림이 가져오는 종말론적 반전을 선포한다.[90)]

누가복음이 제시하는 경제적 모범은 희년의 문자적 규정보다 훨씬 급진적이다. 다시 말해 누가복음은 모든 부를 항상 하나님 나라 사역의 처분에 둘 것을 말하고 있다. 사도행전 초반부가 보여주듯이 당시 믿는 자들은 공동체의 필요를 채우고자 자신의 모든 소유를 모두 팔아 내어주었으며, 그 어떤 것도 자신의 것으로 간주하지 않았다(행 2:44-45; 5:1-11). 이러한 누가의 묘사는 분명 구약 희년 규정을 훨씬 넘어서는 것이다.

---

90) J. Elias는 자신의 박사학위 논문("The Beginning of Jesus' Ministry in the Gospel of Luke," Toronto School of Theology, 1978)에서 희년은 누가의 편집상의 강조가 아니며, 종말론적인 반전이라고 주장한다. 필자가 판단하기로 종말론적인 반전이라는 주제가 누가에 의해 사용되어서 누가의 의해 상황화된 희년을 형성하고 있음을 보여주고 있다. 이 점에 대해서 Blosser는 누가복음에서 희년은 은유적이고도 종말론적으로 이해되어야 한다는 Sloan의 견해에 동의하지 않는다. Blosser는 누가복음에서 희년에 대한 요청은 현재적이라고 한다. 다시 말해서 Blosser는, 희년은 하나님의 나라의 현재적인 공동체에 대한 윤리적인 반응의 요청이라고 옳게 주장한다.

#### (2) 예수께서 세리들, 죄인들과 교제하심

죄인과의 교제라는 주제는 공관복음서 전통의 특징적 요소이다. 누가의 묘사에 국한되는 것은 아니다(앞의 2장을 보라). 하지만 누가는 이 주제를 특별히 강조하고 있다. 갈릴리 섹션에서 누가는 5장 29-32절에 나타나는 기원상의 서로 다른 세 요소에 덧붙여 예수께서 죄인들과 관계를 맺고 계시기 때문에 사람들이 예수를 거절하고 있다는 사실을 다음과 같이 표현한다. "너희가 말하기를, 보라 먹기를 탐하고 포도주를 즐기는 사람이요, 세리와 죄인의 친구로다 하더라"(눅 7:34; 마 11:19).

이 구절에 바로 이어 누가는 예수와 죄지은 한 여자의 이야기를 기술한다(눅 7:36-50). 이 이야기에서 예수의 행동은 여러 면에서 당시의 주도적인 사회적-종교적 질서의 경계표지들을 위협한다.

- 사회로부터 격리된 집단과 교제 및 친교
- 이들과의 식탁 교제
- 정결법상 불결한 사람들의 죄를 용서하심

고펠트(Goppelt)가 지적하듯이 죄인들을 불러 함께 식사하고 친교를 나누는 것은 죄인들에게 하나님의 용서를 중재하는 것임과 동시에 이들을 하나님의 왕국 공동체로 회복시키는 것이다. 또한 최후의 만찬과 주의 성만찬에 참여를 예기하는 것이다.[91] 더욱이 예수께서는 세리인 레위를 제자의 일원으로 부르셔서 정결의 경계표지를 위반하셨다. 자신의 정치적 노선에 의문을 불러 일으켰을 것으로 보인다.

---

91) Goppelt, *Theology*, 131, 216-217. D. E. Smith, "Table Fellowship as a Literary Motif in the Gospel of Luke," *JBL* 106 (Dec. 1987), 613-638. Smith는 누가복음에서 '가나한 자들'은 소외되고 버림받은 자들인 '세리와 죄인들'이라는 범주와 한데 어우러져 있다는 견해를 취한다(636). 보다 자세한 연구가 필요한 부분이다.

(3) 내러티브상 여인들의 긍정적인 역할

누가복음과 사도행전 전반에 걸쳐 나타나는 여성의 긍정적인 역할이라는 내러티브 특징은 이미 예수의 출생 기사에 묘사되어 있다. 갈릴리 섹션에서도 다음과 같이 여성들이 긍정적으로 묘사된다.

- 시돈의 사렙다 과부. 하나님의 선지자 엘리야를 영접했다. 이것이 모범적인 예로 묘사됨(눅 4:25-26).
- 시몬의 장모. 예수에 의해 고침을 받은 후 예수와 제자들을 섬김(눅 4:38-39).
- 나인성의 과부. 자신의 죽은 외아들을 애곡할 때, 예수께서 불쌍히 여기시고 아들을 살리심(눅 7:11-17).
- 죄 지은 자이지만 용서받은 여인. 처절한 눈물로 예수의 발을 씻기고 새 삶을 얻음(눅 7:36-50).
- 예수를 따르고자 갈릴리에서 온 여인들(눅 8:1-3).
- 용기 있는 믿음을 통해서 자신의 혈루병을 고침 받은 여인(눅 8:40-42a, 49-56).

이상의 여인들은 이야기 전개상 긍정적인 역할을 하고 있다. 모두 예수의 구속 사역의 수용자 혹은 지원자로서 이 사역을 증거하고 있다. 여인들이 내러티브에서 두드러지게 보여주는 특징 중 하나가 해방 혹은 구속이다. 그 이유는 예수께서 갈릴리 유대주의에서 크게 득세했던, 문화적으로 강력하게 시행되었던 성차별과 막힌 담을 허무시고 있기 때문이다. 더욱이 이상의 모범적 예는 누가의 교회공동체에 속한 여인들로 하여금 그리스도의 영속적 사역에 참여하도록 격려하고 있다.[92]

---

92) 유대 세계와 그리스와 로마 세계에서 여성의 역할에 대한 설명을 위해서 다음을 보라: *Women in the World of Jesus* (Philadelphia : Westminster, 1978), 13-100, 그리고 B. Witherington III, *Women and the Genesis of Christianity* (Cambridge : Cambridge University, 1990),

(4) 인종 차별과 국가적 경계표지를 허무심

구원의 보편적 표식이 누가복음의 예수 출생 기사와 공생애 준비 기사 가운데 이미 존재하지만 갈릴리 섹션에서 예수는 사역을 위한 움직임을 갈릴리에 국한하신다. 그렇다고 이것이 예수의 사역이 유대인에게 머물러 있다는 것을 뜻하지는 않는다(눅 4:25-27).

누가복음 6장 17절의 요약적 진술은 평지 설교를 듣는 대상이 많은 무리라 말하고 있다. 두로와 시돈에서 온 많은 백성을 포함하고 있다. 또한 예수께서는 백부장의 하인을 고치셨다. 여기서 백부장의 믿음은 이스라엘에 있는 모든 자의 믿음보다 뛰어나다고 묘사된다(눅 7:1-10).

두 경우에서 분명한 점은 이방 세계가 이스라엘에게로 오고 있다는 점이다. 복음을 전파하기 위해 예수의 제자들이 온 세계로 나아가는 누가의 커다란 선교 사역 이야기는 보다 후에 가서야 일어난다.[93)]

이상 살펴본 작은 차원의 네 가지 특징적 요소는 누가복음이 희년을 동시대의 상황에 맞게 상황화 한 것에 대한 구체적인 예이다. 반면 다음에 이어지는 강조점은 누가복음의 보다 커다란 희년 신학과 복음 선포의 일환이다.

## 2. 예수는 "좋은 소식을 선포하기 위해" 오셨다

"복음을 전하게 하시려고"(눅 4:18). 예수께서 나사렛에서 행하신 설교의 핵심적인 표현이다. 이 말은 누가복음을 여는 장(눅 1:19; 2:10; 3:18)에 이미

1-28. 로마 세계는 여성의 문화적 참여에서 유대 세계보다 상당할 정도의 폭넓은 참여를 받아들였다. 여성의 역할에 대한 누가의 묘사에 대한 자세한 설명을 위해 다음을 보라: M. J. Selvidge, *Daughters of Jerusalem* (Scottdale, Penn., and Kitchene:, Ont. : Herald, 1987), 89-131. 예수의 사역에서 여자성의 역할에 대한 비평적인 사회학적 분석을 위해서 다음을 보라: S. Heine, *Women and Early Christianity : A Reappraisal* (Minneapolis : Augsbrug, 1988), 60-62.

93) 이것은 누가의 커다란 생략(the Great Omission)에 대한 가장 간략한 설명이다.

쓰여 있으며 갈릴리 섹션에도 네 번이나 등장한다(눅 4:43; 7:22; 8:1; 9:6). 모두 누가의 독창적 표현으로 마가복음과 마태복음에서는 나타나지 않는다. 또한 누가복음 후반부에서 두 번 더 볼 수 있으며 사도행전에도 여러 차례에 걸쳐 쓰여 있다.[94] 이 표현은 누가복음의 의미론적인 단어군과 그 맥을 같이 한다:

(1) 구원(σωτηρία, 눅 1:69, 71, 77; 19:9과 σωτήριον, 눅 2:30; 3:6)
(2) 구하다(σωζω, 눅 8:12, 36, 50; 9:24, 56; 13:23)
(3) 구주(σωτῆρ́ 눅 1:47; 2:11)
(4) 평화(εἰρήνή 누가복음에서 14번이나 지속적으로 나타남)[95]

'복음을 전하다', '구원', '평화'라는 세 용어는 다양한 본문에서 '하나님의 나라'와 연결되어 있다. 결국 누가에게 "하나님의 나라의 복음을 선포하다"(눅 4:43; 8:1; 16:16; 행 8:12 등에 나오는 εὐαγγελίσασθαί τὴν βασιλείαν τοῦ θεοῦ의 문자적 변역이다)는 사람들에게 구원과 평화를 가져다주는 의미한다.

복음과 구원은 누가복음 2장 10-11절과 20절에서 서로 연결되고, 복음과 *평화*는 누가복음 2장 10, 14절과 사도행전 10장 36절에서 서로 연결된다. 특별히 누가복음 10장 1-12절은 *평화*와 *왕국*을 전략적으로 연결시키고 있다.

이렇게 단어를 서로 병치시킴으로써 누가복음은 출애굽 전승에 대한 제2이사야 활용과, 이 용어들을 시온 이미저리와 시온 신학과 연계시키는 제2이사야 해석 활동(사 40:1-9; 52:7-10 참조)에 의존하고 있음을 분명히 보여

94) 눅 16:16; 20:1; 행 5:42; 8:4, 12, 25, 40(복음이 사마리아로 퍼져 나간다는 이야기를 하나로 묶고 있는 하나의 내러티브 주제임); 10:36; 11:20; 13:32; 14:7, 15, 21; 15:25; 16:10; 17:18.

95) W. M. Swartley, "Politics and Peace (*Eirene*) in Luke's Gospe," in *Political Issues in Luke-Acts*, ed. R. J. Cassidy and P. J. Scharper (Maryknoll, N. Y. : Orbis, 1983), 25-29.

준다.

누가는 이사야 61장 1-2절을 기초로 예수의 사역 성격을 보여주고 있다. 그리고 이사야 52장 7절의 예언 신탁 맥락에서 예수의 사역에 대한 묘사를 발전시킨다.

> 산위에 있는 좋은 소식(meḇaśśēr)을 선포하는 자의
> 
> 발이 얼마나 아름다우며
> 
> 평화(šālōm)를 선포하는(mašmîaᶜ) 자와
> 
> 좋은 복음(məḇaśśēr ṭôḇ)을 공포하는 자
> 
> 구원(yəšûᶜāh)을 선포하며(mašmîaᶜ)
> 
> 시온에, "너희 하나님이 통치하시도다(mālaḵ ʾĕlōhāyiḵ)"
> 
> 라고 말하는 자의 발이 아름답도다

이사야의 meḇaśśēr… šālōm을 칠십인역이 εὐαγγελιζομένου… εἰρήνης로 번역한 사실이 분명히 누가가 사도행전 10장 36절에서 예수의 사역을 εὐαγγελιζόμενος εἰρήνην으로 기술하게 된 배경이다(동일한 이사야 본문을 에베소서 2장 17절에서 바울이 사용하고 있음을 주목하라).

아람어 탈굼역본은 이사야 52장 7절의 마지막 표현인 "너희 하나님이 통치하시도다"(칠십인역 : βασιλεύσει σου ὁ θεός)를 "너희 하나님의 왕국이 나타날/계시될 것이라"라고 번역하고 있다.[96] 예수께서는 회당에서 아람어

---

96) B. Chilton, *A Galilean Rabbi and His Bible : Jesus' Use of the Interpreted Scripture of His Time* (Wilmington, Del. : M. Glazier, 1984), 59. Chilton은 탈굼이 "하나님의 나라"라는 표현을 사용하는 이사야서의 네 본문을 인용하고 있다(사 24:23; 31:4; 40:9; 52:7)고 했다). 이 표현은 또한 네 개의 다른 탈굼 본문들에서 나타난다: 슥 14:9; 옵 21; 겔 7:7(10); 미 4:7b-8. 다음을 보라: Chilton's essay, "REGNUM DEI DEUS EST," *SJT* 31 (1978), 261-270; in *Targumic Approaches to the Gospels : Essays in the Mutual Definition of Judaism and Christianity* (Lanham/ New York/ London : University Press of America, 1986), 99-105.

로 듣고 말씀하셨다. 이사야 본문과 다른 유사한 본문이 예수로 하여금 복음 선포 중에 '하나님의 나라'라는 표현을 사용하게 했음이 분명하다.

누가복음은 하나님의 나라의 좋은 소식을 구원과 평화와 연결짓는다. 앞서 언급한 바 있는, 갈릴리 섹션에서 εὐαγγελιζω이 4회 사용된 각각의 예를 간략하게 설명할 수 있을 것이다.

(1) 눅 4:43 "내가 다른 동네에서도 하나님의 나라의 복음을 전해야(εὐ'αγγελίσασθαί) 하리니, 이는 내가 이를 위해 보냄을 받았기 때문이라" 이 구절을 "내가 거기서도 복음을 전파하여야(κηρύξω) 하리니"라는 마가복음 구절과 비교하고, 마태복음에는 평행구절이 없다는 점(주창되는 바대로 마 4:23이 평행구절로 취급될 수는 없다)을 고려했을 때 누가의 의도가 분명히 드러난다.

예수의 사역에 대한 이러한 명시적인 진술은 누가복음의 보다 큰 차원에서 이루어지는 내러티브상의 강조와 강력하게 연결되어 있다. 예수의 사역은 복음을 선포하는 것이며, 이사야 52장 7절의 이상을 성취하고 있는 것이다. 예수께서 복음을 가져오시고 있고, 포로 된 자들에게 해방을, 그리고 평화를 가져오신다!

누가복음 4장 43절과 4장 18절이 연결되어 있다는 사실은 εὐαγγελιζω라는 단어 사용뿐만 아니라 두 본문에 나타나는 ἀποστελλω에 의해서도 알 수 있다. 누가복음 4장 43절은 "내가 이를 위해 보냄을 받았다"(ὅτι ἐπὶ τοῦτο ἀπεστάλην)는 말로 끝을 맺는다. 4장 18절 "내가 보냄을 받았다(ἀπέσταλκέν)"와 동일한 선언이 담겨져 있다.

누가복음 4장 43절에는 예수의 사역에 대한 누가의 이해가 전제되어 있다. 예수께서는 하나님께로부터 주어진 공식적 위임명령과 함께 보내졌다. 후에 제자들이 사도로 보냄을 받는 것과 동일한 방식이다. 예수에게 위임된 명령에서, εὐαγγελιζω와 ἀποστελλω는 서로 연결되어 하나님의 권세와 위임명령을 보여주고 있다. 이에 준해 예수께서 해방과 구속의 사역을 감당하고 있는 것이다.

(2) 눅 7:22 세례 요한의 제자들이 물었다. "당신이 오실 자이십니까 아니면 우리가 다른 이를 기다려야 합니까?"(눅 7:19) 예수께서는 "너희가 가서 보고 들은 것을 요한에게 고하되 소경이 보며, 앉은뱅이가 걸으며, 문둥이가 깨끗함을 받으며, 귀머거리가 들으며, 죽은 자가 살아나며, 가난한 자에게 복음이 전파된다 하라"고 대답하셨다.

예수님의 대답 마지막 부분에서 또 다시 εὐαγγελιζω라는 단어가 사용된다(마 11:5에서도 마찬가지임). 이것은 예수의 사역을 나사렛의 회당에서 선포하셨던 바와 연결되며, 동시에 선지자들의 예언적-메시아 성취라는 주제를 불러일으킨다. 열거된 예수께서 하신 일들이 이사야 35장과 61장을 반향하고 있기 때문이다.

선지서 본문은 이스라엘의 바벨론 포로 생활로부터의 귀환을 축하하는 동시에 새로운 경험을 기술하기 위해 해방과 구속의 출애굽 주제를 활용하고 있다.[97] 이러한 출애굽 주제를 담고 있는 중요한 본문인 누가복음 7장 22절에서 예수의 사역은 이사야 35장과 61장 1-2절에서 기술되고 있는 메시아-종의 사역에 대한 성취라고 규명된다.

97) 다음을 보라: B. Anderson, "Exodus Typology in Isaiah" ; W. E. Rast, *Tradition History*, 61-68. 이사야 35장은 제1이사야 가운데 놓여 있지만, 분명히 제2이사야 전승에 속한다. 이사야 61:1-3이 제3이사야 가운데 놓여 있지만, 분명 제2이사야 전승에 속해 있는 것과 마찬가지이다. 이사야서의 학자들은 내러티브 분석에 기초하여 제1/제2/제3 이사야로 나누는 것에 의문을 제기하고 있는데 이것은 올바른 문제제기이다. 이에 대한 다양한 입장에 대한 개관과 아울러 이사야 36-39장이 제1이사야와 제2이사야 모두에, 그리고 이사야 전승 전체의 발전에 심각하게 연계되어 있다는 C. R. Seitz의 논지를 위해 다음을 보라: *Zion's Final Destiny : The Development of the Book of Isaiah : A Reassessment of Isaiah 36-39* (Minneapolis : Augsburg/Fortress, 1991), 특히 30-35, 205-208.

여기서 규명되는 예수의 일들은 다른 유형의 메시아 소망과 다르며, 세례 요한의 예비적 사역과도 구별된다. 또한 세례 요한과 예수께서 주고받는 질문과 대답은 누가복음의 내러티브에서 두 가지 중요한 이적 기사 바로 뒤에 온다. 백부장의 아들을 치유하시고, 나인 성 과부의 아들을 살리심(과부의 아들을 살리는 기사는 누가복음에서만 나타남). 예수는 이 두 기사를 이사야의 메시아 소망에 대한 여러 표적과 동일시함으로써 세례 요한에 답한 첫 부분에 대해 암묵적으로 '예'라고 답하신다.

(3) 눅 8:1예수께서는 "각 성과 촌에 두루 다니시며 하나님의 나라의 좋은 소식을 선포하고 전하시며" 다니셨다. 4장 43절과 마찬가지로 8장 1절 역시 예수께서 행하신 일의 범위를 요약적으로 진술하고 있다.

이 구절은 강조되는 εὐαγγελιζω의 맥을 이어가고자 '선포하다'(κηρύσσω)와 '좋은 소식을 전하다'(εὐαγγελιζω) 같은 다소 불필요한 단어를 사용하고 있다.[98] "열두 제자가 그와 함께 하였다"는 부가적 표현이 이어지는 두 구절과 연결짓는 역할을 한다. 이 구절들은 몇몇 여인이 예수를 따르고 있다는 것을 보여준다. 이 여인들은 8장 2절이 암시하듯 개인적으로 새로워짐과 속박으로부터의 해방을 경험하고, 새 왕국의 주요 일원이 된 후 자신이 가진 바를 새롭게 형성된 신앙공동체의 안녕을 위해 헌신하고 있다.

(4) 눅 9:6 "제자들이 나가 각 촌에 두루 행하여 도처에서 복음을 전하며(εὐαγγελιζόμενοι) 병을 고치더라" 열두 제자가 예수의 사역을 담당한다. εὐαγγελιζω라는 동사가 제자들의 활동을 기술하는 데 사용된 점에서 잘

98) 이에 대한 마태복음의 가장 가까운 평행절은 9:5(κηρύσσων τὸ εὐαγγέλιον τῆς βασιλείας)인데 이 구절은 마태의 내러티브 순서상 다른 곳, 즉 열두 사도를 파송하는 장면 이전에 위치한다. 마가의 경우처럼 마태는 명사형인 εὐαγγέλιον을 여러 번 사용하고 있다. 비록 마가에게 이 단어는 중요 주제이긴 하지만 말이다. 이 단어에 대한 마가의 용례에 대한 설명을 위해 이 책 4-6장을 보라.

알 수 있다.

미리 언급하자면 이곳과 누가복음 10장에 나오는 70인 선교에서 예수의 메시아적 구속은 또 다른 단계로 나아간다. 이 단계에서는 그를 따르는 자들이 예수의 사역을 담당하게 된다. 그러나 εὐαγγελιζω에 대한 누가의 이어지는 용례를 보면 오직 예수만이 사역과 행동의 주체가 되신다(사도행전에서는 사도들이 복음 선포의 사역을 이어받아 감당하고 있다).

누가가 εὐαγγελιζω를 사용한 용례는 예수의 사역이 지닌 구속적 본질을 보여주기 위한 목적에서 갈릴리 섹션에 집중적으로 나타난다(눅 16:16은 예수의 사역 전체를 회고적으로 기술하고 있으며, 20장 1절은 일반적인 진술이다).

예수께서 나사렛 회당에서의 복음을 선포하신 것은 바로 이러한 내러티브 특성에 대한 서곡과 같다. 누가복음은 예수의 구속이 인간 실존을 총체적으로 받아들이는 것으로 묘사하고 있다. 다시 말해 예수의 구속은 개인적 변화와 사회적 변화, 로마에 비위를 맞추지도 않고 로마를 대적하지도 않는 전혀 새로운 정책을 모두 포함하는 총체적인 성격을 지닌다.[99]

갈릴리 섹션에서 예수의 사역이 가져오는 변화와 해방이 지닌 사회적·정치적인 국면은 개인적인 국면보다는 덜 분명하다. 그러나 나사렛 회당에서의 선포를 곧바로 뒤잇는 예수의 행적들은 7장 1-10절이 그러하듯 사회적 국면 역시 분명하다는 것을 보여준다. 7장 1-10절이 묘사하는 두 기사(백부장의 종의 치유와 나인 성 과부의 아들을 살리심)에서 외인들이 복음을 수용하는 것은 누가복음의 보다 큰 차원의 이야기를 예기하고 있는 것이다.[100]

99) Swartley, "Politics and Peace," 35-37.

100) L. C. Crockett는 눅 4:25-27이 이방 사역을 예기하는 방식으로 구성되었음을 설득력 있게 잘 보여준다. 다음을 보라: "Luke 4:25-27 and Jewish-Gentile Relations in Luke-Acts," *JBL* (1969), 177-183. 또한 배척받는 선지자로서의 예수라는 주제 역시 이 이야기(23-24절과 28-30절)에서 예기되고 있다.

개인적 차원의 구속과 새로워짐에 대한 누가의 관심은 마태복음과 마가복음에 나타나는 모든 치료 기사(누가복음의 대 생략[the Great Omission] 부분에 있는 기사들을 제외하고)가 누가복음에 하나도 빠짐없이 나타나는 사실에 지지를 받는다. 누가복음은 여기에 예수께서 나인 성 과부의 아들을 살리시는 기사까지 덧붙인다.

문둥병자의 치유에서부터 과부의 아들을 살리는 기사에 이르기까지 모든 기사는 해방과 구속이라는 출애굽 모티프를 극명하게 보여주고 있다. 더욱이 죄 지은 여인의 죄를 예수께서 용서하셨다는 이야기(눅 7:36-50)는 누가복음에만 나온다. 이것은 예수 사역이 지닌 구속에 대한 선포를 누가가 특별히 부각시키고 있음을 보여주는 것이다.

예수께서는 자신을 초청한 시몬이라는 바리새인에 대한 결례를 무릅쓰고 창녀였을 죄 지은 여인을 받아들였으며, 철저히 망가진 그녀의 삶을 깊이 불쌍히 여기셨다. 예수께서는 당시 사회적-종교적 규정을 위반하셨다. 또한 당시 '의인들'의 관점에서 볼 때 자신의 명예를 심각하게 손상시키셨다. 그러나 이 여인이 경험했던 개인적인 변화와 새로워짐은 엄청난 것이었다.

이와 같은 주제가 두드러지게 부각되는 것은 예수라는 분이 정말로 선지자인가 하는 질문(눅 7:39)에 크나큰 의구심을 던져준다. 그러나 가장 중요한 점은 예수께서 이 여인의 죄를 용서하셨다는 점이다(눅 7:42, 47-49). 이러한 기쁨에 찬 해방과 구속의 주제는 위에서 주목한 바와 같이 모두를 하나로 묶고 있다.

예수는 새로운 변화의 일들을 통해서 좋은 소식을 가져오시는 구세주이다. 이 여인은 새롭게 되었고, 예수의 구원과 평화의 말씀을 얻게 되었다(눅 7:50)!

### 3. 예수는 사탄의 세력에 백성들은 자신의 것이라 주창하신다

누가에게 죄의 용서는 개인적 변화뿐만 아니라 사탄의 속박으로부터의 자유를 포함한다(행 26:18). 누가는 예수께서 사탄의 압제로부터 사람들을 자유롭게 하시는 많은 이야기를 통해 이 점을 분명하게 밝힌다. 이러한 강조는 누가가 쓴 두 권의 책에 널리 퍼져 있다.

특별히 팔레스타인 밖에 있는 초대교회의 사역을 묘사하는 부분에 사탄의 압제로부터의 해방이라는 주제로 열고 닫는 수미상관 구조를 띠게 함으로써 강조한다(행 8, 19장). 사도행전 13장에서 바울이 박수 엘루마를 만나는 장면과 사도행전 19장에서 순회하는 유대 축사자들을 만나는 장면은 바울의 선교 이야기에 대한 동일한 수미상관 구조를 부여하고 있다. 사도행전에서 바울의 선교 이야기는 복음이 귀신들린 자의 하나의 표현인 마술을 이기는 것에 대한 진술로 끝을 맺는다(19:18-41).[101]

누가복음의 예루살렘을 향한 중간 여정 섹션에서 뿐만 아니라 갈릴리 섹션에서도 누가는 예수께서 사람들을 사탄의 세력으로부터 구원해 내고 있음을 강조한다. 공관복음서 저자 중에서 마가가 이 주제에 가장 우선순위를 두고 있다고 일반적으로 알려져 있지만 사실 재고될 필요가 있다. 왜냐하면 누가는 갈릴리 섹션과 예루살렘을 향한 여정 섹션 모두에서 마가보다 더 많이 이 주제를 부각시키고 있기 때문이다.

누가복음과 사도행전에서 사람들을 사탄의 세력으로부터 구해내고 귀신들을 제어하는 일은 복음이 하나님의 능력임을 예증하고 있다. 또한 타락한 세상의 속박이 끝나가고 있다는 사실을 최우선적으로 증명하고 있는 것이다. 다음의 일곱 가지 요소가 이러한 주장에 대한 예증이다:

101) Garrett는 누가복음과 사도행전 전반에 걸쳐서 복음이 귀신과 마술과 대면하고 있는 내러티브 역할을 잘 묘사하고 있다. 다음을 보라: Garrett, *Demise of the Devil.*

(1) 누가복음 4-8장에 대한 탈버트(Talbert)의 구조분석은 갈릴리 섹션에서 이중적 구조의 서두에 한 쌍의 축사 장면이 놓여 있음을 보여준다. 회당에서 행하신 예수의 축사에 대한 누가의 이야기(눅 4:31-37)와 마가의 이야기(막 1:21-28)는 매우 유사하다(마태복음에는 이에 대한 평행본문이 나타나지 않는다).

누가복음과 마가복음 모두 축사의 이야기를 예수의 공적 사역으로 도입한다. 그러나 누가복음은 예수의 권세(ἐξουσίᾳ)에 대한 강조를 축사와 직접적으로 연결시키는 데 반해서 마가복음은 예수의 권세를 예수의 가르침과 연결시킨다.

(2) 누가복음은 마가복음과 마태복음에서 발견되지 않는 두 가지 특이한 형태를 담고 있다. 예수의 종말론적 정체성에 관한 세례 요한의 질문에 예수께서 답변(눅 7:22)하시기에 앞서 누가는 "마침 그 때에 예수께서 질병과 고통과 및 악귀 들린 많은 사람들을 고치셨더라"(눅 7:21)라고 말한다.

독자들에게 요한의 제자들이 예수께서 행하신 일을 보았다는 점을 알려주고 있는 것이다. 또한 7장 22절 말씀이 그들에게 충분한 대답이 되지 않을 경우를 생각해서 귀신을 내어 쫓는 사건을 미리 말해줌으로써 예수가 "오실 그 이"라는 증거를 강화시키고 있는 것이다.

다른 복음서에는 없는 누가복음만의 독특한 두 번째 특징이 8장 2-3절에 나타난다. 예수를 따르는 여인인 막달라 마리아와 요안나, 수산나, 다른 (ἕτεραι) 여인들이 악한 영과 질병으로부터 치료된 자로 소개된다. 이 본문은 일곱 귀신이 막달라 마리아로부터 나갔다고 구체적으로 밝히고 있다.[102)]

102) 다른 여인들을 지칭하기 위해서 ἄλλοι 대신에 ἕτεραι란 표현을 사용하는 것은 다른 여인들은 동일한 유형의 치유를 받은 자들이 아님을 암시하고 있는 것처럼 보인다. 그러나 귀신의 속박으

(3) 예수께서 더러운 귀신들에 의해 고통 받는 자들을 치료하셨다는 누가복음의 요약적 진술(눅 6:18)은 오직 마태복음에서만(마 4:23) 평행구절이 나타난다.

(4) 세 공관복음서 모두 예수께서 열두 사도를 세워 그들을 내보내셨을 때 그들에게 귀신을 내어 쫓는 권세를 주셨다는 사실과 귀신을 내어 쫓는 일은 하나님의 나라가 인간 가운데 들어왔다는 복음 선포의 일환이라는 사실에 동의한다(눅 9:1 이하; 막 6:7-12; 마 10:1). 그러나 마태복음과 마가복음은 바알세불 논쟁을 갈릴리 섹션에 위치시키는 데 반해서 누가복음은 이 논쟁을 하나의 전략적인 지점인 예루살렘을 향한 중간 여정 기사 가운데에 놓고 있다(이 점은 다음 장에서 자세하게 다룰 것이다).

(5) 공관복음서에서 거라사 지방의 귀신들린 자의 이야기는 작은 차이점을 보인다. 그러나 단지 사소한 차이일 뿐이다(참조 눅 8:22 이하와 병행구절들). 마태복음은 귀신들린 자에 대한 귀신의 능력의 세세한 부분을 생략함으로써 가장 짧게 이야기를 표현하고 있다. 마가의 이야기는 가장 긴 반면에 긴 이야기의 대부분이 귀신을 내어 쫓는 일 그 자체에 할애되지 않고, 단지 이방 선교를 예기하는 역할을 한다.[103)]

---

로부터의 예수의 해방과 구속을 경험한 자들의 이름이 열거되는데, 바로 이들이 내러티브 전개상 뒤에 가서 선도적 역할을 하고 있다. 현대적 여권주의 의식을 지닌 우리는 이 이야기와 이 이야기 앞에 나오는 한 창녀 이야기에 대해 부정적으로 반응하는 경향이 있다. 그러나 이러한 우리의 잘못된 경향은 누가복음의 핵심 부위에 놓인 강조점을 침묵시키는 위험을 지니고 있다. 예수를 가장 잘 알고 가장 깊이 사랑하는 자들이 바로 사탄의 압제로부터 구출되고 죄로부터 용서받은 자들이며, 누가복음에서는 여인들이 바로 이러한 역할의 모델이다.

103) 다음을 보라: R. Pesch, "The Markan Version of the Healing of the Gerasene Demoniac," *Ecumenical Review* 23 (1971), 349-376. 마가는 누가가 회피하고 있는 데가볼리를 강조한다. 마가에게 데가볼리는 예수에 의해서 치유된 자가 예수께서 행하신 것을 전파했던 곳이다(cf. 막 5:20).

(6) 누가는 악한 영에게 붙잡힌 한 소년을 예수께서 고치시는 이야기(눅 9:37-43)를 변화산상의 이야기 바로 뒤에 놓고 있다. 이 치유 사건을 특별히 갈릴리 섹션에 배치했음이 주목할 만하다.

이 사건 기사는 마태복음보다 누가복음에서 더 길게 다루어진다. 하지만 아버지와 예수님과의 대화, 축사 행위 묘사를 따지면 마가가 기록한 이야기보다는 짧다. 갈릴리 섹션에 포함된 변화산상의 이야기와 이 소년의 이야기가 가깝게 연결되어 있다는 사실만으로도 누가의 기사는 출애굽의 구속이라는 주제에 특별한 의미를 부여하고 있다고 할 수 있다.

누가복음은 이 소년의 기사를 예전적인 찬양 후렴구로 끝을 맺는다. "모든 사람들이 하나님의 위엄(RSV, 장엄하심)에 놀랐더라." 누가복음에는 인자가 고난을 받는 당위성을 기술한 단락이 포함되어 있지 않다(막 9:9-13을 보라). 이 후렴구 변화산상의 사건을 회상하고 있는 것으로 여겨진다. 다시 말해 소년의 이야기와 변화산상의 이야기 사이를 한데 묶을 경우두 이야기는 하나님의 영광과 능력에 대한 경이와 놀람을 불러일으킨다는 뜻이다.

(7) 누가복음의 갈릴리 섹션은 예수의 이름을 사용해 축사하는 것으로 시작하지만 끝은 예수를 따르지 않는 자에 관한 이야기로 맺어진다(눅 9:49-50). 예수께서는 "금하지 말라 너희를 반대하지 않는 자는 너희를 위하는 자니라"라고 제자들에게 말씀하신다. 누가는 갈릴리 섹션을 이 에피소드로 끝맺음으로써 예수께서 사탄의 세력으로부터 사람들을 구해내신다는 주제를 부각시킨다. 그리고 예수의 이름으로 귀신을 내어 쫓는 자까지도 하나님의 나라의 사역을 지지하고 있음을 보여준다.[104)]

---

104) 여기서 예수의 말씀은 행 19장에 나오는 이야기의 요점과 정반대의 요지를 말하고 있는 듯하다. 행 19장의 이야기에 따르면 유대의 한 제사장 스게와의 일곱 아들이 예수의 이름을 사용하여 귀신을 내어 쫓으려 했지만, 도리어 귀신들에게 쫓겨 도망간다. 그렇다면 이 두 사건은 예수의 이름을 사용하는 자들이 서로 다른 동기를 갖고 있다는 점을 전제하고 있음이 분명하다.

## 4. 출애굽 모티프가 누가복음의 변화산상 이야기 중에 울려 퍼진다

세 가지 흥미로운 점이 변화산상 이야기 중에서 하나로 모아진다.

(1) 누가만이 '별세'(exodus)라는 단어를 사용하고 있다는 점

(2) 출애굽기 24장의 모세가 산에 오르는 사건을 반영하고 있는 풍성한 이미지들

(3) 누가가 변화산상의 이야기를 갈릴리 섹션에 포함시키고 있다는 점

첫째, 조셉 피츠마이어(Joseph Fitzmyer)가 지적한 것처럼 누가가 사용한 '별세'(exodus)라는 단어는 이스라엘이 애굽으로부터 최종 목적지인 약속의 땅으로 출애굽한 것을 반향하고 있다.[105] 샤론 H. 린지(Sharon H. Ringe)는 변화산상 사건에 *exodus*가 나오는 것에 대한 연구에서 해방이라는 출애굽 모티프를 희년과 연결시키고 있다. 린지는 누가복음 9장 31절의 *exodus*는 일차적으로는 예루살렘을 향한 예수의 여정을 가리킨다고 주장한다. 동시에 이 단어를 4장 16-19절과 연결시킨다.

> "해방이라는 주제는 누가가 예수의 역할을 하나님의 다스림의 전령으로, 하나님의 다스림의 가장 가까운 경계선에 서 있는 희년을 선포하시는 분으로 부각시키는 가운데… 놓여 있다."[106]

게레트(Garrett)는 *Exodus from Bondage*(속박으로부터의 출애굽)라는 글에서 누가가 사용한 'exodus'의 다양한 의미를 추론하는 이전 연구들을

105) Joseph A. Fitzmyer, *The Gospel According to Luke I-IX*, vol. 1 (AB 28; Garden City, N. Y. : Doubleday, 1981), 794.

106) Ringe, "Luke 9:28-36," 96.

개관하고 평가한 바 있다.[107] 그 추론에는 진드리히 마네크(Jindrich Mānek)의 견해가 포함되어 있다.

> 'exodus'는 누가에게 하나의 문학적 패러다임을 제공한다. 이 패러다임에 따르면 예수께서 천상의 예루살렘을 향해 지상의 예루살렘을 떠나신(exodus) 것은 이스라엘이 애굽을 떠난 것(exodus)과 일맥상통하다. 동시에 이 패러다임에 따르면 출애굽 기사가 지닌 다양한 요소는 누가복음의 수난 기사 가운데서 모형에 대한 실체에 해당하는 대응 요소를 지닌다.

마네크의 추론에 대한 대안으로 데이비드 모에스너(David Moessner)는 누가복음에서 '약속의 땅'으로 향하는 예수의 여정은 "신명기에서 묘사되는 모세의 출애굽을 유사한 문학적 표현으로 재현하고 있는 새로운 출애굽"이라고 주장한다.[108]

샤론 린지에게 애굽으로부터의 탈출은 하나의 신학적인 패러다임이다. 그녀는 예수를 자신의 사역을 통해서 압제당하는 자들을 '빚짐의 제도와 다스림들, 형태들'로부터 구출해내는 순례자로 암시한다.

그러나 게레트는 린지가 속박에 대한 누가의 이해를 너무 쉽게 비-신화화하고 있다고 생각한다. 오히려 누가는 출애굽을 하나의 신학적 패러다임으로 사용하고 있다고 주장하면서 다음과 같이 말한다.

> "첫 번째 출애굽은 사탄의 속박으로부터의 구출을 전조하며, 누가는 이러

107) S. R. Garrett, "Exodus from Bondage : Luke 9:31 and Acts 12:1-24," *CBQ* 52 (1990), 657.

108) Garrett, "Exodus," 657-658; D. P. Moessner, "Luke 9:1-50: Luke's Preview of the Journey of the Prophet Like Moses of Deuteronomy," *JBL* 102 (1983), 575-605; *Banquet*, 45-69.

한 구출을 예수의 지상 사역과 부활-이후의 주되심에 대한 근간으로 묘사한다."[109]

이처럼 출애굽을 속박에서의 구출로 보는 것은 출애굽 전승이 누가복음에 얼마나 본질적인 요소인가를 잘 드러낸다. 이 점이 일단 이해된다면 위에서 주목한 바 있는 상황화된 형태의 희년이라는 주제가 예수에 대한 누가복음의 구속적 묘사에 본질적인 요소로 작용하고 있음을 쉽게 알 수 있게 된다.

누가복음의 구속/해방이란 주제는 구주로서의 예수에 굳건히 뿌리를 내린다. 구주 예수께서 행하신 왕국의 선포(εὐαγγελιζω)와 일들이 불구로 만들고 억압하는 악한 세력의 속박에서 사람들을 구해 내셨다. 예수께서는 이 속박을 깨뜨림으로써 새로운 세계를 시작하셨다.

누가는 이 세계에서 여자와 남자는 똑같이 예수를 따르며, 부자들은 자신의 소유를 팔아서 가난한 자들게 나누어 주며, 사마리아인은 유대인의 참된 이웃이 되고, 모든 인종과 나라의 여자, 남자를 포함하는 새 백성의 '길'(The Way)이 드러난다고 말하는 것이다. 둘째, 수많은 연구가 변화산상 사건과 모세가 시내산에 오른 것 사이의 평행관계를 열거해왔다. 뿐만 아니라 누가복음의 특별한 요점도 지적되어 왔다.[110]

이 기사 가운데 나타나는 출애굽 모티프는 예수를 모세처럼 백성들을 위해서 하나님께로부터 지시사항을 받는 분으로 규정한다. 변화산상 사건에서 하나님께서는 예수를 열방에 대해 공의를 행하실 왕적인 종으로, 그리고 모세와 같은 선지자로 확언하신다. 그 이유는 하늘로부터의 음성

---

109) Garrett, "Exodus," 658-659. Garrett는 누가복음의 중간 여정 섹션과 사도행전에 나오는 본문에 주로 호소함으로써 자신의 요지를 주장하고 있지단 Garrett가 말하는 요지는 누가복음과 사도행전의 주된 섹션에 나오는 본문을 통해서 얼마든지 증명해 보일 수 있다.

110) Moessner, "Luke 9:1-50," 588-592; *Banquet*, 60-64.

이 시편 2장 7절, 이사야 42장 1절과 신명기 18장 15-18절을 반향하기 때문이다.

또한 하늘의 음성은 베드로의 고백을 확언한다(눅 9:20). 이렇게 예수와 모세의 모형론적 연결은 새로운 하나님의 공동체를 이끌고 인도하도록 공인된 분인 예수에게 초점을 두고 있다. 예수의 역할은 누가복음의 예루살렘을 향한 여정 이야기에서 보다 자세히 전개된다.

변화산상의 사건과 귀신을 내어 쫓는 사건을 둘러싼 수미상관 구조를 통해 누가복음은 자신이 반드시 겪어야 할 고난과 죽음에 대해 두 번이나 말하고 있는 예수를 묘사한다. 또한 예수께서 자신을 부인하고 십자가를 지는 위대함에 대한 이해를 바꿀 것을 제자들에게 명령하시는 모습도 그려져 있다(눅 9:23-26, 43-48). 이러한 강조는 예루살렘을 향한 중간 여정 내러티브의 핵심에 해당하며, 동시에 다음 섹션을 예기하는 것이다.

셋째, 누가복음은 변화산상의 이야기를 갈릴리 섹션에 포함시킨다. 또한 변화산상의 사건을 섹션의 중심에 두면서 동시에 '별세'(exodus)라는 단어를 특별히 언급하며 예수의 이야기를 전개해 나간다. 이를 통해 출애굽의 구속적 힘이 예수의 갈릴리 사역 이야기를 형성하는 데 결정적인 역할을 하게 된다. 이렇게 출애굽의 구속 모티프가 예수의 갈릴리 사역의 처음(눅 4:16-19)과 끝(눅 9:18-50)을 구성하게 된다.

### 5. 모세와 같은 선지자 예수

예수가 모세와 같은 선지자라는 점이 사도행전 3장 22절에서는 분명하게 드러난다. 반면 누가복음 4장 24절과 누가복음 7장은 이 점을 예기하는 선에 머문다.[111] 예수께서는 "어떤 선지자도 자신의 고향에서 환영을

111) G. Nebe의 최근 저작(*Prophetisch Zuge im Bild Jesu bei Lukas* [BWANT 7/7; Stuttgart/ Berlin/ Koln : W. Kohlhammer, 1989])은 예수를 선지자로 광범위하게 묘사하고 있는 누가

받은 자가 없도다"(눅 4:24)라고 자신이 선지자임을 암시한다.

이어 7장에서 προφήτης이라는 단어가 네 번이나 쓰이면서 점차적으로 선지자로서의 예수의 정체성을 드러내 준다(눅 7:16, 26a, 26b, 39). 제일 먼저 무리들은 예수께서 나인 성 과부의 아들을 살리신 것을 목격하고 "큰 선지자가 우리 가운데 일어나셨다!", "또 하나님께서 자기 백성을 돌보셨다!"라고 감탄한다.

그리고 예수께서는 요한이 보낸 제자들의 질문에 답하시고 그들이 떠난 후 요한에 대해 말씀하시면서 질문하신다. "그러면 너희는 무엇을 보려고 나갔느냐? 선지자냐? 그렇다 내가 너희에게 이르노니, 선지자보다 더 한 자라." 그런 다음 말라기 3장 1절과 출애굽기 23장 20절의 사자, 길에 관한 본문을 인용하시며 "요한보다 더 큰 자가 없도다. 그러나 하나님의 나라에서 가장 작은 자가 그보다 더 크도다"라고 선언하신다.

물론 사람들은 예수께서 하나님의 통치의 도래를 선포하셨다는 것을 이해했다. 여기서 암시하는 바는 분명하다. 즉 요한은 자신의 시대에서는 가장 큰 자이지만 이스라엘의 소망의 실체/완성은 예수 안에 현존해 있다는 뜻이다. 이런 연유에서 예수께서는 "율법과 선지자는 요한의 때까지요 그 후부터는 하나님 나라의 복음이 전파되어 사람마다 그리로 침입하느니라"(눅 16:16)고 말씀하신다.

7장에서 누가가 사용하는 *선지자*라는 표현의 마지막 용례는 바리새인이 예수의 선지자적 정체성에 대해 미묘한 의문을 제기할 때 나온다. "만약 이 사람이 선지자라면 자기를 만지는 이 여자가 누구며 어떠한 자 곧 죄인인 줄을 알았으리라."

누가복음 4장 24절 내용은 공관복음 전승에 공통적으로 나타난다. '선

---

에 대해서 자세하게 논하고 있다.

지자'라는 표현은 예수의 사역에 대한 누가복음만의 독특한 초두 선언에 놓여 있다. 여기서는 배척받는 선지자라는 주제를 예기하고 있다(특별히 눅 13:33과 행 7장을 보라).

누가복음 9장에서 제자들은 예수의 정체성에 대해 사람들이 말한 바에 대해 보고한다. 그런데 누가는 '옛 선지자'라는 독특한 표현을 사용한다(눅 9:8, 19). 누가는 사람들의 이해가 옛 시대의 사고의 범주를 이어가고 있음을 명확히 하고자 한다. *이전*의 율법과 선지자의 때와 *지금*의 예수의 왕국 선포의 때를 극명하게 구별하는 것이다(눅 16:16).

펄 미니어(Paul Minear)는 자신의 글 "Jesus as a Prophet Like Moses"에서 예수의 역할과 '옛' 선지자 중 가장 큰 자인 요한의 역할을 대비시킨다:

> 요한의 때까지, [사람들은] 마귀와 질병에 사로잡혀 있었으나
>
> 요한 이래로, 그들은 자유롭게 되었고…
>
> 요한의 때까지, 죄의 용서를 위한 회개의 세례가 요청되었으나
>
> 요한 이래로, 성령에 의한 예수의 세례는 예수로 하여금 죄를 용서할 수 있게 하였다.
>
> 요한의 때까지, 제자들은 회개의 세례에 참여했으나
>
> 요한 이래로, 제자들은 사람을 낚는 일에 부름을 받았다.
>
> 요한의 때까지, 회개에 대한 요청이 있었지만
>
> 요한 이래로, 용서받은 죄인들과 무조건적인 교제가 주어진다.
>
> 요한의 때까지, 슬픔이 있었지만
>
> 요한 이래로, 춤추는 일이 있다 …
>
> 요한의 때까지, 율법과 선지자가 주어졌지만
>
> 요한 이래로, 하나님의 나라가 선포되었다.
>
> 요한의 때까지, 율법과 선지자가 주어졌지만

요한 이래로, 성경에 대한 근본적인 재해석이 주어졌다.[112)]

예수가 '모세와 같은 선지자', 아니 모세보다 정말 더 큰 자로 묘사된다. 누가의 변화산상 사건에서 그렇게 크게 부각된다. 이 사건에서 예수께서는 자신의 '별세'(exdous)에 관해, 그리고 '별세'(exdous)가 예루살렘에서 성취될 것에 대해 모세와 엘리야와 더불어 말씀하신다. 누가복음만의 독특한 'exodus' 사용은 예수를 모세와 같은 선지자로 확증하고 있는 하늘의 음성과 함께 누가복음의 갈릴리 섹션에 미치는 출애굽 전승의 주된 영향을 잘 보여준다.[113)]

미니어는 모세와 같은 장차 오실 선지자에 대한 기대와 관련해서 누가 당시의 회당 전승 속에 있었던 방대한 전승을 살펴본 뒤에 다음과 같이 말한다.

> "누가는 하나님이 모세와 같은 선지자를 일으키심으로써 모세에게 주셨던 약속을 성취하셨다고 확언한다. 누가는 이를 통해 이스라엘의 가장 강력한 회상과 가장 핵심적인 소망을 피력하는 휴면 중에 있는 이미지들의 거대한 저수탱크를 두드리고 있는 셈이다."[114)]

누가는 이스라엘의 출애굽 경험의 폭넓은 이미저리를 근거로 해서 메시아 소망에 대한 랍비 베레키아(Berekiah)의 다음과 같은 언명과 동일한 맥

---

112) P. Miner, *To Heal and To Reveal : The Prophetic Vocation According to Luke* (New York : Seabury, 1976), 113-116.

113) P. Minear와 D. Tiede는 누가복음에서 선지자로서의 예수의 중요성을 평가하면서 Cullmann이 선지자로서의 예수라는 칭호에 충분한 기독론적인 중요성을 부여하지 않았다는 결론을 내린다. 다음을 보라: Minear, ibid., 102-108; Tiede, *Prophecy and History*, 44-58.

114) Minear, Ibid., 108. Minear는 이 점에 대해서 W. A. Meek의 중요한 저작인 *The Prophet-King*에 의존하고 있다.

락에서 예수를 묘사하고 있다.

> "전자의 구원자가 그랬던 것처럼 후자의 구원자 역시 그럴 것이다."[115]

### 출애굽 전승 : 연속성과 새로운 변화

지금까지 출애굽 전승과 시내산 전승이 예수의 갈릴리 사역에 대한 공관복음서의 묘사에 미친 방대한 영향을 예증해 왔다. 마태복음과 누가복음의 경우 출애굽 전승이 미친 영향은 예수의 출생 기사에 강한 흔적을 남겼다. 누가는 출애굽 전승의 무게를 자신의 두 권의 책 전반에 걸쳐 확장하듯 펼쳐나간다. E. 켈러(E. Keller)와 M.-L. 켈러(M.-L. Keller)는 이러한 구약 전승과 공관복음서 사이의 평행관계를 다음과 같이 표현하고 있다.

> 하나님의 백성의 두 번째 모세요 두 번째 구원자인 예기된 선지자는 사악한 왕에 의해 작은 아이처럼 박해를 당했다. 다시 하나님에 의해 애굽으로부터 불러내어져 광야에서 자기 백성을 모으시며, 새 언약의 율법을 산에서부터 선포하셨다. 광야를 통한 첫 여정 중에 있던 이스라엘 백성을 만나로 기적적으로 먹이셨던 그 일을 반복하셨고, (모세와 또한) 옛 선지자인 엘리야와 엘리사의 기적적인 표적을 재현하셨을 뿐만 아니라 이 표적을 뛰어 넘으셨다.[116]

본 장에서 발견한 바를 요약하자면 출애굽과 시내산 전승이 지닌 네 가지 주된 강조점이 공관복음서에 있는 예수의 갈릴리 사역의 구조와 강세

---

115) Minear, Ibid., 108에서 인용됨.

116) E. Keller and M. L. Keller, Miracles in Dispute (Philadelphia : Fortress, 1968), 222(Minear, Ibid., 102에서 인용됨).

에 영향을 미쳤다는 것이다.

출애굽 전승의 첫 번째 주된 요소는 '속박으로부터의 구출'이다. 이 요소는 세 복음서 모두에서 구속적인 초점을 이루고 있다. 속박으로부터의 구출은 예수께서 행하신 일들 가운데 두드러지게 나타난다.

(1) 귀신을 내어 쫓음

(2) 치료

(3) 죄의 용서

(4) 문화적이며 종교적인 규정들로 인해 생겨났으며 부정한 금기 사항들로부터 더욱 강화된 인종상의 장벽과 성적인 장벽

(5) 사회적-경제적이며 정치적인 장벽들을 허무심

마태복음은 예수의 치유 사역을 "그가 우리의 질고를 담당하셨고, 우리의 질병을 짊어지셨도다"(마 8:17)이라고 전한 선지사 이사야의 고백과 동일시함으로써 강조한다. 또한 마태복음은 연이은 열 개의 기적 기사를 무리들의 "이와 같은 일은 이스라엘에서 결코 본 적이 없도다" (마 9:33)라는 외침으로 절정에 달하게 함으로써 이 점을 강조한다.

마가복음과 누가복음 모두 예수의 축사를 하나님의 나라를 도래케 하시는 분이라는 예수 자신의 주창에 대한 표식으로 부각시킨다. 누가복음에서 구원과 평화는 복음이 지닌 구속의 능력의 열매이다. 또한 누가복음에서 복음이 지닌 구속의 능력은 이스라엘의 출애굽 경험에 그 기원을 두고 있는 희년의 비전과 이상(출애굽기 16장, 레위기 25장, 신명기 15장에 나오는 안식일과 희년에 관한 규정들)을 표출하고 있다.

마가복음에서 출애굽 전승의 두 번째 주요 요소는 '전능하신 용사 하나님'(Yahweh as Warrior)이다. 이 요소는 구속/해방과 연결되어 있다. 예수

께서는 혼돈과 악의 세력을 정복하셨다. 사탄과 귀신, 바다의 혼돈, 예수의 메시아 직분에 대한 베드로의 잘못된 견해조차 기름 부음 받은 아들(막 1:11)이라 말씀하시는 성령의 꾸짖음과 축사 명령에 항복하고 굴복한다. 특별히 아들의 메시아 되심의 비밀은 하나님의 능력위 행위들을 통해서 드러난다. 출애굽 전승의 세 번째 요소는 '광야 모티프'이다. 이 모티프는 공관복음서에서 다양한 용례로 나타난다. 광야 모티프에는 하늘로부터 하나님께서 만나를 주신 것과 백성들의 불신과 반역, 하나님께서 백성들을 시험하시고, 훈육하시고 인도하시는 주제가 담겨져 있다.

만나에 대한 강조는 마가복음 6장 30절에서 8장 21절 말씀에 가장 두드러지게 나타난다(마태복음과 누가복음의 경우 갈릴리 섹션 이전에 놓여 있는 예수의 시험 장면이 광야에서 시험 받는 예수를 하나님이 능력 가운데 붙들고 있음을 보여준다). 마가복음의 경우 광야에서 이루어지는 먹이시는 기적의 기사들은 예수의 종말론적 정체성을 드러낸다. 이에 대한 제자들의 반응은 그들의 인식과 믿음에 대한 시험들을 뜻한다.[117]

마지막으로 공관복음서는 시내산 전승을 활용해 예수를 모세와 같은, 모세를 뛰어 넘는 분으로 묘사한다. 마가복음에서 산 위에서 열두 사도를 임명하시는 장면은 시내산 기슭에서 열두 기둥을 세워 이스라엘을 대표하게 하는 모습을 반향한다.

또한 마가복음이 예수를 권위 있는 말씀의 교사로 묘사하고 있는 것도 모세-시내산 전승의 영향의 일환으로 볼 수 있다(막 1:22, 27-28; 4장). 마가는 세 번에 걸쳐 예수께서 말씀을 가르치신다는 주석과 같은 진술을 하

117) 본 연구에서 그리 크게 다루고 있지는 않지만, 마태복음에서 (특히 12장에서) "악하고 음란한 세대"에 대한 예수의 책망은 옛 광야에서 있었던 이스라엘의 반항과 불신을 반향하고 있다. 마가복음과 누가복음 역시 광야 모티프를 하나님의 인도하심과 보호하심이란 주제와 연결시킨다. 다시 말해서 광야는 예수께서 기도하기 위해서 조용히 물러서시는 장소이다(막 1:35; 눅 5:16).

고 있는데(막 2:2; 4:33; 8:32), 이러한 진술이 말씀의 교사라는 점을 분명히 한다.

마태복음에서 예수께서는 토라-교훈을 주신다. 토라-교훈은 토라에 대한 랍비 전통의 *할라카*(halakah)에서 '너희가 들었던' 바를 뛰어넘고 있다. 산상수훈에서 예수의 교훈은 토라의 참된 의미를 보여준다. 즉 토라의 참된 의미가 바로 하나님의 나라의 자녀를 특징짓는 '더 큰 의'의 길이다.

산상수훈은 율법이 모세에게 전달되었듯이 산에서 주어진 하나님의 새롭게 갱신된 토라의 형태로 주어진다. 뿐만 아니라 마태복음의 갈릴리 섹션 전체가 예수 사역의 교훈적 강조점을 지니고 있다. 이런 점에서 마태복음은 시내산 전승에 크게 의존하고 있다 할 수 있다.

누가복음이 기여한 바는 예수를 모세와 같은 선지자로 규명하고 있다는 점이다. 누가는 이 점을 누가복음 1장 33절, 16장 16절과 사도행전 3장 22절에서 말한다. 또한 이것을 강조하며 갈릴리 섹션의 끝을 맺고 있다. 이 점은 나사렛 회당의 에피소드에서(눅 4:24), 누가복음 7장의 각 내러티브 단계에서, 예수의 영광이 모세와 엘리야라는 인물을 환히 비추고 있는 변화산상의 예수의 *'별세'*(exodus)에 대한 구체적인 언급에서 강조된다.

그렇다면 공관복음서의 출애굽-시내산 전승 활용에 어느 정도의 연속성 존재하는가? 아니면 새로운 변화가 일어났는가? 켈버(Kelber)의 말을 빌리자면 출애굽 전승과 시내산 전승은 새로운 장소와 새로운 시간 가운데서 그 역할을 감당하고 있다.[118]

예수와 제자들은 애굽에서 구출된 자들이 아니다. 그들은 시내산을 오르지도 않았고 광야에서 40년을 방황하지도 않았다. 그럼에도 불구하고 구약의 역사에서 기인한 회상과 고백인 정체성이 예수의 이야기를 파악하

118) Kelber, *The Kingdom in Mark*, 138-144.

고 그 진의를 전하는 데 있어서 경험적이고도 개념적인 원천적 자료들을 제공하고 있다.

연속성과 새로운 변화는 여러 의미의 에서 동시에 일어난다. 마가복음과 누가복음에서 예수께서 질병과 연약함, 죽음의 속박으로부터 사람들을 구출해 내신 것은 이스라엘을 애굽의 노예의 압제로부터 구출해 내신 것에 상응하는 기능을 한다.

마태복음에서 예수의 산상수훈은 새로운 시내산-시온 사건이며 새로운 백성을 세우시는 사건이다. 또한 마가복음에서 예수께서 기적으로 먹이시고 배를 타시는 사건은 하나님의 계시적 차원의 신실하심을 보여주는 것이요, 동시에 예수 안에 현존하는 하나님의 임재에 대한 제자들의 깨달음을 시험하는 역할을 한다. 누가복음에서 모세의 역할을 성취하고 있는 예수의 선지자적 역할은 믿는 자들로 하여금 예수의 말씀과 행적을 따라 살도록 요청하고 있다.

구약의 율법은 준비되었으며 예수께서는 이를 이루셨다. 예수께서 하나님 나라의 복음을 도래케 하심으로써 새로운 질서와 실체가 세워졌다. 이 질서와 실체는 믿는 자들의 삶을 포용할 뿐만 아니라 이들에게 새로운 정서와 비전, 능력을 부여하고 있다.

마지막으로 가장 주목할 만한 변화, 실제로 반전에 가까운 변화는 유대인이 아닌 사람과 예수의 관계이다. 모세 이야기에서 다른 나라의 백성들은 이스라엘의 생존을 위협했다. 그런 가운데서 이스라엘의 대적으로 여겨졌던 이들의 압제로부터 하나님께서는 이스라엘을 구원해내셨다. 약속의 땅을 향한 이스라엘의 광야 생활과 여정을 방해하거나 가로막을 경우 하나님께서는 이들에 대한 이스라엘의 승리를 허락하셨다.

그러나 각 공관복음서에서 비-이스라엘 사람, 즉 이방인은 예수를 통해 주어지는 하나님의 은혜와 치유, 복을 받아들이는 단순한 수용자로 그 모범적 모델로 제시된다. 마태복음과 누가복음에서 예수께서는 말씀을 듣는 자에게 원수를 사랑하고 자신을 핍박하는 자에게 복을 빌며 그렇게 함으로써 하나님의 자녀라 일컬음을 받으라고 명령하신다.[119)]

이와 같은 새로운 변화는 구약 정경의 서두가 지닌 보편적 세팅(창 1-11장), 아브라함에게 주어진 약속(창 12:3), 이스라엘의 소명을 다시 확언하고자 출애굽 모티프를 활용하고 있는 제2이사야의 예언(사 42:1-6; 49:5-6)에서 이미 예기된 바로써 공관복음서의 다른 섹션에서 병발해 나타나고 있다. 이런 점에서 이스라엘의 신앙 전승 가운데 새로운 변화를 지속적으로 드러내고 있는 셈이다.

도표 1 : 마가복음과 누가복음의 갈릴리 섹션 비교

| 부분들 | | 마가복음에 있음 | 마가복음에 없음 |
|---|---|---|---|
| 눅 4:31-44 | 가버나움에서의 낮 일정 | X | |
| 눅 5:1-11 | 시몬을 찾아 부르심 | | X |
| 눅 5:12-6:11 | 5개의 갈등 이야기들과 문둥병자의 치유 | X | |
| 눅 6:12-49 | 평지 설교에 이어 열두 제자를 선택하심 | | X |
| 눅 7:1-8:3 | 백부장의 종을 고치심, 나인성 과부의 아들을 살리심/"당신이 오실 그 이십니까?"라는 요한의 질문/예수와 죄 지은 여인, 예수를 따르는 여인들/초점 : 예수는 | | |

119) H. Windisch는 마 5:9과 43이하를 이스라엘의 윤리라는 문맥에서 살피면서 이 구절들에 대한 훌륭한 해석을 제시한다. 다음을 보라: "Friedensbringer-Gottessöhne : Eine religionsgeschichtliche Interpretation der 7. Seligpreisung," *ZNW* 24 (1925), 240-260.

| | | | |
|---|---|---|---|
| | 하나의 선지자인가 하나님 그 이상인가? | | X |
| 눅 8:4-21 | 예수께서 비유로 가르치심 (마가복음에 있는 마지막 두 비유가 없으며, 막 3:31-35의 평행구절이 끝에 나온다) | X | |
| 눅 8:22-56 | 예수께서 행하신 네 개의 기적적인 일들 (바다를 잠잠케 하시고, 거라사 지방의 귀신들린 자를 고치시고, 혈루병을 가진 여자를 치료하시고, 야이로의 딸을 살리심) | X | |
| 눅 9:1-17 | 예수께서 열두 사도를 파송하심, 헤롯의 질문, 5천명을 먹이심 (누가의 대 생략) | X | |
| 눅 9:18-50 | 베드로의 고백, 인자의 고난, 자기-부인, 변화산상의 사건, 축사, 두 번째 수난 예언, 누가 가장 큰 자인가에 대한 논란, 다른 사람에 의한 축사를 제자들이 받아들이지 못함[120] | X | |

120) 여기서 9장에 나오는 부분들은 Talbert이 제시하는 분석의 범주를 넘어선다. 비록 다른 곳에서 Talbert는 누가복음 9장과 22:7-23:16 사이의 평행관계와 누가복음 9장과 사도행전 1장 사이의 세 가지의 평행관계를 보여주고 있지만 말이다(Talbert, *Literary Patterns*, 26-27, 61). Talbert는 세 가지 평행관계에 대해선 J. G. Davies에 의존하고 있다("The Prefigurement of the Ascension in the Third Gospel," *JTS* n.s. 6(1955), 229-33. Talbert는 마가복음의 9:28-36, 9:1-6, 11:11-17의 세 페리코피의 경우 누가가 이 페리코피를 수정하고 있음을 주목하는데, 이러한 수정은 사도행전에 나오는 평행 본문이 지닌 강조점에 따른 수정을 반영하고 있다.

# 4장

## 구약의 광야-정복(그리고 출애굽) 전승이 공관복음의 예루살렘 순례 여정 기사에 미친 구성적 영향

Israel's Scripture Traditions and the Synoptic Gospels

# 4장

# 구약의 광야-정복(그리고 출애굽) 전승이 공관복음의 예루살렘 순례 여정 기사에 미친 구성적 영향

출애굽 전승과 시내산 전승의 영향은 자주 인식되어 왔지만 구약의 정복 전승이 공관복음 전승에 미친 영향은 거의 주목을 받지 못했다. 본 장은 정복 전승이 공관복음 전승의 갈릴리에서 예루살렘으로 전환되는 섹션에 특별히 구성적 영향을 미쳤다는 사실을 예증하고자 한다.

각각의 공관복음서는 정복 전승을 독특한 방식으로 활용함으로써 각기 고유한 전망과 시각을 발전시키고 있다. 이에 모든 복음서가 각각 별도로 취급될 것이다. 또한 본 장은 정복 전승과 공관복음 전승 사이에 놓인 연속성과 새로운 변화라는 요소에 대한 평가로 끝을 맺게 될 것이다.

본 장의 제목이 암시하듯이 출애굽 전승의 영향은 공관복음 전승의 중간 부부인 갈릴리에서 예루살렘으로 넘어가는 전환 부분을 형성하는 데까지 미친다. 출애굽 전승의 영향이 이 부분에서 여전한 이유는 다음의 두 가지에 연유한다.

첫째, 구약에서 출애굽과 정복이라는 두 전승은 이스라엘의 신앙 고백과 낭송에서 한데로 융합되고 또한 종종 중첩되어 나타난다(앞의 2-3장을 보라). 곧 두 전승을 하나로 묶는 몇 가지 특징적 패턴들을 살펴볼 것이다.

먼저 이스라엘을 위한 전능하신 용사 하나님의 전쟁이라는 특징적 패턴은 출애굽 기사 가운데서 형성되어 정복 기사 속으로 이어진다. 이런 점에서 출애굽과 정복 전승의 근간을 이루고 있다.[1] 여호와의 전쟁이라는 패턴은 크로스(Cross)가 지적하듯이 (앞의 2장을 보라) 왕권 전승과도 융합된다. 이스라엘을 광야 길에서 이끌어 약속의 땅으로 인도해 들어가기 위해서 이스라엘 앞에 사자를 보내시겠다는 하나님의 약속이 출애굽 전승과 정복 전승을 연결짓고 있는 것이다(출 23:20과 33:2을 보라).

둘째, 두 전승이 이스라엘의 이야기 속에서 중첩되고 있듯이 공관복음서의 예수 이야기 속에서도 중첩된다. 복음서 이야기에서 두 전승은 한데 합쳐서 공통의 의미로 이어진다. 죄와 사탄, 불의의 속박으로부터의 해방은 대적에 대한 정복과 유사하다.

이를 예증하고자 누가복음은 예루살렘에 이르는 중간 여정 이야기에서 계속해서 예수의 축사에 대해 이야기 하고 있는 것이다. 축사 이야기가 정복 이야기로 이해될 수도 있지만 동시에 축사 이야기는 속박으로부터의 구출이라는 출애굽 주제를 극명하게 보여주고 있다.

이렇게 중첩되는 요소에도 불구하고 세 개의 공관복음서는 중심 부분에서 이스라엘의 정복 기사에 속한 주제와 모티프를 각기 독특한 방식으로 부각시킨다.

마가복음과 누가복음의 경우, 정복 이미저리와 정복에 대한 강조는 독특하면서도 주목할 만하다. 즉 두 요소가 마가복음과 누가복음의 다른 섹션에서는 나타나지 않는다는 뜻이다. 이스라엘의 길-정복 모티프에 대

1) 이스라엘을 위한 전사 하나님의 전쟁에 관한 연구 자료들은 방대하다. 특히 다음의 문헌을 주목하라: Lind, *Yahweh Is A Warrior*; Miller, *Divine Warrior*, and "God the Warrior", *Int* 19 (1965), 35-46; P. C. Craigie, "Yahweh Is A Man of War", *SJT* 22 (1969), 183-188; G. E. Wright, *The Old Testament and Theology* (New York : Harper & Row, 1969), ch. 3; W. Janzen, *Still in the Image : Essays in Biblical Theology and Anthropology* (Newton, Kans. : Faith and Life, 1982), 173-211.

한 마태복음의 활용이 마가복음과 누가복음에 비해 덜 분명하게 나타지만 그럼에도 불구하고 마태복음이 개념상 강조하는 바는 구약 전승이 지닌 개념상의 강조와 일맥상통한다.

공관복음서를 자세히 살펴나가기 전에 이스라엘의 신앙 이야기가 지닌 정복 전승에 대한 간략한 개관과 기술이 필요하다.

## 이스라엘의 길-정복 (Way-Conquest) 전승

구약성경 연구에서 이스라엘이 가나안 땅을 지배하게 된 것을 부각시키기 위한 목적에서 정복이라는 용어가 일반적으로 사용된다. 하지만 이 용어 자체는 구약성경에서 별다른 지지를 얻지 못한다.[2] 정복의 뜻으로 흔히 사용되는 단어 *yāraš*는 통상적으로 *소유하다* 혹은 *차지하다* 란 뜻으로 번역된다. 이스라엘의 신앙 고백이 확언하고 있듯이 여기서 강조점은 가나안 땅을 기업으로 받는 것과 이 땅을 여호와께로부터 온 선물로 받아들이는 것에 있다.

정복 전승의 구성 요소에는 이스라엘을 인도해 그들에게 약속의 땅을 주신다는 하나님의 약속, 길에서 이스라엘을 지키기 위해 이들에 앞서 사자를 보내시겠다는 약속, 대적을 내쫓기 위해 하나님이 주도하시는 기적 형태의 전쟁들이 포함되어 있다.

---

2) Young의 성구사전인 *Concordance*를 살펴보면 이 점이 분명해진다. 그필자는 본 연구에서 정복이라는 단어를 사용하지 않을 것을 고려해보았으나 구약의 성경 신학적 연구와의 관계를 유지하기 위한 목적에서 그대로 유지하기로 결정했다. 가나안 정복과 관련하여 다음의 세 가지 다른 학문적 견해가 표방된 바 있다: 1) 여호수아 1-11장에 나오는 대로 군사적-기적적 여호와 전쟁 전투들을 가나안 정복과 연결시키는 전통적인 견해; 2) 애굽에 가본 적이 없는 이스라엘 지파들로서 가나안 땅에 평화롭게 정착했던 지파들이 나중에 출애굽을 한 지파들과 한데 어우러졌다는 견해(M. Noth 와 A. Alt); 3) 이스라엘이 우연한 기간 중에(열 번째 세대의 이스라엘) 가나안 땅에 들어갔고, 압제적인 도시-국가들에 대한 농민 봉기를 도왔다는 견해(George Mendenhall과 Norman Gottward). 어느 견해를 받아들이든지 주된 성경적 강조점은 가나안 땅은 이스라엘에게 주신 하나님의 선물이며, 이스라엘은 이 땅을 약속의 성취로써 기업으로 받았다는 점에 있다.

출애굽 전승과 정복 전승이 이스라엘의 신앙 이야기에 대한 고백과 낭송에 중첩되고 하나로 융합되는 반면에 출애굽기 23장 20절은 내러티브 전환에 대한 본문상의 표지로서의 역할을 충분히 하고 있다.

출애굽기에서 이 구절에 뒤 이어지는 이야기가 항상 약속에 땅에 대한 전향적 전망과 동일시되지는 않지만, 최종적 형태의 정경을 기록한 사람들은 이어지는 이야기가 약속의 땅에 대한 전향적 전망 속에서 읽히기를 의도했던 것처럼 보인다. 예를 들어 출애굽기 34장에서 율법의 두 돌판을 주신 사건은 언약궤를 전향적으로 요청하고 있으며, 다시 이 언약궤는 성막을 내다보고 있다.

이 모든 것들 위에 여호와의 이름이 놓여 있으며, 그의 영광이 회막에 나타난다. 그리고 여호와께서 낮에는 구름기둥 가운데에, 밤에는 불기둥 가운데에서 이스라엘 백성을 앞서 가신다. 하나님이 백성들과 함께 계시면서 약속의 땅으로 함께 나아가심을 보여주고 있는 것이다.

신명기는 이스라엘이 약속의 땅을 향하는 것을 묘사한다. 언약 백성을 위해 하나님께서 준비하신 것들은 그것이 십계명이든 안식일이든, 안식일에 관한 규정이든 희년 규정이든, 희생제사에 관한 규정이든, 전쟁에 관한 법규이든, 축복과 저주에 관한 규정이든 약속의 땅을 볼 수 있는 믿음이라는 쌍안경을 통해 주어진다.

이러한 맥락에서 볼 때 정복 전승은 '약속의 땅에 이르는 길'(way-to-the land) 전승이라고 명명하는 것이 적절하다 할 수 있다. 이 땅에 이르는 여정에 약속의 성취가 일관되게 힘을 제공한다. 강조점은 언제나 백성들, 곧 불순종과 반역 가운데 (특별히 민수기에서) 있는 이스라엘 백성을 하나님이 인도하신다는 사실에 놓여 있다. 또한 백성들의 불순종과 반역을 뛰어넘으시는 하나님의 변함없는 사랑에 놓여 있다.

가나안 정복 그 자체가 끝이 아니다. 여호수아 24장이 암시하듯이 이스라엘의 모든 세대는 가나안 땅을 선물로 받아들여야 한다. 그리고 '너희가 여호와 하나님을 섬길 것인가? 아니면 주변에 있는 이방민족의 우상을 섬길 것인가?'하는 근본적 질문에 답을 해야 한다. 이러한 충절의 문제가 정복 전승 전반에 스며들어 있다.

정복 전승의 중요한 요소 중 하나인 '여호와 전쟁'이라는 요소는 본 연구의 네 가지 주요 신앙 전승 모두에 놓여 있다.[3] 이 요소는 몇 가지 차원에서 설명될 필요가 있다. 우선 정복 전승은 단순히 여러 전쟁 이야기로 이루어져 있다. 이 전쟁에서 이스라엘은 대개 승리하지만 때때로 패하기도 한다. 다른 차원에서 보면 정복 전승은 하나님의 이야기에 대해 말한다. 즉 구원과 심판을 통해 언약 백성들에 대한 자신의 주권을 나타내시는 하나님의 이야기를 뜻한다.

이 전쟁에서 이기고 지는 것은 백성들의 순종과 불순종에 기인한다. 그러나 보다 깊은 차원에서 정복 전승은 이스라엘이 여호와께 의존되어 있음을 증거하고 있다. 다시 말해 이스라엘 백성들이 하나님의 약속의 성취에 이르는 길을 여호와 하나님이 친히 준비하신다는 사실을 전폭적으로 신뢰할 것인가 하는 점을 말하고 있다.

---

3) 전능한 용사 하나님(Yahweh as Warrior)이라는 전승은 출애굽과 왕권 전승과 같은 다른 전승에 서로 연결되어 있으며 이들 전승의 핵심에 놓여 있다는 주장이 Cross에 의해서 설득력 있게 주장되고 있다("Divine Warrior," 11-31). L. J. Greenspoon ("The Origin of the Idea of Resurrection", in *Traditions in Transformation: Turning Points in Biblical Faith*, ed. B. Halpern and J. D. Levenson [Winona Lake : Eisenbrauns, 1981], 247-321)은 여호와의 거룩한 전쟁이 이스라엘 가운데 부활에 대한 신앙을 낳게 했으며 단 12:2은 부활 신앙의 시작이 아니라 종착점이라고 주장한다(부활 신앙에 대한 보다 앞선 암시를 위해서 신 32:39; 삼상 2:6을 보라). 이러한 주장은 M. Dahood와 그의 견해인 부활 신앙은 시편에서 중요한 위치를 차지하고 있다는 견해(M. Dahood, *Psalms* [AB; Garden City, N. Y.: Doubleday, 1966])에 대한 인식 없이 이루어지고 있으며, 그런 점에서 분명히 비평적 평가가 필요하다. 만약 Dahood의 주장이 옳다면 그의 견해는 다음과 같은 이스라엘의 신앙과 공관복음서 사이에 또 다른 연속성의 요소를 제공해준다: 전능한 용사-고난 받는 메시아/ 죽어가는 왕-부활하신 분은 공관복음서에서 예수에 대한 주도적인 기독론적인 묘사이다.

이 세 번째 차원이 길-정복 전승의 핵심이다. 이스라엘의 수많은 신앙 고백과 낭송이 이것을 증언하고 있다(수 24; 시 78, 106; 행 7).

## 마가복음

최근 마가복음 연구는 마가가 특정한 의도를 갖고 마가복음의 중간 부분을 구성했다는 점을 인정하고 있다. 지리적 표지가 없는 상태에서, 또 다른 종류의 지형적 특징인 '길'(ὁδὸς)이라는 요소가 사건과 예수의 교훈에 대한 세팅을 제공한다.[4)]

그러나 마가복음의 중간 부분에 (그리고 막 1:2-3에) 나타나는 마가의 ὁδὸς의 활용과 구약 이스라엘의 교훈과 인도하심의 이야기 가운데서 ὁδὸς가 지닌 역할 사이의 관계를 주목하는 학자는 거의 없었다.[5)] 정복 전승이 마가복음의 예루살렘에 이르는 예수의 중간 여정 내러티브의 구성에 미친 영향에 대한 증거는 다음과 같이 삼중적이다.

---

4) 다음은 이 점을 보다 쉽게 이해할 수 있도록 설명하는 문헌들이다: W. H. Kelber, *Mark's Story of Jesus*, 43-56; Swartley, Mark, 137-159; E. Best, Following Jesus : Discipleship in the Gospel of Mark (JSNTSS 4; Sheffield : University of Sheffield, 1981), 15-145; D. M. Sweetland, *Our Journey With Jesus: Discipleship According to Mark* (GNS 22; Wilmington, Del. : Michael Glazier, 1987), 51-69. A. Stock, *Call to Discipleship : A Literary Study of Mark's Gospel* (GNS 1; Wilmington, Del. : Michael Glazier, 1982) J. R. Donahue, *The Theology and Setting of Discipleship in the Gospel of Mark* (Milwaukee, Wis. : Marquette University, 1983).

5) W. H. Kelber는 자신의 몇몇 저작에서 이러한 연결 관계를 인정한 바 있으며 이 점은 그의 학위논문에서 가장 분명하게 서술된다: "Kingdom and Parousia in the Gospel of Mark" (Ph.D. diss. : University of Chicago, 1970), 109ff. Kelber의 통찰은 최소한 부분적으로는 H. Windisch의 주장에 의존하고 있다. Windisch는 자신의 글에서 마가가 말하는 '하나님의 나라에 들어가는 것'과 칠십인역의 신명기적 표현인 '가나안 땅에 들어가는 것' 사이에 연관관계가 있음을 주장한 바 있다: "Die Spruche vom Eingehen in das Reich Gottes". *ZNW* 27 (1928), 163-192. 이 토픽에 대한 부가적 연구를 위해서 다음을 보라: W. M. Swartley. "The Structural Fuction of the Term 'Way (ὁδός) in Mark's Gospel", in *The New Way of Jesus*, ed. W. Klassen (FS Howard H. Charles; Newton. Kans. : Faith and Life, 1980), 68-80. "Marken Structure", 75-86, 163-190.

(1) 중간 부분의 내용과 관련한 마가의 ὁδὸς 사용

(2) 이 부분에 대한 정복(출애굽) 전승의 영향을 보여주는 다른 특징들

(3) 정복 전승을 활용한 마가의 신학적 성취

### 마가의 ὁδὸς의 활용과 막 8:27-10:52의 내용

마가복음의 중간 부분에 해당되는 8장 27절부터 1장 52절 말씀은 세 가지 가장 두드러진 강조점을 지닌다.

(1) 예수의 메시아 정체성, 특히 필연적으로 고난 받으실 인자(υἱὸς τοῦ ἀνθρώπου)로서의 예수[6)]

(2) 세 번에 걸쳐 나타나는 수난-부활 예고

(3) 이 예고에 뒤따르는 세 번에 걸친 제자도에 관한 가르침

세 요소는 독립되어 있지만 구조적으로는 평행관계를 보이며 밀접하게 서로 연결되어 있다(막 8:31-38; 9:31-41; 50; 10:32-45). 예수를 왕적 메시아 소망과 연결짓고 있는 기독론적 선언들이 이 중간 부분을 열고 닫는다. 8장 29절의 "그리스도"와 10장 47-48절의 "다윗의 아들"[7)]표현을 말한다.

6) F. W. Danker는 J. A. Fitzmyer의 눅 1-9장에 대한 Anchor Bible 주석에 대한 자신의 개관에서 인자에 대한 자신의 번역을 제안하고 있다 (*Int* 37 [1983], 298). 이 제안에 따라서 필자는 인자의 영어 표현인 the on of humanity 에서 son은 대문자로 (the Son) 표기하며, 이를 통해서 예수께서는 자신의 인성과 사역이 지닌 독특성을 스스로 특별하게 인식했다는 점을 강조하고, humanity는 소문자로 남겨둠으로써(the Son of humanity) humanity가 잠재적으로 집단적 대표를 가리키고 있음을 보여주고자 한다(참조. 단 7:13-14과 7:27). 학자들 사이에서 커다란 논쟁의 대상인 '인자'라는 칭호에 대한 최근의 의미 있는 견해들을 위해서 다음을 참조하라: B. Lindars, *Jesus, Son of Man : A Fresh Examination of the Son of Man Sayings in the Gospels* (Grand Rapids : Eerdmans, 1983). 또한 이 칭호에 대한 훌륭한 개관을 위해서 다음을 보라: Goergen, *Mission and Ministry of Jesus*, 1. 180-204.

7) 몇몇 마가복음 학자는 이 중간 부분이 8:22-26에서 시작한다고 생각한다. 이 경우 중간 부분을

그러나 이 선언들은 예수께서 자신을 인자라고 규명하는 것에 의해서 한정되거나 통제를 받는다(막 8:31; 9:12, 31; 10:32). 그리고 인자는 필연적으로 (δεῖ) 고난 받아 죽으실 분으로 묘사된다막 (8:31; 9:12). 더욱이 변화산상에서 들려온 하늘의 음성은 이러한 자기-지칭들을 뛰어넘고 있다. "이는 내 사랑하는 아들이라. 그의 말을 들으라"막 (9:7).

변화산상에서의 하늘의 음성은 예수의 세례 장면에서 들린 "너는 내 사랑하는 아들이라 내가 너를 기뻐하노라"는 하늘의 음성과 15장 39절에서 예수의 십자가 앞에서의 이방 백부장의 "진실로 이 사람은 하나님의 아들이었다"는 고백과 함께 마가복음에서 궁극적인 기독론적 진리를 보여주는 역할을 한다.

메시아와 인자 사이의 내러티브 긴장 관계(막 8:29-33)와 달리 하나님의 아들과 인자 사이에는 하나의 역설적인 상호보완적인 관계가 존재한다.[8] 인자가 고난과 죽음을 통해서 자신의 사역을 이루어감에 따라 그는 하나님의 아들로 고백된다.

아래에 제시되는 패턴은 마가복음의 중간 부분의 내용과 의도적인 구조를 드러내준다.

---

열고 닫는 구조는 예수께서 소경을 고치시는 사건을 기술하고 있는 두 이야기이다. 이에 대한 판단을 내리는 것이 쉽지 않다. 그 이유는 두 사건 속에서 소경이 시력을 되찾는 일이 두 섹션에 대한 절정의 강조의 역할을 하고 있기 때문이다: 막 6:7-8:26에 대한 절정의 강조는 막 8:22-26이며 막 8:27-10:52에 대한 절정의 강조는 막 10:46-52이다.

8) J. D. Kingsbury, *The Christology of Mark's Gospel* (Philadelphia : Fortress, 1983), 148-150. R. C. Tannehill은 다음의 글에서 하나님의 아들이 지닌 주도적인 내러티브 역할을 잘 보여주고 있다: "The Gospel of Mark as Narrative Christology", *Semeia* 16 (Missoula, Mont. : Scholars, 1980), 57-96. 이에 대한 보다 앞선 연구들을 위해서 다음을 보라: Norman Perrin, "The Creative Use of rhw Son of Man Traditions by Mark, *USQR* 23 (1967-1968), 357-365; P. Vielhauer, "Erwägungen zur Christologie des Markusevangeliums", in *Aufsätze zum Neuen Testament* (TBu 31; Munich : Chr. Kaiser, 1965), 199-214.

| 수난-부활 예고 | 제자들이 이해하지 못함 | 제자도에 대한 가르침 |
|---|---|---|
| 막 8:31 | 8:32-33 | 8:34-38 |
| 막 9:31 | 9:32-34 | 9:35-50 |
| 막 10:32-34 | 10:35-41 | 10:38-45 |

이상의 세 주기는 각각 동일한 순서를 따르고 있으며 중간 섹션을 열고 닫는 문학적 장치인 수미상관 구조가 마가의 ὁδὸς 활용과 연결되어 있다. 마가복음 8장 34절에 나오는 "누구든지 나를 따라오려거든"(ὀπίσω μου)이라는 표현은 첫 번째 주기의 가르침과 첫 번째 주기 뒤에 있는 8장 27절을 연결시킨다.

여기서(막 8:27) 예수께서는 "길 위에"(ἐν τῇ ὁδῷ) 가시는 분으로 묘사되고 있다.[9] 두 번째 주기 가운데 부분(막 9:33-34)에서는 ἐν τῇ ὁδῷ라 표현이 2회 나타난다. 세 번째 주기는 "예수께서 예루살렘에 올라가는 길로(ἐν τῇ ὁδῷ) 가실 때"라는 표현으로 시작된다(10:32).

마가복음은 중간 섹션에서 ὁδὸς를 7회에 걸쳐 사용하고 있다(막 8:27; 9:33, 34; 10:17, 32, 46, 52). 마태복음은 병행구절에서 ὁδὸς를 2회 사용하고 있고, 누가복음에선 단 한 차례 나온다.[10] 마가복음은 8장 27절-10장 52절과 1장 2, 3절을 제외하고서도 7회 더 ὁδὸς를 사용하고 있다(막 2:23; 4:3, 15; 6:8; 8:3; 11:8; 12:14). 하지만 이 중 6회의 경우는 마태복음에서 병행구절이 있으며, 누가복음에서는 5회에 걸쳐 병행구절이 나타난다.[11]

9) N. Perrin, "The Literary Gattung 'Gospel'-Some Considerations", *ExpTim* 82 (1970), 6.

10) 마태복음 역시 20:17b에서 ἐν τῇ ὁδῷ란 표현을 사용하고 있는데 정확히는 아니지만 대략적으로 막 10:2과 평행을 이루는 구절이다. 마태복음(20:30)과 누가복음(18:35)은 모두 막 10:46b에 나오는 "길가에"(παρὰ τὴν ὁδόν)란 표현을 사용하고 있다.

11) 마가가 중간 섹션과 1:2-3 이외에 추가적으로 7회 사용한 중에 여섯 번째 용례(막 8:3)는 누가의 대 생략 부분에 해당되는 범주에서 나타나며 이런 점에서 평행절은 오직 마태복음에서만 발견된

마가복음의 중간 섹션 안과 밖에서 사용되고 있는 ὁδὸς 용례와 관련한 공관복음 대조는 -중간 섹션의 경우, 마가복음과 다른 복음서 사이의 비율은 7대1 혹은 7대2 정도이다. 마가복음과 병행구절을 지닌 경우, 마가복음과 다른 복음서 사이의 비율은 7대5나 7대6 정도이다- 8장 27절부터 10장 52절 말씀에서 마가복음의 ὁδὸς 사용이 독특하다는 점을 인식하게 만든다.[12)]

또한 8장 27절-10장 52절에서 마가가 7회 사용한 ὁδὸς는 전략적인 위치에 나타난다. 중간 섹션의 첫 구절인 8장 27절에 처음 나타나는 ἐν τῇ ὁδῷ란 표현은 정체성에 관한 예수의 질문을 열고 닫는다. 동일한 표현이 중간 섹션을 닫고 있다(막 10:52).

중간 섹션에 바로 앞선 섹션인 6장 7절-8장 21절은 떡과 깨달음이란 주제로 가득 차 있다. 이 섹션은 핵심 용어인 *깨달음*(συνίετε, 막 8:21의 마지막 단어임)으로 끝을 맺는다.[13)] 그렇게 함으로써 10장 52절 끝에 나오는 ἐν

---

다. 더욱이 마가복음의 다소 부자연스러운 표현인 "길을 내다"(2:23의 ὁδὸν ποιεῖν)는 다른 복음서에서는 평행절이 없다.

12) 마가복음의 독특성은 ὁδὸς가 마가복음에서 항상 편집적 성격을 지닌다는 주장을 반박한다. 이러한 주장을 위해 다음을 보라: J. Schreiber, *Theologie des Vertrauens : Eine redaktionsgeschichtliche Untersuchung des Markusevangeliums* (Hamburg : Furche-Verlag, 1967). Malbon은 자신의 책 *Narrative Space and Mythic Meaning in Mark*에서 마가복음에 나오는 공간적 용어를 연구하고자 구조주의 해석 방법을 사용한다. Malbon은 막 8:27-10:52에서 ὁδὸς가 집중적으로 나타난다는 것에 주목하며 이것이 "마가복음이 지닌 지형적인 부차적 위계질서를 최종적으로 중재하고 있음을 나타낸다"고 주장한다(104와 154를 보라). Malbon은 오직 공간적 표지만을 암시하고 있는 ὁδὸς의 용례만을 다루기 때문에 막 8:27-10:52, 1:2-3; 2:23; 6:8; 8:3; 11:8 이외에는 단지 네 개의 본문을 자신의 논지를 위한 사례로 사용할 뿐이다(53). 세 개의 다른 용례는 막 4:4; 4:15; 12:14이다. Malbon은 공간적인 여행 이미저리를 위해 마가가 사용하는 προαγειν을 여기에 포함시키고 있으며 이런 점에서 Malbon은 길 모티프가 막 14:28과 16:7에서 προαγειν을 통한 복음의 최종적인 중재로 다시 나타나도록 만들고 있는 셈이다(165-168).

13) 막 8:22-26은 중간 섹션과 중간 섹션 앞에 있는 섹션을 연결짓는 전환 부분으로 간주하는 것이 가장 좋다: A. Stock, "Hinge Transitions in Mark's Gospel", *BTB* 15 (1985), 29. 두 단계에 걸쳐서 소경을 치유하는 것은 두 번에 걸친 기적의 먹이심과 두 번에 걸쳐 이루어지는 바다를 건너는 사건에 의해서 집중적으로 조명되는 제자들의 메시아 이해에 대한 모습을 상징적으로 보여

τῇ ὁδῷ를 더욱 강력하게 부각시키는 역할을 한다.

이와 마찬가지로 마가복음 9장 33절과 34절에서 동일한 표현인 ἐν τῇ ὁδῷ가 두 번 나타남으로써 독자들로 하여금 누가 큰 자인가에 대한 논쟁이 "길 위에"서 일어났음을 알게 해준다.[14)]

마가의 ὁδὸς 사용은 중간 섹션 전반에 걸쳐 "인자/사람의 아들"로서의 자신의 미래에 대한 예수의 가르침과 그를 따르는 자들이 치러야 할 값비싼 제자도에 대한 예수의 가르침을 열고 닫는 지형적 수미상관 구조의 역할을 한다.[15)] 이렇게 마가의 ὁδὸς사용은 기독론과 제자도를 한데로 묶는

---

준다(막 6:30-8:21, 특히 6:52과 8:14-21). 이런 연유에서 마가복음이라는 내러티브 세계에 따르면 소경이 눈을 떠 본다는 것(seeing)은 예수의 메시아 정체성을 희미하게나마 인식한다는 것을 보여준다(막 8:27-30). 그러나 아이러니컬하게도 베드로와 제자들은 모든 것을 여전히 분명하게 보지 못한다. 소경 바디매오의 눈이 열려 보았다는 것(seeing)이 이 점을 상징적으로 보여준다. 특히 봄(seeing)이 제자도에 대한 예수의 난해한 가르침의 끝(막 10:46-53)에 온다는 점에서 더 그렇다. 만약 이것이 옳은 해석이라면 마가복음에서 제자들은 부정적 관점에서 뿐만 아니라 긍정적인 관점에서 묘사된다고 주장하는 자들의 견해 역시 옳다고 볼 수 있다. 이에 대해서 다음을 보라: Robert C. Tannehill, "The Disciples in Mark : The Function of a Narrative Role", *JR* 57 (1977), 386-405. Sweetland, *Journey with Jesus*, 70-84.

14) 네 본문(막 8:27; 9:33, 34; 10:52)은 ἐν τῇ ὁδω에 대한 마가의 가장 독특한 용례들이다. 막 10:52의 용례는 바디매오가 이제 "길에서" 눈을 뜬 상태로 예수를 따르는 것으로 묘사한다. 이러한 용례는 막 10:46에서 바디매오가 길가에(παρὰ τὴν ὁδόν) 앉아 있는 모습과 대조를 이루는데, '길가에'란 표현이 마태복음과 누가복음에서도 나타나는 것을 볼 때에 마가의 편집이라기보다는 전승에서 온 것처럼 보인다. 막 10:32에서 ἐν τῇ ὁδω는(마태의 평행절은 20:17b) 예루살렘에 이르는 길을 가리키며, 마가가 자신의 편집 가운데 받아들였던 전승에 놓여 있던 것으로 여겨진다. 10:17에서 젊은 부자는 예수의 "길로"(εἰς ὁδὸν) 달려 나온 것으로 묘사된다. 이 청년은 예수를 만나 제자도가 동반하는 대가와 희생에 대해 배웠지만 그는 "길에서" 예수를 따르지 않았다. 마가는 의식적으로 '길'(way)을 교차점으로 묘사하고 있는 것으로 보이며, 예수와 부자 청년이 만났다가 서로 헤어지는 그러한 길(path)로 이해하지는 않았던 것 같다. 이런 점에서 "길로"(εἰς ὁδὸν)란 표현은 "길에서"(ἐν τῇ ὁδω)라는 표현의 실패한 형태라 할 수 있다. '길로'(εἰς ὁδὸν)라는 표현은 제자도에 관한 질문점이지만 예수를 따르는 길은 아니란 뜻이다. 소경이 앉아 있던 10:46c의 '길가에' (παρὰ τὴν ὁδόν)라는 표현 역시 동일하다.

15) 마가는 일관되게 미완료 동사를 사용해 길에서(ἐν τῇ ὁδω) 일어났던 행동을 묘사한다. 처음 세 본문(막 8:27; 9:33, 34)에서 예수께서는 제자들에게 *질문을 하시는데* 동사 ἐπηρώτα를 통해 표시된다. 10:32와 10:52의 경우 마가는 10:52에서 길(ὁδὸς)을 미완료 동사인 "계속해서 따르다"(ἠκολούθει)와 연결짓고, 미완료형 동사로 표현된 10:32에서는 길을 분사형인 "따르는 자

역할도 한다.[16] 더욱이 앞으로 살펴본 세 개의 ὁδὸς 주기는 중간 섹션의 나머지 내용과 서로 대체할 수 있는 부분의 역할을 하고 있다:

| | |
|---|---|
| (1) 막 8:27-38 | 첫 번째 ὁδὸς-인자/수난/제자도 주기 |
| (2) 막 9:1-29 | 변화산상 사건과 이어지는 축사 사건 |
| (3) 막 9:30-50 | 두 번째 ὁδὸς-인자/수난/제자도 주기 |
| (4) 막 10:1-31 | 이혼과 부자들에 관한 가르침 |
| (5) 막 10:32-45 | 세 번째 ὁδὸς-인자/수난/제자도 주기 |

중간 섹션의 마지막 단락(막 10:46-52)은 한 명의 소경을 보여준다. 이 사람은 예수를 "다윗의 자손"이라 부르며, "길가에서"(παρὰ τὴν ὁδόν) 예수에게 도움을 요청한다. 그리고 시력을 회복하게 되자 예수를 "길에서"(ἐν τῇ ὁδῳ) 따른다.

마가의 내러티브 세계에 따르면 예수의 예루살렘을 향한 여정의 목표가 달성된 것이다. 즉 참된 시력은 참 예수, 곧 고난 받는 인자를 보고 그를 길에서 따랐다는 것이다.[17]

---

들"(ἀκολουθοῦντες)과 연결짓는다. 두 경우와 관련해 마태는 마가의 미완료형 대신 단순 과거 시제를 사용한다. 미완료형에 대한 마가의 일관되고도 독특한 사용은 마가가 "길에서"(ἐν τῇ ὁδῳ)라는 표현을 주의 깊게 다루고 있다는 주장을 더욱 발전시킨다. "길에서" 이루어지는 행동은 *질문*과 함께 시작되어 *따르는 일*로 끝을 맺는다. 양자 모두 과거의 계속적인 행동이 암시되며, 이 행동은 예수와 제자들에게 하나의 지속적인 과정이다.

16) 막 9:33, 34에 나오는 ἐν τῇ ὁδῳ는 수난 예고와 제자도에 관한 가르침을 연결시킨다. 10:32의 ἐν τῇ ὁδῳ는 수난에 관한 말씀을 도입한다. 그리고 막 8:27과 10:46, 52의 경우 ἐν τῇ ὁδῳ는 기독론적 선언과 직접적으로 연계되어 있다. 막 8:27-29에 나오는 메시아 직분과 8:34-37에 나오는 제자도 사이의 관계를 위해서 앞의 설명을 보라.

17) 앞의 각주 9번을 보라. "길"이란 주제가 막 11:8에서도 계속된다고 주장할 수 있을 것이다. 그러나 예루살렘이라는 세팅뿐만 아니라 등장인물의 관계들 역시 크게 달라졌음을 주목할 필요가 있다. 더욱이 11:8은 모든 공관복음서에서 나타난다(마 21:8/눅 19:36). 가장 주목할 점은 마태복음과 누가복음은 ἐν τῇ ὁδῳ라고 되어 있는데, 마가복음에는εἰς τὴν ὁδόν라고 되어 있으며, 이를 통해 이전 섹션과 구분을 짓고 있다는 점이다.

### 정복(출애굽) 전승의 영향에 대한 보충적 증거들

이제 제시될 세 가지 부가적 증거가 마가복음의 중간 섹션이 이스라엘의 길-정복 전승의 흔적을 분명히 담고 있다는 논지를 확언해준다.

첫째, 마가복음 9장 1-29절과 10장 1-31절은 이스라엘의 시내산과 길-정복 기사 속에 있는 사건들에 대한 구체적인 암시를 담고 있다.

둘째, 갑자기 예언적 톤으로 시작하는 마가복음의 서두(막 1:2-3)는 구약의 몇몇 ὁδὸς 구절을 인용하고 서로 연결짓는다. 이를 통해서 마가복음의 서두는 예루살렘을 향한 여정 섹션에서의 독특한 ὁδὸς의 사용 용례를 예기한다. 이스라엘의 이야기 속에서 이 구약 본문이 약속의 땅에 들어갈 것과(출 23:20) 이 땅으로의 귀환을(사 40:3) 선언하고 있는 이스라엘의 마그나 카르타(대헌장)의 역할을 한다.[18)]

셋째, 예수께서 자신을 인자라고 밝히신 것은 이스라엘의 '전능하신 전사 하나님'과 당시 고대 근동에 있었던 '신적인 전사'와의 연결 관계를 암시한다.

### 1. 막 9:1-29, 10:1-29과 이스라엘의 시내산 경험과 가나안 입성 경험 사이의 연결점들

마가복음 9장 2-8절에서 예수의 변형 이미저리는 출애굽기 24장의 시내산-모세 사건 속에서 폭넓게 인지되는 암시를 반영한다.[19)] J. 지슬러(J. A.

---

18) Best가 지적하듯이 이것은 마가복음 전체에서 히브리 성경에서 인용되는 유일한 공식적인 인용이다 (E. Best, "Discipleship in Mark : Mark viii. 22- x . 52", *SJT* 23 [1970], 326).

19) 변화산상의 변화 사건은 다음과 같이 다양한 방식으로 이해되어 왔다: 1) 부활-이후 기사가 현 위치로 잘못 자리 잡은 것임(Bultmann); 2) 예수의 사역 중 초막절 기간 중에 일어났던 초막절의 관계 속에서 가장 잘 이해되는 사건임(Riesenfeld, Goulder, Ringe 등등); 3) 예수에 대한 복음서의 묘사와 왕의 대관식을 연결짓는 핵심적인 사건(Riesenfeld, Danielou, Schreiber); 4) 이상 세 가지의 다양한 조합. 이러한 입장에 대한 자세한 설명을 위해 다음을 보라:Donaldson, *Jesus on the Mountain*, 136-148. W. R. Stegner는 다음의 최근 연구에서 이스라엘 전승에 대

Ziesler)는 이 둘 사이의 연결점을 다음과 같이 규명한다.[20]

(1) 산이라는 위치(막 9:2; 출 24:12, 15)

(2) *엿새* 후에(막 9:2; 출 24:16)

(3) 예수와 모세 모두 지명된 세 사람을 산 위로 데리고 감
(막 9:2; 출 24:1, 9)[21]

(4) 양쪽 모두 음성이 산을 뒤덮은 구름으로부터 들려옴(막 9:6; 출 24:16)

(5) 양쪽 모두 초막 혹은 성막을 짓는 것을 언급함(막 9:5; 출 25:9)

지슬러가 열거한 것에 덧붙여서 '예수와 모세의 광채 나는 얼굴'(막 9:2, 3; 출 34:29-35)[22]을 첨가할 수 있다. 그리고 마가복음의 암시적인, 출애굽기의 명시적인 시간적인 세부사항인 "제 7일", 즉 구름 속에서 음성이 "제 7일"에 말했다는 점도 고려할 수 있다(막 9:2, 7; 출 24:16).

E. 홉스(Edward C. Hobbs)가 제안하듯이 간질을 앓고 있는 아이에게서 귀신을 내어 쫓으신 예수의 이야기는 변화산상의 사건에 대한 속편처럼 보인다. 모세가 산에서 내려온 후에 금송아지를 숭배하는 이스라엘을 대면한 것 —이스라엘 진영으로부터 우상을 문자적으로 쫓아냈음— 과 매

---

한 마가복음의 활용을 강조하는데 이 점은 필자가 강조하는 바와 여러 점에서 일치한다(*Narrative Theology in Early Jewish Christianity* [Louisville, Ky. : Westminster/John Knox, 1989], 83-104). 그리고 참고문헌상의 요약을 위해서 다음을 보라: W. L. Liefeld, "Theological Motifs in the Transfiguration Narrative", in *New Dimensions in New Testament Study*, ed. R. N. Longenecker and M. Tenney (Grand Rapids : Zondervan, 1974), 162, n. 3.

20) J. A. Ziesler, "The Transfiguration Story and thr Markan Soteriology", *ExpTim* 81 (1970): 263-268.

21) 모세와 칠십인의 장로들이 함께 했다(출 24:1, 9). 2절에 따르면 모세만 "여호와께 가까이 나아가도록"되어있었고, 다른 사람들은 멀리서 경배했던 것으로 되어 있다.

22) 이 점은 모세가 두 번째 산에 오르는 이야기에서 나온다. 그렇지만 크게 봤을 때 시내산 전승 역사 속에 속한다.

우 유사하다.[23]

모세와 예수 모두 산에서 내려오자마자 사람들의 불신과 대면하게 된다[24](출 32:9; 34:9; 막 9:19, "오 믿음이 없는 세대여"[ὦ γενεὰ ἄπιστος]).

출애굽기와 마가복음의 두 섹션 사이의 또 하나의 연결점은 마가복음의 변화산상의 사건과 출애굽기의 시내산 사건을 앞과 뒤로 둘러싸고 있는 문학적 구조이다.

마가복음 9장 1-29절은 ὁδὸς로 둘러싸인 섹션 사이에 놓여 있다(참조, 위와 막 8:27, 34; 9:33, 34). 또한 들어감-공식어구(entrance-formula)인 "하나님의 나라에 들어감"이란 표현이 9장 1절에서 9장 1-29절 단락을 시작하며, 뒤이은 ὁδὸς-서클의 끝 부분에서 세 번 나타난다(막 9:43, 45, 47). 출애굽기 24-32장 역시 이스라엘의 가나안 땅 입성의 공식어구로 시작하고 끝을 맺는 문학적 수미상관 구조를 지닌다(출 23:23-33; 33:1-3).[25]

켈버(Kelber)가 주목하듯이 마가복음은 ὁδὸς를 구성적으로 사용하면서 또 하나의 두드러지는 구성적인 주제인 "하나님의 나라에 들어감"이라는 표현과 연계시킨다. 이 표현은 마가복음 9장 47절, 10장 15, 23, 24, 25절에서 다시 나타난다. 9장 1, 43, 45절, 10장 14절에서는 변이형으로 나타나고 있다.[26]

---

23) Hobbs, "Gospel of Mark", 45-46.

24) 이야기 구조는 '불신'을 제자들에게 귀속시키고 있는 반면, γενεα(세대)란 용어의 사용 자체는 전체적인 의미의 사람들을 가리키고 있는 것처럼 보인다. 이러한 모호성은 이스라엘의 출애굽과 '길-정복' 이야기를 반향하려는 내레이터의 의도로부터 기인하는 것처럼 보인다.

25) 모세가 두 번째로 시내산에 올라간 이야기에서 우상숭배를 행하는 나라들을 내어 쫓는 것을 묘사하는 데 사용되는 단어는 이미 시내산 위에서 나타난 바 있다(출 34:11-16).

26) 막 9:42-50에서 하나님의 나라(에 들어가는 것)가 세 번 나타나고 있다는 사실에 기초하여, 혹자는 10:1-31 부분이 보다 앞서 시작된다고 주장하거나 혹은 9:38-50이 독립된 단락이라고 주장할 수도 있다. 그러나 33-37과 38-42절이 "내 이름으로"란 표현으로 서로 연계되어 있다는 점과 43-48절이 "작은 자들"에 대해 초점을 맞추고 있다는 사실은 이 모든 부분이 서로 연결되어 있음을 보여준다. 더욱이 "서로 화목하라"는 마지막 권면(50절)은 제자들 사이에서 누가 가장 큰 자인가에 대한 싸움에 대한 최종적 답변임을 주목할 필요가 있다.

켈버는 앞서 윈디쉬(Hans Windisch)가 제시한 바 있던 제안을 따라서[27] 마가복음의 '들어감-공식어구'는 칠십인역의 신명기적 표현인 "가나안 땅에 들어가다"(신 1:8; 4:1; 6:18; 16:29)에서 기인한다고 주장한다.

> 마가의 들어감-공식어구는 궁극적으로 신명기의 가나안 입성 전승을 하나의 종말론적 열쇠로 번역한 데서 기인한다. 이스라엘의 가나안 입성을 기초로 하나님의 나라로 들어가는 현재의 여정은 약속의 땅으로의 두 번째 입성을 구성하고 있다.[28]

마가복음의 '하나님의 나라에 들어가는 것'과 신명기의 '가나안 땅에 들어가는 것' 사이의 상관관계는 시내산 사건에 대해 변화산상 이야기가 암시하는 바의 중요성을 강화시켜준다. 동시에 9장 1절의 "내가 진실로 너희에게 이르노니 여기 서 있는 사람 중에는 죽기 전에 하나님의 나라가 권능으로 임하는 것을 볼 자들도 있느니라 하시니라"처럼 수수께끼 같은 표현에 새로운 이해의 빛을 던져준다.

여기서 '하나님의 나라를 본다'를 구약의 '가나안 땅을 본다'로 대체하면 9장 1절의 진술은 이스라엘의 경험, 즉 광야 세대의 소수 이스라엘 백성들만이 살아서 약속의 땅을 보았던 경험을 반향하게 된다.[29]

마가복음에서 예수께서 부활하신 후에 갈릴리로 다시 가신 것은 능력 가운데 하나님 나라의 복음에 대한 갈릴리의 선포를 다시 확증하는 것이다(마 28:16-20 참조). 이 경우 변화산상의 사건은 부활-이후 이야기가 잘못

---

27) Windisch, "Die Sprüche, 163-192.

28) Kelber, "Kingdom and Parosia", 109. Kelber는 자신의 책 *The Kingdom in Mark*에서 이러한 점을 반복해 말하지만(67-85), 보다 약화된 형태로 말하고 있다. 그 이유는 Kelber의 강조점은 이제 임박한 재림에 대한 기대와 예루살렘 교회에 대한 갈릴리 교회의 변증에 있기 때문이다.

29) Kelber, "Kingdom and Parosia", 140.

자리 잡은 것이라는 불트만의 주장이 논리적 토대를 얻게 되는 셈이다. 물론 불트만의 주장은 변화산상의 사건이 지닌 예기적 역할과 길/시내산/정복 전승의 반향으로서의 역할이라는 내러티브 목적을 파악하는 데 실패하고 있다. 리펠트(Liefeld)가 결론 내리듯이 현재의 내러티브 세팅에서 변화산상의 사건의 목적은 예수를 '권능을 지닌 하나님의 아들'로 드러내는 데 있다(참조 롬 1:4).[30]

그러나 마가복음에서 '권능을 지닌 하나님의 아들'이라는 선포는 또 다른 실체, 곧 권능으로 하나님의 나라를 가져오시는(막 9:1-9) 영광 중에 오실 인자의 필연적인 고통(막 8:38)이라는 구도 하에서 조심스럽게 구성되지 않는다면 공포되기에는 너무도 대담한 선포이다. 이런 점에서 변화산상의 '영광과 권능'이 드러나는 양쪽 면에 예수의 확실한 고난과 죽음(막 8:31-37과 9:10-13)이라는 또 다른 수미상관 구조가 놓여 있는 것이다.

마찬가지로 마가복음에서 고난과 죽음에 대한 부분이 영광과 권능에 대한 부분보다 더 많은 본문상의 지면을 차지하고 있다. 9장 4절에서 모세에 앞서 엘리야가 언급되고 있는 것에 대한 가장 좋은 설명은 마가복음 9장 11-13절에서 암시되는 엘리야에 대한 우선적 관심 때문이라 할 수 있다. 한 걸음 더 나아가 엘리야에 대한 우선적 관심은 9장 4절이 예수의 고난의 필연성을 강조하고 있는 9장 11-13절을 예기하고 있다는 사실에 의해 잘 설명될 수 있다.

변화산상의 사건을 포함하고 있는 보다 큰 문맥이 분명히 보여주듯이 예수의 승리는 오직 고난을 통해서 성취된다. 15장 33-39절에 나타나는 기독론적 절정 역시 동일한 점을 말하고 있다. 마가복음에서는 그 어떠한 영광, 승리, 혹은 정복의 신학도 *십자가의 신학*(theologia crucis)과 분리될

30) Liefeld, "Theological Motifs", 179.

수 없다.

마가복음 10장 1-29절이 보이는 몇몇 특징 역시 이스라엘의 가나안 땅에 이르는 길(way-to-the land) 경험을 상기시킨다. 여기에 나타나는 이혼과 재혼에 관한 논쟁(10:2-12)이 어떻게 마가복음의 중간 부분의 구성에 적합한지 이해하기 어렵기 때문에 홉스(Hobbs)는 신명기 24장에 나오는 이혼에 대한 모세의 강화가 하나의 구조적 모델을 제공한다고 제안한다.

이혼과 재혼에 관한 논쟁이 일어난 "유대 지경과 요단강 건너편"(막 10:1)은 모세의 고별 설교가 이루어진 이스라엘의 위치와 일치한다(신 1:1-5).[31] 아마도 ἐκεῖθεν ἀναστὰς (거기로부터 일어나서)라는 표현마저도(막 10:1; 참조 7:24) 다소 방황하는 모습이지만 이스라엘이 분명히 가나안 땅을 향해 요단의 동쪽으로 움직여 나가는 것을 암시하고 있을지 모른다(참조 민 23장).

마가복음 8장 27절-10장 52절의 다른 특징 역시 이스라엘의 길-정복 이야기를 상기시킨다. 켈버(Kelber)와 루츠(Luz)는 마가복음이 이스라엘의 출애굽 —그리고 가나안 입성— 모티프로부터 유래한 이미저리인 ἐξερχεσθαι(나가다/떠나다)와 εἰσερχεσθαι(안으로 가다/들어가다)를 구성적 차원에서 많이 사용하고 있다는 점을 주목한다.

켈버에 따르면 마가복음에서 ἐξερχεσθαι는 19회, εἰσερχεσθαι는 18회 사용된다.[32] 더욱이 마가복음의 ἐν τῇ ὁδῷ 섹션은 예수께서 여리고에 도착하는 것으로 끝나는데, 이것은 광야를 지나 가나안에 이르는 이스라엘의 여정이 여리고에서 절정에 다다르는 것(수5:10-15)과 매우 유사하다는 것을 보여준다. 공관복음서에서 마가복음에만 "그들이 여리고에 이르렀

---

31) Hobbs, "Gospel of Mark", 47-48.

32) "Kingdom and Parosia", 108ff.; *The Kingdom in Mark*, 68; Ulrich Luz, "Das Geheimnis Motiv und die Markinische Christologie" (*ZNW* 56, 1965), 15. Kelber의 설명에는 마가복음 전반에 걸쳐 나타나는 편집상의 용례들이 포함되어 있다. 이런 연유에서 Kelber의 논지는 일견 보는 것만큼 그렇게 설득력이 없다(cf. *The Kingdom in Mark*, 68).

더니"(막 10:46)라는 독특한 표현이 있다.[33]

### 2. 마가복음 서두에 나오는 ὁδὸς 예언 본문

마가복음의 예루살렘을 향한 순례 여정 내러티브와 이스라엘의 길-정복 전승을 연결짓는 이상의 특징을 고려할 때, 마가복음 1장 2-3절에서 나타나는 ὁδὸς 예언의 활용이 8장 27절-10장 52절에서 마가에 의한 ὁδὸς의 사용을 예기한다는 사실은 결코 놀라운 일이 아니다.

마가복음 1장 2절의 출애굽기 인용 본문은 "내가 사자를 네 앞서 보내어 길에서 너를 보호하여 너를 내가 예비한 곳에 이르게 하리니"(출 23:20)으로 이스라엘에 대한 하나님의 약속을 담고 있다. 마가는 마가복음의 표제(막 1:1) 이후 곧바로 세 개의 구약 본문을 인용한다. 이 본문은 마가에 의해 다음과 같이 하나로 연결된다.

| | |
|---|---|
| 보라, 내가 네 앞에 나의 사자를 보내리니, | 출 23:20 |
| 그가 네 *길*을 예비하리라 | 말 3:1 |
| 광야에 외치는 자의 소리가 있어 가로되, | 사 40:3 |
| "주의 *길*을 예비하라, | |
| 그의 첩경을 평탄케 하라" 하니. | |

세 개의 구약 본문 중 두 본문이 ὁδὸς를 담고 있다. 그 중 하나가 출애굽기 23장 20절로 말라기 3장 1절과 연결되어 있다. 다른 본문은 이사야 40장 3절이다.[34] 세 구약 본문은 깊은 흐름의 신학적 전통에 놓여 있다.

---

33) Hobbs와 Austin M. Farrer 모두가 이 점을 인정하고 있다: Hobbs, "Gospel of Mark", 47-48 ; Farrer, St. *Matthew and St. Mark*, 193-194.

34) 이 인용을 포함한 구약 본문에 대한 필자의 연구에 따르면 첫 번째 인용 구절은 Targum Onkelos에 가장 가까우며, 두 번째 인용 구절의 경우 막 1:2b의 인용은 MT 출 23:20에 가장 가깝다.

출애굽기 본문은 언약의 책 끝에 놓임으로써, 구체적으로 가나안 정복을 가리킴으로써 여호와의 언약의 거룩함을 강조한다. 아울러 하나님께서 가나안 땅에서의 언약의 성취를 위해 이스라엘을 위한 *길*을 준비하신다는 특권과 약속을 강조하고 있다. 출애굽기 본문을 뒤잇는 구절들은 여호와의 "이끄는 사자"의 임재를 확언하고 있으며 동시에 가나안 정복을 위한 하나님의 다른 전략(예를 들면, 공포, 혼란, 왕벌 등)을 약속하고 있다.[35)]

말라기 본문은 여호와께서 성전을 정화시키기 위해 오실 것이라는 점과 연계되어 있다. 이 주제는 마가복음의 ὁδὸς섹션을 바로 뒤잇는 예수의 성전 청결 사건에서 성취된다.

이사야 40장 3절은 이스라엘 역사 속의 수많은 그룹에게 종말론적 소망을 한 세대에서 다른 세대로 전해 주었다. 쿰란 공동체의 경우 이 본문은 광야(사막 혹은 광야[*midbār*])에서 기다리며 정화된 공동체를 시작하기로 한 쿰란 공동체의 결정을 지지하고 있다(1QS 8:12b-16; 9:18c-21).

맥카스랜드(McCasland)는 토라 연구와 토라의 신실함을 나타내는 '길'(*derek, ὁδὸς*)이라는 용어가 쿰란공동체의 훈육서(Manual of Discipline)에서 33회나 쓰였음을 주목한다.[36)] 쿰란공동체에게 '광야와 길'은 그들의 종말론적 정체성을 나타낸다. 구체적으로 말해 그들은 토라의 길을 연구하기 위해서 광야에서 살았으며, 메시아의 오심을 위한 길을 준비했다.[37)]

---

그리고 막 1:2c의 인용은 MT 말 3:1에 가장 가깝다. 필자는 그약의 인용 본문은 탈굼역의 헬라어 번역본이라고 제안한다. 어떤 경우이든 분명한 사실은 마가가 인용 구절인 2절에서 '나의/μου' 대신에 '너의/σου'라는 표현을 넣었다는 것이다. 그러나 1:3의 이사야 인용은 칠십인역에 가장 가깝다. 이런 연유에서 마가가 어떤 구약 본문을 사용했는지를 확실하게 말하기는 어렵다. 다음을 보라: Swartley, "Markan Structure", 142, 252-262.

35) Noth, *Exodus*, 192-193.

36) V. McCasland, "The Way", *JBL* 77 (1958), 224-225.

37) 몇몇 쿰란 텍스트들에 따르면 당시에 이스라엘 사람은 두 종류의 메시아, 즉 왕적인 메시아와 제사장적 계열의 메시아를 기대했다. 이런 점에서 메시아에 대한 두 가지 형태의 기대는 포로 이후기에 스룹바벨과 여호수아의 리더십을 반영한다고 할 수 있다.

마가복음의 ὁδὸς 섹션은 광야(ἐρήμος) 섹션 바로 뒤에 온다. 이것은 이사야 40장 3절의 순서를 정확히 반영하고 있다. 마찬가지로 마가복음의 성전 섹션은 ὁδὸς 섹션을 곧바로 뒤잇는데, 이것은 보다 큰 차원에 속하는 말라기 3장 본문의 순서를 반복하고 있다.[38)]

성서학자들은 일반적으로 이러한 구약 본문 인용이 세례 요한의 사역만을 도입하기 위한 것으로 간주한다. 반면 이처럼 순서에 관한 지적은 또 다른 (소수) 견해를 지지한다. 출애굽기와 이사야 본문의 인용은 마가복음 전체의 주요 주제를 암시하며, 1절과 함께 요한의 사역뿐만 아니라 마가복음 전체를 도입하고 있다. 몇몇 학자들이 이 점을 주목하는데 에드워드 슈와이저(Eduard Schweizer)는 다음과 같이 명료하게 표현한다.

> 만약 마가복음이 말하고자 하는 것이 무엇인지를 알고자 한다면, 마가가 자신 앞에 놓여 있던 자료를 사용했던 방식을 자세히 살펴봐야 한다. 마가는 출애굽기와 이사야 본문의 인용을 서두에 놓음으로써 그 결과 이 인용이 직접적으로는 단지 1장 4-8절만을 가리키지만, 여전히 마가복음 전체의 서문 역할을 하게 되며, 동시에 뒤따르는 모든 것을 이스라엘에 대한 하나님의 다루심의 성취로 도입하게 된다.[39)]

어네스트 베스트(Ernest Best)와 U. 루츠(Ulrich Luz), P. 미니어(Paul Minear)와 J. 슈라이버(Johannes Schreiber) 역시 마가복음 1장 2-3절을 8장 27

---

38) 이러한 구약 본문의 전승-역사에 관해서 더 많은 것들을 이야기할 수 있을 것이다. Swartley, "Markan Structure", 141-162, 252-62를 보라.

39) E. Schweizer, *The Good News According to Mark*, trans. D. H. Madvig (Richmond, Va. : John Knox, 1970), 29. J. Bowman 역시 동일한 언급을 한 바 있다; J. Bowman, *Mark*, 11. 다양한 견해에 대한 개관과 평가를 위해서 다음을 보라. R. Guelich, "'The Beginning of the Gospel' : Mark 1:1-15", *BR* 27 (1982), 5-15.

절-10장 52절의 ὁδὸς-강조와 연결시켰다.[40] 우리는 이상의 여러 학자의 통찰에 기초할 뿐만 아니라 이 통찰 너머로 하나로 연결된 출애굽기, 이사야, 말라기의 인용은 다음과 같은 일련의 세 섹션을 예기하고 있다고 제안한다.

(1) 광야/떡(막 6:27-8:22)

(2) 길/ὁδὸς(막 8:27-10:52)

(3) 성전/ἱεροῦναος(막 15:11-13)

뿐만 아니라 섹션 각각을 열고 닫는 문학적 장치의 역할을 하는 광야/떡, 길, 성전이라는 주제는 중요한 신학적 무게를 지니고 있다.

이와 같이 하나로 연결된 두 개의 ὁδὸς-인용은 ὁδὸς에 대한 마가복음의 특별한 관심을 확언한다. 출애굽기 23장 20절과 이사야 40장 3절에서 "길"은 약속의 땅에 이르게 된다. 마가복음은 1장 2-3절과 8장 27절-10장 52절의 ὁδὸς를 이스라엘 백성들을 시내산에서부터 약속의 땅까지 이끌어 갔던 구약의 ὁδὸς를 따라 구성했다.[41] 마가복음에서 약속의 땅은 하나

---

40) 다음을 보라: Best, "Discipleship in Mark", 326-329; Luz, "Das Geheimnismotiv", 24-25; Minear, *Saint Mark*, 92; Schreiber, *Vertrauens*, 191-193. 이중 Schreiber의 견해는 다른데, 특히 Schreiber가 마가복음 전체를 예수의 대관식으로 이어지는 하나의 장엄한 ὁδὸς 행렬로 간주한다는 점에서 다르다. A. M. Ambrozic 역시 1:2-3이 지닌 마가복음 전체에 대한 광범위한 역할을 주목한 바 있다(*The Hidden Kingdom* [CBQMS 2; Washington, D.C. : CBA of America, 1972], 19-20). 또한 다음을 보라: E. Haenchen, *Der Weg Jesu* (Berlin : de Gruyter, 1968).

41) Ernest Best는 이러한 통찰을 아래와 같이 잘 요약한 바 있다: 마가복음의 중간 여정 섹션에서 이러한 의미의 움직임이 "길에서"라는 표현에 의해 드러난다; 또한 이러한 의미의 움직임은 베드로의 고백 사건의 초두에서 발견된다(8:27); 이러한 의미의 움직임이 '누가 큰 자인가?'하는 질문이 일어났을 때에 주어진 두 번째 수난 예고의 끝부분에서 나타난다(9:33); 이러한 의미의 움직임이 예수께서 세 번째 수난 예고를 하셨을 때 그들은 "길에서" 예루살렘을 향해 올라가고 있었다는 사실에서 나타난다(10:32); 마지막으로 이러한 의미의 움직임이 바디매오가 시력을 되찾았

님의 나라이다.

### 3. 인자요 전능하신 전사 하나님이신 예수

베드로가 예수를 그리스도라고 고백하는 마가복음 8장 29절과 예수께서 자신의 정체성을 고난 받는 인자라고 밝히시는 8장 31절이 연결되는 부분에서 그리스도와 인자가 서로 이어진다. 이 부분에서 '꾸짖음'에 대한 세 번에 걸친 강조는 그리스도와 인자라는 두 칭호 사이의 긴장을 보여준다. J. D. 킹스베리(Jack Dean Kingsbury)는 이와 반대로 주장하지만 말이다.[42]

B. A. 스티븐스(Bruce A. Stevens)는 "The Divine Warrior in the Gospel of Mark"[43]에서 예수께서 인자라는 칭호를 사용하신 것은 고대의 널리 퍼져 있던 신적-전사 전승(divine warrior tradition)을 상기시킨다고 주장한다.

스티븐스는 가나안 전통의 서사시 에 있는 '신적인 전사'를 간략하게 살펴본 뒤에 최고의 신 'El(엘)과 Mot(모트/죽음)를 물리치고 'El(엘)로부터 영원한 왕국을 받게 되는 신적 전사인 Ba'al 사이의 관계를 주목한다.

그러고 나서 여호와께서 바로와 애굽의 신들을 물리치소 승리하신 구약 내러티브에서 하나의 구조적인 병행관계를 관찰하게 된다. 두 텍스트

---

을 때 그가 예수를 "길에서" 따랐다는 사실에서 나타난다(10:52). 마가복음 서두에서 마가가 마가복음 전체에서 인용하고 있는 유일한 공식적인 구약의 인용으로 돌아가 보면 "길에서"라는 움직임을 다시 발견하게 된다: "보라 내가 내 사자를 네 앞에 보내노니 저가 네 길을 예비하리라 광야에 외치는 자의 소리가 있어 가로되 너희는 주의 길을 예비하라 그의 첩경을 평탄케 하라." 마가복음은 길(the Way)의 복음이다. 이 길은 주되신 예수께서 걸어가시는 길이요, 예수께서 자신을 따르는 자들에게 그 길을 따라 걸으라고 부르시는 길이다(Ernest Best, "Discipleship in Mark : Mark viii. 22- x ", *SJT* 23 [1970], 326-327).

42) Kingsbury는 예수께서 베드로와 행하셨던 논쟁의 핵심이 메시아-인자의 역할에 관한 것이었지 메시아나 인자라는 칭호들 자체에 내재된 몇몇 상충되는 의미에 관한 것이 아니라고 주장한다. 이 이슈에 대한 필자의 광범위한 논의를 위해 이 책의 제 6장을 보라.

43) B. Stevens, "The Divine Warrior in the Gospel of Mark", *BZ* 31 (1987), 101-109.

를 비교한 결과 중요한 차이점 한 가지를 제외하면 대부분이 유사하다. 가나안 전통 서사시와 달리 구약 내러티브는 전사의 전쟁이 역사 속에서 이루어졌으며 이것으로 인해 신화의 비-역사적 성격이 깨졌다[44]는 점이다. 또한 스티븐스는 이스라엘의 성경에서 전능한 전사로서의 여호와와 왕으로서의 여호와 의 관계를 추적한다. 그는 유대의 묵시문학에 있는 전능한 전사 하나님이라는 모티프를 자세히 살펴본 뒤 다니엘 7장 9-14, 27절에 나오는 "옛적부터 계신 자"는 족장시대의 'El (엘)을 연상시킨다고 주장한다. 한 걸음 더 나아가 "인자 같은 이"는 원수(죽음)를 물리치고 영원한 왕국을 얻게 되는 승리의 전사를 상기시킨다고 주장한다.

또한 "인자"라는 요소 역시 "지극히 높으신 이의 성도들"(단 7:27)이란 공동체와 연결된다. 이 공동체는 승리를 얻기 위해 고난을 받는다(단 7:21; 참조 1:1-20; 3:1-30; 6:6-24). 스티븐스는 신적 전사의 이미저리가 제4에스라서 13장 2-4절에 나오는 사람(the Man)과 연계되고 있기에, 제4에스라서 7장 29절에 나오는 메시아의 죽음을 포함해 종말론적 고난이 메시아의 도래(제2바룩 27:1-15; 제1에녹서 47)와 사람(the Man)의 도래(1QH 3:4)를 앞서고 있기에 마가복음 8장 29-31절은 예수를 전능한 전사 하나님으로 밝히며, 동시에 그렇게 묘사하려는 의도를 지니고 있다고 제안한다.

신적인 전사 전승은 인자의 고난의 필연성(δεῖ)을 밝혀준다. 마가복음은 그리스도와 인자를 하나님께서 뜻하신 고난, 죽음, 부활이라는 패턴의 맥락 속에 넣고 있을 뿐만 아니라 이 패턴과 연결짓고 있다. 마가는 이와 같은 묵시문학 장르를 잘 알고 있었으며 그런 점에서 고난 받는 메시아이신 인자를 승리의 신적 전사 전승과 연결짓고 있는 것이다.

예수께서 귀신들을 내어 쫓으신 것은 전능한 전사 하나님의 일을 드러

44) Ibid., 103.

내는 것이었다. 더욱이 예수께서는 보다 뒤에 가서 인자의 궁극적 승리를 확신 있게 선언하셨다. "네가 인자가 권능의 우편에 앉은 것과 '하늘의 구름을 타고 오는 것을' 보리라"(막 14:62).[45]

어떤 사람들은 스티븐스가 인자 전승과 메시아 전승을 고난이라는 모티프를 통해 서로 연결짓는 것에 대해 반박한다. 이러한 개념이 과연 마가에게 가용한 상태로 놓여 있던 신학적 유산의 일부였는지에 대해 의문을 제기할 수 있지만, 내러티브 연구가 스티븐스의 주장을 확언하고 있다.

구체적으로 말해 8장 29-31절에 나오는 세 번에 걸친 꾸짖음 (아래의 설명을 보라)에서 긴장이 생겨나는데, 이 긴장은 또 다른 흐름의 전승, 곧 메시아/그리스도가 이스라엘의 원수를 멸망시킬 것이라는 점을 강조하고 있는 전승과 연계되어 있다(솔로몬의 시편 17:23-42; 팔레스타인 탈굼 창 49:11, TJ2 & Neophiti I).

베드로와 예수 사이의 갈등은 여러 전승 중에서 어떠한 전승을 선택할 것이며, 전승을 어떻게 해석할 것인가에 달려 있다. 구체적으로 말해 갈등은 메시아의 승리 가운데 놓여 있는 고난의 필연성이란 문제에 달려 있다.[46]

예수와 마가가 스티븐스이 인용하고 있는 텍스트들을 인지하고 있었는지의 여부는 모르지만, 두 사람 중 최소한 한 사람은 분명히 메시아 소망과 연계된 전승을 매우 철저히 알고 있었음이 확실하다. 이런 점에서 마가복음은 하나의 이야기 속에서 새로운 일관성을 갖고 전능한 전사-메시아와 인자를 하나의 신학적 단일체로 융합하고 있다. 이 이야기 속에서 고

---

45) Ibid., 103-109.

46) 원수를 멸망시키는 것에 대해 말하고 있는 이런 전승들조차도 하나님께서는 이스라엘의 칼이나 활 없이도 자신의 입의 숨을 통해서 원수들을 멸망시킨다는 것에 대해 종종 말하고 있다. 여기에서 고난을, 승리에 이르는 하나의 방식으로 받아들일 것인가 하는 것이 진정한 이슈이다.

난은 승리에 이르는 수단으로 묘사된다.

메시아의 사역 —인자의 사역에 대한 마가복음 8장 29-31절의 정의와 강조점은 마가복음 10장 45절에 이르기까지 반복된— 과 신적인 전사 모티프 사이의 연관관계는 마가복음의 ὁδὸς신학의 본질적이고도 필수불가결한 특징이다. 예수의 자기-정체성에 주어진, 마가의 중간 부분에 나타나는 예수의 사역에 주어진 이러한 강조점이 마가 이야기의 기독론을 이스라엘의 길-정복 신앙전승 가운데 있는 전능한 전사 하나님이라는 모티프와 연결시켜준다.

J. 마르커스(Joel Marcus)는 ὁδὸς에 대한 마가복음 활용의 특징을 인식하며, 출애굽기의 o'do.j 전승에 대한 제2이사야의 활용이 마가복음 1장 2-3절과 8장 27절-10장 52절의 ὁδὸς에 대한 마가복음의 활용 이면에 놓여 있다고 주장한다. 제2이사야에서 ἀναβαίνει(올라가다)와 ὁδὸς는 거룩한 도성을 향한 축제의 행렬이라는 신학적 전승을 여호와의 전쟁과 연결짓는다.

마가복음에서 길은 하나님이 이끄시는 승리에 이르는 길이요, 제자들은 이 길을 따라가는 자들이다. 예루살렘을 향한 여정 섹션의 ὁδὸς는 "βασιλεία(왕국)을 향한 인간의 길이라기보다는 하나님의 길이요, 이 길은 그의 βασιλεία(왕국), 즉 하나님이 스스로 펼치시는 왕적 권세의 확장"을 뜻한다.[47]

"볼 수 있는 눈을 가진 자들에게 (막 4:9, 23을 보라) 혼란에 빠져 질척거리는 작은 무리의 제자들의 두려움의 도보 행렬은 시온으로의 귀환*이며*, 예수의 고난과 죽음은… 전능한 전사 하나님의 예언된 묵시론적 승리*이다*."[48]

---

47) 이상의 Marcus의 주장은 하나님의 나라로 이어지는 제자도의 길인 ὁδὸς를 강조하는 Kelber와 Swartely와의 논쟁이란 문맥에서 이루어지고 있다. 실제로 양쪽 모두 옳다. *예수께서는* 이 길을 이끌고 있으시며 이 나라는 하나님의 다스림이다. 그러나 제자들로 하여금 하나님의 나라에 이르기까지 예수를 따르라는 부르심은 분명히 마가복음의 중간 여정 섹션의 주된 강조점임에는 틀림이 없다. MarcusJ. Marcus, *Way of the Lord*, 33.

이런 점에서 예수의 제자들과 마가복음의 원래 독자들은 시련과 고난, 믿음의 실패에도 불구하고 "예루살렘에 올라가는 여정이 전능한 전사 하나님의 승리의 행진이요, 하나님께서 시온에 이르는 승리의 길을 가시면서 모든 장애물을 제거하시고, 눈먼 자들을 보게 하시며, 사막을 그가 걸어가는 길 주변에 꽃으로 만발하게 하신다"(막 6:39; 8:22-26; 10:45-52)는[49] 사실을 인식하고 있다.

마가는 인자와 전사 하나님을 한데 연결함으로써 또한 이 둘을 분명한 수난 예언 가운데에, 마가복음의 중간 섹션의 ὁδὸς 구조 가운데에 철저히 통합시킴으로써 독특한 신학을 창출해 내고 있다. 예수에게 있어서 하나님의 승리의 길은 십자가를 통한 길이다. 즉 하나님의 나라에 들어가는 자들은 필연적으로 고난 받는 예수를 따르게 된다.

### 마가의 신학적 성취와 길-정복 전승의 영향

마가가 예수의 수난과 부활에 대한 예고를 지속적으로 나타나고 있는 출애굽과 길-정복 모티프 속으로 정교하게 구성하고 있는 일은 매우 중요한 신학적 의의를 지닌다. 이 신학적 중요성은 마가복음 전반에 걸쳐 퍼져 있다.

많은 학자들이 마가복음의 ὁδὸς는 정말로 고난의 길임을 인식하고 있다. 마가복음 8장 27절-10장 52절에서 ὁδὸς는 예루살렘을 향한 예수의 여정을 나타낼 뿐만 아니라 그의 수난 가운데 있는 예수의 길과 그를 따르는 제자들의 길을 나타낸다. 무엇보다도 ὁδὸς는 고난을 의미한다.[50]

48) Marcus, *Way of the Lord*, 36.

49) Ibid., 37.

50) 다음을 참조하라: Luz, "Das Geheimnismotiv", 24-25; Schweizer, *Good News*, 216, 221-222, 385; Perrin, "Literary Gattung", 6; Best, "Discipleship in Mark", 323-37. 이상의 학자들은 ὁδὸς가 고난이라는 주제를 강화시키고 있다고 주장한다. ὁδὸς에 대한 다양한 해석에 대한

K. 바이스(Konrad Weiss)[51] 와 Q. 퀘스넬(Quentin Quesnell)[52]은 마가복음 8장 27절-10장 52절은 제자도에 대한 예수의 가르침에 초점을 맞추고 있으며, 특별히 이 섹션에서 거의 상당한 비율의 내용이 마가복음의 그 어떤 곳에서보다도 가르침에 더 많이 관계된 것이라는 점에서 그렇다고 주장한다.

한 걸음 더 나아가 바이스와 K-G. 레플로(Karl-Georg Reploh)는 ὁδὸς의 구성적 활용은 하나의 해석학적 도구로써 이를 통해 마가는 예수의 과거 역사를 동시대화 하고 있으며, 그 결과 마가복음의 독자들은 바로 이 길에서 예수를 따르라는 명령을 듣게 된다고 주장한다. 이러한 주장에 따르면 ὁδὸς는 예수 자신의 역사에서부터 주후 60년대 후의 마가 공동체에 속한 크리스천의 고통스러운 경험으로 이어지는 길이다.[53]

마가복음의 중간 여정 섹션에서 세 번에 걸쳐 나타나는 수난-제자도라는 순환적 형태를 보다 자세히 살펴보면 예수와 그의 제자들, 마가의 이야기를 듣는 자들 모두에게 적용되는 필연적인 고난에 대한 마가의 가르침이 드러나게 된다.

이상의 강조점들은 마가복음이 제시하는 예수의 길-정복 신학의 핵심적인 요소들이다.

앞서 살펴본 세 주기 중 첫 번째 주기에서 고난 받는 인자-메시아/그리스도로서의 예수는 '예수가 그리스도시라'는 베드로의 고백을 너무 열렬히

---

요약을 위해서 다음을 보라: Swartley, "Structural Function", 77-79.

51) K. Weiss, "Ekklesiologie, Tradition, und Geschechte in der Jungerunterweisung Mark viii:27-x:52", in *Der historische Jesu und der kerygmatische Christus*, ed, H. Ristow and K. Matthiae (Berlin : Evangelische Verlagsanstalt, 1960). 412-38. Weiss는 이 부분의 전체가 보다 이른 시기의 구전적 가르침이라고 말하고 있다 (419).

52) Q. Quesnell, *The Mind of St. Mark*, 129.

53) Weiss, "Ekklesiologie", 425, and K. G. Reploh, *Markus-Lehrer der Gemeinde : Eine redaktionsgeschichtliche Studie zu den Jüngerperikopen des Markusevangeliums* (SBM 9; Stuttgart : Katholisches Bibelwerk, 1969), 96, 107, 141, 222, 226.

칭찬하는 제자들을 꾸짖으신다(ἐπιτιμαω는 이미 8:30에서 사용되고 있다).

32절에서 베드로는 고난에 대해 말씀하시는 예수를 꾸짖는다. 33절에서 예수께서는 베드로를 엄하게 꾸짖으신다. 두 구절에서 메시아 직분에 대한 상반된 견해가 상충하는 것이다. 베드로의 견해는 마카비안 전통의 메시아 사상을 반영한다. 이 사상에 따르면 메시아는 원수국가의 세력을 무력으로 멸망시킨다.[54)]

이에 반해 예수의 견해는 고난 받는 인자의 길이다. 십자가를 지라는 명령은 예수의 복음(38절), 즉 예수께서 선포하신 하나님의 나라를 위해 자원해 죽는 것이며, 십자가에 처형되는 것을 의미한다. 십자가를 진다는 것은 죽음의 위협에도 불구하고 예수의 복음을 부끄러워하지 않으면서 자신의 생명을 내어놓는 것을 의미한다(34-38절).

예수와 제자들 사이의 두 번째 대립은 마가복음 9장 33-34절에서 나타난다. 여기서 제자들은 누가 가장 큰 자인가에 대해 서로 논쟁한다. 아마도 자신을 팔레스타인의 새로운 통치 기구의 일환으로 생각했을 것이며, 그러기에 새로운 행정부에서 누가 어느 지위를 맡을 것인지 신경이 곤두섰던 것 같다.

예수께서는 제자들에게 어린이를 귀히 여기고 그들을 "나의 이름으로" 받아들이라고 말씀하신다. 기존의 사회 질서 속에서 가장 낮은 위치에 있

---

54) 주목할 만한 사실은 성경적 사고 안에 있는, 그리고 성경적 사고 이면에 있는 악에 대한 다양한 이해에 따르면 전쟁과 군사적 무기는 악 자체와 연계되어 있다는 점이다. 이에 대한 예들은 다음과 같다: 1) "Watchers Myth"에서 Asael(Azazel)은 인간에게 전쟁을 위해 무기에 대한 지식을 전해준다 (*1 Enoch* 8:1, OTP, 1.16); 2) 창 6장에서 신들과 인간들 사이의 교제를 통해 생겨난 네피림은 후에 이스라엘의 거대한 군사적 대적들이 된다; 3) 후대의 사탄 이미저리에 상당 부분을 제공하고 있는 사 14장과 겔 28장의 교만한-왕 전승에 따르면 왕들은 압제적인 군사력과 자기-신성화 때문에 권좌에서 쫓겨난다; 4) 초기 사탄 전승에 따르면 사탄은 다윗을 부추기어 군인 모병을 위해 인구조사를 한다. 성경에 반영되고 있는 개념화된 악의 기원에 대한 자세한 설명을 위해서 다음을 보라: Neil Forsyth, *The Old Enemy : Satan and the Combat Myth* (Princeton, N. J. : Princeton University, 1987), 44-191.

는 어린이는 상하가 완전히 전도된 예수의 가치 체계 속에서 관심과 사랑의 대상으로 변한다.

무서운 정죄의 심판이 “나를 믿는 이 작은 자들 중 하나라도 죄를 짓게 만드는” 자들에게 떨어진다. 하나님의 나라에 들어가려면, “작은 자”를 넘어뜨리게 하는, 또는 한 사람의 영적 복리를 무너뜨리게 하는 원인이 반드시 제거되어야 한다(47절; 참조 43과 45절의 “생명”).

예수께서는 잘 준비된 소금 친 희생제물 이미저리를(레 2:13) 근거로 사람마다 악과 야욕의 욕심들이 씻겨야 한다고 말씀하시며, 그를 따르는 자들은 서로 간에 평화롭게 살고자 하는 바람이 있어야 한다고 말씀하신다(49-50).

이러한 말씀은 세 번째 주기 서두에서 누가 가장 큰 자인가에 대해 서로 논쟁하는 제자들의 모습과 극명한 대조를 이룬다. 예수의 길로 걷는다는 것은 위대함이나 큼에 대한 경쟁을 포기하고 다른 사람을 실족하게 하지 않고 도리어 평화의 열매를 맺게 하는 관계를 강렬하게 소망하는 것을 의미한다.

마가복음 10장 37절의 세 번째 논쟁에서 야고보와 요한은 장차 다가올 하나님의 나라에서 권세 있는 두 자리를 달라고 요청한다. 하나는 하나님의 보좌의 우편에 다른 하나는 좌편에 앉게 해달라는 요청이다. 이에 대한 예수의 반응은 가나안 정복의 신학이 자신의 메시아 사역을 통해 근본적으로 새롭게 변화되고 있음을 온전하게 드러내고 있다.

예수께서는 야고보와 요한에게 그들이 예수께서 마시게 될 잔에 참여할 것이요(막 14:36을 보라), 그가 받게 될 세례에 참여할 것이라고 약속하신다. 동시에 그들의 요청은 허락하지 않을 것이라고 말씀하신다. 이에 다른 열 제자들이 분개한다. 이것은 권력에 대한 야고보와 요한의 탐욕스러운 집착 때문이다. 예수께서는 제자들을 모두 불러 다음과 같이 자신의 왕국의 길을 요약해 말씀을 하신다.

> "이방인들의 소위 다스리는 자들(다스리다 ἄρχω)이 저들을 임의로 주관하고 (κατακυριεύουσιν) 저들의 큰 자들(μεγάλοι)이 저들에게 권세를 부리는 (κατεξουσιάζουσιν) 줄을 너희가 알거니와 너희 중에는 그렇지 아니하니라. 너희 중에 누구든지 크고자(μέγας) 하는 자는 너희를 섬기는 자(διάκονος,)가 되고, 너희 중에 누구든지 으뜸이 되고자 하는 자는 모든 사람의 종(δοῦλος)이 되어야 하리라. 왜냐하면 인자의 온 것은 섬김을 받으려 함이 아니라 도리어 섬기려 (διακονῆσαι) 하고 자기 목숨을 많은 사람의 대속물(λύτρον ἀντὶ πολλῶν)로 주려 함이기 때문이라"(막 10:42-45)

이 본문 문장 사이의 언어적, 문법적 연결들이 중요하다. 첫 번째 문장은 정치적 권력과 지배에 대해 말하고 있다. 이것은 "임의로 주관하다"(κατακυριεύουσιν)"와 "권세를 부리다 (κατεξουσιάζουσιν)"라는 두 동사형 표현으로 암시되며, 압제적 지배라는 함의를 담고 있다. 압제적으로 다스리는 자들은 큰 자들이라 불리고 있다.

두 번째 문장은 첫 번째 문장과 큰이라는 단어로 연결된다. 여기서 큰이라는 의미가 극명하게 재-정의 된다. 즉 크고자 하는 자는 종이 되어야 한다는 것이다. 이 점은 바로 뒤따르는 재-진술에 의해 강화된다. 재-진술은 으뜸(πρῶτος)이라는 이미지를 사용한다. 으뜸이란 '만물의 머리'를 뜻한다. 다른 말로 표현하자면 머리는 모든 것의 종이어야 한다는 의미다.

그리고 두 번째 문장과 세 번째 문장은 연결사인 *왜냐하면*(γὰρ)으로 연결되어 있으다. 이 연결사는 '역시'라고 번역하는 것이 가장 좋은, 강조 용법의 καὶ와 함께 사용되고 있다.

이 구절들은 인자의 길과 제자들의 길을 병행관계에 놓고 있다. 인자의 섬김(διακὸνεῶ)은 제자들(διακὸνοι[섬기는 자들]이라 불리는 자들)의 섬김과 일치하며 동시에 제자들의 섬김의 기초이다. 예수와 제자들은 큼에 대한 새로운 정의로 확고하게 연결되어 있다. 새롭게 정의된 큼은 실제로 새로운 ὁδὸς-정복 신학이 말하는 사고와 행동이다.

이와 같이 인자에게 생명을 내어놓는 섬김은 많은 사람을 위한 대속물이라는 궁극적인 유익을 지니고 있다. 많은 사람을 위한 대속물이라는 것이 예수와 제자들 사이의 병행구조의 일부인가에 대한 논란이 있다. 이 구절에 대한 깊은 논의는 본 연구의 범주를 벗어나는 것이지만,[55] 본질적인

55) M. Hooker는 λύτρον ἀντὶ πολλῶν 이란 표현은 사 53:12을 배경으로 삼지 않는다고 주장한 바 있다: M. Hooker, *The Son of Man in Mark* (Montreal : McGill University, 1967). 그러나 예수에 대한 마가의 묘사가 사 41-61장에 나오는 종과 비슷하게 예수를 공의의 종으로 기술하고 있다는 사실에 초점을 맞춘다면, 본문상의 유사점에 대한 평가는 재조명이 필요하다. Hooker가 고려한 범주는 너무 협소하며 이사야에 나오는 종의 보다 큰 역할에 충분히 맞추어져 있지 않다. 사 53:12에 나오는 종의 대속적인 고난은 종의 역할에 대한 출발점이 아니다. 이 종의 역할은 하나님의 공의와 구원을 이스라엘과 열방에 신실하게 선포하는 것으로 시작된다(42:1-6; 49:1-7). 마가는 예수의 사역을 정확히 이러한 관점에서 묘사하고 있는 것이다. 또한 마카비아 전통의 순교 신학(참조 2 Macc. 7; 4 Macc. 6과 21장)이 여기에 적합한 주제이다. Eleazar는 고문과 죽음을 받아들이면서 "나의 피가 그들을 정화시키며, 나의 목숨을 그들의 목숨에 대한 대속물로 취하소서"라고 말하고 있다(4 Macdc. 6:29; OTP, 1.552). 동일한 맥락에서 "우리의 징벌이 그들을 위한 죄 값이 되게 하소서"라고 말한다 (28절). 이것이 신약의 속죄 교리에 미친 영향에 대한 분석을 위해 다음을 보라:S. K. Williams, *Jesus' Death As Saving Event : The Background and Origin of a Concept* (HTR Diss. 2; Chico, Calif. : Scholars, 1975), 76-90, 165-202, 230-234; J. Pobee, *Persecution and Martyrdom in the Theology of Paul* (JSNRTSS 6; Sheffield : JSOT Press, 1985), 13-46.
더여기서 ἀντὶ가 '…대신에' 를 뜻하는가(고전 11:15과 마 5:38의 경우는 결코 그렇지 않다), 아니면 이 단어의 어원적 의미인 "얼굴과 얼굴을 대면하여"를 의미하는가? 만약 후자라면, λύτρον ἀντὶ πολλῶν 이라는 표현은 대속의 속죄를 강조하기 보다는 예수를 따르는 자들은 대표적인 머리로서의 예수와 연결되어 있음을 뜻한다(참조. V. Taylor, *The Atonement in New Testament Teaching* [London : Epworth, 1945], 182-196). 대속을 받은 당사자는 대속을 베푼 자에게 제자와 종으로 묶여 있게 된다. 이러한 해석이 마가의 논리에 더 잘 들어맞는다. 다시 말해 기독론은 제자도의 토대를 형성한다는 점에서 그렇다. 그럼에도 불구하고 우리를 위해(*extra nos*) 승리를 이루신 분은 다름 아닌 예수다. 즉 우리는 그의 승리에 참여할 뿐이다(참조. T. N. Finger, *Christian Theology : An Eschatological Approach* [Scottdale, Penn. : Herald, 1985], 1.303-348).

의미는 예수께서 자신의 삶을 대속물로 내어놓는 것이 많은 사람을 유익하게 한다는 점이다.

비록 대체 혹은 대속의 요소가 존재하지만[56] 전체적인 문맥은 구속자와 구속을 받는 자 사이의 구속력 있는 관계성에 강조점이 주어질 것을 요구한다. 구체적으로 말해 구속을 받는 자들, 곧 예수를 따르는 자들은 예수와 연결되어 있으며, 예수는 구속을 받는 자들을 종의 삶으로 이끌어가는 종-머리(the servant-head)라는 뜻이다.

분명히 이 점이 신실한 제자의 삶에 대한 요청과 이 삶을 가능하게 하는 능력으로 예수의 삶과 죽음과 부활을 제시하려는 마가복음을 기록한 마가의 일차적인 목표 중 하나였다.

길에서(ἐν τῇ ὁδῷ) 행해진 이 마지막 가르침은 구약의 정복(출애굽) 이미저리 문맥 안에 있다. 이를 통해 예수께서는 사회적 관계와 정치적 관계를 규정하는 데에 큼 혹은 위대함에 대한 반대-모델(countermodel)을 제시하고 있음을 분명히 한다.

길-정복 전승이 새롭게 변화되는 길은 당시 우세했던 제국 이미지를 전복시키는 이미저리, 즉 새롭게 힘을 부여하는 이미저리를 통해 하나님의 나라에 들어가 그 안에 사는 일이 조명될 때 비로소 이루어진다.

신적 전사/인자/메시아는 고난과 죽음을 통해 승리를 얻게 되며, 그렇게 함으로써 많은 사람들을 대속하신다. 마가복음 중간 섹션에 있는 예수의 가르침의 수미상관적 이미지들인 8장 34절 *십자가*와 10장 45절의 *자기 생명을 대속물로 준다는 것*이 제자들을 '따르는 자-인도자 관계' 속

---

56) J. R. W. Stott는 대속적인 속죄라는 견해를 지지하고자 막 10:45과 딤전 2:6에 나오는 유사한 표현을 인용한다(*The Cross of Christ* [Downers Grove : InterVarsity, 1986], 146-148, 177-179). 그러나 막 10:42-45은 제자도와 속죄를 연결짓고 있다. 다시 말해 예수께서 자신의 생명을 내어놓으시고 죽으시는 것은 제자도에 대한 원형적 역할을 한다는 뜻이다. Goppelt는 이러한 제자도와 속죄의 연관관계를 탁월하게 강조하여 설명한다(*Theology*, 1. 194-199).

에서 예수에게 연결시킨다. 그 결과 전능한 전사이며, 참된 인간이요, 통치자로서의 예수의 삶과 그의 사역이 제자들의 삶의 토대가 된다.

마가복음에서 종이신 예수는 악과의 싸움을 피하지 않으신다. 십자가를 지는 것과 종의 삶을 사는 것이 악을 이겨야 하는 사명을 대체하지 않는다는 뜻이다. 오히려 하나님의 승리는 다음과 같이 아주 분명하고도 신뢰할 만한 방식으로 온다.

자기-부인, 겸손한 섬김과 자신의 삶을 다른 사람을 위해 주는 일.[57] 이것이 *예수의 길이다. 이 길에* 부활, 곧 길에서 주어진 수난 예고의 핵심적 부분이었던 *부활이 놓여 있다.* 예수의 ὁδὸς는 단지 죽음에 이르는 길이 아니며, 동시에 하나님의 승리에 이르는 길이다.[58]

"많은 사람을 위한 (ἀντὶ) 대속물"로서의 예수의 죽음이 하나님의 승리를 확신시킨다. 예수와 그의 제자들에게 신실한 싸움의 길은 심지어 죽음에까지 이르는 겸손한 섬김의 길이었으며 지금도 그렇다.[59] 하나님께서

57) 이것은 예수의 낮아지심과 죽음이 사탄의 생각을 뛰어넘는 방식임을 강조하는 구속 교리와 일맥상통한다 (참조. 고전 2:6-8).

58) 이 점과 관련해 Malbon이 막 14:28과 16:7에 나오는 προάγειν을 ὁδὸς에 포함시키는 것은 전략적이라 할 수 있다. 이러한 연결을 통해 마가 이야기의 마지막 절정은 죽음 너머에 있는 승리임을 볼 수 있기 때문이다(*Narrative Space and Mythic Meaning*, 70-71, 166-168).

59) 이것이 예수를 따르는 자들이 고난을 그들의 크리스천 정체성에 대한 증거로써 받아들여 고난을 추구해야 한다는 것을 의미하는가 라는 질문을 야기시킨다. 고난에 대한 이러한 견해는 주후 2세기 순교 전통의 문헌들, 특히 순교를 열정적으로 소망했던 Ignatius의 저작 중에 나타난다 (*Ign. Rom* 4:1-2; 5:1-3). 순교에 대한 간절한 소망 때문에 Ignatius는 하나님을 얻게 될 것이라고 생각했다. 그러나 자세히 들여다보면, Ignatius가 생각한 참된 순교의 가치와 확신은 그가 주교로 있었던 교회의 일치와 연합이라는 주제와 밀접하게 연계되어 있음을 알 수 있다(W. M. Swartley, "The Imitatio Christ in the Ignatian Letters", *VC* 27[1973], 98-103). D. Patte는 살전 1:6-7에 대한 해석을 통해 바울이 데살로니가 교회 교인들에게 고난을 통해 그들 자신이 지닌 그리스도와 하나가 된다는 사실을 확신시켜 주었다고 주장한다(D. Patte, *Paul's Faith and the Power of the Gospel : A Structural Introduction to the Pauline Letters* [Philadelphia : Fortress, 1983], 134-140).

이 이슈에 대한 신학적 관점을 위해서 마가복음의 내러티브 섹션의 순서상의 연속성을 이해할 필요가 있다. 갈릴리 섹션에서 예수께서는 하나님의 나라의 복음을 선포하신다. 이러한 선포는 종

신실한 자들을 신원하신다.

## 마태복음

### 내용과 구조

마태복음의 중간 부분은 16장 13절에서 시작해 20장 34절에서 끝난다. 사실상 마가복음에서 발견되는 모든 내용이 마태복음에 동일한 순서로 나타난다. 물론 마태복음에는 부가적인 내용도 들어있다. 예를 들면 예수는 "그리스도"라는 베드로의 고백에 "살아계신 하나님의 아들"이란 부분이 첨가되어 있다. 이 고백과 관련해 가장 중요한 사실은 베드로의 고백을 뒤잇는 다음과 같은 예수의 말씀이다.

> 바요나 시몬아 네가 복이 있도다. 이는 이를 네게 알게 한 이는 혈육이 아니요 하늘에 계신 내 아버지이시기 때문이라. 또 내가 네게 이르노니, 너는 베드로라 내가 이 반석 위에 내 교회를 세우리니 음부의 권세(하데스의 문들)가 이기지 못하리라. 내가 천국 열쇠를 네게 주리니 네가 땅에서 무엇이든지 매면 하늘에서도 매일 것이요, 네가 땅에서 무엇이든지 풀면 하늘에서도 풀리리라.[60]

---

교 지도자들과의 충돌로 이어진다. 이런 점에서 고난은 복음 선교의 결과라 할 수 있다. 하나님 나라에 대한 증거는 고난을 불러일으키며, 이 고난은 복음 증거의 결과요 조건이라 할 수 있다. 아프리카의 "환한 빛을 주려는 자들은 뜨거운 불을 견뎌야 한다"는 경구가 이 점을 잘 표현하고 있다.

60) 마태복음 역시 부가적인 긴 섹션인 17:24-18:35을 담고 있다. 마가복음과 비교해 볼 때 18:1-9까지만 마가복음과 일치한다(실족에 관한 구절인 7절을 제외하고). 마찬가지로 "나중 된 자가 먼저 되고 먼저 된 자가 나중 되리라"(마 19:30; 20:16)는 점을 예증하는 마 20:1-16의 포도원의 품꾼들에 대한 비유는 마가복음에는 나오지 않는다. 다른 차이점은 다음과 같다: 마가복음의 경우 제자들이 축사에 실패하는데 이 장면은 집중적으로 제자들에게 믿음을 가지라는 예수의 요청에 초점을 맞추고 있다(여기서 아버지의 믿음 역시 부재하다); 하나님의 나라를 위해서 고자

마태가 고난 받는 인자의 길을 강조하는 공관복음의 수난 예고를 활용하고 있긴 하지만 마태의 문학적 구성을 통해 마태복음의 새로운 내러티브가 이루어진 것이다. 마태의 문학적 구성에 따라 이루어진 마태복음의 중간 부분에 대한 개요는 다음과 같다

| | |
|---|---|
| 마 16:13-20 | 베드로의 고백. 예수께서 교회를 제정하심 |
| 마 16:21-17:23 | 수난-부활 예고에 의해 시작되고 끝을 맺는 제자도에 대한 가르침.[61] 이러한 형태는 변화산상의 사건과 이어지는 축사를 담고있는 이 부분에 대한 수미상관 구조의 역할을 함 |
| 마 17:24-18:35 | 하나님의 나라에서의 삶을 위한 지위, 행동, 책임 |
| 마 19:1-20:16 | 값비싼 요구와 왕국 반전 |
| 마 20:17-34 | 세 번째 수난-부활 예고와 제자도에 대한 가르침, 이어지는 피날레와 같은 기사(주님이신 예수로부터 시력을 얻게 된 두 소경에 관한 기사) |

구약 이야기에 대한 마태의 명시적인 활용은 변화산상의 사건에 잘 나타난다. 이 사건은 모세와 시내산 이미저리를 강조한다.

---

된 내시들에 관한 부가적인 가르침이 이혼에 관한 가르침의 끝 부분에 온다(19:12); 열두 보좌에 앉아 이스라엘의 열두 지파를 심판하는 열두 제자들에 관한 부가적인 구절이 부자 청년에 대한 예수의 말씀을 뒤잇는 가르침 중에 나타난다(19:28). 작지만 그러나 중요한 많은 다른 차이점이 두 본문 사이에서 나타나고 있다.

61) 첫 번째 수난 예고에서 그리스도를 가리키는 "그"란 표현이 "인자"란 표현을 대체하고 있다(16:21. 한글 개역성경의 경우는 "예수 그리스도"란 표현이 그대로 나타남). 위의 개요에서 두 번째 섹션은 세 번째 섹션인 17:24-18:35에 의해서 확장됨으로써 결과적으로 이 섹션의 전체적인 구조가 달라진다.

(1) 모세의 이름이 엘리야보다 먼저 나온다

(2) 예수의 얼굴이 *해같이 빛난다* (참조 출 33:29-35)

(3) 빛난 구름은 *shekinah* 영광을 반향한다

(4) 하나님의 아들은 *내가 기뻐하는 자*이다. 이는 여호와의 율법을 열방에 가져올 이사야 42장 4절의 종을 반향한다[62]

그러나 도날드슨(Donaldson)이 지적하듯이 모세의 모든 모형들이 강화되긴 하지만 아들-기독론으로 흡수되고 이것에 의해 압도되고 있다. 실제로 5절에서 베드로가 말하려 할 때 그는 빛난 구름과 구름 속의 음성에 의해서 제지당한다(마 17:5, ἔτι αὐτοῦ λαλοῦντος).[63] 구름 속에서 들려온 음성이 "주는 그리스도시요, 살아계신 하나님의 아들"이라는 베드로의 고백을 확언한다.

더욱이 마태복음에서 산이란 위치는 부가적 의미를 지니는데, 산이 변화산상의 사건을 예수의 사역의 시작, 끝과 연결짓기 때문이다. 수의 사역은 세상의 나라들에 대한 예수의 지배가 —예수의 시험 장면 중 마지막 시험이 암시하듯이— 하나님과 마귀 사이의 싸움임을 보여주는 시험의 산에서 시작되어 지상 대명령의 산, 즉 예수께서 "하늘과 땅의 모든 권세가 내게 주어졌도다"라는 말씀을 통해 승리의 선언을 하시는 산에서 끝을 맺는다.

두 산의 기념비적 순간의 정중앙에 바로 변화산과 변화산상의 사건이 있다. 변화산상의 사건은 천상의 왕의 아들이신 예수께서 최종적으로 승리하시고 보좌에 앉으실 것을 예기적으로 보여주는 것이다.[64]

---

62) W. D. Davies, *Setting*, 51-52.

63) Donaldson, *Jesus on the Mountain*, 148, 150.

64) 필자의 이러한 개괄적 이해는 Donaldson으로부터 기인한다(*Jesus on the Mountain*, 152-156).

이처럼 시내산 이미저리에 대한 웅장한 반향을 제외한 마태복음은 마가복음과 누가복음과 달리 구약 이야기가 지닌 길-정복 모티프에 대한 명시적인 언급이 결여되어 있다. 그러나 개념상의 강조는 가나안 정복 모티프와 놀랍게도 유사하다. 마태가 구성한 내러티브는 분명 *자신과 자신의 공동체가 교회의 삶에서 근본적이고도 지속적인 승리에 필수적이라는 결정적 판단*에 초점을 두고 있다.

마태는 놀라운 능력과 놀라운 전망 속에서 이렇게 마태복음을 구성하고 있다. 이러한 목표를 향한 마태의 문학적 구성이 지닌 특징을 다음과 같이 다섯 가지로 찾아볼 수 있다:

(1) 예수는 온전한 기독론적 초상으로 묘사된다. 이러한 묘사는 마태복음의 내러티브 전반에 걸쳐 현 시점까지의 승리(마 16:16-19)에 강력한 확신을 불어넣어 준다. 또한 인자가 영광스러운 보좌에 앉으실 때인 '새로운 세계'에서 이루어질 승리(마 19:28)에 대해서도 확신을 심어준다.

(2) 예수는 자신의 교회를 제정하시는데, 이 교회에 권세가 주어지며 음부의 권세들이 교회를 이기지 못한다.

(3) 하나님의 왕국의 자녀들은 지상의 권세들로부터 자유로운 자들이지만 자발적으로 이것들에 순복할 뿐이다.

(4) 하나님의 왕국의 모든 구성원은 모든 구성원이 이 공동체 안에 지속적으로 남아 있도록 해야 할 책임을 지고 있으며, 모든 죄와 악을 이 공동체로부터 제거해야 할 책임을 지고 있다.

(5) 승리는 값비싼 대가를 지불해야 하는 제자도, 종의 섬김, 놀라운 반전을 통해 온다.

### 마태의 내러티브 성취

마태복음의 예수는 승리를 보증하시는데 이것이 교회 승리의 토대이다. 마태복음의 중간 섹션에서 교회의 승리는 예수의 승리와 교회 공동체에 대한 예수의 권위에 달려 있는 것으로 묘사된다. D. 패티(Daniel Patte)가 지적하듯이 "제자들은 악의 현존에 대해 제자로서 어떻게 반응해야 하는지 아직 알고 있지 못한다(참조 마 13:1-53). 마태가 자신의 복음서 마지막 부분을 통해서 이루기를 원하는 것이 이러한 근본적인 시각의 변화이다."[65]

### 1. 온전한 기독론적 묘사

예수는 마태의 내러티브에서 "(살아계신) 하나님의 아들"로 나타난다. 이 점은 마태복음 14장 33절에서 예기된 바 있다. 이러한 호칭은 사무엘하 7장 14절과 시편 2장을 배경으로 하고 있으며, 신적 권위와 능력을 담고 있다. 이 호칭은 베드로의 고백에서 "하늘에 계신 나의 아버지"에 의해 *계시된* 것이다. 예수에 대한 하나님의 신임과 칭호 부여에 대한 그 어떠한 의심과 의구심도 "구름 속 음성인 '이는 내 사랑하는 아들이요 내가 기뻐하는 자니 너희는 그의 말을 들으라'"(마 17:5)는 말에 의해 완전히 사라져버린다.

'성전세와 물고기' 이야기의 코믹스러움이 예수의 두 번째 수난 고지를 다소 가볍게 하지만 여전히 이 이야기는 예수가 성전의 왕이신 분의 아들이라는 하나님 아들 되심을 강조하고 있다(마 17:24). 그런 다음 예수는 가장 진지한 자세로 "하늘에 계신 너희 아버지의 뜻"(마 18:14)을 말씀하신다.

---

65) D. Patte, *The Gospel According to Matthew : A Structural Commentary on Matthew's Faith* (Philadelphia : Fortress, 1987), 244. '마지막 부분'이라는 표현은 Patte에게 마태복음의 세 번째 부분을 의미한다. 이것은 Kingsbury의 단락 구분에 따른 것이다. Patte는 앞의 저서의 한 각주 부분에서 그럼에도 불구하고 Kingsbury는 마태복음의 마지막 부분인 세 번째 부분에 놓인 이러한 근본적인 수사적 목적을 보지 못하고 있음을 지적한다(258, 각주 1). 이 문제에 대한 예수의 가르침은 갈릴리에서 예루살렘으로 넘어가는 전환 섹션에 나타나 있다. 다시 말해 이 문제에 대한 예수 자신의 예증은 예루살렘의 수난-이전 기사와 수난 기사에서 나타난다는 뜻이다.

이 말씀은 공동체의 '작은 자들'을 넘어지게 하고 죄를 짓게 하여 공동체의 생명력과 승리를 파괴하게 하는 것에 관한 말씀이다. 여기서 예수의 호소의 대상은 "나의 아버지"이다(마 18:10, 19, 35).

예수의 권위 있는 아들 됨에 대한 내러티브 시각과 연결되는 것은 '주'(Lord)로서의 예수의 권위이다. 예수에게 도움을 청하는 자(마 17:15)와 수제자인 베드로(마 18:21)는 모두 예수를 '주'라고 부른다. 마태복음의 중간 부분 내러티브는 예수를 주로 세 번씩 크게 부르면서 자비를 베풀어서 눈을 뜨게 해달라고 요청하는 두 소경의 이야기로 끝을 맺는다(마 20:30, 31, 33).

마태복음은 인자가 고난을 받아 죽게 되어 부활할 것이라는 점을 분명히 하면서도(마 17:9, 12, 22; 20:18, 28) 종말론적 심판 가운데 인자라는 예수의 미래 역할에 대해서도 명확히 말한다. 마태복음의 독특한 세 개의 인자 어록(The Son of Man sayings) 중에서(마 16:27; 16:28; 19:28) 세 번째 어록이 가장 분명하게 가나안 정복 모티프에 대해 강조한다.

> 내가 진실로 너희에게 이르노니, 새로운 세상, 곧 인자가 영광의 보좌에 앉게 될 그 때에 나를 따랐던 너희들 역시 열두 보좌에 앉아 이스라엘의 열 두 지파를 심판할 것이라(마 19:28)

교회 공동체의 현재적 삶은 종말론적 심판의 그림자 가운데 서 있는 것이다. 바꾸어 표현하면 교회가 참여하게 될 인자의 종말론적 심판은 교회의 현재적 책임의 문제, 곧 마태복음 16장 19절의 "매고 푼다"는 표현이 암시하고 있는, 예수 그리스도 안에 있는 구원을 전하는 일과 교육과 훈육을 시행하는 일을 보증한다는 뜻이다.

동일한 맥락에서 그리스도라는 고백의 대상이요 이 고백을 받아들이시는 그 분(마 16:16, 20)은 하나님의 아들이요, 주시다. 동시에 인자로서 현재와 미래에 대한 온전한 권위를 갖고 계신다.

십자가의 승리와 부활의 승리가 지닌 능력이 내러티브에 표현되는 예수에 대한 온전한 기독론적 묘사를 통해 환히 빛나고 있다. 동시에 제자들과 마태의 공동체가 이 승리를 향유하고 있다는 사실이 예수의 교훈적인 가르침을 구성하고 있다. 승리를 얻는 일이 보장되어 있으며, 승리를 유지하는 일이 자세히 규정되고 있다는 뜻이다.

### 2. 교회의 권세와 음부/지옥의 문

마태복음은 예수와 교회의 승리를 선포하고 있다. 마태복음의 선포는 예수의 권세를 강조함으로써, 이 권세를 베드로와 교회에게까지 확장시킴으로써 이루어진다. P. 엘리스(P. Ellis)는 마태복음의 구조는 특이한 방식으로 구성되었다고 주장한다. 즉 마태복음 28장 16-20절에 나오는 예수의 최종적인 권세 있는 묘사가 마태복음 전체에 영향을 미치고 있다는 것이다. 특히 이 구성에 따르면 예수의 핵심적 구성원들이 이야기가 전개됨에 따라서 점점 확장되어 결국 28장 16-20절에서 온 열방에 대한 명령으로까지 이어진다는 것이다.[66)]

엘리스가 말하는 바는 특별히 16장 16-19절에서 분명히 나타난다. 이 구절이 28장 18절의 "하늘과 땅의 모든 권세가 내게 주어졌다"는 승리에 대한 최종적 선포를 예기하고 있기 때문이다.

다음의 여섯 가지 내러티브 진술이 '그리스도'와 교회의 권세를 증거한다.

(1) 그리스도는 "살아계신 하나님의 아들"이다.

66) P. Ellis, *Matthew*, 20-25.

(2) 베드로의 고백은 하늘에 계신 아버지의 계시이다. 혈과 육에서 기인한 것이 아니다.

(3) 예수께서 '반석', 즉 베드로와 그의 고백 위에 자신의 교회를 세우실 것이다.

(4) 음부의 문들이 이기지 못할 것이다.

(5) "내가 천국 열쇠를 네게 주리니", "네가 땅에서 무엇이든지 매면 하늘에서도 매일 것이요."

(6) "네가 땅에서 무엇이든지 풀면 하늘에서도 풀리리라."

이 진술에 대한 해석들은 서로 상당히 다르다. 특별히 반석으로서 베드로의 역할과 교회 공동체에 미치는 그의 역할의 지속적인 영향과 관련해 그렇다.[67] 그러나 어떠한 해석적 입장을 취하든 이 진술의 기저에 흐르는 사상은 분명하다. 즉 예수께서 베드로와 교회에게 하나님이 그리스도이신 예수에게 위임하셨던 권세를 수여하셨다는 점이다(마 28:18). 마태복음 18장 18에 따르면 매고 푸는 권세가 모든 제자들에게 주어진다. 마태복음의 독자들은 자신도 이 제자들에 포함되는 것으로 이해하고 있다.

이 진술에 나타난 마태복음의 정복 신앙을 이해하는 데에 중요한 점은 첫째, 베드로의 고백의 원천은 계시, 곧 하나님이 드러내신 것이라는 점이다. 이것은 인간적 기원에 속한 것이 아니요, 인간의 사고로 이해될 수도 없다(22-23).

67) J. P. Meier는 기초석인 반석과 베드로를 동일시한다: "베드로 위에 굳건히 세워진, 베드로의 교회는 음부 세계의 공격에 결코 흔들리지 않을 것이다" (J. P. Meier, *The Vision of Matthew : Christ, Church, and Morality in the First Gospel* [New York et al. : Paulist, 1979], 113. Schweizer도 이에 동의한다: "여기서 '반석'은 베드로 자신이지 그의 고백이 아니다"(*Good News*, 341). 그러나 Gundrry는 Πέτρος는 πέτρα가 아니며, 반석인 πέτρα는 예수의 가르침으로 이루어져 있다고 주장한다. '반석' 이란 표현은 마 7:24의 '나의 이 말들'을 반향하며 '나의 말들'이라는 기초 위에 제자들이 세워지도록 되어 있다(*Matthew : A Commentary*, 334).

베드로의 고백 사건에 뒤이어 나오는 예수의 꾸짖음은 잠시 후에 주어질 수난 예고와 베드로의 고백을 연결짓는다. 예수의 꾸짖음은 고백 장면에서 주어진 권세와, 고난과 죽음의 길을 함께 통합하고 있는 셈이다. 동일한 맥락에서 "살아계신 하나님의 아들"은 베드로의 고백을 변화산상의 하늘의 음성과 연결짓는다.

둘째, 교회는 베드로의 믿음의 고백에 정초하고 있다.[68] 교회의 권세와 능력은 음부의 권세(문들) 그 자체에 의해 방해받지 않는다. 패티(Patte)가 주목하듯이 이것이 의미하는 바는 다음과 같을 것이다.

> "교회가 음부의 영역을 정복하든지 아니면 교회가 음부의 영역으로부터 오는 공격을 뿌리칠 것이다."[69]

패티는 두 의미 중 전자를 선호한다. 그 이유는 음부의 "문들"이라는 은유적 표현이 공격적이라기보다는 방어적이기 때문이다. 즉 방어적인 문들은 교회의 강력한 정복 전쟁의 능력을, 죽음의 영역에 대한 전쟁 능력을 이겨낼 수 없다는 뜻이다. 악의 세력과 음부에 있는 세력은 그리스도요, 살아계신 하나님의 아들이신 예수의 권세에 복종한다. 예수께서 앞서 보인 축사와 축사의 권세를 제자들에게 수여하신 것(마 10:1)이 이러한 능력을 증거한다.

---

68) 이 고백과 평행을 이루는 다른 이야기에 관해 Schweizer는 다음과 같이 지적한다: "아브라함을 반석이라 부르며 이 반석 위에 하나님이 세상을 세우실 것이라 말하고 있는 유대 전통의 한 이야기가 헬라어 단어 πέτρα를 담고 있는데, 이것은 마태복음에 나오는 예수의 말씀에 대한 반향이거나 변증적 의미의 반대-진술을 반향하고 있는 것으로 보인다"(*Good News*, 342).

69) Patte, *Matthew*, 232-233. 구약에서 여호와는 죽음으로부터 다시 살리실 권세를 갖고 계신데 이 점은 사 38:10, 17-18, Wis 16:13에 암시된다(Meier, *Vision*, 112). Gundrry는 "음부의 문들"이란 표현이 죽음을 상징하는 수많은 본문을 열거한다(*Matthew: A Commentary*, 332-333).

교회가 음부를 지배하는 능력을 지닌 반석 위에 세워졌다는 담대한 선포는 마태복음의 정복 신학을 천명하고 있는 것이다. 정복되어야 할 세력은 구약 이야기에서처럼 몇몇 이방민족이 아니다. 물론 이들이 우상숭배적인 것은 사실이었지만 말이다(참고 신 18:9-14).[70]

'대적'이 누구인가에 대한 이해가 근본적으로 바뀌었다. 이런 점에서 이방민족은 더 이상 정복되거나 멸망되어야 할 대상이 아니다. 대신 영적 영역에 있는 악한 세력이 예수와 그를 따르는 자들의 대적으로 규명되고 있다.

그러나 이 세력의 본거지라도 하나님의 위임명령을 수행하고 있는 교회를 이기지 못할 것이다. 죽은 자들의 영역인 음부에 대한 권세를 갖고 있다는 것은 아마도 예수 자신이 옥에 있는 영들에게 구원을 선포하기 위해서 음부에 내려가셨다는 것을 포함할 수 있다(벧전 3:19).

셋째, 매고 풀 수 있도록 수여된 권세는 두 차원의 의미를 지닌다. 하나는 중간기 문헌과 예수 자신의 축사 사건에 비추어 볼 때 권세는 사탄의 세력들을 묶는 권세와 사탄의 세력에 의해 속박된 사람들을 풀어주는 권세를 가리킨다.[71] 여기에는 회개한 자들에게 용서를 중재한다는 점에서 죄로부터 사람들을 풀어주는 권세가 담겨 있다(마 18:15-35; 이 권세의 부정적 측면은 행 5:1-11을 보라).

---

70) 이방 민족을 정복해야 할 당위성은 이방의 우상숭배가 귀신들에 의해 주도되기 때문이다(신 32:17; 시 96:5; 시 106:37).

71) J. E. Toews, "Jesus Christ the Convenor of the Church", in *Jesus Christ and the Mission of the Church*, ed. E. Waltner (Newton, Kans. : Faith and Life, 1990), 39; R. H. Hiers, "'Binding and Loosing' : The Matthean Authorizations", *JBL* 104 (1985), 233-250. J. D. M. Derrett는 '묶다'라는 단어는 특정 행동을 금하는 것을 의미하며, '풀다'라는 단어는 특정 행동을 허용하는 것을 의미한다고 주장한다. 이에 반해 Herbert W. Basser는 Toews와 Hiers와 비슷하게 주장하기를, '묶다'와 '풀다'라는 마태의 용어를 보다 잘 이해하는 방법은 '묶다'는 '사슬로 채우다'로 '풀다'는 '자유롭게 하다'로 해석하는 것이라고 말한다(J. D. M. Derrett, "Binding Reopened", *JBL* 104 [1985], 299). 또한 Marcus의 글에 대한 Basser의 대응의 글인 다음을 보라: "Marcus' 'Gates' : A Response", *CBQ* 52 (1990), 307-308.

다른 하나는 매고 푸는 권세는 도덕적 분별이란 사명을 암시한다. 다시 말해 율법 가운데 무엇이 구속력이 있고 무엇이 자유로워졌는가를 선언하는 일을 뜻한다.[72] 유대교의 모세 율법 해석 전통인 할라카적인 의미가 산상수훈의 예수의 말씀에 나타나는 마태복음의 가르침과 관련한 강조와 잘 어울리는 반면에 할라카적인 의미는 마태복음 16장 19절 문맥보다는 18장 18절이 말하는 수여된 권세에 대한 반복이라는 문맥에 보다 더 잘 어울린다.

18장 18절과의 연결을 고려할 때, 또한 마태복음 중간 부분에서 죄를 경계하라는 일반적 경향을 고려할 때 사탄의 세력의 속박으로부터 사람들을 푸는 권세라는 첫 번째 차원의 의미가 훨씬 더 강하게 나타나 보인다. 그러나 사람들을 죄의 속박으로부터 묶고 푸는 일은 무엇이 옳고 그른 것인가에 대한 지식을 전제하고 있으며[73] 이상에서 살펴본 두 차원의 의미 모두가 이 부분에 나타나 있다고 할 수 있다.[74]

72) Patte가 이 견해를 취한다(Gospel, 233). 다음을 보라: Joel Marcus, "The Gates of Hades and the Keys of the Kingdom (Matt 16:18-19), *CBQ* 50 (1988), 443-455. 그러나 Marcus는 '묶고 푼다는 것'은 축사 행위를 암시한다는 R. H. Hier의 제안을 쉽게 벽안시 한다. 이런 점에서 Marcus는 '하나님에 의해 계시된 참된 토라의 선포'라는 할라카적인 의미를 주장한다(450). 그러나 Marcus 자신의 다음과 같은 결론 자체가 그의 주장을 스스로 반박하고 있음을 주목할 필요가 있다: "교회는 음부의 세력들과 하늘의 권세 사이의 영적 전쟁터이며" 종말에 "하나님의 왕적 능력이 하늘로부터 강력하게 나와서 음부의 문들로부터 풀려난 마귀들을 상대로 전쟁터에 들어오게 될 것이다"(455). Marcus의 이러한 표현이 결코 할라카적 언어가 아님을 주목하라! 설사 그렇다 해도 Marcus가 말하고 있듯이 신자들이 능력을 받아서 음부의 세력과 맞서 싸울 수 있게 되는 것은 다름 아니라 세상 끝 날까지 온 세계에 참된 토라를 가르치는 일을 통해 가능하다는 점은 변함없다. 그러나 필자가 판단하기에 이 점은 할라카적인 경계와 깨어있음을 결국은 축사를 통한 승리를 위한 것으로 전락시킨다. 이런 연유에서 묶고 풀다의 두 계층의 의미, 곧 축사적 의미와 할라카적 의미가 함께 '묶고 푸는 위임명령'에 속한다고 보는 것이 타당하다.

73) R. Schnackenburg는 공동체 내의 이러한 상호적인 훈육이란 책임에 대한 유대적 선례의 예들을 위해 레 19:17 이하, 1QS 5:24-26, CD 7:2와 9:8을 인용한다: *Matthäusevangelium* 16, 21-28, 20 (Würzburg : Echter, 1987), 172.

74) D. C. Duling은 자신의 글에서 '묶고' '푼다'는 표현의 폭넓은 범주의 의미를 보여준 바 있다: "Binding and Loosing : Matthew 16:19; Matthew 18:18; John 20:23", *Forum* 3 (4, 1987),

여기서 제자들에게 주어진 권세와 능력은 고난을 배제하지는 않는다. 이어지는 수난 예고와 제자도에 대한 가르침이 이를 암시한다. 그럼에도 불구하고 이 권세는 사탄과 그의 세력에 대한, 하나님의 일에 대항해 포진해 있는 정치적 세력에 대한 궁극적 승리를 약속하는 권세로써 예수의 수난 기사가 이 점을 원형적으로 나타내 보여준다.

### 3. 세상 권세로부터 자유롭게 되었지만 여전히 권세에 종속되어 있음

중간 섹션의 첫 번째와 두 번째 부분 사이의 전환 단락(마 17:24-27)은 인접 문맥과 아무런 연결이 없는 것처럼 보인다. 다시 말해 왜 두 번째 수난 예고 이후에 곧바로 성전세와 관련한 물고기 이야기가 나오는가 하는 점이다.

이 이야기는 바로 앞 수난 예고 단락에서 제자들이 "심히 근심하더라"는 말로 끝나고 있기에 점증하는 극적이고도 정서적인 긴장상태를 코믹하게 풀어주기 위한 것이었을까? 아니면 내러티브 의도를 무시하고 단순히 예수의 사역에서 일어난 이야기일일 뿐이며, 그래서 마태가 기록하는 것이 중요하다고 생각했다고 말해야 할까?

그렇지 않더라도 여전히 '왜'라는 질문이 제기된다. 특별히 당시에는 예루살렘 성전이 서 있지 않았으며 마태복음 독자들에게 유대인의 성전세가 전혀 부과되지 않았음을 고려할 때 '왜'라는 질문은 여전하다.[75] 그러기에

3-31. Emerton에 의한 제안에 따르면 이 표현은 탈굼역 사 22:22의 '열다'(*pṭh*), '닫다'(*'ḥd*)와 연결되어 있다. 또 다른 제안에 따르면 이 표현은 탈굼역 창 4:7과 민 30의 '풀어주고 용서하다'(*šry wšbq*)와 연결되어 있다. Dubling은 이 표현은 기원상 마태에게 속해 있다고 주장한다. 그렇지만 이러한 판단이 표현의 의미 문제를 해결해 주지는 않는다.

75) 로마의 신전 Jupiter Capitolinus에 대한 세금을 여기서 말하고 있을 가능성은 전혀 없다. 만약 그렇게 본다면 예수는 신전의 신에과 아들 관계 속에 놓이게 되기 때문이다. 마태 당시의 유대 크리스천들의 의무 관계에서 세금의 의미를 규명한다는 것이 쉽지 않다. Gundry는 마태복음의 저작 시기를 예루살렘의 멸망 이전으로 봄으로써 이러한 규명을 시도한다(*Matthew : A Commentary*, 357).

이 이야기의 의미에 대한 질문은 그냥 지나칠 수 없을 것이다.

마태복음의 강조점에 비추어 볼 때 이 질문에 대한 대답은 이중적인 것으로 보인다. 이 이야기는 성전의 주(the Lord)와의 관계 속에서 예수의 하나님의 아들 되심을 강조하고 있으며, 또한 예수의 제자들과 복음을 받아들인 자들(마태의 원래 독자들)을 향해 그들에게 '지상의 왕들'의 권세로부터의 자유로움을 선포한다. 그리고 이 이야기를 바로 앞선 수난예고는 다음과 같이 세상의 권세와의 관계 속에 예수를 위치시킨다. 인자는 그를 죽일 "자들의 손에 넘겨질 것이라." 그러나 이 이야기는 예수의 아들 되심과 이로부터 파생된 제자들의 아들 됨을 강조함으로써 예수와 예수를 따르는 자들을 세상 권세의 권력으로부터 자유롭게 하고 있다.[76]

이 이야기가 길-정복 신학에 미친 영향은 세상의 권세로부터 예수와 크리스천 공동체가 자유하게 되었다는 묘사에 있다. 성전세는 시내산-성막 전승의 일부로 제정되었으며(출 30:11-16) 후에 예루살렘으로 집중화된 제의를 뒷받침했다.[77]

예루살렘 성전은 유대인의 정치적이며 종교적인 힘을 상징한다(5장을 보라). 유대의 자유와 독립의 본질적 요소인 성전은 대적인 가나안 국가들의 정복과 예속을 증거한다(3장에서 설명한 바 있는 마 15:26을 상기하라).

예수께서 베드로가 수난 예고에 대한 반응으로 보여준 확신에 찬 충성을 꾸짖으시며, 자신을 따르는 자들에 대한 자유를 선언하신 것은 오직 구약의 정복 신학이 거부되고 자유에 대한 또 다른 토대가 채택될 때 비로소 가능하다. 베드로의 충성에 대한 예수의 반응은 예수께서는 바로 이러한 자유를 선택하셨음을 보여준다. 이 자유는 정치적 힘에 의존하거나 이

76) 또한 이 이야기는 마태의 공동체가 직면하고 있는 특정한 문제들에 대해 말하고 있을 수도 있다. 예를 들면 정부에 대한 충절과 혹은 계속되는 특정한 유대 규정의 충절에 관한 이야기일 수 있다.

77) H. Montefiore 에 의존하고 있는 Gundry의 인용들을 보라(*Matthew : A Commentary*, 357).

힘에 의해 보장되는 그런 자유가 아니다.

더욱이 자유는 너무도 분명하게 보장되기 때문에 예수를 따르는 자가 신학적 원리상 성전세를 내야 할 의무가 없다고 할지라도 성전세를 낼 수 있을 정도이다. 즉 그 정도의 자유가 주어진 것이라는 뜻이다. 이런 연유에서 불필요한 문제를 피하기 위해 예수께서는 자발적 종속을 권고하신다. 자발적 종속은 이것이 지닌 자유에 비추어 볼 때 사회-정치적으로 가히 혁명적이다. 자발적 종속은 자체의 삶과 능력을 위해 그 어떠한 정치적 제도나 구조에 아무런 빚이나 의무를 지지 않기 때문이다.

성전세와 물고기에 관한 이야기를 자세히 읽으면 이 이야기가 주제상 앞선 단락과 뒤따르는 단락과 연결되어 있음을 알 수 있다. 교회 공동체와 세상 권세와의 관계, 즉 크나큰 근심(ἐλυπήθησαν σφόδρα, 참조 마 17:23)을 가져올 수 있는 세상 권세와의 관계라는 토픽에 관해 이 이야기는 어느 정도는 재미있는 방식으로 세상 권세과 관련된 모든 이슈가 삶을 위협하는 것은 아님을 보여준다.[78)]

믿는 자들은 불필요하게 세상 권세로 하여금 오해하게 해서는 안 된다(참조 마 17:27). 이런 연유에서 성전세 문제가 기적적으로 해결된 것이다. 예수께서는 믿는 자들에게 "불필요한 오해를 혹은 실족케 하는 일을 피하라"(μὴ σκανδαλίσωμεν, 마 17:27)고 권고하신다.

"오해를 혹은 실족케 하는 일을 피하다"는 표현은 마태복음 17장의 성전세 이야기와 18장을 연결하는 연결어(*Stichwort*)이다. 18장에서 불필요한 오해 혹은 실족케 함(6절 이하에 계속 나타나는 σκανδαλιζω를 보라)이라는 토

---

78) 이 성전세에 관한 이야기에서 모든 세금들을 내야 할 크리스천의 의무와 관련된 모든 문제들에 대한 획일적인 반응이나 절대적인 지침을 이끌어내서는 안 된다. 예를 들어 성전세는 막 12:13-17과 그 병행절에 나오는 드라크마 인두세와 전혀 다르다. 다음을 보라: W. M. Swartley, "The Christian and the Payment of Taxes Used for War" (Elkhart : Ind. : New Call to Peacemaking, rev. 1985), 3-7.

픽이 내적 공동체 문맥으로 방향을 선회한다는 점에서 그렇다. 이런 점에서 성전세 이야기는 이 이야기를 앞서고 뒤서는 단락과 내러티브 통일성을 유지하고 있다.

### 4. 모든 구성원을 공동체 내에 머물게 하며 모든 죄악을 밖으로 쫓아냄

마태복음 18장은 14절을 주된 강조점을 지닌 중심부로 삼는 일종의 동심원 구조로 볼 수 있다. "이와 같이 이 작은 자들 중에 하나라도 멸망하는 것이 하늘에 계신 너희 아버지의 뜻이 아니니라." 그리고 10-13절과 15-20절은 각기 양쪽 끝으로 구성원 각각을 공동체 내에 머물도록 하고 모든 죄는 내어버리도록 해야 한다는 절실한 관심을 확장해 나간다.

그 다음동일한 이 두 관심들은 "작은 자"를 실족하게 하거나 혹은 실족하게 함으로써 자신을 죄 짓도록 하는 것에 대한 가르침을 통해서(5-9절), 공동체 내에서 죄가 득세하지 못하게 하기 위해 용서하라는 명령을 통해서(21-35) 양쪽 끝까지 확장된다.

그렇다면 1-4절에 있는 "천국에서 누가 가장 큰 자인가?"라는 핵심적 질문은 18장 전체의 강화를 도입하는 표제라고 간주할 수 있을 것이다. 이런 점에서 18장을 여는 처음 단락은 18장 전체를 확장된 가르침으로 도입한다. 이 가르침은 17장 22-23절의 두 번째 수난-부활 예고와 연속적인 관계 속에 놓여 있다 할 수 있다.

그러나 이러한 연관관계는 결코 분명하지 않다. 단지 분명하게 말할 수 있는 것은 공동체 내에서 승리를 유지하는 것이 두 번째 수난-부활 예고를 뒤따르는 가르침의 초점이라는 점과 18장 전체의 권면과 경고는 *실족*, *어린이들/작은 자들*, *죄*, *용서*와 같은 핵심 단어에 의해서 함께 연결된다는 점이다. 더욱이 공동체 전체의 책임으로서의 매는 것과 푸는 것에 관한 가르침은 18장 전체의 강화를 16장 19절과 연결짓는다.

18장에 나오는 다양한 요소의 가르침을 해석하는 것은 본 장에서 다루는 범주를 벗어난다. 본질적 관심은 여기서 예수께서 하나님의 아들의 승리가 공동체 내에서 유지되는 방식을 규정한다는 점이다(15-18절).

15-18절에서 개진되는 엄중한 절차는 죄가 공동체 내에서 행해져서는 안 된다는 것을 보여준다. 보다 구체적으로 말해서 "매고 푸는 것"과 예수의 이름으로 용서를 선포하는 것은 예수께서 자신의 삶, 죽음, 부활을 통해 이루신 승리를 유지하기 위해 필요한 예수의 규정들이라는 뜻이다.

### 5. 값비싼 희생이 따르는 제자도와 종이 되라는 부르심과 요청

마태복음의 예루살렘을 향한 중간 여정 내러티브의 후반부는(마 19:1-20:34) 공관복음 전승을 활용해 제자의 삶에 따르는 값비싼 희생을 강조하고 있다. 또한 종으로 살라는 예수의 부르심에 초점을 맞추고 있다. 값비싼 희생과 종의 삶은 아들 되신 예수와 함께 하늘에 계신 아버지의 나라에 참여하는 데에 본질적인 요소이다.

이 점들에 관해서 마태복음이 말하는 바는 마가복음이 말하는 바와 동일한데, 차이점은 마태복음에서 희생과 보상이 강화되고 있다는 점이다. 먼저 희생이 강화된다는 것은 결혼에 관한 예수의 엄격한 말씀이 어떤 사람으로 하여금 하나님의 뜻에 신실하기 위한 목적에서 고자가 되도록 할 수 있다는 점에 그렇다(마 19:11-12).

제자의 신실한 삶에 대한 보상이 강화된다는 것은 모든 것을 버린 열두 제자에게 장차 열두 보좌 위의 자리가 약속된다는 점에서 그렇다(마 19:28). 이 부분에 있는 예수의 가르침에 대한 마가복음의 묘사와 유사한 것은, 하나님의 나라가 요구하는 것들이 가족, 소유, 힘의 사용, 이와 같이 삶의 세 영역으로 구체화된다는 점이다.

예수의 가르침에서 세 토픽에 대한 각각의 강조점은 '신실하라, 포기하라, 따르라, 그리고 종이 되라'는 것이다. 순종의 삶의 이러한 요소들은 두 소경처럼 예수를 주라고 부르고 시력을 얻게 되어 예수를 지속적으로 따르는 자들(마 20:29-34)을 특징짓는 요소들이다. 이런 점에서 예수의 승리가 마태 공동체에 속한 자들의 신실하고도 승리에 찬 삶으로 구체화된다.

그러나 다음과 같은 하나의 놀라운 원리가 최종적 승리와 보상의 기저에 흐른다.

(1) "나중 된 자가 먼저 되고, 먼저 된 자가 나중 되리라"(마 20:16; 참조 19:30). (2) "나의 이름을 위하여 집이나 형제나 자매나 부모나 자식이나 전토를 버린 자들은 여러 배를 얻게 될 것이요, 또 영생을 유업으로 얻을 것이라"(마 19:29).

이런 자들은 제자들처럼 패배자로 보이는 자들이다. 그러나 기억하라는 것이다. 즉 "나중 된 자가 먼저 되고, 먼저 된 자가 나중 된다"는 사실을 말이다. 더욱이 자신이 하나님과의 특별한 지위를 누리고 있다고 생각하는 자들이 놀랍게도 안에 들어와 있으며 늦게 출발한 자들 역시 온전한 보상을 얻게 될 것이다. 즉 이들 마지막 사람들이 먼저가 되고, 첫 번째 사람들이 나중 될 것이라는 뜻이다.

비록 여기서 유대인-이방인 사이의 역전이 자연스럽게 느껴질 수도 있지만 본문은 이러한 해석에 대해 어떠한 실마리도 주지 않고 있다. 포도원 품꾼의 비유의 앞이나 뒤의 문맥은 이 비유를 제자도에 관한 의미로 자연스럽게 읽어가도록 만든다. 구체적으로 말해 예수께서는 복음을 위해 소중한 관계와 소중한 것들을 포기하는 자는 결국 얻게 될 것이라고 약속한다는 뜻이다. 그리스도의 포도원에서 이루어지는 신실한 사역은 길든지 짧든지 보상을 받게 될 것이다. 나중 된 자와 먼저 된 자 모두 신실하기만하다면 상급을 받게 될 것이라는 뜻이다.

유비적으로 말해 이러한 패턴의 사고는 땅이 선물이라는 이스라엘의 사고 패턴과 일치한다(수 24:12; 신 1:30). 가나안 정복에서 인도자 여호와에 대한 적극적인 신뢰가 궁극적인 문제이듯이 여기서도 신뢰와 신실한 순종만이 결국에 가서 하나님의 상급을 구현하는 데에 중요한 관건이다. 인간적인 방식으로 약속을 붙잡는다는, 혹은 약속을 얻는다는 그 어떠한 개념도 여기서는 철저히 배제되고 있다.

변화산상의 이야기를 제외하고 마태복음의 예루살렘을 향한 여정 섹션은 구약 이야기가 말하는 명시적인 길-정복 모티프에 대한 공공연한 언급은 없다. 예외적인 사항은 들어감의 공식어구(the entrance formulas)이다. 이것은 특별히 마태에게 명시적으로 마태복음과 구약 이야기를 연결짓는 일에 적합하지 않은 요소이다.

그러나 개념적 형태라는 차원에서 마태복음의 중간 섹션이 강조하는 바들은 구약의 가나안 정복에서 강조되는 것들과 유비적 관계가 있다고 할 수 있다. 구체적으로 말해 약속된 최종적 보상 기능을 얻고 유지하는 일이 이 섹션의 날줄이며, 씨줄은 예수의 필연적인 고난과 죽음이라는 공관복음서의 핵심이다. 그런데 이 고난과 죽음은 예수를 따르는 자들에게 '새로운 세계'를 열어주는 부활 승리에 이르는 길이다.

## 누가복음

마태복음의 중간 부분은 마태가 강조하고 있는 승리와 보상을 이스라엘의 정복 전승과 연결짓는 명시적인 여정 모티프나 구조적 특징이 결여되어 있다. 그러나 누가복음의 중간 부분은 이 점에 관해서 마가복음을 능가한다. 성경의 어떤 부분도 누가복음의 중간 부분처럼 자체의 목적과 구조, 본질적 성격을 모두 담으려는 웅장한 시도를 자랑스럽게 하고 있지 않다.

J. L. 렛세구이(James L. Resseguie)는 중간 섹션에 대한 누가의 불가사의한 문학적 성취를 파악하기 위해서 1856년에서 1975년까지 수많은 다기하고도 보완적 학문적 시도를 기술한 바 있다. 그는 이를 통해 많은 학자들에게 유용한 도움을 주었다.[79] 1975년 이래로, K. E. 베일리(Kenneth E. Bailey)와 굴더(M. D. Goulder), S. H. 린지(Sharon H. Ringe)는 누가가 의도했던 바에 대한 새로운 견해와 또는 이전 견해에 대한 수정된 견해를 제시한 바 있다.[80]

렛세구이와 D. 길(David Gill)이 지적하듯이 누가복음의 중간 섹션의 범위는 9장 51절부터 19장 44절이다.[81] 이 부분의 마지막 몇 구절은 분명히 누가 자신으로부터 온 것이다. 그리고 19장 45절은 예수를 성전에 위치시키는데 이것은 새로운 섹션이 시작되었음을 보여주는 것이다. 41절은 예수께서 여전히 예루살렘 가까이 다가가시고 계신 것을 묘사한다(ἤγγισεν … τὴν πόλιν).

### 누가복음의 예루살렘을 향한 순례 여정 내러티브의 구조와 목적, 그리고 성격

전부는 아니지만 대부분의 누가복음 학자들은 순례 여정이라는 모티프(the journey motif)가 누가복음의 중간 섹션의 구조와 목적에 핵심적 모

79) J. L. Resseguie, "Interpretation of Luke's Central Section (Luke 9:51-19:44) Since 1856", *Studia Biblica et Theologica* 5/12 (1975), 3-36.

80) K. E. Bailey, *Poet and Peasant: A Literary Cultural Approach to the Parables in Luke* (Grand Rapids: Eerdmans, 1976), ch. 4: "The Literary Outline of the Travel Narrative (Jerusalem Document) : Luke 9:51-19:48", Goulder, *Calendar*, Ringe, "Luke 9:28-36", 94-96.

81) Resseguie, "Interpretation", 3, n. 2; D. Gill, "Observations on the Lukan Travel Narrative and Some Related Passages, *HTR* 63 (1970), 213.

티프라는 데에 동의한다. 이 섹션의 목적과 관련해 제시된 수많은 제안은 다음과 같이 요약될 수 있다.

### 1. 순례 여정 모티프가 핵심적 중요성을 지닌다

다음과 같은 세 가지 사실이 누가복음의 중간 섹션을 하나로 묶는 역할을 한다. 먼저 누가는 이 섹션에서 *다양한 형태의* πορεύεσθαι(계속 가다)를 사용한다는 점이다. 둘째, 예루살렘이 ἀναλήμψις(승천)의 핵심적 장소로 부각된다. 셋째, 이 부분에 예수께서 최후를 향해 움직여 나가심을 보여주는 네 본문이 존재한다는 점이다(눅 9:51; 13:13-35; 18:31-34; 19:26-46). 예루살렘을 향한 순례 여정은 "진정한 끝, 곧 죽음을 통해 예수께서 자신의 천상의 왕국을 향해 가시는 여정"(Davies)을 전조하고 있다.[82]

누가는 이 섹션을 순례 여정 모티프를 중심으로 구성함으로써 초대교회에서 계속되는 예수의 사역은 '길'(ὁδὸς) 혹은 '정해진 여정'(δρομὸς)이라는 모티프를 경유하여 하나님의 지속적인 구원 역사로 간주되고 있다는, 자신의 보다 큰 의도와 순례 여정 모티프를 일치시킨다.[83]

누가는 (마가복음에 있는) 순례 여정 모티프를 발전시킴으로써 예수의 고난과 죽음의 필연성과 이에 대한 제자들의 오해 (콘젤만[Conzelmann])[84]와

---

82) J. H. Davies, "The Purpose of the Central Section of St. Luke's Gospel", in *Studia et Evangelica*, II (TU 87), ed. F. L, Cross (Berlin : Akademie-Verlag, 1964), 164-169. C. C. McCown의 견해 역시 비슷하다. 예외적인 사실은 McCown은 순례 여정이 역사적 사실이 아니라 허구로써 단순히 문학적 장치라고 주장한다는 점이다: "The Geography of Luke's Central Section" *JBL* 57 (1938), 53-66.

83) W. C. Robinson, Jr., "The Theological Context for Interpreting Luke's Travel Narrative (9:51ff.)", JBL 79 (1960), 20-31, and idem, *Der Weg des Herrn, Studien zur Geschite und Eschatologie im Lukas-Evangelium* (Hamburg : Herbert Reich, 1964).

84) H. Conzelmann, *The Theology of St. Luke*, trans, G. Buswell (New York : Harper & Row, 1961), 60-73. 이러한 입장은 누가복음의 경우만큼이나 마가복음에도 해당되는 사실임이 분명하다. Conzelmann의 위의 저작은 마가복음의 중간 섹션에 대한 편집-비평적 연구가 나타

같은 특정한 기독론적 이슈를 말하고 있다. 달리 표현하면 기독론적 내용은 양면적이며 대조적이기까지 하며다. 여기서 강조되는 바는 예수의 고난과 영화롭게 되심이다(플랜더[Flender]).[85)]

누가는 중간 섹션을 여는 몇몇 구절(눅 9:51-53)에서 πορευόμαι의 활용을 집중시킨다. 그 다음 이 섹션 전반에 걸쳐 나타나는 예루살렘을 향한 여정에 대한 언급은 제자도와 선교에 대한 가르침의 세팅의 역할을 한다. 이와 같은 연결을 통해서 누가는 예수의 예루살렘을 향한 여정을 "크리스천의 삶의 한 모형," 즉 예수께서 친히 시작하신 "참된 제자도와 선교 사역"을 받아들이고 행하는 삶의 모형으로 제시한다(길[Gill]).[86)]

이 여정은 기독론적 강조점과 교회론적-윤리적 강조점을 발전시켜 나가기 위한 문맥을 제공한다(본 더 오스텐섹켄[von der OstenSacken]).[87)]

예루살렘을 향한 예수의 순례 여정과 예루살렘에서의 사건들 역시 9장 31절의 선언, 곧 예수의 *출애굽(별세)*을 성취하고 있으며, 초막절에 예루살렘을 향해 순례하는 구약의 모티프를 나타낸다. 여기서 초막절은 예수의 변화산상 사건의 배경을 이루는 절기이다. 이 여정의 목적은 예수의 구속과 해방의 사역을 완성하기 위한 것이다(링게[Ringe]).[88)]

예루살렘을 향한 여정의 내용은 신명기에 기술된 이스라엘의 광야 여정 중에 하나님께서 모세에게 주셨던 내용을 따른다. 이런 점에서 누가복음의 중간 섹션은 크리스천 전통의 신명기라 할 수 있다(에반스[Evans], 드루리

---

나기 이전에 쓰였다. 정말로 누가복음이 이룬 바는 마가복음 그 이상이며 동시에 Conzelmann이 생각했던 그 이상이다.

85) H. Flender, *St. Luke, Theologian of Redemptive History*, trans, R. H. and I. Fuller (London : SPCK, 1967), 27-33, 73-80.

86) Gill, "Observations", 199-216.

87) P. von der Osten-Sacken, "Zur Christologie des lukanischen Reiseberichts, *EvT* 33 (1973), 476-496.

88) Ringe, "Luke 9:28-36", 90-96.

[Drury], 굴더[Goulder], 모에스너[Moessner]).[89]

이외에도 여러 다른 해석이 존재한다. 예를 들면 누가복음의 중간 섹션에는 여러 가지 순례 여정 이야기가 나타난다고 주장하거나 이야기들이 일어난 장소가 사마리아 지역 혹은 베뢰아 지역이라고 주장하는 해석이다.[90] 그러나 이 해석들은 어느 정도로 출애굽-정복 전승이 누가복음의 중간 섹션의 형성에 영향을 미쳤는가를 판단하고자 하는 노력에 기여하는 바가 전혀 없는 해석들이다.

### 2. 예루살렘을 향한 순례 여정은 교회적 관심에 부차적인 것으로 교회적 관심은 교훈적일 수 있고 아니면 예전적일 수도 있다

누가복음 중간 섹션의 주된 목적은 갈릴리와 예루살렘 사이를 채워주는 것이며, 누가의 공동체를 향한 교회적-교훈적 방향을 제시해주는 예수의 가르침을 모두 한데 묶는 데 있다. 이 가르침들은 공동체 내의 행동양식과 공동체 밖의 사람들과의 관계(라이케[Reicke], 그리고 부분적으로 슈나이더[Schneider])와 같은 교회의 삶의 두 차원에 초점을 맞추고 있다.[91]

---

89) C. F. Evans, "Central Section", 37-53; also in *Saint Luke* (TPINTC; London : SCM and Philadelphia: Trinity, 1990), 34-36; Drury, *Tradition*, 138-64; Goulder, *Calendar*, 103 and 306 supp.; Moessner, *Banquet*. 교회력에 따른 누가복음 낭독에 대해 Goulder가 제안한 차트는 율법서 낭독 주기 옆에 놓여 있는데 그의 제안은 Evans에 의해 제시되는 본문-연계들과 항상 일치하지 않는다. 그러나 전체적인 구도는 동일하다. Moessener의 경우는 아주 다르다. 누가가 예수를 모세와 같은 선지자로 규정하고 있다는 점에 근거하여(행 3:22) Moessner는 누가복음의 중간 여정 이야기와 신명기 사이에서 네 가지 주요한 주제상의 상관관계를 주장한다. Moessner는 특별히 "배척받는 선지자들"로서의 예수와 모세를 강조하며 또한 심판을 불러오는 사람들의 강퍅함을 강조한다. "순례하는 잔치의 손님"으로서의 예수에 대한 Moessener의 강조는 -그의 저서의 주요한 주제임- 신명기에서 분명한 유비 관계를 찾아내지 못한다.

90) Resseguie, "Interpretation", 7-11, 14-16.

91) B. Reicke, "Instruction and Discussion in the Travel Narrative ", in *Studia et Evangelica*, I (TU 73), ed. K. Aland (Berlin : Akademie-Verlag, 1959), 206-216; J. Schneider, "Zur Analyse des lukanischen Reisenberichtes, in *Synoptischen Studien*, ed. J. Schmid and A. Vögtle (Munich : Karl Zink, n.d.[1953]), 207-229. Schneider는 이 중간 섹션에 구체적

누가복음 중간 섹션의 구조는 13장 22-35절을 중심으로 하는, 열 단계의 교차대구법적인 형태(19개의 단위)를 띤다. 이 안에는 "어떠한 순례 여정의 형태도 존재하지 않는다." 그래서 오히려 "이 섹션을 하나의 예루살렘 문헌이라 부르기를 선호하는데" 그 이유는 예루살렘이 처음과 중앙, 끝에 언급되고 있기 때문이다. 이 부분의 가르침은 제자도, 예수의 죽음, "종말의 날"에 초점을 맞춘다(Bailey). 92)

이 부분의 현재적 형태의 구성이 지닌 목적은 누가복음의 나머지 부분과 마찬가지로 누가의 교회를 위한 예배시의 성구 낭독서를 제공하려는데 있다. 이 중간 부분은 신명기적인 토라 전승을 따르고 있다(굴더[Goulder]). 93)

누가복음의 중간 부분에 대한 누가의 구성 목적에 내려지는 다양한 학문적 평가를 어떻게 봐야 하는가? 첫째, 누가복음의 중간 부분에 순례 여정 모티프가 존재하며 이것이 두드러진다는 사실은 부인할 수 없을 것이다. 그러나 '순례 여정'(the journey)이 무엇을 뜻하는지에 대해서 보다 분명히 해야 할 필요가 있다.

순례 여정'을 예수와 제자들이 한 지역에서 다른 지역으로 움직이는 것으로 이해하는가? 그렇다면 앞에서 살펴본 슈나이더(Schneider)와 베일리(Bailey)의 주장이 옳을 것이다. 혹은 '순례 여정'이란 갈릴리로부터 예루살렘의 근방으로 옮겨가는 수단을 의미하는가? 이것이 옳다하더라도 예수의 순례 여정은 누가복음의 내러티브상의 여정이다. 더욱이 이 여정은 한 번 이상 일어나고 있을 뿐만 아니라(눅 9:51-10:42과 17:11-19:41), 특정한 부

---

인 장소명과 시간적 표지가 나타나 있지 않음을 주목하고 있다. 이런 점에서 Schneider는 교훈적-윤리적 목적이 주된 의도라고 생각한다.

92) Bailey, *Poet and Peasant*, 80-83. M. D. Goulder, "The Chiastic Structure of the Lucan Journey", in *Studia Evangelica* Ⅱ, 195-202.

93) Goulder, *Calendar*, 73-104.

분에서만 일어나고 있다.[94]

오히려 순례 여정 모티프를 특정한 내러티브 역할을 지니는 하나의 문학적 모티프로 이해할 필요가 있다.[95] 순례 여정 모티프를 이렇게 이해한다면 이 모티프가 지닌 내러티브 역할 역시 신학적 기능과 의미를 드러내 주며, 실제로 이상에서 살펴본 모든 신학적 의미와 여러 기능을 보여줄 수 있다고 생각한다.

이 점과 관련해 길(Gill)의 연구가 가장 큰 도움을 주지만, 그는 *Reisenotizen*(여정 메모들)의 문학적 성격을 밝히지는 않고 있다. 그러나 그는 이런 '메모'의 내러티브 역할을 분명하게 구체적으로 말하고 있다. 즉 이 메모는 예수의 여정을 제자도와 선교에 대한 가르침과 연결하는 역할을 한다는 것이다.

본 장 끝에 나오는 도표 II의 분석을 기초로 할 때 예수의 순례 여정에 대한 언급들이 지닌 다음과 같은 3중적인 내러티브 역할은 분명한 근거를 지닌다고 할 수 있다.

(1) 예루살렘을 향한 방향을 나타내기 위한 역할(중간 부분의 시작과 끝 사이에서 단지 3회 언급되지만, 눅 9:51-53과 9:28-44에서는 예루살렘을 최종 목표로 한 표현이 11회 나타남)

(2) 제자도에 대한 가르침의 세팅으로서의 역할(6회 나타남. 눅 9:57; 10:38;

94) 갈릴리에서 예루살렘으로의 전환에 대한 이상과 같은 두 종류의 설명은 사마리아인들과의 상호작용을 강조한다. 갈릴리와 예루살렘은 각각 사마리아인들과의 상호작용의 이야기를 초두에 놓고 있다. 그러나 첫 번째 순례 여정의 마지막 행동은 한 여자를 받아들여 예수의 발 아래에서 예수의 말씀을 배우게 하는 일이며, 두 번째 순례 여정의 마지막 행동은 예루살렘에 대한 탄식이다.

95) 이 점에 대해 Resseguie는 별로 도움이 되지 않는데 그 이유는, 그는 오직 McCown의 글만을 해석상의 범주인 "A Literary Device"로 분류하고 있기 때문이다("Interpretation", 16-17). 구체적으로 말해서 McCown은 예수의 순례 여정을 역사적 사실이 아닌 허구, 곧 하나의 문학적 장치로 간주한다.

13:22; 14:25-26; 18:35-45; 19:11-27)

(3) 선교적 중요성을 지닌 강화나 행동에 대한 세팅을 제공하는 역할(3회 나타남. 눅 10:1; 13:22; 17:11-19).

이와 같은 증거가 보여주는 바는 누가복음의 중간 부분은 예루살렘을 향한 순례 여정을 분명히 그려주고 있다는 점이다. 한걸음 더 나아가 ἀναλήμψις(승천, 눅 9:51)가 예수의 승천 이전에 놓여 있는 가르침을 담고 있는 순례 여정을 포함한다는 사실과,[96] 중간 부분에서 사용되는 다른 핵심 단어들이 "정해진 코스의 성취"(참조 눅 9:51의 συμπληροῦσθαι[다가오다, 차다]와 13장 32절의 τελειοῦμαι[이루다, 완전하게 하다], 18장 31절의 τελεσθήσεται[끝나다, 이루다])를 암시한다는 사실에 의해 지지를 받는다.

또한 이 점은 여정 모티프가 제자도에 관한 가르침과 선교적 관심 사항들을 모두 열고 닫는 구조임을 보여준다. 그러나 여정 모티프가 직접적으로 기독론적 강조점들과 연결되어 있는지의 여부는 분명치 않다(콘젤만의 주장에 반함).

누가복음의 중간 부분에 나타나는 유일한 수난-부활 예고(눅 18:31)에서 누가는 ἀναβαίνώ(올라가다)를 사용하지만 마가복음에 나타나는 ὁδὸς는 사용하고 있지 않다. 초막절을 위한 예루살렘을 향한 순례가 누가복음의 순례 여정 모티프 이면에 놓여 있다는 주장 역시 설득력이 없다. 그 이유는 누가복음의 중간 부분에 나타나는 여정에 관한 것들과 연결된 사건들은 초막절이나 혹은 예루살렘에 오를 때 부르는 시편(Ascent Psalm)과 같은 모티프나 주제를 전혀 보여주지 않기 때문이다(예루살렘 입성 자체를 제외하고선).

96) Gill, "Observations", 38-40.

### 신명기-원형 이론 (Prototype theory)의 분석

누가복음의 중간 섹션의 내용은 신명기에 기초하고 있다는 에반스(Evans)의 견해는 조심스러운 분석이 필요하다. 신명기는 가나안 정복을 예기하고 있고, 동시에 이 정복에 대한 지침들을 주고 있기 때문에 ("너희가 땅에 들어가게 되면"), 에반스의 제안은 본 연구의 논지에 중요한 역할을 한다.

에반스의 분석은 누가복음과 신명기 사이의 주목할 만한 정도의 본문상의 연결을 보여주지만, 두 책의 상호연결이라는 문학적 현상이 지닌 신학적이며 도덕적 차원을 다루지는 못하고 있다. 에반스는 자신의 연구 어디에서도 누가복음의 중간 부분이 신명기의 정복 신학과 유비적 형태나 혹은 다른 형태의 정복 신학을 담고 있는가 하는 질문을 제기하지 않는다.

그러나 에반스는 누가복음의 순례 여정 이야기는 "일치와 대조의 방식을 통해서" 약속의 땅에 이르는 신명기의 순례 여정을 따르고 있다고 분명히 말하고 있다.[97] ἀναλήμψις(승천)라고 지칭되는 중간 부분은 형식과 내용에서 모세의 승천을 반향하며, 이런 점에서 분명 신명기에 기초한다고 할 수 있다.[98]

렛세규이(Resseguie)가 지적하듯이 에반스의 제안에 대해서 상대적으로 적은 비판이 제기되었으며, 제기된 비판마저도 에반스가 제시하는 증거의 비중에 비추어 볼 때 사소한 것들이다.[99]

더욱이 에반스 자신도 말하고 있듯이 누가복음과 신명기 사이의 수많은 일치점뿐만 아니라 일치점이 일련의 연속적 순서 가운데 놓여 있다는 사실은 누가복음의 구성과 의도를 분명히 보여주고 있으며, 누가복음의

---

97) C. F. Evans, "Central Section", 51.

98) 누가가 모세의 승천기(유언서)를 알고 있었는지의 여부는 판단할 수 없다. 이 문헌의 저작 시기가 불분명하기 때문이다.

99) Resseguie, "Interpretation", 13. (*Canon and Community*, 36-67).

중간 섹션이 결코 우연적인 것이 아님을 말해준다.[100] 두 책 사이에 있는 21개의 본문상 평행관계는 용어상 혹은 개념상의 연결이라는 관점에서 상당한 일치를 보이고 있다.

이에 대한 구체적인 자료와 자료의 중요성을 평가하기 위해 본 장의 끝에 나오는 도표 II는 보다 설득력 있게 일치점을 요약하고 있다. 동시에 이 일치점이 사고에서의 본질적 일치인지, 아니면 두 책 사이의 상관관계가 새로운 변화 혹은 대조를 보여주는가 하는 점에 대한 필자의 판단을 제시하고 있다. 비록 두 책의 관계성이 다른 학자들에 의해서 달리 평가될 수 있긴 하지만(물론 필자는 에반스가 제안한 것들 중 어떤 부분은 여기서 제외하고 있음이 사실이다), 이 관계성에 대한 자료상의 증거가 너무도 분명하기에 본 연구의 논지와 관련해 이 관계성의 문제를 여기서 그냥 지나칠 수 없다.

새로운 변화(도표 III에 의하면 9번의 경우)나 대조(7번의 경우)를 보여주는 두 책의 상관관계는 전부 60%에 이른다. 이것은 오직 개념상의 일치를 보여준다고 판단되는 경우(11번의 경우)보다 월등히 많은 것이다.

누가가 신명기를 하나의 모델로 사용하고 있다는 이러한 문학적 현상은 신학적 중요성의 차원에서 분석이 필요하다.[101] 왜냐하면 여기서는 모

100) 필자는 처음에 이러한 일치점들을 무시했으나 제시된 증거들을 자세히 세 번 살펴 살펴본 후에는 두 책 사이의 상관관계의 60-70%가 실제적이라는 결론을 내린 바 있다. 그러나 두 책 사이의 일치에 대한 제안에는 다음과 같은 약점이 존재한다: 다섯 개의 신명기 섹션(신 14:1-21; 19; 21:1-14; 22:5-23:14; 25:4-19)에 상응하는 누가복음의 평행구절이 존재하지 않는다; 놀랍게도 누가복음의 핵심적 주제인 '예수는 모세와 같은 선지자'라는 주제를 담고 있는 신 18:15-18은 누가복음에서 상응하는 평행구절이 없다(Evans["Central Section"]는 이 점을 눅 8:35에 이미 나타나고 있는 연관관계, 즉 변화산상에서의 하늘의 음성을 통해 설명하고 있다[47]). 또한 필자는 누가복음의 중간 섹션의 교차대구법적 구조의 가운데 부분인 13:31-35이 신명기에서 특정한 주제상의 상관관계를 전혀 갖고 있지 않음을 발견하게 된다. 그럼에도 불구하고 누가가 누가복음의 구성을 위해 신명기를 활용했다는 증거가 매우 분명하기에 이 두 책의 연관관계를 주장하는 논지를 그냥 무시해 버리기는 어렵다고 본다.

101) 이 점은 누가가 신명기를 활용한 것에 대한 David Moessner의 통찰력 있는 연구에서 더 많은 관심이 필요하다. 필자가 판단하기에 '배척받는 선지자'라는 주제가 누가의 강조점을 보다 폭

세의 명령과 예수의 명령 사이의 연속성과 새로운 변화를 보여주는 신약의 구약 사용의 문제를 동시에 다루고 있기 때문이다.

신명기가 이스라엘 공동체를 더럽힐 수 있는 죽음에 대한 규정을 말하고 있는 모든 경우에서[102] 누가복음의 예수께서는 반전된 가치를 말씀하신다. 이에 대한 예는 다음과 같다.

(1) 원수인 사마리아인들이 쉐마의 근간을 보여주는 이웃이다.
(2) 죄인들의 회개가 악이 공동체를 파멸하지 못하게 하는 새로운 길이다.
(3) 정함과 부정함에 대한 규례는 의미를 잃었다.

신명기에서는 전쟁에 앞서 평화를 먼저 제안하도록 규정하는데, 평화의 제안이 거절될 때 성읍을 진멸하라고 말한다. 그러나 예수께서는 제자들에게 들어가는 집에 평화를 빌고 이 집이 평화를 거절하면 집을 나서면서 발의 먼지를 털라고 명령하심으로써(눅 10:5, 11), 모세의 명령을 대체하신다.

---

넓게 특징짓고 있으며 이 주제는 순례 여정 섹션에 국한되지 않는다. 마찬가지로 "순례하는 잔치 손님"과 잔치의 주인으로서의 예수에 대한 누가의 강조점 역시 순례 여정 섹션에 국한되지 않는다. 그 이유는 누가복음 24장이 이러한 강조점의 마지막을 이루고 있기 때문이다. Meessener는 수난 기사 가운데서 이 주제가 계속되고(눅 22:7-38) 결정적으로 엠마오 사건에서 이 주제가 절정에 달하고 있다는 점을 보임으로써 이 점을 잘 지적하고 있다. 이와 관련해 C. F. Evans가 말했듯이 어느 정도는 누가복음의 순례 여정 기사가 신명기에 문헌적으로 의존해 있다는 점을 인정하는 것이 중요하다. Moessner는 이 점을 사소하게 취급함으로써 누가복음의 순례 여정 기사가 누가복음-사도행전의 다른 부분들과 다른 방식으로 신명기에 의존해 있음을 주목하지 못한 것이다. 누가복음의 순례 여정 기사와 신명기 사이의 상관관계에 대한 Moessnerml 요약(*Banquet*, 280-285)은 보다 더 설득력 있는 증거를 제시하지만 이것이 전체적인 그의 학문적 기여에서 중요한 역할을 하고 있지 않음 역시 사실이다.

102) M. J. Brog는 *성결*(holiness)을 예수의 자기-정체성과 예수의 사역의 핵심으로 간주한다. 이에 대해 Brog의 다음의 저작을 보라: *Jesus : A New Vision*, 86-93, 183-184. 또한 성결에 대한 포괄적 연구서인 Brog의 다음의 저작을 보라: *Conflict, Holiness and Politics in the Teaching of Jesus* (New York : Edwin Mellen, 1983).

또한 '적 혹은 원수'에 대한 기본적인 개념화에서도 중요한 새로운 변화를 보게 된다. 사람들은 우리에게 적이 아니다. 우리에게 적은 자신의 승리의 비전 가운데서 예수께서 보신 바 있는 하늘로부터 쫓겨나 떨어진 사탄이다(참조 눅 10:18). 동시에 가나한 자들에 대한 압제에 관한, 하나님의 말씀에 대한 순종에 관한, 그리고 사랑의 계명의 첫째 됨과 모든 다른 충절에 위에 하나님에 대한 충절을 둘 것을 요청함에 관한 기본적인 동일한 사고 구조를 보게 된다.

신명기의 길-정복 전승과의 또 다른 중요한 연결은 누가복음이 두 번에 걸쳐 사용하는 "내가 영생을 얻기 위해 무엇을 해야 합니까?"라는 질문이다(눅 10:25; 18:18). 누가는 율법사의 이야기를 자신의 특별한 섹션인 중간 부분의 끝 지점에 가깝게 두고, 부자 관원의 이야기를 중간 부분의 시작 지점에 가깝게 두고 있다. 이러한 문학적 구성은 일종의 수미상관구조의 역할을 한다. 이를 통해 누가는 중간 섹션 전체가 땅을 기업으로 얻는 것에 대한 신명기의 강조와 연결되어 있음을 부각시킨다.

앞서 마가복음에 대한 설명에서 '땅에 들어간다'는 신명기의 공식 어구와 '하나님의 나라에 들어간다'는 어구 사이의 연결 관계를 주목한 바 있다. 누가는 '땅을 기업으로 얻는 것'과 '영생을 기업으로 얻는 것'을 연결짓는다. 영생을 얻는 길은 특별히 이웃에 대한, 심지어 원수에 대한 사랑을 그 특징으로 하고 있으며, 또한 가나한 자들을 위해 부를 사용하는 것을 특징으로 하고 있다.

이러한 도덕적 명령은 하나님의 나라에 이르는 "길 위에"서의 예수의 가르침에 대한 마가의 이야기 중 특별히 제자도에 대한 가르침에 주어지는 강조를 반영하고 있다.

더욱이 누가가 변화산상의 이야기를 누가복음의 중간 섹션 밖에 두고 있는 것은 사실이지만, 이 이야기는 이 섹션의 정복 신학과 연결되어 있다.

특별히 누가복음은 예수께서 막 성취하시려는 *출애굽*(별세)에 대한 예기를 변화산상의 이야기 가운데 도입함으로써 이러한 연결을 짓는다.

린지(Ringe)는 출애굽이라는 용어는 순례 여정 전부를 포함하며 동시에 순례 여정을 넘어서는 것으로 이해해야 한다는 바른 제안을 한다. 예수의 출애굽은 ἀναλήμψις(승천), 곧 그가 하늘로 들림 받을 날들을 향해 나아가고 있다(눅 9:51; 행 1:11). 이 승천은 예수의 죽음, 부활, *하늘에 오르심* 가운데 성취된다.

누가복음에서 변화산상의 사건은 예수의 지상의 굴욕으로부터 하늘의 영광과 높아지심으로의 순례 여정의 시작을 나타낸다. 이 여정은 누가복음의 중간 부분인 출애굽 섹션에서 다른 사람들에 대한 예수의 구속 사역과 함께 시작하여 예수 자신의 해방과 하나님의 우편으로의 높아지심으로 끝을 맺는다.

### 누가복음의 독특한 강조들

누가가 누가복음의 중간 섹션에서 이루고자 한 바가 무엇인가를 규명하고자 하는 많은 학문적인 노력이 있었음에도 불구하고 이 부분의 이야기가 지닌 몇몇 특징들이 적합하게 다루어지지 않았다는 것은 다소 놀라운 일이다.

여섯 가지 주제가 이 부분의 이야기에 깊이 스며들어 있는데 여기서 이 주제를 두 개씩 묶어서 하나의 항목으로 취급해 설명해 나갈 것이다. 구약의 강조점을 반향하고 있는 누가복음은 예수를 다음과 같이 묘사하고 있다.

(1) 순례하시는 잔치 손님이요 잔치의 주빈(주님)이시며, 배척받는 선지자
(2) 평화와 정의를 가져오시는 분
(3) 악을 무장해제하시고 하나님의 심판을 행하시는 분

이러한 주제는 누가복음의 순례 여정 이야기의 문학적 구성과 구조 가운데 두드러진다. 나아가 신명기 전통의 '들어감/입성'과 정복 전승의 영향을 드러내고 있다.

### 1. 순례하시는 잔치 손님이시며 동시에 배척 받는 선지자로서의 예수

D. 모에스너(David Moessner)가 잘 보여주듯이 누가복음의 순례 여정 이야기는 예수를 순례하는 잔치 손님과 모세와 같이 배척 받는 선지자로 묘사함으로써 신명기의 몇몇 주제를 강하게 반향하고 있다.

순례하는 손님으로서 예수께서는 잔치에 참예하시고 잔치에 대해 말씀하신다(눅 10:38-42; 11:37-54; 14:15-34; 19:1-10). 또한 예수께서는 자신이 주인으로 계신 잔치에 대한 올바른 반응을 요청하신다(눅 22:7-27; 24:13-35).

더욱이 누가복음의 순례 여정 이야기는 하나님에 대한 반역과 완고한 불신, 가나안 땅에 들어가지 못함과 같은 신명기의 주제들을 불러일으킨다. 이스라엘 백성들이 모세를 배척했듯이 사람들은 예수를 배척하고, 그렇게 함으로써 잔치 참여의 기회를 잃어버리게 되며, 가나안 땅에서(누가의 맥락에서 보면, 메시아 축하 잔치에서) 하나님 앞에서 누리는 즐거움과 기쁨을 잃어버리게 된다.

"모세처럼 예수께서는 사신들을 앞서 보내어 음식과 거할 곳을 마련하게 하신다."(눅 9:51 이하) 그러나 마치 "예정되었던 것처럼 그들은 일언지하에 거절된다."[103] 모에스너는 예수를 순례하는 손님 혹은 배척 받는 선지자로 묘사하고 있는 많은 본문을 찾아내 서로 연결시킬 뿐만 아니라 예수가 잔치의 주님이라는 주제와 연결짓는다.[104]

모에스너가 제안하는 만큼 이 연결이 그렇게 강하지는 않지만[105] 순례

103) Moessner, *Banquet*, 273.

104) Ibid., 3-4, 174-176, 211.

하는 잔치 손님이시며 배척받는 선지자라는 주제가 누가복음의 중간 부분에 널리 퍼져 있음을 결코 부정할 수는 없다. 또한 이 주제들은 중간 부분에만 국한되지 않으며 누가복음-사도행전을 보다 폭넓게 특징짓고 있다.

누가복음의 중간 부분은 이 주제들과 신명기에 나타나는 이 주제들 사이의 상관관계라는 독특한 형태를 띠는데 특별히 신명기에 나타나는 주제들은 누가복음에서 하나의 문학적 원형(literary archetype)이란 역할을 하고 있다. 이런 연유에서 누가복음의 순례 여정 이야기는 독특한 방식으로 모세와 같은 선지자로서의 예수를 증거하고 있는 것이다.

배척 받는 선지자라는 주제는 신명기와 누가복음 모두에서 문학적으로, 신학적으로 본질적인 요소이다. 뿐만 아니라 젖과 꿀이 흐르는 약속의 땅을 향한 이스라엘의 여정과 예수께서 친히 배설하시는 잔치를 향한 예수의 순례 여정 사이에 놓여 있는 유비적인 강조 역시 본질적인 요소이다. 더욱이 모에스너가 주목하듯이 두 책의 상관관계에는 다음과 같은 대조가 포함되어 있다.

> 신명기에서 이스라엘 백성들은 그들이 잔치의 땅에 들어가면서 가계별로 나눠질 것이다. 이에 반해 누가복음에서 순례하시는 잔치 손님의 초대에

105) 눅 11:37-54이 배척받는 선지자와 잔치라는 두 주제를 명시적으로 연결짓는 유일한 본문이며 이 본문에서조차 입장이 다음과 같이 바뀌어 있다: 바리새인이 잔치를 배설하고 있으며 예수께서 바리새인들과 율법사들을 배척하신다. 오직 10:38-42과 19:1-10에서만 순례 여정과 잔치 베풂이라는 주제가 연결되어 있다. Moessner가 제시하는 도식(ibid., 176)은 자신의 논지를 위해 그가 어떻게 서로 다른 본문들을 선택적으로 선정하여 하나로 묶을 수밖에 없었는가를 잘 보여준다. 정말 Moessner가 선택한 본문들은 모두 누가복음의 중간 섹션에 있는 본문들이지만, 그러나 순례하는 손님, 혹은 배척받는 선지자란 주제와 잔치 베풂이라는 주제 사이의 연결은 Moessner가 주장하는 것만큼 그렇게 누가복음에서 분명하지 않다. 이런 점에서 누가복음의 순례 여정 섹션에 대한 필자의 요약(도표 II)은 순례여정 모티프와 잔치 모티프 사이의 본문상의 상관관계를 나타내지 않는다. 비록 이 두 모티프가 보다 넓은 내러티브 문맥 내에서 함께 흘러가고 있는 것은 사실이지만 말이다.

응하여 함께 참여하여 축하하는 자들은 잔치에서 하나의 새로운 가족으로 모두 한데로 모이게 될 것이다.106)

또한 두 책 사이에는 대조가 아닌 일치라는 또 다른 유형의 상관관계가 주목된다. 구체적으로 말해서 신명기는 여정 중에 있는 이스라엘 백성들이 매년 세 개의 큰 절기를 지키고, 감사와 즐거움으로 예식을 행하라는 명령을 담고 있다(16장). 마찬가지로 누가복음은 예수께서 종종 잔치에 참여하시며 동시에 잔치에 관해 말씀하시는 모습을 묘사하고 있다(특히 14-15장에서).

그런데 바리새인들의 —탕자의 비유의 경우 큰 아들— 잘못은 그들이 잃어버렸던 자를 찾은 것에 대해, 곧 죄인이 집에 돌아온 것을 축하하고 함께 잔치에 참여해 즐거워하기를 거부했다는 점이다. 더욱이 가난한 자들과 사회적으로 쉽게 소외되는 자들에 대한 압제를 금하라는 것과 같은 정의에 대한 강력한 명령이 신명기와 누가복음 모두에서 잔치 이야기에 이어서 나타나고 있다.

정확히 바로 이런 사람들, 즉 구약에서 거룩한 곳에 접근이 금지되었던 자들(레21:17-21)과 쿰란 공동체에서 언약자들(covenanters)에 의해 메시아 잔치에 앞서 일어날 종말론적 전쟁에 참여하는 것이 금지되었던 자들이 순례 여정 중에 계신 손님이신 예수께서 친히 배설하실 잔치에 환영받게 될 자들이다(눅 14:21-24).

그렇다면 누가복음의 순례 여정 이야기는 신명기 전통의 '가나안 땅 입성'과 정복 전승에 대한 반향 가운데에 쌍둥이 주제와 같은 순례 여정 중에 계신 잔치 손님/잔치 주인이라는 주제와 배척 받는 선지자라는 주제를

106) Moessner(Ibid., 273)는 예수께서 잔치를 위해 가족 모두를 한데로 불러 모으시는 것에 대해 이야기한다. 그러나 눅 14:26은 분명 다른 개념의 불러 모음에 대해 말하고 있음이 분명하다.

발전시키고 있는 것이다.

쌍둥이 주제는 평화와 정의라는 이어지는 주제와 밀접하게 연관되어 있다. 그 이유는 순례 여정 중에 있는 손님이 사람들에게 평화의 복음을 제안하기 때문이다. 이 제안에 대한 반응은 다음과 같은 순환구조를 이룬다. 만약 사람들이 평화를 받아들이는 반응을 보인다면 그들은 예수께서 주인으로 베푸실 잔치를 준비하는 것이며, 만약 제안을 거절한다면 그들은 순례 여정 중에 계신 선지자를 배척하는 것이다.

더욱이 순례 여정 중에 있는 잔치 손님/잔치 주인과 배척 받는 선지자라는 쌍둥이 주제에 대한 바르고도 온전한 평가는 오직 이 두 주제가 누가복음의 강조인 *평화와 정의, 그리고* 누가복음의 초점인 악의 정복과 하나님의 심판이라는 문맥 가운데 놓여 있을 때만이 가능하다(여기서 평화와 정의는 누가복음의 두 번째 쌍둥이 주제이며, 악의 정복과 하나님의 심판은 세 번째 쌍둥이 주제이다).

## 2. 평화와 정의로 이어지는 순례 여정

누가복음의 쌍둥이 주제의 두 번째는 '평화'(εἰρήνη)와 '정의'(δίκαιὸς)다. 만약 누가복음 9장 51-62절을 중간 섹션의 서론으로 간주한다면 중간 섹션의 첫 번째 이야기(눅 10:1 이하)와 마지막 이야기(눅 19:28 이하)가 평화에 대한 누가복음의 강조를 지니고 있음을 알게 된다.

'평화'라는 단어는 "평화의 자녀"(6절)를 포함해서 10장 5-6절에서 3회, 19장 28-42절에서도 3회 나타난다. 이 단어에 대한 모든 용례는 누가복음의 문학적 구성과 신학적 의도 가운데 전략적 성격을 지닌다. 이방인들에 대한 교회의 선교를 전조하고 있는 70인의 선교 기사에서[107] 제자들이

107) 여기서 필자는 *칠십*이라는 사본상의 독법에 관해 RSV와 NRSV를 따른다.

어느 집에 들어가든지 제일 먼저 해야 할 말은 "너희에게 평안이 있을지라!"는 말이라고 기술된다.

만약 그 집에 "평화의 자녀"가 있다면, 그 집의 문이 열릴 것이요, 그러면 들어가 병자를 고치고 "하나님의 나라가 너희에게 가까이 왔다"(9절)고 전하라고 한다. 만약 평화가 거절되면 그 평화가 "너희에게 돌아갈 것이요," 너희는 너희 발의 먼지를 그들을 향해 털어버리며, "그럼에도 불구하고 이것 곧 하나님의 나라가 너희에게 가까이 왔다는 것을 알라"(11절)고 말하라고 한다.

더욱이 70인이 "보내지"(ἀπέστειλεν)는데 이 단어는 4장 18절과 43절에서 예수의 사역을 묘사하는 데서도 사용된다. "예수께서 그의 앞서(πρὸ προσώπου αὐτοῦ) 70인을 보내시더라"(눅 10:1). 누가가 즐겨 사용하는 단어인 εὐαγγελιζώ가 여기에 나타나지는 않지만 동일한 복음 전파의 행위가 "평화가 이 집에 있을지어다"라는 복된 인사 중에 칠십인들에 의해서 이루어지고 있다.

평화의 반응은 사람들이 하나님의 나라를 받아들이는가 아니면 하나님의 심판을 받아들이는가의 기준이 된다. 분명히 누가복음의 특별한 중간 섹션을 총괄하고 있는 이와 같은 평화에 대한 강조는 2장 14절에 나타나 있는 누가의 내러티브 의도를 발전시켜 나간다. 이 구절에서 천사 무리가 예수 출생의 의미를 "하늘에 영광" 그리고 "땅에 평화"라고 찬양하고 있다.

P. 미니어(Paul Minear)는 누가복음의 주제적인 관심 중 하나인 '하늘에 영광'과 '땅에 평화' 사이에 놓여있는 직접적인 상관관계를 "더 많은 하늘의 영광은 더 많은 땅의 평화를 가져오며, 더 많은 땅의 평화는 더 많은 하늘의 영광을 가져온다"[108] 고 제안한 바 있다. 마찬가지로 미니어는 칠십

108) Minear, *To Heal*, 50. 실제로 영광 역시 누가복음의 주요한 주제상의 강조점의 일환이다. 이 책 6장의 각주 120을 참조하라.

인이 자신의 이름이 하늘에 기록되어 있음을 기뻐하는 것과(눅 10:20) 그들이 집에 들어가 salom-εἰρήνη(평화)라고 외치는 것을 서로 연결짓는다. 다시 말해 하늘에서의 기쁨이 땅에서 경험되는 평화, 기쁨, 온전함과 일치한다(눅 15:7, 10, 20-24)는 뜻이다.[109)]

누가는 자신의 특별한 중간 섹션의 끝에 가서 평화 모티프를 다시 도입함으로써 독자들이 예수의 사역 전체가 평화를 가져오는 것의 일환임을 보기를 원한다.[110)] 예수께서 예루살렘에 들어가기 위해서 감람산을 오르실 때 예수를 따랐던 제자들과 무리들은 그들이 보았던 전능한 일에 대해 큰 목소리로 기쁘게 하나님을 찬양하기 시작한다(눅 19:37). "찬송하리로다 주의 이름으로 오시는 왕이여 하늘에는 평화요 가장 높은 곳에는 영광이로다"(눅 19:38).

이 외침은 누가복음 2장 14절에 대한 화답송이 된다. 2장 14절의 하늘의 천사들의 선포가 이제 제자들과 무리들의 외침에 의해 보완된다. 다시 말해 땅이 하늘에 대해 응답하고 있는 것이다. 찬양이 주어져야 할 긴박성이 있다. 바리새인들이 이 외침을 잠잠하게 하고자 할 때 예수께서는 "그들이 소리치지 않으면 돌들이 그들의 찬양을 대신 외칠 것이라"(저자의 번역임) 말씀하셨기 때문이다. 누가의 이야기는 예수께서 왕으로 오셔서 하늘의 평화의 벨을 울리시고 예수를 따르는 허다한 무리들이 이를 고백하고 있다고 말하고 있다.

동시에 이 외침은 성공하지 못한 차원을 나타내기도 한다. 즉 평화가 땅에 있는 모든 자들에 의해서 환영받지 못했다는 점이다. 이런 연유에서

109) Minear, *To Heal*, 50-55; Minear는 히브리 단어 salom을 사용하고 있다. 누가복음에서 εἰρήνη와 salom을 연계시키는 것이 적합하다는 증거를 위해 다음을 보라: Swartley, "Politics and Peace", 35-37.

110) J. Donahues는 우리는 누가의 순례 여정 이야기를 "평화에 이르는 길"로 읽어야 한다고 제안한 바 있다 ("The Good News of Peace", *The Way* 22 [1982], 88-89).

예수께서는 찬양하는 무리들의 정서와 아주 달리 예루살렘에 대해 탄식하시며 다음과 같이 심판을 선언하신다.

> 심지어 네가 이 날에 평화에 대해 이루어진 것들을 알았었다면 좋을 뻔하였거니와 지금 그것들이 네 눈으로부터 감추어져 있도다(눅 19:42)

예루살렘에 대한 이와 같은 준엄한 심판의 말씀은 다음과 같은 슬픈 설명으로 끝을 맺는다.

> 이는 너희가 너희에 대한 하나님의 방문의 날을 알지 못하였기 때문이라 (눅 19:44)

이렇게 누가복음의 중간 섹션은 끝난다. 하나님은 예수를 통해서 자신의 평화를 보내셨지만 이에 대한 반응은 놀라움으로 가득 차 있다. 구체적으로 말해서 하나님이 초청하시는 잔치에 반응하지 않고 그냥 서 있는 자들은 평화 제안을 거절했고, 오히려 전에 이 잔치에 참여하는 것이 금지되었던 자들이 제안을 받아들인다.

J. 도나휴(John Donahue)는 저서 *The Gospel in Parable*에서 신명기 20장에 나오는 이스라엘의 거룩한 전쟁 규정과 누가복음 14장 16-24절에 나오는 위대한 잔치 비유 사이에 놓여 있는 흥미로운 상관관계를 주목한다.[111] 이 상관관계는 에반스(C. F. Evans)에 의해서도 인용되고 있다. 제일 먼저 잔치에 초대된 손님들의 변명은 신명기 20장에 나오는 이스라엘 남성이 거룩한 전쟁에서 면제되는 사유들을 반향한다.

---

111) J. Donahue, *Parable*, 140-146.

| 신명기의 전쟁 참여에 대한 면제 사유 | 누가의 잔치 참여에 대한 부정적 핑계 |
| --- | --- |
| 1. 새 집을 지었다 | 1. 땅을 샀다 |
| 2. 포도원을 만들었다 | 2. 다섯 마리의 소를 샀다 |
| 3. 여자와 약혼했다 | 3. 아내와 방금 결혼했다 |

둘 사이의 평행관계는 정말로 주목할 만하다. 첫 번째 평행관계는 소유에 대한 면제 혹은 핑계 사유이다. 두 번째는 일에 관한 것 —소가 포도원을 갈아야 하는 일— 이고, 세 번째는 결혼 의무에 관한 것이다.

도나휴는 구약과 보다 후대의 유대 문헌에서 메시아 시대의 잔치는 원수들을 진멸하게 될 커다란 폭력과 전쟁에 의해 시작된다는 점에 주목한다.[112] 누가복음에서 예수께서는 보다 앞선 잔치에 관한 명령(눅 14:7-14)에 대한 반응으로, 그리고 14장 15절의 "하나님의 나라에서 떡을 먹는 자는 복되도다"라는 선언에 대한 반응으로 이 비유를 말씀하신다. 예수의 위대한 잔치 비유는 14장 24절의 "내가 너희에게 말하노니 전에 청하였던 그 사람들은 하나도 내 잔치를 맛보지 못하리라"라는 말씀 다음에 와서 이 말씀과 함께 끝을 맺는다!

도나휴는 예수에 대한 누가복음의 묘사가 당시 유대의 통상적인 종말론적 기대를 벗어난다고 말한다. 특히 누가가 "종말론적 잔치와 … 통상적으로 연결되어 있는 이러한 폭력적인 요소들을 생략하고 있다"는 점에서 그렇다고 말한다.[113]

비폭력과 평화를 강조하고 있는 누가복음의 예수께서는 이 잔치 비유를 두 번째 차원으로 이끌고 가신다. 이 차원에 따르면 가난한 자, 절름

---

112) Ibid., 142. Donahue는 Ibid., 142페이지 각주 27번에서 사 25:6-8; 55:1-2; 65:13-14; 1 Enoch 62:14; 2 Apoc. Bar. 29:4; Rev 20-21.

113) Ibid., 142.

발이, 병든 자들이 잔치에 초대되는데 이들은 쿰란 문헌에서 (1QM 7:4-8; 1QSa 2:5-10) 예기된 메시아 잔치로부터 배제되는 자들로서 원래 초대된 손님들 대신에 초대된 자들이다.114)

이들은 정결법상 부정한 자들인데 이들이 잔치에 초대된 후에 세 번째 초대가 이루어진다. 여기서 잔치의 주인은 큰 길과 산울가에서 더 많은 자를 강권하여 불러 모으라고 명령한다. 이렇게 해서 누가복음의 위대한 잔치 비유에는 신명기의 거룩한 전쟁에 대한 새로운 반향이 나타나며, 이런 점에서 인간적인 모든 대적들이라는 요소는 완전히 사라져 버린다.

거룩한 전쟁 전승에 대한 이러한 본문상의 변화는 누가복음의 순례 여정 내러티브와 이스라엘의 정복 전쟁 전승 사이의 또 다른 연결점을 보여준다. 동시에 이 새로운 변화는 하나님의 은혜로운 평화의 제안으로서의 예수의 순례 여정에 대한 누가복음의 묘사에 기여한다. 특히 이 제안이 먼저 초청되었던 자들에 의해서 거절되고 이전에는 잔치로부터 배제되었던 자들에 의해서 받아들여진다는 점에서 그렇다.

참된 정의에 대한 누가의 강조가 하나님의 평화의 제안인 예수의 복음에 대한 누가복음의 묘사를 보완한다. 누가복음의 중간 섹션에서 누가는 정의에 대한 동사형 혹은 명사형(δίκαιὸς δίκαιὸώ εκδίκεώ εκδίκησις)을 12회 사용하는데, 어느 것도 마태복음이나 마가복음에는 나타나지 않는다. 그 중 네 본문은 다음과 같이 정의를 촉구하거나(눅 12:57) 혹은 특정한 사람이나 그룹을 의롭다 칭한다.

(1) 눅 14:14 - 의인들의 부활

(2) 눅 15:7 - 아흔 아홉의 의인들(이 표현에는 아이러니한 요소가 들어있다)

114) Ibid., 144.

(3) 눅 18:14 - 자신의 가슴을 치며 회개의 기도를 하는 세리(다른 사람[바리새인]보다 의롭다 하심을 얻었다)

또 다른 그룹의 네 본문은 불의한 재판관의 비유에서 나타난다. 두 번씩이나 과부는 정의가 이루어지기를 탄원하는데(눅 18:3 [ἐκδίκησόν με], 5절) 예수께서는 두 번에 걸쳐 하나님이 정의를 허락하실 것임을 분명하게 말씀하신다(눅 18:7 [ὁ θεὸς ποιήσῃ τὴν ἐκδίκησιν], 8절). 여기서 하나님 자신의 속성이, 정의가 무엇인가를 규명하는 표준으로 제시된다.

또 다른 그룹의 네 본문이 정의를 가장하거나 자신을 정당화하고자 하는 특정한 사람들 혹은 그룹들을 다음과 같이 묘사한다.

(1) 눅 10:29 - 율법사

(2) 눅 16:15 - 바리새인들

(3) 눅 18:9 - "자신들을 의롭다고 스스로 믿는" 바리새인들

(4) 눅 20:20 -세금을 빌미삼아 예수를 책잡고자 하는 서기관들과 대제사장들

정의에 대한 이러한 모방된 묘사는 누가복음의 결정적인, 기독론적인 고백을 돋보이게 하는 내러티브 장치이다. "진실로 이 사람은 의인이었도다"(눅 23:47). 이 고백은 마가복음과 마태복음에서 묘사되는 고백과 비교할 때 대담한 대안적 표현을 담고 있다. 이런 점에서 누가의 신학에 따르면 예수는 하나님처럼, 참된 정의의 표준으로 나타나고 있다(보다 자세한 설명을 위해 6장을 보라).

누가복음의 특별한 중간 섹션은 정의에 대한 신명기의 폭넓은 강조를 반향한다. 이러한 신명기의 강조는 신명기 16장 18-20절에 잘 나타나 있

다. 여기서 하나님은 이스라엘에게 재판관을 세워서 공의로운 결정을 내리라고 말씀하시며 다음과 같이 정의를 행할 것을 명령하신다.

> 너는 공의, 오직 공의만을 좇으라. 그리하면 네가 살겠고, 네 하나님 여호와께서 네게 주시는 땅을 얻으리라(신 16:20)

에반스(C. F. Evans)에 따르면 이 본문은 누가복음 14장 1-14절과 일맥상통한다. 이 본문은 예수의 잔치 방식으로 잔치를 베푸는 자들, 즉 가난한 자들과 절름발이, 병약한 자들을 초대하는 자들에게 "의인들의 부활 시에" 상급을 약속하고 있다.[115]

정의에 관한 본문 누가복음 18장 1-8절은 신명기 24장 6절-25장 3절과 상관관계를 이룬다. 신명기 본문은 가난한 자들과 이방 거주자들, 고아와 과부를 압제적으로 대하는 것에 대한 많은 금지명령을 담고 있다. 이 본문은 "너는 객이나 고아로부터 정의를 빼앗지 말며, 과부의 옷을 저당으로 취하지 말라"(신 24:17)와 같이 *정의(mispat)*라는 단어를 단 한 차례 사용한다. 누가복음 18장에 나오는 정의에 대한 끈질긴 과부의 요청은 분명히 신명기 본문과의 평행관계를 상기시키고 있으며 이런 점에서 에반스의 논지는 상당할 정도의 설득력을 지닌다.

이와 같은 구체적인 연결점들 이외에도 사회 정의에 대한 누가복음의 폭넓은 강조는 신명기의 사회 정의에 대한 강조와 일치한다(예를 들면 모세가 이스라엘에게 가나안에서의 물질적 풍요와 번성 때문에 하나님을 잊어버리지 말라고 경고

115) Evans는 신 16:18 이하를 16:1-17:7의 문맥에서 빼내어 17:8-18:22에서 집어넣음으로써 16:18 이하의 사법적 율법 섹션이 눅 14:1-14의 위대한 잔치 비유와 평행 관계를 이루도록 하고 있다. 이런 식으로 잔치 배설과 정의란 주제를 연결시킴으로써 누가는 누가복음의 순례 여정 이야기에 대한 필자의 논의 중에 설명되는 첫 번째와 두 번째 주제를 한데로 통합시키고 있는 셈이다.

하는 신 8:11-18을 보라).

누가는 12장 16-20절의 어리석은 부자 비유와 16장 19-31절의 부자와 거지 나사로의 비유에서 부(wealth)가 사람들을 왕국 초청과 왕국 정의에 대해 눈멀게 한다는 사실에 대해 경고한다. 두 비유는 누가복음에만 나타나며 당시 누가의 공동체에 속한 교회 안에 있던 부자와 가난한 자들 사이의 극심한 차이에서 생겨나는 위험에 대해 경고하고 있다.

실제로 누가복음의 순례 여정 이야기는 이 두 비유를 담고 있을 뿐만 아니라 삭개오가 재산의 반을 가난한 자들에게 나누어 주는 것과(눅 19:8) 구제와 관한 다른 가르침들(눅 11:41; 12:33), 12장부터 16장 전반에 걸친, 부에 대한 강력한 신명기적 반향을 담고 있다.

도나휴(Donahue)는 누가복음의 중간 부분에 나타나는 누가의 독특한 기여를 다음과 같이 요약한다.

> "누가는 예수를 구약 선지자의 형태로 묘사하는데 특별히 고아(눅 7:11-17; 18:1-8)와 이방인들(눅 10:29-37; 17:16), 사회에서 소외된 자들(눅 14:12-13, 21) 편에 서시는 분으로 묘사하고 있다."[116]

이스라엘의 길-정복 전승의 일환으로서의 사회 정의가 지닌 이와 같은 측면은 누가복음의 순례 여정 이야기에서 실제로 아주 크게 울려 퍼지고 있다. 그러므로 누가가 신명기를 하나의 문학적 모델로 삼아 자신의 예수 이야기를 구성했다고 확신 있게 말할 수 있다.[117]

---

116) Donahue, *Parable*, 175.

117) 하나의 문학적 저작이 선대에 있었던 다른 저작에 대해 지니는 네 가지 유형의 책-간 본문상의 관계들 - Thomas Greene에 따르면 모방적, 절충적, 탐구적, 변증적 관계들로 분류됨- 중에서 누가복음의 중간 섹션은 정의라는 점에서는 모방적인 측면에서 신명기서와 연관되어 있다. 그러나 누가가 가나안 사람들을 진멸하지 않고 유대인들과 사마리아인들 사이에서 친우 관계를

평화와 정의를 서로 연결지어야 하는 긴박한 현대적인 필요를 생각할 때 누가는 당시의 필요뿐만 아니라 우리의 동일한 필요에 대해 특이하고도 심오하게 말하고 있다. 신명기와 누가복음 모두에서 정의의 의미는 헬라 개념의 정의, 곧 모든 사람에게 각자 준하는 바를 공평하게 나누어 준다는 의미와 다르다.

오히려 누가복음과 신명기에서 말하는 정의는 이스라엘 백성과 맺으신 하나님의 언약 관계 속에 나타난 자비의 개념과 일치하는 것으로 이해되어야 한다. 가난한 자들과 소외된 자들의 필요를 보시고, 하나님은 불쌍히 여기심의 반응을 보이신다. 린드(Lind)는 "정의와 자비는 하나님과 그의 백성의 언약 관계에서 생겨난다"라고 이 점을 잘 표현하고 있다. 더욱이 이스라엘의 율법은 "(자비와 정의라는) 규범에 대한 하나의 표현 방식이다."[118]

율법과 정의가 하나님과의 언약 관계 속에 놓여 있는 이스라엘 백성의 삶의 의미와 뜻을 보여주고 있듯이 누가복음이 묘사하고 있는 평화와 정의를 선포하시는 예수의 모습 역시 하나님의 왕국의 복된 소식과 이 왕국의 삶의 패턴을 반영하고 있다. 이 왕국이 바로 예수 공동체의 길이다.

이 왕국은 의로운 체하는 가장된 정의를 멈추고 예수 안에서 도래한 하나님의 왕국의 길, 곧 실질적으로 평화와 정의의 길을 따라 살라고 요청하고 있다. 이렇게 하지 않으면 하나님의 정의는 심판을 의미하게 되는데 그 이유는 하나님의 평화와 정의가 악을 대면해 악을 이기기 때문이다.

---

형성함으로써 신명기적 사고를 새롭게 변화시키는 경우에 이 관계는 변증적 관계를 띠고 있다고 볼 수 있다. 특히 여기서 강조되는 바를 말하면서, 동시에 이 강조를 새롭게 변화시킨다는 점에서 변증적이라 할 수 있다. 다음을 보라: Greene, *Light in Troy*, 38-46.

118) M. C, Lind, "Transformation of Justice : From Moses to Jesus", in *Monotheism, Power, and Justice : Collected Old Testament Essays* (TR 3; Elkhart, Ind. : Institute of Mennonite Studies, 1990), 82-83.

### 3. 순례 여정은 악에 대한 정복과 심판에 이른다

누가복음의 순례 여정 이야기의 세 번째 중요한 특징은 복음이 악을 정복하고[119] 특별히 하나님이 예수를 통해 제공하시는 평화와 정의에 대해 반응하지 않는 자들을 포함한 모든 악을 하나님이 심판하신다는 점이다.

누가복음의 칠십인 사역에 대한 예수의 말씀은 의미하는 바가 크다. 이야기 전개상 누가복음은 평화의 복음이 악에 대한 승리의 능력으로 전진해 나가고 있다는 것을 보여주고자 하는 의도를 보인다. 칠십인을 보내는 기사와 이들이 돌아온 기사 사이에 놓인 예언의 말씀에서 예수께서는 고라신과 벳새다에 대한 화를 선포하신다. 그 이유는 이들이 하나님의 평화 사역-*missio Dei*-을 받아들이지 않았기 때문이다(눅 10:13-16).

예수의 심판의 말씀은 구약에 나오는 자고하고 압제적인 왕들의 몰락을 상기시킨다(사 14; 겔 28). "너 가버나움아, 네가 하늘에까지 높아지겠느냐 결코 아니라 음부에까지 낮아지리라"(눅 10:15).

평화의 복음에 대한 거절과 그에 따른 광범위한 심판에도 불구하고 예수께서는 하나님의 왕국의 평화 사역의 또 다른 결과를 *보신다*. "사탄이 하늘로부터 번개 같이 떨어지는 것을 내가 보았노라"(눅 10:18).

평화의 복음을 받아들인다는 것은 사탄의 지배의 끝을 보여주며 예수의 지배가 시작되었음을 나타낸다. 이 승리는 영속적인 중요성을 지니고 있는데 특히 "너희들의 이름이 하늘에 기록되었다"(눅 10:20)는 점에서 그렇

119) 이 점에 대해서는 다음을 보라: Garrett, *Demise of the Devil*; 특히 눅 10:17-20에 대한 Garrett의 설명 부분(46-56). Garrett가 누가의 이 본문이 누가복음에서 예수의 부활과 승천이 가져올 승리를 예기하고 있다고 주장하면서 이 본문을 현재의 내러티브 위치 속에서 이해하려는 시도를 보이는데 이러한 시도에 관심을 집중할 필요가 있다. 만약 누군가가 17-20절을 교회의 사역에 대한 예기를 담고 있다고 해석할 경우, 그는 10:1-12에 대해서도 동일한 해석을 해야 할 것이다. 즉 10:1-12이 교회의 보다 후대의 사역을 예기하고 있다고 말이다. 평화의 복음의 선포와 사탄의 내어 쫓음 혹은 무장해제는 누가복음의 목적에 충실하고자 한다면 결코 가볍게 취급할 수 없는 것이다.

다.[120)]

칠십인 파송과 돌아옴에 대한 기사 다음에 나오는 장면은 예수께서 성령으로 기뻐하시면서 아버지 하나님께 말씀하는 장면이다. 이 장면은 사탄의 세력에 대해 이루신 예수의 우주적 차원의 승리를 축하하고 있다. "숨겨진 일들이 지혜롭고 슬기로운 자들에게 알려지지 않고 어린아이들에게 알려졌도다!"

이 말씀은 평화의 말씀인 복음이 사탄의 속박으로부터 사람들을 자유하게 했다는 단순하고도 분명한 진리를 말해주고 있으며 동시에 구속을 경험한 자들의 분명한 기쁨을 드러내고 있는 것이다. 예수의 한없는 기쁨은 계속된다.

특히 이 모든 구속의 일과 그로 인한 기쁨을 가져온 토대, 곧 예수의 권세를 "내 아버지께서 모든 것을 내게 주셨으니(παρεδόθη) 아버지 외에는 아들이 누구인지 아는 자가 없고 아들과 또 아들의 소원대로 계시를 받는 자 외에는 아버지가 누구인지 아는 자가 없나이다"(눅 10:22)와 같이 강조함으로써 예수의 기쁨이 지속적으로 표출된다.

이 장면 다음에 예수께서는 보는 것과 듣는 것에 대해 제자들을 가르치시며 이와 관련한 이들의 특별한 위치에 대해 "너희가 보는 것을 보는 눈이 복이 있도다!"라고 말씀하신다.

그 다음 누가는 한 율법사가 영생을 얻는 문제로 예수를 시험하는(ἐκπειράζων) 장면을 기술한다. 이 율법사는 제자들이 보았던 것을 볼 수 있겠는가? 그렇지 않다. "사랑하라"는 하나님의 계명을 접하면서도 자신

---

120) Mauser는 눅 10:13-16의 심판 예언과 17-20절의 비전에 관한 이야기를 10:1-12과 분리해 다룸으로써 이 두 강조점 사이에 놓인 중요한 상호연관 관계를 간과하고 있다. 이것을 제외하고는 누가의 평화 주제에 대한 Mauser의 해석과 필자가 여기서 강조한 바는 서로 잘 일치한다. 특히 10:5-6과 8-11절 사이의 평행법에 대한 그의 해석은 시사하는 바가 크다. 다음을 보라: Mauser, *The Gospel of Peace* (SPS 1; Louisville : Westminster/John Knox, 1992), 55.

을 정당화하려고 진력하고 있기 때문이다.

이러한 율법사와 대조적으로 복음의 말씀은 사랑을 보여주는데 특히 불쌍히 여기는 마음으로 모르는 이웃을 도울 뿐만 아니라 원수라고 알려진 자를 돕는 일을 통해 사랑을 보여주고 있다. 이 점은 선한 사마리아인 비유가 사마리아인의 손길이 바로 사랑의 손길이라고 말하고 있다는 데서 잘 나타난다.121)

선한 사마리아인 이야기는 "내가 사랑해야 할 이웃은 누구입니까?"라는 질문으로부터 "나는 심지어 원수에게까지도 좋은 이웃입니까?"라는 질문으로 바뀐다. 원수에게까지 좋은 이웃, 곧 원수를 사랑하는 이웃이 되는 사람에게는 영생이 보장된다. 이런 사람은 악한 의도를 갖고 진리와 생명의 선생이신 주님을 시험하지 않는다.

선한 사마리아인의 비유는 누가복음 중간 섹션의 첫 번째 부분의 절정에 해당된다. 그런데 이 첫 번째 부분은 사마리아라는 주제를 근간으로 구성되어 있다. 이것은 사마리아인 마을이 순례 여정 중에 계신 선지자 예수를 배척하기에 9장 54절에서 제자들이 이 마을에 하늘로부터 불이 쏟아지기를 원했던(참조 왕하 1:10, 12) 반면에 이 비유 자체도 사마리아인의 모습을 담고 있다는 점에서 그렇다. 그러나 예수께서는 이러한 제자들의 바람에 대해 꾸짖으셨으며(ἐπετίμησεν) 이런 점에서 제자들의 악한 소원을 내치셨다.

이상 살펴본 여러 점에서 누가복음 중간 섹션의 첫 번째 부분(눅 9:51-10:37)은 복음이 악을 이긴다는 주제를 발전시키고 있다. 특별히 악에 대

121) 사마리아인들의 정체성에 대한, 그리고 유대인들과 사마리아인들 사이의 원수관계에 대한 훌륭한 설명을 위해 다음을 보라: J. R. Donahue, "Who Is My Enemy? The Parable of the Good Samaritan and the Love of Enemies", in *The Love of Enemy and Nonretaliation in the New Testament*, ed. W. M. Swartley (Louisville : Westminster/John Knox, 1992), pp. 137-156.

한 승리의 방식은 평화를 선포하는 일과 원수에게까지 사랑을 베푸는 일임을 보여준다. 사람들이 왕국이 선포하는 평화의 복음을 받아들이게 됨에 따라 사탄은 권능의 보좌에서 떨어진다. 생명을 얻고자 생명을 버리는 사랑을 통해 원수들이 사망으로부터 구원을 얻게 된다. 평화와 사랑의 복음이 사탄과 악을 정복한 것이다.

예수께서 보낸 칠십인의 사역은 그에 앞서 예수께서 사마리아 마을에 사자들을 먼저 보내신 사건에 대한 후속 조치이다(눅 9:51-53, 56). 이 두 사건을 한데 묶어 고려할 경우 또 하나의 요점이 드러난다.

하나님의 왕국의 평화와 악에 대한 정복이라는 두 주제는 이야기 가운데서 특정 행동들에 의해서 전개되는데 이 행동들은 종교적으로 사회-정치적으로 경멸의 대상이요 원수인 사마리아인 지역에서 일어나고 있음이 분명하게 명시된다.[122)]

구약의 이야기에 비추어 볼 때 이것은 두 가지의 중요성을 띤다. 사마리아는 지리적으로 볼 때 가나안 족속을 상대로 한 여호수아의 혹은 여호와의 최초 전쟁이 일어났던 지역과 동일하기 때문이다. 그러나 신약의 이야기로 넘어오면 원수를 박멸하는 것이 아니라 오히려 새로운 전략이 다음과 같이 이전의 원수 됨과 대적관계를 박멸한다.

사마리아인들이 하나님의 나라의 평화를 받아들인다. 우상숭배를 제거하기 위해서 사람들을 죽이는 것이 아니라 복음은 사탄을 직접적으로 패배시킨다. 악의 높은 곳을 파괴하고 무너뜨리는 것이 아니라 악의 가장 큰 우두머리인 사탄 그 자체가 권좌로부터 쫓겨난다! 이런 연유에서 우상숭배의 뿌리가 원천적으로 제거된다(약속의 땅에서 사람들이 멸망하게 되는 근원적 이유, 곧 우상숭배에 관해서 신 18:9-14을 보라).

---

122) 이런 점에서 9:51-10:37 전체의 지역적 문맥은 사마리아이다.

누가복음 중간 섹션의 다른 부분 역시 악에 대한 예수의 정복과 심판을 크게 부각시킨다. 예를 들면 다음의 이야기들이 여기에 해당한다.

(1) 오직 누가만이 공관복음 구조의 중간 섹션에 위치시킨 바알세불 논쟁의 이야기

(2) "이 악한 세대"에 대한 지속적인 심판의 선언(12장)

(3) 18년 동안 사탄의 속박 가운데 있던 여인을 구출해 내심(13:10-17)

먼저 바알세불 논쟁에서 예수께서는 자신의 권세를 주창하시며 "내가 만일 하나님의 손을 힘입어 귀신을 쫓아내는 것이면 하나님의 나라가 이미 너희에게 임하였느니라"(눅 11:20)라고 승리의 말씀을 하신다.

또한 하나님의 왕국이라는 주제는 악의 우두머리들에 대한 승리와 직접적으로 연계된다. 20절 이후에서 예수는 강한 자보다 더 강한 분으로 묘사되며 특별히 사탄을 성공적으로 공격해 사탄의 지배 아래 있는 자들을 구출해 내시는 분으로 묘사된다. 사탄과 그의 재물에 대한 예수의 승리라는 맥락에서 앞서 말한 바 있는 "너희를 반대하지 않는 자는 너희를 위하는 자니라"(눅 9:50)는 예수의 말씀이 "나와 함께 하지 아니하는 자는 나를 반대하는 자요 나와 함께 모으지 아니하는 자는 헤치는 자니라"(눅 11:23)는 말씀으로 바뀐다.

비록 누가복음 11장 23절이 다른 공관복음서에서 기인한 다른 표현의 구절 같아 보이지만, 11장 23절은 9장 50절과 문맥상 차이를 지니고 있을 뿐, 의미에서는 '악과의 싸움에서 예수 편에 서는 것이 중요한데 그 이유는 예수께서 승리하실 것이기 때문이다'와 같은 동일한 의미를 지닌다.

누가복음의 중간 섹션에 나타나는 몇몇 주제 역시 평화와 악에 대한 승리라는 보다 작은 주제와 잘 어우러진다. 이 부분에 나타나는 예수의 많

은 가르침이 크리스천의 삶에 가만히 침투하려는 죄나 악에 대해 경고하고 있거나, 아니면 죄와 악으로부터 사람들을 구해 내는 것에 대해 강조하고 있다(특별히 15장).

주의 기도의 절정에 해당하는 "우리를 시험에 들게 하지 마옵소서"라는 표현은 악의 강력한 미혹으로부터 보호받기 위해 하나님의 능력을 간구하고 있으며,[123] 주의 기도를 뒤잇는 부분에 나타나는 악한 것과 좋은 것 사이의 대조(눅 11:13)는 악으로부터의 구출 혹은 보호하심이란 주제가 널리 퍼져 있음을 보여준다.

앞서 언급했듯이 부에 대한 광범위한 경고는 악에 대한 승리의 주제를 더욱 분명히 해준다. 돈을 사랑하는 것은 예수와 예수의 길을 거부하는 것이다(눅 16:13-15). 누가복음은 중간 섹션의 끝 부분 가까이에 대조되는 두 가지 이야기인 부자 관원 이야기(눅 18:18-30)와 삭개오 이야기(눅 19:1-10)를 위치시킴으로써 부를 악에 대한 복음의 승리와 대조를 이루게 한다(참조 눅 16:13).[124]

또한 누가복음의 중간 섹션은 위치상 중요한 위치를 차지하고 있는 두 가지 이야기를 담고 있는데 두 이야기는 평화의 복음에 대해 반응하지 못하는 자들에 대한 예수의 심판을 강조한다.

베일리(Bailey)와 굴더(Goulder)의 교차대구법적 분석에 따르면 누가복음의 중간 섹션의 전략적 중심부는 13장 31-35절이다. 이 단락에서 예수께서는 자신을 죽이고자 하는 바리새인들과 헤롯에게 자신의 사역은 귀신을 내어 쫓으며 질병을 치료하는 것이라고 말씀하신다. 그는 계속해서 이

123) 비록 보다 후대의 필사자들이 "악으로부터 우리를 구하여 주옵시고"라는 표현을 마태복음의 주기도문의 영향을 받아서 첨가하고 있지만 이 청원 자체는 보다 큰 누가복음의 강조에 분명 잘 들어맞음이 확실하다.

124) 이 토픽에 관해서는 다음을 보라: W. E. Pilgrim, *Good News to the Poor : Wealth and Poverty in Luke-Acts* (Minneapolis : Augsburg, 1981), 특별히 109-133.

일을 오늘과 내일, 그리고 그 다음날 해야 하며, 그 후에는 예루살렘에서의 선지자의 최후를 받아들이게 될 것이라 하신다.

그런데 여기서 악과 선 사이의 대적관계가 드러난다. 예루살렘이 다른 선지자들에게 그랬던 것처럼 예수를 죽이고 예수에게 돌을 던질 것이다. 그 다음 예수께서는 자신의 사역의 실체의 양면성, 즉 간절한 사랑과 동시에 잃어버린 기회에 대한 심판을 다음과 같이 선언하신다.

> 얼마나 자주 내가 암탉이 자기 새끼를 날개 아래 모음 같이 너희 자녀들을 불러 모았었느냐? 그러나 너희가 원치를 않았도다! 보라 너희의 집이 황폐하여 버린 바 되리라. 내가 너희에게 이르노니, 너희가 "주의 이름으로 오시는 이를 찬송하리로다" 라고 말할 때가 올 때까지 나를 보지 못하리라 하시니라(눅 13:34-35)

누가복음 중간 섹션의 마지막 부분인 19장 11-27절 역시 이와 비슷한 내용을 담고 있다. 열 므나의 비유인 이 본문은 다음과 같이 두 차원의 이야기를 담고 있다.

(1) 므나를 다른 방식으로 사용한 종들에 대한 귀인의 반응
(2) 귀인 나라의 백성들이 그를 미워한 것에 대한 귀인의 반응(14절)

이 비유의 강력한 메시지가 귀인을 미워한 백성들에게 "내가 자신들의 왕 되는 것을 원치 않았던 나의 저 원수들을 이리로 끌어내어 내 앞에서 죽이라"(눅 19:27)와 같이 주어진다.

누가는 예수를 따르는 자들에게 원수를 돕고 그들을 사랑함으로써 서로 간의 원수 됨을 제거하라고 분명히 말하지만 이러한 명령과 함께 '원수'

라는 범주가 완전히 제거되고 있지 않음도 사실이다. 인간에게 주어진 윤리는 이 범주를 회피하지만 하나님의 심판은 이 범주를 포함하고 있다. 이 비유는 귀인의 백성들이 귀인에 대한 증오를 통해서 '원수'라는 실체를 만들고 있음을 보여준다. 이런 점에서 예수의 말씀은 원수라는 실체를 인정하고 있는 것이다.

구약의 이야기와 동일한 맥락에서 심판은 평화와 사랑의 하나님을 미워하는 자들에게 미친다. 27절 말씀은 준엄하고도 냉혹하다. 이 비유의 마지막 말씀은 사회-국가적이며 총체적 차원에서 '원수'라는 동일한 실체가 사라지지 않고 여전히 존재하고 있음을 분명히 보여주고 있다. 그 이유는 하나님의 거룩한 성에서 왕으로 등극하기를 원하시는 겸손한 분에 의해 제의된 평화를 귀인의 도성이 거절했기 때문이다(눅 19:29-40). 귀인의 백성들이 평화를 이루는 일, 곧 그들의 눈에 숨겨져 있던 일을 인정하지 않았기 때문에 이제 그들은 다음과 같은 준엄한 심판의 소리를 듣게 된다.

> 정말로 그 날이 너희에게 미칠지니, 곧 네 원수들이 토성을 쌓고 너를 둘러싸며, 사면으로 가둘 날이라. 너희 원수들이 너와 및 그 가운데 있는 네 자식들을 땅에 메어치며, 그들이 돌 하나도 돌 위에 남기지 아니할 것이라. 이는 너희가 하나님으로부터 오는 너희의 권고의 때를 인식하지 못하였기 때문이라(눅 19:43-44)

비록 누가복음 중간 섹션의 끝 부분이 이와 같이 준엄한 선언을 담고 있지만 끝 부분에 나오는 다음과 같은 한 요소가 특별히 독자들을 자극한다.

> 제자의 온 무리가 자기들이 본 바 모든 능한 일로 인하여 기뻐하며 큰 소리

> 로 하나님을 찬양하여 이르되 찬송하리로다 주의 이름으로 오시는 왕이여 하늘에는 평화요 가장 높은 곳에는 영광이로다!(눅 19:37-38)

평화를 찬양하는 노래를 불렀던 무리 속에 있는 이 모든 자는 누구이겠는가? 예루살렘으로부터 온 많은 자들이 이들일 수는 없을 것이다(41-44). 누가복음 중간 섹션의 이야기가 갈릴리를 시작으로 사마리아로 전개된다는 점과 예루살렘에 대해 심판이 선언된다는 점에 비추어 볼 때 이 무리가 누구로 구성되어 있는가 하는 것은 순례의 여정 중에 있는 손님을 따라서 약속된 잔치에 참여하고자 하는, 불어난 무리에 달려 있는 것이다. 여리고의 성곽들이 평화와 사랑, 정의의 복음을 통해 다시 무너졌던 것은 다름 아니라 바로 이들을 위한 것이다.

D. 티데(David Tiede)는 누가가 자신의 복음서를 기록함으로써 "이스라엘의 최근 역사 속에 있는 하나님의 정의, 은혜, 신실하심, 버리심, 보복, 섭리에 대한 당시의 복잡한 논쟁 속으로 들어가고 있다"고 올바른 지적을 한 바 있다.[125] 티데는 피터슨(Petersen)과 같은 주장을 하는데 피터슨은 다음과 같이 말한 바 있다.

> "하나님의 성소 (회당과 성전들)와 관련한 하나님의 백성에 의한 하나님의 대행자들의 배척은 성경 이야기 전체가 구동화되고 전개되게 하는 구성 장치이다."[126]

이 말은 누가복음의 이야기에 정확히 적용되는 사실이면서 동시에 다음

125) Tiede, *Prophecy and History*, 15.

126) N. Petersen, *Literary Criticism for New Testament Critics* (Philadelphia : Fortress, 1978), 83. Cited by Tiede, Prophecy and History, 14.

과 같은 또 하나의 측면이 강조되어야 할 필요가 있다. 누가복음 10장의 이야기는 땅에 전해진 평화의 복음이 적지 않은 수용자들에 의해 받아들여졌으며, 하나님의 구원의 복음은 크나큰 배척에도 불구하고 평화의 선물을 통해 승리하게 될 것이다.[127]

평화의 복음에 대한 수용과 배척은 누가복음의 중간 섹션을 열고 닫는 수미상관 구조 속의 두 이야기 가운데 나타나 있다. 이런 점에서 변화산 상의 사건에서 굴욕의 장소인 예루살렘에 이르는 예수의 순례 여정은 사탄과 악의 세력을 무장해제 시키는 정복의 여정이었다. 이 무장해제는 하나님의 나라의 평화를 받아들인 자들에게는 평화를 가져다줌으로써, 그리고 이 평화를 거절한 자들에게는 "황폐케 된 집"(눅 13:35)을 가져다줌으로써 이루어지고 있다.[128]

### 요약

이상 살펴본 대로 형식과 내용에서 누가복음의 순례 여정 이야기는 구약의 길-정복 전승이 미친 영향들을 보여주고 있다. 먼저 형식에서 누가복음의 순례 여정 이야기는 구약 이야기와 마찬가지로 순례의 형식을 취하고 있으며 분명히 신명기가 모델의 역할을 하고 있는 것처럼 보인다.

내용에서는 여섯 가지 주제가 누가복음의 순례 여정 이야기에 널리 퍼

---

127) 예수께서 부활하신 후에 제자들에게 하신 "너희에게 평강/평화가 있을지어다"(24:36)라는 말씀을 주목하라. 평화의 언어들, 그러나 더 중요하게는 평화를 만드는 사건들이 사도행전을 통해 지속되고 있다. 다음을 보라: Swartley, "Politics and Peace", 18-37; J. Comblin, "La Paix dans la Théologie de saint Luc", *ETL* 32 (1956), 439-460; and Mauser, *Gospel of Peace*, 89-102.

128) D. P. Reid는 이 점을 다음과 같이 표현하고 있다: "만약 제자도에 이르는 순례 여정이 있다면 마찬가지로 거절과 배척에 이르는 순례 여정이 존재한다"(Peace and Praise in Luke", in *Blessed Are the Peacemakers*, ed. A. J. Tambasco [New York/Mahwah : Paulist, 1989], 106).

져있는데 이에 대해 두 주제를 한 묶음으로 취급해 세 쌍으로 다룬 바 있다. 다시 말해 신명기의 이야기를 반향하는 누가복음의 순례 여정 이야기는 예수를 다음과 같은 분으로 드러내고 있다는 뜻이다.

(1) 순례 여정 중에 계신 손님/잔치 주인이시며 배척 받는 선지자
(2) 평화와 정의를 가져오시는 분
(3) 악을 무장해제 시키는 분이시며 하나님의 심판의 대행자

반드시 주목해야 할 점은 세 쌍으로 구분된 주제의 경우 각 쌍의 첫 번째 주제는 본질상 다음 쌍의 첫 번째 주제와 연결되어 있으며, 또한 한 쌍의 두 번째 주제는 다음 쌍의 두 번째 주제와 연결되어 있다는 점이다.

순례 여정 중에 있는 손님/ 잔치 주인은 평화의 복음을 가져오시는데, 이 복음은 사탄과 악의 세력들을 무력화시키는 능력이다. 배척 받는 선지자는 정의의 선지자로서 이 분의 말씀은 잔치를 배설하는 손님을 거절하고 평화의 복음을 경멸하며 악을 꾀하는 자들에게 심판이다.

두 개의 형식과 여섯 개의 내용이라는 특징은 누가복음의 중간 섹션이 이스라엘의 길-약속의 땅-정복 전승에 의해 영향을 받았다는 강력한 증거를 보여준다.

이상에서 주어진 설명에 비추어 볼 때 순례 여정 모티프는 기본적으로 누가복음의 독자에게 예수의 이야기를 옛 구약 이야기에 대한 회상 가운데 읽고 듣도록 하는 역할을 하며, 특별히 유대 땅의 중심부에서 그리고 누가의 이야기의 핵심 가운데서 사마리아인들에게 일어난 것이 의미하는 바를 볼 수 있도록 하는 역할을 한다고 여겨진다.

### 광야-정복 전승 상에 나타난 연속성과 새로운 변화 : 평가와 요약

공관복음서가 각각의 중간 섹션에서 구약 길-정복 전승을 활용했다는 사실은 누가복음의 경우 가장 명시적이며 마태복음의 경우 가장 덜 명시적이다. 마태복음의 경우 변화산상의 이야기 외에는 구약의 길-정복 (혹은 출애굽) 이미저리를 반영하고 있는 어떠한 명시적인 이미저리도 담겨져 있지 않다.

그러나 각각의 공관복음서는 나름대로 강력한 정복 신학을 제시하고 있다. 누가복음과 마태복음의 정복 신학은 모두 예루살렘을 향한 예수의 움직임을 악에 대한 승리로 묘사하고 있다. 마가복음이 악에 대한 승리라는 주제 그 자체에 큰 강조점을 두지 않지만, 마가복음의 중간 섹션 전부는 구약의 출애굽-정복 이야기로부터 기인하는 이미저리 내에 놓여 있다.

세 공관 복음서 모두에서 정복을 이루는 수단은 비록 똑같지는 않지만 대체적으로 비슷하다. 예수의 고난과 죽음, 그리고 부활이 승리에 이르는 길이며, 제자들에게 이것은 자기-부정과 십자가를 지는 것, 그리고 겸손한 종의 역할을 선택하는 것을 의미한다.

한걸음 더 나아가 누가복음은 왕국 복음의 선포와 수용이 사탄을 권좌에서 내어 쫓고 있음을 강조하고 있다. 이 점은 누가가 후에 사도행전에서 강조하는 바와 일맥상통한다. 사도행전의 경우 복음이 이방인들에게로 퍼져나가는 것이 사탄의 세력의 종말을 보여주고 있는 이야기로 열리고 닫히는 구성방식을 채택함으로써 이 점이 강조된다.[129)]

만약 정말로 구약의 정복 모델이 현재의 정경적 형태에 있는 공관복음서의 중간 섹션 형성의 이면에 놓여 있다면 우리는 이스라엘의 정복 신학의 핵심에 해당하는 전능한 전사 모티프와 거룩한 전쟁 모티프가 공관복

129) 모든 지리적인 돌파구는 귀신을 내어 쫓는 사건들에 대한 기술을 동반한다(8장, 13장, 16장, 19장).

음서의 중간 섹션에서 어떤 경우에는 나타나고, 어떤 경우에는 나타나지 않는 이유에 대해 설명해야 할 필요가 있다.130)

공관복음서가 강조하는 해방 혹은 구속이 정복의 차원을 담고 있긴 하지만(3장을 보라), 마태복음과 마가복음에서 (누가복음의 경우는 다름), 혼돈에 대한 하나님의 승리를 묘사하는 이야기들이 중간 섹션에서는 나타나지 않는다(이에 대한 예외는 변화산상 사건 이후에 나오는 축사 장면이다). 예수께서 마태복음과 마가복음의 중간 섹션에서 전능하신 전사의 이미지로 그렇게 크게 부각되지 않지만 그럼에도 불구하고 예수는 분명 승리자(Victor)로 나타나고 있다. 어떻게 이것이 가능할까?

예수께서 비록 전능하신 전사의 이미지는 아니지만 승리자로 나타난다는 점은 최소한 다음의 세 가지 점에서 분명해 보인다.

(1) 예수께서는 지속적으로 악과 싸우신다.

(2) 예수 자신은 다른 사람의 생명을 취하는 대신에 자신의 생명을 내어주시는 전능한 전사이다.

(3) 예수의 승리는 예수를 따르는 자들에 의해서 향유되는데 특별히 이들이 지닌 악에 대한 권세와 삶의 형성에서 향유된다.

### 예수께서는 지속적으로 악과 싸우신다

마가복음에서 악과의 싸움은 예수의 메시아 직분을 중심으로 이루어지는데 여기서 베드로는 사탄의 대변자 역할을 하고 있다. 이 싸움에서 예수께서는 자신의 메시아 직분을 세상의 구조, 즉 지상의 왕들의 위협적이

130) 필자가 여기서 전능한 전사 모티프와 거룩한 전쟁 모티프란 두 용어를 모두 사용하는 이유는 모든 하나님의 전쟁 이미저리를 신명기 신학과 Gerhard vcn Rad의 저작과 연관된, 보다 특정한 거룩한 전쟁 모델로 국한시키지 않기 위해서이다.

고도 압제적인 지배의 구조 속으로 전복시키려는 사탄의 시도와 맞서 싸우신다(10:42-43). 이러한 전복적인 공격에 대해 예수께서는 사탄의 세력을 *꾸짖으셨고* 그 다음 즉시로 인자의 고난과 죽음을 선언하신다.

이 시점 이후로 마가복음은 정복의 길을 분명하게 보여주고 있다. 즉 마가복음에서 정복의 길은 하나님에 대한 신실한 순종의 ἐρήμος(광야) 길이요, 고난과 죽음에 이르는 길이며, 결국 부활에 이르는 길이다. 그러나 마가의 이야기의 이 시점에서 예수의 승리는 예수의 믿음, 곧 하나님이 예수 자신을 끝까지 넘어지지 않도록 붙들어서 종국적으로 그를 신원하실 것이라는 믿음의 눈을 통해 이루어진다. 분명한 사실은 전능한 전사 하나님이 거룩한 순교자가 되실 것이라는 점이다.

마태복음은 베드로의 신앙 고백을 통해서 예수의 궁극적 승리를 선언하고 있으며 이 승리의 능력을 마태 자신의 신앙 공동체의 삶으로 이끌어 들이고 있다. 예수의 수난-부활 *예고가* 마가복음의 경우처럼 마태복음에도 있지만 이 예고의 결과는 다음과 같이 분명하다: "내가 나의 교회를 세울 것이라. 음부의 권세들이 이기지 못하리라."

악의 세력들이 정복되는 이유는 예수가 그리스도시며, 살아계신 하나님의 아들이기 때문이다. 믿는 자들에게 예수의 승리는 종말로 이어지는데, 이 때에 제자들이 열두 보좌에 앉아서 열두 지파를 심판하게 될 것이다. 반면 교회의 삶 가운데 이 승리를 유지하기 위한 싸움이 놓여 있다(p. 279 '믿는 자로서 예수의 승리를 향유하는 일' 이하의 내용을 보라).

누가복음에서 악과의 싸움의 결정적인 승리가 중간 섹션에서 묘사된다. 파송된 칠십인을 통해 선포된 복음이 사탄의 종국을 불러온다. 이 시점으로부터 세상은 예수를 거부함으로써 심판을 자초하는 자들과 예수를 받아들임으로써 지금 여기서 영생을 얻을 뿐만 아니라 값비싼 희생의 제자도를 통해서 다가올 세상에서 영생을 얻게 될 자들로 양분된다. 구원이 잃어버린 자들에게 임하는데(15장과 19:1-19), 그 이유는 더 강한 자이신 예수에 의해서 강한 자인 사탄의 소유들이 약탈되었기 때문이다.

평화가 승리하는데 이는 긍정적인 관점에서는 하나님에 대한 찬양으로 이어지고, 부정적인 측면에서는 '평화를 이루는 일'을 알지 못하는 자들에게 영원한 심판으로 이어진다.

### 죽으시는 전능한 전사이신 예수

마가복음과 마태복음은 예수를 "많은 사람을 위해 자신을 대속물로 내어주시는" 분으로 묘사한다(막 10:45; 마 20:28). 그런데 누가복음은 다음과 같은 절정의 교훈적인 진술을 교차대구법적인 구조의 형태로 나타냄으로써, 동시에 중간 섹션의 중심에 위치시킴으로써 예수의 이러한 모습을 표현한다.

(1) (헤롯을 피해 예루살렘을 떠나지 않고) "나는 반드시 나의 길을 가야하리니 왜냐하면 선지자가 예루살렘 밖에서 죽음을 당하는 것이 불가능하기 때문이라"(눅 13:33)

(2) "인자의 온 것은 잃어버린 자를 찾아서 구원하기 위함이기 때문이라"(눅 19:10)

앞서 원수들이나 중한 죄를 지은 자들을 죽이라는 신명기의 명령에 대한 반전을 다루면서 주목한 바 있듯이 누가복음에서 예수는 신명기의 명령에 따르면 죽을 수밖에 없는 자들에게 생명을 주신다. 죄인이 가장 환영받는 자들이며, 증오의 대상이었던 사마리아인이 핵심의 자리를 차지하게 되고, 새로운 길의 모델로 부각된다.

정확히 바로 이 점에서 복음서 전승은 구약의 전승과 가장 극명한 차이 혹은 새로운 변화를 보인다. 전능한 전사 하나님은 더 이상 원수를 죽이기 위해 오시지 않으며 오히려 다른 사람들을 위해 자신의 생명을 내어 주신다. 그렇게 해서 평화와 사랑의 복음을 통해서 원수 됨을 종식시킨다. 구약의 원수 됨의 범주가 이제는 오직 평화와 사랑의 복음을 거절하는 자들에게만 지속될 뿐이다. 그리고 이 복음을 대적하며 끝까지 저항하는 자들에 대한 하나님의 심판은 무섭고도 냉혹하게 묘사되고 있다.

W. 브라운리(William Brownlee)는 구약과 신약 사이의 연속성과 비연속성이라는 이슈를 잘 다룬 바 있는데 특히 거룩한 전쟁으로부터 거룩한 순교자(보다 정확히 표현하면 전능한 전사로부터 전능한 순교자)로의 궤적을 통해 구약과 신약의 관계를 잘 설명한 바 있다. 물론 구약에서 강조되고 있는 모든 바가 이러한 극단의 궤적을 보이지는 않는다는 사실이 강조되어야 하지만 말이다. 브라운리는 먼저 다음과 같이 비연속성에 대해 말한다.

> 예수의 승리는 마카비왕조의 전사들의 승리(주전 167-130)와 극명한 대조를 이루는데 특히 이 전사들의 피는 "아벨의 피와 같은 복수"를 불러일으키는 데 반해서 전능한 전사 예수의 "피는 오직 죄의 용서와 구속을 불러일으키고 있다."

그러나 브라운리는 여기서 연속성을 보는데 예수께서 동일한 여호와의 전쟁을 이끌고 있다는 점에서 그렇다. 인간 전사-순교자이신 예수는 동시에 사탄의 세력을 물리치시는 전능한 전사 하나님이시다. 예수의 축사는 자신의 죽음과 부활의 승리 가운데 절정에 다다르는 거룩한 전쟁을 시작하게 한다. 브라운리는 이와 같은 궤적을 구약과 신약의 관계 속에 놓여 있는 중요한 궤적으로 다음과 같이 옳게 간주하고 있다.

> 성경 신학이라는 분야에서 구약의 맨 앞부분으로부터 신약의 맨 뒷부분으로 옮겨 가면서 앞서 말한 바들이 수정되거나 더욱 풍요롭게 묘사되는 것을 종종 목격하게 된다. 그러나 현재의 경우, 다시 말해 우리가 원수의 완전한 진멸의 *herem*을 지니고 있는 거룩한 전쟁이라는 구약의 제도로부터 자신의 원수들을 포함해 온 세상의 구원을 위해 자신의 생명을 내어주시는 신적-인간 전사에게로 움직여 나감에 따라서 가장 극적인 발전과 극적인 변화를 목격하게 된다. 그러나 *herem*과 십자가 사이에는 단순히 대조, 곧 전자를 후자로 대체하는 극명한 단절만이 존재하는 것이 아니라 하나의 신학적 연속성이 존재한다. 이 연속성에 따르면 거룩한 전쟁의 역사를 통해서 전자가 후자에 이르게 된다.[131]

이러한 연속성과 철저한 변화가 정경적 형태의 공관복음 전승의 중간 섹션 가운데 분명히 나타나 있다. 악에 대한 하나님의 전쟁은, 예수의 평화의 복음이 사탄을 권좌로부터 내어쫓음에 따라서, 그리고 전능한 전사 하나님이신 예수께서 많은 사람들을 위해 자신의 생명을 대속물로 내어주시기 위해 자발적으로 예루살렘에 들어가서 고난 받고 죽으심에 따라서 그 절정에 달하고 궁극적인 승리에 이른다.

브라운리의 요점에 따르면 "연속성은 단지 거룩한 전쟁이라는 주제 속에만 놓여 있는 것이 아니다"와 같은 점이 부연될 수 있을 것이다. 공관복음서의 중간 섹션이 이방인들과 원수들을 사랑의 언약에 포함시키고 있다

131) W. Brownlee, "From Holy War to Holy Martyrdom", :n *The Quest for the Kingdom of God*, ed. H. B. Huffman, F. A. Spina, A. R. W. Green (Winona Lake, Ind. : Eisenbrauns, 1983), 286, 291. W. Klassen은 이 토픽과 관련해 구약 용어인 '전쟁의 사람'출 15:3)에 대한 칠십인 역의 '여호와께서 전쟁을 멸하시다'(κύριος συντρίβων πολέμους)라는 번역에 나타나 있는 새로운 변화를 주목한 바 있다. 다음을 보라: W. Klassen, "The God of Peace : New Testament Perspectives on God", in *Towards a Theology of Peace*, ed. S. Tunnicliffe (London : European Nuclear Disarmament, 1989), 127.

는 점과 아울러 평화의 정의라는 주제가 구약에 깊고도 강력한 뿌리를 두고 있다는 점이 또한 연속성을 말해준다. 브라운리가 말하고 있는 비연속성과 새로운 변화는 한 이야기가 다른 이야기를 구성해 나가는 궤적의 한 부분일 뿐이다.

에반스가 말한 바 있는 구약과 신약 사이의 상관관계 속에 있는 수많은 일치점은 구약과 신약의 통일성을 보여주는 중요한 증거들이다. 또한 이사야 혹은 다른 선지서들이 공관복음서 구성에 활용된 문학적 원형이나 전형이었다면 구약과 신약 사이의 일치점은 훨씬 더 확실하고도 더 강력할 것이다.

그러나 공관복음 전승의 중간 섹션이 신명기의 이미저리들을 반향하고 있다는 바로 그 이유 때문에 거룩한 전쟁이라는 주제와 이 주제의 새로운 표현에 대한 브라운리의 주장은 정확히 바른 주장이라 하지 않을 수 없다.

### 믿는 자로서 예수의 승리를 향유하는 일

마가복음에 의한 기독론과 제자도의 밀접한 연결과, 마태가 자신의 교회를 향해 직접적으로 말하고 있다는 점, 누가복음의 칠십인 선교 등은 예수의 복음을 받아들인 믿음의 공동체들이 예수의 승리를 향유하고 있음을 서로 보완적 방식으로 묘사한다. 세 복음서의 이러한 묘사는 한데 어우러져서 악에 대한 교회의 지속적인 승리에 필요한 세 가지의 본질적인 요소를 제공한다.

마가복음이 강조하는 바가 의미하는 것은, 제자도가 다음과 같은 이중적 진리에 항상 초점을 맞추어야 한다는 것이다. 첫째, 예수께서는 자신의 고난 받는 인자—기독론을 통해서—가 주의 길을 항상 신실하게, 온전하게 이끌고 있다는 점이다.

둘째, 제자들의 역할은 이기거나 혹은 지배하기 위해 능력을 추구하지 않고, 예수의 승리를 전적으로 신뢰하고 의지하는 것이라는 점이다. 다시 말해 인간적인 요소를 의지해서는 "천국에 들어가는 것이 불가능하며" 오직 예수를 통해 역사하시는 하나님에게 모든 것이 가능하다는 뜻이다.

제자도가 요구하는 값비싼 희생은 믿는 자들에 대한 예수의 압제적인 지배가 아니라 예수께서 자신의 모든 것을 바쳐서 이루신 승리에 참여하라는 초청이다. 어린아이같이 하나님의 나라에 들어가라는 초청과 자신의 부를 포기하라는 초청, 결혼 관계에 대한 헌신을 피하고자 이혼이라는 방식을 취하지 말라는 명령은 단호하고도 분명한 방식으로 하나님의 나라는 예수를 따르기로 작정한 자들에게 능력 가운데 *온다*는 점을 보여주고 있다.

제자들은 영생을 *유업으로 받는* 것이 아니라 오히려 하나님의 나라를 위해, 그리고 다른 사람들을 위해 겸손하고도 무조건적으로 자신을 내어줌으로써 영생을 얻는 것이다. 오직 기도를 통해, 그리고 예수의 이름으로만이 귀신들이 내어 쫓기며, 오직 십자가를 짐으로써만이, 예수를 따르는 일을 방해하는 모든 것들을 내어버림으로만이 하나님께서 예수를 따르는 자들을 신원하실 것이다. 그러나 이것은 오직 예수의 선물인 시력, 곧 하나님의 나라의 도래 방식에 대해 눈을 떠서 *길에서* 예수를 따를 수 있을 때만이 가능하다.

마태복음은 믿는 자들의 승리를 살아계신 하나님의 아들이신 그리스도에 의해 주어진 권세 위에 놓는다. 이 권세는 음부를 지배하는 능력을 지니고 있으며, 이 능력은 죽음과 사탄의 세력들에 대한 승리를 의미한다. 교회에 주어진 *매고 푸는* 권세는 믿는 자들에 대한 도덕적 인도하심을 의미할 뿐만 아니라 사탄의 세력으로부터의 구속과 죄의 수치, 죄책으로부터의 면책을 의미한다. 실제적인 관점에서 말하자면 이것은 사탄의 속박에서 풀어주는 효과를 지니고 있거나 아니면 이 속박이 무력한 상태로 머물러 있게 하는 효과를 지니고 있다. 이것은 교회에 주어진 근본적인 특권이지만 교회의 일상의 삶은 다음과 같은 보다 미묘한 어려움과 축복으로 에워싸여 있다.

(1) 어떤 세금을 내야 하는가?

(2) 어떻게 '작은 자'을 실족하게 하는 일을 피할 수 있는가?

(3) 멸망에 이르게 하는 내적 충동을 어떻게 다스릴 수 있는가?

(4) 죄 지은 자매를 어떻게 책망하고 언제나 죄 용서를 필요로 하는 형제를 참아줄 수 있는가?

죄에 대한 신앙 공동체의 승리 가운데 침투해 들어오는 이와 같은 일상을 어떻게 다룰 것인가에 대한 마태복음의 가르침의 핵심에 다음과 같은 촉구가 놓여 있다.

(1) 끊임없이 잃어버린 자들을 찾아 나서라는 촉구

(2) 쉼 없이 죄를 용서하라는 촉구

(3) 이를 통해서 '하늘에 계신 나의 아버지께서' 부어주시는 새로운 관계의 능력을 경험할 수 있다는 점

누가복음의 경우 예수의 승리를 신앙 공동체 속에서 향유하는 일에는 공격과 방어가 모두 담겨 있다. 공격이란 칠십인 사역이 상징했던 다음과 같은 사실이다: 평화의 복음을 확장해 나가는 것이 원수를 이기는 가장 확실한 길이다. 하나님의 나라가 선포될 때, 우주적 세력과의 관계가 재정립된다. 강한 자인 사탄의 소유가 약탈되고, 환희의 찬양이 하늘에 미치며, 기뻐하시는 아버지 하나님께 들려진다(눅 10:21-22; 15장).

방어란 사람들을 돈과 소유물에 대한 걱정으로부터 자유하게 하는 것이요(12장과 16장, 그리고 18장과 19장 본문들), 주의 기도이며 제자들의 기도이도 한 "하늘 아버지께서 구하는 자에게 성령을 주시지 않겠느냐"(눅 11:13)는 기도에 예시되어 있는 대로 하늘에 계신 아버지를 온전히 신뢰하는 것이다.

이런 식으로 믿는 자들은 어린 아이처럼 예수를 통해 주어진 권세를 얻게 될 것이요, 이 권세로 '모든 대적의 세력을 이길 수 있으며' 심지어 자신의 '이름이 천국에 기록되어 있다'는 사실을 기뻐할 수 있게 된다. 이를 통해 믿는 자들은 천사들의 합창인 "지극히 높은 곳에서는 하나님께 영광이요, 땅에서는 평화로다"라는 찬양을 함께 부를 수 있게 된다.

바울의 삶을 자세히 묘사하는 누가는 이와 같은 자신의 요지를 바울이 다음과 같이 표현하고 있음을 보고 있다.

> 평화의 하나님이 속히 사탄을 너희 발 아래서 부숴뜨릴 것이라
> (롬 16:20)[132]

도표 2 : 누가복음의 순례 여정에 관한 본문의 용례와 역할

| | |
|---|---|
| 눅 9:51-53 | πορεύομαι와 προσώπον 각각 3회 사용되고 있음. 3회 모두 최종 목적지인 예루살렘과 연결된다(한 번은 중간 여정인 사마리아와 연결됨). |
| 눅 9:56 | πορεύομαι의 형태. 예수와 제자들이 계속 나아간다. 51-53절에서 6회 나타나는 이 단어의 사용은 순례 여정 모티프가 예수께서 실제 |

132) 여기서 ἐν τάχει란 용어는 '속히' 보다는 '신속히'라고도 번역될 수 있다.

| | |
|---|---|
| | 적으로 예루살렘을 향해 움직여 나가신 것으로부터 생겨나고 있음을 보여준다. 물론 이 모티프가 누가의 이야기에서 다른 역할을 담기는 하지만 말이다. |
| 눅 9:57 | πορεύομαι가 ἐν τῇ ὁδῷ 와 함께 사용되며 제자도에 관한 가르침이 뒤따른다. 예루살렘을 향한 순례 여정이 제자도와 연결된다. |
| 눅 10:1 | 칠십인이 예수에 앞서(προσώπον) 예수께서 먼저 가게(ἔρχεσθαι) 될 모든 마을과 촌락으로 보내진다. 여기서 순례 여정은 사역과 연결된다.[133] |
| 눅 10:38 | πορεύομαι의 한 형태가 예수께서 마리아와 마르다의 집에 도착하는 것과 연결되어 사용되고 있다(지역이 어디인지는 밝혀지고 있지 않다). 예수께서 자신의 말씀을 경청하는 마리아를 칭찬하신다. 다시 순례 여정에 대한 표지가 제자도에 관한 가르침과 연계되어 사용된다. |
| 눅 13:22 | πορεύομαι의 두 형태 (διεπορεύετο와 πορεία ν)가 사용된다. 전자는 예루살렘이 순례 여정의 최종 목적지임을 말해주는 역할을 한다. 그 다음 제자도와 이방인들의 참여, 즉 이방 선교에 관한 가르침(29)이 뒤따른다. |
| 눅 13:31-33 | πορεύομαι가 여기에 3회 사용되지만, 오직 2회만이 예수의 움직임을 나타내준다. 한 번은 바리새인들이 헤롯이 예수를 죽이려고 하기에 예수에게 그 지역*으로부터 가실 것*을 요청하는 것으로 이루어진다. 두 번째 사용은 예수께서 자신의 죽음의 종착지로 예루살렘을 생각하시며 3일 동안을 *계속해서 가시는 것*과 연결된다. |

133) 10:37에서 πορεύομαι는 ποίει라는 명령형으로 나타나며, 이 명령형의 동사는 선한 사마리아인의 이야기의 끝에서 율법사에게 주어진 예수의 말씀 가운데 놓여 있다. 이런 점에서 이 단어는 제자도와 관련해 사용되고 있는 것이며 이 단어의 다른 용례에서와 같이 예수 자신과 관계에서 사용되고 있는 것이 아니다.

| 눅 14:25-35 | 예수의 순례 여정은 커다란 무리들을 동반한다(συνεπορεύοντο). '동반하다'라는 이 용어는 제자도에 대한 가르침을 도입하고 있다.[134) |
|---|---|
| 눅 17:11-19 | πορεύομαι의 형태들이 3회 나타난다(11, 14, 19절). 오직 첫 번째 형태만이 예루살렘에서의 예수의 종국을 나타내기 위한 *Reisenotiz*(여행 메모)이다. 다른 두 번의 형태는 이방인인 사마리아의 문둥병자와 연계되어 사용되는데, 이 사람은 치유된 것에 대해 감사한다. 이것은 간접적으로 이방선교와 연결되어 있다. |
| 눅 18:35-45 | 예수께서는 여리고로 가까이 가시는데(ἐγγίζω) 한 소경이 무리들이 지나가는 것을(διαπορευομένου) 듣게 된다. 여기서 순례 여정 모티프는 이 소경의 치유와 이 소경이 예수를 따르는 것, 즉 제자도와 연결된다. |
| 눅 19:11-27 | 예수께서 비유를 말씀하시는데 이 비유에 따르면 한 귀인이 왕국을 얻기 위해 먼 나라로 간다(ἐπορεύθη). 이 비유는 예수의 떠나가심(ἀνάλήμψις)을 반영하고 있으며 제자들을 신실한 섬김으로 부르고 있다. |
| 눅 19:28-38 | 예수께서 예루살렘에 들어가시는 장면에서 πορεύομαι가 2회 사용되고(30, 36절), ἐγγίζω가 또한 2회 사용된다(29, 37절; 11절의 ἐγγὺς를 보라). 이 사용들은 예수께서 순례 여정의 최종 목적지인 예루살렘에 도달하신 것을 나타낸다. |
| 눅 19:39-44 | 누가복음의 순례 여정에 대한 마지막 표식인 여기에서 예수께서는 예수의 최종 목적지인 예루살렘에 가까이 다가가신다 (ἐγγίζω). |

134) 이 단락 내에 한 왕이 가서(πορευόμενος) 전쟁 중에 있는 다른 왕을 만나는 것에 대해 말하는 비유 형태의 이야기가 나온다. 뒤에서 이 섹션에 나오는 예수에 대한 묘사에 관해 주어질 논지에 비추어 볼 때 이 용례는 예수의 사역에 대한 하나의 이미지로 간주될 수 있다.

도표 3 : 누가복음 9장 51절-19장 44절과 신명기 사이의 상관관계

두 책 사이의 평행적 사고의 상관관계는 P로, 사고의 새로운 변화의 상관관계는 T로, 사고 구조의 뒤바뀜, 즉 대조는 C로 표기된다. [ ] 표시는 에반스의 내용에 필자가 첨가한 것을 나타낸다.

| 본문 | 상관관계 번호 | 관계성 |
|---|---|---|
| 신 1/<br>눅 10:1-3, 17-20<br>(특히 9:51-53) | 1. 모세 아래서 이스라엘은 약속의 땅을<br>향한 순례 여정 중에 있다/ 예수와 제자들은<br>예루살렘을 향한 순례 여정 중에 있다<br>만약 예수의 종국이 영광으로 보일 경우<br>2. 약속의 땅이 "너희 앞에" 놓여 있고,<br>열두 지파가 나아간다/ 예수께서 칠십인을<br>내어 보낸다.<br>사역의 성격:<br>[3. 가나안 땅에 있는 사람들은 크고 장대함;<br>그들을 정복할 수 없으며 여호와께서 나가<br>싸우는 것을 금하심/ 예수의 사역이 성공적임;<br>예수께서 사탄이 하늘로부터 떨어지는 것을 봄]: | <br><br>C<br>P<br><br><br><br>T<br><br><br><br>C |
| 신 2-3:22/<br>눅 10:4-16 | 4. 시혼과 옥에게 평화의 말과 함께<br>보내진 사신들/ 평화의 메시지와 함께<br>보내진 칠십 인들<br>5. 만약 평화 제의가 거절되면 멸절하라/<br>만약 배척받으면 너희 발의 먼지를 | <br><br>P<br><br> |

| | | |
|---|---|---|
| | 털어버리고 떠나라:<br>6. 여호와께서 두 왕들에게 행하신 일들/<br>예수께서 고라신과 벳새다, 그리고 가버나움<br>에 심판을 예언하심: | T<br><br><br>P |
| 신 3:23-4:40/<br>눅 10:21-24 | 7. 모세는 종-중재자이다/예수는 계시자-<br>중재자이다. 이 두 본문은 유사한 용어들을<br>담고 있다: "그 때에," "지혜와 명철,"<br>하나님이 나타내신 것을 "보는 것과 듣는 것": | P |
| 신 5-6/<br>눅 10:25-27 | 8. 쉐마와 "땅을 유업으로 받아 … 살기 위함이다"/<br>율법사가 영생을 얻는 것에 대해 묻고<br>쉐마로 답을 한다: | P/T |
| 신 7/<br>눅 10:29-37 | 9. 가나안 족속들을 죽이고 자비를 베풀지 말라/<br>선한 사마리아인의 비유; 자비를 베풀라: | C |
| 신 8:1-3/<br>눅 10:38-42 | 10. 두 본문 모두에서 하나님의 말씀에 의한 삶: | P |
| 신 8:4-20/<br>눅 11:1-13 | 11. 아들에 대한 아버지의 교훈/아버지에<br>대한 아들의 기도; "먹음"이 두 본문에 나타난다: | T |
| 신 9:1-10:11/<br>눅 11:14-26 | 12. 여호와께서 강하고 무서운 이방민족을<br>내어 쫓음/ 예수께서 강한 귀신들을 내어쫓음;<br>두 본문에 하나님의 손가락(ἐν δακτύλῳ θεοῦ)<br>이란 용어가 나타남: | T |
| 신 10:12-11/<br>눅 11:27-36 | 13. 여호와께서 율법 지킬 것을 요청하심/<br>예수께서 "하나님의 말씀을 듣고 행하라" 하심.<br>또한 애굽에서 커다란 이적들을 보았던<br>'목이 곧은 백성들'/표적을 구하는 '악한 세대': | P |

| 신 12:1-16/<br>눅 11:37-12:12 | 14. 두 본문에 정함과 부정함에 대한 언급:<br>배척/받아들임에 대한 언급: | C |
|---|---|---|
| 신 12:17-32/<br>눅 12:13-13:34 | 15. 여호와께서 너희로 형통케 하실 때;<br>기업을 얻기 위해 명령을 지키라; 풍요 가운데<br>기뻐하라/ 생명이 소유보다 귀하다; 하나님의 나라<br>구하라, 재물을 팔아라, 구제하라 그리고<br>영생을 얻을 것이라: | C |
| 신 13:1-11/<br>눅 12:35-53 | 16. 다른 신들을 좇는 자들에게 죽음; 어떠한 가족<br>구성원도 너를 미혹하지 못하게 하라/ 하나님의<br>청지기로서의 상급과 심판; 예수를 위해 가족을<br>포기하라, 이런 점에서 가족 사이의 분열: | P/T |
| 신 13:12-32/<br>눅 12:54-13:5 | 17. 배교 때문에 성읍이 멸망함/깨달음과 심판/<br>공동체 재난에 대한 예수의 가르침, 그들이<br>죄인들보다 더 악한가? 그렇지 않다. 모두가<br>회개해야 한다: | T |
| 신 15:1-18/<br>눅13:10-21 | 18. 빚의 면제와 노예로부터 해방/예수께서<br>한 여인을 속박으로부터 구해내심: | T |
| 신 20/<br>눅 14:15-35 | 19. 새로운 아내와 집, 그리고 포도원 때문에<br>여호와의 전쟁으로부터 면제됨/ 위대한 잔치에<br>초대된 자들도 비슷한 핑계로 잔치에 참여하지<br>않음: | P/T |
| 신 21:15-22:4/<br>눅 15 | 20. 어떻게 아비가 패역한 아들을 다루어야<br>하는가 -돌로 쳐 죽임/아버지가 탕자를 찾음<br>-돌아온 탕자를 위해 잔치를 베픎: | C |
| 신 23:15-24:4/ | 21. 도망한 종에 대한 규정; 고리대금을 금지하는 | |

| 눅 16:1-18 | 법; 이혼 증서를 허용함/불의한 청지기가 압제 당한 채무자들의 빚을 변제함; 바리새인들- 돈을 사랑하는 자들; 이혼을 금함-간음의 연고: | P/C |
|---|---|---|
| 신 24:6-25:3/ 눅 16:19-18:8 | 22. 가난한 사람과 궁핍한 사람들에 대한 압제를 금하는 규정들/주께서 가난한 자들을 압제하는 자들을 심판하심: | P |

## 5장

# 구약의 성전 전승이 공관복음의 수난-이전(그리고 수난) 기사에 미친 구성적 영향

Israel's Scripture Traditions and the Synoptic Gospels

5장

# 구약의 성전 전승이 공관복음의 수난-이전 (그리고 수난) 기사에 미친 구성적 영향

## 성전 전승

N. 풀센(Niek Poulssen)이 주장하듯이 왕권 전승과 성전 전승은 구약의 신학적 이해 속에서 하나로 모아진다.[1] 다윗 왕은 왕적 다스림과 이전의 성막 전승의 제사장적 기능을 하나로 통합하기 위한 목적에서 언약궤를 실로에서 예루살렘으로 옮긴다. 풀센은 성전과 관련한 왕의 세 역할을 다음과 같이 규명한다.

(1) 왕은 성전을 짓는 자이다.
(2) 성전과 왕궁은 하나의 통합된 건축물에 속해 있다.
(3) 왕은 성전제의에 대한 관할권을 갖고 있으며 때때로 제사장적 기능을 수행한다.[2]

남북으로 분할된 왕국에서도, 왕과 성전 사이의 연결은 북조에서 계속된다. 구체적으로 말해서 벧엘의 제사장인 아마샤는 벧엘 성소에 대한 여

---

1) Poulssen, *König und Temple*.
2) 이 말은 Bernhard W. Anderson이 Poulssen의 책을 개관하면서 다음의 글에서 요약적으로 표현한 바 있다: *CBQ* 31 (1969), 450.

로보암의 관할권과 관련해 아모스를 위협함으로써 이스라엘의 성소에 대한 아모스의 예언적 비판을 잠잠케 한 바 있다. 즉 아마샤의 말은 벧엘 성소가 "왕의 성소요 나라의 궁궐임이니라"(암 7:13)는 뜻이다.[3)]

2장에서 살펴보았듯이 풀센은 '남조 왕국'의 성전 전승과 왕권 전승이 보다 이른 '북조 연합'의 모세 전승에 미친 영향을 부정적으로 평가한 바 있다. 그럼에도 불구하고 이스라엘은 자신의 성전을 크게 사랑했으며 성전은 이스라엘의 종교적 정체성을 상징하고 있다. 시편 48편과 84편은 이러한 정서를 잘 반영해준다.

> 만군의 여호와여!
> 　　주의 궁정이 어찌 그리 사랑스러운지요,
> 내 영혼이 여호와의 궁정을
> 　　사모하여 쇠약함이여
> 내 마음과 육체가
> 　　생존하시는 하나님께 부르짖나이다.
>
> 주의 궁정에서 한 날이
> 　　다른 곳에서 천 날보다 나은즉
> 악인의 장막에 거함보다
> 　　내 하나님 문지기로 있는 것이 좋사오니(시 84:1-2, 10)

3) Levenson은 이 사건을 통해서 북조의 신학적 형태와 남조의 신학적 형태가 어떻게 뒤바뀌었는지를 보여준다. 다시 말해서 남조에 속한 선지자 아모스는 퇴화된 여호와 사상을 보여주는 왕-제사장 제휴에 대해 혹독하게 비판하며, 북조의 제사장인 아마샤는 성전과 왕궁을 변호한다(*Sinai and Zion*, 202).

> 하나님이여 우리가 주의 전 가운데서
> 　　주의 인자하심을 생각하였나이다.
> 하나님이여 주의 이름과 같이
> 　　찬송도 땅 끝까지 미쳤으며…
>
> 너희는 시온을 편답하고, 그것을 순행하며
> 　　그 망대들을 계수하라
> 그 성벽을 자세히 보고
> 　　그 궁전을 살펴서 후대에 전하라
> 이 하나님은 영영히 우리 하나님이시니
> 　　우리를 죽을 때까지 인도하시리로다(시 48:9-10, 12-14).

주를 위해 '집'을 짓기를 원하는 다윗에 대한 다음과 같은 정경 본문의 설명은 시온의 성전과 시온의 보좌가 어떤 점에서 이스라엘의 신앙에 핵심인가를 잘 드러내준다.

> 네게서 날 자식이 내 이름을 위하여 집을 지을 것이며, 나는 영원히 그의 나라의 보좌를 견고하게 세울 것이라. 나는 그의 아버지가 될 것이요 그는 나의 아들이 될 것이라(삼하 7:13-14; 참조 대하 17:12-14)

이와 같은 약속은 여호와의 전을 짓겠다는 다윗의 소원을 선지자 나단을 통해 하나님이 거부하셨음에도 불구하고 흔들리지 않고 굳건히 서 있다. 더욱이 대신 하나님이 제시하시는 계획은 다윗의 후손을 통해 "나의 이름을 위하여" 하나님의 집을 지을 것이라고 약속하고 있다.

보다 후대의 역대기서의 경우 성전이 역대기 전체를 주도하고 있다. 이스라엘 백성들은 언약궤가 예루살렘에 있는 성막 지역에 자리를 잡게 되자 크게 환호하며 이를 축하한다(대상 16:7-36; 시 132).

다윗의 고별사는 하나님의 약속이 솔로몬에게 이어짐에 초점을 맞추고 있으며, 성전을 지을 것에 대한 명령과 성전 및 성전과 관련된 사항을 바르게 관리하도록 레위 자손들을 세우는 일에 대한 규례를 담고 있다(22-23장). 다윗의 고별 기도는 성전이라는 주제에 관한 부분에서 절정에 다다른다(29:16).

이어서 역대기 저자는 다음 9개 장을 성전 건축에 할애하고 있다(대하 1-9장). 역대하에서 솔로몬의 성전봉헌 기도는 하나님이 다윗에게 약속하셨던 바를 재-진술하고 있으며(대하 6:4-11), 모든 백성에게 언약 갱신을 요청한다(12절 이하). 솔로몬은 백성이 죄를 짓고 하나님의 길에서 떠날 때 그들을 용서해달라고 하나님께 간청한다(22-29절). 하나님의 약속과 백성들에 대한 솔로몬의 권면을 최종적으로 다시 들려주는 모습은 무조건적인 다윗 언약의 형태와 조건적인 시내산 언약의 형태를 반영하고 있는 것이다(7:11-22).

선지서에서 시온 성전은 비판의 대상이고 심지어 심판의 대상이다. 또한 시온이 복을 받을 대상인데 그 이유는 열방이 구원과 *šālôm*(샬롬)을 바라며 시온으로 몰려오기 때문이다. 아모스 선지자는 북조 연합에 대해 예언을 선포하면서 시온에 안온히 거하며 사마리아에서 안전히 거하는 자들에게 화를 선포한다. 하나님은 사회적 불의가 가득 차 있는 한 이스라엘의 노래와 축제, 그리고 드리는 희생 제사들을 싫어하시기 때문이다(5:21-6:7).

선지자 이사야는 유다에 대해서 동일한 메시지를 발하면서(1장과 3장), 시온이 율법에 의해서 세워진 여호와의 공의의 세계 수도가 될 것을 미리 내다보고 있다(2:1-5). 이스라엘이 대적의 공격으로부터 안전한 보호를 받기 위해 여호와를 의지하지 않고 신뢰하지 않기에(7-8장, 10장) 이스라엘의 멸망이 그들에게 가까이 다가온다. 그러나 다윗에 대한 하나님의 약속은 결코 실패하지 않을 것이다(9:1-7; 11:1-9; 30-32장).

바벨론 포로기의 이사야는 시온이 바벨론 포로 유형을 이겨낼 것이며 이 유형으로부터 돌아와 회복될 것을 선포한다(특히 52장). 또한 만민의 구원을 내다보는 선지자 이사야는 이방인들이 '나의 거룩한 산'을 향해 밀려오는 것을 보게 되며 이 이방인들의 번제와 희생 제사들이 '나의 제단'에서 받아들여질 것을 보는데 이는 "나의 집이 만민의 기도하는 집이라 일컬음을 받을 것이기 때문이다"(56:7).

선지자 예레미야의 유명한 성전 설교는 유다가 성전이 제공하는 안정에 대한 거짓된 신뢰를 갖고 있기에 유다에 대한 멸망을 선언하고 있다(7장). 선지자 미가는 이스라엘의 거짓된 예배를 책망하고 멸망을 선포하며(1장; 참조 시 74) "그의 성전으로부터 주께서"(1:2d) 선언하신 바 있는 예루살렘의 회복을 선포한다(7:11 이하). 포로-이후기의 선지자 말라기는 "내 앞서 길을 예비할 종말론적인 메시아"의 오심과 주께서 홀연히 그의 성전에 오시는 것을 연결짓는다(3:1).

하나님의 약속이 지닌 이러한 변화와 안정의 궤적 전반에 걸쳐 이스라엘은 변함없이 상향의 노래(the songs of ascent)을 불렀는데(시편 121-135), 이 노래의 중심에는 예루살렘을 향한 이스라엘 백성들의 순례의 목적지인 문자적 의미의 예루살렘 성전이 놓여 있거나 아니면 이들의 예배 가운데서 믿음의 눈을 통해서 볼 수 있는 하나님의 성전이 놓여 있다.

맥켈비(McKelvey)는 이스라엘의 성전이 차지하고 있는 통합적 역할을 다음과 같은 두 요소들로 기술한다. 맥켈비는 새 성전에 대한 기대가 예수의 초림과 복음서들의 기록에 앞선 시대 혹은 동시대에 얼마나 널리 퍼져 있었는가를 잘 보여주고 있다.

(1) 구약의 선지서들, 구약의 외경과 위경, 초기 랍비 문헌 모두를 포함하는 유대 문헌 가운데서 발견되는 새 성전에 대한 다양한 기대들.

(2) 유대 문헌과 그리스 문헌에서 나타나고 있는 천상의 성전에 대한 개념들.[4)]

풀센과 다른 성서학자들은[5)] 구약의 역사적이며 신학적 모체, 즉 성전 전승과 왕권 전승이 이스라엘의 역사 속에서 한데 어우러져 나타나게 되었던 상황, 즉 그 기반을 기술한 바 있다. 그런데 성전과 왕권이라는 두 주제는 공관복음서의 수난-이전 기사와 수난 기사 가운데서 역시 함께 연결되어 나타난다.

이런 연유에서 본 장과 다음의 6장에서 수난-이전 기사와 수난-기사를 함께 고려하게 될 것이다. 특히 마가복음에서 성전이라는 주제는 수난-이전 기사(11-13장)를 주도하고 있을 뿐만 아니라 수난 기사 자체(14-15장)에서도 계속 이어지고 있고, 이 기사들 속에서 절정을 맞고 있다. 성전이라는 주제의 보완적 주제이기도 한 왕권이라는 주제는 수난-이전 기사에서 시작해서[6)] 수난 기사가 담고 있는 핵심적인 구성상의 중요성으로 이어진다.

이와 같은 이유로 인해 본 장과 6장은 공관복음서의 내용 중에서 예루살렘이라는 구성 요소를 지니고 있는 부분 전체를 탐구해 나갈 것이다. 성전과 왕권이라는 두 주제가 구약의 신학 전승과 공관복음서의 구조 가운

---

4) R. J. McKelvey, *The New Temple : The Church in the New Testament* (London : Oxford University, 1969).

5) R. E. Clements, *God and Temple*(Oxford : Blackwell, 1965), "Sacred Mountain"(거룩한 산) 궤적에 대한 F. R. McCurley의 연구가 또한 이 점에 적절하다(Ancient Myths, esp. 151-160).

6) 왕권 주제는 심지어 수난 기사보다 앞서 시작되는데, 베드로의 메시아 고백(8:29)과 소경 바디매오의 "다윗의 아들"이란 외침(10:47-48)이 이를 예증한다. 보다 넓은 의미에서 왕권 주제는 하나님의 나라가 가까이 왔다는 1:14-15의 예수의 선포와 함께 시작된다.

데서 서로 밀접하게 연계된다는 사실이 바로 본 연구의 논지의 정당성을 잘 말해주고 있다.

## 마가복음

마가의 ὁδός-제자도에 대한 강조가 마가복음 8장 27절-10장 52절의 구성에 미친 영향이 마가복음의 구조에서 가장 널리 알려진 구성상의 기여라고 한다면, 두 번째 기여는 마가복음 11-13장에서 성전 모티프가 두드러지게 나타난다는 점이다(물론 이 모티프의 영향은 14-15장에까지 미치고 있다).[7] 이에 대한 많은 연구 중, 특히 다음의 네 연구가 특별한 중요성을 띤다.

(1) E. 로메이어(Ernst Lohmeyer)의 *Lord of the Temple*

(2) 마가복음의 보다 일반적인 배경 연구이며 성전과 성전제의의 역할에 대한 연구서인 L. 가스톤(Lloyd Gaston)의 *No Stone Upon Another*

(3) J. 도나휴(John Donahue)의 *Are You the Christ?*

(4) 성전과 왕권 주제가 어떻게 예수의 심문과 재판 기사 가운데서 한데 어우러지고 있는가에 대한 연구로써 특히 마가가 마가복음의 구성 가운데서 어떻게 성전 모티브를 사용하고 있는가 하는 배경적 관점에서 이루어진 연구서인 D. 쥬엘(Donald Juel)의 *Messiah and Temple*

이 저서들과 함께 W. 켈버(Werner Kelber)의 연구와 마가복음 11장 22-

---

7) 혹자는 길-제자도와 성전이라는 주제가 마가복음의 메시아 비밀과 연계되어 펼쳐지는 마가의 기독론만큼 그렇게 두드러진 주제가 아니라고 주장할 수 있다. 분명 기독론은 마가복음의 두드러진 특징이지만, 기독론이 어떤 특정한 섹션의 독특한 구조를 제공하지는 않는다. 오히려 기독론은 전체적인 플롯의 주요한 주제를 제공하고 있다고 보는 것이 타당하다. 다음을 보라: Tannehill, "Gospel of Mark", 57-96.

25절에 대한 S. 도우드(Sharyn Echols Dowd)의 최근 연구가 다음 설명에 중요한 기여를 하고 있다.[8)]

내용과 구조

여기서 '수난-이전 기사'(prepassion narrative)라는 용어는 예루살렘이란 위치에 놓여 있는 부분들로서 예수를 죽이기로 한 대제사장들과 서기관들의 공표된 계획을 앞서고 있는 공관복음서 내용을 가리킨다. 또한 이 계획의 선언은 '유월절 이틀 전'이라는 시간-표지를 통해서도 알 수 있다. 세 공관복음서 각각에서 수난-이전 기사를 담고 있는 섹션은 예수의 승리의 예루살렘 입성을 시작으로 해서 감람산 강화를 끝으로 한다. 마가복음에서 이 섹션은 11-13장으로 구성되어 있으며, 특히 이 부분은 다음과 같이 보다 작은 세 부분으로 구분된다.[9)]

8) Kelber, "Kingdom and Parousia" and *The Kingdom in Mark*, cited in ch. 4 : S. E. Dowd, *Prayer, Power, and Problem of Suffering* (SBLDS 105; Atlanta : Scholars, 1988).

9) J. Donahue (*Are You the Christ? The Trial Narrative in the Gospel of Mark* [SBLDS 10; Society of Biblical Literature, 1973], 116-117)는 Pesch의 행-박자(stichometric) 분석을 인용하면서 11-12장을 다음과 같이 세 단위로 간주한다: 11:1-26은 서론 부분으로써 성전 청결 사건이 이 부분의 초점임; 11:27-12:12은 논쟁과 비유 부분으로써 이 부분은 내용상 앞부분이 보여주는 성전이라는 문맥(11:27)을 필요로 함; 12:13-44은 역시 성전 세팅에 놓여 있는(12:35) 느슨한 형태의 일련의 논쟁임. D. Juel (*Messiah and Temple : The Trial of Jesus in the Gospel of Mark* [Missoula, Mont. : Scholars, 1977], 128)은 11:27-33이 12장과 연결되는데, 그 이유는 11:27-33은 성전에서의 *가르침*으로 제시되기 때문이라고 주장한다(11:27; 12:35; cf. 14:49은 이 사건들을 회고적으로 가리키고 있음). 이런 점에서 11:27-12:44은 성전에서 일어난 행위로 이루어진 11:1-26과 다르다. 13장 역시 11:27-44과 다른데 그 이유는 예수께서 성전을 떠나서 반대편 감람산에서 성전을 내려다보시면서 성전 멸망에 대해 말씀하고 있기 때문이다. E. S. Malbon은 성전과 감람산이 이야기 전개상 대립적 역할을 하고 있음을 다음과 같이 바르게 주장한다: "성전 제도와 성전의 지도자들 -대제사장들, 서기관들, 장로들- 반대편에 [예수의] 제자들의 공동체와 이 공동체의 지도자들 -베드로 야고보, 요한, 안드레-이 놓여 있다(13:3). 성전이라는 물리적 구조 반대편에 성전의 미래 멸망 … [즉 멸망에 대한 예수의 선포 (13:2, 14)]이 놓여 있다. 성전의 예식상의 요구들 반대편에 '주의하라'는 명령이 놓여 있다"(Malbon, Narrative Space, 123-124).

(1) 11장 - 예수께서 성전에 오셔서 성전을 청결케 하시고 성전에 대한 주장들을 펼치신다.

(2) 12장 - 예수께서 성전 맡은 자들을 판단하시고 그들을 죄 있다 선언하신다.

(3) 13장 - 예수께서 성전의 최후를 예언하신다.

성서학자들이 널리 주장하듯이 수난-이전 기사를 담고 있는 섹션 전체는 성전 모티프로 열고 닫는 형태를 취한다. '성전'(ἱερὸν)이란 단어는 이 섹션에서 8회에 걸쳐 나타난다 (막 11:11, 15, 16, 27; 12:35; 13:1, 2). 12장 1-12절의 악한 포도원 농부 비유에서 나타나는 이사야 5장에 대한 암시와 시편 118의 인용 역시 성전과 관계된 것이다. 더욱이 14-15장은 14장 58절, 15장 29절, 15장 38절 세 번에 걸쳐 중요한 본문에서 성전이라는 용어를 계속해서 사용하고 있다.

그러나 이 세 본문에서는 다른 용어인 ναος가 사용된다. 많은 성서학자들이 주목하듯이 여기서 이 단어가 의미하는 바는 성소 본체(sanctuary)이며, 앞에서 사용된 ἱερὸν은 성전건물 전체(the complex of temple buildings)를 가리킨다.[10] 실제로 성전 모티프가 이 섹션의 내러티브 구성을 주도하고 있다.

E. 슈와이저(Eduard Schweizer)는 11-16장을 '예수와 성전'이라는 제하에서 다루고, 이 제하에서 11-13장은 A섹션으로, 14-16장은 B섹션으로 구

10) O. Michel은 ναος에 대한 설명 중에 다음과 같이 말하고 있다: ναος와 ἱερὸν사이에 절대적인 차이는 없어 보이지만, ναος는 성전의 성소부분을 지칭하는 용어로서의 우위를 분명히 점하고 있다(ναος *TDNT*,4.882). Juel 역시 비슷한 주장을 하고 있지만 그러나 그는 마가의 사용용례 자체는 이 두 단어 사이의 구별을 분명히 하고 있음을 주목 한다(Messiah and Temple, 127-8). D. Garland는 이 두 용어에 대한 마가의 사용용례에 관해 동일한 주장을 펼치며, 이러한 주장과 배치될 수 있는 두 개의 사용용례를 지적하고 있다(12:5; 27:5): D. Garland, *The Intention of Matthew 23* (NovTSup 52; Leiden : E. J. Brill, 1979), n. 17 on p. 199.

분하는데[11] 이러한 개요 설정은 설득력을 지닌다. L. 케크(Leander E. Keck)는 마가복음의 수난 기사인 11-16장은 "예수께서 성전에 들어가심과 함께 시작되며 이것은 독자들에게 이어지는 이야기의 주요 모티프가 예수와 성전임을 상기시켜준다"고 주장한다.[12]

## 성전과 대면하시는 예수

### 1. 11-13장의 성전(ἱερὸν).

마가복음에 따르면 예수께서는 예루살렘에 입성하신 다음 곧바로 성전으로 가신다(막 11:11). 11절은 예수의 예루살렘 입성을 종결지으며 다음 사건들을 도입한다. 마가복음의 유명한 문학 기법인, 끼워 넣기(intercalation) 혹은 샌드위치 기법(sandwiching)으로 성전청결 사건이 무화과나무 저주 사건의 시작과 끝 사이에 끼워 넣어져 있다.

이렇게 함으로써 마가는 말라버린 무화과나무의 어두운 그림자가 성전의 종국에도 깊이 드리워지도록 하고 있다. 다시 말해 예수께서 성전을 청결케 하신 것은 실제로는 성전에 대한 심판을 의미한다는 뜻이다.[13] 예루살렘 성전이 '만인을 위한 기도의 집'이 되지 못했기 때문에 성전의 끝, 곧

---

11) Schweizer, *Good News*, 7-10.

12) L. E. Keck, "Christological Motifs in Mark 14:1-42 : A Preliminary, Tentative, Series of Observations", SBL unpub. paper, 1971, 2.

13) W. Telford는 이 점을 초미의 관심사로 부각시킨 바 있으며, 마가와 마가복음의 독자들에게 무화과나무는 이스라엘을 상징한다고 주장했다. 이런 점에서 마가는 무화과나무의 저주는 예루살렘과 예루살렘 성전의 멸망을 전조하는 종말론적인 표지임을 의도하고 있다: "마가는 … 열매 맺지 않은 나무의 종국이 예루살렘 제의의 멸망을 전조하는 예기적인 표지로 보이기를 원했다." 더욱이 "마가는 … 자신의 독자들로 하여금 예루살렘 입성과 성전 청결의 전승들을 유대 백성과 이들의 성전에 대한 심판이 임한 것으로 이해하도록 촉구하고 있는 것이지 다윗의 아들의 오심과 함께 기대되는 회복으로 이해하도록 의도하지 않았다." 다음을 보라: *The Barren Temple and the Withered Tree* (JNSNTSS 1; Sheffield : JSOT, 1980), 39-59, 238-239, 238과 262에 있는 인용 문장들.

멸망은 필연적이라는 뜻이다.[14]

예수께서는 돈을 바꾸는 자들을 내쫓으셨고(ἐκβάλλω, 이 단어는 마가복음의 다른 곳에서는 축사 행위들에 대해 사용됨), 모든 상업적 움직임을 중지시키셨으며, "아무도 무엇이든 들고 성전을 통행하지 못하도록 하셨다"(막 11:16). 여기서 *무엇이든*이란 단어는 σκεῦος를 번역한 것이다. 이 단어는 성전에서 순례자들에게 팔았던 물건을 가리키는 것으로 여겨진다.[15]

성전에서 행하신 예수의 행동은 분리주의적 성격을 지닌 성결 혹은 거룩함에 대한 중단을 선언하신 것이다. 이러한 거룩함은 정한 것들을 부정한 것들로부터 보호하거나 부정한 것들을 절연시키는 역할을 한다. 예수의 행동은 예루살렘을 향한 순례자들이요 하나님을 두려워하는 경건한 유대인들을 좌지우지했던 성전 상인들과 성전의 특권 계층의 지지 기반이 끝났다는 것을 상징적으로 보여준다.

예수께서 성전의 주(Lord)로 오심으로써 정함과 부정함 사이의 대립이 끝이 나고, 하나님께 나아가는 일에 대한 성전의 규례상의 중요성 역시 사라져 버린 것이다. 이런 점에서 성전의 임박한 멸망은 당연한 수순이다. 마가복음을 읽는 독자들, 곧 예수를 따르는 자들에게 물리적인 예루살렘 성전의 임박한 멸망은 몇 십 년 전 앞서 일어났던 예수의 행동을 통해 이미 암시된 성전의 필연적인 멸망이 구현된 것에 지나지 않는다.[16]

---

14) Schweizer, *Good News*, 14; Gaston, *No Stone Upon Another*, 474-475. Donahue는 이 섹션 전반에 걸쳐 흐르는 "반-성전"(anti-temple) 주제에 대해 말하면서 무화과나무 저주 사건에 의해 둘러싸인 구조 속의 성전청결 사건은 성전에 대한 "종말론적인 방문" -예컨대 심판을 암시한다고 주장한다(Donahue, *Are You the Christ?*, 113-14). Juel은 마가복음의 성전청결 사건은 마가복음에서 교훈적 역할을 지니며 "이스라엘의 공식적 대표들, 즉 성전의 지도자들에 대한 배척과 거부"를 암시한다고 말한다(130-131).

15) Malbon, *Narrative Space*, 121-122.

16) 거룩함과 부정함 사이의 구분이 무너진 것과 이와 관련된 강조점들에 대한 필자의 진술은Malbon(ibid., 121-124)의 주장에 의존한다: "예수께서 성전을 내치신 이유는 성전의 거룩함이 더럽혀졌기 때문이 아니라 예수께서 거룩함과 부정함 사이의 구분이 허물어진 것을 경험하셨기 때문

성전 청결 사건 이후 예수께서는 제자들에게 성전이 서 있는 *이* 산에게(τῷ ὄρει τούτῳ) "바다로 던져지라"고 감히 말할 수 있는 믿음을 가지라고 명하신다. 이렇게 함으로써 마가는 마지막 날에 여호와의 전의 산이 모든 산 위로 높이 들려 올릴 것이라는 종말론적 기대(사 2:2; 미 4:1)를 뒤엎는다.[17]

참된 예배는 예루살렘 성전과 관계없는 독립적인 일이며, 오직 예수를 따르는 자들에 의한 믿음의 기도와 죄의 용서라는 특징을 지닌다. 이 점이 다음과 같이 표현된다.

> "마가는 마가복음 11장의 구성을 통해서 성전의 임박한 멸망에 뒤이어 기도의 효용성에 대한 필요한 확신을 제시하고 있다. 또한 마가는 무화과나무 사건을 성전 멸망을 뒤잇는 크리스천 공동체의 믿음과 기도, 죄의 용서를 한데 아우르는 하나의 은유적 묶음 장치로 사용하고 있다."[18]

이런 점에서 성전 청결 사건은 마가복음의 예루살렘 섹션에서 강력한 이야기 역할을 감당한다. 쥬엘(Juel)은 성전 청결 사건이 지닌 교훈적 역할을 부각시키는 네 가지 특징을 다음과 같이 규정한다.

(1) 성전 청결 장면을 무화과나무 사건으로 열고 닫는 구조적 특징

(2) 마가의 독특한 표현인 '만민을 위한'(πᾶσιν τοῖς ἔθνεσιν)이라는 표현에 초점을 맞추는 이사야 56장 7절의 인용

---

이다"(124).

17) Telford, *Barren Temple*, 163; E. L. Schnelbacher, "The Temple as Focus of Mark's Theology", *HBT* 5/2 (1983), 102-103.

18) Dowd, *Prayer*, 53.

(3) '강도의 굴혈'(σπήλαιον λῃστῶν)에 초점을 맞추는 예레미야 7장 11절에 대한 암시(4) 17절에서 '기도의 집'이라는 표현의 사용[19]

마가복음에서 '만민을 위한'(막 11:17)이라는 표현은 예루살렘 섹션에 나타나는 이방인들에 대한 강조라는, 보다 큰 차원의 내러티브 관심을 이어가고 있으며(막 13:10; 14:9; 15:39; 또한 참조, 14:28, 16:7), 결국 성전 청결 사건을 예루살렘의 특권 계층의 자기 이익을 추구하는 관행들에 대한 정죄로 이어지게 하는 역할을 한다.

이사야 56장 7절의 문맥은 하나님의 종말론적 약속들의 성취를 묘사한다. 이 약속에 따르면 이방인들이 예루살렘으로 몰려올 것이며, 이들은 하나님의 거룩한 산에서 드리는 예배에 함께 참여하도록 받아들여지며, 성전에서 자신의 희생제물을 바치게 된다. 그러나 성전에 대한 예수의 심판의 행위는 이 성전이 이사야가 예언한 종말론적 이상을 성취할 자격이 없음을 분명히 하고 있다.

이런 연유에서 또 다른 장소가 하나님의 종말론적 목적들을 이루게 될 핵심적 장소로 선택되는데 그 장소가 바로 갈릴리이다. 그러나 갈릴리는 구심적인 역할을 했던 예루살렘과 달리 원심적인 역할을 하게 된다.[20]

성전 청결 사건 후에 이어지는 예수의 가르침 중 두 번째의 구약 인용은 예레미야의 성전 설교(렘 7:11)에서 기인한다. 이 설교는 이스라엘의 종교지도자들이 계속적으로 죄를 지으면서도 예루살렘을 방어하기 위해 하나님에 의존할 수 있다는 그들의 그릇된 확신을 정죄하는 본문이다. 실로의 멸

---

19) Juel, *Messiah and Temple*, 130.

20) Schnelbächer는 갈릴리 혹은 그보다 더 북쪽에 있는 변화산(the Mount of Transfiguration)을 종말론적인 대체로 규명하고 있다("Temple as Focus", 104-105, 107). 마가의 본문 자체는 갈릴리가 이러한 역할을 하는 것으로 말하고 있지 변화산이 이러한 역할을 하는 것으로 말하고 있지 않다. 오직 마태복음에서만 갈릴리로의 회귀가 산과 연계되어 있다.

망은 이스라엘의 종교지도자들에게 하나님은 만약 그들이 회개하고 잘못된 길에서 돌이키지 않으면 성전을 멸망시킬 수 있으며, 또한 분명 멸망시킬 것이라는 점을 경고하고 있다.

마가가 11장 17절에서 '기도의 집'이라는 표현을 사용하는데 이것은 22-25절에 나오는 기도라는 주제와 연결된다. 또한 쥬엘이 주목하듯이 이 표현은 기도의 집이라는 성전의 역할은 성전이 없이도 계속될 수 있고, 또한 계속될 것임을 암시한다. 함께 기도하는 믿음의 공동체가 심판 아래 있는 ἱερὸν을 대체할 것이다.[21]

27-33절에 나오는 권세(ἐξουσία)에 대한 논쟁은 성전 청결 사건에 대한 논리적 귀결이다. 18절은 이미 대제사장들과 서기관들이 예수를 죽일 방법을 꾀하고 있음을 보여준 바 있다. 이런 연유에서 이들은 권세의 문제를 거론해 거기에 집중한다. 요한의 세례와 관련한 예수의 반대 질문이 대제사장과 서기관들을 잠잠케 하며, 이렇게 해서 예수는 무슨 권세로 예수께서 성전을 청결케 하셨는지에 대한 그들의 질문에 대답하지 않는다.

그러나 이어지는 악한 포도원 농부에 대한 비유는 예수와 종교지도자들 사이의 갈등을 더욱 심화시킨다. 마가복음에 나오는 비유 중에서 가장 알레고리적 요소가 많은 이 비유에서 포도원은 이스라엘을 상징하고, 망대는 성전을, 악한 농부들은 성전 관리들을 대변한다.[22] 이사야의 포도원의 노래를 배경으로 하고 있으며, 특히 마가복음 12장 10-11절에서 시편

---

21) Juel은 '기도의 집'이라는 표현을 '다시 세워질 것'(14:58)과 연결짓는다. 이런 점에서 마가는 "(기도하는) 크리스천 공동체를, 거절된 성전 제도의 대체로 간주하는 것처럼 보인다" (*Messiah and Temple*, 136).

22) Gaston, *No Stone Upon Another*, 476; Schweizer, *Good News*, 239-241; Ernst Lohmeyer, "Das Gleichnis von den bösen Weingartern (Mark 12:1-12", in *Urchristliche Mystik : Neutestamentliche Studien*, 2d ed. (Darmstadt : H. Gertner, 1958) 161-181; *Lord of Temple : A Study of the Relation Between Cult and Gospel*, trans. S. Todd (Edinburgh/London : Oliver and Boyd, 1962), 44-45.

118편 22-23편의 인용을 담고 있는 이 포도원의 비유는 성전 이미저리로 가득 차 있다.[23)]

D. 비아(Dan O. Via, Jr.)가 주목한 바 있듯이 이 비유에서 두드러진 등장인물은 포도원 주인이나 주인의 아들이 아니라 악한 농부들이다.[24)] 마가복음 12장 12절이 다음과 같이 이 점을 확언하고 있다. "그들이 예수의 이 비유가 자기들을 가리켜 말씀하심인 줄 알고 잡고자 하되 무리를 두려워하여 예수를 두고 가니라." 이 구절에서 "그들"은 농부들을 가리키고, 비유에 앞서 11장 27절에 나오는 대제사장, 서기관, 장로들"을 말하며, 11장 18절에서 예수를 죽이고자 했던 대제사장들과 서기관들을 가리킨다.

이런 점에서 이야기 전체는 밀접하게 하나로 연결되어 있다. 다시 말해서 예수, 성전, 성전 맡은 자들 모두가 전개되는 플롯 속에서 주요한 역할을 감당하고 있는 것이다.

악한 포도원 농부의 비유를 뒤따르는 섹션에서 예루살렘의 종교 지도자들을 대표하는 자들이 예수를 함정에 빠뜨리려는 의도의 질문을 던지며 이에 대해 대답하기를 원한다. 이 점을 마가복음 12장 13절은 "그들이 예수의 말씀을 책잡으려 하여 바리새인과 헤롯당 중에서 사람을 보내매"라고 말하고 있다.

18절에 나오는 사두개인들과 28절에 나오는 "서기관 중 한 명"은 공적 논쟁에서 예수를 이기기 위해 동일한 시도를 이어간다. 비록 이러한 시도 모두가 예수의 명성에 대해 잠재적으로는 부정적인 영향을 미치지만, 첫 번째 시도인 가이사에게 바칠 세금에 관한 질문은 예수의 개인적 안전에

23) 시 118:27은 "제단의 나팔에 따른 … 축제의 행진"에 대해 말하고 있다. 이 시편은 특별히 초막절에 예루살렘으로 올라가는 것과 연계되어 사용되었다.

24) D. O. Via, Jr., *The Parables : Their Literary and Existential Dimensions* (Philadelphia : Fortress, 1967), 130-137.

치명적인 위험을 내포한다.

로마의 압제적인 세금 정책에 대해 공적으로 납세 거부를 옹호하는 것은 누가복음 23장 1-2절이 암시하듯이 반란이나 반역의 행위로 인식될 수 있기 때문이다. 가이사에게 세금을 내는 것이 적법한 것인지에 대한 질문과 부활에 대한 바리새인들의 믿음을 폄하하려는 사두개인들의 시도, 그리고 가장 큰 계명에 대한 서기관의 질문 모두에 대해서 예수께서는 자신을 대적하는 자들을 적절히 반박하신다.

이들의 '불화살' 같은 질문을 적절히 반박하신 후에 예수께서는 그들에게 수수께끼 같은 말씀을 던지신다. 그리스도가 다윗의 후손이라는 서기관들의 주장을 인용하고 또한 시편 110편의 "여호와께서 내 주에게 말씀하시기를"라는 구절을 인용하시면서 예수께서는 어떻게 메시아-그리스도가 다윗의 후손이며 동시에 주(Lord)이실 수 있는가를 질문하신다.

이러한 질문과 대답은 '성전'에서 일어났다. 예수께서는 성전이라는 공간을 자신의 가르치심과 자신의 권세를 주창하시는 하나의 장으로 삼으신다. 이러한 성전에서의 가르침과 권세에 대한 주창은 분명히 당시 성전의 종교지도자들에게는 용납될 수 없는 폐해와 불법적인 일들이었을 것이다.

예수의 수수께끼 같은 말씀을 즐겨 들었던 큰 무리들은(막 12:37) 아마도 그들의 이전 역사에서 일어났던 일, 곧 성전의 소유권에 종종 초점을 맞추었던 정치적이고도 종교적인 분쟁들을 기억해냈을 것이다. 이 분쟁들은 주님*과* 왕이 성전의 주인이냐, 혹은 주인이 주님이냐 *아니면* 왕이냐에 관한 것이었다.

성전이 정말 누구에게 속했는가? 마가복음 12장은 다음과 같이 종교적인 경건에 관한 두 개의 대조적인 에피소드로 끝을 맺는다. '과부의 가산을 삼키며, 외식으로 길게 기도하는' 서기관들의 요란한 경건에 대한 정죄(막 12:38-40), '자기 모든 소유 곧 생활비 전부'인 두 렙돈을 연보궤에 넣은 가나한 과부의 겸손한 경건에 대한 칭찬(막 12:41-44).

그 다음 13장에서 예수께서는 성전을 떠나신다. 제자들이 성전 건물의 엄청남에 대해 격찬하자 예수께서는 "네가 이 큰 건물들을 보느냐 돌 하나도 돌 위에 남지 않고 다 무너뜨려지리라"(2절)라고 선언하신다. 뒤따르는 예수의 묵시론적 강화는 4절에 나오는 "우리에게 이르소서 어느 때에 이런 일이 있겠사오며 이 모든 일이 이루어지려 할 때에 무슨 징조가 있사오리이까"[25]와 같은 제자들의 질문에 대한 대답이다.

"멸망의 가증한 것"(막 13:14)이라는 표현은 주전 168-165년에 있었던 셀류키드(Seleucid) 왕조의 안티오쿠스 4세(Antiochus IV)에 의한 예루살렘 성전의 점거와 이어진 성전 모독의 사건을 상기시킨다. 이런 점에서 이 표현은 13장에 나오는 묵시론적 사건들을 성전의 멸망과 연결짓는다.

그러나 도나휴(Donahue)가 주목하듯이 성전의 멸망은 성전의 끝이 아니다. 다시 말해서 "13장에서 마가는 성전의 멸망을 넘어서 새로운 공동체의 형성을 바라보고 있다."[26] 도나휴는 13장 24-27절에 나오는 이미저

25) T. J. Weeden, Sr.가 지적한 바 있듯이 종말론 대강화는 일차적으로 -거짓 메시아들에 의해서 주창되지 않는- 기독론에 초점을 맞추고 있으며, 성전 주제는 종종 기독론적 강조점들에 의해서 가려져 있음이 사실이다("The Cross as Power in Weakness" in *The Passion in Mark*, ed. W. H. Kelber [Philadelphia : Fortress, 1976], 122-123). 마가복음은 마가의 공동체 내에 있던 θειὸς ανηρ(신적인 인간)를 신봉하던 대적들에 대한 변증의 글이며, 또한 이러한 변증은 성전의 멸망을 재림과 연결시켰던 종말론과 연계되어 있다는 이론이 Weeden에 의해서 주창되고 있고, 또한 Weeden 스스로가 보여주고 있듯이 기독론적 강조라는 특징들이 이러한 이론을 지지하기 위해서 사용될 수 있음이 사실인 반면(참조: Weeden, *Mark-Traditions in Conflict*[Philadelphia : Fortress, 1971], 70-100) 이와 다른 본문상의 실마리들과 강조점들이 더욱 분명하게 드러나 있음 또한 사실이다. 이하의 설명은 예수와 새로운 성전 개념 사이의 연관 관계라는 측면에서 개진될 것이다.

26) Donahue, *Are You the Christ?*, 132. Donahue는 Conzelmann, Pesch, 그리고 Kelber가 주장한 바, 곧 마가는 성전의 멸망과 종말을 연계시키는 거짓된 종말론과 맞서 싸우고 있다는 견해를 받아들이는 것처럼 보인다. 그 다음 Donahue는 이 견해를 더욱 확장시켜서 마가의 공동체는 이미 또한 이 시점부터 예루살렘과 거리를 두었거나 두기 시작했으며, 자신의 크리스천 공동체의 종말론을 성전의 임박한 종국과 연계시키지 않았다고 제안한다(이러한 제안은 마가가 유대봉기를 통해 로마가 성전을 공격했던 주후 65-70년경 마가복음을 기록했다고 전제하고 있

리 이면에 놓인 구약 본문이 심판을 선언하고 있다는 점을 지적한다.

그러나 마가복음의 클라이맥스는 "인자가 오셔서 택한 자들을 새로운 공동체의 핵심으로 불러 모으실 그 때에 구원이 새 공동체를 기다리고 있다"[27]는 주장과 같이 택한 자들의 모음이다. 이런 점에서 수난 기사의 사건들(막 14:1 이하)은 한 차원에서 볼 때, 11-13장에 나타나는 성전에 대한 예수의 입장과 태도의 결과이며, 예수를 대적하는 자들은 자신의 정한 길을 가고 있는 것이다.

그러나 다른 차원에서 볼 때 수난 기사는 12장 10-11절의 '모퉁이 돌'이 지닌 예언적 요소를 13장 27절이 말하는 택한 자들의 모음이라는 주제를 통해서 진전시키고 있다.[28] 이러한 진전과 발전의 끝에 미래 공동체가 놓여 있다!

수난 기사는 반-성전 주제(anti-temple theme)를 절정에 다다르게 하며 이런 점에서 이 주제의 끝이다. 그러나 동시에 반-성전 주제는 일시적인 긴장 구도 하에 놓여 있는데, 특히 이 주제가 13장에서 절정에 이르는 종말에 대한 강조들과 13장에서 예언되는 종말의 완성에 대한 힌트뿐만 아니라 점점 드러나는 새로운 시작에 대한 힌트 사이에 놓여 있다는 점에서 그렇다.

이와 같이 끝과 시작의 연계는 최소한 두 이야기의 상호작용을 통해서 이루어진다. R. 라이트후트(R. H. Lightfoot)가 설득력 있게 주장한 바 있듯이 "인자가 구름을 타고 큰 권능과 영광중에 올 것"(막 13:26)이라는 묵시론적인 표현과 13장 끝에 나오는, 깨어 있으라는 3회에 걸친 경고는 모두

---

다). 이런 점에서 마가복음의 독자들에게 성전은 멸망 하에 놓여 있는데, 이유는 단지 성전이 "악한 세력들의 거점이 되었기" 때문만이 아니라(132) 성전의 멸망을 종말과 연결짓는 잘못된 종말론을 조장했기 때문이다. 그러나 마가의 독자들은 이제 성전의 멸망이 실질적인 멸망에 수 세기 앞서 행해진 예수의 말씀과 행위들에 의해서 결정되었음을 알고 있었으며, 성전의 미래는 그 다른 곳, 즉 택한 자들을 불러 모으기 위해 다시 오실 인자에게 달려 있음을 알고 있다(130-132).

27) Donahue, *Are You the Christ?*, 133.

28) Ibid., 135.

수난 기사에 나오는 다음과 같은 사건과 즉각적으로 연결된다.

(1) 겟세마네 동산에서 자고 있는 제자들에게 *깨어 있으라*고 예수께서 세 번 말씀하신 것(막 14:32-42)

(2) "인자가 권능자의 우편에 앉은 것과 하늘 구름을 타고 오는 것을 너희가 보리라"(막 14:62)는 대제사장에 대한 예수의 대답.[29)]

이런 점에서 다음과 같은 질문이 생겨난다. 마가는 성전의 멸망과 묵시론적 절정과 완성, 수난 기사라는 세 요소를 어떻게 그렇게도 밀접하게 연계시킬 수 있었겠는가? 14-16장에 대한 이어지는 분석이 이에 대한 답을 제공할 것이다.

### 2. 14-16장의 성전(ναος).

14-16장에서 성전 주제는 계속되지만 중요한 변화를 보인다. 11-13장에서는 성전을 지칭하는 단어로 ἱερὸν이 일관되게 사용되는 반면에[30)] ναος란 단어는 14장 들어서서 14장58절, 15장 29절, 15장 38절에서 나타난다.

마가는 ναος라는 단어를 대제사장이 예수를 정죄하기 위한 근거로 이용하고자 하는 거짓 증인들의 고소에서 처음으로 사용한다. 이 거짓 증인들은 "우리는 그가 '내가 손으로 지은 이 성전을 헐고, 삼일 안에 손으로 짓지 아니한 다른 성전을 지으리라'고 말하는 것을 들었도다"(막 14:58)라고 주장한다. 15장 29-30절에서 십자가 밑을 지나가는 자들이 예수를 모

29) R. H. Lightfoot, *Gospel Message*, 48-59.

30) ἱερὸν은 14-16장 중에서 14:49에서 단 1회 나타나는데, 14:39은 성전에서 행해진 예수의 가르침(11-13장)을 회고적으로 가리킨다.

독하는데(ἐβλασφήμουν), 이들의 모독은 앞서 거짓 증인들의 고소를 반향한다. "아하 성전을 헐고 사흘에 짓는다는 자여 네가 너를 구원하여 십자가에서 내려오라!"

그 다음 예수께서 운명하신 후 마가복음의 *첫 번째* 진술은 "성소 휘장이 위로부터 아래까지 찢어져 둘이 되니라"(막 15:38)이다. 이상과 같이 세 개의 본문에서 모두 *ναος*가 나타난다.

이중 '거짓 고소'와 '찢어진 휘장' 두 가지 특징이 특별한 관심을 불러일으킨다. 첫째, 예수에 대한 거짓 증인들의 고소는 정말로 거짓된 고소였는가? 쥬엘(Juel)은 증인들의 고소가 표면적 관점에서 볼 때는 *거짓된* 고소였지만 —예수께서는 *그 자신*이 성전을 헐 것이라고 말하지 않았다는 점에서— 보다 깊은 차원에서 보면 그들의 고소는 아이러니하게도, 그리고 심오할 정도로 참이었다. 그 이유는 예수의 행동과 말씀들이 성전의 기능을 의미 없게 만드셨기 때문이다.[31)]

이야기 전개상 15장 29절에서 성전을 허물고 다른 성전을 세운다는 주제가 반복되는 점은 증인들의 고소가 여전히 기세등등하다는 점과 예수의 죽음은 이들의 고소와 연관되어 있다는 점을 확언하고 있다. 이런 연유

---

31) Juel, *Messiah and Temple*, 74-76, 206. Donahue와 Weeden의 견해에 따르면 예수에 대한 고소가 본질상 참이었고 -마가-이전 전승의 일부였다는 점에서 그렇다. 그러나 또한 거짓이었는데 이유는 고소가 고난과 죽음을 통해 예수가 높임을 받기 이전에 예수의 입술에 놓여 있다는 점에서 그렇다- 또한 예수에 대한 고소는 거짓된 θειὸς ανηρ 기독론과 잘못된 임박한 종말론이라는 구도 속에서 이루어지고 있다 (J. R. Donahue, "Temple, Trial, and Royal Christology", in *The Passion in Mark*, ed. W. H. Kelber [Philadelphia : Fortress, 1976], 67, n. 18). Juel은 이 견해에 일부 동의하며, 고소는 분명히 마가-이전 전승으로부터 기인한다는 점과(참조. 마태복음과 누가복음은 고소 형태가 다소 다름) 고소는 초기 기독교에서 민감한 이슈였고 전승에 의해서 만들어질 개연성은 거의 없다는 점, 우리는 이 고소의 원래 형태를 재구성할 수 없다는 점 등을 인정한다(Juel, Ibid., 206-208). 그러나 Donahue는 크리스천-이전 유대 전승은 '성전의 멸망과 재건'을 메시아가 아니라 오직 여호와와 연계시켰다고 생각한다. 이런 점에서 "14:58에서 마가는 마가복음의 전체적인 신학적 목적 내에서 기능하는 성전 기대들에 대한 크리스천 전통의 해석을 창출해 내고 있다고 확언한다" ("Temple, Trial", 68).

에서 쥬엘은 다음과 같이 말한다. "예수는 비유적이고도 아이러니한 의미에서 성전의 파괴자이다. 즉 성전의 멸망은 성전 제의를 담당하고 있는 자들에 의해 생겨난 예수의 죽음의 결과라는 뜻이다."[32)]

E. 말본(Elizabeth Struthers Malbon)은 마가는 11장 12-20절과 13장 2절이 확언하듯이 한편으로는 "성전을 대적하신 분이요, 성전의 멸망을 예언하신 분"으로서의 예수와 14장 58절이 부인하듯이 다른 한편으로는 "성전의 파괴자"로서의 예수를 구별하고 있다는 점을 인식해야 한다고 말한다.[33)]

더욱이 여러 차원의 아이러니가 존재한다. 성전고소 사건은 대제사장으로 하여금 예수를 신성모독의 죄를 지은 자로 정죄하고, 15장 29절에서 십자가 밑을 지나가는 자들은 예수를 (신성)모독(blaspheming)하는데 이것은 아마도 예수 안에 있는 신성(하나님)을 인식하고 있었던 것으로 보인다. 또한 예수를 죽임으로써 성전을 보호하고자 했던 자들은 단지 성급히 성전의 멸망을 불러왔을 뿐인데 예수의 죽음이 성전의 멸망을 예기적으로 전조하고 있다는 점에서 그렇다.[34)] 요약하자면 거짓된 고소는 아이러니하게도 거짓된 주장을 참이 되도록 했다. 여기서 참이란 예루살렘 성전의 벽을 무너뜨리는 데 사용된 무기인 파성퇴의 힘을 초월하는 실체라는 차원의 참, 곧 진리를 말한다.

찢어진 휘장이 지성소와 성소 사이의 휘장을 가리키는지 아니면 성소 본체의 전면에 걸려 있던 휘장을 가리키는지는 분명하지 않다. 한 입장에 따르면 두 번째 견해, 즉 성소 본체의 전면에 걸려 있던 휘장이라는 주장이

---

32) Juel, *Messiah and Temple*, 206.

33) Malbon, *Narrative Space*, 125.

34) Ibid., 125-126. W. H. Kelber, "Conclusion : From Passion Narrative to Gospel", In *The Passion in Mark: Studies on Mark 14-19*, ed. Kelber, (Philadelphia : Fortress, 1976), 171.

중요한데 그 이유는 맥켈비(McKelvey),[35] 로메이어(Lohmeyer),[36] 바르트쉬(Bartsch),[37] 가스톤(Gaston)이 클레멘트(Clement)를 인용하면서 주장하듯이 "성소 휘장이 찢어진 것은 성전 전체의 멸망을 가리키고 있기 때문이다."[38] 이 견해가 궁극적으로 옳지만 (아래를 보라), 그럼에도 불구하고 마가의 내러티브 속에 있는 두 가지 점을 주목할 필요가 있다.

첫째, 마가는 15장 38절에서 ἱερὸν을 사용하고 있지 않다는 점이다. 이런 점에서 성전 건물(ἱερὸν)의 멸망이 직접적으로 암시되고 있지 않다. 찢어진 휘장은 ναος의 휘장이며, 구체적으로 말해서 성소로 들어가는 접근로를 가리킨다. 이 휘장이 여기서 일차적으로 암시하는 것은 가장 거룩한 것, 덜 거룩한 것, 거룩하지 않은 것 사이의 구별이다. 이런 구별이 이제 본질적으로 무효화 혹은 폐지되고 있다. 그러므로 11장 13-17절에 있는 예수의 행동과 말씀을 성취하고 있는 것이다.

둘째, 15장 38절과 39절이 보여주는 일련의 연속성은 마가의 일차적 관심이 하나님의 임재에 가까이 나가는 데 필요한 규정, 즉 부정과 정함의 규정을 종식시키는 찢어진 휘장에 있음을 확언하고 있다. 이런 연유에서 예수의 죽음을 통해서 가장 거룩하지 않은 지역인 이방인의 뜰과 가장 거룩한 지역인 지성소 사이의 구분이 폐지되었으며, 이런 점에서 성소 휘장이 위에서부터 아래까지 완전히 둘로 찢어진 것이다.[39]

이것은 이방 백부장의 "진실로 이 사람은 하나님의 아들이었도다"와 같

---

35) McKelvey, *The New Temple*, 58-74.

36) Lohmeyer, *Lord of the Temple*, 36-52.

37) H. W. Bartsch, "Die Bedeutung des Sterbens Jesu nach den Synoptikern", *TZ* 20 (1964), 87-102.

38) Gaston, *No Stone Upon Another*, 480. M. Dibelius, *From Tradition to Gospel*, trans. B. L. Woolf (New York : Scribner's n.d.), 195-196.

39) 거룩함과 부정함 사이의 구분이 심지어는 우주적 차원에서 무너졌는데, 이러한 해석은 1:10에 대한 응답이란 차원에서 σχιζω를 읽어갈 경우에 이루어진다. 다음을 보라: D. Ulansey, "The Heavenly Veil Torn : Mark's Cosmic Inclusio", *JBL* 110 (1991), 123-125.

은 고백에 이르는 길을 열어준 엄격한 진리였다. 14장 58에서 암시되었듯이 예수께서 3일 만에 다시 세우실 성소는 ἱερὸν이 아니라 ναος였다.

ἱερὸν과 ναος 사이의 구별은 또한 '손으로 짓지 아니한 다른 성전'(ἄλλον ἀχειροποίητον)의 의미와 관련한 쥬엘의 결론과도 일치한다. *삼일 만에*— 이야기 전개상의 시간적 표지인 이 표현은 이 구절을 세 번의 수난-부활 예고와 연결짓고 있다— 다시 세워질 것은 ἱερὸν이 제공하는 데 실패한 '만민을 위한 기도의 집'이다. 쥬엘이 말하고 있듯이 여기서 "건물 이미저리는 실제로는 건물이 아닌 어떤 실체에 대해 사용되고 있다."

마가는 '손으로 짓지 아니한 다른 성전'이라는 표현을 통해 '성전 이미저리를 사용함으로써 크리스천 공동체를 기술하는 데 적합한 언어'를 사용하고 있는 것이다. '손으로 짓지 아니한 다른 성전'이라는 표현은 실제로 새 성전은 성전이 아님을 암시한다. 새 성전은 다른 질서에 속하는 어떤 실체를 말한다. 즉 예수의 부활을 통해 나타난 새로운 성격의 실체에 부응하는 전혀 다른 질서에 속한 그 어떤 대상을 의미한다.[40)]

다른 질서에 속하는 이 실체는 무엇인가? 쥬엘의 표현의 강점은 이 실체가 무엇인가에 대한 결정적 기술이나 구체적 묘사를 피하고 있다는 점이다. 그러나 마가의 본문은 분명하게 또 다른 ναος를, 혹은 이를 대신할 그 무엇을 암시하고 있다. 쥬엘은 이것이 '크리스천 공동체'라고 제안하다.

---

40) Juel, *Messiah and Temple*, 155. Juel은 여호와의 손이 시온 성전을 세우실 것에 대해 말하는 출 15:17과 연관된 랍비 전통의 미드라쉬적 해석에 대한 훌륭한 논의를 제시한다. 랍비 Ishmael의 Mekita의 한 본문은 종말론적인 성소를 짓는 하나님의 손(복수형)에 대해 말하는데, Juel은 이 손을 인간의 손들과 대조를 이루는 것으로 본다. 그러나 마가복음에서 성전을 짓는 분은 예수이지 하나님이 아니다. 그리고 마가복음에서 대조는 하나님과 인간들 사이의 대조가 아니라, '손으로 짓는 성전과 손으로 짓지 않는' 성전 사이의 대조이다. 그 다음 Juel은 골 2:11과 엡 2:11의 할례에 관한 본문들을 살펴보면서 막 14:58이 실제로 대비시키는 바, 즉 '손으로 지은'과 '손으로 짓지 않은' 사이의 대비에 초점을 맞춘다. '손으로 행하지 않은' 할례는 다른 질서의 일환으로서 Juel은 이것을 영적인 할례라 부르고 있다. Juel은 이러한 연구 배경 하에서 앞에서 인용된 제안을 한다(150-155).

우리는 마가복음의 11-16장에 나오는 ἱερὸν̂ναος라는 주제의 당연한 추론에서 얻을 수 있는 증거를 고려함으로써 보다 정확한 정의를 내릴 수 있을 것으로 판단된다.

### 11-16장의 성전과 열방들

'나라들' 혹은 '이방인들'이라고 번역되는 ἔθνη라는 용어는 11-16장에서 몇 차례에 걸쳐 나타나며(막 11:17; 13:10), 이와 함께 온 세상의 반응(막 14:9)이나 이방의 반응(막 15:39; 14:28; 16:7)을 묘사하는 데도 사용된다. 이 중 세 번의 경우가 성전에 관한 진술과 함께 나타난다(막 11:17; 13:10; 15:39).

만약 예수께서 말씀하신, 너희 보다 먼저 갈릴리로 "앞서 간다"는 말이 "삼일 만에" 이루어질 부활과 연결된다면 14장 27절과 16장 7절 역시 14장 58절의 '손으로 짓지 아니한' ναος와 연결되어야 마땅하다.

성전과 열방들의 연결 중 가장 중요한 연결은 성전 청결 사건에 대한 마가의 설명에서만 발견된다. 성전 청결 사건과 관련해 공관복음서 저자들은 모두 예수께서 인용하신 "나의 집은 기도의 집이라 불릴 것이라"는 이사야 56장 7절을 포함시키는 반면 오직 마가만이 이 구절 끝에 "만민을 위한"이라는 표현을 포함시키고, 수사의문문의 형식으로 이 구절을 표현하고 있다.

이 표현을 통해 마가는 예수의 성전 청결 행위를 유대 전통의 성전 모독의 폐기로 간주하며, 또한 이방인들이 자유롭게 하나님을 예배할 수 있는 권리가 있음을 '증명해 보인'[41] 사건으로 간주하는 것 같다.

---

41) 확신하건대 성전에 대한 예수의 예언적 행위는 이방인의 뜰에서 일어났다. 물론 몇몇 학자들은 이 점에 대해 논박하고 있지만 말이다. 최소한 마가복음의 성전 청결 사건은 그 강조하는 바를 볼 때 분명 이방인의 뜰에서 일어났음을 암시하고 있다.

또한 "만민을 위한"이란 표현은 마가의 독특한 구절인 "아무도 물건을 갖고 성전을 통행하지 못하게 하셨다"(16절)는 진술에 대한 이론적 설명이기도 하다. 로메이어(Lohmeyer)는 이 점을 "예수께서는 성전에서의 자신의 행동을 통해서 만민을 위한 기도의 집으로서의 성전이 지닌 참된 실체를 성취하는 데 방해가 되는 요소를 제거하셨다."[42]라고 잘 표현하고 있다.

성전과 열방을 연결짓는 두 번째 본문은 13장 10절이다. "또 복음이 먼저 만국에 (εἰς πάντα τὰ ἔθνη) 전파되어야 할 것이니라." 로메이어를 따라서 막센(Marxsen)은 13장 10절은 9절 끝에 나오는 "왕들에게 증거가 되게 함이라"는 말을 설명하기 위한 목적에서, 그리고 종말을 앞선 시기에 종말론적 의미를 (이 시기는 이방 선교의 때라는 점에서) 부여하기 위한 목적에서 9-12절 사이에 마가가 삽입한 것이라고 주장한다.[43]

13장은 이런 일들, 즉 돌 위에 돌 하나라도 남김없이 모두 무너뜨려질 일들이 언제 있을 것인가라는 질문에 답하고 있기 때문에 10절의 '먼저'라는 단어는 이방인들에 대한 선교가 성전(ἱερὸν)의 멸망과 끝(7절, "아직 끝은 아니니라")의 선결 조건임을 암시하고 있다.[44]

마가복음 15장 38-39절은 성전이라는 주제와 이방인들의 포함이란 주제를 연결짓는 세 번째 본문이다. 마가는 이 두 구절을 수난 기사의 중요한 위치에 놓음으로써 예수의 죽음에 대한 자신의 신학적 해석을 "이 사람

42) Lohmeyer, *Lord of the Temple*, 40. Schweizer, *Good News*, 233; W. L. Lane, *Commentary on the Gospel of Mark* (NICNT; Grand Rapids : Eermans, 1974), 406.

43) Marxsen, *Mark the Evangelist*, 175-176.

44) 마가가 선교가 끝날 때까지 ἱερὸν이 계속 존재할 것이라고 말하고자 했는지, 혹은 이러 저러한 표적에 근거를 둔 거짓 예언들이 아니라 이방 선교 자체가 관심의 초점이라고 말하고자 했는지는 확신하기 어려운 것이다(5-8절). 만약 마가가 주후 70년 성전 멸망에 가까운 시기에 마가복음을 썼다면 선교가 끝날 때까지 ἱερὸν이 계속 존재할 것이라고 말하려고 했다는 것은, 만약 재림이 매우 임박했다고 마가와 마가공동체가 믿지 않았을 경우 마가와 마가 공동체 모두에게 아무런 의미가 없었을 것이다.

은 진실로 하나님의 아들이었도다"(39절)와 같이 드러내고 있다.

성전의 역할이 끝났고, 이방인들이 백부장의 고백을 통해 하나님의 공동체로 들어온다. 이런 점에서 15장 38-39절은 11장 17절과 13장 10절이 담고 있는 내러티브 구성상의 예기를 성취하고 있다. 성전이란 주제와 이방인들의 포함이란 주제를 이처럼 연결시킴으로써 마가는 분명하게 성전의 종국(하나님께 나아갈 수 있는 구조화된 방식으로서의 ναος)과 이방인의 믿음을 하나님의 아들로서의 예수 안에 정초시키고 있다. 더 정확하게 말하자면 성전의 종국과 이방인 믿음을 예수의 고난과 죽음에 정초시키고 있는 것이다.

'열방' 혹은 '이방인들'이 나타나는 나머지 세 본문은 14장 9절, 14장 28절, 16장 7절이다. 그러나 이 본문의 경우 성전은 열방들과 직접적으로 연결되어 있지 않다. 예수의 죽음에 앞서 예수의 머리에 기름을 부은 마리아의 사건은(막 14:9) '온 세상에 전파되어야' 할 복음의 일환으로 묘사된다.[45] 여기서 9절을 8절과 연결지음으로써 마가는 또 다시 이방 선교를 예수의 죽음과 연계시킨다.

나머지 두 본문인 14장 28절과 16장 7절에서 '열방' 혹은 '이방인들'이란 표현은 나타나지 않지만 앞에 2장에서 설명한 바 있듯이 수많은 학자들은 "내가 너희보다 먼저 갈릴리로 가리라"는 표현을, 제자들을 이방 선교로 부르시는 것이라고 이해한다. 물론 학자들이 이 점에 대해 논쟁하지만 이러한 의견 일치가 너무 크기에 이방 선교에 대한 명령이라는 해석이 옳다고 본다.[46]

---

45) 13:10과 마찬가지로, 이 본문 역시 Marxen에 따르면 마가가 전승에 삽입한 구절이다(125). 이 구절은 특별히 Maxen에게 중요한데 이유는 이 구절이 마가가 "복음"이란 용어를 전승 가운데 삽입하고 있는 일곱 번째 경우이기 때문이다.

46) 필자의 의견으로는 이러한 증거가 설득력을 지니고 있다. 이 이슈에 대한 연구를 위해 다음을 보라: Boobyer, "Galilee and Galileans", 334-38. C. F. Evans는 이 해석에 동의한다("I Will

이 해석에 대한 막센(Marxen)과 브랜든(Brandon)의 반대 주장은 R. 마틴(Ralph R. Martin)[47], N. 페린(Norman Perrin)[48] L. 가스톤(Lloyd Gaston)[49]에 의해 적절하게 반박된다. 페린과 가스톤은 이방 선교는 마가복음에서 예수의 재림에 의해 대체될 수 없다는 데 동의한다. 오히려 이방 선교는 예수의 재림의 장소의 역할을 하고 문맥을 제공한다. 더욱이 마가는 "내가 살아난 후에 너희보다 먼저 갈릴리로 가리라"(막 14:28)와 같이 예수께서 갈릴리에 나타나실 것을 예수의 부활과 연결짓는다.

또한 마가복음에서는 "삼일 만에"라는 표현을 예수의 예고된 부활과 연결해 사용하고 있다(막 8:31; 9:31; 10:33). "삼일 만에" 일어나리라고 예고된 두 사건은 다름 아닌 예수의 부활과 '손으로 짓지 아니한' ναος의 재건이다.[50] 이런 방식으로 마가복음에서는 성전과 열방이라는 주제를 한편으로는 예수의 죽음과 부활과 연결시키고, 다른 한편으로는 재림의 문맥으로서의 이방 선교와 연결시킨다.

이런 점에서 마가복음은 새롭게 지어진 성전인 ναος를 교회로 하여금 이방 선교로 나가도록 부르시는 부활하신 예수와 연계시킨다. 새로운 ναος는 열방(ἔθνη)가운데 세워지며 여기서 사람들은 이방 백부장처럼 '진

---

Go," 3ff.). Burkill의 글("Galilee and Jerusalem", [*Mysterious Revelation*, 252-257])은 다양한 입장과 의견들에 대한 유용한 목록을 제시하는데, 예를 들면 T. W. Manson (*The Servant-Messiah*, [Cambridge : Cambridge University, 1953], 93ff.)에 의해 영향을 받은 R. H. Lightfoot는 재림-해석에서(cf. Locality and Doctrine, 124ff) 이방 선교-해석으로(cf. *Gospel Message*, 106ff) 입장을 바꾸었다는 것이다. 또한 다음을 보라: F. Hahn, *Mission in the New Testament* (SBT 47; London : SCM, 1965), 112-116.

47) R. P. Martin, "A Gospel in Search of a Life-Setting", *ExpTim* 80 (1969), 361-364.

48) H. Betz, *Christology*, 43.

49) Gaston, *No Stone Upon Another*, 483.

50) "삼일 만에"란 표현이 사용되는 유일한 다른 경우는 8:3의 경우인데, 여기에 나오는 두 번째 기적의 먹이심의 사건은 마가에게는 이방인들을 먹이시는 사건의 역할을 한다. 이 점은 부활하신 예수-성전(ναος)께서 제자들을 이방인 선교로 부르시는 것과 연결되는데, 이유는 여기서 먹이심이 이방인들에게 행해지고 있기 때문이다(3장을 보라).

실로 예수가 하나님의 아들이심'을 확언하게 된다.

요약하자면 마가복음에서는 하나님의 축복과 심판이라는 구약의 성전 전승에 의지하여 예수의 수난-이전 (그리고 수난) 기사에 대한 독특한 신학적 해석을 발전시키고 있다. 성전을 맡은 자들이 성전을 남용하고 오용하였기에 ἱερὸν은 하나님의 임박한 심판 아래 놓여 있다. 그러나 예수의 죽음과 부활은 온 백성들에 대한 선교와 축복을 통해서 새 ναος을 짓는다. 새로 지어진 이 ναος은 ἱερὸν의 종국에 대한 전조요 선결조건이다.

## 마태복음

### 내용과 구조

마태복음의 수난-이전의 예루살렘 섹션은 21-25장으로 이루어져 있다. 마가복음에 나타나는 모든 내용을 거의 담고 있는 이 섹션은 다음과 같은 요소를 포함한다.

(1) 마태복음에서 예수가 성전에 들어가시고 이어 성전을 청결케 하신 일은 승리의 예루살렘 입성에 대한 일종의 클라이맥스에 해당하며(마 21:12 이하), 동시에 마태복음의 기독론적 관심을 밝히 보여주고 있다.

(2) 마태복음은 마가복음처럼 성전 청결 사건을 두 부분으로 이루어진 무화과나무 사건으로 둘러싸이게 하는 형식을 취하지 않는다. 또한 마태복음은 성전 청결 사건에 마가복음이 말하는 '만민을 위한' 것이라는 목적을 부여하지도 않는다. 이런 연유에서 마태복음은 성전과 열방이라는 두 주제 사이의 이러한 마가복음의 연결 관계를 반영하고 있지 않다.

(3) 악한 포도원 농부 비유 앞과 뒤에 마태복음은 또 하나의 비유를 첨가함으로써 이 비유의 중요성을 보다 분명히 하고 있다(마 21:28-22:14). 물

론 포도원 농부의 비유 앞에 나오는 첫 번째 비유인 두 아들의 비유 역시 예수의 권위와 세례 요한의 권위라는 문제에 대한 일종의 주석의 역할을 하는 것은 사실이지만 말이다.

이러한 구성은 요한의 권위와 예수의 권위에 대한 논쟁(마 21:23-27)과 악한 포도원 농부의 비유 사이에 휴지부를 두는 효과를 지닌다. 또한 이러한 구성은 포도원 농부의 비유와 하나님의 아들과 다윗의 주로서의 메시아에 대한 예수의 질문으로 절정에 다다르는 논쟁 대화들(마 22:15-45) 사이에 역시 휴지부를 두고 있다.

더욱이 마태복음은 마가복음이 그랬던 것처럼 이 논쟁 서클을 '성전 가운데' 위치시키지 않는다. 물론 악한 포도원 농부의 비유에서 인용되는 '돌'에 관한 본문(마 21:42)과 알레고리 형태의 성전 언급들이 분명 성전과의 연결점들을 시사하고 있는 것은 사실이지만 말이다.

(4) 본 연구에 가장 중요한 사실은 마태복음은 예수께서 대제사장들과 서기관들의 경건에 대해서는 정죄하시만 두 렙돈을 바친 과부를 칭찬하신 기사(막 12:38-44)를 생략하고 있다는 점이다. 바리새인들에 대한 화에 관한 마태복음의 긴 본문이 이러한 마가복음의 기사의 자리를 대신 차지한다(23장). 화에 관한 이 긴 본문은 "보라, 너희 집이 버려진 바 되고 황폐케 되리라"(38절)는 무서운 심판의 말씀으로 끝을 맺는다.

이러한 심판의 말씀에 이어서 "내가 너희에게 이르노니, 이제부터 너희가 '주의 이름으로 오시는 이여 찬송하리로다'라고 말하기까지, 너희는 나를 보지 못할 것이라"라는 말씀이 나온다. 문자적으로 말하면 이 구절은 감람산 강화로 이어지는 전환부의 역할을 한다. 이 감람산 강화는 아이러니하게도 예수께서 성전을 나오셔서 다시는 성전으로 돌아가시지 않는 것으로 시작한다(마 24:1). 감람산 강화로 *들어가*는 길이 성전으로부터의 최종적 *나옴*을 필요로 하고 있는 셈이다.

(5) 종말론 대강화의 시작(마 24:3)과 끝(마 24:36ff)은 일차적으로 예수의 재림에 초점을 맞추려는 의도로 구성되었다. 이런 점에서 몇몇 주석가들은 25장을 감람산 강화의 연속으로 본다. 특히 24장과 25장 모두가 재림에 대한 강조를 보여준다는 점에서 그렇다. 어떤 경우든 24장의 끝과 25장 전체는 마가복음에서는 최소한의 내용들로만 구성되어 있다(마 25:13과 평행절인 막 13:35). 오직 24장 15절의 "멸망의 가증한 것"만이 성전을 가리키고 있을 정도이다.

그렇다면 성전 청결 사건과 23장과 24장 사이의 전환 부분을 제외하고서는 성전 이미저리와 성전에 대한 강조는 마태복음의 수난-이전의 예루살렘 섹션인 21-25장에서는 비중이 매우 적어 보인다. 마태복음에서 ναος 주제가 어떤 특별한 강조점을 갖는지는 분명하지 않다(마 26:61은 막 14:58의 축약된 형태이며, 마 27:40, 51은 막 15:29, 38에 대한 확장된 형태이다).

그렇지만 '서기관들과 바리새인들에 대한 화'(마 23:16-22)라는 한 부분이 성전 이미저리를 사용하는데, 이 부분이 내러티브상 보다 분명한 성전 주제를 지지하고 있지 않는 한, 이 부분이 독특한 성전 신학을 보여주고자 하는 목적을 담고 있다고 결코 말할 수 없을 것이다.

만약 23-24장 사이에 전환 부분이 없었다면 이 전환 부분이 암시하는 바, 곧 '성전에 대한 최소한의 관심'이라는 판단은 설득력이 있었을 것이다. 그러나 23-24장의 전환 부분을 23장 34-38절의 문맥에서 자세히 살펴보면 성전에 대한 강조가 크게 두드러져 있음을 쉽게 알 수 있다.

더욱이 성전(마 12:6)과 집(마 10:5; 15:24)에 대한 언급과 같이 마태복음의 보다 앞선 부분의 몇몇 특이점은 성전에 대한 마태복음의 관심을 증폭시킨다. 심지어 성전세에 관한 이야기(마 17:24-27)조차 성전에 대한 관심을 보여주고 있다.

하지만 이 이야기는 분명 "아들들은 성전세라는 의무로부터 자유롭다"는 기독론과 교회론에 종속되어 있으며, 동시에 이 점이 성전에 대한 마태복음의 관심의 전형을 보여준다고 할 수 있다.

마태복음 21-25장의 구조를 정확히 규명하기는 어렵다. 이 부분의 내용의 분량이 마가복음에 거의 두 배에 가깝기 때문에 한 섹션이 어디서 끝나고 다음 섹션이 어디서 시작하는지를 알기가 쉽지 않다.

슈와이저(Schweizer)는 단순히 다양한 길이를 지니고 있는 17개의 단락을 열거함으로써 이러한 어려움을 피해간다.[51] 건드리(Gundry)는 21-22장과 23-25장 한데 묶는다.[52] 패티(Patte)는 24-25장을 한데 묶지만, 23장을 따로 취급하고 21-22장을 (마 20:17 이하와 함께) 세 부분으로 나눈다.[53]

이처럼 21-25장의 구조에 대한 의견이 분분한 것은 구조를 찾는 것이 어렵다는 것을 보여주며, 이 어려움이 해결될 수 있는 최선의 방법은 23장을 21-22장과 24-25장 사이의 전환 부분으로 간주하는 것이다.

또한 마태복음의 수난-이전의 예루살렘 섹션인 21-25장은 왕권에 대한 마태복음의 이해에 기여하는 바가 무척 크다. 이 왕권을 이해할 수 있는 중요한 부분 중 하나가 스가랴 9장 9절을 인용한 예수의 승리의 예루살렘 입성인데 이 부분은 다음 장에서 다루어질 것이다. 비록 성전과 왕권에 대한 강조들이 예를 들면 21장 15절 같은 데서 한데 어우러져 있는 것이 사실이지만 여기서의 관심은 성전이라는 주제에 있다.

예수께서 *성전에 들어가시고*(마 21:12)라는 표현과 *성전에서 나오신다*

51) Schweizer, *Good News*, 8-9, 401-482.

52) Gundry, *Matthew: A Commentary*, vii-ix, 415-515.

53) Patte, *Matthew*, vii-ix, 281-352. 세 부분은 다음과 같다: 20:17-21:17(예루살렘과 성전을 향해 올라가심); 21:18-22:14(무슨 권세로 이런 일을 하는가?); 22:15-46(그리스도가 누구의 아들인가?).

(24:1)는 표현은 일종의 대조적인 표지로 보다 작은 차원의 섹션의 표제로 간주될 수 있다. 이런 점에서 21-25장 전체를 두 개의 기본적인 작은 섹션으로 나누고, 23장이 이 두 작은 섹션을 연결 하는 전환부로 이해할 수 있다.

이렇게 구조를 이해하는 것은 21장 12절을 뒤잇는 모든 부분을 예수께서 성전에 들어가심으로써 생겨난 결과로 볼 수 있는 이점을 지닌다. 다시 말해서 성전에 들어가신 후에 예수께서 계속해서 쏟아내시는 여러 번의 정죄는 하나님의 '집'을 바르게 관리하는 데 실패한 예루살렘의 지도자들과 백성들에 대한 성전의 주(Lord)로서의 심판을 표현하는 것이요, 이런 점에서 성전의 멸망을 선포하고 계신 것이다.

그 다음 24장 1-2절을 뒤잇는 모든 부분은 성전 시대 너머에 놓여 있으며, 그런 점에서 종말론적 절정을 준비하고 있다. 비록 이렇다 해도 성전 신학과 연관된 핵심적 모티프들은 성전 시대로까지 확장되어 나가고 있음이 사실이다.

그렇다면 21-25장에 대한 해석은 먼저 예수의 예루살렘 입성과 관련해 성전 청결 사건을 살펴보는 일과 성전 청결 사건을 따라 나오는 강조점을 살펴보는 일을 통해서 이루어진다. 두 번째로 21-25장의 해석은 23-24장에 나오는 예수의 정죄와 심판에 초점을 맞춤으로 이루어진다. 그리고 세 번째와 네 번째, 성전과 관련된 내러티브의 강조들, 즉 지혜(Wisdom)로서의 예수와 성전의 *šekînâ*(영광)로서의 예수에 대한 이해를 통해서 이루어진다.

### 성전 청결 : 문맥과 그 결과

D. 패티(Daniel Patte)가 주목하듯이 예수의 승리 입성의 절정은 예수의 성전 청결과 성전에서 이루어진 소경과 절름발이의 치유, 어린이들의 찬양

의 외침이다. 여기서 외침은 다음과 같이 예수께서 21장 16절에서 시편 8편 2절의 인용을 통해 옳다 인정함을 받고 있다.

> 그렇도다! '어린아이와 젖먹이들의 입으로부터 나오는 찬양을 온전하게 하셨나이다' 함을 너희가 읽어 본 일이 없느냐?[54)]

그러나 스가랴 9장 9절에 대한 마태복음의 성취의 인용은 이미 예수의 예루살렘 입성을 평화의 겸손한 왕의 입성으로 해석하고 있다. 그러나 마태는 입성 후에 이어지는 이야기들이 기쁨의 환희를 보여주고 있지 않다는 것을 알고 있기에, 스가랴 9장 9절의 첫 번째 표현인 "크게 기뻐하라"를 이사야 62장 11절의 첫 번째 표현인, "시온의 딸들에게 말하라"로 대체하고 있다.

이렇게 표현을 바꿈으로써 마태복음의 인용은 "개종하지 않은 이스라엘 사람들에 대한 복음 전파라는 도전"이 되는데, 이것은 21장 9-11절에 나오는 무리들의 외침과 일종의 긴장관계를 형성한다.[55)] 동시에 이렇게 표현을 바꿈으로써 "호산나 다윗의 자손"이라는 표현이 지닌 도덕적이고도 심지어 존재론적인 성격이 드러나게 된다.

21장 5절과 16절 각각에서 인용되는 수정된 스가랴 9장 9절과 시편 8편 2절은 하나의 묶음인 예루살렘 입성과 성전 청결 사건을 열고 닫는 일종의 해석상의 수미상관 구조로 간주될 수 있다. 인용된 두 구절은 예수의 왕적인 두 행동, 즉 승리의 입성과 성전 청결 행위를 20장 20-28절에 기

---

54) Ibid., 286-288. Patte는 마태는 21:9-11의 무리들의 반응을 모호한 것으로 묘사한다고 말한다. 이 말이 맞다. 마태는 예수가 '다윗의 아들'로 칭송되기를 원한다. 그러나 마태는 무리들의 칭송을 신뢰하지 않았고 단지 어린이들의 칭송만을 신뢰했다.

55) Gundry, *Matthew : A Commentary*, 408.

술되는 인자의 겸손한 종의 직분이란 관점에서 해석한다.[56]

승리의 입성에서 길 위의 축제의 나뭇가지들과 "호산나"라는 외침, "주의 이름으로 오시는 이여 찬송하리로다!"라는 환호(8-9절)는 모두 시편 118편 25-26절을 반향한다. 분명히 예수의 예루살렘 입성은 시편 본문이 말하고 있는 바, 곧 순례자가 예루살렘을 향한 순례의 끝에 하나님이 자신의 언약 백성을 구원하실 것 —호산나(우리를 구원하소서!)— 이라는 강렬한 소망과 함께 열렬한 환영 가운데 예루살렘에 입성하여 성전으로 들어가는 것과 동일한 맥락에 놓여 있을 뿐만 아니라 시편 본문의 성취로 묘사된다.

"소동한" 온 성 (ἐσείσθη πᾶσα ἡ πόλις)이 "이가 누구인가?" 묻는데(10절), 이 질문에 대한 무리들의 "이는 갈릴리 나사렛으로부터 온 선지자 예수라"(1:21-23을 보라)와 같은 대답은 예수를 나사렛과 갈릴리와 연계되는 구약의 구원 주제와 동일시하고 있다. 이즈음에 이르러 마태복음의 이야기는 구원 선포와 구원으로의 초청을 설명한다.

그 다음 예수께서는 (하나님의) 성전에 들어가셔서[57] 성전에서 팔고 사는 모든 자를 내쫓으신다. 그리고 이들에게 "기록된 바 '내 집은 기도하는 집이라 일컬음을 받으리라' 하였거늘 너희가 강도의 소굴을 만드는도다"라고 말씀하신다. 마가복음이 이사야 56장 7절을 수사의문문으로 표현하는 데 반해 마태복음은 이 구절을 성전을 향한 하나님의 뜻에 대한 선포로 표현한다. '기도하는 집'이라는 이사야의 본문은 성전이 당시에 '강도의 소굴' 역할을 하던 것과 극명한 대조를 보인다.

그 다음 예수께서는 소경과 절름발이를 성전에서 고치신다. 이것은 소

---

56) Patte는 20:20-21:17을 하나의 단위로 취급하는데, 이것은 이 부분이 사고의 한 단위를 이루고 있음을 보여준다.

57) 비록 "하나님의"란 표현이 가장 우등한 사본들에 의해서 지지를 받지는 않지만, 내적 증거가 이 표현을 지지한다. Nestle-Aland 헬라어 성경과 NRSV는 이 표현을 생략하고, RSV는 이 표현을 포함시킨다.

경과 절름발이가 성전에 들어오는 것을 다윗이 금하고 있는 사무엘하 5장 8절에 대한 위반이다. 마태는 앞서 예수를 묘사했던 것과 일관되게(마 9:13과 12:7에서 각각 자비를 원하시는 하나님에 대해 호 6:6을 2회 인용하고 있음) 예수를 자비와 긍휼을 베푸시는 분으로 묘사한다.

예수께서는 당시 성전 맡은 자들의 강도 행위와 같은 일을 중단시키시고, 대신 병든 자들에게 치유를 행하심으로써 성전의 올바른 제의적 행위에 대해 정의를 내리신다. 물론 이것이 22장 끝에 나오는 '인자/다윗의 자손'에 관한 예수의 말씀을 예기하고 있는, 다윗의 법에 대한 개정을 의미라고 할지라도 말이다.

소경과 절름발이와 심지어 이스라엘의 여부스 대적들을[58] 향한 구원이 성전에 임한 것이다! 그리고 어린이들이 소리친다. "호산나 다윗의 자손이여." 이제 선포되었고 제시되었던 구원이 구체적으로 그 모습을 드러낸 것이다.

그러나 대제사장들과 서기관들은 이에 대해 분노한다(마 21:15d). 이 분노는 예수 안에서 이루어지고 있는 하나님의 구원의 제공에 대해 적개심을 드러낸다. 또한 이 분노는 예수께서 성전을 떠나 다시 돌아오지 않을 때까지(마 24:1) 이어지는 모든 사건에 대한 정서상의 문맥을 형성하고 있다.

---

58) Gundry는 삼하 5:8의 문맥을 볼 때 다윗은 "절름발이와 소경"이란 표현을 통해서 여부스 사람들을 가리키고 있음이 분명하다고 주장한다. 예수의 행동은 "다윗의 말로부터 잘못된 추론을 이끌어 내는 유대인들의 주장을 반박하고 있다(cf. 1QSa 2:19-25; 1QM7:4-5; 4QDb/CD15:15-17; m.Hag. 1:1)" (*Matthew : A Commentary*, 413). Gundry의 경우처럼 이렇게 마태가 왕적 메시아로서의 예수 전승들과 기적을 베푸는 자로서의 예수 전승을 연결시킨다고 결론내리기보다는 필자는 마태가 "만민을 위한"이란 마가의 표현이 담고 있는 바를 자신의 독특한 이해로 담아내고 있다고 제안한다. 만약 마태의 예수가 "절름발이와 소경"에 대한 유대인들의 잘못된 생각을 고치고 있다면 이러한 예수는 또한 원수들에 대한 다윗의 생각과 정책을 바꿀 것이 분명하다. 다시 말해서 예수께서는 이들을 배제하기보다는 받아들이고 치료하신다는 뜻이다. 즉 원수됨의 상징을 새롭게 변화시켜서 *šālôm*(샬롬)의 상태로 바꾸시고 있다는 뜻이다. 이들이 거룩한 장소로 받아들여지고 있는 것이다.

무화과나무의 저주 사건은 제자들에게 하나님의 심판의 준엄함과 믿음의 능력을 극적으로 보여준다. 다시 말해서 제자들이 장차 겪게 될 더 큰 시련들을 준비하게 하는 역할을 한다.

23-27절에 나오는 권세(ἐξουσία)에 대한 논쟁은 다음과 같은 이슈에 초점을 맞춘다. 대제사장들과 백성의 장로들의 권세가 예수와 세례 요한의 권세와 치명적인 갈등 관계에 놓여 있다. 대제사장들과 장로들에 대한 예수의 질문에 이들이 답을 하지 못하였기에 예수께서는 자신의 권세가 어디서 왔는지를 밝히기를 거절하신다. 물론 이들은 예수의 권세의 기원을 잘 알고 있었지만 말이다. 결국 예수를 공적으로 망신주려는 그들의 시도는 실패하고 만다.

예수께서는 이들의 질문에 답하지 않는 대신 그 기회를 다음의 몇 가지 이야기를 들려주시는 기회로 삼으신다.

(1) "'예'라고 답하고 행하지 않은" 아들과 "'아니오'라고 답하고 행한" 아들에 관한 이야기

(2) 특별한 포도원을 소작인들에게 세를 준 주인과, 주인의 종들과 아들을 죽인 소작인들에 관한 이야기

(3) 한 왕이 혼인 잔치를 베풀고 손님들을 초청하지만, 초청받은 자들이 오기를 거절하였고, 이 중 한 명이 아마도 아직은 혼례의 때가 아니라고 생각하고 예복을 입지 않고 잔치에 나타난 이야기

각 이야기는 갈채로 끝맺는 것이 아니라 하나님께서 제공하시는 구원을 거절하는 자들에 대한 다음과 같은 준엄한 심판의 말씀으로 끝을 맺는다.

(1) 첫 번째 끝 말 : "내가 진실로 너희에게 이르노니, 세리들과 창녀들이

너희보다 먼저 하나님의 나라에 들어가리라. 이는 요한이 의의 길로 너희에게 왔으나 너희가 그를 믿지 아니하였으되 세리와 창녀는 믿었기 때문이라. 너희는 그것을 보고도 끝내 뉘우쳐 믿지 아니하였도다"(마 21:31b-32).

(2) 두 번째 끝 말 : "너희가 성경에서, '건축자들이 버린 돌이 모퉁이의 머릿돌이 되었나니이것은 주로 말미암아 된 것이요 우리 눈에 기이하도다' 함을 읽어 본 일이 없느냐? 그러므로 내가 너희에게 이르노니 하나님의 나라가 너희로부터 취해져 왕국의 열매를 맺는 백성에게 주어질 것이라"(마 21:42-43).

(3) 세 번째 끝 말 : "큰 길들에 나아가, 너희가 만나는 사람을 모두 혼인 잔치에 초청하라"(마 22:9). 혼인예복을 입지 않은 자에 대해 임금이 사환들에게 말하되 "그 손발을 묶어 바깥 어두운 데에 내던지라. 거기서 슬피 울며 이를 갈게 되리라" 하니라. 이는 청함을 받은 자는 많되 택함을 입은 자는 적기 때문이라(마 22:13b-14).

'호산나'와 길 위에 놓인 나뭇가지들과 함께 이루어진 축제의 행렬처럼 '돌'의 인용 구절 역시 시편 118편에서 기인한다. 이런 연유에서 건축자의 버린 돌은 한 차원에서 보면 성전을 나타내며, 마태복음의 현 문맥에서 볼 때 예수가 이 성전의 모퉁이 돌이다. 그렇다면 21장 42-43절에서 건축자의 "버린 돌"은 "하나님의 나라가 너희로부터 취해질 것이라"는 표현과 환유법적인 관계에 있다고 할 수 있다.[59]

59) 마태에게 돌을 배척하는 것은 거룩한 산에 있는 성전 가운데 하나님의 언약 임재를 상징하는 시온을 배척하는 것을 수반한다. 이 시온 신학을 위해 다음을 보라: 시 20, 33, 48, 65, 84, 118 그리고 수많은 이사야서의 본문들. 왕적 전통의 신학에 대한 비평적 역할을 하는 시온 신학에 대한 철저하고도 예리한 설명을 위해 다음을 보라: Ollenburger, *Zion*. T. N. D. Mettinger, *The Dethronement of the Sabaoth : Studies in the Shem and Kabod Theologies* (Lund : C. W. K. Gleerup, 1982).

위에서 첫 번째 비유에 나오는 "'예'라고 답하고 행하지 않는 아들"에 의해, 그리고 포도원 주인의 종들과 아들을 죽이는 악한 소작인들에 의해 암시적으로 묘사되는 유대 지도자들의 행위는 그들이 하나님의 나라의 직분 (οἰκονομία)을 잃어버린 이유를 잘 보여준다.[60]이제 '세대주/집주인'(οἰκοδεσπότης)의 자격이 다른 사람에게 넘어간 것이다. 마지막 비유 이야기는 다음의 두 가지 보완적 차원에서 동일한 핵심적 요지를 반복해서 말하고 있다.

(1) 한편 *다른 자*들이 이제 혼례잔치에 초대되고 있다.

(2) 다른 한편 만약 자신이 포도원과 왕국을 관리할 수 있는 자격이 있는 자라고 여전히 생각하며, 심중에 이르기를 아직은 하나님의 *혼례*잔치의 때가 아니라고 말하면서 혼례 예복을 입지 않은 채로 잔치에 나타난다면 그 사람은 바깥 어두운 곳으로 쫓겨날 것이다.[61]

논쟁 이야기 중 다음 부분인 22장 15-46절은 바리새인들과 사두개인들과의 논쟁에서 예수께서 이기시는 모습을 묘사한다. 물론 바리새인들과 사두개인들은 각자의 입장을 내세워 서로 이기려고 예수를 이용해 경쟁하고 있음이 사실이다.

---

60) 하나님의 집을 관리하는 일을 나타내는 이 단어는 여기서 논의되는 바에 대한 일차적 은유이며, 마태복음에 나오는 심판과 보상에 대한 토대이다. 이에 대한 자세한 설명을 위해 뒤의 각주 69번에 나오는 M. Crosby의 저작을 보라.

61) 마태복음을 받아들여 사용한 공동체들에게 이 비유들은 -보다 넓은 차원의 내러티브를 포함해서- 두 차원에서 그 역할을 감당한다 : 왜 유대 지도자들이 예수를 배척했으며 왜 이스라엘이 메시아 공동체 밖에 서 있는가를 설명하는 역할과 크리스천들에게 자신들의 현 위치에 대해 자만하지 말라고 경고하는 역할. Donahue는 이 점을 잘 표현한다: "이 비유들은 마태의 후예들인 크리스천들에게 포도원에서의 노동의 약속에 대해 단순히 반응할 것이 아니라 열매를 맺으며 정의와 자선의 일들을 통해 '그리스도를 입으라'고 권면하고 있다"(*Parables*, 96).

세 공관복음서는 거의 동일한 형태로 이 부분을 담고 있다. 마가복음은 이 부분을 성전 안에서 일어난 것으로 묘사하고 있는 데 반해(막 12:35), 마태복음은 예수의 대적이 34절과 41절에서 모두 바리새인들이라고 밝힘으로써 자신만의 독특한 장인 23장을 준비하고 있다.[62] 이런 점에서 마태가 전하는 공관복음 전승의 이 부분은 예수와 종교 지도자들 사이의 알력과 거리감을 증폭시키고 있으며, 예수의 대적이 기본적으로 바리새인들이라고 밝힘으로써 23장을 준비하고 있다.

### 바리새인들에 대한 정죄와 심판

23장 13-26절(그리고 아마도 37-39)이 '서기관들과 바리새인들'에게 직접적으로 주어진 것으로 되어 있지만, 이 부분의 강화는 '무리들과 제자들'(1절)에게 주어진 것들이다. 이런 연유에서 앞선 비유들과 같이(앞의 각주 61번을 보라) 이 강화 부분은 두 차원에서 그 역할을 감당한다.

23장은 바리새인들에 대해서는 불같이 준엄한 심판을 쏟아놓는 반면에 메시아 예수와의 관계에서 이스라엘 백성이 갖는 위치와 지위에 대한 마태의 이해에 대해서는 아무런 암시를 주고 있지 않다.

예수의 정죄와 심판은 예수를 거절한 세대, 곧 이 세대(ἐπὶ τὴν γενεὰν ταύτην)에 떨어지고 있다. 여기서 γενεα란 표현은 앞서 이야기 한 바 있는 '이 악한 세대'(γενεὰ, 마 11:16;12:39, 41, 45; 17:17)에 대한 경고와 정죄를 더욱 분명히 하고 있다.

---

62) 이 부분은 마가복음과 상당히 다르다. M. Cook가 주목하듯이 마가복음에서 예수의 갈릴리 사역의 대적들은 바리새인들이며, 예루살렘 사역의 대적들은 대제사장들과 장로들, 그리고 사두개인들이다. 마가복음의 갈릴리 섹션과 예루살렘 섹션에서 서로 반대되는 집단들이 나타날 때 각각의 집단과그들의 본거지 사이에는 연계성이 존재한다(예를 들면, 3:22의 "예루살렘에서 온 서기관들"). 막 12:13은 예외인 듯하지만 내러티브 통일성에 비추어 볼 때 이 구절은 3:6로 이어진다. 다음을 보라: M. Cook, *Mark's Treatment of the Jewish Leaders* (Leiden : E. J. Brill, 1978).

만약 마가복음에서 성전 ἱερὸν-성전 ναος라는 구도가 열방-성소(ἔθνη-ναος)라는 구도에 의해 주된 자리를 내주었다면 마태복음의 경우는 정죄받은 γενεα가 듣고 반응하게 될 열방에 의해서 그 자리를 내주게 된다(마 12:15-18; 21:43; 28:19).

마태복음과 마가복음 모두, 성전은 교체의 과정으로 들어가게 되는데 이 점은 마태복음의 경우는 "너의 집이 빼앗길 것이요 황폐하리라"는 예수의 선언과 감람산 강화에서 "돌 하나도 돌 위에 남지 않고 다 무너뜨려질 것이라"는 예수의 선언에 의해 강력히 암시된다.

바리새인들에 대한 이와 같은 심판과 정죄는 당시 회당에 대한 마태의 교회 공동체의 어려움을 반영하고 있다. 마태복음 23장은 예수 당시의 바리새인들에 대한 객관적인 평가를 위한 자료가 아니다.[63] 그러나 마태복음 23장이 무시될 수는 없는데, 그 이유는 바리새인들의 경건 실천에 근거한 바리새인들에 대한 예수의 평가와 마태 자신의 변증 사이에는 어느 정도의 연속성이 분명히 존재하기 때문이다.

가스톤(Gaston)은 "마태가 여기서 하나의 관행을 보여주는데, 이 관행은 바리새인들을… 크리스천 전통의 개를 때리는 데 사용되는 하나의 유대 전통의 막대기로 사용하는 오래된 관행이다. 마태가 이러한 관행을 시행한 이유는 율법주의와 열정, 위선은 본질상 이방-크리스천들의 문제이기 때문이다"고 말한 바 있다.[64] 가스톤의 이러한 진술은 올바른 지적일 수 있다.

---

63) 이를 위해 다음을 보라: E. Rivkin, "Pharisees" in *IBD Supplementary Volume* (Nashville : Abingdon, 1976), 657-663; Rivkin, *A Hidden Revolution : The Pharisees' Search for the Kingdom Within* (Nashville : Abingdon, 1978); J. Neusner, *From Politics to Piety : The Emergence of Pharisaic Judaism* (Englewood Cliffs, N. J. : Prentice-Hall, 1973); A. J. Saldarini, "Pharisees", *ABD* (New York : Doubleday, 1992), 5.289-303.

64) L. Gaston, "The Messiah of Israel as Teacher of the Gentiles: The Setting of Matthew's Gospel", in *Interpreting the Gospels*, ed. J. L. Mays (Philadelphia : Fortress, 1981), 95.

실제로 마태는 자신의 교회 공동체 내에 있는 '바리새인적' 행위에 대해 경고하고 있는 것이 사실이다. 그렇지만 마태는 여기서 경고 그 이상을 하고 있다. 구체적으로 말해서 여기서 마태는 23장 34절-24장 2절에서 명시적으로 언급되는 '이 세대'에 대한 준엄한 심판의 선언에 대한 내러티브상의 토대를 놓고 있는 것이다.

이와 같은 우리의 신학적 성찰은 다음과 같은 역사적인 수수께끼에 대한 근거를 마련해준다. 어떻게 이스라엘의 메시아가 유대 크리스천들과 이방 크리스천 모두의 주(Lord)가 되었는가?(이 질문은 가스톤의 표현을 빌린 것이다)

일반적으로 마태복음 23장은 바리새인들이 하나님의 집을 맡은 자의 법과 성전을 악용한 것에 대해 예수께서 그들을 정죄하고 있음을 보여주고 있는 반면에(마 21:33의 이미지를 보라) 23장의 한 단락인 16-22절은 특별히 성전에 대한 바리새인들의 잘못된 이해에 초점을 맞춘다.

여기서 바리새인들은 '성전의 금'이나 '제단 위의 예물'을 두고 맹세하는 것은 구속력이 있다고 간주한다. 그러나 이 단락에 따르면 바리새인들은 성전이나 제단을 두고 맹세하는 것은 구속력이 있다고 생각하지 않는다. 금과 예물이 성전과 제단보다 더 가치 있고 더 큰 힘을 지니고 있는가? 예물을 거룩하게 만든 것은 다름 아닌 제단이 아닌가? 성전이 바로 하나님의 보좌와 하나님의 자신의 '임재'를 나타내는 핵심적인 상징이 아닌가?

이 단락은 이러한 질문들을 선언적으로 표현하면서 성결과 거룩한 것들에 대한 바리새인들의 왜곡을 드러낸다. 거룩한 것의 장식에 해당되는 금과 예물이 거룩한 것 자체를 대체해 버렸다는 뜻이다. 많은 크리스천에게 크리스마스가 그러하듯이 거룩한 것의 가장 참되고도 가장 깊은 의미가 화려하고 반짝이는 금장식에 의해 묻혀 버리고 사라져 버린 것이다.

바리새인들에 대한 예수의 이와 같은 정죄는 곧 들려질 심판의 선언, 바로 성전 자체의 기둥과 토대를 위협하는 심판 선언에 대한 하나의 중요한 준거의 틀이다.

포도원의 악한 소작인들의 비유(마 21:33-46)의 이미저리가 바리새인들에 대한 예수의 정죄에서 두 가지 방식으로 사용된다. 집 주인이 보낸 종들을 악한 소작인들이 죽이는 것은 23장에서 선지자들의 피를 흘린 "너희의 조상들" (30절)이란 표현과 일치한다.

이러한 일치는 *지금*이라는 시점에까지 확장되는데, 그 이유는 "너희가 선지자를 죽인 자의 자손임을 스스로 증명함이로다 너희가 너희 조상의 분량을 채우라 뱀들아 독사의 새끼들아 너희가 어떻게 지옥의 판결을 피하겠느냐?"(31b-33). 바리새인들에 대한 정죄는 예수의 때로 이어져서 다음과 같이 '서기관들과 바리새인들'을 향한다(29).

> 그러므로 내가 너희에게 선지자들과 지혜자들과 서기관들을 보내매 너희가 그 중에서 더러는 죽이고 십자가에 못 박고, 그 중에서 더러는 너희 회당에서 채찍질하고 이 동네에서 저 동네로 잡으러 다닐 것이라. 그러므로 의인 아벨의 피로부터 성전과 제단 사이에서 너희가 죽인 바라갸의 아들 사가랴의 피까지 땅 위에서 흘린 의로운 피가 다 너희에게 돌아가리라. 내가 진실로 너희에게 이르노니 이것이 다 이 세대에게 돌아가리라(마 23:34-36)

참담한 이야기이지만 이상의 구절은 다음과 같은 두 가지 점을 분명히 한다. 첫째, 죄책과 심판이 한 데로 모아져 *너희*와 *이 세대* 위에 임한다는 점이다. 여기서 너희와 이 γενεα(세대)가 분명히 동일시된다.[65] 둘째, 처음

65) 이런 점에서 γενεα는 유대 사람들과 당시 살고 있던 세대의 사람들 양자를 의미할 수 있다. 24:34에 비추어 볼 때, 마태의 강조점은 전자인 유대 사람들에 있는데, 이유는 마태가 복음서를 기록할 당시 예수의 지상 사역 시에 있었던 세대는 이미 죽었기 때문이다. 만약 우리가 실존적 동시대성의 해석학을 마태에게 적용할 수 있다면, "이 γενεα"는 마태의 이야기를 듣는 "모든 세대"일 수 있

부터 끝까지 잘못의 모든 범주가 성전(ναος)과 제단 사이에서 일어났던 일, 곧 예수 자신의 죽음을 둘러싸고 있는 장면을 전조하고 있는 사건인 살육 장면으로 절정에 다다른다는 점이다.

마태복음 27장 3-10절에서 유다는 자신이 행한 일에 대해 후회한 후에 은 삼십을 대제사장과 장로들에게 돌려주려고 한다. 그들이 이것을 받지 않으려 했기에 유다는 은 삼십을 성전(εἰς τὸν ναὸν)에 던져 놓고 나가서 스스로 목을 매달아 죽는다. 은 삼십이 성전(ναος)에 떨어졌다는 것은 예수 자신의 죽음과 성전 ναος가 서로 연결되어 있음을 보여준다. 피 값인 은 삼십이 성전을 더럽혔고 성전을 오염시켰으며 성전이 기도의 집으로서 계속적인 임무를 수행할 수 있는 자격을 박탈한 것이다.[66)]

이런 점에서 예수의 죽음은 선지자들의 피를 흘렸던 이스라엘의 종교 지도자들의 기나긴 역사의 정점으로 묘사되는 것이다. 특히 성전의 본체에 해당하는 ναος 지역에서까지 이러한 피를 흘렸다는 점에서 말이다.

23장의 예수의 심판 예언 다음 부분은 예루살렘에 대한 연민과 심판을 포함하며, 또한 예루살렘을 직접적으로 향하고 있다.

> 예루살렘아, 예루살렘아! 선지자들을 죽이고 네게 보내진 자들을 돌로 치는 자여! 암탉이 그 새끼를 날개 아래 모음 같이 내가 얼마나 자주 너의 자녀들을 모으려고 했었느냐? 그러나 너희가 원치 아니하였도다! 보라, 너희 집이 황폐하여 버린 바 되리라. 내가 너희에게 이르노니 이제부터 너희가 "찬송하리로다, 주의 이름으로 오시는 이여." 라고 할 때까지 너희가 나를 보지 못하리라 하시더라(마 23:37-39)

---

다. 어느 정도 복음은 전해지는 모든 상황에서 이런 식으로 작동하지만, 필자가 판단하기에 "이 γενεα"는 고정된 대상, 즉 메시아이신 예수를 배척했던 하나님의 택한 백성을 가리키고 있다.

66) W. C. van Unnik, "The Death of Judas in Saint Matthew's Gospel", *ATS* Suppl. Series 3 (1974), 44-57.

'선지자들을 죽이고, 보내어진 자들을 돌로 친다'라는 모티프가 여기서도 나타난다.[67] 그러나 이 모티프의 거친 톤이 불쌍히 여겨 보호한다는 이미저리로 갑작스럽게 전환됨에 따라서 일시적으로 잠잠해지는데, 이 이미저리는 암탉이 새끼들을 날개 아래 모으는 모습으로 표현된다.

그러나 목에 채워져 있는 멍에를 풀어주시는 하나님의 부드러운 사랑(호 11:1-4)을 거부했던 이스라엘의 과거와 마찬가지로 "너희들이 원치 않았도다!" 이전 백성들에게 일어났던 것처럼 또 다시 그렇게 너희의 집이 빼앗겨져 황폐하게 될 것이다. 여기서 '집'(οἶκος)이라는 단어가 이야기상 중요한 역할을 한다.

(1) 10장 5절과 15장 24절에 나오는 '이스라엘의 집(οἶκος)의 잃어버린 자들

(2) 21장에 나오는 성전 청결 사건에서 "나의 집은 기도의 집이라 불릴 것이라"는 표현에서 두 번에 걸쳐 사용된 '집'(οἶκος)

(3) 포도원의 악한 소작인들의 비유에서 풍유적으로 하나님을 '집주인'(οἰκοδεσπότης)으로 묘사하는 것(마 21:33; 또한 20:1과 11절)

모두 '집'(οἶκος)이라는 단어가 등장하고, 이 세 이야기는 본문에서 절정에 다다른다. 이와 같은 이야기 문맥에서 볼 때 23장 38절의 οἶκος는 최소한 성전과 이스라엘 백성을 포함한 이중적 의미를 담고 있다.[68] 성전과

---

67) '선지자들에 대한 잔인한 배척'이라는 주제가 이스라엘의 문헌에 미친 폭넓은 영향에 대한 자세한 설명을 위해 다음을 보라: Garland, *Intention*, 179-87. 여기서 Garland는 O. H. Steck의 논지를 사용하고 있다.

68) 이러한 이중적 의미의 *집*(히브리어는 *bêt*)은 이스라엘의 최초의 성전을 짓기 위한 계획 단계로 거슬러 올라간다(삼하 2장). 이에 대한 토대적 관점의 설명을 위해 다음을 보라: S. Aalen, "'Reign' and 'House' in the Kingdom of God in the Gospels", *NTS* 8 (1962), 215-240. 그리고 쿰란 문헌이 '성전'을 가리키기 위해 *집*(bayit 와 *bêt*)이라는 용어를 사용한 것에 대해선 다음을 보라:

이스라엘 백성 양자 모두에게 하나님은 집주인이시며 집은 이 분에게 속해 있는 것이다.69)

24장의 처음 몇 구절은 성전에 대한 예수의 심판 선언을 전개한다. 하나님이 왕국 백성으로서의 이스라엘을 버리셨다는 점이 마태의 이야기 전개상 28장 19절에서 절정에 다다르는데 여기서 예수의 제자들의 선교는 이방인들을 향하며 이 점은 앞서 10장 5절에서 말했던 이스라엘의 집의 잃어버린 자들에 대한 선교를 확장시키고 있다.

### 지혜와 영광(Shekinah)이 떠남

마태복음 23장은 하나님의 집이 버림받아 황폐하게 될 것이라고 선언하는데 이 본문의 표면 아래에는 지혜와 영광이라는 두 가지 모티프가 이스라엘의 성전 신학과 연결되어 있다. 다음과 같이 마태의 본문과 누가의 본문을 비교하면 마태는 23장 34절에서 예수를 지혜와 동일시하고 있음을 알 수 있다.

> 마 23:34
>
> 그러므로 내가 너희에게 선지자들과 지혜 있는 자들과 서기관들을 보내매

---

Juel, (*Messiah and Temple*, 159-64). Garland, (*Intention*, 197-200). Garland는 마태복음에서 οἶκος는 다음과 같은 세 계층의 지시 대상을 포함한다는 바른 주장을 한다: 예루살렘 도시; 성전; 이스라엘이라는 나라 전체. 집이란 단어가 한 번 사용되는 경우에도 여러 계층의 의미가 존재할 수 있고, 혹은 하나의 의미만이 존재할 수 있다(cf. *Intention*, 197-200).

69) M. H. Crosby는 정의와 청지기 사명이란 이슈를 강조하기 위한 목적에서 마태복음에서의 '집'과 '세대주'의 역할을 연구한 바 있다. 그의 저작은 '집'과 이 단어와 연관된 용어에 대한 마태복음의 용례가 지닌 중요성을 필자가 이해하는 데에 큰 도움을 주었다(*House of Disciples : Church, Economics and Justice in Matthew* [Maryknoll, N. Y. : Orbis, 1989], 특별히 72-75). 히 3:1-6은 유사한 의미를 담고 있는 "하나님의 집"이라는 용어를 길게 사용하고 있다. 여기서 '집'은 하나님의 언약 백성을 가리킨다. 모세와 예수 모두는 '집들'(οἶκοι)을 세우는 자들이다. 비록 하나님이 모든 것들을 궁극적으로 짓는 분이시지만 말이다. 모세는 종으로서 신실했고, 그리스도는 아들로서 신실했다.

너희가 그 중에서 더러는 죽이고, 십자가에 못 박고, 그 중에 더러는 너희 회당에서 채찍질하고 이 동네에서 저 동네로 찾아다니리라(RSV, 핍박하리라)

눅 11:49

그러므로 하나님의 지혜가 일렀으되, '내가 선지자와 사도들을 저희에게 보내리니 그 중에 더러는 죽이며 또 핍박하리라' 하였도다

누가복음은 3인칭을 사용해서 이스라엘 백성에게 말씀하는 분을 지혜의 말씀이라 간주하고 있는 데 반해서 마태복음은 지혜의 말씀을 2인칭을 사용하여 직접적으로 백성들에게 말씀하시는 예수에게 귀속시킨다. 즉 마태복음의 경우 지혜가 곧 예수를 지칭한다.[70)]

마태가 이 말씀을 지혜에게 귀속시키는 것을 피하고 있기에 이 본문을 기초로 하여 지혜에 관해 이야기하는 것은 바람직하지 못하다고 주장할 수도 있을 것이다. 폭넓게 지지를 받고 있는 대안적 견해에 따르면 마태는 의도적으로 예수를 지혜와 동일시하고 있다는 것이다.[71)]

마태가 이미 11장 19절에서 예수를 지혜와 동일시 한 바가 있기 때문에[72)] 23장 34절에서 예수와 지혜를 연결짓는 것은 옳다고 할 수 있다.

---

70) 대부분의 학자는 이것을, 지혜를 비중 있게 다루고 있는 Q 문서를 마태가 수정한 것이라고 말한다. 본 연구에서 필자의 방법론상의 의도는 자료 비평이라는 이론에 의존하는 것이 아니었기에 필자는 가능한 한 자료 비평의 언어와 개념상의 형태를 피하고자 했다.

71) J. M. Robinson은 다음과 같이 말한다: "마태가 단순히 Sophia(지혜)에 대한 언급을 배제하고 있다고 말하는 것으로 충분치 않다. 오히려 마태가 예수에게 이전에 지혜에게 귀속되었던 어록을 귀속시킬 뿐만 아니라 어록의 내용 즉 역사 전반에 걸쳐서 선지자들과 다른 대변자들을 이 땅에 보내셨던 천상의 인물로서의 지혜의 역할이라는 내용을 예수에게 귀속시킴으로써 Sophia를 예수와 동일시하고 있다는 점을 인식해야 한다. 마태가 몇 구절 뒤에 나오는 말씀(마 23:37)에서 가리키고 있는 것은 다름 아닌 선재했던 지혜로서의 예수 자신이다: "암탉이 그 새끼를 날개 아래 모음같이 내가 네 자녀를 모으려 한 일이 몇 번이냐." 이에 대해 다음을 보라: Robinson, "Jesus as Sophos and Sophia : Wisdom Tradition and the Gospels", in *Aspects of Wisdom in Judaism and Early Christianity*, ed. R. L. Wilken (Notre Dame : Notre Dame, 1975), 11.

또한 이 점은 누가가 여기서 말씀을 지혜에 귀속시키고 있는 데 반해서 마태는 말씀을 예수에게 귀속시키고 있다는 사실에 의해서도 지지를 받는다.[73)]

이와 같은 대안적 견해는, 누가의 표현이 "지혜는 자기의 모든 자녀들에 의해 옳다 함을 얻느니라"(눅 7:35)라고 되어있는 데 반해서 11장 19절에 나오는 마태 자신의 표현은 "지혜는 그 행한 일로 인하여 옳다 함을 얻느니라"고 되어있다는 사실에 의해서 지지를 받는다. 누가복음에서 *자녀*들은 *하나님의 자녀들인* 반면에 마태복음에서 *행한 일*들은 *예수 자신의* 일들을 말하고 있다.

마태복음에 이와 같은 차이가 생겨나게 된 것은 마태가 이 구절을 11장의 전체 문맥과 조화를 시키고자 했기 때문이다. 다시 말해서 11장 전체에서 예수께서 행하신 일들이 예수의 정체성에 대한 세례 요한의 질문에 대한 답이라는 뜻이다.

C. 도이취(Celia Deutsch)가 이 점을 아래와 같이 잘 표현하고 있다.

---

72) 또한 마 11:25-30을 보라. 여기서 마태는 28-30을 지혜의 표식들을 포함한 25-27절과 연결시킨다. 누가복음에서 *자녀*들이란 용어는 7:29의 "모든 사람들과 세리들이 하나님을 의롭다 하더라"는 표현에 기초한다. 이 사람들은 "하나님의 뜻을 저버리고" 세례 요한의 세례를 거부하며 예수의 예언적 행위를 반박했던 바리새인들과 율법사들과 대비된다. 이런 점에서 7:35의 *자녀*들은 일종의 언어 무기로써 "하나님을 의롭다 한"자들을 가리킨다. 그러기에 누가복음에서 *자녀*들은 하나님과 연계되어 있으며, 이것은 마치 마태복음에서 *행위*들이 *예수*와 연계되어 있는 것과 같다. 이런 식으로 누가는 지혜를 하나님과 연계시키고, 반면 마태는 지혜를 예수와 연계시킨다.

73) F. Burnett의 저작은 이 점에 대해서 크게 볼 때 설득력을 지닌다: *The Testament of Jesus-Sophia : A Redaction-Critical Study of the Eschatological Discourse in Matthew* (Lanham/New York/London : University Press of America, 1981), esp. 51-54. 또한 다음을 보라: Schweizer, *Good News*, 447; J. Robinson, "Jesus as Sophos", 10-14; M. J. Suggs, *Wisdom, Christology and Law in Matthew's Gospel* (Cambridge, Mass. : Harvard University, 1970), 59-60. 보다 앞서 W. A. Beardslee는 예수와 지혜에 대한 마태의 동일시를 "개연성이 없지 않은 옳음"이라고 간주한 바 있다("The Wisdom Tradition and the Synoptic Gospels", *JAAR* 35 [1967], 237). 이에 대한 H. von Lips의 최근의 자세한 연구 역시 이러한 연결을 설득력 있게 개진한다: *Weisheitliche Traditionen im Neuen Testament* (WMANT 64; Neukirchen-Vluyn : Neukirchener Verlag, 1990) 280-290.

"… 이런 점에서 마태는 누가의 표현(Q라고 불림)을 바꾸어서 예수를 지혜와 동일시하고 있으며 그 목적은 예수와의 관계에서 세례 요한의 적합한 위치를 분명히 하고자 함이었다. 이렇게 함으로써 마태는 지혜의 일들을 그리스도의 일들과 연계시키고 있을 뿐만 아니라 이 둘을 동일시하고 있는 것이다."74)

도이취는 이러한 동일시와 관련한 마태의 목적에 초점을 맞추는데 다음과 같은 올바른 제안을 한다.

"이스라엘 전승 속에서 지혜가 담당했던 역할을 통해서 예수는 계시적이고도 권위 있는 가르침의 (교훈적인) 역할과 연결되며 한걸음 더 나아가 마태는 예수를 지혜와 동일시함으로써 토라에 대한 예수의 가르침과 예수의 예언적 선포를 합법화하고 있다."75)

지혜 전승은 이스라엘의 성전이라는 환경에서 생겨나서 이 환경 속에서 번창했다. 잠언서는 이미 인격화된 지혜를 보여주는데 이 인격화된 지혜에 따르면 지혜란 하나님의 본체의 일환이다(잠 1-9; 욥 28; 바룩서 3:9-4:4; 시락서 1; 4:11-19; 6:18-31; 14:20-15:10; 24장; 지혜서 6-9장).

중간기에 이르러 솔로몬의 지혜서는 이스라엘의 역사를 지혜 관점에서 새롭게 구성하는 모습을 보여주는데(10-11장)76) 이에 따르면 지혜는 이스

74) C. Deutsch, "Wisdom in Matthew: Transformation of a Symbol", *NovT* 32 (1990), 35-36.

75) Ibid., 47. Hermann von Lips는 대안적인 이유를 제시하는데, 필자의 판단으로는 이 이유는 설득력이 별로 없다. Lips는 마태복음 11-13장이 Q 문서의 지혜 전승과 (아마도 마가의) 성령 전승을 연계하고 있는 지혜 기독론을 발전시키고 있다는 이론을 제시한다. 이런 점에서 지혜와 성령이 마태의 기독론 가운데 특히 11-13장에서 서로 연결된다(261, 289-290).

76) 이 말은 'sapientializing of Israel' history'로 표현되는데, 이 표현은 필자가 들었던 수업 중 Childs가 사용했던 표현이다. Robinson은 이것을 "이스라엘의 구원역사에 외부로부터 초자연

라엘의 *구원 역사*(Heilsgeschichte) 속에서 실제적인 주체로서 행동하시는 하나님을 대변한다. 시락서 24:10-11에서 지혜는 다음과 같이 하나님의 임재로써 성전 가운데 거하신다.

> 성막에서 내가 주 앞에서 행하오며,
> 
> 내가 시온에 세워졌나이다.
> 
> 그 결과 주께서 내게 사랑하는 도성 가운데 쉴만한 곳을 주셨으며,
> 
> 예루살렘에 내가 거할 곳이 있나이다.

시락서 24장 4절에 따르면 지혜의 보좌는 "구름 기둥 가운데 있는데"[77] 이 기둥은 이스라엘 중에 함께 하셨던 하나님의 임재의 구름을 가리킨다(출 13:21; 40:34-38). 이런 점에서 "하나님의 영광이 성막에 가득 찼던 것이다"(출 40:35). 그러기에 하나님의 영광스러운 임재가 이스라엘 백성 중에 거하신다(*šākan*)고 기록되어 있으며, 이것으로부터 백성 중에 거하시는 하나님의 영광, 곧 하나님의 Shekinah의 이미지가 생겨난 것이다. 이런 연유에서 아래 본문은 회막문을 가리켜 다음과 같이 말한다.

> 내가 거기서 이스라엘 자손을 만나리니
> 
> 내 영광을 인하여 회막이 거룩하게 될지라
> 
> 내가 이스라엘 자손 중에 거하며
> 
> 그들의 하나님이 되리라(출 29:43, 45)

시편 24편에 따르면 영광의 왕이신 여호와께서 성전에 들어가시고 거기

---

적으로 부여된 … Sophia"라고 묘사한다("Jesus as Sophos", 2).

77) 23-29절은 지혜가 토라 가운데 또한 거하는 것으로 이야기한다.

서 다스리시며 백성들의 예배를 받으신다(참조: 시 29, 48, 50; 사 6:3; 겔 43:2-5).[78] 시락서 24장에 따르면 하나님의 임재의 *kāḇôḏ* 구름 위에 보좌를 잡으신 지혜가 이스라엘 예배 중에 하나님의 임재를 중재한다.

이와 같은 지혜와 영광(Shekinah) 사이의 연결 관계란 관점에서 버네트(Burnett)는 마가복음 23장 37절에서 말씀하고 계신 예수는 "*천상의* 지혜로서 예루살렘을 자신의 날개 아래 모으시려는 Shekinah로 묘사되고 있다"고 주장한다.[79]

그러나 예루살렘은 지혜와 쉐키나에게 자리를 내어주지 않는다. 39절을 이끌고 있으면서 동시에 '나', 곧 예수와 연결되어 있는 연결사 '왜냐하면'(γὰρ)은 사실상 예수를 하나님의 영광(쉐키나)과 동일시하고 있다.[80]

이런 점에서 지혜이신 예수께서는 예루살렘이 황폐하여 버린바 될 것이요 예루살렘이 더 이상 그를 보지 못할 것이라고 말씀하시고 성전을 떠나셨는데(마 24:1), 그 때 지혜와 쉐키나(영광) 모두가 예루살렘을 떠난 것이다. 거룩한 산이 더 이상 거룩하지 않다. 그 이유는 여호와의 임재가 산에서 떠났기 때문이다.[81]

### 성전으로부터 재림으로

마태복음 24-25장은 웅크린 멸망의 심판을 성전을 향해 풀어놓고 있

---

78) 제사장 전통의 문헌과 에스겔서에 나오는 여호와의 *kābod*에 대한 Mettinger의 설명은 폭넓고도 자세하다(*The Dethronement of the Sabaoth*, 80-123).

79) Burnett, *Testament of Jesus-Sophia*, 66.

80) Ibid., 73; Schweizer, *Good News*, 444; G. Strecker, *Der Weg der Gerechtigkeit*, 3d ed. (FRLANT 82; Gottingen: Vandenhoeck & Ruprecht, 1971), 113.

81) 여기서 사용되는 *버려진(forsaken)*이란 단어는 지혜가 떠나간 것에 대해 아주 적절하게 묘사하고 있다. 이 점을 1 Enoch 42:1-2은 다음과 같이 말한다: 지혜가 사람들 가운데 자신의 거처를 만들기 위해서 나갔으나거할 곳을 전혀 찾지 못했다 그리하여 지혜는 자신의 집으로 돌아왔고, 자신의 좌소를 천사들 가운데 두었다. *황폐한*이라는 용어 역시 한번 하나님의 Shekinah 임재가 떠난 후의 예루살렘 도성과 성전의 상황을 아주 적절히 묘사하고 있다.

다. 또한 이 심판의 긴박한 상태를 그리스도의 재림을 기다리는 크리스천들을 향해 돌리고 있다. 버네트는 24장 3절이 가리키고 있는 대상은 크리스천 교회 공동체라고 주장한다. 마태복음에서 "멸망의 가증한 것"은 사탄이 교회를 약탈하는 것을 가리킨다(마 24:1-2).

> 마태에게 예수께서 떠나시고 부재하신다는 것은 예루살렘 성전이 더럽혀졌음을 뜻했다 … 24장 3절은 새로운 장면을 보여주는데 이 장면에서 예수-지혜(Sophia)가 인자의 재림이라는 이슈에 핵심에 놓여 있다. 예루살렘 성전이라는 주제는 종말론적 강화에서, 심지어 24장 15-22절에서조차 다시 언급되지 않는다.[82)]

버네트가 마태의 강조점이 어디에 있는지를 바르게 규명하고 있는 것은 사실이지만 성전과 재림을 너무 극명하게 분리하고 있다. 그렇다고 하더라도 3절에서 제자들의 질문은 '주의 오심과 세상 끝의 징조'에 초점을 맞추고 있는 것이 분명한데 이 구절은 여전히 '언제 이런 일이 있게 될 것인가?'라는 질문을 담고 있다. 이 질문은 뒤로 1-2절을 되돌아보게 한다. 다시 말해서 버네트는 2절과 3절 사이를 구분하는데 이러한 구분은 마태의 구분이라기보다는 버네트 자신의 구분일 뿐이다.

오히려 마태는 3-22절이 가리키는 일차적 대상의 시점, 곧 예수 자신과 성전 멸망 사이의 시기를 존중하며, 한 걸음 더 나아가 이 시기를 자신의 시기로 끌어와 적용하고 있다. 특히 거짓된 종말론적 소망에 대한 경고와 교정의 톤들을 예수의 재림과 세상의 끝을 대망하고 있는 자신의 크리스천 공동체 구성원들을 가르치고 섬기는 일을 위해 활용하고 있다고 보는

---

82) Burnett, *Testament of Jesus-Sophia*, 310-311. Burnett의 설명은 353페이지까지 이어진다.

것이 더 적절하다.

이러한 이해는 이스라엘을 교회가 '대체했다'는 것을 의미하지 않으며, 모형론적 상관관계를 의미한다. 심지어 재림에 관한 일곱 가지 비유도 예수께서 앞서 이스라엘의 종교지도자를 책망하시고 정죄하신 것과 성전에 대한 강화들에 기인한다. 성전의 그림자가 재림을 기다리는 교회 시대까지 깊이 드리워진 것이다. 중요한 연결고리는 다음과 같이 종국이란 문제에 있다. 만약 소피아(지혜)이신 예수께서 이스라엘에 대해 행하신 심판이 예수께서 친히 세우신 집인 교회에 대한 인자의 심판이 되었을 그 때에 과연 크리스천들은 잘 감당해 낼 수 있겠는가?(마 16:18; 참조 7:24-27).[83)]

마태복음의 독특한 강조점이 드러난 세 번째와 네 번째 재림에 관한 비유들의 특정한 용어는 마태 자신의 교회 구성원에 대한 설교와 이스라엘의 성전 관리자들을 책망하는 앞의 비유들을 연결한다.

43절은 인자를 *집주인*으로 규정하고(40절과 44절), 다음 비유를 시작하는 45절은 주인과 그의 *집*(οἰκετείας)에 대해 이야기한다. 달란트 비유에서(마 25:14 이하) 한 사람이 여행을 떠나면서 자신의 소유를 종들에게 맡기는 것은 집주인과 악한 소작인들의 비유(마 21:33 이하)가 담고 있는 이미저리를 반향한다. 마지막 비유(25:31-46)에서는 인자가 왕으로 묘사되는데, 이러한 왕으로서의 이미지는 예수께서 이스라엘의 지도자들을 향해 말씀하셨던 마지막 비유에 나오는 왕의 이미지와 동일하다(마 22:7, 11).

더욱이 25장 31-46절의 마지막 비유에서 왼쪽에 서 있는 자들, 곧 염소와 같은 자들은 혼인잔치 비유에 나왔던 자, 즉 예복을 입지 않고 예식에 참여했던 자와 같을 것으로 생각된다. 전체적으로 볼 때 25장의 세 비유는 21장 28절-22장 14절에 나오는 세 비유와 각각 강조하는 점과 담고

83) Burnett는 마태가 겸손한 지혜와 권세 있는 묵시론적 인자-기독론을 상호보완적인 관계 속에 병치시킨다고 주장한다 (Ibid., 363-370).

있는 이미지들에 있어서 서로 유사하다.

미리 준비한다는 것과 신실하게 맡겨진 일을 감당한다는 두 주제가 두 범주의 비유, 곧 이스라엘과 교회를 향한 두 가지 비유에 널리 펴져 있다. 이 비유들이 담고 있는 집과 가계라는 이미저리에 대한 M. 크로스비(Michael Crosby)의 연구는 다음과 같이 두 범주의 비유의 톤을 분명히 해준다.

> 예수의 강화의 마지막 섹션이 주인이 "자기의 영광 중에 오실 그 때"(마 25:31)에 선한 일을 행한 자들과 불의한 일을 행한 자들을 구분하신 일을 통해 분명히 하고 있듯이 하나님의 다스림을 얻게 되는 것은 가계 공동체의 구성원들이 어떻게 자신이 소유하고 있는 것들을 가장 적은 자신들의 형제와 자매들에게 나누어 주어 함께 향유했는가, 그리고 "온 열방"의 모든 것들 이 (마 25:32; 28:19을 보라) 어떻게 단순히 제자들에게만이 아니라 궁핍한 모든 자들에게 나누어져 함께 향유되었는가(마 25:33-46)에 달려 있게 될 것이다. 복되다 일컬음을 받게 될 자들은 "공의롭고 선한 자들"이라 불릴 자들이다. 공의는 바른 관계들을 이루어 나가며, 가진 것들을 바르게 집행하여 함께 향유하는 것을 가리키기에 세상의 마지막 때에 하나님의 집과 가계의 질서와 명령에 따라 신실하게 산 자들이 "공의롭고 선한 자들"이라 불릴 것이다. 왕이 이들을 "나의 아버지께 복을 받은 자들"(마 25:34)이라 부를 것인데 이는 이들이 하늘의 아버지의 뜻을 행했기 때문이다.[84)]

---

84) Crosby, *House of Disciples*, 75. Crosby가 25:32의 "민족들"이란 용어를 -가족 교회들 내에서 각각의 윤리적 책임에 있는 -믿는 자들과 *그리고* 세상의 나라들 양자 모두에게 적용하는 반면에 마태복음에서 더 정확한 대상은 *이방* 사람들이란 의미에서의 *나라*들처럼 보인다. 이유는 ἔθνη와 γενεα사이의 구체적인 적대관계가 마태복음에 나타나 있기 때문이다. 마찬가지로 이 나라들 전반에 걸쳐 퍼져있는 유대 크리스천 성도들과 이방 크리스천 성도들이 "내 형제 중에 지극히 작은 자들"(40절)이 일차적으로 가리키는 대상인 듯하다. 그러나 이것은 이 표현이 크리스천들을

## 누가복음

### 누가의 관점과 구조

누가복음의 예루살렘의 수난-이전 기사는 19장 28절(45)에서 21장 38절까지에 해당되는데, 마태복음과 비교해 볼 때 상대적으로 짧다. 그러나 성전에 대한 누가복음의 강조는 누가가 두 책 모두에까지 확장된다. 다시 말해서 성전은 분명 하나님의 구원 목적 안에서 기능하지만 이 목적 안에서 성전은 전환기적 역할을 감당하고 있다는 뜻이다.

비록 누가의 성전과 관련해 성경학자들의 해석이 다양하기는 하지만[85] 이들의 공통된 견해에 따르면 누가는 하나님의 구원 목적 속에서 성전이 차지하는 분명한 자리, 곧 마태와 마가에게는 알려지지 않은 특별한 자리를 할애한다고 한다.

누가복음에서 복음의 이야기는 성전에서 시작해(1-2장), 예수의 제자들이 계속해서 성전에서 하나님을 찬양하는 것으로 절정에 다다른다(눅 24:53).[86] 발저(K. Baltzer)에 따르면 예수께서 성전에 오셨다는 것은 성전

---

가리키고 있기에 본문상의 풀리지 않는 아이러니처럼 보인다. 이런 점에서 보다 현명한 해석이 있다면, 그 해석은 이 비유를 우주적 (묵시론적) 장면을 담고 있는 것으로 취급하여 배고픔과 목마름, 벌거벗음에 대한 자신들의 반응에 대한 자체 평가와 관련해서 크리스천들에게 적용할 수 있는 윤리적인 책임의 범주들을 놓는 것으로 해석하는 것이다. 이에 대해 다음을 보라: S. W. Gray, *The Least of My Brothers, Matthew 25:31-46 : A History of Interpretation* (Atlanta : Scholars, 1989).

85) C. van der Waal의 다음의 글은 누가가 성전 심판을 강조하는 데에 마태와 마가와 동의한다고 주장하는 소수 의견을 대변한다. 비록 그는 어떻게 "여호와의 영광이 성전에서 그리스도에게 임했는가"를 보여주지만 말이다: "The Temple in the Gospel According to Luke", *Neot* 7 (1973), 58. 대부분의 학자들은 누가가 마태와 마가와 다르다는 것을 주목하며 성전에 대한 누가의 긍정적 견해를 강조한다. 다음을 보라: F. D. Weinert, "The Meaning of the Temple in Luke-Acts", *BTB* 11 (1981), 85-89; J. B. Chance, *Jerusalem, the Temple, and the New Age in Luke-Acts* (Macon, Ga. : Mercer University, 1988).

86) 누가의 두 권의 책, 누가복음과 사도행전은 지리적으로 볼 때 '성전에서 로다까지'라고 볼 수 있다.

을 하나님의 영광(*kābôd/δόξα*)으로 축복하신 것을 의미한다.[87]

누가의 성전 신학에 대한 온전한 연구라면 다음의 본문에 나타난 성전(그리고 예루살렘)의 모습을 반드시 재고해야 한다.[88]

(1) 눅 1-2장(또한 3:9-12)

(2) 눅 19:28-21:38

(3) 눅 24:52

(4) 행 6:1-8:4; 15:14-18; 21-23장

본 연구는 누가복음 19장 28절-21장 38절에 초점을 맞추지만 동시에 다른 섹션이 말하는 바에 충실히 귀를 기울인다. 학자들은 성전에 대한 누가의 이해에 대해 상이한 입장을 보이는데 부분적인 이유는 이상의 본문이 지니고 있는 일반적인 모호성 때문이다.

대부분의 해석자들이 누가복음에서 성전이 차지하는 긍정적인 위치를 강조하지만[89] 에슬러(Esler)는 사도행전 6-7장(그리고 21장, 여기서 역시 바울의 종국과 관련해 성전은 부정적 역할을 한다)이 보여주는 성전에 대한 강한 부정적

87) K. Baltzer, "The Meaning of the Temple in the Lukan Writings", *HTR* 58 (1965), 263-277. 하나님의 영광을 중재하시는 분으로서의 예수에 대한 누가의 보다 큰 독특한 강조(눅 2:14, 32; 9:31-32; 19:38; 행 1:9)에 호소하고 있는 Baltzer의 견해는 심각한 약점이 있다. 예수 탄생 이전의, 예수와 관계없는 누가복음 1-2장은 이미 성전과 성전 제의를 하나님의 영광이 없는 것으로 제시한다. 눅 13:35의 "황폐하고 버려진 집"에 대한 예수의 말씀 역시 Baltzer의 논지에 맞지 않으며, 19:41-44은 영광에 대한 찬양 부분(눅 19:38)과 예수의 성전 입성 부분 사이에 놓임으로써 Baltzer의 논지를 더욱 어렵게 만든다.

88) 여기서 Chance는 Bachmann과 의견을 같이하며 반면 예루살렘 도성과 성전이 각각 누가의 신학에서 차지하는 역할을 서로 분리시키는 경향을 보이는 Weinert와 Conzelmann과 의견을 달리한다(Chance, *Jerusalem*, 2).

89) Chance; Weinert; Baltzer; M. Bachmann, *Jerusalem und der Templa : Die geographisch-theologischen Elemente in der lukanischen Sicht des judischen Kultzentrums* (BWANT 109; Stuttgart et al. : W. Kohlhammer, 1980).

평가에 초점을 맞추고 있다. 특별히 스데반과 바울로 하여금 성전과 관련된 이슈로 인해 자신의 목숨을 잃게 만들었던 종족상의 종교적 갈등이라는 맥락에서 성전에 대한 부정적 평가를 이해하려고 시도했다.[90]

성전과 관련해 긍정적 요소와 부정적 요소를 모두 담고 있는 누가복음 19장 28절-21장 38절은 누가복음의 전체적인 강조점을 개관해 볼 수 있는 일종의 창의 역할을 한다.

누가복음의 수난-이전 섹션인 누가복음 19장 28절-21장 38절은 다음과 같이 세 부분으로 나누어진다.

| | |
|---|---|
| 눅 19:28-46 | 성전을 향한 예수의 순례 |
| 눅 19:47-21:4 | 성전에서 가르치시는 예수 |
| 눅 21:5-38 | 성전의 최후에도 불구하고 성전에서 가르치시는 예수 |

성전에서 선생으로 가르치시는 예수에 대한 이야기상의 강조가 너무도 강력하기에 그 결과 누가의 수난-이전 섹션의 중심부, 19장 47-48절과 21장 37-38절은 예수의 성전에서의 가르침으로 시작하고 끝을 맺는 일종의 수미상관 구조를 띤다.

먼저 예루살렘을 향한 예수의 순례는-예수의 예루살렘 입성은 예수를 왕, 곧 예루살렘이 거절한 평화에 대한 한숨짓는 왕으로 환영했던 것을 상기하라- 성전 청결로 이어질 뿐만 아니라 성전 청결 사건 그 자체를 포함한다. 이런 점에서 예수께서는 자신의 가르침의 전초기지로 성전을 사용하실 수 있는 하나의 권리를 확보하신 셈이다.

---

90) P. F. Esler, *Community and Gospel in Luke-Acts : The Social and Political Motivations of Lukan Theology* (Cambridge/New York et al. : Cambridge University, 1987), 131-163.

이처럼 성전과 성전에서의 가르침을 수미상관 구조의 형태로 표현함으로써 누가는 "성전 사역에 하나의 결정적인 시작과 동시에 결정적인 끝을 제공한다. 여기 성전에서, 오직 성전에서만이 이스라엘의 메시아이신 예수는 종말론적 구원의 메시지를 갖고 이스라엘 전체를 대면하고 계신 것이다."[91]

누가복음의 차이점들

누가복음은 마태복음과 마가복음과 차이점을 보여주는데 이 차이점은 다음과 같이 주목할 만하다.

(1) 예수의 성전 청결에 대한 기술이 상당히 짧다. 다시 말해서 누가는 성전의 오용이나 남용이 너무도 심각해서 정화되어 결국 하나님이 의도하셨던 역할을 감당할 수 있도록 회복되는 것이 불가능할 정도라고 말하고 있지 않다. 오히려 성전 청결을 통해서 예수께서는 자신이 장차 행하실 모든 예루살렘 사역을 위해 성전에 대해 "성전은 이제 *그의* 장소로서 여기서 그는 자유롭게 하나님의 백성들을 가르치신다"[92]라고 주창하시는 것이다.

실제로 예수께서는 십자가에서 죽으시기 직전 감람산으로 나가기까지 결코 성전을 떠나지 않으신다(눅 22:30). 이처럼 성전을 떠나 감람산으로 나가는 일을 앞서고 있는 수난 사건에서 성전과 예루살렘은 하나로 어우러져 있기 때문이다. 부활하신 예수께서 제자들을 뒤로하고 하늘로 올라가실 때 예수의 제자들은 성전으로 돌아온다(눅 24:50-53).

(2) 아주 놀라운 사실은 누가복음은 무화과나무 저주 사건을 담고 있

91) Chance, *Jerusalem*, 62.

92) Ibid., 58.

지 않다는 점이다. 이런 연유에서 말라버린 무화과나무가 성전에 대한 어두운 그림자를 드리우지도 않는다. 또한 말라버린 무화과나무 사건을 뒤이은 기도와 용서에 대한 가르침도 나타나지 않는데, 이 가르침은 마가복음에서 크리스천의 경건은 성전과 관계없이 번창할 것임을 암시하는 대목이다.

이처럼 누가복음에서 성전은 하나님의 목적을 위해 존재하며, 그 목적을 위한 역할을 감당하고 있다. 그 이유는 예수의 사역이 성전의 멸망이 예고된 이후에도 여전히 성전에서 계속되기 때문이다(눅 21:37-38). 심지어 예수의 죽음 이후, 곧 사도행전에서 성전은 지속적으로 크리스천 공동체의 중심 역할을 하며 제자들을 세계적 차원의 선교 속으로 움직여 나가게 하는 중심축의 역할을 한다(이러한 제자들의 세계적 차원의 선교를 향한 움직임은 크리스천들을 선교를 위해 흩어지게 하는 동인이 되었던 스데반의 성전 비판과 그의 순교를 통해서, 그리고 다음과 같이 사도행전 15장 15-18절에서 야고보가 아모스 9장 11-12절을 인용해 말한 것을 통해서 촉발되었다. "내가 … 다윗의 무너진 장막을 다시 지으며 또 그 허물어진 것을 다시 지어 일으키리니 이는 다른 모든 자들과 심지어 내 이름으로 일컬음을 받는 모든 이방인들이 주를 찾게 하려 함이라").[93]

(3) 누가복음은 마가복음 14장 58절에 나오는 거짓 증인들에 의한 성전 고소나 15장 29절에 나오는 십자가 아래를 지나가는 자들의 조롱, 즉 예수께서 성전을 허물고 새로 지을 것이라는 조롱과 같은 기사를 담고 있지 않다(이 두 기사는 마태복음에는 있다). 이런 연유에서 누가의 이야기는 예수께서 잡히신 것과 성전에 대한 예수의 반대 입장 사이에 아무런 연결 관계

93) Chance는 Earl Richard(*Acts 6:1-8:4 : The Author's Method of Composition* [SBLDS 41; Missoula, Mont. : Scholars, 1978], 326-330)를 따라서 다음과 같이 옳게 주장한다: 이 인용 구절은 누가가 교회나 이방선교가 성전을 대체한 것으로 본 것을 의미하지 않으며, 오히려 다윗의 쇠락한 집을 재건하는 것은 이스라엘을 회복하는 것, 곧 예수의 사역임을 암시한다. 이러한 예수의 사역이 이방선교를 가능하게 하고 있다(*Jerusalem*, 41).

를 보여주고 있지 않다.

(4) 성소 휘장이 갈라진 사건은(눅 23:45b) 예수의 죽음 이전에 일어난다. 이 점은 예수의 죽음이 성소 휘장의 종국과 이 휘장이 암시하는 바를 극명하게 보여준다는 사실을 배제한다. 성소 휘장이 갈라진 사건이 누가에게 어떤 의미를 지녔든지 예수 자신이 성전이 되신다(마가복음의 경우)는 점, 혹은 성전은 크리스천 선교나 크리스천 교회로 대체되어야 한다는 점(마태복음의 경우)이 누가에게 귀속되어 누가복음에 적용될 수 없음이 분명하다.[94)]

### 보다 독특한 특징들

누가복음 내러티브의 몇 가지 특징을 살펴보면 성전에 대한 누가의 견해가 잘 드러난다. 성전 청결 사건이 성전으로 하여금 기도의 집이 되고 예수의 사역에 대한 하나의 토대가 되게 할 수 있었던 것처럼 하나님의 백성인 λαὸς가 예수의 말씀에 천착하였고(눅 19:49) 예수를 '대제사장들과 서기관들과 백성의 지도자들'의 악한 의도로부터 보호한다(눅 19:47). 이런 점에서 성전과 하나님의 백성(λαὸς)은 누가복음에서 당연하고도 긍정적인 역할을 한다.

λαὸς란 단어는 19장 47절-22장 2절 전반에 걸쳐서 총 11회 나타난다(또한 λαὸς를 가리키는 그들이란 표현 역시 자주 나타난다).[95)] 백성들(λαὸς)이 다섯

94) 이 점에 대한 Chance의 논의를 보라: *Jerusalem*, 35-37. 이 견해는 F. X. Reitzel의 견해, 즉 여기서 예수께서는 성전을 버리기 시작하셨고, '그리스도의 다스림의 시작'을 상징하는 성전 휘장이 찢어질 것을 기대하셨다는 견해와 분명한 차이를 두고 있다(Reitzel, "St. Luke's Use of the Temple Image", *Review for Religious* 38 [1979], 4).

95) R. C. Tannehill은 누가가 λαὸς를 자주 사용한다는 점을 언급하면서 이에 대해 몇 가지를 지적한다: *Narrative Unity*, 158-66. G. Lohfink 역시 누가가 이야기 전략의 일환으로써 λαὸς를 폭넓게 사용함으로써 누가복음에서 예수의 사역이 "*das gesamte Volk Israel*"(모든 이스라엘 백성)을 향하고 있다는 점을 보이고 있음을 주목한다: *Die Sammlung Israels: Eine Untersuchung zur lukanische Ekklesiologie* (Munich : Kösel-Verlag, 1975), 33-37. 또한 다음을 보라: R. J. Cassidy, "Luke's Audience, the Chief Priests and the Motive for Jesus'

번 예수를 보호하며(눅 19:47; 20:6;19,26; 22:2) 다섯 번씩이나 λαὸς는 예수의 가르침을 받는다(눅 19:48; 20:1, 9, 45; 21:38).

λαὸς는 선포되는 하나님의 심판에 대한 반응으로(눅 20:9에서 "그들은" λαὸς를 가리킨다) "그렇게 되지 말기를!"이라고 말한다. 뒤에 가서 예루살렘 지도자들은 예수께서 소요를 일으키고 백성(λαὸς)을 미혹했다고 비난한다(눅 23:5, 14). 예수의 십자가상의 처형에 이르는 사건에서 백성(λαὸς)은 예수를 고소하고 힐문하는 유대 지도자들과 구별되고(눅 23:24), 23장 35절에서는 유대 지도자들의 *비웃음*과 백성(λαὸς)들의 *구경이* 대조를 이룬다.

그럼에도 불구하고 유대 지도자들과 백성이라는 두 그룹은 백성의 장로들이라는 표현에서(눅 22:66), "대제사장들과 지도자들, 그리고 백성을 불러 모으고"(눅 23:13)라는 빌라도의 표현에서, 또한 빌라도에게 예수를 죽이라고 소리치는 "그들"이라는 짧게 나타나는 표현에서(23:18-23) 서로 연결된다.

빌라도가 반대 입장에 서 있는 것으로 묘사되는 장면에서 백성(λαὸς)은 유대 지도자들의 편에 서 있는 것으로 묘사되며, 그렇지 않을 경우에는 유대 지도자들과 백성은 이야기 전개상 서로 다른 입장에 서 있는 것으로 묘사된다.

λαὸς에 대한 이러한 독특한 용례는 19장 47절-22장 2절에서 ὄχλὸς(무리)란 표현이 전혀 사용되지 않는다는 사실에 의해 더욱 지지를 받는다. 물론 ὄχλὸς란 표현이 19장 47절-22장 2절 섹션의 앞부분과(눅 18:36; 19:3, 39) 뒷부분에서는(눅 22:6, 47; 23:4, 48) 나타나는데, 그 때 이 표현은 언제나 대중이란 의미에서 무리를 가리킨다.

이런 점에서 ὄχλὸς는 λαὸς와는 다른 의미를 가지며, 그러기에 ὄχλὸς란

---

Death", in *Political Issues in Luke-Acts*, ed. R. J. Cassidy and P. J. Scharper, 150-152.

단어는 λαὸς의 역할이 의미 있게 개진되고 있는 성전 섹션에는 사용되지 않는 것이다.

누가복음에서 λαὸς와 ναος(성전)가 차지하는 주도적인 역할은 모두 긍정적이며 한걸음 더 나아가 예수의 사역이 이스라엘의 회복을 위한 절정에 달할 수 있게 한다. 이것은 하나님의 언약 약속에 따른 것이다. 그러나 λαὸς와 성전은 21장에서 심판의 대상이 되고 있다.

먼저 성전에 대해서 예수께서는 "돌 하나도 돌 위에 남지 않고 모두 다 무너뜨려지리라"(6절)라고 말씀하신다. 그리고 군사들에 의해서 둘러싸여 있는 예루살렘에 대해서 예수께서는 "땅에 큰 환난과 이 백성에게 진노가 있을 것이라"(λαὸς, 21:23)라고 말씀하신다.

또한 로마가 대적이 되고 이제 압제자가 된 상황에서 백성과 유대 지도자들은 한데 어우러져서 심판의 대상으로 표현된다. 다시 말해서 성전이 무너질 것이요, 백성들은 자신의 핵심적 장소요 역할을 담당했던 성전을 잃게 된다는 뜻이다. "그들이 칼날에 죽음을 당하며 모든 열방에 사로잡혀 가겠고 예루살렘은 이방인의 때가 차기까지 이방인들에 의해 밟히리라"(눅 21:24).

예루살렘이 멸망한 후 10년에서 12년 사이에 누가복음을 기록하고 있는 누가는 예언된 미래 심판이 이미 이루어져 과거의 일이 되었다는 사실을 알고 있다. 또한 누가는 예루살렘과 성전이 크리스천 교회의 삶과 성장에서 담당했던 애매모호한 역할에 대해서도 잘 알고 있다(사도행전의 경우임).[96)]

96) 이러한 애매 모호성은 누가가 실제 일어난 역사 자체로부터 떨어져 있다는 사실에서 기인할 수 있다. 최소한 이것이 율법에 대한 누가의 긍정적이면서도 부정적인 견해에 대해 S. G. Wilson이 취하는 입장이다: *Luke and the Law* (SNTSMS 50; Cambridge et al. : Cambridge University, 1983), 57. 그러나 필자가 판단하기에 율법과 성전에 대한 누가의 긍정적 묘사는 역사적 거리감에서 생겨난 무관심의 결과일 수 없다. 다른 신학적이며 교회적인 아마도 정치적인 동기들이 여기서 작동하고 있다고 볼 수 있다.

누가는 누가복음을 여는 예수의 출생 기사와 부활-이후의 엠마오 사건에 대한 이야기에서 예수의 오심이 이스라엘의 구속을 위한 오심임을 보여주고 있다. 다시 말해서 예수께서는 하나님의 백성들에게 구원을 가져오시는 분이라는 뜻이다(눅 1:68, 77; 2:30, 38; 24:21).

이러한 누가의 이상과 소망이 누가복음-사도행전 이야기에 나오는 이스라엘의 역할에서 성취되었는가 아니면 이스라엘의 '구속'은 '이방인들의 때' 이후에 완성될 것인가? 더욱이 21장 28절에서 말하고 있는 "너희의 구속이 가까이 왔다"는 선포는 이와 같은 질문을 더욱 복잡하게 만들고 있다.

여기서 예수의 강화가 λαὸς에게 주어지기 때문에 21장 28절 말씀은 긍정적인 답을 암시한다고 볼 수 있다.[97] 구체적으로 말해서 이스라엘의 구속은 이방인들의 때가 다 찬 이후에 일어날 것이라고 기대된다는 뜻이다.

이것이 의미하는 바는 수많은 구약 본문과 동일한 맥락에서(사 63:18; 단 8:13; 또한 다음의 중간기 문헌을 참조하라. 제2바룩서 67:2; 제1마카비서 3:45; 51; 솔로몬의 시편 17:23-25) "시온이 짓밟히는 것"은 오직 정한 기간 동안만이라는 뜻이다.[98] 그러나 21장 28절의 구속은 "능력과 크나큰 영광 가운데" '구름 타고 오실 인자'와 연결되어 있음을 주목할 필요가 있다(27절).

이와 마찬가지로 예수의 "깨어 경성하라"는 마지막 경고는 인자 앞에 서는 일과 연결되어 있다(36절). 이런 연유에서 24절 이후에 나타나는 시간적·공간적 지시 대상들은 이스라엘의 회복이이라는 전통과 잘 맞지 않아 보인다. 또한 21장 28절의 본문은 실제적으로 인자의 오심이라는 궁극적인 최후의 위기를 위해 깨어있으라는 권면을 받는 이방 크리스천들을

---

97) A. J. Mattill, Jr.는 이 견해와 함께 다음과 같은 충격적인 결론에 이른다. 즉 '백성을 위한 구원', '이스라엘의 구속', '희년', '새롭게 할 때' 등등에 대한 누가의 예기들은 '이방인들의 때' 이후로 연기된다는 것이다(*Luke and the Last Things* [Dillsboro, N. C. : Western North Carolina, 1979], 136-145, and chart(!) on 156-157).

98) Chance는 예기된 회복과 관련해 이 본문들과 다른 본문들을 인용한다(*Jerusalem*, 134-135).

대상으로 한 본문이다.

이런 점에서 첸스(Chance)는 누가가 여기서 이방인들이 예배를 위해 예루살렘으로 몰려오는 이미저리와 함께 예루살렘의 최종적인 회복, 곧 "구원의 도시로서의 예루살렘이 지닌 종말론적 최후 사명"이 이루어지고 있음을 보여준다고 생각하는 경향을 보이지만[99] 뒤따라 나오는 구절들에서 첸스의 주장을 뒷받침할 만한 증거는 희박해 보인다.

누가복음 21장 28절은 이와 같은 미래 기대들을 명시적으로 말하지 않는다. 오히려 누가에게 성전은 하나님의 백성들에게 예배와 가르침, 종말론적 중심부로서의 역할을 한다. 성전은 메시아 예수 안에서 이스라엘을 향한 하나님의 종말론적인 구원이 동텄음을 증거하고 있으며 동시에 이러한 구원의 도래를 촉진시키고 있다.

그러나 예루살렘의 지도자들이 선지자요 메시아-왕이신 예수를 배척했기 때문에 예루살렘의 멸망과 함께 성전의 멸망은 필연적이었다. 그 이유는 다음과 같다.

> 평화를 이루는 일들에 관해 너희가 알았더라면 좋았을 터인데 그 일들이 네 눈에 숨겨졌도다. 정말로 네 원수들이 네 주변에 성벽을 쌓고 너를 둘러 사면으로 가두고 또 너와 및 그 가운데 있는 네 자식들을 땅에 메어치며 돌 하나도 돌 위에 남기지 아니할 날이 너희에게 미치리니 이는 네가 하나님의 방문의 때를 인식하지 않았기 때문이라(눅 19:42-44)

---

99) Ibid., 138. 또한 다음을 보라: Tiede, *Prophecy and History*, 92-95. 이러한 견해는 누가를 롬 9-11장에서 말하는 바울과 아주 밀접하게 연결짓게 할 수 있다. 사도행전이 보여주듯이 이방 선교에서 성전이 차지하는 핵심적 역할에 근거해 -부정적이고 긍정적인 측면 모두에서- 혹자는 J. Munck(*Christ and Israel : An Interpretation of Romans 9-11*, trans. I. Nixon [Philadelphia : Fortress, 1967], 9-11)를 따라서 이방 선교 자체가 이스라엘이 자신의 메시아에게로 돌아오는 일, 곧 회복의 선결조건을 촉진시킨다고 제안할 수 있을 것이다.

이와 같은 말씀은 예수께서 자신의 예루살렘 사역을 예기하시며 앞서 행하셨던 다음과 같은 구절을 반향한다.

> 그러나 오늘과 내일과 모레는 내가 나의 갈 길을 가야 하리니 선지자가 예루살렘 밖에서는 죽는 법이 없기 때문이라. 예루살렘아! 예루살렘아! 선지자들을 죽이고 네게 보내진 자들을 돌로 치는 자여! 암탉이 제 새끼를 날개 아래에 모음 같이 내가 너희의 자녀를 모으려 한 일이 몇 번이냐? 그러나 너희가 원하지 아니하였도다. 보라 너희 집이 황폐하여 버린 바 되리라. 내가 너희에게 이르노니 너희가 "주의 이름으로 오시는 이를 찬송하리로다" 할 때까지는 나를 보지 못하리라 하시니라(눅 13:33-35)

누가가 하나님의 종말론적 구원에서 성전과 예루살렘이 차지하는 역할을 강조하는 것과 동일한 정도로 누가는 성전과 예루살렘의 멸망에 대한 확실성을 보여주는데 그 이유는 성전과 예루살렘이 평화의 복음을 선포하는 분을 배척했기 때문이다. 이런 점에서 예루살렘의 지도자들과 백성들은 메시아이신 예수를 십자가에 못 박는다.[100]

비록 그렇다 해도 성전은 사도행전에서 유대인들과 이방인들 모두에게 구원의 핵심적 장소로서의 역할을 지속하고 있다(행 2-5장; 15; 21). 비록 바울의 선교팀이 안디옥에서 파송되지만 예루살렘과 예루살렘 성전은 여전히 중요한 중심으로서의 역할을 계속해 나가고 있다(비록 에슬러[Esler]가 당시 상황에 대한 재구성을 통해서 헬라어를 사용하는 유대 크리스천들이 성전과 율법을 강

100) 제 4장에서 다룬 배척받는 순례 여정 중의 잔치 손님이시며 선지자인 예수에 대한 설명을 보라. Moessner (*Banquet*, 131-186)는 배척이란 주제를 다루면서 누가의 이야기에 나타나는 "무리들"(ὄχλὸι)과 "백성들"(λαὸς) 사이의 차이점을 구별하지 못한다. 즉 이 둘 사이에는 차이점이 존재하는데, "백성"은 하나님의 언약 백성으로서의 이스라엘 백성을 가리킨다는 점에서 그렇다.

하게 비난한다고 주장하지만 말이다. 참조 행 6-7장).[101)]

심지어 사도행전 21장에서조차 예루살렘에서 온 유대인이 아니라 소아시아 지역에서 온 유대인들이 바울이 에베소 사람 드로비모를 금지된 성전 구역으로 데리고 들어간 것에 대해 바울을 비난한다. 이 때문에 바울은 스데반이 죽음을 통해 항거했던 바로 그 문제 때문에 체포된다.[102)]

이런 점에서 누가복음과 사도행전에 나타나는 친-성전적(pro-temple) 입장에도 불구하고 예수께서 선포하신 성전의 분명한 멸망은 사도행전에 와서 지속적으로 나타나는 성전에 대한 냉혹한 비판과 조화를 잘 이룬다.[103)] 사도행전에서 이 비판이 분명하게 설명되지는 않지만 이 비판은 이방인들과 유대인들 사이의 관계에 초점을 맞추고 있는 것처럼 보이며 이런

---

101) Esler, Community. 이러한 비판이 생겨난 이유는 "하나님을 두려워하는 자들이 자신들의 친구인 헬라어를 사용하는 유대인들이면서 후에 제자들이 된 자들로 하여금 제자 된 삶을 받아들여야 한다는 점을 확신시키는 데 성공했기 때문이다"(158). 구체적으로 말해서 하나님을 두려하는 자들인 이들(즉 이방인들)이 성전 예배에서 계속적으로 어려움을 겪고 있으면서도 크리스천으로서 당시 유대 크리스천들과 공평하게 유무상통했기 때문에 성전에 대한 비판이 자연스럽게 생겨난 것이다. 이것이 또한 헬라 크리스천들에-이들은 일찍이 유대인들과 하나님을 두려워하는 자들 사이의 구별을 지지했던 헬라어를 사용한 유대인들임- 대한 유대인들의 증오를 불러일으켰다. Esler가 강력하게 주장하듯이 바로 이것이 행 6-7장에 나오는 사건들의 배경이다.

102) Esler에 따르면 여기에서 이슈는 다음과 같다: 유대인의 지역과 이방인들의 지역을 구별하는 soreg 담장(5피트 정도 높이의 작은 쪽문임)이 이미 헬라어를 사용하는 (헬라계열의) 유대 크리스천들과 이방 크리스천들 사이에 놓여 있었기 때문에, 이 담장은 또한 성전에서 예배에 참여하는 일과 관련해 유대인들과 하나님을 두려워하는 자들 사이에 놓여 있어야 마땅했다-그렇지 않으면 성전 자체는 무너져 마땅하다-. 그리고 실제로 성전이 무너졌다! 이런 논리가 마가의 성전 신학과 정확히 일치한다는 점은 정말 주목할 만하다.

103) R. Maddox는 스데반의 설교는 성전의 건축을 원래 반역의 행위로 간주하고 있음을(행 7:44-50) 주목한다(*The Purpose of Luke-Acts* (Edinburgh : T. & T. Clark, 1982). Maddox는 이 점이 누가가 다른 곳에서 성전에 대해 강조하는 바들과 상당히 배치되기에 이러한 스데반의 설교의 요지는 누가가 사용하는 오래된 성전전승들에 관계된 것이 틀림없다고 생각한다. 그러나 그 어떤 곳에서도 누가는 "성전은 악한 제도임을 암시하고 있지" 않다(53). 그러나 Maddox는 또한 스데반의 설교는 사용되는 전승들에도 불구하고 최종적으로는 누가의 구성임을 인정한다. 이런 연유에서 Maddox는 다음과 같은 결론을 내린다: "누가 자신은 과거와 현재의 유대 역사에 대한 스데반의 요약은 비록 전반적으로 통렬하고도 비관적이지만 그래도 전체적으로 성전 역사에 대한 공정한 진술이었다고 생각했을 것으로 판단된다"(54).

점에서 마가복음의 초점과 유사하다고 할 수 있다.

앞서 이 책 4장에서 주목한 바 있듯이 누가는 예수가 이스라엘을 벗어나 이방인을 만나는 것을 조심스럽게 다루고 있는데 그 이유는 예수께서 이스라엘을 '벗어나는' 일은 사도행전에서 기술되는 초대교회의 역사를 위해 남겨두기 위함이었다.

이와 마찬가지로 누가는 누가복음에서 하나님을 경외하는 이방인들에게 성전이 지닌 비효율성 때문에 성전이 비판당하는 인상을 주지 않으려고 조심하고 있다. 누가복음에 따르면 신학적 강조점을 지니는 예루살렘을 '벗어난'이란 표현은 주후 30-60이란 초대교회의 선교 역사에 속하는 표현이다.

## 성전 전승의 연속성과 새로운 변화 : 평가와 요약

구약 성경과 성경-이후 시기의 유대교의 성전 전승이 공관복음서의 수난-이전 섹션에 나타난 예수 전승에 영향을 미쳤음은 매우 분명하다. 그러나 이 영향은 성전 모티프와 성전 그 자체에 국한되고 있는 것처럼 보인다.

마태복음은 암시적으로 하나님의 영광(Shekinah/쉐키나)이 성전에서 떠났다고 말하는데 이것 말고는 공관복음서 어디에서도 희생제사, 제사장 직분과 다른 성전 상징과 같은 성전 제의의 다양한 요소에 대해 언급하는 부분이 없다.

이것이 암시하는 바는 현재의 복음서 형태 이전에, 그리고 현재의 복음서 형태를 이루던 시기의 공관복음 전승은 히브리서가 그랬던 것처럼 그렇게 제사장 전통의 신학에 대한 신학적 평가를 시도하지 않았다는 점이다.

공관복음서는 유대교를 갱신하고자 하는 분으로 예수를 묘사하고 있으며 이런 점에서 수난-이전 기사 부분은 이스라엘과 맺으신 하나님의 언약이라는 맥락 하에서 기능한다. 성전에 대한 예언 전승의 비판 역시 이런 맥락에서 이해되어야 한다. 다시 말해서 성전에 대한 구약의 선지자들의 비판이라는 맥락에서 말이다.

성전의 역할에 대한 공관복음서의 평가는 통일성과 다양성을 동시에 보여준다. 통일성이 나타나는 경우는 모든 공관복음서가 성전의 마지막을 그려주고 있을 때이다. 보다 중요한 점은 신학적 관점에서 볼 때 모든 공관복음서가 성전의 멸망과 하나님의 심판을 연결짓는다는 점이다. 그러나 이러한 하나님의 심판의 정확한 근거를 기술하는 데에는 복음서들 사이에서 다양성이 나타난다.

마가복음의 경우 성전이 심판을 받는 이유는 성전이 "만민을 위한 기도의 집"이 되지 못하기 때문이다. 한편으로 이것은 이스라엘이 성전의 역할을 남용했다는 것을 상정하며 다른 한편으로는 이방인들에 대한 교회의 선교를 공표하여 부각시키고자 하는 마가의 의도를 보여준다.

성전이 ναος로서의 역할과 아울러 단순히 ἱερὸν으로 서 있는 모습 모두에서 성전의 멸망은 예수의 죽음과 연결되어 있는데 여기서 예수의 죽음은 이방인들로 하여금 구원과 예배 모두에서 하나님께 온전히 나아갈 수 있는 길을 열어준 사건이다.

세상과 열방에 대한 빛의 사명을 다해야 할 이스라엘의 소명(사 49:6)을 성전이 이루지 못한 것은 결국 예수의 죽음에 대한 원인적 요소가 된다. 이 점은 성전 고소 사건(막 14:58)에서 암시된다. 또한 이러한 성전의 실패와 예수의 죽음 사이의 인과 관계는 예수는 성전이 이룰 수 없는 것을 이루시기 위해서 죽으셨다는 논리적 성격을 지닌다. 이런 점에서 이방인 백부장의 고백(막 15:39)은 예수의 죽음의 효용성과 효력을 극명하게 보여주는 것이다.

성전의 효력이 끝났음을 선언하고 있는 성전 휘장의 찢어짐(막 15:39)은 새로운 실체가 나타나야 할 논리적 당위성과 신학적 보증을 제공한다. 이 새로운 실체라는 구도에 따르면 성전을 대체하고 있는 예수는 이방인들이 하나님께 나아갈 수 있는 길이다. 이런 연유에서 마가의 성전 신학의 초점은 기독론적이며 동시에 선교적이라 할 수 있다.

마가복음 11장 22-25절의 기도와 용서에 대한 강조가 암시하는 바는 옛 실체를 대체하는 새로운 실체 또한 참된 예배의 삶을 포함한다는 점이다. 언약 관계가 유지되고 동시에 새롭게 갱신되는 방식이 이제는 성전의 역할과 기능들 없이도 가능하게 되었다는 뜻이다.

예배와 관련한 이러한 새로운 자유를 만끽하도록 부름 받은 자들이 바로 예수의 제자들이기 때문에 마가는 또한 교회론적 긴장 상태와 교회 상의 변화 혹은 전이를 암시한다. 포도원의 악한 농부들의 비유가 말하는 "그가 와서 농부들을 죽이고 포도원을 다른 사람들에게 줄 것이라"는 표현은 포도원(성전)의 관리가 교회론적 관점에서 볼 때 바뀌었다는 것을 암시한다. 다른 사람들이 포도원을 관리하도록 초청될 것이라는 뜻이다.

더욱이 예수께서 사람의 손으로 짓지 않은 성전을 세울 것이라고 말했다는 거짓 증언과 고소는 아이러니하게도 미래에 일어날 사건들을 "삼일 안에 예수께서 전혀 다른 질서에 속한 성전-실체를 세우실 것이다(참조 Juel[쥬엘])"와 같이 예고한다. 마찬가지로 인자의 오심은 택한 자들을 불러 모으기 위함이다(참조 도나휴[Donahue]).

이런 점에서 마가의 성전 신학은 기독론적 차원과 아울러 교회론적 차원을 모두 담고 있는 성전-대체로 이루어져 있다. 기독론적 차원이 마가복음에서는 훨씬 강하고 훨씬 분명하며, 교회론적 차원은 이러한 기독론적인 차원의 보다 암묵적인 귀결이라 할 수 있다.

그러나 마태복음의 경우 이와 같은 강조의 균형이 뒤바뀐다. 다시 말해서 교회론적 차원에 대한 강조가 기독론적 차원의 강조보다 앞선다는 뜻이다. 마태는 이 점을 분명히 하기 위해서 포도원의 악한 농부의 비유를 두 비유, 즉 두 아들의 비유와 혼인 잔치의 비유로 열고 닫는 수미상관 구조 속에 넣고 있다.

여기서 마태는 "예"라고 답해 놓고 나중에 행하지 않는 아들을 통해 이스라엘 백성의 실패를 보여주고, "아니오"라고 답해 놓고 나중에 행하는 아들로 상징되는 다른 사람들에게, 그리고 큰 길과 작은 길에서 부름 받은 사람들에게 하나님의 초청을 확장시킨다.

포도원 농부들의 비유에 대한 다음과 같은 마태의 독특한 종결 역시 이와 같은 점을 분명히 한다. "그러므로 내가 너희에게 이르노니, '하나님의 나라가 너희로부터 취해져 그 나라의 열매를 맺는 백성(ἔθνη)에게 주어질 것이라' 하더라."

또한 마태는 독특하게도 예수를 '반석' 위에 자신의 교회를 세우시는 분으로 묘사하는데 이러한 묘사 역시 새 공동체의 시작을 강조하는 것이다. 이런 점에서 마태의 성전 신학은 교회론적 차원을 강조하며, 기독론적 차원의 분명한 묘사를 결여하고 있다.

마태복음에서는 마가복음에서의 성전 청결 사건에 아주 중요한 용어인, 선교적 차원의 교회론과 기독론을 한데 아우르는 "만민을 위한"이란 표현을 사용하지 않는다. 예수의 죽음을 뒤따르는 마태복음의 진술은 경이와 두려움을 자아내는데(마 27:51-54), 이것은 예수에 대한 마태복음의 보다 큰 차원의 묘사, 즉 예수는 주(Lord)요 하나님의 아들로서 경배를 받으실 분이라는 점과 일치한다.

이방인 백부장의 고백은 예수께서 성전의 역할을 대체하심으로써 이방인들이 하나님께 나아가는 길을 여셨다는 점을 보여 주고 있다. 그러나 이 고백의 보다 큰 역할은 예수의 죽음에 대한 묵시론적-우주적 차원의 반응을 크게 보여주는 데 있다. 그러나 마태복음에만 나오는 표현인 12장 5-6절의 "내가 너희에게 이르노니 성전보다 더 큰 이가 여기 있느니라"는 분명 기독론적인 성격을 지닌다.

그러나 이러한 기독론적 강조는 교회론적 강조만큼 그렇게 두드러지지 않는다. 마태의 교회론적 관심은 하나의 모형론적 관계로서 마태의 공동체의 구성원을 위한 훈육의 목적을 위한 역할을 한다.

이스라엘의 지도자들과 백성을 새로운 백성이 대체했다는 점을 지지하는 많은 구절이 인용될 수 있겠지만 이러한 대체에 대한 강조는 옛 공동체와 새 공동체 모두에게 주어진 소명 혹은 부르심을 정당하게 평가하지 못하는 약점이 있다. 오히려 이스라엘의 배척의 반응 때문에 기회가 박탈되었다는 마태의 모티프는 크리스천 공동체로 하여금 준비하지 않는 삶에 대한, 자만하여 무책임하게 주어진 사명을 등한시하는 것에 대한 경고이다.

누가의 경우는 자신의 복음서의 이야기라는 시점 내에서는 성전이 대체되었다는 그 어떠한 개념도 분명히 배제하고 있다. 뿐만 아니라 이러한 배제는 기독론적 관점에서든지 아니면 교회론적 관점에서든지 모두 동일하다.

그러나 사도행전의 경우 성전은 강력한 예언적 심판, 즉 누가 당시에는 역사적으로 이미 알려진 성전의 멸망이 이제 신학적으로 적법한 것이었다는 심판적 선언 하에 놓여 있음이 분명하다. 이것은 사도행전 6장 13절에 나오는 스데반에 대한 '거짓 증인들'의 고소, 즉 "이 사람이 이 거룩한 곳과 율법을 거스려 말하기를 멈추지 아니하는도다"라는 거짓 증거와 사도행전 7장에 나오는 성전에 대한 스데반의 통렬한 비판을 함께 고려할 때 분명하다는 것을 알 수 있다.

그러나 그렇다고 해서 누가는 이러한 신학적 적법성 때문에 이스라엘과 예수의 사역 사이의 연속성이 훼손되는 것을 원하지 않았다. 이런 점에서 초대교회의 크리스천 운동마저 유대교 안에 있는 도의 종파(the Way sect)

라고 묘사되기까지 한다(행 9:2; 22:4).

이런 점에서 누가는 성전 전승, 즉 이스라엘을 온 열방에 복이 미치게 하려는 하나님의 목적(창 12:3)의 중심에 놓여 있는 성전 전승을 반향하고 있다. 이것은 온 백성들이 시온 성전으로 몰려와서 하나님의 종말론적 구원에 함께 참여한다는 전승의 반영이다.[104] 사도행전 2장이 이러한 성취의 핵심적 역할을 하고 있다.

이러한 신학적 강조가 의미하는 바는, 첸스(Chance)가 주장하듯이 누가가 지연된 재림 때문에 그리스도의 사건을 '비-종말론화 시키고' 있는 것이 아니라(콘젤만[Conzelmann]과 그의 학파 사람들의 주장과 대치됨) 오히려 그리스도의 사건을 이스라엘의 위로(눅 2:25)와 구속(눅 24:21)의 성취로 부각시킨다는 것이다.[105]

그리스도의 사건은 이스라엘의 종말론적 소망의 성취를 이 땅에 도래하게 했는데 이 소망에는 이미 이방인들의 구원과 이들이 하나님의 왕국으로 받아들여질 것이라는 점들이 포함되어 있다(행 1:8; 15:1-21). 예언된 (그리고 상기된) 성전의 멸망은 성전의 잘못된 기능 혹은 역할의 결과가 아니라 성전을 맡은 자들, 곧 유대 종교 지도자들이 성전의 주님이시며, 이스라엘의 선지자요 메시아-왕을 개척했기 때문이다.

이와 같은 성전에 대한 누가의 견해에 따라서 누가의 저작들을 통해 자신의 신앙을 살지게 한 크리스천들은 지속적으로 성전을 상징적으로 생각했다. 다시 말해서 성전의 역사적 붕괴와 문자적 멸망에도 불구하고 이들은 지속적으로 성전을 이스라엘을 통해서 하나님의 구원 축복들이 만백성

---

104) McKelvey는 성전 전승을 개관한 바 있는데, 그는 이 개관에서 많은 구약과 중간기 문헌의 본문 가운데 나타나는 이러한 강조점을 하나하나 규명한다(*New Temple*, 9-24). 몇몇 Sybilline 신탁은 심지어 이러한 새 성전이 지닌 핵심적 역할을 바벨탑의 역전으로 간주한다(비록 이 신탁이 사도행전보다 시기상 후대일지는 모르지만 말이다).

105) Chance, *Jerusalem*, 139.

들에게 전해지는 통로요 채널로 받아들였다.[106)]

그렇다면 이러한 공관복음서의 신학은 이스라엘의 성전 전승과의 연속성과 단절성이란 측면에서 어떻게 평가되어야 하는가?

맥켈비(McKelvey)와 첸스(Chance)는 이스라엘의 종말론적 구원에 대한 소망은 하나님의 구원 드라마에서 중요한 부분을 차지하는 회복된 성전을 담고 있으며(사 27:12-13; 40:11; 41:17ff; 43:5; 렘 23:3; 겔 40-48, 슥 8), 이 구원 드라마에는 이스라엘의 율법과 šālôm(샬롬)이 이방인들에게 나아간다는 것(사 2:2-5; 미 4:1-3)과 함께 이방인들이 시온 성전의 예배에 함께 참여하기 위해(사 56:6-7; 66:23; 학 2:7) 시온 성전으로 몰려온다는 것(사 25:6-8; 60:3이하; 슥 8:22)이 포함되어 있다고 주장한다[107)](비록 다른 전승들은 이방인들의 멸절을 보여준다는 점이 인정되어야 하지만 말이다).

보다 더 제한적인 전승은 메시아가 깨끗하게 성전을 회복하시고 새로 세우시는 모습을 보여준다.[108)] 어떠한 경우이든 이와 같은 주장들로부터 연속성과 단절성이란 질문에 대해 다음과 같은 네 가지 결론을 추출해 낼 수 있다.

(1) 세 공관복음서의 각각은 하나님의 종말론적 목적과 관련한 성전의 역할에 관해 구약과의 연속성을 보여준다. 모든 공관복음서가 예수의 예루살렘 사역을 묘사하면서 성전에 상당한 지면을 할애한다는 점은 복음 이야기는 이러한 성전 전승을 진지하게 고려하지 않고는 이야기될 수 없

106) 성전에서 크리스천들이 희생 제물들을 바쳤는가에 대한 이슈와 이것이 지닌 신학적 함의라는 이슈는 놀랍게도 사도행전에서는 제기되지 않는다.

107) McKelvey, *New Temple*, 9-24; Chance, *Jerusalem*, 5-14, 특별히 12-14.

108) Chance, *Jerusalem*, 14-18; Juel, *Messiah and Temple*, 169-179. 이 점과 관련해 가장 주목할 만한 것은 다음과 같은 탈굼역 사 53:5의 표현이다: "그가 우리의 죄악들을 위해 더럽혀지고, 우리의 죄 때문에 멸망에 내어주었던 성전을 일으켜 세우실 것이라" (Juel, *Messiah and Temple*, 181; Chance, *Jerusalem*, 16).

음을 보여주는 것이다. 예수께서 이 땅에 도래하게 하신 하나님의 나라는 성전에 어떤 의미를 필연적으로 부여하고 있으며, 동시에 성전은 도래한 하나님의 나라에 어떤 의미를 부여하고 있음이 분명하다.[109]

(2) 누가복음은 하나님의 종말론적 구원의 도래를 가져온 예수의 사역과 초대교회 역사와 관련해 성전이 지닌 긍정적 역할을 기술하는 데에 마태복음, 마가복음과 상당한 차이점을 보인다. 물론 이것이 성전에 대한 선지자 전통의 비판을 누가가 묘사하고 있다는 점을 배제하는 것은 아니지만 말이다.

그러나 마태와 마가는 성전이 예수의 사역에 장애물이라고 기술한다. 마가복음의 경우 예수의 사역은 성전에 대한 심판을 가져왔다. 성전의 배타성은 성전이 하나님이 메시아를 통해 목적하셨던 바, 곧 인간들 사이의 장벽을 허물고 하나님과 인간 사이의 장벽을 허물고자 하는 목적을 이루는 일을 가로막기 때문이다.

마태복음의 경우에는 성전이 섬김의 대상으로 삼고 있는 하나님의 왕국은 성전의 직분을 새롭게 배정해야만 했는데, 그 이유는 성전을 맡은 자들이 '일하지도' 않고, 메시아 '잔치'에 참여하기를 거부하기 때문이다. 하나님의 왕국의 직분이 다른 자들에게 넘어갔으며, 성전은 바리새인들에 대한 하나님의 심판이란 운명에 처하게 된다.

누가는 이와 같은 보다 큰 전승-시온을 향한 이방인들의 몰려옴이나 이들의 종말론적 모음에서 성전이 차지하고 있는 역할, 즉 성전 전승-과의

---

109) 시온 신학(참조. Ollenburger, *Zion*)은 제자들을 위해 준비하실 뿐만 아니라 제자들을 변호하시는 분으로서 하나님에 대한 겸손한 신뢰를 촉구하시는 예수를 강조하며, 이 점은 복음서의 모든 이야기 전면에 걸쳐 흐르고 있다. 그런데 이 시온신학은 공관복음서와 성전 전승 사이의 또 하나의 연속성의 접점으로 이해될 수 있다. 사 40-55에 나타나듯이 분명 시온 신학의 보편적 측면들은 공관복음서의 신학과 예수의 사역 모두에 근본적인 영향을 미치고 있는 성경 전승의 일환이라 할 수 있다.

연속성을 대변하고 있다.

반면 이와 같은 특정한 전승과 결별을 대변하는 마태복음과 마가복음은 또 하나의 전승을 반영한다. 이 전승은 성전에 대한 예레미야의 멸망 선포(렘 7장)의 전승과 기존의 왕권과 제사장 계열의 권력을 비판하는 시온 신학을 의미한다.

비록 이사야서에서 시온 신학이 가장 분명하게 표현되는 것은 "이스라엘과 유다가 자신의 안정과 안위를 국제적 제휴와 군사적 무장에서 찾으려하는 시도들"에 대한 비판에서 이루어지지만, 시온 신학의 비판은 또한 배타적인 성향을 지닌 제사장 전통의 제의 제도들을 향한다. 그 이유는 시온 신학은 인간 제도는 오직 "창조의 질서를 인정할 때만이 그들의 적합성을 지니며 또한 '성공할 수' 있음을" 의미하기 때문이다.

여기서 창조의 질서란 하나님이 제정하신 '옳고 바른 세계-질서'로 이 질서 속에서 인간은 겸손과 신뢰, 종속 가운데 하나님의 왕권을 인정하고 받아들인다.[110] 마가복음과 마태복음의 경우에 예수는 이와 같은 시온 신학의 심판과 관련한 하나님의 '배타적인 특권'을 성전의 배타성을 향해 적용하고 계신 것이다.

(4) 돌로 지은 성전과 다른 또 하나의 성전의 재건에 대한 마가복음과 마태복음의 암시는 성전을 정화시키고 이 성전을 재건하실 자이신 메시아에 대해 말하는 구약의 몇몇 전승들을 이어가고 있을 *뿐만 아니라* 이 전승들을 *새롭게 변화시키고 있다*(말 3:1-2; 탈굼역 스가랴서 6:12; 탈굼역 이사야서 53:5).[111] 누가는 성전 전승의 이러한 측면을 새롭게 변화시키지 않는다.

---

110) Ollenburger, *Zion*, 156, 160.

111) Sibylline 신탁에 나오는 보다 후대의 본문 역시 메시아를 성전 재건과 연계시킨다(5:420-427). 삼하 7:11-14에 대한 주석 중에 4QFlor 1:11-13은 시온에서 다스리실 메시아(즉 다윗의 가지)에 대해 말하지만, 11QTemple 29:10은 명시적으로 하나님을, 성전을 지을 분으로 묘사한다. 다른 랍비 전통의 주석들은 메시아의 오심을 성전의 재건과 연계시키지만(Gen. Rab. 2:5,

그러나 누가는 예수께서 성전에 오셔서 거의 형식적인 청결의 행태만을 보이시는 것을 성전 '청결'을 *성취*하는 것으로 묘사한다.

(4) 세 공관복음서 모두는 메시아에 대한 이야기를 하나님의 종말론적 백성 가운데 이방인들이 포함될 것이라는 종말론적 예기와 연결짓는다. 공관복음서 모두는 이스라엘의 전승의 이러한 흐름의 연장선상에 놓여 있지만 (구심력의 차원이 아니라) 원심력의 차원을 강조한다. 다시 말해서 하나님의 다스림이라는 좋은 소식이 예루살렘으로부터 나아가 세상의 온 백성들에게 미친다.

마가와 마태가 이러한 종말론적인 소망의 성취를 성전 그 자체와의 긴장 속에 배치시키는 반면에 누가는 성전이 이러한 목적을 지지하는 것으로 보고 있다. 누가의 두 번째 책인 사도행전은 첫 번째 책인 누가복음의 보편적 *이상*(vision)을 보다 구체화하고 있는데 특히 복음이 예루살렘 성전으로부터 로마제국의 수도로까지 퍼져나가고 있음을 보여줌으로써 구체화시킨다.

누가복음과 사도행전은 하나의 지속적인 이야기로써 성전이 어떻게 자신의 본래적인 구속적 중요성을 표현해 왔으며 동시에 이 구속적 중요성을 어떻게 예수와 예수의 교회에게 종속시키고 있는가를 보여준다.[112)]

---

56:2; Ex. Rab. 31:10) 메시아를 성전을 세우는 분으로 분명하게 명명하지는 않는다. 이런 연유에서 전승은 증거자료로서 제한적일 수밖에 없다.

112) Telford(*Barren Temple*, 232)는 R. E. Dowda의 학위 논문인 "The Cleansing of the Temple in the Synoptic Gospels" (Duke University, 1972)를 인용하고 있다.

6장

# 구약의 왕권 전승이 공관복음의 수난 기사에 미친 구성적 영향

Israel's Scripture Traditions and the Synoptic Gospels

6장

# 구약의 왕권 전승이 공관복음의 수난 기사에 미친 구성적 영향

본 장에서는 마가복음과 마태복음, 누가복음의 수난 기사에 영향을 준 이스라엘의 왕권 전승에 대해 생각해 볼 것이다. 그러나 이들 공관복음서의 수난 기사 내에 있는 왕권 전승에 대한 연구는 왕권 전승이 수난 기사 앞에 놓여 있는 부분에서 차지하는 역할에 대한 관심을 필요로 한다.

최소한 마가복음과 마태복음의 경우 수난 기사 내에 있는 왕권이라는 주제는 수난 기사 앞에 놓여 있는 부분들이 구성적 차원에서 강조하고 있는 바들을 절정에 다다르게 한다.[1] 더욱이 왕권이라는 주제는 명시적인 왕권 진술에 국한되지 않으며 다음과 같은 다양한 이미지와 호칭을 포함하고 있다: 하나님의 나라, 메시아-그리스도, 아들, 다윗의 자손, 하나님의 아들, 그리고 아마도 인자(υἱὸς τοῦ ἀνθρώπου)까지.[2]

또한 왕권이라는 주제는 성전 전승과 시온 전승과도 연결되어 있다.

---

1) 아마 이 점은 M. Kähler이 말한 바 있는, 공관복음서는 확장된 서론을 지닌 수난 이야기들이라는 유명한 경구를 확언해준다: *The So-called Historical Jesus and the Historic Biblical Christ*, trns. and ed. C. E. Braaten (1890; rep. Philadelphia : Fortress, 1963), 80, n. 11. 그러나 문학적 구성의 관점에서 볼 때 수난 기사는 플롯의 절정이다. 이야기 전반에 걸쳐서 왕권 주제가 나타난다는 점은 필연적으로 대단원 혹은 결말이 기대한다. 즉 왕이신 예수의 정체성의 이슈가 어떻게 해결될 것인가 하는 점 말이다.

2) 여기서 인자에 대한 영어 표현은 Son of humanity(인간의 아들)인데, 이러한 특정한 번역에 대한 이유에 대해서는 이 책 4장 '마가복음'의 서두 부분을 보라.

각 복음서에 나타나는 모든 용어의 용례를 전부 분석한다는 것은 불가능하다. 더욱이 본 장은 수난 기사에 초점을 맞추고 있음을 기억할 필요가 있다. 물론 필요한 곳에서 수난 기사 앞에 나오는 이야기들을 언급하면서 수난 기사 내에 있는 왕권의 온전한 의미를 파악하고자 할 것이지만 말이다.

## 이스라엘의 왕권 전승

이스라엘의 이야기에서 그랬던 것처럼 공관복음서에서 역시 왕권이라는 주제는 출애굽-시내산 전승, 길-정복 전승, 성전 전승과 연결되어 나타난다. 공관복음서와 구약 성경 모두에서 모든 전승과 주제는 서로 밀접하게 상호작용하고 있으며 서로를 형성하는 데 기여한다.

B. 앤더슨(Bernhard W. Anderson)은 베드로의 고백인 "주는 그리스도시요"[3]라는 진술의 의미를 밝히기 위해서 왕권 전승에 관한 엄청난 분량의 구약 문헌을[4] 요약하고 있는데 그의 요약은 다음과 같이 몇 가지 요점으로 정리할 수 있다.

(1) '하나님의 아들'(son of God)이라는 은유적 표현은 모세 전승에서 하

---

3) B. W. Anderson, "The Messiah as Son of God : Peter's Confession in Traditio-historical Perspective," in *Christological Perspectives: Essays in Honor of Harvey K. McArthur*, ed. R. F. Berkey and Edwards (New York : Pilgrim, 1982), 157-169.

4) 다음과 같은 문헌이 여기에 해당된다: T. N. D. Mettinger, *King and Messiah* (Lund : C. W. K. Gleerup, 1976); H. Ringgren, *The Messiah in the Old Testament* (SBT; Chicago : Allenson, 1956); J. H. Eaton, *Kingship and the Psalms* 2d ed.; The Biblical Seminar 3 (Sheffield : JSOT, 1986); G. Cook, "The Israelite King as Son of God," *ZAW* 73 (1961), 202-225; G. E. Gerbrandt, *Kingship According to the Deuteronomic History* (SBLDS 87; Atlanta : Scholars, 1986); B. Ollenburger, *Zion*; M. Z. Brettler, God Is King : Understanding an Israelite Metaphor (JSOTSS 76; Sheffield : JSOT, 1989). 또한 이와 관련해 시 110과 이 시편이 신약에 미친 영향에 대한 저작인 D. M. Hay의 *Glory at the Right Hand* 역시 중요하다.

나님의 백성인 이스라엘에게 적용된다(출 4:22-24; 호 11:1-11; 렘 31:9; 사 1:2-3b). 왕적 계열의 다윗전승과 시온 전승에서 이 표현은 왕에게 적용된다(시 2:7; 사 9:2-7; 삼하 7:11-17).

(2) 하나님의 아들인 다윗 계열의 왕은 기름부음을 받은 자(*māšîaḥ*)로 이로부터 메시아 소망과 메시아라는 칭호가 생겨난다. 다윗 계열의 이 왕은 하늘 보좌에 앉으신 우주의 왕 여호와의 기름부음 받은 자의 역할을 한다. 이 여호와는 시온에서 다스리시며, 시온에서 여호와의 종인 다윗 계열의 왕은 여호와의 다스림을 구현하기 위한 분으로 취임하신다(시 2; 46; 47; 93; 95-99; 132). "여호와는 왕으로 칭송되며, 하늘 보좌에 앉아서 다윗 계열의 왕을 선택해 땅 위에 여호와의 다스림을 대변하는 자가 되게 하시고, 시온을 택하여 여호와께서 택한 백성 가운데 거하실 수 있는 곳이 되게 하셨다."[5]

(3) 다윗-시온 전승이 고대 근동의 왕권 개념과 유사성을 지니고 있지만 이스라엘에게 왕권은 "시원적인 지위를 갖고 있지 않으며 … 그 반대로 왕조와 성전은 역사적 제약을 지니고 있고 역사적 정황에 지배를 받는 성향을 갖고 있다. 이스라엘에게 왕권은 시간상 초라한 역사적 기원을 갖고 있다. 구체적으로 말해서 왕권의 기원은 여호와께서 목동들로부터 … 택한 백성의 목자가 되도록 하기 위해서 … 다윗을 일으켜 세우셨던 일에 놓여 있다는 뜻이다"(시 78:70-72).[6]

(4) 다윗 계열의 왕은 천상의 왕이신 여호와에게 모든 책임을 지고 있기에, 이스라엘에게 왕권이 여호와를 따르는 데 실패하게 되면 이 실패는 오실 분이신 이상적인 메시아에 대한 종말론적인 기대들로 이어진다. 이 메시아는 동시에 하나님의 참된 아들이시며 왕으로서 의로 다스리시고 여호

5) Ibid., 165.
6) Ibid., 166.

와의 진리와 공의를 온 땅에 폭포수 같이 쏟아 부으신다. 이스라엘이 이러한 메시아가 다스리시는 미래로 들어가는 길은 고난이 따르며(사 53), 또한 마음과 영혼의 필수적인 재창조가 수반된다(렘 31:31-34).

(5) 다윗/시온 전승은 이스라엘의 바벨론 포로 유형에서 예루살렘으로 귀환했을 당시의 좌절과 실망에 이르기까지 수많은 우여곡절의 역사를 겪게 된다. 그럼에도 불구하고 다윗/시온 전승은 "흔들림 없이 생존하였으며 예수의 메시아 정체성을 이해하는 데에 비록 해석학적인 지표는 아니더라도 중요한 원천적 자료를 제공했다." 앤더슨은 이 전승의 세 가지 기본적 구성요소를 다음과 같이 요약한다.

- 하늘과 땅에 대한 하나님의 우주적 차원의 왕권
- 하나님의 아들이신 택함 받은 왕(기름 부음 받은 자)이요, 이런 점에서 땅에 대한 하나님의 부왕으로서의 하나님의 아들
- '거룩한 산'인 시온으로의 메시아의 등극과 이에 대항하는 혼돈과 악의 세력들의 공격이 결코 이기지 못할 것임[7)]

실제로 다윗/시온 전승은 초대교회의 예수 이해에 주요한 자료를 제공함이 분명하다. 그러나 본 연구는 이 전승에 나타난 필수불가결한 주요 변화를 보여준다. 그런데 이 변화는 너무나 크기 때문에 단순히 불명확한 해석상의 지침으로 치부될 수 없을 정도이다. 어떤 점에서 이 변화는 예수의 정체성에 대한 좀 더 참된 이해를 하게 하는 반면교사 역할을 한다. 또한 이것은 예수의 정체성에 대한 바른 이해를 줄 뿐만 아니라 다윗/시온 전승 자체에 대한 바른 이해를 가능하게 한다.

7) Ibid., 169.

이 변화가 지닌 불명확성은 이미 구약에서도 존재한다. 구약 전승의 주요한 한 흐름이 이미 왕권을 부정적으로 묘사하고 있다. 예를 들어 사무엘상 8장은 이스라엘이 이방 민족처럼 왕을 갖기 원한다고 말하는데 이것은 이스라엘을 향한 하나님의 계획에서 벗어나는 것이고 여호와의 왕권에 대한 직접적 도전이다.

몇몇 선지자들은 이와 같은 경향을 "내가 분노하므로 네게 왕을 주고 진노하므로 폐하였노라"(호 13:11)와 같이 반향한다. M. 린드(Millard C. Lind)가 말한 바 있듯이 실제로 이스라엘이 전체적으로 경험했던 인간 왕조 전체는 부정적으로 묘사되는데 구체적으로 말해서 여호와의 역할을 찬탈하고 악의적으로 하나님을 거역하는 모습으로 보인다.[8] 이런 점에서 왕권 모티프가 공관복음서에서 불분명한 역할을 하고 있다는 것은 그리 놀랄 일이 아니다.

J. 윌(James Will)은 또 다른 전승의 왕적 메시아사상을 말하는데 그에 따르면 이 사상은 왕적인 다윗 계열의 정치적 메시아사상에 비해서 예수와 공관복음서의 배경으로 더 적절하다.[9] 윌은 이 전승을 '솔로몬-지혜 계열의 왕적 메시아사상(Solomonic-Sapiential Royal Messianism)'으로 명명한다. 윌은 *Psalms of Solomon*(솔로몬의 시편)과 *Testament of Solomon*(솔로몬의 유언서)에 기인하여 다음과 같은 두 가지를 주장한다.

하나는 자신이 말한 또 다른 전승의 왕적 메시아사상은 하나님께로부터 영원한 보좌를 약속받았던(삼하 7:14) 다윗의 아들 솔로몬 왕과 연결되어 있다는 것이고, 또 하나는 이 전승이 메시아를 지혜가 탁월하고 자신의 주권을 사탄의 세력들에 대해서 행사하시는 분으로 묘사하고 있다는

8) M. Lind는 이러한 입장을 오경 이야기와 시원적 역사에 대한 본문 연구에서 발전시키고 있다. 다음을 보라: Lind, *Yahweh Is a Warrior*, 50-170.

9) J. E. Will, A Christology of Peace (Louisville, Ky. : Westminster/ John Knox, 1989).

것이다.

그런데 지혜가 탁월하신 이 메시아가 오직 고난과 죽음을 통해서 자신의 왕권에 들어갈 것이고(Wis 2:19), 이 분은 하나님에 의해서 신원하심을 받을 것이다(Wis 2:16; 5:1; 18:3).[10] 윌의 이러한 주장은 설득력이 있지만 왕의 역할과 '지혜, 공의, 평화'를 연계시키기 위해서 이 전승에 시편 72편을 포함시키는 것은 문제가 있다.

사실상 메시아가 지닌 정의와 평화의 역할을 지지하기 위해서 이 지혜전승에서 자료를 추출하는 것은, 비록 솔로몬의 시편의 경우 분명히 예외적이지만[11] 전체적으로는 근거가 빈약하다. 그렇다고 하더라도 공관복음서가 예수를 비유로 말씀하시는 분과 귀신을 내어 쫓는 분으로 묘사하는 것은 이 전승과 잘 부합되는 것처럼 보인다.

그러나 본 연구에서 밝혔듯이 (비록 축사가 대개는 갈릴리 섹션에서 일어나고 있지만 기본적으로 공관복음서의 처음 세 섹션과 관련하여) 예수를 이런 식으로 묘사하는 것은 왕이라는 예수의 참된 정체성에 초점을 두지 못한다. 비록 하나님의 왕국이라는 모티프가 이 지혜전승 가운데 많이 있더라도 말이다.

이러한 문학적 현상은 예수의 왕적 메시아 직분에 대한 공관복음서의 묘사를 다윗 전승이 아니라 솔로몬 전승과 일치시키는 것에 대해 주의를 환기시킨다. 그러나 반대되는 주장이 있기는 하지만 공관복음서의 처음 세 섹션(갈릴리 섹션, 중간 섹션, 수난-이전 섹션)은 예수를 비유로 말씀하시는 분과 귀신을 내어 쫓는 메시아로서 분명히 묘사하고 있으며 이러한 묘사는 수난 섹션에 이르러 예루살렘 지도자들과 예수 사이의 갈등의 초점인, 예수의 왕적인 정체성이란 이슈로 그 절정에 다다르게 된다.

---

10) Ibid., 39-40.

11) A. Shank, "Peace Themes in the Psalms of Solomon," 미간행출판물(Elkhart, Ind. : Institute of Mennonite Studies, 1985).

그러나 월의 주장이 지닌 보다 심각한 문제점은 공관복음서가 왕권을 말할 경우에는 비록 이러저러한 형태이긴 하지만 자주 다윗과 시온 전승을 언급한다는 점이다. 공관복음서 본문은 왕권을 솔로몬 전승과 명시적으로 연결시키지 않는다.[12)]

더욱이 두 가지 다른 전승 역시 왕적 메시아라는 주제와 연계되어 나타나고 있음이 분명하다. 이 전승 중 하나인 인자 전승은 마가복음 8장 29-31절과 다른 공관복음서의 평행절에서 메시아와 인자라는 예수의 두 호칭의 병치를 통해서 메시아 주제와 명시적으로 연계되어 나타난다. 학자들은 이 두 칭호가 어떻게 서로 연결되어 있는지에 대해 서로 다른 주장을 펼친다.

이에 대한 주도적 견해에 대한 대안으로써 H. 게제(Hartmut Gese)는 다니엘서 같은 초기의 성경 본문은 이미 이 두 전승, 즉 메시아 전승과 인자 전승을 서로 연계시키고 있다고 제안한다.[13)] 게제는 또한 에녹 1서는 "인자에 대해 *māšîaḥ*라는 칭호"(48:10; 52:4)를 사용함으로써 "의식적으로 다윗 계열의 메시아사상에 의존하고 있다"는 점을 지적한다.[14)]

다른 한편으로 J. 킹스베리(Jack Dean Kingsbury)는 마가복음에서 인자

---

12) 솔로몬 전승과 관련하여 사용되는 자료들은 실제적으로 시기상 매우 후대의 것들이다. *Wisdom*과 *Psalms of Solomon*의 저작 시기는 주전 1세기 중엽과 후반 무렵이며 축사 전승이 의존하는 *Testament of Solomon*의 저작 시기는 주후 3세기경이다. 비록 몇몇 학자들은 주후 1세기를 저작시기로 제안하지만 말이다 (D. C. Duling in Charlesworth, *OTP*, 1.940-943). 아래 각주 38번을 참조하라.

13) Gese, *Bibllical Theology*, 154.

14) Ibid., 158. B. McNeil 역시 탈굼역 시 80:15b를 주목한 바 있다("The Son of Man the Messiah : A Footnote," *NTS* 26 [1980], 419-21). 구체적으로 말해서 McNeil은 이 탈굼역 본문이 17b에 대한 평행절로 보통 보다 후대 사본상의 첨가로 간주되는 "주께서 자신을 위해 기르신 아들 위에"라는 표현에 있는 "아들"을 표기하기 위해 "왕 메시아"(*mlk' mšyh*)라는 표현을 사용하고 있음을 주목했다는 뜻이다. 이런 점에서 탈굼역 본문은 "왕 메시아"(15b)를 17b에 나오는 사람의 아들에 대한 환유적 평행으로 본 셈이다. 그러나 앞서 지적한 대로 이 탈굼의 저작 시기를 마가복음의 저작 시기 앞에 놓는 모든 제안은 논란의 여지가 있다.

는 게제가 제안한 바 있는 역할과 사실상 반대되는 역할을 하고 있는 것으로 생각한다. 킹스베리는 마가복음에서 인자는 그리스도/메시아와, 이와 연관된 칭호들, 즉 다윗의 자손, 유대인의 왕(이스라엘), (하나님의) 아들과 구별된 독특한 역할을 한다고 주장한다.

킹스베리는 인자는 단순히 "나, 즉 한 사람 예수"에 대한 완곡어법적인 표현 정도가 아니며, 또한 다니엘의 묵시론적 전통을 사용하고 있는 것도 아니라고 주장하면서 인자는 공적으로는 예수의 정체성을 드러내지 않기 위해서 사용되고 있는 전능자를 가리키는 칭호라고 주장한다.

이런 점에서 인자라는 표현은 H. 레이자넨(H. Räisänen)이 주장하는 것과 같은 메시아 비밀과 아무런 관련이 없으며, '대표적 인간'으로서의 예수의 특별한 소명을 기술하고 있다는 것이다. 인자는 예수가 누구인가 하는 예수의 정체성을 드러냄에는 아무런 역할을 하지 않고 있다.

킹스베리는 마가복음 연구에서 폭넓은 의견의 일치가 이루어진 인자에 대한 이해에 반대하면서 인자라는 칭호는 베드로의 메시아 고백을 *교정하고* 있지도 않다고 주장한다.[15] 오히려 베드로의 고백은 올바르지만 충분하지 않은 고백일 뿐이라는 것이다. 서기관들에 대한 예수의 질문, 즉 메시아가 어떻게 다윗의 자손이면서 동시에 다윗의 주(Lord)일 수 있겠는가라는 질문은 예수가 다윗 계열의 자손 됨을 반박하고 있는 것이 아니라 메시아의 다윗 계열의 아들 됨과 그 이상을 확언하고 있다고 킹스베리는 주장한다.[16]

---

15) Kingsbury는 8:30에서 예수께서 베드로의 고백 바로 이후에 베드로를 책망하셨다(ἐπιτίμαω)라고 말하는 마가의 독특한 표현을 진지하게 고려하지 않는다. Kingsbury은 고난 예고를 하나의 교정책으로 받아들일 것을 요구하지만(31절) *인자*가 베드로의 고백에서 하나의 칭호로서의 *그리스도*와 긴장관계에 있음을 보지 못하고 있다. 그러나 이것은 칭호들이 대변하는 전승들로부터 칭호들을 분리시키라고 요청하는 것과 같다. 더욱이 *인자*라는 표현이 *메시아*에 대한 하나의 보충어로 첨가될 수 있는 그런 상황도 아니다. 오히려 *인자*와 인자가 대변하는 전승은 아주 새로운 방식으로 *메시아*와 연결되어 있는 것이다.

킹스베리의 이러한 주장을 평가하자면 메시아-하나님의 아들을 예수의 정체성에 관한 칭호로 간주하는 반면 인자를 예수의 소명에 대한 기술로 간주해 이 둘을 구분하는 킹스베리의 견해는 무리가 있다.

예수 당시의 유대교에 대한 주도적인 이해에 따르면 인자는 메시아 대망사상을 담고 있지 않았으며(게제의 주장에 반하는 것임), 오히려 킹스베리가 주장하듯이 충분할 정도의 독립적인 위치를 점하고 있으면서 메시아사상 그 이상을 나타내고 있었다(참조 막 8:38과 14:62에서와 같이).

심지어 당시의 인자라는 칭호는 분명히 종의 전승(the servant tradition)과 한데 어우러져서(8:31; 9:12, 31; 10:32) 메시아-하나님의 아들이라는 칭호에 대한 단서 조항 내지는 통제 역할을 하고 있었다(킹스베리의 주장에 반하는 것임)고 보는 것이 더 자연스럽다.

전승 사이의 두 번째 연계는 왕권과 이사야 40-55장과 61장의 여호와의 종 사이의 연계이다. 이사야가 말하는 종은 선택되어서 여호와의 신을 부여받는다. 더욱이 61장 1절의 "나를" 혹은 "내게"가 이사야가 말하는 종과 연결되어 있다면 이 종은 성령(여호와의 신)에 의해서 "기름부음을 받고 있음"이 분명하다. 여호와의 신에 의한 기름 부음은 예언 전승을 나타내고 있는 것이 사실이지만 또한 왕적 정체성이 이 종의 특징임이 분명하다(이 책 7장, 각주 28을 참조하라).

보다 구체적으로 말해서 이사야 52장 13절-53장 12절에서 절정에 달하는 여호와의 종의 고난과 죽음이라는 배경에 비추어 볼 때, 또한 시편 22,

---

16) F. Matera는 이 페리코피에 대한 학자들의 해석은 두 진영으로 구분되는 것에 주목한다: "복음서 저자인 마가는 다윗 계열의 아들 됨을 부인하지 않았지만 메시아는 그 이상일 것이라고 믿었다 … [아니면] 마가는 다윗 계열의 아들 됨이 메시아 직분에 필수적이라고 생각지 않았고 그래서 아마도 메시아 됨을 부정했다"(*The Kingship of Jesus in Mark* [SBLDS 66; Chico, Callif. : Scholars, 1982], 85). Kingsbury는 이 중 전자의 견해를 대변한다. 물론 이 견해가 본질상 옳지만 마가의 본문은 분명 다윗 전승과 관련된 왕국의 개념들을 제한하고 심지어 새롭게 변화시키고자 하며, 이 점은 Kingsbury의 논지가 보여주는 것보다도 더 중요하다고 할 수 있다.

31, 69편이 말하는 왕적 계열-종의 탄식(the royal-servant lament)이라는 배경에 비추어 볼 때 공관복음서가 예수를 고난 받아 십자가에서 죽는 메시아로 묘사하고 있는 것은 특이한 일이 결코 아니며 오히려 이런 배경에서 더 잘 이해될 수 있다.

이사야서 특히 40-55장은 예수께서 부활 이후에 갈릴리로 돌아가신 사건, 즉 마태복음과 마가복음에서 하나의 절정의 강조점을 이루고 있는 이 사건을 환히 밝혀주는 많은 이해를 담고 있다(7장을 보라). 종-메시아의 사명과 그의 선교는 그의 죽음 이후에도 계속되고 있다.[17]

## 마가복음

### 내용과 구조

마가복음의 수난 기사는 14장 1절에서 시작해서 15장 39절 혹은 16장 8절에서 끝난다. 만약 마가복음의 수난 기사에 나타난 예수의 기독론적 정체성의 드러남에 초점을 맞춘다면 아마 15장 39절이 끝이 될 것이며 수난 기사의 절정에 해당될 것이다. 그러나 비록 이렇다 해도 예수의 부활은 예수가 하나님의 아들이라는 백부장의 기독론적 고백에 대한 확언으로 간주될 수 있다. 만약 우리가 수난 기사를 예수의 부활과 하나인 단일체로 간주한다면, 16장 8절이 끝이 될 것이요 그런 점에서 수난 기사의 절정에 해당된다.

수난 기사의 내적 구조는 다음과 같이 6개의 부분으로 이루어져 있다:

17) 예수를 이해하기 위해서 이 전승들을 서로 연계시키는 일이 다음과 같이 이루어졌다: Mason, *Servant-Messiah*; J. W. Bowman, *Which Jesus?* (New York : Macmillan, 1970), 136-55; O. Cullman, *The Christology of the New Testament* (London : SCM, 1959), 51-82; 109-192.

1. 막 14:1-25, 세 차원의 준비 단계들

(1) 대제사장들과 유다의 음모(1-2절과 10-11절)

(2) 마리아가 예수에게 기름을 붓는 사건(3-9절)

(3) 예수 자신에 의한 다가올 죽음에 대한 준비(이 가운데 유다의 배반이 놓여 있음) 이 준비는 '하나님의 나라'라는 표현으로 절정에 달함(12-25절).

2. 막 14:26-65, 예수-베드로의 이야기에 세 가지 주요 사건이 구성되어 들어간다

(1) 겟세마네의 기도(32-42절)

(2) 유다와 무리들에 의해 예수께서 붙잡히심(43-49절)

(3) 대제사장들과 공회 앞에서의 '재판'과 뒤이은 조롱(53-65절).

이 부분의 첫 번째 단락(26-31절)은 다음과 같은 두 개의 모티프를 도입하는데, 이 모티프들은 뒤에 가서 다시 나타난다.

- "내가 목자를 치리니 양들이 흩어지리라"(27절)는 예수의 말씀은 50-52절에서 다시 울려 퍼지는데, 여기서 모든 자들이 예수를 버렸고 한 청년은 벌거벗은 채로 달아난다.

- 베드로가 자신을 부인할 것이라는 예수의 예언에 뒤이어 베드로는 자신이 결코 예수를 버리지 않을 것이라고 맹서하는데(29-31절), 이 맹서는 66-72절에 나오는 베드로의 부인 사건에서 절정에 달한다. 이 부분에서 왕권이란 토픽은 대제사장과[18] 예수 사이에서 벌어지는 심문과 대답 가

18) 마가복음에서 대제사장의 이름은 언급되지 않는다. 이에 반해 마태복음(26:3, 57)과 누가복음(3:1-2)은 가야바라고 이름을 명시한다. 왜 마가는 이름을 밝히고 있지 않는가에 대한 설득력 있는 설명을 위해 다음을 보라: G. Theissen, The Gospels in Context : Social and Political History in the Synoptics, trans. L. M. Maloney (Minneapolis : Augsbrug/ Fortress, 1991), 171-174.

운데서 나타난다.

**3. 막 15:1-20, 빌라도 앞에서의 예수와 종교 지도자들과 군중들의 심문과 재판, 뒤를 잇는 군병들의 조롱**

여기서 주요 이슈는 예수가 유대인의 왕인가 하는 점이며, 이 점이 2절과, 9절, 12절, 18절에서 네 번에 걸쳐 제기된다.

**4. 막 15:21-39, 이 부분을 형성하는 세 가지 주요 요소**

(1) '유대인의 왕'으로서의 예수의 십자가의 죽으심

(2) '그리스도 이스라엘의 왕'이라는 조롱

(3) 예수의 죽음

이것들에 대한 다음과 같은 화답송이 울려 퍼진다: 찢어진 성전 휘장, "이 사람은 진실로 하나님의 아들이었다"라는 백부장의 고백.

**5. 막 15:40-47, 갑작스러운 등장인물의 출현 : 갈릴리에서 예수를 따랐던 여인들과 아리마대 요셉**

"하나님의 나라를 기다렸던 사람으로 빌라도에게 담대히 가서 예수님의 시체를 달라"고 했던 요셉. 요셉과 그의 친구들이 예수를 매장한다.

**6. 막 16:1-8, 부활의 소식과 그 소식을 받아들임**

무덤을 막고 있는 커다란 돌을 걱정하며 무덤에 갔던 여인들이 돌이 옮겨진 것을 발견한다. 무덤에 들어가자마자 그들은 한 청년을 만나는데 그 청년은 그 여인들에게 부활 소식을 전해주며, 제자들과 베드로에게 가서 갈릴리로 가서 예수를 만나라고 명령한다. 그러나 여인들은 무서워 떨며 도망갔고 아무에게도 그 어떤 말도 전하지 않는다.

이상에서 필자는 왕권에 대한 명시적인 언급들을 살펴보았는데 여기에 덧붙여 다른 두 요소를 생각해보고자 한다. 첫째, 많은 학자들은 왕권이라는 주제를 단지 암시적으로 발전시키는 내러티브의 측면들을 언급한다. 예를 들어 S. 존슨(Sherman E. Johnson)은 마리아가 예수의 머리에 기름을 부은 사건을 왕적 모티프를 지닌 기름부음 사건으로 간주한다. 물론 어떤 공관복음서도 이 사건을 이런 식으로 규정하지는 않지만 말이다.[19)]

동일한 맥락에서 F. 메이테라(Frank J. Matera)는 예수께서 외치신 '엘리 엘리 라마 사박다니'와 이 외침에 대해 '그가 엘리야를 부르고 있다'라는 구경꾼들의 조롱을 예수의 왕권에 대한 조소로 간주한다. 필자는 이상의 두 예를 왕권에 대한 분명하고도 명시적인 언급과 구별된 것들로 간주한다.[20)]

둘째, 왕권 모티프를 밝히는 일에 기여하는 이미지의 범주를 규정하는 것이 필요하다. '하나님의 나라'라는 용어는 마가복음의 수난 기사(14:1-15:39 혹은 14:1-16:8)에서 두 번 나타나며, 분명히 이 용어는 왕권 모티프를 담고 있다. P. 미니어(Paul Minear)가 지적했듯이 아버지, 왕, 목자와 같은 하나님에 대한 구약의 이미지는 아버지와 아들, 왕과 하나님의 백성, 목자와 양과 같은 한 쌍을 이루는 이미지의 일환이다.[21)]

이상에서 언급한 왕권 모티프에 담긴 이미지의 범주와 이 이미지의 명시적, 암시적인 것들 사이의 구분은 특별히 마가복음의 앞부분을 사용하여

19) S. E. Johnson, "The Davidic-Royal Motif in the Gospels," *JBL* 87(1968), 139.

20) F. J. Matera, *The Kingship of Jesus : Composition and Theology in Mark 15* (SBLDS 66; Chico, Callif. : Scholars, 1982), 133.

21) P. Minear, *The God of the Gospels* (Atlanta : John Knox, 1988), 12.

내러티브가 수난 기사 가운데서 어떻게 왕권이라는 주제를 예기하고 있는가를 살펴볼 때에도 역시 고려되어야 한다.

### 마가복음의 왕권에 대한 명시적 용례들

마가복음의 수난 기사의 경우 왕권이라는 주제에 대한 두 번의 명시적 용례가 예수의 재판과 심문 사건의 핵심을 이루고 있다(유대 종교 지도자들의 재판과 로마 정부의 재판 두 가지 경우 모두). 유대 종교 지도자들의 재판에서 대제사장은 예수께 "네가 찬송받을 자의 아들 메시아냐"(막 14:61)라고 묻는다.

빌라도 앞에서 이루어진 로마 지도자들의 재판과 이어지는 십자가 처형의 내러티브에서 '유대인의 왕/이스라엘의 왕'이라는 표현이 6회 나타나는데막 (15:2, 9, 12, 18, 26, 32) 이 표현은 의심의 여지없이 마가의 이야기의 중심 모티프의 일환이다.[22)]

이 왕권 모티프는 뒤이어 예수가 하나님의 아들이라고 말했던 백부장의 고백을 예비하고 있으며, 이러한 고백은 15장의 왕적 이미저리와 마가복음 전체의 기독론을 절정에 이르게 한다. 마가는 예수의 왕적인 정체성에 대한 백부장의 고백을 예수의 죽음에 대한 해석적 이해로 만듦으로써 "십자가에 달린 예수가 하나님의 왕적 메시아라는 역설을 분명히 하고 있다."[23)]

대제사장의 질문 가운데 나오는 *그리스도/메시아 찬송을 받을 자의 아들*이라는 두 표현 모두가 왕권 주제를 강화시킨다. 또한 시편 2편과 이사야 9장의 두 전승과 동일한 맥락에 있는 *찬송을 받을 자의 아들*이라는 표

22) 두 번째 용례는 '넘겨주다, 배반하다'란 뜻의 παραδιδώμι로, 14:10, 11, 18, 21m 41, 42, 44; 15:1, 10, 15에 나타난다. '넘겨주다 혹은 배반하다'는 행위는 세 단계로 이루어진다: 유다가 대제사장들에게; 대제사장들이 빌라도에게; 빌라도가 사형 언도에.

23) Matera, *Passion Narratives*, 8.

현은 메시아 정체성을 나타내고 있다.

마가의 본문에 따르면 대제사장의 질문에 대해서 예수는 "내가 그니라"(ἐγώ εἰμι)는 긍정의 답을 주신다. 그러나 이러한 대답은 단순한 긍정의 대답이 아니다. 그 이유는 마가복음에서(참조 6:50) 'ἐγώ εἰμι'라는 표현은 예수의 정체성을 드러내는 기독론적 함의를 지니고 있으며, 도나휴(Donahue)의 말을 빌자면 이 표현은 "계시적인 차원의 공식어구"이기 때문이다.[24]

도나휴는 이 공식어구가 62절에서 그리스도의 현현, 곧 하늘의 구름을 타고 오는 인자에 대한 모습으로 이어진다고 주장하지만, 수많은 왕적인 칭호와 논쟁거리인 성전에 관한 이야기들(막 14:58)로 가득 찬 마가복음의 수난 기사 전체가 바로 기독론적 강화에 해당된다고 할 수 있을 것이다.

베스트(Best)를 따라서 도나휴는 "그리스도/메시아라는 칭호와 하나님의 아들이라는 칭호는 마가복음 전반에 걸쳐서 앞서거니 뒤서거니 하고 있다"고 주장하는데, 이 주장에 걸맞게 이러한 앞서고 뒤서는 절정이[25] 바로 여기에 잘 나타난다.[26]

그러나 예수의 정체성에 관한 다른 기독론적 요소들, 즉 계시적인 차원의 'ἐγώ εἰμι'와 '인자'라는 칭호도 이와 같은 앞서고 뒤서는 이어짐에 잘 부합된다. 8장 29-31절에서와 같이 예수 자신을 가리키는 '인자'라는 자기-지칭은 χριστὸς라는 고백과 긴장 관계에 있을 뿐만 아니라 이 고백을 제한하고 있다.[27]

---

24) Donahue, *Are You The Christ?*

25) Ibid., 91.

26) Nestle-Aland가 괄호에 담고 있는 1:1의 보다 긴 독법인 '하나님의 아들'이 본문상 진정성을 지닌다고 본다면 마가복음의 독자들은 동일한 맥락에서 예수에 관한 두 주창, 즉 메시아와 하나님의 아들이라는 두 칭호가 한데 속해 있다는 점을 이미 알고 있었음이 분명하다.

27) M. de Jonge는 자신의 글("The Earliest Use of *Christos*, Some Suggestions" [*NTS* 32, 1986], 321-343)에서 다음과 같은 결론을 내린다: 주후 1세기 유대교에서 메시아와 연관된 다양한 역

이런 점에서 ἐγώ εἰμι라는 선언은 예수의 χριστὸς라는 정체성을 확언해줌과 동시에 이 정체성을 강화시켜 주며 반면에 인자의 고난(막 8:31; 9:12, 321; 10:32)과 미래의 권능과 영광(막 8:38; 13:26; 14:62)은 예수의 그리스도라는 정체성을 제한하며 동시에 재정립시키는 역할을 한다.

'인자'라는 칭호가 그리스도/메시아라는 칭호에 대한 교정의 역할을 하고 있지 않다는 점을 보여주고자 하는 킹스베리의 시도는 타당해 보이지만, 이러한 시도는 메시아 역할을 제한하기 위한 목적에서 사용되고 있는 명백한 내러티브 장치, 즉 인자와 연관된 역할을 마가의 내러티브가 사용하고 있다는 점을 인식하지 못하는 것이다.[28]

이런 점에서 8장 31절에서 예수께서는 메시아로서의 자신의 사역에 내재된 자신의 소명의 여러 측면을 기술하기 위해서 앞서 자신을 가리키기 위해 사용하셨던 '인자'라는 자기 지칭(막 2:10, 28) —이 지칭은 소위 말하는 '메시아 비밀'의 일환이 아님— 을 다시 사용하고 있는 것이다.[29]

더욱이 이러한 메시아 정체성에 대한 고백을 예수께서 성전을 헐고 다시 세울 것이라고 말했다는 거짓 증인들의 고소(막 14:58)에 비추어 보게 되면

---

할들 -"선지자-선포자-선생-치유자-축사자"(334)-에 비추어 볼 때 만약 예수께서 메시아라는 칭호에 대한 자신의 독창적 해석을 부여할 수 있었다면 그가 굳이 이 칭호를 회피했어야 했는지에 대한 어떠한 이유도 발견할 수 없다 (336). 그러나 N. Dahl의 글에 대한 Jonge의 앞선 언급이 암시하듯이 자발적으로 고난을 당하고 십자가에 죽으시는 메시아는 모든 기대들을 좌초시켰을 것이다. 이런 연유에서 예수는 메시아란 칭호를 새롭게 이해하지 않고는 이 칭호를 자신의 것으로 삼을 수 없었던 것이다. 그러나 초기 기독교는 이 칭호를 예수에게 귀속시켜서 예수 그리스도라 불렀다. 더욱이 Dahl이 주장한바 있듯이 예수는 메시아로 십자가에 죽으셨는데, 이것은 분명 정치적인 죄목이었다. 이런 연유에서 초기 기독교 신학의 주된 관심은 메시아 직분에 대한 정치적 이해를 새롭게 변화시키는 일이었다: Dahl, *Crucified Messiah*, 10-36.

28) "Creative Use, 357-365.

29) 더욱이 "그[예수]가 제자들에게 자신에 대해 아무에게도 말하지 말라고 명하셨다(ἐπετίμησεν)"라는 8:30은 여기서 비밀 명령이 예수의 메시아 정체성과 연계되어 있음을 암시한다. 예수의 메시아 직분에 대한 베드로와 제자들의 견해는 공포될 수 없는데 그 이유는 그 견해는 예수 자신의 견해를 왜곡하고 있기 때문이다. 이런 연유에서 30절에서 이미 ἐπιτίμαω란 표현이 사용되고 있는 것이다.

메시아 정체성을 드러내는 또 다른 요소가 생겨나게 된다. 메시아 시대에 성전을 다시 세우실 분이 하나님이신가 아니면 예수인가라는 질문에 관계없이[30] 마가의 수난 기사는 분명하게 이 두 주제를 연계시키고 있다.

이야기의 뒷부분에 가서 거짓 증인들에 의한 고소에 대해 대제사장이 예수에게 무슨 할 말이 없는가 물었을 때 예수께서는 단지 침묵으로 일관하신다. 이 고소를 부정하거나 확언하기를 거절하심으로써 곧바로 대제사장의 "네가 찬송을 받을 자의 아들 그리스도냐?"와 같은 질문이 이어진다.

킹스베리가 주목하듯이 이러한 질문을 함으로써 "대제사장은 자기도 모르는 사이에 예수로 하여금 그가 정말로 누구인가를 공적으로 인정하도록 강권하는데"[31] 이것은 예수에게 진퇴양난의 요구이다. 그런데 예수의 대답인 "내가 그니라/ἐγώ εἰμι"는 말은 예수 자신의 메시아 칭호와 하나님의 아들이라는 칭호 모두를 인정한다는 것을 확언하고 있다.

그리고 계속해서 예수께서는 "너희가 인자가 권능자의 우편에 앉은 것과 하늘 구름을 타고 오는 것을 보리라"와 같은 인자에 관한 말씀, 즉 자신이 미래에 신원하심을 받을 것이라고 주장하는 말씀을 하신다. 이에 분노해 대제사장은 예수가 신성모독의 죄에 해당한다고 선언하게 된다.

그러나 하나님의 아들이라는 주장(이에 대해서 앞에서 언급한 구약적인 배경을 보라)을 포함해 메시아라는 주장이 신성모독의 죄를 불러일으킬 아무런 이유가 없음에 비추어 볼 때 도대체 어떤 토대에서 대제사장은 예수에 대한 정죄를 선언하고 있는가?

---

30) 이 책 5장에 있는 이 문제에 대한 설명을 보라. 특히 다음을 보라: Chance, *Jerusalem*, 14-18. 탈굼역 슥 6:12과 탈굼역 사 53:5은 분명히 메시아가 성전을 재건할 것이라고 말하고 있다. 그러나 확실한 크리스천-이전 증거에 따르면 성전 재건은 메시아가 오실 때 하나님에 의해 이루어진다고 되어 있다(4QFlor 1:11과 11QTemple 29:10).
(4QFlor 1:11 and 11QTemple 29:10).

31) Kingsbury, *Christology of Mark's Gospel*, 120.

마가의 내러티브에서 성전 고소 사건과 예수의 메시아 되심에 대한 주장이 연결되어 있는데, 이러한 연결이 바로 대제사장에 의한 예수의 정죄라는 문제에 답을 준다. 학자들은 마가복음의 이전 자료들은 하나님을 메시아가 오게 될 때에 성전을 다시 세우실 분으로 지칭하고 있다는 데에 동의한다.[32)]

이런 점에서 마가의 내러티브 흐름에 따르면 예수에 대한 신성모독이라는 죄목은 예수께서 자신을 메시아로 인정하고 있으며, 동시에 자신이 바로 성전을 다시 세우시는 *하나님의* 일을 행하고 있다고 주장하는 것에 —예수께서는 성전 고소 사건을 부정하고 있지 않음에서 알 수 있음— 그 근거를 두고 있다.

그러나 새롭게 세워질 성전은 대제사장이 이해할 수 없는 새로운 실체와 새 질서를 예기하고 있다. 예수의 메시아라는 정체성에 대해서도 마찬가지이다. 대제사장은 이러한 예수의 메시아 됨의 의미를 이해할 수 없었다는 뜻이다. 마가복음의 독자들이 예수의 메시아 직분과 아들 되심을 이해한 방식으로 대제사장은 예수의 정체성을 이해할 수 없었던 것이다. 이런 점에서 성전에 대한 진리가 지니고 있는 아이러니는 메시아에 대한 진리가 지닌 아이러니로 이어지는 것이다.

만약 χριστὸς라는 선언의 한 편에서 메시아로서의 예수가 성전을 새롭게 세우실 하나님의 일을 행하고 있다고 주장하고 있다면 마찬가지로 다른 한 편에서 "권능자의 우편에 앉아 계신" 인자와 "하늘 구름을 타고 오실" 인자라는 표현은 예수를 하나님의 일과 하나님의 특권이라고 여겨지는 것과 동일시하고 있다.

---

32) Juel은 다음에서 쿰란 문헌을 평가하면서 이 점을 언급한다: *Messiah and Temple*, 174-179, 동일한 요지가 보다 후대의 랍비 문헌에서 나타난다(Ibid., 151). 쿰란 문헌과 랍비 문헌 모두는 출 15:17에 대한 미드라쉬 해석을 담고 있다.

도나휴가 주장하듯이 이러한 인자의 모습은 예수의 권세(ἐξουσία)와 관련된 이야기상의 오랜 논쟁, 즉 예수의 권세가 어디에서 왔는가 하는 논쟁을 절정에 달하게 한다.[33] 인자라는 칭호와 연관된 예수의 권세, 그리스도요 하나님의 아들로서의 예수의 정체성이 이제 성전과 관련한 논쟁에서 하나로 합쳐지는 셈이다. 즉 예수께서 성전을 헐고 다시 세울 것이라는 거짓 증거라는 맥락에서 이 모든 것이 한데로 연결된다는 뜻이다.

자신의 정체성에 대한 예수의 이러한 주장과 하나님의 일을 자신이 행하고 있다는 주장을 연결짓게 되면 예수께서 신성모독의 죄를 범했다는 대제사장의 당혹스러운 선언이 왜 생겨났는지를 잘 알 수 있게 된다. 이런 점에서 예수의 심문 장면을 구경했던 어떤 자들은 14장 62절에 나오는 인자에 관한 예언을 비웃는 중에 "예언하라"고 말하기 시작한 것이다.[34]

마가복음 14장 62절에 나타나는 '인자'의 용례는 분명히 신적 권위를 지니고 있는 초월적인 존재를 가리킨다.[35] 게제(Gese)는 왕적인 다윗 계열의 메시아 직분 전승과 초월적인 인자 전승 사이를 구분 짓는데 —이 두 전승 모두 보편적인 성격을 지니고 있는 것은 사실이지만— 이러한 구분은 마가복음에서 이 두 전승이 차지하고 있는 신학적 중요성에 부합한다.

그러나 인자라는 주제가 지니는 가장 커다란 중요성은 고난과 죽음과 연관되어 있는 것으로써 이 점은 이미 앞서 수난-부활 예고에서 주목한 바 있다.[36] 이러한 연관성은 14장 62절에 나오는 인자에 관한 말씀에도 동

---

33) Donahue, *Are You The Christ?*, 119-120.

34) Juel은 여기서 예수는 거짓 선지자로서 조롱을 당하고 있는 반면에(65절) 베드로가 자신을 부인할 것이라는 예수의 예언이(14:30) 이 시점에서 실현되고 있다(66절 이하)는 아이러니를 주목한다: "예수가 선지자로서 조롱을 당하고 있는 바로 그 순간에 베드로에 대한 예수의 예언이 문자 그대로 이루어지고 있다"(Ibid., 72).

35) Matera는 다음과 같이 주장한다: "다니엘서의 인자라는 인물은 (개인이든 공동체적 인물이든) 왕적인 인물로 대변된다; 참조. 단 7:14, 18, 22, 27"(*Passion Narratives*, 231, n. 35).

36) Gese는 Enoch이 신실한 삶 이후에 승천한 것이 인자와 상관관계를 갖고 있지는 않은데 특히 고

일하게 적용된다.

임박한 고난과 미래의 신원하심이란 주된 두 요소는 서로 연관되어 있기에 따로 구분지어서는 안 된다. 이런 점에서 예수께서 "하늘 구름을 타고 오실" 것은 수난 기사 자체와 기독론적인 면에서 서로 긴장 관계에 놓여 있다.

자신의 왕적인 권세에 대한 예수의 예언은 아이러니하게도 신성모독을 행한 자로 예수를 정죄하고 있다는 점과, 또한 공적으로 굴욕을 당하는 자로 예수가 고난을 받고 있다는 점, 그리고 마지막으로 하나의 범죄자 —로마에 대한 정치적인 위협이라는 추정에 따른 것이지만— 로서 예수께서 십자가에서 죽으셨다는 점에 기인한다.

두 번째 기독론적 특징은 15장에서 6회 나타나는 '유대인들의 왕(이스라엘)'으로 이 표현은 예수가 하나님의 아들이라는 백부장의 고백과 함께 고려되어야 마땅하다. 메이테라(Matera)가 주장하듯이 "15장의 전체적인 주제는 '예수의 왕권'으로" 이 왕권 주제를 마가는 아이러니와 세 번에 걸친 조롱을 통해서 발전시켜 나가고 있을 뿐만 아니라 결국 백부장의 고백에서 절정에 달하게 하고 있다.

이런 점에서 "빌라도는 유대인의 왕이 하나님의 아들이라고 선언했던 이방 백부장으로부터 예수의 죽음에 대해 배우게 된다."[37] 더욱이 14-15장이라는 보다 큰 문맥에 비추어 볼 때 마가는 '하나님의 아들'이라는 칭호를 왕적인 의미에서 사용하고 있음이 분명한데, 이러한 왕적 의미는 구약의 메시아 전승을 반영하는 것이다.[38]

---

난과 승천이 에녹서에서 보다 공관복음서의 기독론에서 더 밀접하게 서로 연결되어 있기 때문이라는 점을 주목한다(*Biblical Theology*, 164).

37) Matera, *Kingship*, 63.

38) Ibid., 62; Juel, *Messiah and Temple*, 82. 몇몇 학자들은 '다윗의 아들'이라는 칭호는 이 칭호를 축사자로서의 솔로몬과 연결짓는 축사 전승(charismatic exorcist tradition)의 맥락에서 이

15장에서 6회 나타나는 '유대인의 왕'이라는 표현 중에서 처음과 맨 나중에 나오는 '유대인의 왕'이란 표현은 15장의 이야기를 열고 닫는 역할을 한다. 구체적으로 말해서 예수는 2절에서 '유대인의 왕'으로 고소를 당하며, 26절에서 '유대인의 왕'이라는 팻말을 단 십자가 위에서 죽음을 당하신다는 뜻이다.

양 끝의 가운데 나타나는 '유대인의 왕'이라는 4회에 걸친 표현 중에 9절과 12절에서 예수는 '유대인의 왕'으로 배척받는 분으로 묘사되며 18절에서 '유대인의 왕'으로 조롱을 받는 분으로 묘사된다.

이 표현은 모든 경우 로마인들에 의해 사용되는데 이것은 예수를 정치적 폭도로 정죄시하고 있음을 암시한다. 그러나 내러티브의 톤의 관점에 볼 때 로마인들이 예수를 유대인의 왕이라고 소리치는 것은 아이러니하게도 유대 지도자들은 인식하지 못했던 바를 확언하고 있다.

예수는 아무런 대답 없이(2절, συ λέγεις.) 고통스러운 침묵 가운데 서 계시며(5절), 그 결과 빌라도는 이에 놀란다(θαυμάζειν). 그런 뒤에 빌라도는

---

해되어야 한다고 주장한다. K. Berger는 이러한 연결을 막 15장에서 특히 예수께서 하나의 기적을 베푸는 자로서 14:58의 예언을 이루는 데 실패하고 이런 연유에서 조롱을 당하고 있는 두 번째 조롱 장면에서 찾는다: "Die königlichen Messiastradition des Neuen Testaments," *NTS* 21(1973), 1-44, AND "Zum Problem der Messianitat Jesu," *ZTK* 71(1974), 1-30. 비슷한 연결 관계가 C. Burger에 의해서도 제시된 바 있다: *Jesus als Davidssohn : Eine traditionsgeschichtliche Untersuchung* (FRLANT 98; Göttingen : Vandenhoeck & Ruprecht, 1970). Bruger (ibid., 66, 169)는 이러한 연결 속에서 헬라 계열의 θειος ανηρ 전통과의 상관관계를 보고 있다; 이런 연유에서 예수는 마가복음의(10:47) 치유 장면에서 '다윗의 자손'이라고 불리고 있다는 것이다. 또한 다음을 보라: D. C. Duling, "Solomon, Exorcism, and the Son of David," *HTR* 68(1975), 235-252. Duling은 이러한 연결이 타당한지를 옳게 질문한다: 왜 예수는 축사 장면에서 '다윗의 아들'이라고 불리지 않는가? 마가는 이 칭호를 치유 사건과 함께 병치시킴으로써 이 칭호와 아울러 예수에 대한 이해를 이 전승으로부터 분리시키고 있다는 것이다. 필자가 판단하기에 이 사실이 의미하는 바는 이 전승은 예수의 기적들 가운데서든 아니면 왕적 칭호들 가운데서이든 예수에 대한 마가의 묘사를 이해하는 데에 아무런 역할을 하고 있지 않다는 것을 의미한다. 이와 관련한 더 자세한 자료를 위해 다음을 보라: "Earliest Use," 335 and 342, n. 93.

무리들에 요청에 따라서 예수 대신에 바나바를 내어줌으로써 궁지에서 벗어나고자 무리들에게 "너희는 내가 유대인의 왕을 너희에게 놓아 주기를 원하느냐?"(10절)라고 묻는다.

그러나 대제사장들과 무리들은 예수를 십자가에 못 박으라고 소리친다. 그 다음 빌라도는 "그러면 너희가 유대인의 왕이라 하는 이를 내가 어떻게 하랴?"(12절)라고 빗대어 말함으로써 유대인의 왕이란 칭호를 대제사장과 무리들이 말하는 칭호로 그들에게 되돌린다.

그들이 "그를 십자가에 못 박으소서"라고 소리 지를 때 빌라도는 "어찜이냐, 무슨 악한 일을 하였느냐?"(14절)라고 예수의 잘못에 대한 보다 분명한 근거를 제시하도록 요구한다. 그들이 아무런 증거도 제시하지 않으며 계속 예수를 십자가에 못 박으라고 소리 지르기에 빌라도는 예수를 내어주어 십자가에 못 박게 한다.

로마 군인들이 예수를 조롱하고 모욕하며 예수에게 왕을 상징하는 자색 옷을 입히고, 머리에는 가시관을 씌우고(στέφανος), 그에게 경례하며 "유대인의 왕이여 평안할지어다"라고 말한다(19절). 심지어 예수에 대한 예를 표하고자 무릎을 꿇기까지 한다. 로마 군인들은 탐욕스럽게 제비를 뽑아서 예수의 옷을 나누어 갖는다. 이어서 마가의 이야기는 예수의 죄목(αἰτία)이 기록된 명패(ἐπιγραφὴ)에 '유대인의 왕' (26절)이라고 쓰여 있다는 점을 분명히 하고 있다.

이상의 이야기 흐름은 다음에서 다루게 될 예수의 왕적 신분을 가리키는 두 개의 풍자적인 진술로 이어진다. 이야기 흐름상 지금까지는 오직 로마 사람들만 예수를 유대인들의 왕이라 생각한다.

그러나 일단 예수께서 대제사장들과 무리들이 원했던 대로 십자가에 못 박히시고 나니 대제사장들과 서기관들은 "그가 다른 사람은 구원하였지만, 자신은 구원할 수 없도다. 이스라엘의 왕 그리스도가 지금 십자가에서 내려와 우리가 보고 믿게 할지어다"(32)라고 말하며 예수를 조롱하기 시작한다. 예수를 조롱하는 행위에서만 유대 지도자들은 예수의 정체성이 메시아/그리스도, 이스라엘의 왕이심을 인정하는 셈이다.

또한 '유대인의 왕'에서 '이스라엘의 왕'으로 표현이 바뀐 것은 로마인들의 목소리에서 유대인들의 목소리로 바뀌었음을 반영한다.[39] 이와 같은 조롱은 15장을 14장 58-62절의 기독론적 정체성에 대한 폭로 혹은 드러냄과 연결짓는다. 다시 말해서 유대 지도자들은 여기서 예수가 앞서 14장 58-62절에서 확언한 바를 부정하고 있다는 뜻이다. 정작 조롱 속에 부인된 진리에 대한 두려움이 놓여 있는 것이다.

아이러니하게도 마가의 이야기의 대단원은 예수께서 고통 속에서 마지막 숨을 내어쉬시는 모습을 보았던(ἰδὼν), 공직을 수행 중이던 백부장의 외침, 즉 "진실로 이 사람은 하나님의 아들이었도다"라는 고백으로 시작된다. 여기서 이방인의 입술에서 다음과 같이 시편 2:7이 말하는 이스라엘의 왕의 대관식의 환호가 들린다.

죽어가는 신실한 왕이신 예수가 진실로 공의와 신실하심 가운데 다스리시는 여호와 하나님의 통치를 실행하시는 하나님의 왕적인 아들이시다(시편 72과 45편). 빌라도의 표찰에 의해서 로마인 쪽에서는 희극적인 결말로, 그리고 유대인 쪽에서는 비극적인 결말로 묘사되는 예수의 왕권이 처음에는 유대지도자들에 의해 조롱을 당하지만 이후에 아주 대조적으로 *이방의* 군인에 의해서 확언된다.

이처럼 수치스러운 십자가, 왕적 아들, 부정한 이방인이라는 세 가지 요소가 문맥상 서로 어우러져서 역설을 뛰어넘는 진리가 선포되는 것이다!

---

39) Juel, *Messiah and Temple*, 50.

### 더 많은 왕적 모티프들 : 범주와 암시적인 표현들

마가복음의 수난 기사에 나타나는 기독론적인 왕적 주제와 관련된 용어와 암시적인 표현을 고려할 경우, 14장 1-25절과 15장 40절-16장 8절은 앞에서 주목한 바 있는 기독론적 칭호에 대한 수난 기사의 초점에 더 깊은 차원을 부여한다.

#### 1. '엘리 엘리'라는 부르짖음과 모욕

메이테라(Matera)는 암시적 차원에서 볼 때 예수의 "엘리 엘리"라는 부르짖음 뒤에 무리들의 조롱이 뒤따른다. 이를 통해 결국 15장은 예수에 대한 세 번의 조롱 사건을 담게 된다. "가만두라, 엘리야가 와서 그를 내려주나 보자"라는 구경꾼들의 조롱은 백부장의 고백과 극렬한 대조를 이루는데, 그 이유는 구경꾼들의 조롱이나 백부장의 고백 모두 "엘리 엘리 라마 사박다니"라는 예수의 부르짖음에 대한 반응이기 때문이다.

메이테라는 구경꾼들이 엘리를 엘리야로 외견상 오해한 것을 마가가 의도적으로 사용하여 정말로 예수에 대한 조롱으로 바꾸어 놓았다고 주장한다. 메이테라는 한걸음 더 나아가 예수의 부르짖음은 시편 22편을 인용하고 있으며, 시편과의 명시적인 연결 관계들이 여타 다른 곳에서도 이루어지고 있다고 주장한다.

(1) 옷을 중심으로 한 막 15:24과 시 22:19

(2) 조롱을 중심으로 한 막 15:29과 시 22:8

(3) 울부짖음을 중심으로 한 막 15:34과 시 22:2 이하, 12, 20-22절[40)]

---

40) Matera는 C. O. Peddinghaus와 J. Oswald의 저작들을 인용하는데 이들은 함께 다섯 개의 부수적인 암시적 연관관계를 규명하고 있다(*Kingship*, 128-129). 또한 다음을 보라: O. L. Cope, *Matthew : A Scribe Trained for the Kingdom of Heaven* (CBQMS 5; Washington, D.C.: CBA of America, 1976), 102-110.

구약 학자들은 시편 22편의 왕적인 역할과 왕적인 강조점에 주목하는데, 예를 들면 이튼(Eaton)은 "22편 전체가 거룩한 왕을 가리키고 있으며, 이 왕의 대적들은 시원적인 성격을 지니고 있다고 주장한다." 또한 "게제(Gese)는 시편 22편 4절에 나오는 보좌에 앉으신 거룩한 분과 29절에 나오는 하나님의 왕권 사이의 관계에 주목한다."[41]

이러한 문맥에서 메이테라는 마가가 자신의 공동체로 하여금 다음과 같은 메시지를 이해하기를 의도했다고 제안한다.

> 맨 처음 다윗 자신에 의해 이루어졌던 울부짖음인 막 15:34의 *울부짖음은 메시아 왕의 울부짖음이다.* 이런 점에서 마가는 시편 22의 크나큰 울부짖음과 "엘리 엘리"라는 부르짖음에 대한 무리들의 조롱을 병치시킴으로써 구경꾼들이 또 다른 의미에서 예수를 메시아 왕으로 조롱하고 있음을 보여주고 있다.[42]

마가와 마가의 공동체의 구성원들이 시편 22편 전체를 염두에 두고 있었는지의 여부는 확실하지 않다(메이테라는 이들이 22편 전체를 염두에 두었다고 믿으며, 이에 대한 반대 주장도 고려하면서 반대 주장에 의문을 제기한다). 시편 22편과 마가의 본문 사이에 놓인 인용 구절들과 암시되는 구절들, 예수의 울부짖음에 이어 나오는 조롱이 마가복음 15장의 구조와 일치한다는 점 등은 메이테라의 결론이 옳다는 것을 강력히 시사한다. 이런 점에서 예수의 울부짖음과 구경꾼들의 조롱은 왕적 전통의 왕권 주제를 예수의 십자가 죽음이라는 마지막 순간까지 확장해 나가고 있는 셈이다.

---

41) Matera, *Kingship*, 127-128. Matera는 교부들을 인용하는데 이 교부들은 시 22편을 그리스도 안에서 성취된 왕의 시편으로 이해한다(130-131).

42) Ibid., 132-33. 위의 인용은 133페이지에 나타나며 이탤릭체로 강조된 것은 원문에 따른 것이다.

### 2. '하나님의 나라'라는 용어의 반복적 사용

마가복음 14장 25절과 15장 43절에 반복적으로 나타나는 '하나님의 나라'라는 표현이 주목을 끈다. 첫째, 14장 25절의 경우, 이 용어는 제자들과 함께 한 예수의 최후의 만찬의 '마지막 말'의 역할을 하고 있다. 떡과 포도주가 자신의 임재를 담고 있다고 말씀하신 후에 예수께서는 제자들에게 "진실로 너희에게 이르노니 내가 포도나무에서 난 것을 하나님 나라에서 새 것으로 마시는 날까지 다시 마시지 아니하리라"라고 말씀하신다.

비록 예수께서는 방금 전 자신이 잠시 후에 배반당할 것이라고 말씀하셨지만(막 14:21), 이러한 최후 만찬시 말씀은 분명하게 미래는 하나님의 나라를 기대하고 있으며 동시에 이 나라를 도래시키고 있다고 말하고 있는 것이다.

이어지는 27-28절은 계속해서 임박한 위기와 새로운 시작 사이의 동일한 대조를 "내가 목자를 치리니 양들이 흩어지리라 하였음이니라 그러나 내가 살아난 후에 너희보다 먼저 갈릴리로 가리라"와 같이 표현한다. 또 다시 왕의 이미지가 나타난다. '목자'라는 단어는 스가랴 13장 7절에서 왔는데, 이 구절의 원래 문학적 문맥은 하나님께서 왕적 지도자를 내치시고 그의 백성들을 흩으심으로써 이스라엘을 황폐하게 하신다는 것이다.[43]

동일한 주제들이 이 부분을 닫는 바깥 구조에서 다시 나타난다. 예수의 몸을 장사하는 장면은 기독론적으로 중요한 의미를 지닌다. 특별히 마가가 아리마대 사람 요셉을 "이 사람은 존경 받는 공회원이요 하나님의 나라를 기다리는 자라 "(막 15:43)라고 도입시키는 방식을 통해 분명히 드러난다.

---

43) Gese, *Biblical Theology*, 145, 151.

이 구절은 예수의 장사 자체를 미래에 대한 소망과 연결시키는 역할을 한다. 다시 한 번 아이러니를 통해서 진리가 드러난다. 즉 예수를 메시아라고 자칭하는 사기꾼의 죄목으로 로마 정부에 예수를 넘겨주었던 집단의 한 유대 지도자가 용기를 내어, 그것도 다른 사람도 아닌 자신이(καὶ αὐτὸς) 하나님의 나라를 기다리는 자라는 입장에서 예수의 시체를 달라고 요청하고 있다는 점에서 그렇다.[44)]

요셉의 소망에 대한 이러한 설명은 이야기 전체가 다가올 하나님의 나라를 갈망하고 소망하고 간절히 희구하는 다른 이들의 잠재된 소망의 색채를 지니게 한다. 하나님 나라의 도래에 대한 사람들의 이러한 간절한 소망은 다음과 같이 마가 이야기의 서두에서 제시된 바 있는 선포된 약속의 성취에 놓여 있는데, 이 약속은 이 시점에 와서는 십자가에 달려 죽으신 왕에 대한 약속이었다. "예수께서 갈릴리에 오셔서 하나님의 복음을 선포하여 이르기를 '때가 찼고 하나님의 나라가 가까이 왔으니 회개하고 복음을 믿으라'"(막 1:14b-15).

마가의 내러티브는 하나님의 나라의 도래에 대한 이러한 소망을 어디에 위치시키고 있는가? 수수께끼 같은 마가복음의 끝 장면이 다시 14장 27-28절의 주제를 이어 받는다. 예수의 무덤에 있던 한 청년은 내쳐진 바 있던 목자-왕이신 예수가 살아 나셨으며, 그는 더 이상 무덤에 있지 않다고 말한다.

이어서 이 청년은, 예수는 "너희보다 먼저 갈릴리고 가실 것이요, 전에 너희에게 말씀하신 대로 너희가 거기서 그를 볼 것이라"고 말한다. 여기서 강조되는 세 가지가 한데 어우러지면서 마가의 내러티브는 분명하게 하나님의 나라의 도래를 다시 확언하고 있는 셈이다.

---

44) 여기서 καὶ(또한)란 표현은 다소 해석상의 어려움을 지닌다. 분명 이 단어가 상정하는 다른 대상이란 "공회의 존경받는 다른 회원"(εὐσχήμων βουλευτής)이기 때문이다.

첫째, 부활하신 예수는 갈릴리로 돌아가시는데, 갈릴리는 하나님의 왕국의 일과 말씀이 앞서 구현되었던 장소이다.

둘째, "너희가 거기서 그를 볼 것이라(ὄψεσθε)"는 약속은 9장 1절에서 도입된 바 있는 주제를 성취하고 있다. "내가 진실로 너희에게 이르노니 여기 서 있는 사람 중에는 죽기 전에 하나님의 나라가 권능으로 임하는 것을 볼(ἴδωσιν) 자들도 있느니라." 이와 비슷한 예수의 말씀, 곧 "내가 진실로 너희에게 이르노니"라는 왕국 선포에 관한 말씀이 14장 25절에도 나타나 있다. 여기서 *본다*는 주제와 *왕국*이라는 주제 사이에 연결 관계가 존재함을 알 수 있다.

셋째, "가서 그의 제자들과 베드로에게 말하라"는 표현에 나오는 베드로에 대한 특별한 언급은 내러티브에서 베드로가 앞서 차지했던 두드러진 역할을 절정에 다다르게 한다. 특히 예수를 그리스도라고 고백했던 일(막 8:29)과 예수의 메시아 정체성이 대제사장에 의해서 의문시되고 심문을 받게 되던 바로 그 상황에서 예수를 부인했던 일(막 14:61-72) 등의 역할이 절정에 이르렀다는 뜻이다.

앞에서 예수께서 자신의 임박한 고난에 대해 말씀하셨을 때 베드로는 예수를 꾸짖은 바 있다. 그런데 이제 예수께서 체포되어 조롱을 받게 되었을 때 베드로는 예수를 부인한다. 갈릴리에서 예수께서 베드로를 만나게 될 것이라는 점은 베드로가 부인했던 바, 즉 *십자가에서 죽음 당하신* 메시아의 *부활*을 예기하고 있는 것이다!

부활하신 예수께서 갈릴리에서 자신의 제자들을 만난다는 것은 문자적으로 말해서 흩어진 제자들을 불러 모으시는 일일 뿐만 아니라 그들이 버리고 떠났던 진리, 곧 예수의 메시아 정체성과 하나님의 아들이신 십자가에 죽으신 예수라는 하나님의 왕국의 실체로 그들을 불러 모으는 것을 뜻한다.

더욱이 부활하여 갈릴리로 돌아갈 것이라는 선포는 내러티브 중간 부분에 나오는 세 번의 수난-부활 예고와 손으로 짓지 않은 성전의 재건에 대한 (거짓된?) 선언을 절정에 달하게 한다(여기서 수난 예고와 재건에 대한 선언 모두는 "삼 일"이란 모티프에 의해 서로 연결된다).

수난과 부활의 예고는 베드로의 고백의 문맥에서 시작되며, 성전과 관련한 거짓증인들의 고소는 유대의 대제사장과 공회 앞에서 이루어진 예수 자신의 "내가 그니라"는 선언을 불러일으킨다. 뿐만 아니라 '유대인의 왕'으로 예수께서 죽게 되시는 일련의 사건을 야기한다. 이런 점에서 하나님 나라에 대한 소망은 마가복음 전편을 통해서 일관되게 흐르고 있다. 이 소망에는 어떻게 인간이 이 나라에 들어갈 수 있는가에 대한 새롭게 변화된, 그리고 반전된 개념들이 포함되어 있다(막 9:35-10:45).

이 소망은 예수의 부활의 아침에 다시 새롭게 꽃 피고 있다. 매를 맞아 내침을 받았던 예수, 그러나 부활하신 목자 되신 예수는 갈릴리에서 흩어진 양들을 불러 모으신다. 이런 점에서 16장 7절은 14장 27-28절에서 맨 처음 언급된 바 있던 이야기 주제를 절정에 달하게 한다.[45)]

### 3. 여인들의 내러티브 역할

그러나 예수의 부활 사건 이후 여인들이 무서워서 도망한 것은 갈릴리로 가라는 예수의 명령과 이 명령이 지닌 하나님 나라에 대한 소망의 회복을 좌초시키는 것처럼 보인다. 마가복음의 수난 기사를 안팎으로 둘러싸고 있는 핵심구조는 수난 기사의 시작과 끝에 나오는 여인들의 중요한 역

45) Johnson ("Davidic-Royal Motif," 137)은 예수께서 5천 명을 기적으로 먹이신 사건에 대한 마가의 기술, 특히 무리들을 "목자 없는 양들"(6:34)로 묘사하는 것은 다음과 같은 구약의 왕적 계열의 목자-왕권 이미저리를 반향하고 있다고 제안한다: 여호수아(민 27:12); 미가야 선지자의 이상(왕상 22:17); 에스겔의 이상(겔 34:1-6).

할이다.

즉 14장 1-9절에서 마리아가 예수의 머리에 기름을 부은 사건과 15장 40-41절에서 예수께서 죽으신 후에 갑자기 나타나서 마가복음 내러티브의 끝까지(막 16:8) 이야기 중심에 머물러 있는 여인들의 사건을 의미한다.

존슨(Johnson)이 제안한 바 있듯이 마리아가 예수의 머리에 기름을 부은 사건은 암시적인 차원에서 볼 때 예수의 장사를 위한 기름부음의 역할 뿐만 아니라 예수의 왕권을 위한 기름부음의 역할을 하고 있다.[46]

부활 기사 끝에서 갈릴리에서 온 여인들, 즉 막달라 마리아와, 야보고의 어머니 그리고 살로메는 예수께서 십자가에 달리시는 것과 죽는 것을 멀리서 지켜보았는데, 이들은 예수께서 갈릴리에 있을 때에서 예수를 따랐고 예수를 시중들었던 자들이다.

이 여인들은 역사적 예수와 부활하신 그리스도 사이의 연속성을 친히 목도한 핵심적 증인들이다. 그러나 이들이 무덤에서 도망함으로 이야기의 끝을 중단시키게 되는데, 이것은 오히려 마가 이야기의 요청과 이야기가 미치는 영향, 즉 예수의 부르심과 부르심의 중요성을 독자들의 특권으로 부여하는 결과를 가져온다.

여기서 증언의 형태로 주어지는 역사적 연속성, 즉 역사적 예수와 부활하신 그리스도 사이의 연속성이 구현되는 것은 오직 다음과 같은 일이 일어날 때이다. 즉 예수의 과거와 독자의 현재 사이의 연결이 이루어지는 것은 마가의 독자들이 예수를 '갈릴리'에서 만나 하나님 나라의 사역을 담당하라는 요청과 부르심을 받아들이겠다는 의미에서 "예"라고 응답할 그 때라는 뜻이다. 하나님 나라의 소망의 회복은 마가의 독자들에게 주어지는 이러한 요청, 즉 예수께서 말씀하신 갈릴리로 가라는 명령에 있다.

---

46) Ibid., 139.

놀랍게도 마리아가 예수에게 기름을 부은 사건은 마리아가 행한 일이 "온 천하에 어디서든지 복음이 전파되는 곳에는"(막 14:9) 전해질 것이라는 예수의 예언적 말씀으로 끝을 맺는다. 수난 기사의 시작과 끝에 나오는 사건 모두에서 여인들은 복음이 전 세계로 선포될 것에 대한 동력과 자극을 제공하고 있다.

마가복음이 지닌 이러한 특징이 예수의 왕권의 성격을 이해하는 일과 무슨 연관이 있는가? 마가복음 전체에서 여인들은 특정한 섹션 내에서 예수에 대한 모범적인 반응을 보이는 전형적인 이야기 역할을 하고 있는 모습으로 일관되게 나타난다.[47]

그렇다면 수난 기사를 이런 식으로 여인들에 의해서 열고 닫는 방식으로 구성한 중요성은 무엇인가? 이러한 구성 방식은 예수의 왕권에 대한 마가의 관점을 밝히 보여주고 있는가? 아마도 그럴 것이다. 특히 이러한 구성은 왕권이라는 개념을 기존의 표준적이고도 인습적인 모든 왕권 표상들로부터 효과적으로 벗어나게 한다는 점에서 그렇다.

예수의 왕권이 공적으로 선포되었을 때 남자들은 도망갔지만 미리 계산하지 않은, 즉 단순하면서도 주저하는 헌신으로 두려움에 가득 차 도망간 여자들은, 독자들에게 십자가에 죽으셨으나 부활하신 하나님의 아들과 직접 만나기를 암시적이지만 강력하게 천거하고 있다.

마가의 수난 기사는 왕권을 부정하지 않는다. 도리어 일련의 아이러니를 통해서 (로마 군인들의 조롱, 유대인들의 부인, 이방 백부장의 고백) 우리로 하여

---

47) W. M. Swartley, "The Role of Women in Mark's Gospel : A Narrative Analysis," 1987 *SBL Abstracts*, 283-284; E. S. Malbon, "Fallible Followers : Women and Men in the Gospel of Mark," *Semeia* 28, ed. M.A. Talbert (Chico, Calif. : Scholars, 1983), 29-48; J. A. Grassi, *The Hidden Heroes of the Gospels : Female Counterparts of Jesus* (Collegeville, Minn. : Liturgical, 1989), 12-44. 이 현상, 특별히 부활 장면에서 여인들의 역할은 구약에서 전쟁의 소식을 전하는 여인들의 역할과 구조적인 평행관계를 지니는 것으로 간주될 수 있다.

금 "마가의 수난 기사가 말하는 왕권은 너무도 기이하며 인습적인 왕권을 완전히 무장해제 시키고 있다!"고 소리치도록 만든다.

### 4. 마가복음의 보다 앞선 기사에 나오는 왕적 모티프와의 연결점들

킹스베리는 부활 기사가 마가복음의 보다 큰 차원의 이야기와 예수가 하나님의 왕적인 아들이라는 고백을 담고 있는 수난 기사와 연결되어 있는 세 가지의 부가적 방식을 지적한 바 있다.

첫째, 16장 6절의 '나사렛 예수'라는 예수의 정체성은 독자들로 하여금 1장 14절이 말하는 바 '갈릴리의 나사렛 출신의 예수'를 상기시킨다. 세례를 받는 장면에서 이 나사렛 예수는 하나님에 의해서 "내가 기뻐하는 아들"이라 불린다. 이 표현은 수난 기사에 와서 죽음으로부터 일으킴을 받으신 분에 대한 왕적인 칭호이다.

둘째, "부활은 십자가를 없었던 일로 하거나 무효화하고 있지 않는다." 오히려 무덤가의 청년의 말은 십자가상의 죽음과 부활을 완벽하게 연결짓는다. 십자가에 달려 죽으신 분이 바로 죽음에서 부활하신 분이라는 뜻이다.

비록 이방인 백부장이 예수는 하나님의 아들*이었다*(was)라고 말했지만, 부활이 바로 하나님의 아들*이었던*(was) 분을 현재적으로 하나님의 아들*이심을*(is) 가능하게 한 것이다. "죽음 시에 하나님의 아들이었다고 전해진 십자가에 달려 죽으신 예수는 부활하셨으며 그런 점에서 현재적으로 하나님의 아들*이다*(is)."[48]

셋째, 16장 6절의 'ἠγέρθη'(일으킴을 받았다)는 수동형 동사로 예수를 죽음에서 일으키신 분이 하나님이심을 가리킨다. 이러한 하나님의 행위는

---

48) Kingsbury, *Christology of Mark's Gospel*, 134.

악한 포도원 농부들의 비유의 끝 부분을 반향하는데, 이 부분에서 건축자들이 버린 돌이 하나님에 의해서 '모퉁이의 머릿돌'이 될 것이라고 쓰여 있다. 이런 점에서 "하나님은 '버려진 돌, 곧 자신의 사랑하는 아들'을 옳다고 신원하신 것이다."[49]

이와 같은 킹스베리의 분석과 설명을 통해 볼 때 부활은 마가복음의 왕적인 아들 되심이라는 모티프를 피해가거나 배제하고 있는 것이 아니라 이 모티프를 절정에 달하게 한다. 부활하신 분이 바로 세례를 받으시고, 배척당하시고, 십자가에 죽으셨고, 이제 하나님의 왕적인 아들이라 신원하심을 받으신 분이다.

## 마태복음

### 마태의 내러티브의 내용

마태복음의 수난과 부활 기사는 26-28장에 걸쳐 세 장으로 이루어져 있다. 마태복음의 부활 기사는 마가복음의 부활 기사를 상당히 넘어서서 계속되지만, 수난 기사는 내용과 순서에서 마가복음의 수난 기사와 매우 유사하기에 마태복음의 수난 기사의 개요를 여기서 반복해 언급할 필요가 없을 정도이다.

수난 기사에서 마가복음과의 가장 중요한 차이는 마태복음 26장 2-5, 52-54절에 나타나는 부가적인 부분과 27장 3-10, 19, 24-25, 43, 51-b-53b, 62-66절에 있는 부가적인 부분이다. 이들 부가적인 구절 중에서 처음 두 구절인 26장 2-5절 52-54절은 예수의 왕권의 비정치적이고도 비폭력적인 성격을 크게 부각시킨다. 그리고 인자의 수난 예고를 네 번째로 다

49) Ibid., 135.

시 말함으로써(2b절) 마태는 예수의 죽음이 하나님이 제정하신 것임을 강조하고 있다.

이와 마찬가지로 대제사장의 종의 귀를 베었던 검을 칼집에 넣으라는 예수의 명령과 하늘에 계신 아버지께 열두 군단의 천사를 보내어 자신을 보호해 달라고 청원할 수 있다는 예수의 말씀은 예수가 군사 혁명을 일으킬 메시아가 결코 아님을 결정적으로 보여주고 있다.

27장 3-10, 19절과 24-25절은 마태복음이 보다 두드러지게 강조하는 바인 유다의 죄책(마 27:3-10)과 유대 지도자들의 죄책(마 27:3-10, 19, 24-25) 중 하나를 부각시키고 있다.

빌라도의 아내의 꿈(19절)과 빌라도가 자신의 손을 씻은 일(24절)은 모두 예수를 놓아주고자 하는 빌라도의 바람을 강조하는데, 이러한 바람은 군중들의 압력 하에서 그가 실제로 한 일과는 대조를 이룬다. 무덤의 돌을 인봉하고 경계병을 세워둔 것은(마 27:63-66) 예수의 죽음에 관여한 자들의 죄책을 예증할 뿐만 아니라 예수를 죽이고자 하는 그들의 시도가 도리어 그들 자신을 궁지로 몰아갈지도 모른다는 두려움을 드러내고 있다.

마태복음의 부가적인 부분 중 마지막 두 구절인 27장 51-b-53b절과 62-66절은 하나님의 아들로서의 예수에 대한 마태복음의 기독론적 초점을 강조한다. 즉 27장 42-43절에 기록된 대로 *하나님의 아*들로서 자신을 구원하지 못하는 예수의 무기력함과 27장 51b-53b절에 기록된 대로 지진이 일어나고 무덤들이 열리는 것과 같은 우주적 격동에 의해 촉발된, 예수가 *하나님의 아*들이라는 이방인 백부장의 두려움 가득 찬 고백(54절)이 바로 이러한 기독론적인 초점의 일환이다.

마태복음의 설명이 마가복음의 설명보다 짧은 곳은 다음 두 군데이다.

(1) 26장 61절에 나오는 성전고소 사건에 대한 마태복음의 설명에서는

마가복음에 사용된 '손으로 만든-손으로 만들지 않은'이라는 대조적 표현이 나타나지 않는다. 마태복음은 이어서 예수가 주장하신 바에 대한 보다 모호한 형태의 진술, 즉 "내가 허물리라"(마가복음의 표현) 대신에 "내가 허물 수 있다"라고 서술한다.

(2) 마태복음은 아리마대 요셉을 '하나님의 나라를 기다리고 있는 자'로 묘사하지 않는다. 또한 다른 작지만 중요한 몇몇 차이점이 예수의 왕권에 대한 마태복음의 관점에서 암시된다.

마태복음 28장 8-10절은 마가복음 16장 8절 너머로 나아가 보다 자세한 부활 사건을 보여주고 있으며, 여인들이 두려움과 기쁨 가운데 천사가 전한 메시지를 제자들에게 전하기 위해서 달려가는 것을 기술한다.[50] 여인들이 달려가는 중에 예수가 직접 이들을 만나셨고, 여인들이 예수께 경배한다. 그 다음 예수께서는 여인들에게 "무서워 말라. 가서 내 형제들에게 갈릴리로 가라 하라. 거기서 나를 보리라"고 명령하신다.

그 다음 마태는 대제사장들이 앞서 보였던 두려움이 어떻게 이제 그들의 기만적 흉계로 이어지고 있는가를 보여준다. 즉 그들은 군병들에게 돈을 주어서 예수의 제자들이 밤에 와서 예수의 시체를 훔쳐 갔다고 사람들에게 말하라는 흉계를 꾸민다.

이어서 마태복음은 11명의 제자들이 갈릴리에 있는 산으로 가서 "하늘과 땅에 있는 모든 권세"를 자신의 것으로 주창하시는 부활하신 예수를 경배하고, 예수께서 이들에게 "모든 족속들을 제자로 삼아 아버지와 아들과 성령의 이름으로 세례를 주고 … 모든 것을 가르쳐 지키게 하라"는 명령과 함께 이들을 보내시는 장면으로 절정에 달한다(16-20).

---

50) 여기서 천사와 청년을 어떻게 이해해야 할 것인가에 대한 보다 자세한 설명을 위해 다음을 보라: A. K. Jenkins,"Young Man or Angel," *ExpTim* 97 (1983), 237-240; Swartley, *Mark*, 35-36.

### 마태복음의 수난 기사 속의 왕권

마태복음의 앞선 부분에서 명시적으로 나타나는 마태의 기독론과 동일한 맥락에서 마태복음의 수난 기사는 마가복음의 수난 기사보다 더욱 자세하게 예수의 왕권의 성격을 드러내 보여준다.[51)]

#### 1. 유대인들의 심문과 조롱(마 26:57-68)

여기서 마가복음의 기사와 세 가지 차이점이 있음을 주목하게 된다. 대제사장의 질문에서 '찬송을 받을 자의 아들' 대신 마태복음은 '하나님의 아들'이라는 표현을 사용한다. 그러나 누가복음과 마찬가지로 마태복음은 예수의 대답을 "네가 말하였느니라"(σὺ εἶπας)로 표현하는데, 마가복음은 예수의 대답을 "내가 그니라"(ἐγώ εἰμι)로 표현한다.

이런 연유에서 대제사장의 질문이 예수의 하나님의 아들 되심과 관련해서 마가복음보다는 마태복음에서 보다 명시적이기는 하지만, 하나님의 아들 되심에 대한 예수의 인정은 보다 결정적인 모호성을 지닌다.

비록 σὺ εἶπας라는 예수 자신의 대답(마 26:25)과 하나님 아들 되심에 대한 예수의 인정을 비교할 때 충분히 긍정적인 대답을 암시하고 있음이 분명하지만 말이다. 그럼에도 불구하고 여전히 이러한 암시적인 형태의 긍정은 확증 혹은 긍정의 '짐'을 질문자 자신에게 지게 한다!

마가복음과의 세 번째 차이점은 조롱에 나타난다. 특히 조롱하는 자들이 예수에게 예언할 것을 요청하면서 예수를 "너 그리스도야"(χριστέ)라고 부른다는 점에서 그렇다. 마태복음은 앞서 예수의 정체성이 메시아임을 분명히 한 바 있다(마 1:1, 16, 18; 16:16, 20, 21[52)]). 그리고 예수의 심문 장

---

51) G. M. Styler, "Stages in Christology in the Synoptic Gospels' (NTS 10[1963-64], 404-406; 이어서 D. Hill, *The Gospel of Matthew*, NCB (London : Oliphants, 1972), 64. 이하의 몇몇 고찰들은 Matera에 의해 주목을 받은 바 있다: Matera, Passion Narratives, 121.

52) 필자는 마 16:21의 ὁ Ἰησοῦς란 독법 대신에 시내산 사본과 바티칸 사본의 독법인 Ἰησοῦς

면은 예수의 칭호를 유대인들과 로마인들 모두가 행하는 조롱 섞인 조소로 바꾸고 있는데, 마태복음의 수난 기사는 이를 통해서 유대인들이 예수를 배척한 것은 그들 자신의 메시아를 그들 스스로가 배척한 것임을 극명하게 보여준다.

2. 로마인들의 심문과 이어지는 조롱(마 27:11-31)

마가복음과 마태복음에서 로마 사람들이 예수를 '유대인의 왕'이라고 조롱하는 부분이 네 번에 걸쳐 나타난다. 그 중에 두 번의 경우 마태복음 속의 빌라도는 '그리스도'라는 표현을 사용한다(17절과 22절). 이에 대해 다음과 같은 두 가지의 설명이 가능할 것이다.

(1) 몇몇 사본은 16절에서 바라바를 예수 바라바(Jesus Barabbas)로 명명하고 있기에 '그리스도라 불리는 예수라는 표현은 단순히 이러한 두 예수를 구분 짓기 위한 방법이었을 것이다.

(2) 마태는 빌라도로 하여금 예수에 대한 유대 지도자들의 주장을 유대 지도자 자신의 마음에 좀 더 절실하게 다가가도록 하기 위해서 *그리스도*라는 용어를 사용할 수 있다. 다시 말하면 마태는 빌라도를 통해서 "예수는 너희가 받아들이기를 거부하여 십자가에 못 박기를 원하는, 소위 너희들의 메시아"라는 점을 말하고자 했다는 뜻이다.

여기서 두 번째 설명이 더욱 설득력이 있는 이유는 빌라도가 두 번에 걸쳐서 예수를 모든 죄책의 혐의로부터 풀어주고자 하는 바람을 보이고 있으며(19절과 24절), 이를 통해서 유대 지도자들에게 예수 죽음의 책임을 지

---

χριστόςA를 따른다. Nolan (*Royal Son of God*, 146)과 Kingsbury (*Matthew*, 96-97) 역시 이 독법을 따르고 있다.

게 하려고 한다는 점이다.

마태복음은 로마 군병들의 조롱에서 예수의 왕 되심을 마가복음보다 더욱 더 크게 드러낸다. 자색 옷과 가시관에 덧붙여 마태복음은 로마 군병들이 "갈대를 예수의 오른손에" 들게 했다고 기록하는데, 이것은 왕의 홀을 패러디 한 것으로(창 49:10), 예수의 왕권에 대한 군병들의 조소 섞인 존경을 강화시키는 것이다.

### 3. 십자가처형, 조롱, 그리고 백부장의 고백

예수의 십자가 위에 붙은 명패에는 십자가에 달리신 예수라는 이름과 예수의 죄목이 쓰여 있다. "이는 유대인의 왕 예수라"(마 27:37). 또한 이 명패는 예수를 십자가에 처형하라고 소리쳤던 자들에 의해서 부인되었던 그 진리, 곧 예수의 왕 되심을 선언하고 있기도 하다.

27장 42절의 대제사장들과 서기관들, 장로들의 조롱에서는 마가복음에 나타난 "그리스도"(막 15:32, ὁ χριστὸς)라는 표현이 나타나지 않는데, 아마도 이 표현이 앞에 나오는 조롱 장면에서 동일한 그룹에 의해서 이미 사용된 바 있기 때문일 것이다(마 26:28). 이유가 무엇이든 이 표현이 여기에 나타나지 않음으로써 하나님의 아들이라는 맥락에서 예수에 대한 조롱이 다음과 같이 더욱 강화된다. "그가 하나님을 신뢰하니 만약 하나님이 저를 기뻐하신다면 하나님이 저를 구원하시도록 내어 두어라. 이는 그가 나는 하나님의 아들이라고 말했기 때문이라"(43절).

이와 같은 조롱의 형태는 4중적인 중요성을 지닌다. 첫째, 이러한 형태는 예수의 심문 기사의 끝을 대제사장이 "너 예수는 하나님의 아들인가?"라고 묻고 있는 심문 기사의 처음과 연결시킨다.

둘째, 이러한 조롱 형태는 심문 기사 전체가, 특히 일련의 조롱 사건이(막 15장에 따르면 6번에 걸쳐서 '유대인[이스라엘]의 왕'이라는 표현이 사용됨) 보다 큰 기독론적 범주, 즉 유대인의 왕과 그리스도, 그리고 하나님의 아들이라는 큰 범주의 차원에서 운용되도록 한다. 마태복음의 앞부분에서 이 칭호들이 예수의 정체성을 밝히기 위해서 이미 사용된 바 있다(1-2장). 그런데 이 칭호를 조소 섞인 조롱의 표현으로 사용함으로써 예수를 자신의 왕이요 그리스도-메시아, 그리고 하나님의 아들로서 받아들이기를 거절하는 자들의 죄책과 범죄성이 크게 부각되고 있다.

셋째, '하나님의 아들'이라는 조롱을 일련의 조롱 사건 끝에 위치시킴으로써 마태는 자신의 기독론적 초점과 강세를 극명하게 보여준다. 이런 점에서 마태의 기독론의 매우 핵심적인 이 진리가 예수를 하나님의 아들로 받아들이기를 거절한 예수 자신의 백성들의 불신과 배척, 증오에 의해 경멸의 대상이 되고 있다.

넷째, 조롱 형태이며 동시에 수난 기사의 절정에 해당되는 조롱, 즉 예수가 하나님의 아들이라는 유대 지도자들의 조롱은 예수가 하나님의 아들이라는 로마 백부장의 고백과 극명한 대조를 이룬다(마 27:54). 이러한 대조는 마태의 이야기를 기독론적으로 절정에 달하게 하며, 또한 독자들에게 4장 15-16. 23-25절, 그리고 8장 5-13절에 나오는 마태의 특별한 강조를 상기시킨다. 다시 말해서 이 부분에서 예수께서 다음과 같이 또 다른 백부장에게 하신 말씀이 여기서도 적용되고 있다는 뜻이다.

> 내가 진실로 너희에게 이르노니, 내가 이스라엘 중 아무에게서도 이만한 믿음을 만나보지 못하였노라. 또 내가 너희에게 이르노니 동서로부터 많은 사람이 이르러 아브라함과 이삭과 야곱과 함께 천국에 앉으려니와 나라의 본 자손들은 바깥 어두운데 쫓겨나 거기서 울며 이를 갊이 있으리라. 예수께서 백부장에게 이르시되 가라 네가 믿는 대로 될지어다(마 8:10-13)

### 4. 장사지냄과 부활 내러티브

마태복음 전반에 걸쳐 분명하게 제시되는 마태의 왕적 기독론은 28장 17-20절의 예수의 최후의 말씀에서 절정에 달하는데, 이것은 매우 의미심장하다. 이 말씀에서 예수가 하나님의 아들이라는 백부장의 고백이 다음과 같이 특별히 확언되고, 또한 옳다고 인정받고 있다.

(1) "하늘과 땅의 모든 권세가 내게 주어졌도다"라는 표현

(2) 온 족속으로 제자를 삼으라는 명령과 이를 통해서 이방인들을 복음의 수용자로 부각시키는 모습

(3) "아버지와 아들과 성령의 이름으로" 세례를 주라는 명령에서 '아들'이라는 표현이 포함된다는 점

왕은 하나님의 왕적 아들이라는 오랜 전승이 이제 예수에게서 정점에 달한 것이다. 다시 말해서 시내산-시온 전승에서 하나님의 임재와 다스림의 장소를 상징하는 한 산에서 이러한 왕적 전승이 절정에 이르렀다는 뜻이다.

#### 왕적 기독론에 대한 마태복음의 보다 큰 복음적 전망들

마태복음의 수난 기사 전반에 퍼져 있는 왕적 기독론은 마태복음 전체가 강조하는 기독론적 초점을 정점에 달하게 한다. 킹스베리가 주장하듯이 마태의 수많은 기독론적인 칭호 중에서 '하나님의 아들'이라는 칭호가 최우선적 위치를 차지한다. 마태복음의 수난 기사에 대한 필자의 분석 역시 양면성을 지닌 증거로 킹스베리의 견해를 확인한다.

'다윗의 아들'이라는 칭호가 최우선적 위치를 점하고 있다고 주장하는 자들의 주장과 달리 '다윗의 아들'이라는 칭호는 수난 기사에서 사실상 부

재하며 이런 점에서 분명히 이 칭호는 마태가 자신의 최종적 강조점을 부여하는 칭호가 될 수 없다.

이와 반대로 '하나님의 아들'이라는 칭호는 최우선적 위치에 놓여 중요한 역할을 한다. 특별히 조소 섞인 조롱의 맥락에 있는 예수의 심문 기사 끝에서, 예수의 죽음에 대한 유일하면서도 직접적인 반응의 진술인 백부장의 고백에서 중요한 역할을 한다. 더욱이 예수께서 최종적으로 산에 올라 제자들을 세례 공식 어구를 사용해 선교 사명을 주어 파송하시는 장면은 하나님의 아들로서의 예수의 왕적인 정체성에 대한 선포를 절정에 달하게 한다.[53)]

킹스베리에 따르면 예수를 하나님의 아들로 제시하는 마태의 수많은 묘사는 지상의 하나님의 아들과 높이 들림 받은 하나님의 아들을 통해서 하나님께서 자신의 백성들 가운데 영속적으로 임재하신다는 점을 기술하고 있다(마 1:23; 14:27, 33; 18:20; 28:20).

자신의 아들을 통한 하나님의 영속적인 임재는 예수의 출생에서부터 재림에 이르는 '예수의 때' 안에서 일어나고 있다. 이 '때'는 "예수께서 교회에 의해 경배를 받으시고 (예를 들어 마 14:33; 28:9, 17을 보라) 하나님의 아들이라 고백되고(마 14:33; 16:16-17; 27:54), 하나님의 아들로서 따름의 대상이 되시는(예를 들어 마 4:18-22; 9:9; 10:38; 16:24; 19:27-29)" 때인 이 세대(this age)를 포함한다.[54)]

마태는 예수를 '하나님의 아들'이라 명명함으로써 다윗 계열의 왕적 전승이나 예수의 왕권 전승을 폄하하고 있는 것이 아니다. 오히려 다른 왕적 칭호들이 하나님의 아들로서의 예수에 대한 묘사를 보다 섬세하게 드러내

53) Kingsbury은 다음의 글과 책에서 이 점을 이미 주목한 바 있다: "The Composition and Christology of Matt 28:6-20," *JBL* 9 (1974), 573-584; Matthew, 77-78.

54) Kinsbury, *Matthew*, 123.

는 이야기 역할을 한다. 특별히 이러한 역할은 메시아-그리스도, 다윗의 아들, 유대인의 왕이라는 칭호의 경우에 더욱 분명한 사실이다. 뿐만 아니라 이러한 역할은 다른 칭호들과 다소 다른 기독론적 전승과 초점들을 부각시키고 있는 '주'라는 칭호와 '인자'라는 칭호의 경우에도 사실이다.

이상의 다섯 가지 칭호가 마태복음에서 주요한 기독론적 칭호로 간주되며, 이들은 보다 작은 이야기 역할들을 하고 있는 예수, 아브라함의 아들, 오실 자, 목자, 선지자, 랍비-선생, 종/παῖς, 임마누엘과 같은 칭호와 구별된다.[55)]

메시아-그리스도와 다윗의 아들은 가장 두드러진 두 칭호로 하나님의 아들의 경우처럼 왕으로서의 예수에 대한 마태복음의 묘사에 직접적으로 연관되어 있다. 이 때문에 여기에서는 오직 이 두 칭호가 나타나는 경우와 두 칭호의 역할에만 관심이 집중될 것이다. 특히 이 칭호들이 수난 기사에서 마태가 예수를 하나님의 아들이라고 절정의 묘사를 하고 있는 일에 대한 준비 역할을 하고 있다는 점에서 그렇다.

이에 덧붙여 여기서 다루려는 것은 왕으로서의 예수에 대한 보다 일반적인 묘사들이며, 특별히 하나님의 아들로서의 예수에 대한 묘사가 마태복음 전체에서 어떠한 역할을 하고 있는가를 살펴보는 일이다.

---

55) Ibid., 84-96. Kingsbury는 "유대인의 왕"을 "메시아-왕"의 범주에 놓지만(98-99), "유대인의 왕"이란 칭호는 따로 분리해서 취급해야 하는데 이유는 다음과 같이 이방인들이 어떻게 예수를 명명하는가를 보이고자 특별히 사용되기 때문이다: 동방박사들의 경배 중에(2:2); 빌라도의 심문 중에(27:11); 십자가의 명패에(27:37); 로마병사들의 조롱 중에(27:29). 이와 같이 경배와 조롱은 예수의 출생 기사와 수난 기사 사이의 대조를 예증하는 것들이다. 출생 기사와 수난 기사 사이의 수많은 다른 평행과 대조들을 위해 다음을 보라: Nolan, *Royal Son of God*, 104-8. 빌라도처럼 헤롯 역시 예수를 가리켜 "그리스도"로 표현하고 있다(참조. 마 2:4; Nolan, *Royal Son of God*, 104).

## 1. 메시아-그리스도

B. 놀란(Brian Nolan)은 자신의 저서 *Royal Son of God*에서 마태복음에서 그리스도요 다윗의 아들로서의 예수의 역할에 집중적인 관심을 기울인다. 놀란은 마태복음에서 '그리스도'가 사용되고 있는 세 가지 용례를 규명한다.[56]

첫째, 그리스도는 "자기 백성을 그들의 죄에서 구원할"(마 1:21) 자를 뜻하는 예수라는 이름과 함께 사용된다. '그리스도'와 '예수'가 함께 나타나는 여섯 번의 경우에서(마 1:1, 16, 18: 16:20f.; 27:17, 22) "자신의 속죄의 죽음을 통해서 죄로부터 구원하실" 분으로서의 그리스도의 역할[57]은 마태의 왕적 기독론의 한 측면으로 표현된다.

이것 역시 빌라도가 예수를 그리스도라고 명명하면서 유대인들의 의식에 심어주었던 진실의 일환이다. 빌라도가 자신의 손을 씻은 것과 "그 피를 우리와 우리 자손에게 돌릴지어다"(마 27:24-25)는 유대 백성들의 선언 모두는 각각의 죄책에 대한 반응들처럼 보인다.

이런 점에서 유대인들의 반응은 그리스도로서의 예수의 죽음의 이러한 구속적인 효력을 배척하고 거절하는 것이다. 비록 몇몇 사람은 마태에 의하면 유대인들의 악에 바친 외침은 죄 용서를 받아들인 것을 뜻한다고 주장한 바 있지만, 마태가 이 외침을 빌라도가 책임을 회피하는 장면 바로 뒤에 위치시킨다는 것을 볼 때 이러한 주장은 설득력이 없다.[58]

---

56) Nolan, *Royal Son of God*, 146-149.

57) Ibid., 147.

58) SBL의 연례 회동인 1988년 세미나에서 F. A. Niedner, Jr. ("Re-reading Matthew on Jerusalem and Judaism" [*1988 Abstracts*, §38], §263)와 Timothy B. Cargal (" 'His Blood be upon Us and upon Our Children': A Matthean Double Entendre" [*1988 Abstracts*, §153], 363)가 이러한 해석을 제시한 바 있다. 즉 유대 무리의 외침은 자신의 죄 용서를 위해 예수의 피를 받아들인 것으로 이해되어야 하며, 이를 통해 1:21의 내러티브 주제가 성취되고 있다는 것이다. 이 두 사람이 제시하는 증거가 다소 설득력을 지니는 듯하지만 (Cargal은 특별히 26:28을 주목하는데, 이

둘째, 요한이 "그리스도께서 하신 일"에 관해 듣고 있는 11장 2절과 그리스도가 제자들의 유일한 주(Lord)라고 말하고 있는 23장 10절 모두에서 '그리스도'라는 용어는 예수를 예언적 전통에서 이루어지는 지도자로서 기름부음을 받는 분으로 명명하기 위해 사용되고 있다. 23장 10절에 나오는 '지도자'(καθηγητὴς)라는 마태의 독특한 표현은 예수를 서기관들의 학교의 지도자로서 규정하고 있다. 예수는 예언적 지도자로서의 능력을 갖고 질병을 고치시며(마 11:2 이하) 예언을 하신다(마 26:68).

셋째, 비록 '그리스도'가 암시적으로는 다윗의 아들과 왕에 버금가는 표현이지만 마태는 "그리스도를 명시적으로 다윗의 아들과 이스라엘의 왕과 연결짓는 것"을 거부한다.[59] 설사 그렇다 해도 이 칭호는 1장 6절, 20-21절과 2장 2-6절, 21장 5-9절에서 함께 나타나는데, 세 경우에 마태는 메시아라는 용어가 정치적 의미의 왕권을 나타낼 수 있을 때 이 용어의 사용에서 한발 물러선다.

베드로가 예수를 그리스도요 하나님이 아들이라고 고백한 후에 예수께서는 제자들에게 아무에게도 자신이 그리스도인 것을 말하지 말라고 명령하신다(마 16:20). 자신이 '다윗의 아들'인가에 대한 예수의 수수께끼 같은 질문에 대해서 마태는 '그리스도'와 '다윗의 아들' 사이에 분명 거리를 둔다(마 22:42-45). 비록 마태는 그리스도가 다윗의 아들이라는 점을 부정하지는 않지만 말이다.

그리고 앞서 주목했듯이 27장 42절에 따르면 '그리스도'라는 표현은 십자가상에 있는 예수에 대한 조롱의 목소리 속에서 '이스라엘의 왕'이라는

---

구절에서 예수의 피는 죄 용서와 연계된다), 이 두 사람 모두는 무리의 외침이 어떻게 이야기 속에서 빌라도가 앞서 한 말과 연결되고 있는지를 전혀 고려하고 있지 않다.

59) Nolan, *Royal Son of God*, 148, 149. 그리스도와 이스라엘의 왕의 연계를 보여주는 가장 가까운 사례는 빌라도가 '유대인의 왕'과 '그리스도'를 교차적으로 사용하는 경우이다. 그러나 심지어 여기서도 '그리스도'가 아니라 '그리스도라 불리는 자'라는 표현이 사용된다.

표현과 함께 연결되어 나타나지 않는다. 이것은 마가복음 15장 32절과 누가복음 23장 35, 39절의 경우와 마찬가지이다.

이 점이 중요성을 띠는 경우는 다른 한편으로 '그리스도'와 '다윗의 아들' 그리고 '유대인의(이스라엘의) 왕'이라는 표현이 모두 명시적으로 '하나님의 아들'이라는 표현과 연결되어 나타나는 경우이다(마 16:16; 26:63; 22:42-45' 2:2,4,15; 27:42-43).

왕적인 다윗 계열의 메시아 전통에 대한 마태의 '통제력'이 있다면 그것은 다름 아닌 '하나님의 아들', 보다 정확히 말하자면 오직 '하나님의 아들'이라는 점을 암시한다.

넷째, 마태는 마태복음의 이야기가 전개되는 중에 '그리스도'와 '하나님의 아들'을 가장 중요한 지점에서 명시적으로 연결짓는다. 놀랍게도 놀란(Nolan)은 이 점을 주목하지 못하고 있다. 예수가 그리스도라는 베드로의 고백은 '살아계신 하나님의 아들'이라는 고백과 연결된다(마16:16).

대제사장은 예수에 대한 심문에서 예수가 '하나님의 아들, 그리스도'인지를 알고자 한다(26:63). 더욱이 '이스라엘의 왕'은 메시아-그리스도 전승에 속하기 때문에 '이스라엘의 왕'과 '하나님의 아들'을 연결짓는 조소 섞인 조롱(마 27:43) 역시 이 전승 가운데 포함되어야 마땅하다.[60)]

2장 2, 4절의 예수의 출생 기사에 나오는 기독론적 칭호인 '유대인의 왕'과 '그리스도'는 "애굽으로부터 내가 나의 아들을 불러냈다"는 호세아 11장 1절을 인용하는 마태복음 2장 15절에서 절정에 달한다. 그렇다면 마태복음의 이야기가 그리스도와 하나님의 아들 사이를 다음과 같이 연차

---

60) Kingsbury는 '메시아'는 한편에서는 정치적 함의를 지니고 있기에 내러티브상 특히 수난 기사에서 조소와 조롱의 맥락에서 사용되고 있는 (이스라엘) 유대인의 왕에 의해 제약을 받으며, 다른 한편에서는 마태복음의 왕적 메시아 직분이 지닌 긍정적인 묘사를 담고 있는 '하나님의 아들'에 의해 제약을 받는다고 주장한다 (*Matthew*, 97).

적으로 연결짓고 있음을 알 수 있다.

(1) 구약 인용 속의 하나님의 선언(마 2:15)
(2) 베드로의 고백(마 16:6)
(3) 대제사장의 심문 과정에서의 질문(마 26:63)
(4) 대제사장들과 서기관들, 장로들의 조롱(마 27:43)

이런 점에서 마태는 이와 같은 *계시된* 진리(마 16:17; 구약 인용인 2:15을 참조하라)가 유대 지도자들에 의해서 거절되고 있음을 분명히 하고 있다.

## 2. 다윗의 아들과 왕권

놀란이 주장하듯이 다윗의 한 아들(a son of David)과 다윗의 아들(the Son of David)은 분명히 구분되어야 한다. 다윗의 한 아들은 다윗의 계보와 왕적 부권에 관계된 것이지만, 다윗의 아들은 신학적 관점에서 이해하고 있는 메시아 전통의 권위에 관계된 것이다.[61] 마태복음은 이 두 가지 모두를 상정하고 있음이 분명하다.

마태복음의 경우 다윗의 한 아들이 지닌 두드러진 특징과 '다윗의 아들'이 지닌 두드러진 특징 모두 다음과 같은 세 가지의 주된 강조점과 연결된다.

첫째, 예수의 출생과 유아기 기사는 예수가 왕적인 다윗 계열에 속한다는 것을 분명히 하고 있다(마 1:1, 6, 17, 21). 예수는 다윗의 성 베들레헴에서(마 2:5-6) 그리스도로(마 2:4) 유대인의 왕으로 태어났다(마 2:2). 그리고 신

61) Nolan, *Royal Son of God*, 149. Nolan은 마태복음 전반에 걸쳐 이 칭호를 폭넓게 다루고 있으며, 유대 문헌들 속에서의 이해를 자세히 고찰한다(149-215). Nolan은 폭넓은 마태의 용례와 유대 배경을 살펴 본 후에 마 1-2장에 나타난 다윗의 아들과 왕권에 초점을 맞춘다(210-215).

실한 이방 왕족(동방박사)이 예수께 경배한다(2:11).

이런 점에서 예수의 왕적인 신분과 정체성은 헤롯이 지닌 반-유대적(semi-Jewish)이요 동시에 비-다윗 계열에 속한, 예루살렘을 근거로 하는 불신의 지배자라는 신분과 대조를 이루며,[62] 헤롯이 아기-그리스도에 대해 바라는 것은 오직 예수의 죽음뿐이다.[63]

둘째, 예수의 다윗 계열의 아들 되심에 대한 환호성이 예수의 갈릴리 사역 전반에 걸쳐 울려 퍼지고 있는데 실제로 이 환호성은 예수의 하나님의 나라의 선포에 대한 '역사 저변'에서 들려오는 긍정적인 반응이다.

"다윗의 자손이여 우리를 불쌍히 여기소서"(마 9:27)라는 소경들의 울부짖음은 예수의 열 가지의 기적을 담고 있는 섹션(8-9장)의 절정에 해당하며 동시에 "이스라엘 가운데서 이런 일을 본 적이 없다"(마 9:33)는 증언을 전조한다. 이 섹션에 나오는 열 가지 기적은 예수께서 행하신 하나님의 나라의 기적이요 그리스도께서 행하신 일들이다. 요한조차도 옥에서 이것에 대해서 듣는다(마 11:2).

킹스베리가 지적하듯이 "'눈먼 자들'과 '말 못하는' 자, '어린이들'과 심지어 이방 '여자'조차 이스라엘이 볼 수 없었고 고백할 수 없었던 것을 '보고' '고백할' 수 있었다(참조. 마 9:27; 12:22; 15:22; 21:15; 이와 함께 마 13:13; 15:14;

---

62) Ibid., 205.

63) Nolan은 다윗 계열의 아들 됨(Davidic Sonship)을 너무 포괄적으로 다룸으로써 결국 다윗의 아들 됨이 '하나님의 아들'을 포괄하게 되는 결과를 낳게 만든다. Nolan이 '다윗의 아들'이라는 섹션에서 다루는 것에는 예수의 세례 장면과 변화산상에서의 하늘의 음성, 광야의 시험, 예수의 하나님의 나라의 선포가 담겨 있다(Ibid., 170-173). Nolan은 65페이지 분량을 '다윗의 아들'이라는 섹션에 할애하는 반면에 오직 18페이지 정도의 분량만을 '주 하나님의 아들' 섹션에 할애한다. 또한 '하나님의 아들' 섹션에서 κυρίος란 칭호가 다루어지며, 이 섹션에서 '다윗의 아들'이 '하나님의 아들'과 '주'와 함께 여전한 영향력을 행사하고 있다. 이것은 Nolan이 마태복음이 그리스도-왕으로 왕위에 오르시는 예수를 묘사하는 것으로 보고 있다는 것을 보여 준다(왕이 하나님의 신적 아들의 직분에 오르는 것을 실행하는 예식인 가을의 신년 Tishri 축제를 반영함). 이런 점에서 Nolan은 다음과 같은 결론을 내린다: "간단히 말해서 [마태복음에서] 예수 그리스도는 Tishri가 기념했던 궁극적 신비를 구현하고 있다"(240).

23:16-17, 19, 14, 16을 보라)."[64] 실제로 눈먼 자들까지 예수가 다윗의 아들이라는 사실을 보고 고백했다.

12장 23절에서 "모든 사람들이" 소망에 부풀어 "이가 다윗의 아들일 수 있겠는가?"라고 묻는다. 주목할 점은 이 질문이 다음과 같은 본문 바로 뒤이어 나오고 있다는 점이다.

(1) 예수의 사역이 이방인을 포함하고 있는 것으로 그리는 이사야 42장 1-4절의 확장된 인용 본문인 마태복음 12장 18-21절

(2) 예수를 "(다윗) 성전보다 더 큰" 이로 마태가 묘사하는 구절인 12장 3-6절

이 같은 사실은 이스라엘 너머에 있는 혹은 이스라엘 밖에 있는 자들이 예수가 다윗 계열의 아들 되신다는 것을 인식할 것이라는 점을 암시한다. 바리새인들은 곧바로 긍정적인 대답에 반대하며, 예수께서 행하신 일들이 바알세불을 힘입은 것이라고 주장한다(마 12:24). 예수의 갈릴리 사역의 치료 행위가 절정에 달하는 시점에서 어느 가나안 여인이 예수에게 "주 다윗의 자손이여"라 부르며 불쌍히 여겨 달라고 소리 지른다(마 15:22).

이상 살펴본 바와 같이 예수의 갈릴리 사역에 나오는 다윗의 아들이라는 칭호에 대한 세 번의 용례는 모두 예수의 정체성에 대한 인식과 수용에 대한 일종의 합창을 형성하고 있다. 이 합창 가운데 눈먼 자들과 이방인들은 하나님 나라를 선포하는 분이 정말로 다윗의 왕적 아들이심을 보고 노래하고 있다.

셋째, 여리고 서쪽 지역에서 두 소경이 반복적으로 "다윗의 아들이여 우

---

64) Kingsbury, *Matthew*, 101.

리를 불쌍히 여기소서"(마 20:30-31)라고 부르짖는다. 이 부르짖음은 앞서 갈릴리에서 들렸던 합창이 예루살렘을 향해 들리게 하는 부르짖음이다. 또한 이 부르짖음은 예수의 승리의 예루살렘 입성 시에 들린 "다윗의 자손에게 호산나"라는 두 번에 걸친 환호를 예비하는 부르짖음이다.

먼저 군중들이 21장 9절에서 "호산나 다윗의 자손이여"라고 외치고, 그 다음 어린아이들이 성전에서 "호산나 다윗의 자손이여"라고 외친다. 이 외침은 대제사장들과 서기관들의 분노를 일으킨다(마 21:15). 예수께서는 이러한 찬양의 외침을 옳다 인정하시면서 시편 8편 2절, "어린 아이와 젖먹이들의 입을 통해서 주는 주님 자신을 위한 찬양을 준비하셨나이다"[65]의 인용으로 이 외침을 마무리 짓는다.

그 다음 종교 지도자들과 예수의 논쟁은 어떻게 그리스도가 다윗의 아들이며 동시에 다윗의 주가 될 수 있는가에 대한 질문으로 절정에 달한다(마 22:42-45). 이 모든 것에서 예수의 다윗의 아들 되심이 옳다고 인정되지만 최종적으로는 이것이 충분하지 않음이 드러나고 있다. 다시 말해서 다윗의 아들 되심 그 이상이 필요하다는 것을 뜻한다.[66] 여기서 그 이상이 필요하다는 것은 주라는 칭호와 하나님의 아들, 인자와 같은 칭호가 필수불가결하다는 것을 의미한다.

다윗의 아들이라는 칭호와 관련한 보다 중요한 사실은, 예수의 다윗의

65) LXX는 MT의 *힘*('ōz)을 *찬양*(αἶνος)으로 대체하고 있다. 양쪽 모두에서 찬양/힘의 이유는 대적 때문인데 이 점은 마태복음의 문맥에서 아주 적합하다. MT를 따르는 NRSV는 "원수와 보복자를 잠잠케 하다"고 번역한 반면에 LXX는 성전 고소 사건에서 사용된 단어와 똑같은 단어인 καταλυσαι를 동사로 사용하고 있다. 분명히 마태는 이 인용이 원수들로부터 하나님의 보호하심을 실행케 하는 찬양으로 대적들이 듣도록 의도하고 있는데 이것은 시편에서 지속적으로 나타나는 모티프이기도 하다.

66) Kingsbury (*Matthew*, 97ff.)는 '다윗의 아들'이 '마태복음에서 최우선적 칭호'가 아님을 보여주고자 하는데, 이것은 올바른 시도이다(G. Strecker, R. Hummel, A. Suhl은 정반대의 시도를 하고 있음).

아들 되심에 대한 마태의 기술과 묘사는 특정한 *경향성(Tendenz)*을 보여 준다는 점이다. 비록 예수의 부모가 다윗의 계보에 속한다고 할지라도(마 1:2-16) 예수의 부모는 남성-인간 왕이 아니다(마 1:18-25).

예수는 성령으로 잉태되었다. 성령을 통한 잉태는 영적 차원의 다윗의 아들 메시아사상(the Son of David messianism)의 궤적의 최종적 단계로서 이 점은 이미 이사야 9장 6-7절과 11장 1-5절(7:14)에서 분명하게 나타나 있다.[67)]

베들레헴에서 태어나신 —이런 점에서 선지자의 예언에 따르면 비천한 베들레헴이 높이 들림을 받게 되었다— 예수는 이스라엘을 목양하시는 통치자로서 이 땅에 오셨다(마 2:5-6). 예수의 유아기 기사에 따르면 예수께서 이미 '유대인의 왕'으로 명명되었을 당시에 예루살렘에 있던 헤롯 왕이 예수를 죽이려고 한다.

그리고 수난 기사에 따르면 예루살렘의 지도자들은 실제로 예수를 죽인다. 다윗의 아들로서 예수의 갈릴리 사역에서 예수는 불쌍히 여기는 지도자로 나타나시며, 왕궁에 있는 지혜자(Wisdom)처럼 하나님의 백성들에게 자신의 겸손하고도 가벼운 멍에를 메도록 초청하신다(마 11:25-30).[68)] 예수께서는 겸손히 예루살렘에 들어가시는데, 왕이시지만 겸손한 나귀를 타신 채로(왕상 1:38) 예루살렘에 입성하신다.

이렇게 하심으로써 예수께서는 다음과 같이 스가랴 9장 9-10절이 말하는 평화의 비전을 성취하신다.

---

67) 이에 대해선 다음을 보라: Gese, *Biblical Theology*, 147.

68) 이와 관련해 마태의 왕권 주제에 대한 D. Verseput의 저작이 유용하다: *The Rejection of the Humble Messianic King : A Study of the Composition of Matthew 11-12* (New York et al. : Peter Lang, 1986).

시온의 딸아, 크게 기뻐하여라.

예루살렘의 딸아, 크게 외쳐라.

보라 너의 왕이 네게 오시니

그는 공의로우시며 구원을 베푸시며

겸손하여서 나귀를 타시나니

나귀의 작은 것 곧 나귀 새끼니라.

그가 에브라임의 병거와

예루살렘의 전쟁의 말을 끊어 버릴 것이요

전쟁의 활도 끊어질 것이니

그가 만국에 화평을 명할 것이요

그의 통치는 바다에서 바다까지 이를 것이며,

유브라데 강에서 땅 끝까지 이르리라.

이 본문에 따르면 다윗 계열의 메시아, 즉 이방인들을 멸망시키고 강제적으로 이스라엘을 정치적 압제로부터 구출해 낼 군사적 정복자로서의 메시아사상은 이미 배제되고 있다. 메시아/다윗의 아들이라는 전통적 개념에 대한 또 하나의 새로운 변화와 이해가 내침을 받은 목자를 보여주는 스가랴 13장 7절에 나타난다. 이 점은 신약, 특히 마태복음 26장 31절, 28장 7절과 이에 대한 병행 구절들의 묘사에 잘 나타나 있다.

게제(Gese)는 프톨레미 왕조 시대에 있었던 이러한 변화의 발전을 지적하는데, 이 가운데서 "메시아는 순교자로서 싸우는 분으로 나타나고 있다."[69] 메시아가 다윗의 아들 됨과 주 되심에 관한 예수의 질문은 실제로 근본적인 성찰을 요구하고 있다.

69) Gese, Biblical Theology, 150. 이에 대한 일차적 문헌들을 위해 이 책 4장 각주 55번을 보라.

다윗 계열의 메시아에 대한 이전의 여러 이해들 중 얼마만큼이 다윗의 아들이라는 칭호에 대한 마태의 용례에서 의도되고 있을까? 마태가 사용하고 있는 다른 칭호와 마태의 전체적인 이야기 강조점이 아마도 이 질문에 대한 실마리를 제공할 것이다.

### 3. 하나님의 아들

마태는 예수에 대해서 '하나님의 아들'이라는 칭호를 사용하는데 그 목적은 다윗 계열의 아들로서의 예수의 정체성을 한정하고 동시에 '경계하기' 위함이다. 이 점을 인정하더라도 여전히 구약이 말하는 '하나님의 아들'로서의 왕이라는 정체성은 다윗 계열의 왕권 전승의 매우 적법한 일환이다.

그러나 게제가 지적한 바 있듯이 고대 근동 지방 사상 중에 널리 퍼져 있던 이러한 정치적 의미의 왕 되심과 신적 정체성은 이스라엘에서 완전히 깨져 버린다. 정확히 말해서 이스라엘의 정치적 구조가 무너져 내렸을 바로 그 때 왕권은 메시아에 대한 소망으로 바뀌어 갔고 집중적으로 이 소망에 천착하게 된다. 하나님은 "다스리는 다윗의 집을 내치셨으며" 대신 새로운 아들, 즉 임마누엘이 태어날 것이라는 소망을 불러일으키신다.

"하나님의 한 아들이라는 개념이 사라진 것이 아니라 새롭게 변화된 것이다. 어떠한 특정한 가문이나 가계가 다윗 왕조에게 주어진 약속의 담지자로서 전면에 나설 수 없었다. 비록 특정하고도 구체적인 사안에서는 전혀 감지해 낼 수 없지만, 여전히 위대한 다윗 계보 중 그 어딘가에서 하나님께서는 한 사람을 선택하사 시온에 세워질 영원한 왕권과 주 되심에 관한 다윗 왕조의 약속을 성취하실 것이다."[70]

이처럼 다윗의 왕권 전승을 확언함과 동시에 새롭게 정의하는 방식과

70) Ibid., 146-47.

동일한 방식으로 시온 전승은 시편과 이사야서에서 다윗 계열의 왕적 전승에 대한 비평적 역할을 한다. 이러한 시온 전승과 동일한 맥락에서, 그리고 이 전승을 보다 확장해 나가면서 마태는 예수를 하나님의 아들로 명명함으로써 다윗 계열의 왕적 전승을 비평적 관점에서 한정함과 동시에 새롭게 정의를 내린다.

이 점은 예수의 출생과 유아기 기사에서 분명히 나타난다. 특히 성령을 통한 예수의 잉태가 예수의 다윗 계열의 계보를 뒤덮고 있다는 점에서 그렇다. 킹스베리가 지적하듯이 "예수를 다윗의 후손되게 하는 요셉에 의한 예수의 양자됨은 예수를 하나님의 아들 되게 하는 성령에 의한 예수의 잉태와 결코 비교할 수 없다."[71)]

이와 같은 예수의 성령에 의한 잉태가 지닌 우월성에 대한 강조와 연결되어 있는 것이 바로 예수의 기적적 출생을 임마누엘이라는 단어로 해석하는 일이다. 예수 안에서 *하나님*이 인류와 함께 하신다. 마찬가지로 2장에서 예수의 정체성에 관한 칭호들이 연속적으로 나타나는데, 특별히 이 연속적인 흐름은 '유대인의 아들'과 '그리스도'에서부터 '애굽으로부터 불러내진 하나님의 아들'로 이어진다. 여기서 반복되는 표현인 "아기와 그의 모친"(마 2:11, 13, 14, 20, 21) 역시 예수의 신적인 부계, 즉 예수의 하나님의 아들 되심을 부각시킨다.[72)]

예수의 세례와 시험으로 절정에 달하는 예수의 공생애 이전 기사는 모든 의를 이루시며 또한 시험에서 온전한 순종을 보이심으로써(마 3:15-4:11) 예수께서 하나님의 아들이심을 확언함과 동시에 이 점을 확증하고 있다.[73)]

---

71) Kingsbury, *Matthew*, 101.

72) Ibid., 45; Metra, *Passion Narratives*, 123; Nolan, Royal Son of God, 41-42.

73) G. M. Styler ("Stages in Christology," 404)는 마태가 "그리스도의 신적 성품인 존재론에 대한

예수의 세례 장면에서 들린 "이는 내 사랑하는 아들이요 내가 기뻐하는 자"라는 하나님의 선언은 예수의 왕적 신분과 정체성을 부각시키는데, 그 이유는 이 선언은 시편 2편의 왕의 등극과 대관식에서 나오는 표현(7절)을 인용하고 있기 때문이고, 또한 창세기 22장에 나오는 사랑하는 독자를 희생 제물로 바치는 장면을 반향하기 때문이며, 아들이라는 지칭을 이사야 42장 1-4절에 나오는 순종하는 여호와의 종에 대한 칭호와 연결짓고 있기 때문이다.

예수의 시험 장면 중 마지막 시험은 —세 가지 시험 모두 "네가 하나님의 아들이기에"란 표현으로 시작된다— '세상의 왕국'을 예수께 배타적으로 주어진 특권에 속한 것으로 올바르게 묘사하고 있는데, 문제는 이것이 사탄의 말로 표현된다는 점이다. 예수께서는 하나님의 아들로서 오직 하나님에 대한 경배에 충실하며 하나님에 대한 순종 가운데 사탄의 시험에서 승리하시고, 이어서 "하늘나라가 가까이 왔다"는 천국 복음 선포의 사역을 시작하신다(마 4:17).

갈릴리 사역에서 하나님의 아들로서의 예수의 정체성은 예수에 대한 다음과 같은 보다 공적인 지칭으로 이어진다.

(1) 주(마태의 부활 이후의 크리스천 공동체를 향한 메시지를 반영하고 있다)

(2) 다윗의 아들(위를 참고하라)

(3) 인자(공관복음 전승에서 예수의 자기-정체성에 대한 명명이다)

마가복음의 경우는 귀신들이 세 번씩 예수를 하나님의 아들이라고 소리치는 데 반해서(막 1:25; 3:11; 5:7) 마태복음은 단지 한 번 하나님의 아들

---

관심"을 펼치고 있다고 제안한다. 그러나 필자는 마태가 구약의 왕적 전승들에 깊이 배어 있기에 이 제안이 설득력이 없다고 생각한다.

이라고 소리치는 것으로 되어 있고(마 8:29), 이것 역시 마태복음의 전체적인 이야기 흐름상에서 아무런 역할을 하고 있지 않다.[74]

예수께서는 제자들에게 화평케 하는 자들이 됨으로써(마 5:9), 또한 원수를 사랑함으로써(마 5:45) 하나님의 아들들이 되라고 말씀하시면서 자신이 하나님의 아들 되심을 암시적으로 가리키고 있다.[75]

더욱이 예수께서는 '아버지'(Father, 마 11:25, 26)라는 표현과 성부로서의 '아버지'(the Father, 마 11:27b, 27c),[76] '(하늘에 계신) 나의 (하늘의) 아버지'(마 7:21; 10:32-33; 11:27a; 12:50; 15:13; 16:17),[77] '(하늘에 계신) 너희들의 아버지'(마 5:16, 45, 48; 6:1, 8, 14, 15, 26, 32; 7:11- 산상수훈에서 10번 나타남- 10:20, 29),[78] 그리고 '우리 아버지'(마 6:9)라는 표현을 자주 사용하는데, 이러한 사용은 하나님의 아들로서의 예수의 개인적 신분이나 정체성을 지속적으로 드러낸다.

이 모든 용례는 예수께서 제자들과 무리들(마태복음에서 이들은 잠재적인 제자들로 간주된다)에게 말씀하시는 문맥 속에서 하나님에 대해 말하고 있는

---

74) 혹자는 이 외침이 '인자'(8:20), '주'(8:25), 그리고 여기 8:29에서의 '하나님의 아들'로 이어지는 기독론적인 연속적 흐름을 절정에 이르게 한다고 주장할 수 있을 것이다. 그러나 왜 마태가 귀신들에 의한 기독론적 고백으로 하여금 예수의 자기-규명과 제자들이 예수를 주라고 호칭하는 것의 절정을 이루게 하겠는가? 특별히 예수의 자기-규명과 예수를 '주'라 부르는 것이 마태 공동체에서 참된 믿음을 드러내는 것인데 말이다. 더욱이 '주'라는 칭호는 결코 '하나님의 아들'과 그 어떤 비교적 혹은 경쟁적 역할 가운데 제시되고 있지 않다. '주'라는 칭호는 마태 공동체 내에서 제자들이 예수에 대해 사용했던 칭호로써 이 공동체가 사용한 예수에 대한 지칭은 언제나 '주'였다. 이 칭호는 예수가 '주'로서 높이 들림을 받은 분임을 인정하는 것이다(cf. 빌 2:9-11). 정말로 이 칭호는 예수의 하나님의 아들 되심을 전제하고 있으며, 이러한 하나님의 아들 되심을 마태의 이야기는 진지하게 전개해 나가고 있다.

75) Kingsbury는 (비록 그가 H. Frankemolle에 호소하고 있지만) 예수의 하나님의 아들 되심과 제자들이 예수와 '함께'(μετα) 있다는 사실에 대한 마태의 강조를 연계시키는데(*Matthew*, 56), 필자는 이러한 연결이 설득력이 없다고 생각한다. 막 3:13-19에 대한 마태의 평행절인 10:1-4에는 예수께서 열두 제자를 자신과 '함께'(μετα) 있도록 하기 위해 부르셨다는 점이 나타나 있지 않다. 오히려 마태는 우리와 함께 계신 하나님을 강조한다(1:23; 28:20).

76) 또한 보다 뒤에 가서 24:36과 28:19.

77) 이러한 예는 마태복음 끝까지 계속 이어진다(18:10, 19, 35; 20:23; 25:34; 26:29, 39, 42, 53).

78) 두 구절의 예가 뒤에 가서 나타난다: 18:14과 23:9.

경우들이다.79) 하나님은 종교 지도자들과의 담화에서 결코 아버지로 언급되지 않는다. 마태복음에서 하나님이 아버지로 언급되는 경우는 항상 그렇지는 않지만 종종 관계에서의 밀접함을 나타내며, 또한 이런 경우는 일관되게 속성이란 측면에서의 일체성, 즉 궁극적으로는 하나님의 참 아들로서 하나님과 하나라는 예수 자신의 정체성을 언제나 상정하고 있는 것처럼 보인다.

갈릴리 사역이 끝나감에 따라 예수는 두 번씩이나 하나님의 아들로 불리는데, 첫 번째는 예수께서 바다에서 행하신 기적에 대해 제자들이 보인 즉각적인 경배 반응의 일부로 나타나고(마 14:33), 두 번째는 베드로의 고백(마 16:6)에서 나타난다. 변화산 상에서의 하나님의 음성(마 17:5)이 베드로의 고백을 확언하고 있다. 제자들에게 하나님의 아들로서의 예수의 왕적인 정체성이 이제 진실임이 확증되며, 이 점은 제자들에 대한 예수의 감람산 강화에서도 반영된다(마 24:36).

악한 포도원 농부의 비유와 혼인 잔치 비유라는 두 비유에서(마 21:33-22:14) 예수께서는 예루살렘의 종교 지도자들에게 자신이 하나님의 아들이심을 은연중에 말씀하신다. 마태의 이야기 흐름상 이것은 뒤에 나오는 "내가 너로 살아 계신 하나님께 맹세하게 하노니 네가 하나님의 아들 그리스도인지 우리에게 말하라"(마 26:63)와 같은 대제사장의 심문으로 이어진다.

그 다음 종교 지도자들이 예수를 하나님의 아들이라고 조롱하는 것과(마 27:43), 이와 대비되는 백부장의 고백(마 27:54), 예수께서 제자들을 내보

79) 이 점에 대해 필자는 R. L. Mowery에게, 특히 1987년의 보스톤의 SBL 연례 세미나에서 Mowery가 발표하고 나누어 준 글에 크게 의존하고 있다: "God the Father in the Gospel of Matthew." 또한 이와 비슷한 Mowery의 또 다른 글을 보라: "God, Lcrd and Father : The Theology of the Gospel of Matthew," *BR* 33 (April 1988), 24-33. 여기서 Mowery는 하나님, 주, 성부에 대한 용례를 비교한다. 마태복음은 하나님을 지칭하기 위해서 대개의 경우 πατὴρ를 사용(44회)한 유일한 복음서이며, 그에 비해서 하나님을 지칭하기 위해 '주'라는 표현은 18회 정도 사용하고 있다.

내시며 성부와 성자, 성령의 이름으로 세례를 베풀라는 선교 명령 등은 이같이 중요한 마태복음의 기독론적 초점을 절정에 이르게 한다.

### 지상-대명령의 산위에 모으심

마태가 예수의 다윗 계열의 아들 되심과 그리스도-메시아 되심뿐만 아니라 하나님의 아들 되심이라는 주제를 상호간의 관계를 통해서 어떻게 사용하고 있는가를 이해하기 위해서 28장 16-20절의 지상-대명령의 산으로 눈을 돌리고자 한다. 성경학자들은 일반적으로 이 본문을 마태의 기독론과 교회론, 선교론의 절정으로 간주한다. 이 본문에 대한 학자들의 형식 분석을 살펴볼 때 이 본문의 수많은 원형을 다음과 같이 생각해 볼 수 있다.

(1) 빌 2:9-11과 딤전 3:16, 히 1:5-14에서 발견되는 것과 같은 '왕의 대관식의 찬송시'(enthronement hymn) -[마이클(Michael), 예레미아스(Jeremias), 본캄(Bornkamm)]

(2) '하나님의 음성'(divine utterance) -[트릴링(Trilling)]

(3) 대하 36:23을 모델로 삼고 있는 '공식적인 칙령'(official decree) -[말리나(Malina), 놀란(Nolan), 시니어(Senior), 슈와이저(Schweizer)]

(4) '언약 갱신의 형태'(covenantal renewal formulation) -[프랭케몰레(Frankemolle)]

(5) 시내산 신현에 기초한 '신현 사건'(theophanic form)의 일환 -[스미스(Smyth)]

(6) '위임명령 장르'(commissioning Gattung) -[허바드(Hubbard), 오브라이언(O'Brien), 엘리스(Ellis)][80]

80) Donaldson, *Jesus on the Mountain*, 175-176.

그러나 이상의 제안 중 어떤 것도 산이라는 세팅의 중요성을, 특별히 이스라엘의 시온 전승을 둘러싼 종말론적 소망과의 관계 속에서 산이라는 정황이 지닌 중요성을 정당하게 평가하지 않는다. 반면 T. 도날드슨(Terence Donaldson)은 이러한 산의 중요성이라는 관점에서 이 본문을 해석하고 있다.

이하에서 설명되는 바들은 이러한 도날드슨의 해석에 기초한다. 산이라는 세팅에 대한 마태의 관심은 시내산과 시온이라는 주제를 반영하는데(이 책 3장을 보라), 종종 시온이라는 주제가 시내산이라는 주제를 총괄하고 있다. 이 본문에서 시온 신학을 보게 되는데, 특별히 제자들을 파송하는 세 장면 모두에서 이 신학이 잠재해 있음을 보게 된다.

### 1. 예수에게 주어진 모든 권세

예수께서는 '하늘과 땅에 있는 모든 권세'(πᾶσα ἐξουσία)를 받으셨다(ἐδόθη μοι). 여호와께서 다윗을 향해 베푸셨던 아버지-아들의 맹서(삼하 7:14)에 기초를 두고 있는 시온 신학은 시온산을 메시아 왕이 왕으로 등극하실 장소로 그린다.

바벨론 포로기와 포로-후기의 몇몇 본문은 이 메시아 왕을 다윗 계열의 왕이라고 구체적으로 밝히며(겔 17:22-24; 34:23-31), 어떤 본문은 다윗 계열의 한 왕과 함께 여호와께서 다스리시는 것으로 묘사한다(겔 20:33, 40; 43:7; 미 4:7; 5:2-4). 이러한 본문에서 메시아 대망사상과 시온 신학이라는 독립된 신앙 전승이 한데로 모아져서 '왕의 등극의 산으로서의 종말론적 시온에 대한 비전'으로 이어진다.[81)]

예수께서 이제 자신에게 주어졌다고 선언하시는 권세(ἐξουσία)는 다니엘

81) Ibid., 47.

7장 14절에 나오는 인자의 모습을 상기시키는데, 이 본문의 칠십인역에 보면 'ἐδόθη αὐτῷ ἐξουσία'(그에게 권세가 주어졌다)라는 유사한 표현이 나타난다. 만약 이 유사점이 마태복음 28장 17-20절과 다니엘 7장 13-18절 사이의 유일한 유사점이라면 마태의 신학이 다니엘의 인자 전승을 반향한다는 주장은 설득력이 없을 것이다. 하지만 양쪽 본문 모두에 πᾶσα ἐξουσία(모든 권세)란 표현이 나타난다.

메시아 계열의 왕적 전승과 인자의 종말론적 역할 모두에 대한 마태의 강조는 —여기서 마태는 마가복음에는 나타나지 않는 본문 여섯 개를 포함시킨다[82]— 마태의 신학을 앞서 인용한 바 있는 제4에스드라서 13장과 제1에녹서 본문(여기서 왕적 계열의 왕권과 인자가 한데 어우러져 하나의 보편적인 종말론적 형태로 이어진다)의 신학과 동일한 선상에 놓고 있다.

마태복음에서 메시아 계열의 왕적 전승과 종말론적 인자 전승이 한데 어우러져 하나님의 아들로서의 예수의 부활 이후의 권세를 확증하는 역할을 하고 있는데, 그 이유는 인자이시며 동시에 하나님의 아들이신 예수에게 하나님 아버지는 하늘과 땅의 모든 권세를 부여하고 계시기 때문이다.[83]

또한 시편 2편 7-8절은 이 마태복음 본문에 대한 배경을 이룬다. 한때 하나님은 시온산에 좌정한 왕을 하나님 자신의 아들이라 선언하시면서(6-7절) 이 아들에게 "내게 구하라. 내가 열방(ἔθνη)을 유업으로 주리라(LXX δώσω)"(8절)고 말씀하셨다.

도날드슨이 지적하듯이 "여기서 마태복음 28장 18절과 비슷한 방식으

82) 이러한 인자 전통의 종말론적 어록은 다음과 같다: 10:23; 13:41; 16:28; 19:28; 24:30; 25:31 (Kingsbury, *Matthew*, 114).

83) 누가가 "모든 권세를 줄 것이라 (δώσω τὴν ἐξουσίαν ταύτην ἅπασαν)"(4:6)라는 동일한 표현을 사용해서 세상 나라에 대한 유혹 가운데 사탄이 예수에게 제시하는 바를 기술하고 있음이 주목할 만하다. 사탄은 권세가 예수께 주어질 것임을 암시하고 있다. 이것은 *Test. of Job* 8:2-3을 반향한다(Charlesworth, *OTP*1.842). 여기서 사탄은 욥을 시험할 수 있는 권세를 요청하고 있다.

로 διδώμι가 사용되고, 이 동사의 주체는 하나님이시다. 또한 이 동사는 하나님의 왕 되신 아들에게 온 세상에 대한 권세가 부여됨을 나타내기 위해 사용되며, 이러한 권세의 부여는 하나님의 거룩한 산인 시온에서 일어나고 있다."[84]

## 2. 위임명령의 성취

위임명령의 지시사항은 만국(ἔθνη)을 포함하는 하나님의 백성들을 한데 불러 모으는 시온의 종말론적 비전이 주의 산에서(사 2:2 이하; 51:11 등등) 어떻게 성취될 것인가에 대한 구체적인 방식을 보여준다. 여기서 한데 불러 모으는 일이 인자의 권세 아래 놓여 있는데, 인자는 제자들에게 "모든 나라들을 제자 삼으라"(μαθητεύσατε πάντα τὰ ἔθνη)고 지시하신다.

여기서 강조점은 '가서'에 있지 않고 '제자 삼으라'에 있다. '가서'라는 동사는 부대상황의 분사형으로써 정동사 형태의 명령법인 '제자를 삼으라'를 부대하는 부사적 상황을 나타낼 뿐이다.[85] '세례를 베풀다'와 '가르치다'는 두 동사 역시 형태 분사들로써 제자를 삼는 일이 이루어지는 본질적인 방식을 구체화하고 있는 것이다.

한 걸음 더 나아가 세례를 베푸는 일과 가르치는 일이 더 구체적으로 기술되는데, 즉 세례가 아버지와 아들과 성령의 이름(이름은 사람의 권세를 나타낸다)으로 행해질 것과, 가르침의 내용은 특별히 예수께서 이전에 명하셨던 일들(여기서 앞의 다섯 개의 강화를 상기하라)임을 기술한다.

시온에 대한 비전(사 2:2 이하, 24:23; 25:6-10a; 56:6-6; 미 4:1 이하; 슥 8:20-23)과 권세와 다스림과 영원한 나라를 부여받는 인자에 대한 다니엘의 비전은

---

84) Donaldson, *Jesus on the Mountain*, 181. Donaldscn 역시 시 2:8을 동일한 강조점을 갖고 사용하는 계 2:26 이하를 주목한다.

85) J. H. Yoder, *As You Go* (Scottdale, Penn. : Herald, 1961).

모두 회복된 이스라엘과 함께 온 열방(πάντα τὰ ἔθνη)을 하나님의 종말론적 복들의 동료-수용자로 받아들인다. 온 열방(πάντα τὰ ἔθνη)은 특별히 종말론적 잔치, 즉 하나님의 거룩한 산에서 행해질 풍성하고도 기름진 식탁의 잔치로 초대되는 환대를 받게 된다(사 25:6-10a).

또한 이들은 거룩한 산 시온으로부터 나아오는 율법을 배우기 위해 온다. 하나님의 식탁에서 먹고 하나님의 율법을 배우는 일이 여기 마태의 본문에서 세례 베푸는 일을 통해(이로써 세례를 받는 자가 성만찬에 참여하게 된다), 그리고 하나님의 아들이요 주님이신 예수께서 명하신 바들을 가르치는 일을 통해 이루어진다.

시온 신학의 상당 부분이 중심으로 향하는 구심의 형태를 띠지만(만국이 시온으로 몰려온다), 이사야의 비전 가운데 있는 시온 신학은 또한 중심에서 밖으로 향하는 원심의 성격을 지닌다. 즉 율법이 만국을 향해 나아가 사람들로 하여금 칼을 쳐서 보습이 되게 할 수 있게 한다는 뜻이다.

시온의 다스림을 평화의 다스림으로(시 52:7) 예수께서 선언하고 있듯이 이 다스림은 예수를 따르는 자들을 예수의 하나님의 아들 되심에 참여하는 하나님의 자녀들로 특징짓는다(5:9, 45). 예수께서는 이 말씀을 만국의 백성들과 함께 나누도록 명령하신다.

시온 전승에서뿐만 아니라 마태복음에서도 예수의 가르침은 하나님의 공의와 —보다 큰 의— 겸손, 하나님에 대한 신뢰, 참된 경건, 부와 권력의 유혹으로부터의 자유를 강조한다.86) 이것들은 왕 되신 하나님의 아들이 명령하신 것이요(마 28:20의 ἐντελλω), 산에서 주신 것이다(5-7장).

이러한 산에서 이루어진 절정의 장면은 시온 전승의 메시아 계열의 왕적인 측면을 부각시킬 뿐만 아니라 시온 전승의 도덕적이고도 교훈적인 내

86) 시온 신학이 지닌 도덕적 차원에 대한 훌륭한 기술을 위해 다음을 보라: Ollenburger, *Zion*, 특히 160-162.

용을 부각시키는데 이러한 내용을 통해서 다윗의 아들에 대한 평가가 하나님의 아들에 의해서 이루어진다.

세례는 다윗의 이름 혹은 다윗의 왕권의 이름으로 행해지는 것이 아니라[87] 아버지와 성령과 함께 십자가에 죽으시고 부활하여 지금 하늘 보좌에 오르신 왕 되신 하나님의 아들의 이름으로 행해진다. "하나님의 왕권 앞에 인간이 종속되어 있다는 시온의 상징과 또한 이 왕권 앞에서 인간의 겸손이란 시온이 상징하는 바들"[88]이 이제 하나님의 겸손하신 순종의 아들인 예수 안에서 육신의 옷을 입고 구체적으로 나타난 것이다.

이런 점에서 시온의 보편적인 다스림이 하나님의 아들로 등극하신 왕 되신 예수 안에서 새롭게 구현된 것이다. 이제 하나님의 백성은 더 이상 어느 한 나라에 국한되지 않으며, 십자가에 달려 죽으시고 부활하신 하나님의 메시아, 즉 하나님의 왕 되신 아들 예수를 겸손히 받아들이는 자들로 구성되어 있다.

마태복음에서 그리스도는 "종말론적 성취의 중심부인 시온"이 되신다.[89] 산이 아니라 그리스도가 만국을 한데 모으는 지점이다. 비록 마태복음에서 산이란 모티프가 예수를 하나님의 아들, 즉 하나님의 주권을 평화롭게 세우는 시온의 비전을 이루시는 하나님의 아들로 밝히 드러내는 이야기 역할을 하고 있지만 말이다.

마태의 이야기는 예수께서 두 세 사람이 예수의 이름으로 모이는 곳마다 그가 거기에 함께 하실 것이라고 약속하셨을 때에(마 18:18-20) 이미 이러한 절정의 산의 장면, 즉 예수의 이름으로 가서 불러 모으는 일을 예기한

87) Ollenburger는 왕권을 담고 있는 시온 신학을 다음과 같이 요약한다: "시온에 대한 왕조의 언어는 '제국적 왕조'를 합법화하지 않으며 도리어 이 왕조를 제한하고 금지한다"(*Zion*, 161).

88) Ollenburger, *Zion*, 160.

89) Donaldson, *Jesus on the Mountain*, 184. Donaldson은 그리스도가 시온을 대체하셨다고 말하지만 이것은 반 정도만 옳은 말이다. 오히려 그리스도가 시온이 되셨다고 말하는 것이 옳다.

바 있다. 예수께서 함께 계심으로 묶고 푸는 권세가 주어지며, 기도가 응답될 것이라는 확신과 함께 하나님께 청원할 수 있는 권세가 주어진다.

마태복음의 보다 앞선 이야기에서 만국의 왕(동방박사)이 그리스도-아기에게 예물을 가져다 드리는데, 이것은 지상의 왕들이 경배하기 위해 온다는 시온의 비전을 성취하고 있다(2:2, 11절은 사 60:6, 시 72:10, 15절을 반향하며, 사 39:1-2 역시 반향하는 것으로 보인다).[90)]

### 3. 예수의 영속적인 임재

예수께서는 자기를 따르는 자들에게 자신의 영속적인 임재를 약속하신다. "볼지어다, 내가 세상 끝 날까지 항상 너희와 함께(μεθ' ὑμῶν) 있을 것이라." 이 약속은 하나님께서 회복된 이스라엘과 함께 시온에 거하실 것과 믿는 자들을 온 열방으로부터 불러 모으실 것이라는 시온의 비전을 성취한다.

시온은 하나님이 자신의 백성과 함께 거하실 장소라는 —정말로 하나님은 이들과 *함께* 계실 것이다— 사실은 시온 전승에서 강력하게 증언되고 있다(시 43:3; 48:1-2, 14; 68:16; 74:2; 76:2; 132:13-14; 135:21; 사 8:18; 욜 3:17, 21).[91)]

R. E. 클레멘츠(Clements)는 시온의 비전이라는 주제를 이스라엘 역사에서 표현된 바 있는 많은 구절 속에서 살펴 본 후에 다음과 같이 말한다.

---

90) Ibid., 185. Nolan은 사 39:1-2이 동방박사의 사건에 대한 가장 적절한 암시라고 주장한다. Nolan은 다섯 개의 일반적인 용어와 세 개의 상응하는 용어를 지적한다. 이러한 평행관계는 사 7:14이 말하는 태어날 아기가 누구를 가리키는가에 대한 이슈를 새로운 전망 가운데에 놓는다: 히스기야인가 아니면 예수 그리스도인가? 다음을 보라: *Royal Son of God*, 206-209.

91) Donaldson (*Jesus on the Mountain*, 186)은 이런 몇몇 구절을 제시하고 있다.

"구약의 본문 전반에 걸쳐서 우리는 여호와께서 이스라엘 가운데 거하실 것이라는 확신이 분명 하나의 통일된 주제를 형성하고 있음을 본다."[92)]

도날드슨은 여호와께서는 종종 위로와 힘을 주기 위해, 변호하거나 혹은 보호하기 위한 목적에서 개인적으로, 공동체적으로 그의 백성들과 *함께* 계시겠다고 약속하고 있음을 주목한다. 오랜 신앙 전승의 일환인 "두려워 말라 내가 너와 함께 함이라"는 말씀과 시온에 대한 여호와의 변호하심은 이스라엘의 강력한 전승의 일환으로써 이를 통해 여호와 하나님은 자신의 영속적인 임재를 천명하신다.

바벨론 포로 유형이라는 문맥에서 이스라엘은 여호와께서 돌아오셔서 시온산에서 그들과 함께 거하실 것이라는 소망을 피력한다. 주 여호와께서 흩어진 양떼들을 불러 모으신다는 에스겔의 비전은 "그들이 나 여호와 그들의 하나님이 그들과 함께 있는 줄을 알며, 그들 곧 이스라엘 족속이 내 백성인 줄 알리라"(겔 34:30)와 같이 '함께'를 담고 있는 본문들로 절정에 달한다.

더욱이 이방인들이 만군의 여호와께서 이스라엘과 *함께* 계신다는 사실을 듣게 되었을 때, "방언이 다른 열국 백성 열 명이 유다 사람 하나의 옷자락을 꼭 붙잡고 말하기를, 하나님이 너희와 함께 하심을 들었나니 우리가 너희와 함께 가려하노라"(슥 8:23) 말한다. 또한 이와 동일한 본문이 보다 후대의 유대 문헌에서 나타나며(희년서 1:17 이하; *Vita Adam and Eve* 29:7), 요한계시록의 위대한 비전 역시 하나님이 인간과 함께 거하시는 장면으로 절정에 달한다(계 21:3).[93)]

---

92) Clements, *God and Temple*, 135.

93) 이 본문들에 대해 필자는 Donaldson (*Jesus on the Mountain*, 187)에 의존한다. 정말로 성막(*miškan*) 전승은 *우리와 함께함*이라는 주제의 일환이다.

마태복음에 나타나는 이와 같은 시온 전승에 대한 강조의 흐름은 예수의 마지막 약속의 말씀인 "내가 세상 끝날 까지 너희와 항상 함께 할 것이라"는 말씀으로 절정에 달한다. 진실로 하나님 자신, 곧 임마누엘이신 하나님의 왕 되신 아들 예수가 자신의 제자들과 *함께* 할 것이라 약속하고 계시며, 이 제자들은 온 민족을 제자로 삼을 수 있는 예수의 권세를 받는다.

실제로 D. R. 바우어(David R. Bauer)가 제안하듯이 자신의 왕 되신 아들을 통해서 인류와 함께 하실 것이라는 하나님의 천명은 마태복음의 *수미상관*(inclusio) 구조를 이루고 있다. 다시 말해서 인간과 함께 하신다는 천명은 예수의 출생 시에 최초로 약속되었고(마 1:23), 마태복음의 마지막 부분에서 확언된다(마 28:20)는 뜻이다.

이런 연유에서 시온으로 불러 모으는 일은 역설적으로 세상으로 가는 일, 즉 만민을 불러 모으는 일을 공통의 세례와 가르침의 권세로 통합시키는 것을 가능하게 하는 '가는 일' 바로 그 안에 놓여 있다. 이 일은 시온의 *샬롬*(šālôm)을 구현하시는 십자가에 죽으신 왕 되신 메시아인 하나님의 아들에 대한 순종 가운데에 평화를 이루는(εἰρήνη-making) 하나님의 자녀들을 만드는 일이다.

## 누가복음

### 내러티브의 내용

누가복음의 수난 기사는 마태복음과 마가복음의 수난 기사와 상당한 차이점을 보이는데 특히 더 많은 혹은 더 적은 내용을 담고 있다는 점에서 그렇다. 누가복음의 수난 기사에는 다음의 사건들이 포함되지 않는다.

(1) 베다니에서 마리아가 예수의 머리에 기름을 붓는 사건[94]

(2) 예수께서 겟세마네 동산에서 두 번째, 세 번째 기도하시고 제자들에게 가셨던 사건

(3) 성전을 헐고 다시 세울 것이라는 거짓 증언과 이어지는 성전 조롱 기사와 바라바에 관한 기사(눅 23:18b를 보라)

(4) 산헤드린의 심문에 이어지는 로마 군병들의 조롱(다른 공관 복음서와의 부분적인 일치에 관해서는 눅 22:63-64를 보라)

(5) "나의 하나님, 나의 하나님, 어찌하여 나를 버리셨나이까?"라는 예수의 외침(십자가상에서의 다른 두 말씀을 위해 눅 23:43, 46을 보라)

또한 누가복음의 수난 기사는 마가복음에서 발견되지 않지만 마태복음에는 나타나는 내용의 대부분을 담고 있지 않다. 누가복음의 수난 기사에 있는 28개의 단락 중에서 14단락이 누가복음에서만 나온다(도표 4를 보라).

분명히 이와 같은 차이점을 지니는 누가복음의 수난과 부활 기사는 누가복음만의 독특한 구조 분석을 필요로 한다. 누가의 특별한 강조점은 다음과 같은 단락 구분을 지닌 구조를 보여주며, 아울러 이 구조는 각각의 단락에 대한 해석상의 표제들을 지닌다.

(1) 사탄의 움직임들; 이에 대한 예수의 반응적 움직임들(눅 22:1-34)

(2) 예수의 움직임들; 예수의 대적들의 역반응들(눅 22:35-23:2)

---

94) 눅 7:36-50은 종종 새롭게 수정된 평행구절이라고 간주되어 왔지만 이 구절의 실질적인 내용은 다르다. 단지 두 개의 공통요소들은 시몬이란 이름과 기름을 바르는 행위일 뿐이다. 그러나 누가는 기름을 머리가 아니라 발에 바르고 있다. 오직 요한복음에서만 여자가 마리아라고 명명된다(12:3).

(3) 빌라도(그리고 헤롯), 생각 없는 공모자들(눅 23:3-38)

(4) 예수와 하나님: 승리자들(눅 23:39-24:12)

(5) 예수께서 일어난 일들을 설명하시고 하나님의 구원 드라마를 성취하신다(눅 24:13-53)

누가복음의 수난과 부활 기사가 지닌 모든 신학적 요소를 자세히 살펴보는 것은 본 연구의 범주를 넘어서는 일이다. 그러나 이상의 수난 기사의 개요의 객관성을 확보하고 또한 이어지는 왕권 주제에 관한 설명에 대한 사전 정지작업을 위해서 몇 가지 제언이 필요하다.

누가는 유다의 배반과 베드로의 부인과 관련해 사탄의 역할을 크게 부각시킨다. 대제사장들과 서기관들이 예수를 죽이기로 공모하는 반면에 이러한 종교 지도자들로 하여금 자신의 악한 계획들을 실행하게끔 하는 자는 사탄의 통제를 받고 있는 유다 자신이다. 또한 베드로가 예수를 부인하고 예수를 버리는 사건에서도 사탄이 영향을 미치는 세력으로 묘사되는데, 이러한 사탄의 세력을 예수께서는 탄원의 기도를 통해서 제한하신다(참조 눅 22:32).

마찬가지로 예수께서 유다의 행위(혹은 베드로의 부인)에 대해 미리 말씀하지 않았다는 사실은 수난 기사 전반에 퍼져 있는 예수의 수난의 신적 필요(눅 22:15, 22, 37; 24:7, 26, 46)와 일맥상통한다. 이에 대한 예수의 반응적 움직임은 점점 다가오는 폭풍우 가운데 승리의 씨앗을 심는 일과 하나님의 왕국에 관한 명시적인 가르침과(눅 22:16, 29b-30) 이 왕국과 관련한 제자들의 행동과 권세에 관한 가르침을 주시는 일들로 이루어져 있다(눅 22:24-30).

이상의 구조의 두 번째 섹션에서 예수께서는 뒤에 일어날 쓰라린 사건들에 대해 극적인 방식으로 제자들을 준비시키는데, 특히 검을 준비할 것과 검을 포기할 것에 대해 말씀하신다. 뒤에 가서 예수를 잡으려는 과정에서 검이 사용되었을 때 예수께서 "이것까지 참으라"고 말씀하신 것과 그 후에 귀가 잘린 자를 치료하신 일은, 검을 사용하는 것이 '어두움의 세력'(눅 22:53d) 편의 일임을 나타내는데, 이 표현은 '너의 때' 곧 대제사장들과 성전관리들, 장로들이 검과 몽치를 들고 와서 자신들의 일을 행하던 때와 동일한 맥락에 있는 표현이다. 이 섹션에서 예루살렘의 유대 지도자들은 어두움의 세력과 손을 잡은 상태에서 이 세력의 승리의 때를 맞고 있다.

이상의 구조의 세 번째 섹션에서 로마는 빌라도와 헤롯으로 의인화되어 팔레스타인을 지배하고 있으며, 로마는 억지로 (빌라도의 경우) 그리고 생각 없이 (헤롯의 경우) 어두움의 세력 아래에서 '하나님의 택하신 자 그리스도'(눅 23:35d; 참조 행 4:27)의 죽음을 실행하는 악행에 빠져든다.

네 번째 섹션에서 예수께서 자신과 함께 십자가에 달린 두 행악자 중 회개한 행악자에게 낙원에 있으리라 말씀하신 것과(눅 23:43) 죽어가시면서 "아버지여 내 영혼을 아버지 손에 부탁하나이다"라고 말씀하신 것은 하나님의 승리와 동시에 예수의 승리를 나타내고 있다. 백부장이 "진실로 이 사람은 의인이었다"라는 고백을 하면서 하나님께 영광을 돌린 것은(눅 23:47) 예수의 승리의 말씀에 대한 화답송의 역할을 한다.

누가복음에서 예수께서는 할렐루야 후광 속에, 즉 찬양의 광채 속에 죽으신다. 하나님께서는 자신의 뜻과 목적을 성취하셨으며, 빈 무덤과 광채 나는 옷을 입은 두 사람의 "그는 여기 계시지 않고 살아나셨도다"(눅 24:5)라는 말을 통해 이러한 성취가 공적으로 밝히 드러난다.

### 누가복음의 수난 기사에서의 왕권

누가복음의 수난 기사와 마태복음과 마가복음의 수난 기사 사이의 차이점 중에서 본 연구가 제시하는 가장 중요한 차이점은 수난 기사가 하나님의 왕적인 아들이신 예수를 각각 다르게 묘사한다는 점이다. 누가복음에 나오는 로마 백부장은 예수를 '하나님의 아들'이라고 말하지 않는다. 대신 백부장은 "진실로 이 사람은 의인이었다" (δίκαιος 눅 23:47)라고 말한다.[95)]

백부장의 고백을 이런 식으로 표현하는 누가의 의도에 대한 적절한 평가는 누가의 기독론, 특히 예수의 왕 되심에 대한 누가의 강조를 이해하는 데 필수적이다. 백부장의 고백을 뒤잇는 표현, 즉 그가 하나님께 영광을 돌렸다(ἐδόξαζεν)는 표현과 백부장의 특이한 고백은 누가복음의 수난 기사에서 중요한 위치를 차지한다.

누가복음에 나타나는 다른 기독론적 강조점은 백부장의 고백의 이와 같은 중요한 이야기상의 특성과 분명히 일치한다. 누가복음의 학자들은 이러한 백부장의 특이한 표현을 누가가 지닌 '정치적인 변증'이라는 문학적 의도의 탓으로 돌린다. 그렇다면 다음과 질문이 생겨난다.

"누가는 로마인이 예수를 하나님의 아들, 즉 하나님의 왕적인 아들로 고백했다는 공관복음 전승에 대해 침묵함으로써 기독교는 로마에게 위협적인 존재가 아니라는 점과 기독교는 정치적으로 악의가 없고 심지어 로마 제국을 지지하고 있다는 점을 보여주려는 자신의 보다 큰 목적에 부합하고자 했고 또한 이 점을 드러내고자 했는가?"[96)]

---

95) RSV와 NRSV는 δίκαιος를 '*무고한*'이라고 번역하는데 이것은 한심스러운 번역이다. 이유는 δίκαιος란 용어에 대한 누가의 폭넓은 사용을 보면 의로운 사람들과 또한 의로움을 가장하는 자들을 지칭하기 위해서 이 용어를 사용하고 있기 때문이다(이 책 4장 각주 113-117번 부근의 설명을 보라). '*무고한*'이라는 번역은 누가복음 23장이 보다 폭넓게 예수의 *무고함*을 선언하고 있다는 잘못된 생각에서 생겨난 것이다. 이런 일반적 견해는 반박되어야 마땅하다. 23장에 나오는 빌라도의 모든 진술에서 *무고함*을 가리키는 그 어떠한 헬라어 단어도 나타나지 않는다. 그러나 누가는 여타 다른 곳에서 δίκαιος를 사용하는데, 그 경우 이 단어는 다른 중요성을 지닌다. 다시 말해서 그 경우 이 단어는 누가의 기독론의 일차적 특징을 보여준다.

96) Cassidy와 Scharper가 편집한 *Political Issues in Luke-Acts* 에 있는 글들은 이 이슈를 다양한 견해와 관점으로 다루고 있다. 이 문제와 관련하여 Conzelmann에 대한 필자의 요약과 Cas-

여기서는 누가복음의 수난 기사에 나오는 기독론적인 묘사를 살펴보고, 아울러 기독론적인 묘사와 관련된 누가의 강조점을 찾아 누가복음 전체를 간략하게 살펴 본 후에 이 질문에 대한 답을 하고자 한다.

누가복음 22장 67-71절의 논리적 전개에 기초해 볼 때 누가는 분명히 '하나님의 아들'이라는 칭호를 왕적 계열의 메시아 전통의 일환으로 간주한다. 더욱이 누가가 예수를 두 번씩이나 구세주(σωτὴρ)라고 명명하는 것(눅 2:11; 행 5:31)과 주(κυρίος)라는 칭호를 널리 사용하는 것은 모두 동일한 메시아 전통에 속하는 행위이다.

이와 같은 다양하고도 두드러진 형태의 왕권 전승과는 구별된 또 하나의 강조의 흐름이 자주 나타나지는 않지만 전략적으로 중요한 위치에 나타나는데, 이 강조의 흐름은 예수를 모세 전통의 선지자요 의로운 자로 묘사한다. 누가가 예수를 네 번 씩이나 종(παῖς)이라고 부르는 경우(행 3:13, 26; 4:27, 30) 역시 이러한 강조의 흐름에 속한다.

이에 대한 뒤따르는 연구는 구세주와 주에 대한 강조와 종에 대한 강조 모두를 특별히 수난 기사를 중심으로 살펴보고, 그 다음 누가복음의 수난 기사 내에서 이러한 일련의 기독론적 확언 사이에 놓인 상호 연관관계를 기술하는 데 집중한다.

## 1. 메시아-그리스도, 왕(하나님의 나라), 다윗의 아들, 하나님의 아들, 구세주, 주(인자)[97]

---

sidy의 반대 견해를 보라: Swartley, "*Politics and Peace*," 19-22.

97) 누가복음의 기독론과 예수의 왕적 신분에 대한 핵심 자료는 다음과 같다: A. George, "La royauté de Jesus," *Etudes sur l'oeuvre de Luc* (Sources Biblique; Paris : Gabalda, 1978), 257-282; D. L. Jonnes : "The Title *Christos* in Luke-Acts," *CBQ* 32(1970), 69-76; "The Title *Kyrios* in Luke-Acts," *SBL* 1974 *Seminar Papers*, ed. G, Macrae (Missoula, Mont. : Scholars, 1974), 2. 85-101; "The Title 'Servant' in Luke-Acts," *Luke-Acts : New Perspectives from the SBL Seminar*, ed. C. H. Talbert (New York : Crossroads, 1984), 148-165; F. J.

특별히 수난 기사에서 집중적인 관심을 보이는, 예수의 왕 되심에 대한 누가의 묘사는 그 정도가 상당하다. 댄커(Danker)는 누가복음의 수난 기사를 '왕들의 충돌'로까지 부르는데[98] 이것은 틀리지 않는 말이다. 예수의 왕 되심에 대한 누가의 묘사에 나타나는 지상의 왕들의 다스림과 예수의 왕권 사이의 비교는 다음과 같은 대비로 잘 요약될 정도이다.

> "로마가 지속되는 한" 과 "영원토록 온 피조세계를 다스리실 전능하신 예수의 다스림 사이의 대비."[99]

(1) 그리스도(메시아)이신 예수, 왕과 왕국, 하나님의 아들

누가복음에서 '그리스도'라는 표현은 수난 기사에서 14회(눅 22:67; 23:2, 35, 39)에 걸쳐 나타난다. 마태복음과는 같고, 마가복음에 2배에 해당하는 횟수이다. '그리스도'라는 표현은 누가복음의 부활 기사에서 3회 더 사용된다.[100] 또한 누가복음은 '유대인의 왕'이라는 표현을 3회 사용한다(눅 23:3, 37, 38). 마태복음과는 동일하며 마가복음의 1/2 정도에 해당한다.

그리스도라는 표현을 사용하는 경우 중 처음 두 번의 경우는 유대인의 공회 앞에서 이루어진 심문 중에 나타난다. 이 심문 후에 곧 바로 예수에 대한 일련의 죄목이 열거되고, 그 다음 이 죄목이 결국 빌라도에게 제시된다. 누가복음에만 나타나는 이 죄목은 '온 무리'(아마도 눅 22:66에 나오는 대제사장들과 장로들, 서기관들과 산헤드린의 공회를 가리키는 것으로 보인다)에 의해서

---

Foakes-Jackson and K. Lke, "Christology," *The Beginnings of Christianity* (London : Macmillan, 1920), 1. 345-418; Danker, *Luke*, 60-81.

98) Danker, *Luke*, 13.

99) Ibid., 63.

100) 누가복음에는 마태복음과 마가복음에서 나타나는 '이스라엘의 왕'이라는 표현이 나타나지 않는다.

빌라도에게 제시된다.

이 죄목은 예수가 "백성을 미혹하고 가이사에게 세금 내는 것을 금하며 자신을 왕 그리스도라 말했다"는 정죄를 포함한다(눅 23:2). 마지막 죄목인 '자칭 왕 그리스도'는 공회 앞에서 이루어진 심문 중에 직접적으로 나타나는데, 그 이유는 최초의 질문이 "네가 만약 그리스도라면 우리에게 말하라"(눅 22:67)였기 때문이다.

예수께서는 이 질문에 대해 직접 답을 하지 않고 대신에 다음과 같은 꾸중의 답을 하신다. "내가 너희에게 말한다 해도 너희가 믿지 않을 것이요, 또한 내가 너희에게 질문한다고 해도 너희가 대답하지 않을 것이라"(눅 22:67b-68). 예수께서는 계속해서 자신의 인자되심에 관한 선언을 하신다. "그러나 이제 후로는 인자가 하나님의 권능의 우편에 앉아 있으리라"(69절). 이에 예수를 심문하는 자들이 "그러면 네가 하나님의 아들이냐?"고 물었고, 예수께서는 "내가 그라고 너희들이 말하고 있느니라"(ὑμεῖς λέγετε ὅτι ἐγώ εἰμι.)고 답하신다.

누가복음에 따르면 그 다음 심문하는 자들은 예수를 신성모독의 죄로 정죄하지 않고 대신 단순히 "우리가 더 이상의 무슨 증거를 필요로 하겠는가? 우리가 친히 그 입에서 그것을 들었도다"라고 말한다. 하나님의 아들에 관한 질문에 대해 긍정의 답을 얻게 됨으로써 심문자들은 예수께서 "네가 그리스도냐?"라는 처음 질문에 대해 "그렇다"라는 긍정의 답을 하고 있다는 결론을 내린다. 이런 점에서 예수의 대답은 심문자들이 빌라도에게 제시하는 세 번째 죄목의 근거를 이루는 셈이다.

*그리스도*라는 표현에 대한 누가복음의 세 번째 용례는 예수께서 십자가에 달리실 때 유대 지도자들이 다음과 같이 예수에 대해 조소 섞인 조롱을 하는 과정 중에 나타난다. "그가 다른 자들을 구원하였도다. 그러하니 만약 그가 하나님의 택하신 자, 그리스도라면 이제 자신을 구원할지

라"(눅 23:35b).

*그리스도*라는표현의 네 번째 용례는 예수와 함께 십자가에 달린 회개하지 않은 행악자의 입에서 나오는데 이 표현 역시 조롱의 일환이다. "네가 그리스도가 아니냐? 너 자신과 우리를 구원하라"(눅 23:39).

이상의 두 번의 용례 사이에 들어있는 세 번째 조롱은 로마 군인들에 의해서 행해진다 "네가 만일 유대인의 왕이라면 너를 구원하라" 마찬가지로 십자가에 매달린 예수의 명패에는 "이는 유대인의 왕이라"(눅 23:38b)라는 글이 들어있다.

이처럼 조롱의 맥락에서 사용되는 *그리스도*라는 표현과 *유대인의 왕*이라는 표현의 용례는 예수의 메시아 되심을 아이러니가 담겨 있는 하나의 기독론적 열쇠로 바꾸고 있다. 이 용례는 이 표현들을 사용하고 있는 자들의 선언이 거짓임을 상정하고 있지만, 누가복음의 독자들은 이 선언이 참임을 알고 있다.

이와 같이 예수를 그리스도요 유대인의 왕으로 온전히 묘사하고 있는 누가복음은 예수께서 메시아 계열의 왕권을 주창하셨다는 죄목에 따라 정죄되어 십자가에서 죽으셨다는 점을 마태복음이나 마가복음보다 훨씬 더 명시적으로 말한다. 또한 누가복음의 수난 기사는 빌라도를 예수에 대한 십자가 처형을 피하게 하려고 시도하는 자로 묘사하는 데에서도 다른 복음서 저자들보다 더 명시적이다(눅 23:4, 14, 22).

빌라도의 처음의 반응에 따르면 빌라도는 비록 예수께서 '유대인의 왕'이라고 주장하셨을지라도 자신은 이러한 주장에서 죽음에 상응하는 죄목을 전혀 찾지 못했다는 것을 암시한다. 빌라도는 두 번째로 "백성을 미혹하게 했다"(눅 23:13)는 구체적인 죄목을 언급한 뒤에 자신은 예수가 "너희들이 이 사람에 대해 고소한 죄목들에 대해 무죄함"을 발견하게 되었다고 말한다.

이러한 빌라도의 말은 빌라도의 최초 반응과 모순되는 것처럼 보이거나 아니면 빌라도로 하여금 "네가 그렇게 말하였도다"(눅 23:3)라는 예수의 말씀을 예수가 자신에 대한 죄목을 부정하고 있는 것으로, 즉 예수께서 죄목을 인정하기를 거부하고 있다고 이해하도록 만든다. 빌라도의 세 번째 반응은 예수에 대한 빌라도의 변호의 처음 몇 구절을 그대로 반복해서 말하고 있다. "나는 그에게서 사형 언도에 대한 아무런 근거를 찾지 못하였도다"(22b).

이런 점에서 누가복음의 경우 빌라도는 예수의 주창되는 왕권을 중요하지 않는 것으로 (거의 가능성이 없는 경우지만) 간주하여 믿지 않거나 아니면 진실이라고 알고 있었지만 받아들이기를 거부하고 있는 것이다. 이 중에 어떤 경우가 사실이든 관계없이 빌라도는 마침내 "그들의(유대 지도자들의) 요구가 수용되어야 한다는 언도"를 내린다(24절).

빌라도에 대한 누가복음의 묘사는 놀랍다. 구체적으로 말해서 빌라도는 예수가 무죄라고 선언하고 있을 뿐만 아니라 더욱 놀랍게도 예수의 메시아 되심이란 진리에 볼모로 잡혀 있으면서 동시에 이 진리에 대한 유대 지도자들의 부인에 볼모로 잡혀 있다는 뜻이다.

누가복음의 부활 기사는 분명한 교훈적인 형태로 예수가 메시아라는 누가의 명명을 계속 이어간다. 예수께서는 엠마오의 두 제자와 이어서 열한 명의 제자에게 "메시아가 이런 고난을 받는다는 것이 … 마땅하지 않는가?"(눅 24:26, 46)라고 두 번이나 말씀하신다.

이 말씀은 *그리스도*라는 칭호를 당시 널리 퍼져 있던 유대의 모든 메시아 기대들을 뿌리째 흔들어놓는 그러한 왕권과 다스림으로 방향을 돌려놓고 있다. 이유는 이 말씀이 메시아 사역에 관한 하나님의 목적 가운데 놓인 고난의 필연적 역할을 분명히 하고 있기 때문이다. 이런 점에서 예수의 정체성이 지닌 메시아적 함의는 분명히 확언되지만, 동시에 정치적이고도 군사적인 메시아사상과는 확연히 구분된다.

누가복음-사도행전의 다른 곳에 나타나는 *그리스도*라는 표현에 대한 누가의 용례는 누가복음 2장 11과 사도행전 2장 36절(또한 10:36을 보라)과 같은 중요한 본문에서 나타난다. 누가는 예수의 출생에 대한 천사의 수태고지와 베드로의 오순절 설교에서 예수가 *그리스도*라는 선포를 집어넣음으로써 *그리스도* 표현이 지닌 중요성이 의심의 여지가 없음을 분명히 한다.[101)]

*그리스도*에 대한 누가의 독특한 또 하나의 용례가 누가복음 2장 26절에서 나온다. 여기서 시므온은 성령의 계시를 따라서 자신이 죽기 전에 '주의 메시아'[102)]를 보게 될 것에 대해 말한다. 또 다른 예가 세례 요한이 *그리스도*인가 하는 점과 관련한 3장 15절에서, 그리고 귀신들이 "예수가 메시아임을 알고 있기에" 예수께서 귀신들을 잠잠케 하시는 4장 41절에서 나타난다.

9장 20절(베드로의 고백)과 20장 41절(다윗의 자손에 관한 논쟁)에 나오는 *그리스도*라는 표현은 누가복음에만 나타나는 특정한 표현이라기보다는 전통에 속한 표현이라 할 수 있다.

이상과 같이 누가복음에서 모두 12회 사용된 *그리스도*라는 표현의 모든 용례는 사도행전에 쓰인 총 29회의 용례에 의해 보완된다. 비록 사도행전의 용례 중 어떤 경우는 *예수 그리스도* 혹은 *그리스도 예수*라고 표기되지만 말이다.

---

101) Danker, *Luke*, 74.

102) Jones는 누가가 2:26과 2:11 모두에서 χριστός. κυρίος (주격형의 주)가 아니라 χριστός. κυρίου (속격의 주)라고 썼는데, 이유는 2:11에 대해 시리아 역본이 χριστός. κυρίου란 독법을 보이고 있기 때문이라고 주장한다. Jones는 어떤 크리스천 서기관이 2:11을 κυρίος로 바꿨다고 믿는데 누가는 분명 이 두 구절 모두에서 주의 그리스도/메시아로서의 아기-그리스도에 대해 말하고 있다("The Title Christos," 75-76). 9:20, 23:25의 '하나님의 그리스도'와 행 4:27의 '하나님의 기름부음 받은 자'와 비교하라.

그러나 Dahl(다알)이 주장하듯이 이 두 표현 역시 결코 메시아적 함의나 지시가 결여되어 있지 않다. 더욱이 이 이름/칭호의 의미는 기존의 모든 유대 전통의 개념이나 사상에 의해 형성된 것이라기보다는 메시아-그리스도이신 예수의 인성과 사역에 의해 형성된 것이다.[103)]

조지(George)는 예수 그리스도라는 표현의 용례가 지닌 다양한 문맥을 다음과 같이 제시한다. "유대인들에게 복음을 전하는 경우 바울은 예수를 다윗 계열의 그리스도로 제시하지만(행 13:16-41), 이방인들에게 복음을 전하는 경우에는 예수를 그리스도 주로 제시한다"(10:36; 11:20).[104)]

2장 11절 에서 누가는 "오늘날 태어나신 구세주"를 "다윗의 동네에 태어나신" 분으로 묘사함으로써 예수를 다윗과 연결지으며 예수를 '주'(χριστὸς κύριος)라고 밝힌다.

그리스도라는 예수의 정체성이 갖는 중요성은 양면적이다. 구체적으로 말해서 유대의 공회는 그리스도라는 칭호를 가이사의 왕권에 대한 대립적 관계에 있는 지상적 왕권을 암시하는 것으로 사용하지만(눅 23:2), 이들 유대인들과 누가복음-사도행전을 읽는 크리스천 신자들은 이 칭호를 하나님의 아들로서의 예수의 정체성과 연결지었음이 확실하다(눅 22:70; 행 9:20, 22; 참조. 눅 4:41).

더욱이 누가는 하나님의 아들로서의 예수의 정체성을 시편 2편에 나오는 왕의 즉위식과 연결짓는다(눅 3:22; 행 13:33; 시 2:2을 인용하는 4:25-26). 이런 연유에서 크리스천 독자들은 *그리스도*라는 칭호에서 왕으로 등극하신 예수를 본다(행 2:36을 보라).

---

103) Dahl, *Crucified Messiah*, 24-25.

104) A. George, "La royauté de Jesus," 260-261, 280. 11:20의 경우 George는 서방 사본 독법을 따르고 있다. χριστόν은 오직 D사본과33(알렉산드리아 계열), 몇몇 MSS와 Old Latin MS, 그리고 4-5세 경의 Middle Egyptian MS에 의해서 지지를 받는다.

누가가 *왕*이라는 용어를 사용하여 예수의 정체성을 밝히고 있는 것 역시 양면성을 지닌다. 23장 2절과 사도행전 17장 7절에서 *왕*이라는 용어는 로마 황제 가이사에 대한 대립적 관계를 나타내지만, 누가복음 19장 38절의 예수께서 예루살렘에 입성하는 장면에서 사용된 *왕*이라는 표현은 메시아가 하나님의 왕적인 아들로 등극하는 개념을 내포한다. 정말로 주 곧 하나님의 메시아는 왕국을 자신의 유업으로 받는데, 메시아가 유업으로 받는 왕국은 빌라도나 헤롯, 가이사의 왕국과 같은 그 어떤 지상의 왕국과도 비교할 수 없는 왕국이다.

이와 동일하게 수난 기사에서 하나님의 왕국에 대한 누가의 강조 역시 주목할 만하다. 수난 기사의 첫 번째 섹션인 22장 1-34절에서 이러한 강조는 누가복음만이 담고 있는 특정한 부분들의 (도표 4의 4와 7을 참조하라) 의미와 이 섹션이 지닌 왕적 측면의 강조를 상당부분 잘 설명해 준다.

누가복음에 따르면 잔의 예식이 두 번 나타나는데, 이것은 일종의 문젯거리일 수 있으나 우리가 누가의 신학적 목적을 바로 이해하게 되면 사라질 수 있다. 누가는 실질적인 주의 만찬(눅 22:19-20)에 앞서 "이 유월절을 먹는 것"과 "이 잔을 나누는 것"을 하나님의 나라의 성취와 도래에 대한 예기적인 참여로 설명한다(14-18절).

이런 연유에서 전통적인 왕국에 대한 진술이 성만찬 예식의 전면으로 부각되며, 한걸음 더 나아가 예수를 하나님의 나라의 도래를 절정에 달하게 한 분으로 묘사하는 누가의 서술(예수의 갈릴리 사역 가운데서 그러나 특별히 10장에 나오는 칠십인 선교에서 이미 시작 된 바 있음)과 연결된다.

이와 같이 주의 만찬을 먹는 것과 하나님의 나라가 절정에 달하는 것이 서로 연결되는 것은 이미 위대한 잔치의 비유에 대한 누가복음의 서론에서 "하나님의 나라에서 떡을 먹는 자는 복이 있도다"(눅 14:15)와 같이 예기된다. 이 비유는 또한 사도행전에서 구현될 '이방인들이 하나님의 왕국의 잔치에 초대된다'는 왕국 신학을 전조한다.

예수께서는 "내가 고난을 받기 전에 너희와 함께 이 유월절 먹기를 원하고 원하였노라"(눅 22:15)는 맥락에서 유월절 만찬에 대해 "하나님의 나라에서 이 유월절이 이루어질 때까지 내가 그것을 다시 먹지 아니 할 것이라"(눅 22:16)고 말씀하실 때[105] 말씀하셨다. 이로 비추어 볼 때 예수께서는 그의 고난을 —그리고 자신의 고난을 기념하는 이 만찬을— 완성될 하나님 나라에 대한 참여와 이 나라에 대한 예기로 간주하셨음이 분명하다.[106]

이와 동일한 사실이 28-30절에서 다시 나타난다. 여기서 예수께서는 "나의 모든 시련 중에 항상 나와 함께 했던 자들"과 "하늘 아버지께서 내게 맡기셨던 것 즉 하나님의 나라"를 제자들에게 맡기는 것을 연결짓는다. 그 다음에 예수께서는 "그 결과 너희가 나의 나라에서 내 식탁에서 먹고 마실 수 있게 될 것이라"고 선언하신다.

이 단락이 제자들이 "나의 모든 시련"을 함께 한다는 사실로 시작하는 반면에 이 단락의 끝은 제자들이 "이스라엘의 열두 지파를 심판하는 보좌에" 앉아 있는 것으로 되어 있다. 그런데 이 단락이 놓인 누가복음의 독특한 문맥은 제자들이 누가 크냐에 대해서 논쟁하는 장면이다(눅 22:24-27). 이 문맥에서 예수께서는 "저희들을 주관하는 이방인들의 임금들과 저들에 대한 권위를 행함으로 은인들 —보통의 경우는 이 많은 부유한 후원자들— 이라 불리는 자들"에 대해 말씀하고 계시다.

그러나 예수께서는 제자들은 이와 같아서는 안 된다고 말씀하시며, 큰

105) 이것은 몇몇 MSS의 οὐκέτι를 생략하고 있는 RSV의 독법과 Nestle-Aland에 따른 번역이다.

106) 그렇다면 부활 형체 가운데 계신 예수의 정체성이 보다 뒤에 가서 엠마오 사건에서, 그리고 제자들과 함께 식사하는 중에 드러났다는 것은 전혀 놀랄 일이 아니다. 또한 식탁 교제가 사도행전에서 두드러진 특징으로 머물러 있다는 것 역시 놀랄 일이 전혀 아니다.

자는 가장 작은 자처럼 되어야 하고, 지도자는 섬기는 자처럼 되어야 한다고 말씀하신다. 그 다음 예수께서는 자신을 그들 가운데서 섬기는 자라고 규정하시며 자신의 모범을 따르라고 제자들에게 요청하신다. 이런 연유에서 제자들이 하나님의 나라의 잔치에 참여하기 위해서는 다음과 같이 그들의 가치관이 근본적인 변화를 거쳐야 한다고 말씀하신다.

| | |
|---|---|
| 주된 은인(누가의 독자들이 이해했던 용어임) | = 가장 자원하는 종 |
| 왕국 잔치의 주인 | = 고난당하는 순례자요 |
| | 배척당하는 선지자 |
| 메시아 | = 고난당하는 인자, |
| | 비천한 구세주 |

정말로 누가는 자신의 다양한 기독론적 묘사를 섬김의 땀과 고난의 피에 깊이 스며들게 하고 있다.

예수께서는 함께 십자가에 달렸던 회개한 행악자의 청원에서 다시 한번 왕국 상속자로 나타난다. "예수여, 당신의 나라에 들어갈 때에 나를 기억하소서"(눅 23:42). 이에 대해 예수께서는 "오늘 네가 나와 함께 낙원에 있으리라"고 대답하신다.

누가는 아리마대 요셉을 1-2장에 나오는 경건하고도 의로운 자처럼, "선하고 의로운 자요 … 하나님의 나라를 간절히 기다리는 자"로 묘사한다(눅 23:50b-51; 예수에 대해서 "예루살렘의 구속을 바라는 모든 자들"[눅 2:38]에게 말했던 안나에 대한 묘사와 "그러나 우리는 이 사람이 이스라엘을 구속할 자라고 소망하였도다"[눅 24:21]라는 엠마오의 두 제자의 진술을 참조하라).

하나님의 나라에 대한 이러한 소망은 헛된 것이 아니었다. 그 이유는 고난을 통한 예수의 승리가 왕국을 세우고 있기 때문이다(눅 24:49과 행 1:3-8;

8:12; 14:22; 20:25; 28:23-31). 이것은 다음과 같이 천사 가브리엘이 마리아에게 선언했던 바이다.

> 그가 큰 자가 되고
>
> 지극히 높으신 이의 아들이라 일컬어질 것이요
>
> 주 하나님께서 그에게
>
> 그의 조상 다윗의 왕위를 주시리니
>
> 그가 영원히 야곱의 집을 왕으로 다스리실 것이며
>
> 그의 나라가 무궁하리라(눅 1:32-33)

(2) 다윗의 아들이요, 구세주며 주(인자)이신 예수

누가복음은 예수를 다윗 계열의 왕이라고 자주 밝힌다(눅 1:27, 32, 69; 2:4, 11; 3:22, 그리고 3중적 전승 형태를 띠는 예수의 수난 예고와 18:38-39; 20:41-44; 사도행전 전반). 이를 통해서 누가는 다윗에 대한 하나님의 약속(삼하 7:14)의 성취를 강화시킨다. 그러나 누가는 예수의 이러한 다윗의 왕적 계열의 정체성에 대한 단서를 다음과 같은 방식으로 제시한다.

- 왕적인 정체성을 주(Lord)라는 사실과 연계함으로써(눅 2:11; 행 2:36; 10:36), 그리고 이러한 연계를 통해서 이방인들에게 예수의 왕 되심은 보편적인 성격을 지닌다는 점을 보여줌으로써
- 예수의 다윗 계열의 왕적인 자격과 다스림의 권위를 예수의 부활과 그리고 천상의 하나님의 보좌 우편으로 승천하심에 정초시킴으로써(행 2:33-36)
- 예수의 족보에서 다윗의 뒤를 잇는 왕들을 모두 생략함으로써(3:27-31; 참조. 마 1:6-12)[107)]

---

107) George는 이 주제를 자세히 다룬 바 있다: "La royauté de Jesus," 264-265.

예수의 수난 기사와 승리의 예루살렘 입성은 다윗과의 연결 관계를 전혀 언급하지 않는다. 이것 역시 누가는 예수의 왕적 권위를 보편화시키고자 했음을 암시한다.

이러한 보편적인 성격은 특별히 *구세주*와 *주*에 대한 누가의 용례에서 분명히 나타난다. 누가가 예수를 구세주(σωτὴρ)라고 명시적으로 말하는 경우는 단지 두 번에 지나지 않지만(눅 2:11; 행 5:31), 구원하다(σώζω)라는 동사와 이 동사의 동족어(σωτὴριὰ, διασώζω)에 대한 누가의 폭넓은 강조는 마샬(Marshall)이 지적하듯이[108] 누가가 구세주로서의 예수에 대한 묘사에 폭넓은 관심을 지니고 있음을 보여준다.

마리아는 찬송시를 시작하며 자신의 구세주이신 하나님에 대한 기쁨을 토로한다(눅 1:47). 사가랴의 찬양과 감사의 노래는 이스라엘의 여호와 하나님이 이제 *구원*을 그의 백성에게 베푸시고 있음을 찬양한다(눅 1:69, 71, 77). 새 시대가 동텄다는 세례 요한의 선포는 "모든 육체가 하나님의 *구원*을 볼 것이라"는 이사야의 외침을 인용하는 것으로 끝을 맺는다(눅 3:6). 또한 삭개오는 "오늘 *구원*이 이 집에 이르렀도다"는 예수의 말씀을 듣고 크게 기뻐한다(눅 19:9).

'구원하다'라는 동사가 치유 사건에서 종종 사용되는 반면에(눅 6:9; 7:50; 18:42) 마태복음과 마가복음의 경우에서 그러하듯이 이 동사는 누가복음에서 자신의 삶을 하나님께 드리는 것(눅 9:24; 13:23; 17:33)을 의미하며 또한 하나님과의 회복된 관계를 의미한다(눅 19:10; 사도행전 전반).

수난 기사에서 이스라엘의 지도자들과 로마 군인들, 십자가에 달린 회개하지 않은 행악자는 예수의 구원 능력을 조롱한다(눅 23:35-39). *구세주*라는 칭호와 구원을 가져오는 일은 메시아의 사역이지만, 여기서 다시 한

108) I. H. Marshall, *Luke : Historian and Theologian* (Grand Rapids : Zondervan, 1971), 77-215.

번 구원이라는 용어에 대한 누가의 사용은 이 용어의 의미를 새롭게 변화시킨다.

J. 포드(Josephine Ford)는 마카비 왕조가 갖고 있었던 군사적 의미의 구원을 기술하면서 누가복음 1-2장을 원수를 손님으로 만드는 일종의 평화론(pacifism)같은 누가복음의 나머지 부분과 대비시킨다. 비록 포드의 이러한 대비가 너무 극명하고[109] 많은 문제점을 지니고 있긴 하지만[110] 정말로 누가의 시각은 폭력과 또한 해방 혹은 평화라는 명분 하에서 대적을 진멸하는 것을 모두 부정한다. 또한 메시아와 하나님의 나라에 대한 이와 같이 새롭게 변화된 이해는 구원과 평화에 대한 새로운 견해를 의미한다.

그리스-로마 사회는 신에 의한 해방과 신적 기원의 보호자(제우스 신, 아테나 여신 등등), 치적 구원자(프톨레미왕조의 왕들, 셀루키드 왕조의 왕들, 폼페이 장군, 아우구스투스 시저 황제 등등)라는 개념에 대해 알고 있었기 때문에 누가복음의 구원이라는 용어는 이방인들의 경험에 비추어 볼 때 낯선 것이 아니다.

누가는 예수의 왕 되심과 구세주로서의 예수의 역할을 묘사하기 위해서 서로 연관된 다양한 왕적 이미지를 사용했으며, 이를 통해서 자신의 복음에 대한 이해를 분명하고도 확고하게 전달하고 있다. 누가는 '주'라는 표현을 주도적으로 사용함으로써 예수의 왕적인 신분을 당시 그리스-로마 세계의 사람들이 기원전 12년에 아우구스투스를 필두로 모든 로마 황제들에게 귀속시켰던 신적인 신분과 경쟁적 관계에 놓고 있다(행 25:26에서 베스도가 네로를 자신의 주[κυρίος]라고 지칭하는 것을 보라).[111]

---

109) J. M. Ford, *My Enemy Is My Guest : Jesus and Violence in Luke* (Maryknoll, N. Y. : Orbis, 1984), 1-36, 그리고 53 이하(여기서 예수에 대한 대조적 묘사들이 다루어짐). 세례 요한은 전환기적 입장을 대변한다(37-51). 그는 "예수의 비폭력적인 사역을 준비하고 있다."

110) 누가가 1:78, 2:14, 29에서 *평화*라는 용어를, 그리고 1:47, 69, 71, 77, 2:14에서 *구원/구세주*라는 용어를 사용하면서 누가복음과 사도행전의 다른 곳에서 뜻하는 의미와 다른 의미로 이 용어를 사용하고 있다는 것은 믿기 어렵다. 다음을 보라:Swartley, "Politics and Peace," 26-28.

111) D. Jones, "*Kyrios*," 85. Robert C. Tannehill ("Israel in Luke-Acts : A Tragic Story," *JBL*

그러나 '주'라는 표현은 구약 히브리 성경에서 오랜 역사를 갖고 있으며, 헬라어 구약 성경인 칠십인역은 히브리 성경의 *YHWH*(여호와)를 κυρίος로 번역한다. 누가는 종종 하나님을 가리키기 위해 κυρίος란 표현을 사용할 뿐만 아니라(슈나이더[Schneider]에 따르면 누가복음에서 33회, 사도행전에서 51회 사용됨)[112] 공관복음서 저자 중에서 오직 누가만이 예수를 가리키기 위해 주라는 표현을 자주 사용한다(누가복음에서 42회, 사도행전에서 50회). 누가복음의 경우 총 42회 중에서 16회는 내러티브 부분에서 나타나고, 18회는 호격에서(κυριε), 8회는 예수를 가리키는 직접 화법에서(예를 들면, "내 주의 어머니") 나타난다.[113] 또한 이러한 42회의 용례 중에서 7회는 수난 기사에서 나타난다.

22장 33절에서 베드로는 예수를 주라고 지칭하며, 22장 61절에서 누가는 베드로가 예수를 부정하는 이야기에서 두 번씩 예수를 주라고 밝힌다. 22장 38절과 49절에서 제자들은 검과 검의 사용에 관한 예수와의 대화에서 예수를 주라고 부른다. 24장 3절에서 예수의 무덤에 있던 여인들이 "주 예수"(몇몇 주요 사본의 경우)의 몸이 어디 있는지에 관해 묻고 있으며, 24장 34절에서 엠마오의 두 제자가 다른 제자들에게 "주가 정말로 살아나셨다"는 사실을 전한다.

슈나이더(Schneider)는 주라는 표현은 누가복음의 원래 독자들 사이에서 하나님과 예수에 대해 사용되는 자기-이해적 칭호였다고 주장한다. 이런 점에서 누가는 이 표현을 자연스럽게 사용하고 있는 것처럼 보인다. 그

---

104 [1985, 69-85)은 누가복음-사도행전에서 '주'라는 언어에 의해 부추겨진 유대의 정치적 소망은 성취되지 않았으며, 이런 점에서 비극적인 이야기라고 주장한다. 필자가 판단하기에 이 본문은 언어와 소망 모두를 새롭게 변화시키고자 한다. 이 점을 본 연구는 보여주고자 한다.

112) G. Schneider, *Lukas, Theologie der Heilsgeschichte : Aufsätze zum lukanischen Doppelwerk* (BBB 59; Bonn : Peter Hanstein, 1985), 214-215. 이것은 Schneider의 1980년 글에서 유래한다: "Gott und Christus als *kyrios* nach der Apostelgeschichte."

113) Ibid., 216-217. Schneider가 열거한 것에 대한 수효는 필자가 한 것이다.

럼에도 불구하고 누가는 주라는 표현에 대한 수많은 특정한 용례를 통해서 이러한 차원의 예수의 정체성을 부각시키며 강화시킨다.

누가복음에서 주라는 표현은 예수의 정체성과 역할을 보편적 범주의 *구세주-통치자*로서 확정하고 있다. 메시아 예수의 주되심은 하나님의 주되심과 유비적 관계에 놓여 있다(몇몇 주요 사본들은 24장 52절에서 제자들이 예수께 경배하는 장면을 담고 있다).[114)]

'인자'(Son of humanity)에 대한 누가복음의 용례 역시 많다. 수난 기사에서 예수의 고난과 관련하여 독특하게 사용된 경우가 22장 48절과 24장 7절에서 나타난다(22:22에 나타나는 전통적인 공관복음서의 용례를 참조하라). 예수의 왕적 신분을 부각시키는 가장 중요한 용례는 산헤드린에서 행해진 예수의 마지막 말씀, "그러나 이제 후로는 인자가 하나님의 권능의 우편에 앉아 있으리라"(눅 22:69)이다.

누가는 예수께서 통치자로서 하나님과 함께 하늘 보좌에 앉아 있는 것이 수난의 사건 속에서 이미 진행되고 있음을 강조한다. 인자로서 하나님의 우편에 앉아 계신 예수는 주되심(Lordship)의 특권을 갖고 계시는데, 이러한 특권을 누가복음 이전의 신자들과 누가복음 내의 신자들은 이미 예수에게 귀속시키고 있다.

### 2. 선지자, 의인 (그리고 순교자), (여호와의 παῖς/'ebed와 'Aρχὴγὸς)

예수의 왕적 신분에 관한 칭호와 이미지가 누가복음 1-4장과 수난 기사 전반에 걸쳐 나타나는 반면에 누가복음의 상당 부분을 차지하는 갈릴리 섹션과 중간 여정 섹션은 이러한 왕적 칭호를 거의 사용하고 있지 않다.

예외적인 경우는 '주'(때로는 *경*[Sir]이라는 의미에서 사용되며 또한 종종 제자들의

114) Ibid., 225.

주로 사용됨)와 '인자'(대개의 경우 누가 자신이 아니라 공관복음서 전통에 기인함)이다. 반대로 말해서 예수를 선지자 혹은 의로운 자로 지칭하는 경우는 1-4장과 22-24장에서 거의 드물다.

누가는 예수의 사역에 관한 이야기에서 예수에 대한 묘사와 일련의 칭호를 발전시킴으로써 예수의 왕적 신분의 톤을 완화하며 왕적 신분을 해석한다. 이런 연유에서 백부장의 고백의 경우 누가복음은 마가복음과 마태복음과 달리 예수를 하나님의 아들이라 부르는 대신에 *의인*(righteous one)이라고 지칭한다.

또한 예수께서 죽어 가시며 하신 말씀(눅 23:46)도 왕의 시편(royal Psalm)에서 나오지 않고 고난 받는 의인에 대한 전형적인 시편들 중 하나로부터 나온다(시 31:5).[115)]

(1) 선지자로서의 예수

수난과 부활 기사에서 예수는 단 한번 선지자로 지칭된다. 엠마오의 두 제자는 함께 걷던 분에게 "하나님과 모든 백성 앞에서 말과 일에 능하신 선지자"였던 나사렛 예수에 관해 말을 건넨다(눅 24:19b). 이 두 사람은 "대제사장들과 관원들이 예수를 사형 판결에 넘겨주어 십자가에 못 박았다"고 말한 후에 "그러나 우리는 그가 이스라엘을 구속할 분이기를 바랐다"고 말한다(20-21절).

여기서 *선지자*라는 표현의 용례는 의도적인데, 그 이유는 누가가 이 표현을 "이스라엘을 구속할 분"과 연계시킴으로써 선지자라는 표현을 통해 선지자로서의 모세의 역할, 곧 이스라엘 백성들에 대한 선지자-구속자로

115) L. Ruppert는 심지어 시 18과 시 22에 나타나는 고통당하는 의인 전승이 어떤 점에서 누가의 관점에 결정적인 요소인지를 보여준 바 있다(*Jesus als der leidende?* [Stuttgar t: KBW, 1972], 21-37).

서의 모세의 역할을 반향하고 있기 때문이다.

선지자로서의 예수의 정체성은 맨 처음 4장 24절에서 나타난다. 이 본문의 한 면에서 볼 때 예수께서는 성령에 의해 기름부음을 받아 해방의 복음을 가난한 자들과 포로 된 자들, 눈먼 자들과 압제당하는 자들에게 선포하심으로써 희년을 시작하게 하는 선지자 이사야의 입장에 서신다.

그러나 다른 면에서 볼 때 예수께서는 선지자 엘리야와 선지자 엘리사와 자신을 동일시하신다. 또한 이 본문은 예수를 선지자들이 당했던 배척의 역사와 동일시하고 있다. 7장에서 예수는 사람들에 의해 선지자로 인식되는데 이러한 인식은 누가의 이야기의 중심 주제이기도 하다. 9장에서 어떤 이들은 예수가 죽은 자들로부터 일어난 "선지자들 중 하나"라고 말하고 있으며, 그 뒤에 가서 예수께서는 모세와 엘리야와 함께 나타나신다.

가장 주목할 사실은 예수를 죽이고자 하는 헤롯을 향해 말씀하신 강화 중 일부인 13장 33절에서 예수는 자신을 "선지자가 예루살렘 밖에서는 죽은 법이 없느니라"와 같이 배척받는 선지자와 스스로 동일시하고 있다는 점이다. 이어서 예수께서 예루살렘을 향한 여정에서 자신을 따르는 자들에게 "예루살렘아, 예루살렘아, 선지자들을 죽이고 네게 파송된 자들을 돌로 치는 자여"(34절)라고 비탄의 말씀을 이어가신다.

예루살렘의 사람들을 향한 베드로의 첫 번째 오순절-이후 설교가 선지자로서의 예수라는 점을 분명히 한다. 베드로는 하나님이 "모든 선지자들로 미리 말씀하신 바 … 곧 사무엘과 그를 뒤잇는 자들에 이르기까지 모든 선지자들이 미리 말씀하신" 바를 예수 사건들이 성취했다고 구체적으로 밝힌다(행 3:18, 24). 뿐만 아니라 "모세가 말하되 주 하나님이 너희를 위하여 … 나 같은 선지자 하나를 일으켜 세울 것이라"(22절)라고 하면서 예수를, 오랫동안 기다려왔던 *되살아난-모세*(Moses-redivivus) 선지자로 지칭한다.

(2) 고난 받는 의인으로서의 예수

누가는 선지자로서의 예수에 대한 묘사를 고난 받는 *의인*이라는 묘사를 통해 보완한다. L. 러퍼트(Ruppert)는 구약과 중간기 문헌에 나타나는 고난 받는 의인에 대한 궤적을 연구한 바 있다.[116] 이 연구에서 러퍼트는 어떻게 고난 받는 의인이란 전승이 '가난한 자들'과 고난 받는 의인을 동일시하며, 또한 이 의인이 어떻게 사람들을 대신해 순교자로 고통을 당하며 결국 하나님께로부터 신원하심을 받게 되는지를 보여준다.[117]

가난한 자들이라는 주제와 의로운 순교자라는 주제는 누가복음과 사도행전 전반에 널리 퍼져 있다. 누가는 예수를 "(거룩하고) 의로운 자"라고 구체적으로 밝힌다(행 3:14; 7:52; 22:14).

이미 앞서 지적했듯이 누가복음은 백부장이 하나님께 *영광*을 *돌리며* 말하기를 "이 사람은 의로웠다"(혹은 의로운 자)라고 선언했다고 말함으로써 다른 공관복음서와 큰 차이를 보인다. 사도행전에서(3회씩) 누가는 예수를 의로운 자로 묘사하려는 분명한 의도를 보여주는데, 이에 비추어 볼 때 누가복음의 백부장의 고백 역시 이와 동일하게 '의로운 자'로 해석되어야 마땅하다.

'의로운 자' 앞에 관사가 없는 문법적 형태는 마가복음과 마태복음의 백부장의 고백에 나오는 '하나님의 아들' 앞에 관사가 없는 경우(υἱὸς θεοῦ)와 마찬가지이다. 한 가지 차이가 있다면 누가복음의 백부장의 고백에 나오는 δίκαιος라는 표현이 서술격 형용사가 아니면 서술격 명사일 수 있다는 점이다.

---

116) Ruppert, *Jesus*, 1-38. 또한 Wis 2:12-22; 5:1-5을 보라.

117) Oscar Cullmann은 이 전승에는 죄의 용서가 결코 포함되어 있지 않다고 말한다(*Christology of the New Testament*, 17). 아마도 이러한 지적이 옳을 수 있지만, 4 Macc.은 분명히 사람들에 대한 속죄의 효력을 구체적으로 밝히고 있다. 이 책 4장 각주 55번을 보라.

사도행전에서의 의로운 자라는 칭호를 고려할 때 δίκαιος라는 표현은 서술격 명사일 가능성이 큰데, 그 이유는 누가복음의 내러티브 전개상 절정에 해당되는 이 시점에 나타나는 예수의 정체성은 누가가 예수에 대해 일관되게 묘사하는 바와 일치하기 때문이다.

누가복음의 내러티브 전개 방식을 통해 볼 때 이상의 해석은 확정적이다. 누가복음은 앞서서 세 번씩이나 예수의 대적들이 자신을 의로운 자라고 생각하고 있거나 의로운 자처럼 가장하고 있는 것으로 묘사한다(눅 10:29을 보라. 여기서 영생을 얻기 위해서 자신이 무엇을 해야 하는지를 묻는 율법사는 자신을 정당화하고자[δικαιῶσαι] 한다). 누가는 예수에 의해서 '돈을 사랑하는 자'라는 정죄를 받은 바리새인들을 자신을 의로운 자라고 생각하는 자로 묘사한다(οἱ δικαιοῦντες; 눅 16:15).

그 다음 누가는 불의한 재판관(ὁ κριτὴς τῆς ἀδικίας) 비유를 말하는데, 이어서 예수께서는 "자기를 의롭다고(δίκαιοι) 믿고 다른 사람을 멸시하는 자들"에게 또 하나의 비유인 바리새인과 세리의 비유를 말씀하신다(눅 18:9).

세 번째로 누가는 세금 문제로 예수를 함정에 빠뜨리고자 온 자들에 대해 말하면서 이들을 마태(마 22:15-16)나 마가(막 12:13)의 경우처럼 '헤롯당과 함께 한 바리새인'이라고 지칭하지 않고, 예수를 지켜보면서 자신이 의로운 자인(ἑαυτοὺς δικαίους εἶναι) 체 하는(ὑποκρινομένους, 눅 20:20) 염탐꾼들을 보내는 자들로 묘사한다. 염탐꾼들과 이들을 보낸 자들 역시 동기는 간계'(τὴν πανουργίαν, 눅 20:23)였다.

이처럼 예수의 대적들을 의로운 자인 체 하는 자로 묘사하는 것은 누가 자신에게서 기인한 독특한 형태이다. 이러한 내러티브 양상에 비추어 볼 때 백부장의 고백의 의미는 분명하다. 외부인 곧 이방인인 백부장은 누가 진실로 의인인지를 선언하고 있다.

이런 연유에서 누가의 계속되는 이야기 속에서 예수는 의인, 곧 겸손하게 하나님을 신뢰하며 하나님의 뜻에 순종하며, 하나님이 고통으로부터 신원하시는 의로운 분이다(시편에서 자주 나오는 후렴구에 따르면 하나님의 의로운 자[들]는 부끄러움을 당하지 않을 것이요 "나의 우편의 하나님"에 의해 확실히 신원함을 받게 될 것이다).[118)]

이렇게 전략적 위치를 점하고 있는 백부장의 고백은 다음과 같은 예수에 대한 누가의 일반적인 묘사와 그 맥을 같이 한다.

의롭고도 경건하며 겸손한 자들 가운데서 태어나셨고(눅 1:16, 38; 2:7-20, 25, 36-38), 하나님에 의해 신원하심을 받게 될 의로운 가난한 자들 편에 서 계시며(가난한 자들에게 복을 선언하시는 것과 아울러 눅 18:1-8을 참조하라), 자칭 의로운 자라는 자들에 의해서 버림받은 자들의 친구가 되신 예수의 모습(눅 5:32의 문맥을 보라).

더욱이 누가는 예수의 출생과 예루살렘 입성 시에 '평화'(εἰρήνη)를 노래하는 일군에 의한 화답의 송가를 묘사하는 방식과 동일한 방식으로 예수의 출생(눅 2:14, 20; 참조 2:9)과 죽음 시에(예수의 죽음 시에 일어난 것을 보고, 하나님께 영광을 돌리는 백부장의 모습) '하나님에 대한 영광'에 대한 찬양의 송가들을 묘사한다.

누가는 이를 통해 "여호와의 영광이 나타날 것이요, 모든 육체가 그것을 함께 보리라"는 이사야의 예언이 성취되고 있음을 분명히 한다.[119)] (눅 3:5에서는 단지 이사야의 예언의 후반부만 나타나며 전반부는 제유법이라는 비유적 반향

118) 다음 시편을 보라: 5, 25, 26, 31, 43, 54, 64, 71, 94, 109, 140, 142.

119) D. D. Sylan은 이 점을 누가는 예수의 죽음이 성전의 경건과 예배에 참여한 것으로 묘사하고자 진력한다는 자신의 주장과 연결시킨다. 성전 휘장이 찢어진 것은 다음과 같은 예수의 기도를 앞서고 있다: "아버지여, 내 영혼을 아버지의 손에 의탁하나이다." 그 다음에 백부장이 하나님께 영광을 돌린다("The Temple Curtain and Jesus' Death in Luke," *JBL* 105 (1986), 239-250.

으로 주어질 뿐이다).

더욱이 이와 같은 처음과 끝의 경배와 찬양 사이에서 누가는 예수의 긍휼과 공의의 일들에 대해서 사람들이 하나님을 찬양하는 것들에 대한 묘사를 특별히 강조하는데, 이러한 누가의 강조는 내러티브 전개 과정 중에서 지속적으로 나타난다(눅 5:25-26; 7:16; 13:13; 17:15, 18; 18:43; 19:38).[120]

누가가 예수를 의인으로 묘사하는 것은 내러티브상 예수의 왕적 신분과 전략적으로 함께 어우러져 다음과 같은 누가의 기독론적 확신을 드러낸다. 예수의 왕적 신분은 말구유, 목자들, 어부들, 과부들, 배척받는 선지자들, 그리고 가장 중요하게는 하나님에 의해 삶이 붙들림을 받는 겸손한 고난 받는 의인들이란 평범하고도 일반적인 삶의 정황 속에서 영광스럽게 생겨난다는 점이다. 이러한 평범한 사람들에게 하나님은 도움과 구원, 부활 능력의 하나님이시며, 의인이신 예수를 일으켜 세워 그리스도요 주로서 하나님의 능력의 우편에 앉게 하신 분이다. 누가가 알고 있는 예수의 왕적 신분은 오직 이러한 유형의 왕적 신분이다.

(3) ἀρχηγος (사랑하는 자)와 παῖς/'ebed (종)로서의 예수

누가가 예수를 의인이라 지칭하는 것에 덧붙여 예수를 "너희들이 죽인, 그러나 하나님이 죽은 자들로부터 살리신"(행 3:15) ἀρχηγος(이 용어는 저자, 안내자, 머리, 지도자를 뜻함)와 연계시키는데,[121] 이것은 누가가 배척당한 의인을 하나님이 신원하셨다는 사실을 강조하고 있음을 뜻한다.

또한 누가는 이사야의 *여호와의 종('ebed Yahweh)*이라는 전승에 기초하여 예수를 지칭하기 위해서 παῖς란 용어를 사용한다(행 3:13, 26; 4:27, 30).

---

120) 이러한 후렴구는 사도행전에서 특히 이방인들의 입술에서 계속 이어진다(4:21; 11:18; 13:48; 21:20). 누가 역시 하나님의 영광에 예수께서 참여하는 것을 강조한다(9:31, 32; 24:26; 행 3:13).

121) George, *Etudes*, 270.

이것 역시 하나님의 신원하심에 대한 강조를 담고 있다. 즉 하나님은 그의 '종'(παῖς) 곧 "너희들이 넘겨주고 빌라도 앞에서 부인하고 배척했던"(행3:13) 자신의 종을 영화롭게 하셨다는 뜻이다.

'하나님의 택한 자'의 고난과 신원하심을 강조하는 이와 같은 보다 큰 차원의 누가의 전승 용례에 비추어 볼 때(백부장의 고백과 예수의 마지막 외침에서 나타나듯이) 누가가 예수를 고난 받는 의인으로 규정하는 것은 왕권 전승의 핵심 그 자체를 근본적으로 뒤바꾸는 누가의 의식적인 노력의 일환으로 이해되어야 마땅하다.

여기서 *의인*이라는 요소와 *고난 받는*이라는 두 요소가 한데 어우러져 있는데, 두 요소는 어느 하나를 선택해야 할 문제가 아니다. 오히려 두 요소가 누가복음의 기독론에서 한데 어우러져 있다는 점을 바로 인식하는 것이 옳다. 예수는 메시아-왕이시며, 하나님의 왕적 신분의 아들이요, 주이시며 뿐만 아니라 배척받는 선지자요 고난 받는 의인, 즉 사도행전에 따르면 여호와의 종(*'ebed Yahweh*)이시다.[122]

이런 연유에서 백부장의 고백은 일종의 누가의 프리즘 역할을 하고 있으며, 이 프리즘을 통해서 예수의 왕적 신분이 굴절되어 나타난다. 예수의 겸손한 왕 되심에 비추어 볼 때 백부장은 올바로 하나님께 영광을 돌리고 있으며, 이것은 비천한 목자들이 하나님께 영광을 돌렸던 것과 한데 어우러져 이 땅 위에서의 예수의 지상 사역의 근간을 이루는 '영광의 수미상관' 구조를 형성한다.

### 연계된 전승의 두 흐름

앞서 1번과 2번 단락에서 열거한 바 있는 전승의 두 흐름은 누가에 의

---

122) 이런 점에서 누가의 신학은 요한의 신학을 예기하고 있다. 이것은 다음에서 잘 나타나 있다: W. Meeks, *Prophet-King*.

해 서로 굳게 연결된다. 예수의 수세 장면에서 들려온 하늘의 음성은 왕의 시편인 시편 2편 7절과 이사야 42장 1절에 나오는 종의 노래를 한데 연결한다. 이 음성에 따르면 하나님의 사랑하는(창 22장을 반향함) 왕 되신 아들과 '내가 기뻐하는 자'('eḇeḏ Yahweh)가 예수 안에서 함께 거한다.

또한 변화산상에서 하나님의 왕적 신분의 아들과 나의 택한 자('eḇeḏ), 그리고 "그의 말을 들으라" (눅 9:35c//신18:15b)가 암시하는 모세 전통의 선지자가 모두 예수 안에서 함께 거하고 있다.

둘째, 예수께서는 자신의 사역을 이사야 61장 1-3절을 따라서 친히 묘사하시는데(눅 4:16-19), 이 묘사에서 성령에 의해 기름부음을 받은 선지자-왕과 종('eḇeḏ)은 한데 연결된다(여기서 '나를'이란 표현은 누가가 이해한 이사야서의 맥락에서 이사야 40-55장에 나오는 종을 가리킨다).

더욱이 이 모든 일의 실상과 진리를 어느 누구보다 잘 알고 있어야 할 유대 종교 지도자들은 정작 이러한 진리를 비아냥거리며, 시편 2편과 이사야 42장 1절이 한데 어우러져 보여주는 왕적 메시아이시며 하나님의 택한 자이신 예수를 조롱한다(눅 23:35).

마지막으로 예수의 심문 과정에 처음부터 끝까지 함께 함으로써 참된 실상과 진리를 알게 된 믿는 자들은 예수를 '종'('eḇeḏ) 으로 받아들이고, 예수의 종 되심을 메시아이시며 기름부음 받은 자와 연계시킨다(행 4:25-27은 시 2:2을 인용하고 있다).[123]

셋째, 누가는 수난 기사 중 전략적으로 중요한 두 곳에서 일련의 풍부한 왕적 칭호를 담고 있는 시편 31편을 사용하는데, 이 점은 두 전승의 흐

123) 필자는 누가가 παῖς를 '하나님의 아들'과 '그리스도'와 교차적으로 사용하고 있다고 말하는 Jones에 동의하지 않는다. 또한 Jones는 자신의 주장을 본문에 기초해서 구체화시키지 않고 있다("Servant," 154-155). 이 본문이 가장 밀접한 증거이지만, 이 본문은 여러 전승의 결합이지 여러 칭호가 손쉽게 혼합된 것이 아니다.

름이 서로 연계되어 있음을 최종적으로 확증한다.

"아버지의 내 영혼을 아버지의 손에 의탁하나이다"라는 예수의 최후의 말씀과 "진실로 이 사람은 의로운 자였다"는 백부장의 선언은 예수의 왕적 계열의 그리스도 되심을 다시 한 번 비천한 의인이라는 일반적 범주 가운데에 위치시키는 역할을 한다. 부활과 오순절 성령강림 사건 이후에도 왕이시며 동시에 종이신 예수라는 누가의 독특한 기독론은 계속 이어진다(눅 24:26, 46; 행 3:13-4:30).

이상 간략하게 살펴본 누가의 기독론, 특히 수난 기사에서 만개하는 예수의 왕 되심에 대한 강력한 강조점을 지닌 누가의 기독론에 비추어 볼 때 누가가 정치적 변증서를 쓰고 있다는 주장은 설득력이 없다.[124)]

특별히 빌라도의 행동의 경우 누가복음이라는 내러티브에서 차지하는 역할에 비추어 판단해 볼 때 이 행동은 예수의 죄 없으심을 증명하는 것이 아니라 빌라도가 예수의 왕 되심의 성격과 그 범주를 이해할 수 없었다는 점을 보여준다.

동일한 맥락에서 유대 지도자들 역시 예수의 수난 기사가 담고 있는 진리에 대한 전형적인 부정과 부인의 역할을 한다. 누가복음의 수난 기사에서 예수에 대해 주어진 정치적 단죄는 전혀 설득력을 지니지 않으며, 그 정당한 결말을 갖고 있지도 않다.

오히려 누가의 저작인 누가복음과 사도행전은 예수가 메시아-왕이시며 구세주요 주시며 배척받는 선지자요 의인이요 죽임당하는 종으로서 하늘에 계신 자신의 아버지로부터 부여받은 영원한 왕국을 물려받고 계심을 담대히 기술하고 있을 뿐이다.[125)]

---

124) E. J. Via는 Conzelmann의 입장과 Cassidy의 입장의 적절한 수정을 주장한다("According to Luke, Who Put Jesus to Death?" in *Political Issues in Luke-Acts*, ed. R. J. Cassidy and P. J. Scharper, 139-140).

125) 필자는 다른 목적이 누가의 이야기에서 작동되고 있음에 동의한다. 예를 들면 성경을 통한 변

## 왕권 전승 : 연속성과 새로운 변화

복음서 저자 개개인은 자신의 독특한 방식으로 예수에게 초점을 두며 예수 안에서 이루어진 예수의 왕 되심의 전승을 보여준다. 동시에 이들은 예수 이야기를 기술하는 과정에서 예수의 왕적 전승을 중요한 방식으로 새롭게 변화시킨다.

마가복음의 경우 예수의 왕권에 대한 묘사가 예수의 예루살렘 사역 섹션에서 주로 나타나는데, 이를 통해 왕권에 대한 묘사가 주로 수난 기사에서 두드러진 모습을 띤다. 반면 마태복음과 누가복음은 왕권에 대한 자신의 강조를 예수의 출생 이전 기사와 수난 기사 모두에서 집중한다.

세 공관복음 모두에서 갈릴리 사역과 (예수께서 여리고에 이르기 전의) 예루살렘 섹션에는 사실상 왕권에 대한 언급이 포함되지 않는다. 예수가 하나님의 아들이라는 귀신들의 외침들은 예외적이지만, 인간적 이야기 세계에 속하지 않은 외부로부터 들려온 이 외침은 공관복음서의 후반부를 가리키는 예기적 역할을 한다.

이와 마찬가지로 예수의 세례 장면과 변화산상에서 들려온 하늘의 음성 역시 내러티브에서 동일한 역할을 한다. 세례 장면에서 들려온 예수가 하나님의 아들이라는 선언과 예수는 하나님의 나라의 도래를 알리고 있다는 선언은 모두 하나님의 나라에 방향을 맞추는 예수의 갈릴리 사역을 전조한다. 그러나 예수의 왕적 신분은 공관복음서의 갈릴리 섹션과 예루살렘 섹션에서 침묵 속에 놓여 있다.

---

증의 목적이 있는데 이를 위해선 다음을 보라: Daryl Schmidt, "Luke's 'Innocent' Jesus : A Scriptural Apologetic" in Political Issues in Luke-Acts, ed. R. J. Cassidy and P. J. Scharper, 111-121. 또한 박해를 당하는 크리스천들을 윤리적으로 격려하기 위한 목적이 있는데 이를 위해선 다음을 보라: E. Buck, "The Function of the Percope 'Jesus Before Herod' in the Passion Narrative of Luke," in W. Haubeck and Bachmann, eds., *Wort in der Zeit : Festschrift für K. H. Rengstorf* [Leiden : E. J. Brill, 1980], 165-178.

예수가 메시아라는 베드로의 고백이 왕권이라는 주제를 가동시키는 데 비해서 예수께서는 이 사실에 대해 잠잠하라고 말씀하심으로써 결과적으로 왕권 주제는 수난-이전 기사 속에서는 이야기의 초점이 되지 못한다. 오히려 고난 받은 인자로서의 예수가 이야기 무대의 전면으로 부상한다.[126]

변화산상에서 이루어진 예수가 하나님의 아들이라는 선언은 이전의 예수의 사역이 평지에서 이루어진 것에 반해서 산에서 이루어지는데, 그 이유는 변화산상의 사건 이전과 이후에서 예수께서 인자의 고난들에 대해 말씀하고 있기 때문이다.

이 점을 고려한다면 예수의 출생 기사는 뒤에 수난 기사에서 전개될 왕적 기독론에 대한 서막의 역할을 한다. 마태복음과 누가복음에서 출생 기사가 지닌 서막으로서의 역할이 너무 강하기에 독자들은 출생 기사를 통해서 이야기가 어떻게 전개될 것인가에 대한 충분한 암시를 얻을 수 있다.

모든 공관복음서의 수난 기사에서 왕권이라는 심상은 왕적 전승과 강한 연계성을 보여준다. 모든 수난 기사의 분명한 반향 속에서 시편 2편과 110편, 사무엘하 7장 14절의 음성을 들을 수 있다. 산헤드린 앞에서 이루어진 인자와 관련한 '권능의 보좌 우편에 앉은 것을' 이라는 예수의 선언은 예수의 자기-정체성에 대한 규명을 시편 110편 1절이 말하고 있는 왕적인 권세와 연결짓는다.

보나드(Bonnard)는 구약이 말하는 왕에 대한 이상적 묘사를 담고 있는 시편 72편이 또한 예수에 대한 누가의 묘사에 영향을 미친 것으로 보인다고 주장한다.[127] 보나드는 시편 72편이 담고 있는 다음과 같은 주제상의

126) 이 설명들은 예수의 자기-지칭으로서의 '인자'는 그 자체적으로 메시아적 의미를 담고 있지 않다는 것을 전제한다.

127) P. E. Bonnard, "Le Psaume 72 : Ses relectures ses traces dans l'oeuvre de Luc?" *RSR* 69 (1981), 259-278.

다섯 가지 강조점이 누가복음의 주요한 주제에 해당됨을 보여준다.

(1) 가난한 자들에 대한 변호
(2) 인간 삶에 대한 구원
(3) 공의에 따른 심판
(4) 압제자들로부터의 해방
(5) 백성들의 구속[128)]

이런 점에 비추어 볼 때 여호와의 이상적인 왕의 사역은 정확히 예수의 나사렛 설교가 말하고자 하는 바이며 동시에 예수의 생애 전반을 특징짓는 바라 할 수 있다. 그럼에도 불구하고 공관복음서는 각기 마가복음 11장과 마태복음 21장, 누가복음 19장에 이르기까지는 예수의 왕적 신분을 명시적으로 전개하지 않는다.

누가복음과 마태복음은 예수의 사역 전반에 걸쳐서 예수를 반복적으로 주(Lord)라고 밝히고, 모든 공관복음서에서 예수는 *하나님의 나라*에 대해 주도적으로 선포하는데, 이 두 가지 사실은 예수의 왕적 신분이라는 주제가 복음서 전체 이야기의 핵심에 놓여 있다는 증거이다.

혹자는 이에 대해 반박할 수 있다. 이러한 반박이 특히 하나님의 나라에 대한 예수의 선포가 복음서 이야기에 깊이 뿌리를 내리고 있으며 나아가 많은 열매를 맺고 있다는 점에서 사실이지만, 복음서 이야기에 등장하는 인물들은 이 선포가 지닌 왕적 중요성을 보지 못하고 있으며 또한 이해하지 못하고 있음 역시 사실이다.

누가복음과 마태복음이 보여주는 이야기 양태는 이중적 국면을 지닌

128) Ibid., 274-277.

다. 즉 한편으로 제자들은 예수를 주라고 부름으로써 이야기의 최초 독자들의 입장을 대변한다. 그러나 다른 한편으로 제자들은 예수의 왕적 신분에 초점을 맞추지 못함으로써 혹은 이 점을 이해하지 못함으로써 예수의 왕적 정체성은 예수의 부활 이후라는 시점까지는 인간들에 의해서 이해되지 못한다는 마가의 관점을 반영한다.

복음서의 모든 이야기가 보여주는 이러한 내러티브 전략은 예루살렘 섹션, 특히 수난 기사를 염두에 두면서 예수의 왕적 신분을 드러내는 역할과 아울러 이 신분이 수수께끼라는 점을 시사하는 역할을 한다.

각 공관복음서는 구약의 왕권 전승을 상당할 정도로 새롭게 구성하는 데에 각각의 전략을 지닌다. 물론 모든 복음서가 예수의 세례 사건과 변화산상에서 선포된 하늘의 음성 속에 있는 왕적 요소와 종의 요소, 모세 전통의 선지자적 요소로 이루어진 예수의 정체성에 관한 새로운 변화에 대해 공통적으로 증언하고 있음이 사실이지만 말이다.

그러나 이러한 공통의 증언을 넘어서 각 복음서는 저마다 독특한 문학적 장치를 사용하여 예수의 왕적 신분에 대한 묘사가 당시 메시아 전통의 유산이 지니고 있는 압제적이고 폭력적이며 배타적인 경향과 분명한 차이를 두고 있음을 확실히 하고 있다.

마가는 자신의 복음서가 소위 말하는 메시아 비밀이라는 색조를 띠게 함으로써 이 비밀을 통해서 예수의 참된 정체성이 무차별적으로 드러나는 것을 통제한다. 더욱이 마가는 인자의 고난에 관한 진술을 사용해 예수의 메시아 정체성이 드러나는 것과 메시아의 고난의 신적 필연성(δεῖ) 사이의 독특한 긴장관계를 유발시킨다.

결정적으로 마가는 예수의 왕 되심에 대해서는 오직 승인된 인간 고백만을 허용하는데, 예수가 하나님의 참된 아들이라는 이 고백은 십자가에 달려 죽으시는 메시아를 바라보면서 한 이방인 백부장에 의해 십자가 아래서 이루어진다. 이 점은 분명 왕적 메시아 전승의 포괄적인(배타적이 아니라) 움직임의 승리를 보여준다.

마태의 내러티브 전략은 이야기 처음부터 예수를 시내산 전승과 시온 전승 가운데 위치시키는 산-모형론(mountain typology)을 이야기 속에 도입시키는 것이다. 이전의 구약 이야기가 담고 있는 배타적 요소가 원수를 사랑하라는 명령에 의해서 새롭게 변화되며, 이러한 새로운 변화는 토라 전승에 대한 편협한 바리새파 전통의 해석에 대한 통렬한 비판과 함께 어우러진다.

마태의 이야기가 펼쳐짐에 따라서 시온 전승이 더욱 집중적 조명을 받게 되며 결국 하늘과 땅에 있는 모든 권세가 자신에게 주어졌다는 예수의 말씀에서 절정에 다다른다. 특히 여기서 예수의 말씀은 원수들이나 약한 자들에 대한 지배가 아니라 복음의 복을 온 열방들에 전하라는 말씀으로 받아들여진다.

성부와 성자와 성령 가운데 있는 하나님의 주권이 모든 인간적 기원의 권세를 상대화시키며(마 23:8), 이러한 하나님의 주권은 모든 사람이 예수의 제자가 되라고 초청한다. 특별히 이러한 예수의 제자들의 특징적 정체성은 원수들마저 사랑하는 것이다(마 5:43-48).

이런 점에서 마태복음의 예수 이야기는 이스라엘의 성경 전승을 성취하고 있다. 구체적으로 말해서 자신의 아들 가운데 왕적 임재를 실현하시는 하나님을 상징하는 시온이 모든 다윗 계열의 왕적 전승에 대한 선지자 전통의 비평과 통제가 되게 한 그 일을 성취했다는 뜻이다.

누가의 내러티브 전략은 예수의 사역이 담고 있는 자유하게 하고 불쌍히 여기며 치료하는 모든 국면을 강조하는데, 이를 통해서 누가복음의 시작과 끝에서 예수의 왕 되심을 드러내는 데에 일종의 로제타석(Rosetta Stone)과 같은 역할을 한다.

예수의 사역을 구약의 희년과 배척받는 선지자라는 두 모티프 관점에서 제시하는 수미상관 구조의 왕적 메시아에 대한 누가의 묘사는 가난하고 압제당하는 자들에 대한 하나님의 신원하심을 변호하는 왕의 묘사일 뿐만 아니라 자신이 친히 고난과 배척을 당함으로써 자신을 대적하는 세력에 대한 하나님의 신원하심을 바라며(이런 연유에서 행 4:25-26은 시 2:2를 인용하고 있다) 겸손히 하나님을 의뢰하는(예, 시 31:5에 나오는 죽음의 울부짖음) 왕의 묘사이다.

이런 점에서 온전한 예수의 왕적인 사역이 모든 자에 대한 구원을 약속하고 있으며, 이 구원 하에서 커다란 대적인 유대인과 사마리아인의 관계가 화목과 평화의 관계로 변화된다. 화목과 평화의 잔치의 주인이신 예수는 메시아-왕이시며, 구세주-주이시고, 선지자요 의인으로서, 여호와의 종(*'ebed Yahweh*)으로서 자신이 겪는 고난 가운데 성부 하나님에 의해서 자신에게 부여된 왕국의 잔치에 모든 자를 초대하여 받아들인다.[129)]

## 도표 4 : 누가복음의 수난 기사의 평행 구절들과 특이한 구절들

필자는 공관복음서 사이의 평행관계를 보이면서 동시에 각 복음서의 독특한 특성을 지닌 자료를 보여주기 위해서 주제 단위인 각 단락마다 각각에 대한 설명을 곁들이며 특별히 해당 단락이 다른 공관복음서에서 평행절을 갖고 있는지 아니면 누가만의 독특한 기여인지를 주목한다. 누가만의 독특한 단락이거나 아니면 다른 공관복음서에서도 나타나지만 누가

---

129) 수많은 학자들은 누가가 이사야의 주의 종 전승(the Isaianic servant of the Lord tradition)을 호의적으로 사용하고 있지 않다고 주장한다. 이런 결론은 증거본문을 단순히 명시적인 본문인 사 52:13-53:12로 근거 없이 제한하기 때문에 생겨난다. 이 문제에 대한 보다 자세한 설명을 위해 이 책 4장 각주 55번을 보라.

만의 독특한 내용을 담고 있는 단락, 즉 예수의 왕 되심이라는 주제와 어떤 식으로든 연결되어 있는 단락은 특별히 이탤릭체로 표기한다.

| 단락에 대한 묘사적 표제 | 평행절을 지님 | 독특한 단락임 |
|---|---|---|
| 1. 예수에 대한 살해 모의(눅 22:1-2) | X | |
| 2. 사탄이 예수를 죽이도록 유다를 유혹함(눅 22:3-6) | X | |
| 3. 예수께서 유월절을 준비하심(눅 22:7-13) | X | |
| 4. *주의 성만찬에 대한 서언*(눅 22:14-17) | | X |
| 5. 주의 성만찬의 제정(눅 22:18-23)[130] | X | |
| 6. 예수께서 유다의 배반을 예언하심(눅 22:21-23) | X | |
| 7. *큰 자에 대한 논쟁*(눅 22:24-30) | | X[131] |
| 8. 베드로가 사탄에 의해 체질 당함(눅 22:31-32) | | X |
| 9. 베드로가 부인할 것을 미리 말하심(눅 22:33-34) | X | |
| 10. *두 개의 검에 관한 본문과 치료*(눅 22:35-38, 51) | | X |
| 11. 겟세마네 동산의 예수(눅 22:39-46)[132] | X | |
| 12. 유다의 배반과 예수의 사로잡히심(눅 22:47-53) | X | |
| 13. 베드로의 부인(눅 22:54-62) | X | |
| 14. 예수를 모욕하고 때림(눅 22:63-65) | X | |

130) 여기서 필자는 보다 긴 독법을 채택하는 Nestle-Aland 본문을 따르는데, 이 독법이 훨씬 강력한 MS 사본들의 지지를 받고 있다. 이것은 누가의 소위 말하는 서방 계열의 비-삽입들의 가장 중요한 요소들 중 하나로서 이 요소는 진지하게 채택되어야 할 개념이다.

131) 필자는 이것이 독특하다고 생각하는데 이유는 이것이 마태복음과 마가복음과 달리 수난 기사에 놓여 있기 때문이며, 두 개의 중요한 첨가부분 뿐만 아니라 단어 선택들에서 중요한 변화를 담고 있기 때문이다.

132) 여기서 필자는 우등한 알렉산드리아 계열의 사본들($^{2}$א L Δ 892$^{2}$ 1241)과 서방 사본(D it syr), 그리고 가이사랴 사본들($f^{1}$ 565 700 syr)을 토대로 43-44을 여기에 포함시킨다.

| 15. *공회에서의 예수의 심문*(눅 22:66-71) | X | |
|---|---|---|
| 16. 빌라도 앞에서 제기된 예수에 대한 고소들(눅 23:1-2) | | X |
| 17. 예수에 대한 빌라도의 재판(눅 23:3-5) | X | |
| 18. 헤롯 앞에 선 예수(눅 23:6-12) | | X |
| 19. *빌라도가 예수를 구하려 하지만* | | X |
| *결국 사형을 언도함*(눅 23:13-25) | X | |
| 20. *예루살렘의 딸들아 슬피 울라*(눅 23:27-31) | | X |
| 21. *예수의 십자가의 죽으심*(눅 23:26, 32-43) | X | |
| 22. *예수의 최후의 말씀과 죽음*(눅 23:44-49) | | X |
| 23. 예수를 장사지냄( 눅 23:50-56) | X | |
| 24. 여인들과 부활의 소식(눅 24:1-11) | | X |
| 25. 베드로에게 나타나심(눅 24:12)[133] | | X |
| 26. *엠마오 이야기*(눅 24:13-35) | | X |
| 27. *제자들에게 나타나심*(눅 24:36-49) | | X |
| 28. *예수의 승천*(눅 24:50-53) | | X |

133) 이 단락에 대한 본문상의 지지는 강하다($P^{75}$ ℵ B K L Δ Θ $f^{1}$ $f^{13}$ 28 33 et al.). 그리고 이야기 중 34절이 이것을 전제하고 있다. 이런 점에서 필자는 이 단락을 포함시키기로 결정했다.

# 7장

## 이야기를 구성하는 이야기: 공관복음서의 구조, 신학, 역할

Israel's Scripture Traditions and the Synoptic Gospels

7장

# 이야기를 구성하는 이야기 : 공관복음서의 구조, 신학, 역할

필자는 본 연구 결과의 중요성을 통합하고 설명하고 서술하는 일과 관련하여 본 연구가 시도하지 않은 것 혹은 주창하지 않은 것을 주목하는 것이 중요하다고 생각한다. 먼저 본 연구는 *왜* 각 공관복음서가 서로 함께 공유하고 있는 것을 각각의 특정한 방식으로 수정했는가에 대한 답을 추구하지 않았다. 이 질문은 각 복음서의 삶의 정황에 대한 제안을 동반하는 적법하고도 중요한 질문이다.

이러한 연구는 본 연구의 일차적인 관심이었던 내러티브 분석과 전승 역사 분석이라는 방법론 이외에도 특별한 부가적인 방법론들을 필요로 하는 연구이다. 또한 이러한 연구는 각 복음서가 놓여 있던 특정한 공동체와 이 공동체의 정황에 대한 보다 전통적이고도 역사적이며, 문화적인 탐구들뿐만 아니라 당시 사회적 맥락에 대한 분석들을 필요로 한다.[1]

혹자는 전적으로 이와 같은 복음서-외적인 자료들에 비추어서 복음서 이야기를 읽기를 원할지 모르지만 본 연구는 또 다른 차원에서 먼저 복음서 이야기들을 접근해왔다. 다시 말해서 본 연구는 복음서 본문 그 자체가 본문의 세계를 재구성하는 데 필요한 정보를 제공하는 일차적이고도

1) 이에 대한 예증을 위해 다음을 보라: J. A. Overman, *Matthew's Gospel and Formative Judaism : The Social World of the Mathean Community* (Minneapolis : Augsburg/Fortress, 1990).

주된 자료라는 전제에서 이루어졌다. 이런 점에서 본 연구의 업적은 이러한 후속적인 노력들에 기여할 수 있다고 생각한다.

둘째, 비록 본 연구가 종종 신약이라는 새로운 이야기를 통해서 구약이라는 옛 이야기에 대한 새로운 변화를 보여주고자 했지만, 복음서 이야기와 평행을 이루는 새로운 발전과 변화들이 주후 1세기와 보다 후대의 유대교에서 역시 이루어졌다는 점을 반드시 인식할 필요가 있다. 이 점을 인식한다는 것은 크리스천 전통의 성경을 유대교보다 우월한 '으뜸패'로 만드는 오류를 피할 수 있게 한다.

필자는 크리스천 전통의 성경은 구약 이야기에 대한 독특한 변화를 제공한다고 믿지만 랍비 계열의 미드라쉬 전통 역시 동일한 노력의 일환이었다. 분명히 말하지만 이스라엘의 정경적 전통의 이야기에 대한 랍비 전통과 크리스천 전통 각각의 주창과 전유를 다루려면 또 다른 책 한 권이 필요할 것이다.

이와 마찬가지로 분명한 점은 구약 이야기에 대한 크리스천 전통의 해석은 때때로 랍비 문헌으로부터 차용된 경우가 있지만,[2] 크리스천 전통의 해석과 랍비 문헌 사이의 이러한 유사점이 결코 당시의 통상적 관행을 증명하는 것도 아니라는 사실이다.[3] 더욱이 이와 관련한 문헌이나 전승

---

2) 이와 관련해 도움이 될 만한 다음의 저작들을 보라: S. T. Lachs, *A Rabbinic Commentary on the New Testament : The Gospels of Matthew, Mark, and Luke* (Hoboken, N. J. : KTAV, 1987); H. Strack and P. Billerbeck, *Kommentar zum Neuen Testament aus Talmund und Midrasch*, 6 vols. (Munich, 1922); D. Flusser, *Die rabbinischen Gleichnisse und der Gleichniserzahler Jesus* (Bern : Peter Lang, 1981); R. Bultmann, *The History of the Synoptic Tradition*, trans. J. Marsch (rev. ed., reprint Peabody : Hendrickson, 1993 [1963]). Bultmann이 공관복음서의 거의 모든 각각의 페리코피에 대한 랍비 전통의 혹은 헬라 전통의 평행구절을 찾고 있음에 비추어 볼 때 공관복음서의 구성과 편집에 대한 36페이지 분량에 달하는 그의 분석 어디에서도 그가 공관복음서에 대한 구약의 문헌상의 영향을 고려하지 않고 있다는 것은 정말로 믿기 어렵다!

3) S. Sandmel, "Parallelomania," *JBL* 81 (1962), 1-14, esp. 4, 7.

기원의 시점을 밝히는 일은 언제나 어렵고도 고통스러운 문제이다.

이와 관련한 가장 중요한 사실은 본 연구의 요지 그 자체는 우리가 공관복음서 전승을 *유대교로부터* 분리시키지 않는다는 점을 시사하는 것이다. 유대교는 본질상 히브리 성경의 지속적인 궤적의 일부이며, 동일한 맥락에서 초기 기독교의 정체성과 초기 크리스천들의 자기-이해 역시 본질상 히브리 성경과 밀접하게 연관되어 있고 히브리 성경에 의해서 형성되었다.

이 점을 인정한다 해도 여기서 히브리 성경에 대한 크리스천과 유대인의 이중적 주창이라는 곤혹스러운 문제가 생겨나는데 이 점은 양쪽 모두 서로 간에 존중되고 소중하게 받아들여야 할 사실이다. 이 점에 대해서 W. 허버그(Will Herberg)는 다음과 같은 매우 흥미로운 제안을 한다.

> 유대교와 기독교의 관계는 "유대인은 자신의 소명을 '하나님과 함께 거함'으로써 이루고, 크리스천은 자신의 소명을 '나가서' 하나님을 위해 세상을 정복함으로써(뿌리와 포도나무의 관계처럼) 이루는" 관계이다. 필자는 이러한 제안이 회당과 교회의 지속적인 관계를 형성하고 이 관계에 지속적인 양분과 힘을 제공한다고 생각한다.[4)]

본 연구의 기여가 의도한 이와 같은 범주를 분명히 하면서 필자는 이제 이 책의 마지막 장인 본 장에서 다루려는 것들을 하나씩 규명하고자 한다.

첫째, 본 장은 앞에서 고찰하고 발견한 바들을 요약하고 통합하며, 이들의 단점이 어디에 있는지를 주목하면서 장점을 평가할 것이다.

---

4) W. Herber, *Faith Enacted ad History : Essays in Biblical Theology* (Philadelphia : Westminster, 1976), 53-54. 또한 다음 저작에 있는 훌륭한 글들의 모음들을 보라: *Jewish Perspectives on Christianity*, ed. F. A. Rothchild (New York : Crossroad, 1990). 이러한 연관관계에 대한 이해와 관련한 유용한 요약과 분석을 위해 다음을 보라: J. Pawlikowski, *Jesus and the Theology of Israel* (Wilmington, Del. : Michael Glazier, 1989), 9-47.

둘째, 본 장은 공관복음서가 구약의 신앙 전승을 사용했던 해석학적인 방식을 살펴볼 것이며 뿐만 아니라 공관복음서는 각기 이야기 속에서 어떻게 이 신앙 전승을 새롭게 변화시켰는가를 고찰할 것이다. 또한 공관복음서 사이의 유사점과 다양성을 주목하면서 각 복음서가 어느 정도로 이스라엘의 네 가지 신앙 전승의 영향을 드러내고 있는가를 기술할 것이다. 이 점과 관련해 필자는 왜라는 질문을 다루지는 않고 단지 공관복음서가 이스라엘의 신앙 전승의 영향을 드러내고 있다는 사실 그 자체만을 다룰 것이다.

셋째, 본 장은 왜 공관복음서의 형태가 구약 신앙 전승에 대한 현재와 같은 포괄적인 용례를 보여주고 있는가라는 질문을 제기함으로써 드러날 공관복음서의 특정한 형태의 중요성에 집중할 것이다.

넷째, 본 장은 초대교회와 관련하여 현재의 복음서 형태의 기원과 역할을 설명하기 위해서 몇 가지 시험적인 제안을 할 것이다.

## 3-6장의 연구의 종합 : 요약과 규명

본 연구는 각각의 공관복음서에 대한 내러티브-구성 분석이다. 본 연구는 지금까지 각 복음서의 섹션의 구조와 강조점이라는 구도에서 출애굽, 정복, 성전, 왕권 전승이 연속적이고도 중요한 방식으로 사용됨을 예증해 왔다. 이를 요약하면 다음과 같다.

이스라엘의 출애굽-시내산 전승은 예수의 갈릴리 사역에 대한 공관복음서 이야기가 지닌 구조적 측면의 구성과 신학적 강조점에 영향을 미쳤다. 마가복음 구조의 경우 내레이터는 바다, 산, 광야라는 일련의 지형적 요소를 제자도라는 주제의 발전과 연계시킨다. 또한 바다와 광야라는 모티프는 다양한 사건에 대한 배경으로 마가복음 내러티브 전반에 걸쳐 나타난다.

마가복음과 누가복음은 구속 혹은 해방의 주제를 예수의 갈릴리 사역의 핵심으로 묘사함으로써 출애굽 전승을 강력하게 반향한다. 누가는 특히 갈릴리 섹션에 놓인 변화산상의 이야기 중에 *출애굽*(exodus, 별세로 번역되고 있음)이라는 용어를 언급함으로써 예수의 사역의 성격을, 세상을 떠남으로써 맞게 될 예수의 사역의 절정과 연결짓는다.

마태복음의 경우 동일한 맥락에서 메시아의 사역은 일종의 후렴구와 같은 출애굽을 성취한다. 다시 말해서 예수의 기적적인 일들과 이적들은 모든 자로 하여금 여호와 하나님이 진정으로 참 하나님이심을 알도록 한다는 뜻이다. 또한 마태의 이야기는 산상수훈을 담고 있는데 산상수훈은 시내산 전승과 시온 전승을 반향한다.

이 전승에서 예수의 인성과 가르침이 지닌 비교할 수 없는 의는 시내산의 언약-율법을 성취하며, 그런 점에서 예수의 인성과 가르침은 종말론적 시온 공동체를 시작할 뿐만 아니라 동시에 이 공동체를 전조하는 새로운 공동체에 대한 강령을 제공한다.

이스라엘의 길-정복 전승은 공관복음서의 순례 여정 내러티브의 구조와 강조점에 영향을 크게 미치는데, 이 점은 마가복음과 누가복음서에서 특히 그렇다. 약속의 땅으로 이어진 순례 여정의 정복이라는 측면은 길을 따라 확연하게 드러나는 고난 받는 인자의 가르침에 의해 근본적으로 변화되는데, 이러한 인자의 가르침은 하나님의 나라의 길로 이어진다.

마가복음의 경우 마가복음이라는 내러티브의 구조를 형성하는 길(ὁδός)은 그 특성상 제자도의 길이다. 이 길에는 십자가, 어린아이, 종과 같은 정류장이 있다. 이 길은 하나님의 약속된 나라에 들어가는 길이다. 마태복음에서는 마태 이전의 전승이 보여주는 길-정복 모티프를 담고 있지 않지만, 악에 대한 승리와 죄를 막고 신자의 삶을 속박으로부터 자유하게 하는 것에 대한 강조를 분명히 보여준다.

신명기를 문헌상의 전형으로 삼고 있는 누가복음의 경우, 예수는 순례하는 잔치 참여자와 배척받는 선지자로 묘사된다. 이러한 예수는 하나님의 나라의 평화의 정의를 가져오시며, 이를 통해 악에 대한 승리를 이루시고, 이를 받아들이는 자들은 구원하시고 이를 거절하는 자들은 정죄하신다. 누가의 내러티브는 여호와 하나님 앞에서 즐거워하고 기뻐하는 잔치를 예비한다.

특별히 이러한 하나님의 나라의 잔치에는 이전 이스라엘의 잔치에서 배제되었던 자들이 포함될 뿐만 아니라 이들이 초대된다. 옛 구약 이야기가 말하던 바, 즉 약속의 땅에 있는 원수를 진멸하라는 명령이 새롭게 변화되며, 원수인 사마리아인에 대한 누가의 묘사에서 알 수 있듯이 이 명령은 역전되기까지 한다. 누가복음의 '선한 사마리아인'은 이중적 명령인 이웃 사랑을 축약해 보여주며, 사마리아인 문둥병자는 예수를 통해 나타난 하나님의 자비와 치유의 능력의 전형을 보여준다.

이스라엘의 성전 전승은 예루살렘에서 이루어진 예수의 수난-이전 사역에 대한 공관복음서 이야기의 초점을 제공하는 동시에 이 이야기의 반면교사 역할을 한다. 마태복음과 마가복음에서 성전 전승은 새롭게 변화되고 있을 뿐만 아니라 구약 성전과의 불연속성 속의 연속성이라는 역설의 구도 속에 놓여 있다. 왜냐하면 하나님의 성소로서의 성전이 하나님의 임재와 관련해 배타적인 경향과 계층 간의 차별적인 경향을 보임으로써 하나님의 심판의 대상이 되었기 때문이다.

마가복음에서 갈릴리에 나타나신 부활하신 예수는 만국 백성을 위한 새로운 성전(ναος)이시며, 그 결과 예수의 사역과 새로운 공동체의 종말론적 소망이 새 성전 예배의 문맥이 된다. 마태복음의 경우는 교회 가운데 계신 예수는 근본적으로 새로운 의미를 지니신 분, 곧 성전보다 '더 큰' 이시다. 신자들은 예수의 이름으로 만나서 성전에 관한 일, 곧 죄로부터 '묶고 푸는' 일을 한다.

누가복음의 경우 성전은 예수의 사역과 예수를 따르는 자들의 사역으로까지 승화된다. 즉 하나님을 영화롭게 하며 온 세계를 하나의 들판, 곧 복음으로 변화시키는 하나님의 나라의 씨가 심겨서 사람들을 사탄의 압제로부터 풀어주게 하는 들녘이 되게 한다는 뜻이다.

이스라엘의 왕권 전승은 예수의 수난에 관한 공관복음서의 이야기들에 넓고 깊게 스며들어 있다. 예수의 수난이라는 점과 관련해 왕권 전승은 근본적인 변화를 겪게 되는데, 특별히 이스라엘의 신앙 전승 가운데 이미 내재해 있던 바, 즉 다른 경쟁적 요소에 대한 변증적 차원의 왕권을 지지하고 있다는 점에서 그렇다.

시편이 보여주듯이 인간 전통의 왕권은 천상의 왕권에 머리를 숙이고 경배한다. 예수께서는 이 세상의 통치자들이 전혀 이해할 수 없는 종의 왕권을 보여준다. 그러기에 세상의 통치자들은 예수를 십자가에 못 박았다.

예수께서는 '유대인의 왕'이라는 칭호 아래 십자가에서 죽으셨지만, 예수의 죽음은 예수의 참된 왕적 정체성에 대한 영속적인 고백을 불러일으켰고, 특별히 놀랍고도 아이러니하게도 예수의 수난 사건에 일조했던 이방인 백부장에 의해서 예수는 하나님의 참된 아들(마태복음과 마가복음의 경우)로, 또한 신실한 의인(누가복음의 경우)으로 고백된다.

예수는 부활을 통해 신원하심을 받았고, 하나님의 종이요 왕이신 예수는 권능의 보좌 우편에 앉으셨다. 또한 이 분 예수께 모든 권세가 주어짐에 따라 예수께서는 자신을 따르는 자들에게 사명을 주어 만국을 제자삼아 성부와 성자와 성령의 다스림을 받게 하셨다(마태복음의 경우).

본 연구는 구약의 일련의 네 가지 신앙 전승을 각각의 공관복음서의 일련의 네 섹션과 연결지었다. 그러나 본 연구는 이 네 가지 신앙 전승이 어떤 점에서 단지 두 개의 신앙 전승이라 할 수 있는가 하는 점을 주목했다.

또한 네 전승은 각 복음서의 해당 섹션에만 영향을 미치는 것이 아니라 다른 섹션에도 영향을 미친다는 점을 주목했다.

이런 점에서 본 연구는 구약 신앙 전승과 공관복음서의 구약 신앙 전승의 사용 사이에는 주목할 만한 정도의 연속적인 상호관계가 존재한다는 사실을 증명했다. 뿐만 아니라 구약과 복음서 모두에서 출애굽이라는 주제는 순례 여정-정복이라는 주제와 확연히 구분될 수 없음을 예증했다. 더욱이 출애굽 모티프가 주의 성만찬에서, 그리고 기본적으로 왕권 주제를 중심으로 구성된 수난 기사에서 모두 다시 나타나고 있다는 점도 지적한 바 있다.

또한 출애굽이라는 주제는 누가복음 전반에 걸쳐서 확장되는데, 이 점은 마가복음과 관련해 많은 학자들이 주장한 바이기도 하다.[5] 그러나 출애굽이라는 주제는 속박으로부터의 자유란 방식으로, 광야에서 하늘로부터 떡을 받는 것으로, 또한 광야를 걸어가며 함께 하는 잔치에서 기뻐하고 불신들과 대면하고 여러 측면에서 시험을 거치는 방식으로 정의된다.

이 점과 관련해 분명 출애굽 전승은 모든 공관복음서에서 예수의 사역에 대한 갈릴리 섹션과 순례 여정 섹션에서 두드러지게 나타난다. 공관복음서에 나타나는 사건의 배경인 광야라는 지역이 물론 갈릴리 섹션에 국한되는 것이 사실이지만, 속박으로부터의 해방을 포함해 출애굽 주제가 담고 있는 강조점이 중간 여정 섹션에서도 계속되고 있고, 특별히 누가복음의 긴 중간 여정 섹션에서 길-정복 전승과 연계되어 나타난다.

속박으로부터의 해방의 이야기들이 누가복음의 중간 여정 섹션에 나타나며 동시에 길-정복이라는 주제를 강조하는 역할을 하는 반면에 누가복음과 마가복음의 중간 여정 섹션 모두에 나타나는 길-정복이라는 주제에

5) 이 책 1장에 있는 설명, 특히 E. C. Hobbs와 O. Piper, J. Bowman의 견해에 대한 설명 부분을 보라.

대한 분명한 표지들은 중간 여정 섹션을 출애굽 전승과 이 전승에 속한 표지들(예를 들면, 바다, 광야, 만나)과 구분한다.

그러나 앞서 지적했듯이 공관복음서에서 서로 다른 섹션에 나타나는 변화산상의 예수의 변화된 모습은 구약과 공관복음서 모두에서 출애굽 전승과 길-정복 전승이 중첩되어 있음을 보여준다.

하나님의 나라라는 모티프는 복음서 이야기 전체에 깊고도 넓게 퍼져 있다. 그러나 이 경우에도 예수의 왕적 정체성이라는 이슈는 갈릴리 섹션에서 다루어지고 있지 않다(이에 대한 예외는 아마도 복음서의 독자에게는 단지 잠정적인' 효과를 지니고 있는 귀신들의 외침들이다). 비록 마태복음과 누가복음은 예수의 왕권을 이미 각각 예수의 출생 기사와 공생애 준비 기사에서 강조하고 있지만 말이다.

이 점은 예수에 대한 요한복음의 묘사와 대조를 이루는데, 요한복음은 갈릴리 섹션에서 예수의 정체성을 왕으로 크게 부각시킨다(요 6:1-15).[6] 공관복음서에서 예수의 왕적 정체성과 이와 관련된 성전에서의 예수의 행동과 가르침은 수난-이전 기사와 수난 기사 모두에서 초미의 관심사로 제시된다.

성전이라는 주제는 수난-이전 기사를 주도하며, 왕권 주제는 수난 기사를 주도한다. 그러나 요한복음의 경우 성전이라는 주제는 전혀 다르게 취급된다(2장과 4장에서). 공관복음서와 요한복음이 성전이라는 주제를 아주 다르게 다루고 있다는 점은 각각의 독특한 문학적 구성과 구도가 지닌 신학적 중요성을 드러낸다.

---

6) 실제적으로 요한복음에서 공관복음과 비교될 만한 갈릴리 사역의 이야기들은 상대적으로 없다고 할 수 있다. 주목할 만한 사실은 요한복음은 예수의 메시아 직분을 이미 4장에서 *사마리아*에서 사마리아 여인에 의해 드러나도록 한다는 점이다. 이 점은 예수의 공적 사역이 지닌 왕권 주제에 대한 공관복음서의 서술과 너무도 다르다!

공관복음서의 수난-이전 기사들이 성전과 너무도 밀접한 관계를 보이고 있다는 사실은 단순히 지리적인 위치에 관한 것이 아니라(요한복음은 다락방에 계신 예수를 묘사하고 있음을 주목하라) 아주 특정하고도 특별한 구조상의 의도를 반영하는 것이다.

마태복음과 누가복음은 각각 예수 출생 기사와 공생애 준비 기사에서 이미 수난-이전 기사와 수난 기사에서 묘사되는 예수의 왕적인 정체성을 보여준다. 제한된 정도이지만 누가복음에서는 또한 성전이라는 주제에 대해서 동일한 방식을 취하고 있는데, 그 이유는 누가의 이야기는 성전으로 시작해서 성전으로 끝을 맺고 있기 때문이다(눅 1:5이하와 24:48-50).

그러나 이러한 구조와 구성상의 특징들 때문에 갈릴리 섹션과 중간 여정 섹션이 출애굽과 길-정복이라는 주제에 집중되어 있다는 점이 훼손되지는 않는다. 또한 공관복음서의 예루살렘 섹션이 성전 전승과 왕권 전승에 집중되어 있다는 점도 훼손되지 않는다.

*이러한 모든 특이점들은 보다 큰 구조와 형태라는 구도 속에서 일어나고 있을 뿐이다. 즉 어떠한 특이사항도 구약의 신앙 전승의 일관된 흐름과 패턴으로부터 벗어나거나 이 흐름과 패턴을 약화시키지 않는다는 뜻이다.*

공관복음서가 지닌 12개의 섹션 그 어디에서도 구약의 신앙 전승으로부터 유래하는 특정한 주제가 나타나지 않는 곳이 없다. 역으로 말해서 출애굽 전승과 길-정복 전승이 중첩되고, 성전 전승이 왕권 전승과 중첩된다는 사실을 인식하지 않은 채로 공관복음서의 어떤 특정한 섹션을 구약의 신앙 전승들 중 어느 하나의 신앙 전승을 갖고 분석하려는 시도는 결코 성공할 수 없다는 뜻이다.

심지어 어떤 특정한 구약 신앙이 확장되어 나타나는 섹션에서조차도 그 구약 신앙이 그 특정한 섹션에 나타나 있는 이유를 이해하려면 먼저 그 주제가 원래 속한 섹션에서 이야기 전개에 따라 발전되어 현재의 섹션까지 확장되어 왔다는 점을 인식해야 한다. 간단히 말해서 신앙 전승이 현재적으로 보여주는 일련의 패턴과 다른 그 어떠한 패턴이나 형태를 증명해 보일 수 없다.

공관복음서의 갈릴리 섹션의 이야기 표지와 구성 형태는 중간 여정 이야기에 나오는 길-정복 전승의 이야기 표지와 구성 형태와 다르다. 더욱이 수난-이전 기사가 몇몇 중요한 왕권 표지와 구성 전개를 담고 있다고 해도, 수난-이전 기사는 이것들과 연관되어 수난 기사를 예기한다는 점을 인식할 필요가 있다. 수난-이전 기사는 수난 기사의 왕이신 예수를 예비한다는 뜻이다.

혹자는 수난과 부활 기사가 정복 전승의 관점에서 이해될 수 있다고 주장할 수 있을 것이다. 그러나 수난 기사는 중간 여정 섹션에 나타나는 길-정복 전승의 '표지'를 담고 있지 않다. 이런 연유에서 특별히 구약 전승의 영향이라는 관점에서 볼 때 수난 기사의 정복이라는 측면은 이미 중간 여정 섹션에서 예기되고 있다고 해석하는 것이 더 적합할 것이다.

공관복음서의 중간-여정 섹션은 길-정복 전승으로 열고 닫히는 수미상관 구조를 보여주는 수난-부활 예고를 담고 있으며, 또한 수난 기사의 정복을 이해하는 데 필요한 개념적이고도 신학적인 범주를 제공한다.

마가복음 10장 45절(마 20:28을 보라)은 많은 사람을 위해 자신의 생명을 대속물로 내어주시는 인자에 대해 말하고 있는데, 이 구절이 바로 이 점을 잘 예증하고 있다. 누가복음의 경우 사탄을 쓰러뜨리고 유대인과 사마리아인 사이의 대적관계를 없애는 것, 그리고 악에 대한 승리로 주어지는 하나님의 평화(εἰρήνη)라는 선물 역시 이 점을 잘 예증한다.

그러나 이러한 예증의 강점을 바로 인식하더라도 공관복음서가 출애굽, 길-정복, 성전, 왕권이라는 모티프를 일관되게 사용하고 있다는 점이 곧 바로 복음서 이야기 자체가 지니고 있는 생명력을 배제하고 있다는 식으로 이해되어서는 안 된다.

물론 각 복음서의 구성이 전개되면서 네 가지 주제 중 특정한 주제가 해당 섹션에서 집중적으로 부각되는 것이 사실이지만, 다른 세 주제에 대한 힌트와 표지는 각각의 복음서 전반에 걸쳐서 이야기 전개에 영향을 미친다. 이와 같은 문학적 구성은 펼쳐지는 이야기 전개의 독특성을 무력화시키지 않는다. 특히 이러한 이야기 전개에서 특정한 주제에 대한 집중은 후에 전개될 이야기에 대한 예기적인 성격을 띠거나 아니면 이야기 전개상 후에 가서 반향 되는 형태를 띤다. 정말로 어떤 특정한 구조상의 형태가 있다고 해서 그 형태가 이야기가 지니는 예술적인 탁월성을 결코 배제하지 않는다.

더욱이 여기서 제시되는 필자의 주장은 복음서 저자들이 전승-역사에 대해 생각했던 방식이 현대의 성경 해석자들이 생각하는 방식과 동일하다는 것을 결코 의미하지 않는다. 다시 말해서 복음서 저자들은 현대의 성경 해석자들과 달리 단어나 구들이 연대기적으로 서로를 뒤이어 나타날 뿐이라고 생각하지 않았다는 뜻이다.

선지자 이사야가 출애굽 전승과 시온 전승을 한데 연계시키고 있다는 사실이 바로 이 점을 잘 보여준다. 더욱이 이와 같은 전승을 신앙적 관점의 이야기의 일환으로 보아야 하며, 또한 이 이야기는 여러 주제와 구성 형태들이 미묘하게 한데 어우러져 있는 것으로 이해해야 한다.

공관복음서에서 이와 같은 점들을 인식한다고 해서 그것이 곧 본 연구의 결과를 부정하는 것으로 이어질 필요는 없다. 다시 말해서 할 수 있다는 것과 해야 한다는 것, 즉 개연성과 당위성은 공관복음서 이야기에 대한 우리의 이해에 병존하는데, 이러한 병존의 정도는 복음서 이야기 자체가 개연성과 당위성 모두를 드러내는 정도에 달려 있다 할 수 있다.

본 연구가 주장하는 바는 공관복음서는 하나의 이야기 구조를 지니고 있는데 이 구조는 구약 이야기의 형태와 매우 밀접하게 연관되어 있으며 복음서 저자들은 이 구약 이야기를 회당 예배에서 들었고, 교회를 살지게 하려는 목적 가운데에서 들었다는 점이다.

각 공관복음서는 출애굽, 길-정복, 성전, 왕권이라는 주제를 온전하고도 일관된 방식으로 사용한다. 달리 말해 다른 주제 혹은 모티프-전승에 속하는 이야기 '표지'가 부재하다는 점이 바로 이러한 논지를 입증한다.

아래 도표는 지금까지의 연구 자료를 요약하고 평가하기 위해서 제시된다. 이 도표는 구약의 신학 전승의 각 주제가 어느 정도로 다양한 복음서 섹션 가운데 나타나고 있는지를 보여준다. 이것은 본 저서의 3-6장에서 이루어진 고찰과 분석에 기초한다. 최고 1과 최저 3으로 표시되는 지표에 따라서 다양한 복음서 섹션에 나타난 네 개의 이스라엘의 신앙 전승의 각각의 강조점과 선명도가 계측되어 표기된다.

| 신앙 전승 | 마태복음 | 마가복음 | 누가복음 |
|---|---|---|---|
| 갈릴리 섹션의 출애굽과(시내산) 신앙 | 2(1) | 1 | 1 |
| 중간 여정 섹션의 정복-순례 여정 신앙 | 2 | 1 | 1 |
| 수난-이전 섹션의 성전 신앙 | 1 | 1 | 2 |
| 수난 섹션의 왕권 신앙 | 1 | 1 | 1 |

이상 12개의 섹션 중에서(마태복음의 경우 시내산 전승을 포함해서) 10개 섹션이 최고점인 1에 해당된다. 이 10개 섹션의 각각이 지니고 있는 구체적인 특징은 각각의 구약 신앙전승이 공관복음서에 미친 영향이 분명하다는 것을 보여준다. 만약 다양한 복음서 섹션에 있는 구약 신앙 전승에 대한 강조점들이 완전히 제거된다면 복음서 이야기는 무너져 버리고 말 것이다.

다시 말해서 이야기 구성은 일관성을 잃어버리게 된다는 뜻이다.

최고점을 받지 못한 부분에 대한 설명을 하자면 다음과 같다.

(1) 마태복음의 갈릴리 섹션의 경우 명시적인 출애굽-구출이라는 이미저리와 주제는 충분하지 않은 데 비해 시내산 이미저리에 대한 강조는 분명하게 나타난다.

(2) 마태복음은 갈릴리에서 예루살렘에 이르는 섹션에서 승리의 이미저리를 강하게 보여주고 있지만, 이러한 승리의 이미저리가 명시적인 신명기 전승의 길-정복이라는 주제와 그렇게 중요하게 연계 되지 않으며, 이것은 정복이라는 주제가 새로운 사고-구조로 전위되었음을 암시한다. 이런 점에서 신명기 전승의 길-정복이라는 주제와의 연계를 사실상 빈약하게 만들고 있다.

(3) 누가는 누가복음과 사도행전에서 성전이라는 주제에 크나큰 관심을 집중하지만, 수난-이전 기사에서, 특히 성전이 마태복음과 마가복음에서와 같이 심각한 공격의 대상이 되는 곳에서 성전이라는 주제를 조심스럽게 다루고 있다. 이러한 조심스러움은 여타 다른 곳에서 성전을 긍정적으로 묘사했다는 점과 함께 고려할 때 성전이 심판의 대상이 되고 있는 섹션에서 성전의 중요성을 약화시키는 효과를 지닌다고 볼 수 있다.

## 구약 전승에 대한 공관복음서의 해석학적 사용과 새로운 변화

본 연구는 구약의 네 가지 신앙 전승이 예수의 공관복음 이야기를 형성하는 데 사용됨에 따라서 구약 전승과 공관복음서의 사용 사이에 놓여 있는 연속성, 불연속성, 새로운 변화의 정도를 살펴보았다. 이 네 가지 구약 전승이 공관복음서에서 사용된다는 사실 자체가 이미 연속성을 보여준다. 이것은 D. 나이트(Douglas Knight)의 저서인 *Tradition and Theology* *in the Old Testament*의 서론 부분에 나오는 다음과 같은 진술이 축약적으로 보여준다.

> "구약 전승은 의미-내용을 제공하며 의미-구조를 전달한다. 또한 구약 전승은 우리에게 이해와 의미 전달을 위해 이 구조 자체를 제공한다."[7]

동일한 맥락에서 초대교회의 크리스천들이 특정한 내러티브 구조 내에서 예수의 이야기를 이해했을 것이라는 점은 전혀 놀랄 일이 아니다. 그런데 이 내러티브 구조는 말씀과 행위 가운데 이루어진 하나님의 임재에 대한 구약의 이야기에서 발전된 것이다. 이스라엘의 예전적인 유산은 네 가지 구약 전승이 초기 크리스천 예배 공동체 내에서 지녔던 두드러진 역할을 분명하게 입증한다(제 2장을 보라).

이런 점에서 구약의 내러티브 구조가 예수의 이야기로 이어졌다는 사실은 이미 예견된 것이다. 그 이유는 구약 전승은 인간이 이해하고 의사소통할 수 있게 하는 하나의 손잡이이기 때문이다.

그러나 모든 구약 전승이 신약 복음서에서 두드러지게 나타나는 것은 아니다. 앞서 이 책 5장에서 성전 전승의 몇몇 요소, 즉 희생 제사, 제사장 직분, 구약 축제 등이 복음서 이야기에서 중요한 역할을 전혀 하고 있지 않다는 점을 주목한 바 있다.

안식일 전승은 복음서 이야기에서 나타나지만 논쟁의 대상으로 머물러 있다. 다시 말해서 안식일에 어떠한 행동들과 행위가 적법한가 하는 질문 가운데 놓여 있다는 뜻이다. 또한 바리새인들에 의해 해석되고 준수되는

---

7) D. Knight, "Tradition and Theology," in *Tradition and Theology in the Old Testament*, 1. 또한 D. Knight의 다음의 글을 보라: "Canon and the History of Tradition," *HBT* 2(1980), 127-149.

몇몇 성결(holiness) 전승과 정결(purity) 전승은 예수 자신의 행동과 행위를 통해 신약의 이야기와 거의 불연속성을 보인다.

자연 세계에 대한 이미지리가 소위 Q 어록과 비유에서 많이 나타나지만 구약의 창조 신학은 복음서 핵심 부분에서 그리 중요하게 나타나지 않는다(물론 마가복음 10장과 평행구절들에서 사람[*adam*]을 하나님이 남자와 여자로 지으신 사실에 대한 예수의 말씀이 구약의 창조 신학과 관련하여 인용될 수 있을지 모르지만 말이다). 또한 지혜 전승은 특별히 마태복음에서 보다 두드러지게 나타나는 것이 사실이지만 이 전승마저도 복음서 이야기의 형성에는 미미한 역할을 한다.

그러나 네 가지 구약 전승 이외의 다른 구약 전승이 복음서에서 구조적인 영향을 미치지 못하고 있다는 사실이 결코 이들 전승과 복음서 이야기 사이의 단절성을 의미하지는 않는다. 이 전승이 때때로 공관복음서 이야기에서 나타나면서도 공관복음서의 예수 이야기의 구조적 형태에는 인지할 만한 충분한 영향을 미치지 않는데 이 점은 출애굽, 길-정복, 성전, 왕권 전승이 그러한 것과 아주 다른 점이다.

구약의 신앙 전승이 공관복음서 이야기에 미친 영향에 대한 이러한 분석이 지닌 가장 중요한 점은 네 가지 주요한 신앙 전승에서 엿볼 수 있는 폭넓고도 독특한, 그리고 중대한 새로운 변화라는 요소로서 특별히 구약의 옛 이야기가 복음서의 새 이야기를 형성하는 과정에 나타난 새로운 변화의 요소이다. 이 새로운 변화의 요소를 살펴봄으로써 우리는 공관복음서 저자들의 해석 원리를 파악할 수 있다.

R. 헤이즈(Richard Hays)는 본 연구와 다소 유사한 형태의 연구인 *Echoes of Scripture in the Letter of Paul*에서 바울 서신에 대한 이스라엘 성경의 주요한 역할을 잘 드러내 보인 바 있다.[8] 헤이즈의 용어를 빌리자면 공관복음서 이야기의 구조 속에서 들려오는 이스라엘 성경의 메아리는 강하

고도 분명하여, *책-간의 공명*을 크게 불러일으킨다. 구체적으로 말해서 세 가지 유형의 용례가 공관복음서 가운데 분명하게 나타나는데, 각각의 유형은 다양한 정도의 연속성과 새로운 변화에 기여한다.

첫째, 이미지 혹은 모티프의 사용이라는 유형이 존재한다. 누가복음 9장에 나오는 *exodus*(출애굽, 별세로 번역됨)나 마태복음의 산, 마가복음의 광야와 길이 여기에 해당된다.

둘째, 때때로 유형의 구조적인 평행이라는 몇몇 형태가 사용되기도 한다. 이러한 예가 마가복음에 잘 나타나 있다. 마가복음에서 몇몇 출애굽 모티프의 일환인, 바다(막 1:16-20), 산(막 3:13-19), 광야(막 6:7-13, 29 이하) 등이 제자도와 관련한 이야기 구성과 연계됨으로써 이러한 모티프가 각각 예수의 갈릴리 사역 부분에 있는 주된 몇몇 섹션의 출발점을 이룬다. 이것이 구조상의 평행이라는 형태의 한 예이다. 또 하나의 구조상의 평행의 예

---

8) Hays, *Echoes of Scripture*. Hays는 이 책 1장(1-33)에서 바울이 이스라엘의 성경을 사용한 것에 관한 연구에 대해서 해석학적인 배경을 제시한다. 여기서 Hays는 많은 다른 것들 중에서 책들 간의 융합 혹은 연결이 어디서 혹은 언제 일어났는가에 대한 현금의 해석학적인 이론을 다룬다. 특별히 어디서 책들 간의 융합이나 연결이 이루어지고 있는가에 대해 Hays는 구체적으로 다음과 같은 경우들을 열거한다: 저자의 마음, 원래 독자들의 생각, 본문 자체 내, 현재 독자의 책을 읽는 행위, 혹은 해석 공동체 안에서(26-27). Hays는 어떠한 하나의 이론을 선택하는 것보다 모든 이론을 함께 고려하여 이 이론들이 함께 해석학적인 사건에 기여할 수 있도록 하는 것을 선호한다. 그러나 Hays의 연구와 필자의 연구의 경우, 우리는 원래 독자 이전에 일어났던 책들 간의 연결에 관해 말하거나 아니면 현재의 독자들로서 우리가 해석학적인 사건에 참여한다고 말한다. 이런 연유에서 연구가 초점을 두고 있는 정경적 의미의 책간 본문 읽기와 일반적인 의미에서의 해석학적인 사건을 분명하게 구분하는 것이 중요하다. 비록 '독자-반응' 비평과 탈구조주의라는 해석학적인 이론들이 달리 주장하고 있지만 말이다. '해석학적인 사건'에 대한 이론들은 성경 안에서 책들 간의 관계성을 분석하는 경우에, 아니면 성경을 해석하는 독자들의 행위를 분석하는 경우에 사용될 수 있다. 이론적인 과정이 비슷하다고 판단될 수 있는 반면에 이 과정을 본문에 대한 독자의 관점에서 기술하는 진술은 과거에 일어났던 책간상의 해석학적인 사건의 과정에는 의미 있게 적용되지 않는다. 실제로 원래의 독자나 현금의 독자의 역할이 해석학적인 사건의 일환으로 생각될 수 있는 반면에 책들을 서로 연결짓는 성경의 원래적 행위는 성경의 원래 독자나 현금의 독자의 생각에서 일어나는 것으로 설명될 수 없다. 왜냐하면 독자들의 생각 속에서 일어나는 것은 성경의 원래의 저작에 뒤이어 일어나는 과정이기 때문이다. 최근의 비평적 문학이론과 방법에 대한 유용한 개관과 통찰력 있는 비평을 위해 Moore의 *Literary Criticism*을 보라.

는 누가복음의 예루살렘을 향한 순례 여정 내러티브에서 신명기가 집중적으로 사용되고 있는 경우이다.

셋째, 성격상 주제적이라 할 수 있는데 신약의 복음 이야기가 주제상의 강조점에 의해서 유비적으로 구약의 이야기에 연결된다는 점에서 그렇다. 마태복음의 중간 여정 섹션이 이 유형의 전형을 이룬다. 물론 특정한 섹션에 한 유형 이상의 여러 유형들이 나타날 수 있는데, 이 경우 구약 전승의 영향은 더 분명하며 연구에도 더 결정적인 위치를 차지한다. 아래의 설명은 다음과 같은 두 가지 초점을 담고 있다.

(1) 각 복음서에 있는 각각의 전승과 관련해 존재하는 특정한 유형의 해석학적 용례를 규명하는 일

(2) 각각의 전승이 어느 정도로 새로운 변화를 보이고 있으며 새로운 변화의 성격이 어떤 것인지를 평가하는 일

### 출애굽 전승

공관복음서가 애굽과 시내산 전승을 사용하는 경우에 채용되는 해석학적 용례의 유형은 상당할 정도로 다양하다. 마가복음은 다음과 같이 세 가지 유형의 용례를 채용한다.

(1) 제1유형 : 마가는 바다, 산, 광야라는 출애굽 모티프를 사용해 예수의 행적과 말씀을 이 모티프들 내에 놓고 있다. 구체적으로 말해서 광야와 바다라는 모티프가 1-8장 전반에 걸쳐서 나타나는데 이를 통해서 전반적으로 마가복음의 갈릴리 섹션 전체에서 새 출애굽이라는 주제가 크게 부각된다.

(2) 제2유형 : 마가는 구조상의 영향을 염두에 두고 구약의 모티프를

사용하는데 그 결과 구약 모티프는 갈릴리 섹션에 일련의 구조적 형태를 제공하게 된다.

(3) 제3유형 : 마가는 앞의 두 유형과 관련해 세 번째 유형을 사용한다. 마가복음 1장 20절-3장 6절과 4장 35절-6장 6절에는 구속 혹은 해방의 강력한 주제가 나타나며, 3장 13-35절과 4장 1-34절에서는 시내산 *모티프*와 말씀-교사로서의 예수라는 *주제*가 함께 나타난다. 6장 7절-8장 27절에서 다시 구약의 *모티프*인 광야, 기적의 떡과 하나님의 백성들의 불신이라는 *주제*(막 7:1-24; 8:10-12)가 함께 나타난다.

이와 같은 이스라엘의 신앙 전승의 이야기와 복음서의 예수 이야기 사이의 연속성이라는 문맥 내에서 중요한 새로운 변화가 나타난다. 해방 혹은 구속은 이제 애굽의 속박으로부터의 구속이 아니라 질병과 사탄의 속박, 사회적인 정결의 금기 사항들과 사회적인 고립들, 죽음 자체로부터의 구속을 뜻한다. 백성으로서 또는 정치적 혹은 우상숭배적인 대상으로서의 애굽 사람들이 아니라 사탄과 사탄의 졸개들인 귀신들이 대적으로 묘사된다. 예수는 이 대적들의 압제적인 세력, 곧 종교적이며 정치적인 지도자들 사이에 구현되고 있는 사탄의 세력으로부터 사람들을 자유하게 하신다.

새 언약에 속한 백성의 자격도 애굽에서 구출된 자들이 아니라 하나님의 뜻을 행하는 자들로 규정된다(막 3:31-35). 가장 중요하게는 예수의 새-출애굽의 구속 행위를 가장 잘 받아들이고 이 행위로부터 유익을 얻는 자들은 이전의 하나님의 백성에 속해 있지 않던 자들, 특별히 이방인들이라는 점이다(막 5:1-20; 7:24-30; 두 번째 기적의 떡을 먹은 자들, 8:1-9).

이와 같은 복음서 내의 새로운 변화는 외견상 매우 깊고 크기에 구약 전승 자체가 사실상 완전히 바뀐 것처럼 보이며 이런 점에서 (T. 쿤[Thomas Kuhn]의 분석 모델을 빌리자면) 패러다임의 전환이 일어난 것처럼 보일 수 있지만 분명히 기억해야 할 점은 출애굽 신앙 전승은 예수 이야기로 이어지기 전에 벌써 중요한 변화와 변형의 과정을 거쳤다는 점이다. 특히 이러한 변화의 과정은 이사야 40-55장에서 잘 나타난다. 크리스천 관점에서 볼 때 이사야 40-55장이 보여주는 비전은 예수 사건들을 미리 보여주고 있다.

마가복음과 마찬가지로 마태복음 역시 구약의 신앙 전승에 대한 세 가지 유형의 용례를 모두 사용하는데, 시내산 전승의 사용의 경우 그렇다. 마태는 산상수훈과 갈릴리 섹션에 대한 요약(마 15:29-31)을 모두 산에 위치시키고 또한 여기에 4천 명을 먹이는 사건(15:32-39)을 통합시킴으로써 예수의 말씀과 행적을 병치시켜 모든 말씀과 행적을 시내산 전승이라는 해석학적 빛 아래 놓고 있다.

도날드슨(Donaldson)이 제안하듯이 산상의 이 두 사건은 구조상 수미상관 형태의 역할을 하고 있기 때문에 마태는 구약의 신앙 전승을 단순히 모티프 차원에서만이 아니라 구조상의 목적을 이루기 위해서 사용하고 있다 할 수 있다.

더욱이 마태복음의 다섯 개의 강화는 마태의 크리스천 공동체에 대한 계시의 *주제*를 반향하고 있기에-다섯 개의 강화 중에서 세 강화가 갈릴리 섹션에 나타나고 있다- 마태가 구약의 신앙 전승을 세 번째의 해석학적인 형태로 사용하고 있음이 분명하다. 토라의 *성취*로 규정되는 예수의 가르침들은 시내산 계시가 모세를 통해서 하나님의 옛 언약 공동체인 이스라엘에게 주어졌듯이 그렇게 예수 공동체에게 주어진 하나님의 계시이다.

그러나 산상수훈 중 여섯 개의 대조(the six antitheses)에 나타나는 예수의 권위 있는 토라에 대한 재-해석은 구약 전승과의 연속성을 유지하고 있을 뿐만 아니라 구약 전승을 새롭게 변화시킨다.[9] 선교 강화(10장)와 비

9) W. Schrage, *The Ethics of the New Testament*, trans. D. E. Green(Philadelphia : Fortress, 1988), 145-150.

유 강화(13장) 모두 실제적인 의미에서 새로운 차원을 상정한다. 여기서 *새로움*은 "이스라엘의 집의 잃어버린 양들"에 대한 선교의 근거이며 동시에 하나님 나라의 비유 속에 나타나는 예수의 가르침의 범주와 긴박성에 대한 근거를 이룬다.

마태는 갈릴리 섹션에서 예수의 행적에 대한 이방인들의 수용성을 강조하는데, 이 강조의 역할은 "그들로 하여금 내가 하나님인 줄을 알게 하려 함이라"는 출애굽 전승의 후렴구를 성취하는 반향으로 이해할 필요가 있다. 마태복음에서 이방인들은 이스라엘의 하나님을 찬양한다. 이러한 문맥에서 마태복음의 열 가지 기적 역시 출애굽 전승의 열 가지 재앙의 이야기를 회상시킨다.

또한 마태는 마태복음의 구조에 함께 스며들어가 있는 이 두 모티프를 통해서 예수께서 구약 전승을 상당할 정도로 새롭게 변화시키고 있음을 보여준다. 왜냐하면 예수께서는 애굽이라는 대적을 괴롭히고 결국 멸망하게 했던 재앙과 달리 압제의 희생자들을 치유하시고, 구해내시며 자유하게 하고 있기 때문이다.

이런 점에서 새로운 변화라는 요소는 아이러니한 변형의 형태를 지닌다. 구약 전승의 재앙을 겪었던 대상과 평행적 관계에 있는 마태의 대상은 예수의 열 가지 기적을 경험했던 자들이 아니라 예수의 예언적 말씀을 거절한 바리새인들이었다. '대역전'이 일어난 것이다. 다시 말해서 아이러니하게도 예수의 구원이라는 해방이 일차적으로 '하나님의 백성'이 아니라 '하나님의 백성'이라는 표지에 의해 설정된 경계선 밖에 있는 자들에게 혜택으로 돌아간다는 뜻이다.

이를 통해서 밖에 있는 자들이 하나님 앞에서 '청결한' 자들로 구별된다. 이러한 대역전이라는 주제는 구약 전승의 새로운 변화에 가장 큰 영향을 미치는 힘이다. 구체적으로 말해서 이 주제는 "네 원수를 사랑하고 너를 핍박하는 자들을 위해 기도하라"(마 5:43-48)는 예수의 명령으로 구체화된다.

이 명령은 시내산이라는 산상수훈의 구조 가운데 놓여 있으며, 동시에 원수에 대한 출애굽 전승의 규정과 대조를 보임으로써 또 다시 구약 전승을 새롭게 변화시키고 있고, 나아가 구약 전승과 불연속성을 이룬다.

그러나 놀랍게도 동일한 구약 전승이 토라에 대한 예수의 이중적 요약, 즉 마태복음 22장 37-39절(참조 눅 10:25 이하)에 나오는 하나님에 대한 사랑(신 6:4)과 이웃에 대한 사랑(레 19:18)에 대한 자료를 제공한다.

이러한 분석이 주는 귀중한 통찰은 마태복음의 학자들이 보여주는 보다 큰 차원의 해석 흐름과 일맥상통한다. 다시 말해서 이러한 큰 해석 흐름에 따르면 구약 전승과 복음서의 예수 이야기 사이의 강력한 연속성과 —버히(Verhey)의 말을 빌자면 율법은 유효하다[10]— 새로운 변화는 마태가 전하는 예수의 이야기에서 서로 병치되어 나타난다.

누가복음의 경우 출애굽 신앙 전승의 해방이라는 주제가 누가복음에 미친 영향은 출애굽 전승에 대한 누가의 유비적인 사용 가운데 가장 강력하게 나타나며, 특히 이사야 본문에 대한 비교적 이른 시점의 사용을 통해서 이 전승이 조명된다.

누가는 출애굽의 구속-해방이라는 주제를 희년에 대한 비전이 담고 있는 해방과 연결시킨다. 그 다음 이사야에 의해서 이미 한데 어우러진, 이중적 끝을 지닌 해방이라는 전승을 사용해 예수의 갈릴리 사역을 모든 형태의 압제로부터 해방을 가져오는 좋은 소식(εὐαγγέλισασθαι)으로 제시한다.

예수께서는 세리들과 죄인들에 대한 종교적 차별과 따돌림을 식탁 교제로 대체하셨고, 가난한 자들에게 복을 선포하셨으며, 여자들을 하나님

10) A. Verhey, *Great Reversal*, 82-91.

의 구속 사역 가운데로 영접해 들이셨고, 유대인들과 이방인들 사이의 장벽을 허무셨다. 예수의 복음은 사회적-종교적이며 경제적이고도 성에 근거한 모든 유형의 압제로부터의 해방과 구속의 근저에 놓여 있는데, 이 복음은 사탄의 세력을 부숴버리고 사람들을 소외되고 원수 됨에서 자유하게 하셨다.

이런 점에서 누가는 출애굽의 구속과 해방이라는 주제를 예수 자신의 세계와 당시 사회적 세계 속에서 상황화 시킴으로써 새롭게 변화시켰다.

또한 누가는 새로운 상황에 맞게 상황화 된 출애굽이라는 주제에 덧붙여 명시적인 출애굽 모티프을 제한적이지만 중요하게 사용하고 있는 용례를 채택한다. '출애굽'이라는 단어는 누가의 갈릴리 섹션에 있는 변화산상의 이야기에 들어 있는데, 변화산상에서의 예수의 변형사건은 시내산 사건을 반향한다. 이와 동일하게 중요한 점이 7장에서 누가가 모세 전통의 선지자라는 모티프를 독특하게 사용하기 시작한다는 점이다.

이와 같은 누가복음의 두 가지의 특징은 분명하게 누가복음의 갈릴리 섹션을 출애굽-시내산 전승과 밀접하게 연결시키지만, 우리는 출애굽-해방이라는 주제에 대한 누가의 용례로부터 또한 옛 구약 이야기로부터의 자유함 —아마도 공동체적인 정체성과 관련한 거리감— 을 보게 된다.

누가의 크리스천 공동체로까지 확장되는 이스라엘과 예수 사건 사이의 연속성은 반드시 유지되어야 마땅하지만, 동일하게 중요한 점은 예수께서 행하신 속박에서 자유하게 하심이라는 주제의 독특성은 교회의 복음 선포 중에서 지속적으로 찬양되어야 하며, 새롭게 살아 역사해야 한다는 점이다.

### 길-정복 전승

마가복음의 예루살렘을 향한 여정의 섹션은 전략적으로 길-정복이라는 모티프와 이미지를 사용하고 있다.

마가가 이 섹션의 구조를 형성하고자 길이라는 의미의 ὁδός 용어를 일관되게 사용하고 있다는 사실과 1장 2-3절에서 복음서를 열면서 독특하게 이 용어를 도입하고 있는 점은 마가의 중간 여정 섹션이 약속의 땅으로 향하는 이스라엘의 길(출 23:20)에 대한 반향으로 읽히기를 원한다는 뜻이다.

또한 마가는 9장 41절-10장 29절에서 '하나님의 나라에 들어간다'는 표현을 사용하는데(참조 9:1), 이것 역시 신명기적 표현인 '가나안 땅에 들어간다'를 반향한다. 예수의 변화산상의 변화사건과 모세의 시내산에서의 경험(출 24장) 사이의 수많은 평행적 모티프가 이러한 반향을 강화시킨다.[11]

A. 슐(Suhl)은 마가가 예수의 이야기를 이스라엘의 이야기와 연결시키기 위해서 사용하는 해석학적 전략을 평가하면서 이 전략을 일종의 καθώς(마치 ~처럼)의 해석 원리, 즉 '~와 같은 관계'라고 명명한 바 있다.

이러한 '~와 같은 관계'라는 해석 원리에 따르면 과거가 제시되는 목적은 저자/내레이터에 의해서 과거가 예수의 현재 가운데서 *재*-현되기 위한 것이다.[12] 구약이라는 과거와 예수-복음이라는 현재 사이의 관계에 대한 이러한 견해는 전승이 지닌 강력한 연속성을 잘 말해준다.

그러나 전승의 몇몇 측면은 '~와 같은 관계' 속에서 지속되지 않는다. 정복자이신 하나님에 대한 겸손하고도 신실한 의뢰와 의존은 옛 구약 이야기와 새로운 예수 이야기 모두에 나타나지만, 고난과 십자가를 지는

---

11) 마가복음과 마태복음에서 변화산상의 사건은 예루살렘을 향한 순례 여정 이야기 내에 놓여 있다. 이것은 마치 출애굽기 24장이 가나안 땅에 이르는 '길'이 발표된 이후에 놓여 있는 것과 평행을 이룬다. 누가복음에서 변화산상의 사건은 갈릴리 섹션에 놓여 있다. 이스라엘의 전승 역사의 관점에서 볼 때 시내산 전승은 출애굽 전승과 '길'-정복 전승에 참여한다. 공관복음서 간의 차이점 역시 구약 전승 간의 유동성을 유지하고 있다.

12) A. Suhl, *Die Funktion*, 96, 130-137, 157-159, 167.

일, 능력과 특권과 높은 위치를 부인하고 포기하는 일은 오직 새 이야기에만 독특하게 나타난다.

ὁδός는 하나의 교훈적 전략으로써 이를 통해서 마가복음의 예수께서는 제자도의 길을 가르치신다. 이러한 제자도에 따르면 십자가와 어린아이, 종이라는 이미지는 전형적이고도 근본적인 역할을 한다. 더욱이 전능한 용사 하나님(The Divine Warrior)이라는 구약 전승 역시 근본적인 변화를 겪게 되는데, 특히 정복자가 이제는 종이 되어서 자신의 생명을 많은 사람들을 위한 대속물로 주고 있다는 점에서 그렇다.

그러기에 마가복음은 구약의 이야기와의 강한 연속성을 보여주는 반면에 구약 이야기의 모티프와 강조점을 근본적으로 새롭게 변화시키고 있는데 변화의 정도가 너무도 크기에 연속성뿐만 아니라 불연속성 역시 크게 부각된다. 마가복음의 중간 여정 섹션의 인자의 말씀들은 십자가에 달려 죽는 메시아의 필연성과 확실성을 드러내주는데 이 점은 오직 새로운 믿음의 이야기만이 지니는 독특한 양상이다.

마태복음은 마가복음과 누가복음과 달리 특정한 모티프나 구조상의 평행적 형태를 통해 구약 이야기를 해석학적으로 사용하는 데 관심을 보이지 않는다. 이에 대한 하나의 예외는 변화산상의 사건에서 시내산 이미저리를 크게 부각시킨다는 것이다. 그러나 구약 이야기와의 주제상의 유비라는 점에서 마태복음은 분명히 악과 죄에 대한 정복이라는 주제를 발전시킴으로써 결과적으로 예수 공동체가 그리스도 안에서 승리를 유지하고 있다는 점을 견지한다.

또한 마태복음은 예수께서 크리스천 공동체에게 "묶고 풀라"고 명하시며, 또한 공동체의 구성원에게 실족하게 하는 일들을 금하라고 명하시는 것으로 묘사하는데, 이러한 묘사는 구약의 길-정복 전승이 강조하는 바를 하나씩 새롭게 변화시키고 있음을 보여준다. 비록 대적을 이긴다는 개념 속에서 유비적인 사고-구조를 발견할 수 있긴 하지만 구약 이야기와의 불연속성은 분명하며 이러한 분명한 불연속성은 구약 이야기와 예수 이야기 사이의 연관관계를 볼 수 없게 만들기까지 한다.

이런 연유에서 구약의 길-정복 전승이 철저히 상황화 됨으로써 구약과 예수의 이야기를 연결짓는 마태의 이야기 표지들이 사실상 사라지게 된다. 그 이유는 마태복음의 갈릴리 섹션은 출애굽 전승보다는 시내산 전승에 크게 의존하고 있기 때문이다.

출애굽 전승이 때때로 마가복음과 누가복음의 예루살렘을 향한 여정 섹션에서 길-정복 전승과 혼재되어 나타나는 반면 마태복음의 여정 섹션은 명시적인 출애굽 혹은 길-정복이라는 모티프나 구조상의 유비를 보여주지 않는다. 그러나 변화산상의 변화 사건에서 마태복음은 예수 이야기와 시내산 전승 사이의 연관관계를 크게 부각시킴으로써 갈릴리 섹션의 두드러진 강세를 확장시킨다.

누가복음은 예루살렘을 향한 확장된 여정 섹션에서 분명하게 이스라엘의 신앙 전승에서 유래된 모티프와 구조를 사용한다. 이 섹션에는 구약의 신앙 전승과의 수많은 주제상의 연관관계가 나타나는데, 이것들은 누가가 보여주는 신명기와의 구조상의 일치의 일환이다.

이러한 연관관계 속에서 중요한 새로운 변화가 나타난다. 특별히 원수를 다루는 방식에서 누가 이웃이고 누가 대적인가에 대한 제자들의 생각을 바꾸려는 예수의 시도에서 나타난다. 사마리아인은 더 이상 원수가 아니라 이웃이라는 점이다. 사탄은 싸워 이겨야 할 대적이다.

누가의 '평화의 복음'(10장과 19장은 이점에 관해서 일종의 수미상관구조를 보임) 역시 길-정복 전승과 관련한 중요한 새로운 변화이지만, 하나님의 공의에 대한 누가의 묘사와 사람들로 하여금 참된 정의를 행하라는 초청에 대한 누가의 묘사는 길-정복 전승과의 주목할 만한 연속성을 이룬다.

마찬가지로 누가는 예수께서 예루살렘을 향한 여정 중에 잔치에 참여하시는 모습을 자주 묘사하는데, 이러한 묘사 역시 여호와 앞에서 기뻐하며 잔치에 참여한다는 신명기적 주제를 반향한다. 누가는 여기서 *기뻐한다*는 것을 특별히 예수께서 죄인들과 세리들과 함께 식사하시는 것과 연결시킨다.

이런 점에서 모티프와 주제상의 연속성이 존재하지만, 잔치 혹은 축제의 방식과 조건이라는 점에서는 불연속성이 존재한다. 예수께서는 잔치를 '하나님이 친히 선택하실 장소'로 제한하기보다는 구약 전승이 담고 있는 정결의 경계선을 자유롭게 넘나드신다. 가장 강력한 연속성은 예수를 배척받는 선지자로 강력하게 묘사하고 있는 데에서 분명히 드러난다. 여기서 예수께서는 모세 전승을 재-현하시며, 그런 점에서 새 이야기가 옛 이야기가 강조하는 바를 계속 이어나간다.

간단히 말해서 누가는 자신의 특별한 이야기를 구성함으로써 강력한 연속성을 유지해 나갈 뿐만 아니라 동시에 중요한 지점에서 구약 전승을 새롭게 변화시킴으로써 강력한 불연속의 요소를 만들어 낸다.

### 성전 전승

모든 공관복음서에서 성전 전승은 매우 중요하다. 그리고 모든 공관복음서에서 모티프와 주제의 해석학적 용례를 조화롭게 운용하는 현상이 나타난다.

ἱερὸν과 ναος로 표현되는 성전 모티프는(네비임[선지서]과 케투빔[성문서]을 통한, 성전에 대한 전조로서의 성막 가운데 있는 토라[율법서] 가운데 나타나는) 이스라엘의 풍부한 문헌상의 성전 전승을 반향한다. 이스라엘의 성전과 관련된 텍스트에서 유래하는 수많은 구체적인 본문이 이 점을 분명하게 말해준다.

구체적으로 모든 공관복음서가 예수의 승리의 예루살렘 입성에 대한 묘사에서 예수에게 주어지는 찬양과 관련해 시편 118편 25-26절 일부를 인용하며, 성전과 관련된 두 선지서의 본문(사 56:7과 렘 7:11)을 인용해 예수의 성전 청결 사건을 해석한다.

또한 다시 시편 118편 22절을 인용해 악한 소작인 비유의 절정을 장식하며 시온 전승 시편인 110편 1절을 인용해 메시아의 정체성이 다윗의 아들과 주시라는 이슈를 제기한다. 마태복음과 마가복음에 나오는 '멸망의 가증한 것'(누가의 경우는 예루살렘)이라는 이미지는 다니엘 9장 27절, 11장 31절, 12장 11절에 나오는 보다 초기의 성문서 전승과 연결된다.

공관복음서의 수난-이전 기사에서 나오는 성전 모티프와 성전 주제는 하나님의 방문, 초대, 심판이라는 주제에 대한 강조와 함께, 명시적으로 구약 이야기로부터 유래하며, 이는 새로운 예수 이야기의 중요성을 보다 자세히 설명하려는 목적을 지닌다.

누가는 자신의 두 저작 누가복음과 사도행전을 성전에 대한 강조로 끝을 맺는다. 반면 마가와 마태는 내러티브 형식의 이야기를 통해 수난-이전 섹션에서 성전 전승에 초점을 맞춤으로써 이어지는 수난 기사에서 지속되는 효과를 만들어낸다. 마태복음과 마가복음에서 예수의 성전 이야기와 구약의 성전 전승의 특정한 흐름 사이의 긴장 관계가 너무 크기에 결국 문자적 의미의 성전은 새로운 성전으로서의 그리스도 자신(마가복음의 경우) 혹은 하나님의 새로운 백성(마태복음의 경우는 교회)으로서의 그리스도에 의해 대체된다.

그러나 마가복음과 마태복음 모두에서 종말론적 시대에 성전에 부여된 역할이 그리스도에 의해, 예수의 이름의 이름으로 모인 신자들에 의해 지속적으로 이루어진다. 이방인들에 대한 복과 참된 예배의 장소가 이제 하나님으로부터 인간 경험 속으로 중재된다. 정말로 "성전보다 더 큰 이"(마

12:6)가 오셨으며, 마가복음에서 서기관들이 바르게 지적하듯이 이것은 "모든 번제들과 희생제사들 보다 훨씬 더 중요하다"(막 12:33b와 참조 마 13:9).

인간과 인간, 그리고 하나님 사이에 평화를 회복하도록 의도되었던 구약의 모든 희생 제사들이 이제 새 성전의 역할인 예배와 선교에 의해 절정에 이르렀으며, 이로써 하나님과 이웃에 대한 참된 사랑이 성취된다. 이런 점에서 마가복음과 마태복음 모두에서 이스라엘의 성전 전승과 관련한 중요한 새로운 변화가 일어났다. 예루살렘이 아니라 갈릴리가 상징적인 핵심이 되어 만국에 대한 시온산의 복들을 성취하고 있다.

누가는 성전 전승에 대해 다른 이해를 갖는다. 일단 예수의 정결 사역을 통해 깨끗해진 성전은 이스라엘로 하여금 하나님의 백성으로 새롭게 될 것에 대한 예수의 선교 초청의 역할을 한다. 누가복음의 예수의 이야기는 성전에서 겸손히 그리고 기쁨으로 하나님을 찬양하는 하나님의 백성에 의해서 태동되고 결국 그 절정에 달한다(눅 1장과 24:50-53). 이런 점에서 이 이야기는 초대교회에서도 계속 이어진다(행 2-4장).

그러나 예루살렘과 예루살렘 백성은 자신의 메시아를 배척하기에 심판을 받는데 이들이 하나님의 방문의 때를 경멸했기 때문이다(눅 19:40-44). 이런 이유 때문에 성전은 하나님의 심판 아래 놓였으며, 이러한 하나님의 심판은 누가복음이 기록될 당시 이미 이루어지고 있었다(21장). 더욱이 성전의 역할에 대한 배타적인 이해는 교회의 최초 순교자들로부터 통렬한 비난을 불러온다(행 6:8-15; 7:47-52).

이러한 통렬한 비난은 누가와 누가복음의 독자들에게 이미 일어난 성전 멸망을 적법화 하는 역할을 한다. 하나님의 복의 장소와 영역으로서 성전의 역할이 끝난 것은 성전이 교회 예배와 찬양에 부적합해서가 아니라 이스라엘 백성들에게 보내졌던 하나님의 메시아이신 예수를 배척함으로 예루살렘과 예루살렘의 거민들에 대한 하나님의 심판으로[13] 성전 멸망이 이루어졌기 때문이다.

누가복음과 사도행전 전반에 걸쳐서 이스라엘의 성전 전승은 새 이야기 가운데 나타나는데, 주로 구약의 옛 이야기의 강조점들과의 연속성 사이에 나타난다. 성전과 성전이 지닌 예배와 만국에 대한 복의 중재라는 역할은 이스라엘의 종말론 소들을 이루시는 하나님의 성취를 지원한다. 신학적으로 말해서 시온은 이스라엘과 만국을 위해 지속된다.

### 왕권 전승

이스라엘의 왕권 전승은 모든 공관복음서의 수난 기사에서 두드러진다. 이 경우 구약 전승 모티프와 주제에 대한 해석학적 용례가 명시적으로 나타난다. 또한 매우 지속적으로 나타나기에 수난 기사 속의 왕권 전승은 의심의 여지가 없다. 예수에 대한 칭호들, 특히 메시아-그리스도와 하나님의 아들이라는 칭호는 앞서 6장에서 다루었듯이 왕권 전승에 그 뿌리를 둔다.

공관복음서의 수난 기사는 지속적으로 나타나는 '유대인들의 왕'과 '이스라엘의 왕'으로 주조를 이루고 있다. 본나드(Bonnard)의 주장대로 시편 72편이 예수에 대한 누가의 묘사의 저변에 흐르는 사상에 영향을 미쳤다면 구약 이야기와 복음서 이야기 사이의 구조상의 평행 형태 또한 존재하는 셈이다. 수난 기사가 모티프와 주제 모두에서 이스라엘의 왕권에 크게 연유하지만 반면 수난 기사는 이스라엘의 왕권을 이스라엘의 이야기의 다

13) J. B. Tyson은 예루살렘과 예루살렘 성전에 대한 누가의 구분을 제시하면서 눅 19-21장과 행 2-4장에 나오는 성전을 둘러싼 갈등의 분위기는 유대 지도자들이 메시아와 메시아 공동체를 거절함으로 생겨난 것이라고 주장한다: *The Death of Jesus in Luke-Acts* (Columbia, S. C. : University of South Caroline, 1986), 90-91, 96-109.

른 전승과의 긴장 관계 속에 위치시킨다.

모든 공관복음서가 예수의 세례 사건과 변화산상의 사건에서 들려온 하늘의 음성은 예수를 하나님의 왕적 아들이라 밝히며 곧 이어서 이사야 42장 1절을 인용함으로써 왕적 전승을 만국에 대한 공의를 행하는 하나님의 종이란 모티프와 연결시킨다. 변화산상에서 들린 동일한 하늘의 음성은 또한 신명기 18장 15절을 인용함으로써 예수의 왕적 정체성을 예언 전승과 연결시킨다.

공관복음서 모두에서 고난당하는 인자의 말씀은 예수의 메시아적 정체성을 규정하고 해석하는 역할을 한다. 예루살렘의 승리의 입성 장면에서 예수의 왕권은 스가랴 9장 9-10절이 묘사하는 겸손한 왕, 곧 온 세상의 평화를 통해서 전쟁을 끝내시는 겸손한 왕에 대한 묘사를 통해서 한계가 분명하게 설정된다.

더욱이 예수의 심문 과정에 대한 공관복음서의 묘사에서 예수의 왕권은 무리들의 조롱과 십자가, 예기치 못한 백부장의 고백이라는 아이러니를 통해서 왕권이 지닌 신적 차원이 드러난다. 오직 "권능의 보좌의 우편에 앉으신" 예수를 볼 수 있는 눈과 예수를 하나님의 아들이요 의로운 분이라고 고백할 수 있는 입을 통해서만 예수의 왕권은 진정으로 이해될 수 있다.

각각의 복음서는 복음서들이 공유하는 이 모든 특징적 요소를 넘어서 왕권 전승을 제한하고 새롭게 규정하는 자신만의 특정한 형태를 드러낸다. 이를 통해서 각 복음서는 이스라엘의 왕적 계열의 메시아 전통이 지닌 군사적이고 위협적이며 국가주의적인 경향을 새롭게 변화시킨다.

마가복음은 이러한 새로운 변화를 메시아 비밀이라는 장치를 사용함으로써 만들어 낸다. 이 장치를 통해 마가는 하나님의 아들로서의 예수의 왕 되심이 오직 '십자가에 달린 메시아'라는 사실을 직면해서만 겸손하게 선언될 수 있게 한다. 또한 마가복음에서는 이 장치를 통해서 예수의 왕권에 대한 모든 형태의 국가주의적 해석을 철저히 배제한다.

마태복음에서는 예수의 출생에 대한 묘사에서 모든 것이 연약하고 깨지기 쉬운 상황 속에 있는 예수의 왕권을 헤롯의 왕권과 의도적으로 대비시킴으로써 이러한 새로운 변화를 보여준다. 또한 11장 25-30절에서 겸손한 왕권과 지혜 전승을 연결시킴으로써, 예루살렘에 있는 시온산에서 기인하는 우주적 권세에 대한 예수의 주창을 갈릴리의 이름 없는 산에 돌림으로써 이러한 변화를 보여준다.

마태복음의 묘사에 따르면 하나님의 다스림은 갈릴리의 이름 없는 산에서 시작해 온 나라들로 널리 퍼져나갈 것이며, 성부와 성자와 성령의 이름으로 이루어지는 세례는 만국으로 확장되어 나간다.

누가복음에서는 구세주-왕의 출생이 모든 사람을 위한 평화를 의미하며, 모든 사람은 주의 구원을 볼 것이라고 선언함으로써, 또한 예수는 순례 여정 중에 있는 선지자로서 자신의 평화의 다스림을 대적인 사마리아인들에게까지 제공하시는 분이라고 묘사함으로써, 끝으로 예수는 배척받고 죽으심으로 고난 받는 의인의 절정이시며 하나님에 의해 복을 받아 높이 들려져서 영광 가운데 하나님의 보좌의 우편에 앉으셨다는 사실을 보여줌으로써 이러한 새로운 변화를 보여준다.

이런 연유에서 공관복음서 각각은 구약 이야기의 왕권 전승을 새로운 예수 이야기에 대한 중요 주제로 사용한다. 복음서들은 각기 자신의 독특한 방식으로 내러티브 양식과 신학적인 심오함 가운데 새로운 유형의 왕적 다스림과 왕적인 평화를 드러낸다.

이러한 새로운 유형 속에서 '다른 이들을 지배한다는 것'이 겸손한 섬김의 직분, 하나님에 대한 어린아이와 같은 신뢰, 하나님과 이웃과 원수에 대한 사랑으로의 변화가 나타난다. 해방과 정복, 성전과 왕권은 모두 이스라엘의 참된 아들이신 예수 안에서 하나님께로부터 기인하며, 또한 하나님을 위한 것들로 새롭게 변화한다.

### 일관된 패턴의 의미를 파악하기

지금까지 본 장에서 이스라엘의 네 가지 주요한 신앙 전승이 공관복음서의 이야기의 구조상의 형태와 주제상의 강조점에 미친 영향을 해석학적 관점에서 요약하고 평가하고 분석해왔다. 또한 본 장에서 구약 이야기와 복음서 이야기 사이에 놓인 연속성과 새로운 변화가 지닌 중요한 국면을 살펴봤으며, 동시에 두 이야기의 관계라는 측면에서의 불연속성을 살펴봤다.

이제 복음서 이야기가 지닌 신학적 중요성이라는 문제를 살펴보고자 한다. 특별히 공관복음서의 특정한 구조인, 갈릴리, 예루살렘을 향한 중간 여정, 예루살렘, 갈릴로의 회귀(마태복음과 마가복음의 경우)라는 특징적 구조와의 관계 속에서 신학적 중요성을 주목하고자 한다.

#### 갈릴리-예루살렘 구조의 중요성

이스라엘의 신앙 이야기가 공관복음서의 구성에 미친 영향의 본질적 요소로서 독특한 공관복음서의 구조상의 특징을 들 수 있다. 이 특징에 따르면 예수의 이야기는 두 축을 이루는 지리적 장소인 갈릴리-예루살렘이라는 구조를 중심으로 구성되어 있는데, 여기서 이러한 특징을 새롭게 살펴볼 필요가 있다.

갈릴리-예루살렘 구조는 마태복음과 마가복음, 누가복음에서 *공-관*(*syn-optic*)적 성격을 지니며, 예수의 이야기를 공통의 시각으로부터 제시하고 있다는 견해의 중요한 요소이다. 이 점을 인정한다 해도 지리적 위치에 따른 개관의 경우 세 복음서 사이에 많은 차이점이 존재하는데,[14] 특히 공관복음서의 시작과 끝의 경우에 그렇다.

그러나 공통적 요소가 차이점보다 더 두드러지며, 이 요소는 갈릴리-예루살렘이라는 구조가 지닌 문학적이며 역사적인, 신학적인 중요성을 찾고자 하는 오랜 연구로 이어졌다(2장을 보라).

이상의 예가 이스라엘의 신앙 전승이 공관복음서의 내용에 미친 영향, 특히 모티프와 구조상의 일치, 주제상의 유비들의 관점에서 미친 영향이 크다는 점을 보여주고 있기에 필자는 다음과 같이 제안한다.

공관복음서가 구약의 신앙 전승을 사용함으로써 공관복음서의 형태가 두 축으로 이루어진 갈릴리-예루살렘 구조로 형성되게 되었다. 비록 이스라엘의 신앙 전승이 북조 이스라엘과 남조 유다에 의해 공유되었지만, 성전 전승과 왕권 전승은 기원과 원조라는 의미에서 남조 유다 특히 예루살렘에 "속했다"(이에 대한 증거로는 시온에 관한 시편들, 이사야 전승, 왕권과 성전을 예루살렘에 위치시키고 있는 이스라엘의 초기 역사가 있다)고 말할 수 있다.

더욱이 출애굽 전승과 정복 전승은 처음 북조 이스라엘에서 유지되고 발전되었다(이에 대한 증거는 오경의 증언과, 이스라엘의 초기 역사, 호세아의 출애굽 이미저리를 들 수 있다).[15] 확실한 사실은 출애굽과 정복 전승은 남조 유다에 의해 역시 유지되었고 남조의 전승과 서로 합쳐지기까지 했다는 점이다(이에 대한 증거는 이사야 40-55장이다).

그러나 출애굽과 정복 전승이 예루살렘 왕조 이전에 있었던 이스라엘의

---

14) 눅 4:44은 특별한 경우를 보여주는데, "예수께서 유다 회당에서 계속해서 메시지를 선포하시더라"는 표현이 혹자에 의해서 예수는 이미 갈릴리 사역을 마치셨다는 것을 암시한다고 받아들여진다는 점에서 그렇다. 그러나 이 표현을 이렇게 해석할 수 없다. 특히 예수를 게네사렛 호수가에 위치시키고 있는 바로 다음 구절인 5:1절에 비추어 볼 때 그렇다. 23:5에서 *유대*는 모든 이스라엘을 가리키며(참조 1:5; 7:17), 여기서 유대는 분명 상징임이 틀림없다. 이 구절에 대한 주요 사본의 변이형들 역시 필사자가 느꼈던 어려움을 보여주는데, 아마 이런 이유에서 필사자는 이 어려움을 해결하고자 했던 것으로 보인다. 이 이슈에 대한 보다 자세한 설명을 위해 Freyen, *Galilee*, 90-91을 보라.

15) 또한 북쪽 지역에 위치한 사마리아인들이 자신의 정경을 모세오경으로 국한시켰다는 사실은 (신명기의) 출애굽과 정복 전승이 북쪽의 신학 전승과 신학적 동일성을 유지했다는 사실을 보여준다.

경험과 동일시되고 있음 또한 사실이다. 연대기적으로 볼 때, 두 전승은 다윗이 여부스 족속의 거점을 빼앗기 이전에 이미 발전했으며, 이런 점에서 길갈, 세겜, 실로와 같은 북조의 산당과 비교적 이른 시기에 제의적으로 연결되어 있었다.[16)]

이러한 북조의 신앙 전승은 여호와를 전능한 신적인 전사로 섬겼으며, 이런 점에서 왕권과 성전 전승이 남조 유다에서 발전됨에 따라서 이들 전승에 대한 줄기찬 비판을 제기했다. 그러나 이러한 비판은 여호와 하나님에 대한 북조의 충절과 남조의 충절 사이의 문제가 아니었다.

2장에서 지적했듯이 비판의 목소리는 남조의 선지자들에게서 왔는데 주로 남조의 시온 전승의 신학 자체에서 왔다. 더욱이 몇몇 경우 북조의 신앙 전승이 사용되어 남조의 신앙 전승이 강조하는 것들을 보완하고 제한하기도 했으며 그 반대의 경우도 존재했다.

그러나 레벤슨(Levenson)에 의해서 제기된 이상의 고찰은 각기 독특한 북조와 남조의 전승의 적법성을 전제하고 있다.

북조 이스라엘이 남조 유다보다 먼저 바벨론에 의해 멸망되었기에 남조 유다는 지속적으로 초기의 신앙 전승을 소유하고 활용했으며, 이 신앙 전승을 보다 후기의 자신의 신앙 전승과 서로 혼용했다. 시온 전승의 시편들이 반향하고 있듯이 북조의 전승은 왕권(여호와의 왕권과 다윗 왕조의 왕권 모두)에 대한 찬양과 축제에서, 하나님의 거룩한 산에서 이루어진 예배에서 종종 통합되었다.[17)]

---

16) Cross, "Divine Warrior"를 보라.

17) 시 78은 거의 초기 전승으로 이루어졌지만 시온과 성소, 다윗 왕권으로 절정에 달한다(68-70절); 렘 31장도 이와 유사하다. 시 89은 여호와께서 다윗과 맺은 언약을 기념하지만, 출애굽과 가나안 정복을 반향한다(10b, 13절). 어떤 시편은 전적으로 보다 초기 전승인 출애굽과 정복 전승에 쏠려 있지만(105, 106, 114), 어떤 시편은 성전 전승과 왕권 전승에 초점을 맞춘다(2, 48, 72). 시 50은 이 두 전승의 요소를 통합하고 있고, 시 18과 시 118은 보다 일반화된 갈등과 승리의 언어로 두 전승에서 유래한 경험들을 담고 있다. 비록 이 시편들의 끝부분들은 분명히 시온 전승과

이런 점에서 이스라엘의 계속되는 역사 속에서 남조의 전승, 특히 메시아 대망과 연계된 남조의 전승이 중요성에서 우위를 점하게 되었다. 종말론적 소망의 발전적 움직임 속에서 예루살렘은 말하자면 "온 땅의 중심"이 되었다. 하나님의 구원이 예루살렘에서, 그리고 예루살렘을 통해서 이스라엘에 올 것이라고 간주되었다.

그러나 시온 전승 신학은 비록 예루살렘에 중심을 두고 있기는 했지만 종종 자신의 신학의 비전 속에 온 세상을 담고 있었다.

이스라엘의 독특한 남조와 북조의 신앙 전승이 공관복음서의 각 섹션에 커다란 형적을 남겼다는 점에 비추어 볼 때 필자는 다음과 같이 제안한다.

> 갈릴리와 예루살렘이라는 양대 축의 구조 사이에 있는 공관복음서는 이스라엘의 주요한 신앙 전승의 기원과 발전에 배경을 이루는 북조 이스라엘과 남조 유다라는 상황을 반영하고 있다. 이러한 직접적인 상관관계가 지닌 강조점은 공관복음서의 내러티브 형태 가운데 분명히 나타나 있다. 즉 갈릴리 섹션과 예루살렘을 향한 여정의 섹션은 이스라엘의 북쪽의 전승인 출애굽-해방, 토라-교훈, 길-정복 신앙을 발전시키고 있으며, 예루살렘에 놓여 있는 수난-이전 기사와 수난 기사는 이스라엘의 남쪽의 전승인 성전과 왕권 신앙을 발전시키고 있다는 점이다.

이런 점에서 이스라엘의 북쪽이라는 세팅은 출애굽-시내산과 길-정복 전승의 모체요 자양분으로써 공관복음의 예수 이야기를 구성한 복음서 저자들에게 예수의 사역에 대한 신학적-지리적 원형을 제공했다. 이런 연유에서 공관복음서는 자신의 예수 이야기를 독특한 북쪽의 요소를 토대

동일시하고 있지만 말이다. 18:1-2의 이미저리는 주로 출애굽과 정복 전승들에서 기인하지만, 시온 전승에 대한 암시를 담고 있다.

에 두고 풀어나가는데, 이에 대한 예는 갈릴리 섹션과 예루살렘을 향한 여정의 섹션을 이스라엘의 북쪽 지역에 위치시킨다는 점이다.

이와 마찬가지로 이스라엘의 남쪽이라는 세팅은 성전과 왕권 전승의 모체요 자양분으로써 공관복음의 예수 이야기를 구성한 복음서 저자들에게 예수의 보다 후대의 사역에 대한 신학적-지리적 원형을 제공했다. 이런 연유에서 공관복음서는 자신의 예수 이야기를 독특한 남쪽의 요소를 토대에 두고 풀어나가는데, 이에 대한 예는 수난-이전 기사와 수난 기사를 예루살렘에 위치시킨다는 점이다.

더욱이 예수의 사건과 가르침을 갈릴리에서부터 중간 여정을 거쳐 예루살렘으로 진행되는 순례 여정으로 분류하여 구성하고 있는 것은 (요한복음과 달리) 이스라엘의 회상과 축제들을 반영하는데, 이러한 회상과 축제들은 이스라엘의 신앙 전승을 기념하는 연례적 기념일의 연속적인 순환 구조 안에 놓여 있다.

비록 본 연구가 공관복음서의 내러티브 분석에 기초해 논지를 제시하고 있지만, 역사적 예수와의 연속성이라는 문제와 유대 전통의 예전과 초기 유대적-크리스천 전통의 예전이 공관복음서의 내러티브 형태의 발전에 미친 영향이라는 문제점 역시 분석이 필요하다고 본다. 그러나 이런 문제점은 여기서는 단지 간략하게 다루어질 수 있을 뿐이다.

공관복음서의 공통적인 갈릴리-예루살렘 구조를 형성했던 사람들이 누구인지를 분명하게 규명할 수는 없지만, 복음서 이야기의 특정한 개요 정도는 마가복음, 마태복음, 누가복음 이전에 이미 존재했었음이 분명하다.[18)]

---

18) 우리는 여기서 M. E. Boring이 다음의 글에서 제안하듯이 초대 교회의 선지자들의 역할을 고려해야 한다: "The Prophets as Hermenuet," *Sayings of the Risen Jesus : Christian Prophecy in the Synoptic Tradition* (London et al. : Cambridge University, 1982), 95-110. 또한 다음을 주목하라: "C. H. Dodd는 신약신학이 상당부분 헬라적인 요소를 담고 있음을 부정하지

그렇지 않더라도 최소한 이러한 발전 과정 중에 있는 갈릴리-예루살렘이라는 구조는 분명히 현재의 공관복음서의 배후로 흘러들어갔을 것이며 이런 점에서 이 구조는 초대교회가 복음 이야기를 이해했던 방식과 이 복음 이야기를 전달했던 방식을 보여주고 있음에 틀림없다.

정말로 예수께서는 이러한 구조가 드러나는 방식으로 자신의 사역의 여러 측면을 행하셨다. 그러나 현재 공관복음서 형태 가운데 있는 이 구조는 단순히 역사적 연구의 대상으로서의 예수라는 문제로 축소될 수 없다. 요한복음이 보여주는 다른 구조가 바로 이 점을 강력하게 시사한다.

현재의 온전한 형태와 중요성을 지닌 공관복음서의 가치를 인정하고 이 가치를 발전시킨 것에 대한 찬사와 존경이 최초의 공관복음서 저자에게 귀속되어야 한다. 특별히 갈릴리-예루살렘이라는 구조의 상징적 양극성이 지닌 신학적 중요성에 기여한 점에 대해 그렇다. 만약 마가복음이 최초로 기록되었다면 마가의 기여에 특별한 찬사가 주어져야 할 것이다. 마태복음이 혹은 누가복음이 먼저 기록된 것이 사실일 경우, 동일한 찬사가 그들 각각에게 주어져야 할 것이다.

한편으로 갈릴리-예루살렘이라는 구조가 지닌 상징적 역할에 대한 문학적 표현이 마가복음의 내용의 전체 국면을 지배하고 있기 때문에, 다른 한편으로 마태복음과 누가복음이 상징적 대조에 의해서 직접적으로 통제되지 않는 상당 부분을 포함시킴으로써 이러한 상징적인 역할이 복음서에서 어느 정도 무뎌지고 있기 때문에 본 연구의 이러한 측면은 마가복음이 최초로 기록되었다는 쪽으로 기운다.

---

않으면서 신약신학의 하부구조가 구약에 기초하며 또한 구약에 기록된 바가 이제 예수의 사역과 교회의 삶에서 성취되고 있다는 확신에 기초한다는 점을 보여주었다. Dodd의 논지는 성경을 초대교회에 설명했던 사람은 누구든지 그는 신약신학을 세우는 실질적인 건축가였다는 점이다" (*Sayings of the Risen Jesus*, 97).

S. 프레인(Sean Freyne)은 각각의 공관복음서에서 갈릴리가 지닌 문학적 역할을 다룬 바 있는데 그의 연구 역시 마가복음의 우선설을 전제하고 있으며, 세 복음서에서 갈릴리(그리고 예루살렘)가 지닌 역할에 대한 묘사 또한 마가복음의 우선설을 확언하는 경향을 보인다.

물론 혹자는 갈릴리-예루살렘의 상징적 역할 관계에 대한 매우 예술적으로 구성된 묘사가 공관복음서 기원을 연대기적으로 배열하는 과정에서 *발전되었고*, 이런 점에서 이 묘사가 맨 나중에 온 것이라고 주장할 수도 있다. 이 주장이 사실이라면 공관복음서의 저작 순서는 누가복음, 마태복음, 그리고 맨 마지막으로 마가복음이었을 것이다.

또한 혹자는 마태복음의 구약 인용인 '이방의 갈릴리'라는 표현이 마가에게 기발하고도 포괄적인 상징적 과제를 부여했을 것이며, 이런 점에서 공관복음서의 저작 순서는 마태복음, 마가복음, 누가복음일 것이라고 주장할 수도 있다.

그러나 본 연구의 목적은 복음서 기원에 대한 이런 저런 이론에 대해 새로운 제안을 하려는 것이 아니다. 공관복음서의 기원에 관한 문제는 본 연구가 이룬 것들을 고려하여 다른 사람들에 의해서 논의될 수 있을 것이라 생각한다.

이스라엘의 네 가지 주요한 신앙 전승의 기원과 관련한 남쪽과 북쪽이라는 위치의 문맥에서 볼 때 예수 이야기에 대한 갈릴리-예루살렘이라는 구조와 공관복음서 이야기 속에서 갈릴리와 예루살렘이 차지하는 상징적 역할은 새로운 중요성을 띤다.

갈릴리 섹션과 예루살렘을 향한 여정의 섹션이 예수의 사역에서 출애굽-시내산과 정복이라는 강조점을 지지하는 기반의 역할을 한다는 사실은 전승상의 연속성을 보여준다. 이와 마찬가지로 예루살렘이 예수 사역에서 성전과 왕권이라는 강조점을 지지하는 기반의 역할을 한다는 사실 역시 전승상의 연속성을 보여준다.

그러나 예루살렘이 아니라 갈릴리가 예수의 초기 사역에서, 그리고 마가복음과 마태복음에 나타나는 예수의 부활-이후 선교 명령에서 하나님의 나라의 선포와 수용의 빛나는 축이 되었다는 사실은 전승의 새로운 변화, 심지어 역전 혹은 도치를 잘 드러내준다.

구약 이야기에서 평가절하 되었고, 보다 뒤에는 열등한 종교적 지위를 갖는 땅과 백성으로 경멸되었던 것이 —이 시각에서 갈릴리 사람들은 주도적인 유대인들에 의해서 부차적인 계급에 속한 종교적 언약 회중들로 인식되었다[19]— 이제 하나님의 종말론적 구원의 놀라운 장이 된 것이다. 이 점은 매우 중요한 의미를 지닌다. 현재의 복음서 이야기의 구조 자체가 보여주듯이 하나님은 정말로 비천한 자들을 높이 일으켜 세우신 것이다.

### 갈릴리-예루살렘 구조와 관련한 프레인(Sean Freyen)의 확언

S. 프레인은 전혀 다른 각도에서 이루어진 연구를 통해서 갈릴리-예루살렘이라는 관계에 대한 비슷한 견해에 이른다. 구체적으로 말해서 그는 갈릴리의 삶이 지닌 사회학적, 종교적 요소와 —남쪽 전통의 증언에 따라 이루어진 인식의 일환임— 공관복음서에서 갈릴리가 지닌 문학적 역할 사이의 상호관계라는 이해에 도달한 것이다.

프레인은 문학적 분석을 통해 마가복음에서 갈릴리가 지닌 상징적 역할은 '드러냄과 계시'(1-8장)라고 주장한다. 갈릴리가 전체적 정서에서는 유대적이지만, 위치상 갈릴리는 인근 지역과 손쉬운 접근을 가능하게 했으며, 사회적 정황상 종교적 이슈에 대한 유대인들과 이방인들 사이의 대화를 열

---

19) 이것은 '갈릴리'라는 지칭이 경멸적으로 혹은 조롱의 의미로 사용된다는 뜻으로, 막 14:70과 이 구절의 평행 구절들, 그리고 요 7:15, 45-52을 보라. Josephus(*War* 2:237)와 랍비 문헌들은 갈릴리 사람들에 대한 비하가 더 심하다. 다음을 보라: Freyne, *Galilee*, 1-2, 123-124.

수 있는 충분한 친밀도를 가능하게 했다는 것이다.[20]

이 점은 마가복음이 보여주는 바와 일치한다. 즉 마가복음에서 유대인이신 예수는 하나님의 선지자와 하나님의 왕적 아들로서 자신의 권세 있는 능력에 걸맞게 이방인들을 치유하시는데, 이 점은 동시에 이야기 전개상 등장인물들 모두에게 인식되어야 할 요소로 남아 있다는 뜻이다.

더욱이 "예수를 갈릴리에서 볼 것이라는 약속(막 14:28; 16:7)은 매우 중요한데, 그 이유는 본다는 것과 눈먼 소경됨이 예수의 사건과 말씀을 이해하는 것과 관련해서 복음서 이야기 속으로 한데 어우러져 들어가 있기 때문이다."[21]

역으로 마가복음의 저자인 마가 혹은 마가복음의 내레이터는 예루살렘을 갈등의 장소로 묘사한다. 즉 이곳에서 갈릴리에서 있었던 예루살렘의 서기관들과 예수의 충돌 양상이 절정에 달한다는 뜻이다. 그러나 예수에 대한 묘사에서 "저자요 내레이터인 마가는 심문 장면과 십자가에서 죽으시는 장면에서 예수가 아이러니하게도 왕으로 등극하신다는 점을 마가복음 전반에 걸쳐서 보여준다."[22] 다음의 프레인의 결론이 본 연구의 논지를 보완한다.

> 모든 복음서 이야기는 변방이 새롭고도 지역적 제약을 받지 않는 신의 임재의 센터가 되어가는 상징으로 갈릴리를 사용하고 있기 때문에, 그리고 갈릴리의 한 영도자와 그의 제자들이 유대교의 기존의 종교 지도자들을 대체하는 것으로 묘사하기 때문에 대단히 역설적인 심지어 희극적인 성격이 존재한다. 갈릴리에서 온 순례자가 순례의 장소를 향해 가면서 순례의 장소

20) Freyne, *Galilee*, 36, 40, 50.
21) Ibid., 52-53.
22) Ibid., 52.

> 를 전복시킨다. 이 순례자의 순례는 자신을 따르는 자들에게 토라-상징을 대체하는 새로운 길이 되며, 이런 점에서 그들의 순례는 그들의 유대 전통의 신앙이 그들에게 하나님을 만날 수 있는 장소라고 말했던 바로 그 센터로 그들을 인도한 것이 아니라 예루살렘 땅 밖에서 이루어지는 새로운 형태의 신과의 대면을 증거하고 있다.[23)]

이스라엘의 신앙 전승이 공관복음서의 구조에 미친 영향이라는 본 연구의 맥락에 놓인 또 다른 통찰이 프레인의 다음 주장과 맥을 같이 한다.

갈릴리는 메시아 대망을 성취하는 일과 관련한 역할에서 예루살렘을 전복시킨다. 출애굽 전승과 정복 전승은 복음서 저자들에 의해 상황화 되고 새로운 예수 이야기에 의해서 새롭게 변화됨으로써 예루살렘에 이르러 하나님의 다스림을 완화시키려 하고 혼란스럽게 만든다.

심지어 적대시하는 성전과 왕권의 잘못된 개념을 자유하게 하며 결국 이것들을 정복한다. 성전과 왕권 신앙은 계속되지만 분명히 예루살렘이 배척했던 메시아 예수의 다스림이라는 관계 속에서, 그리고 '이방인들의 갈릴리'라는 맥락에서 계속된다.

이상의 논지는 마태복음과 마가복음에 나오는 내러티브 등장인물에게는 해당되지만 누가복음의 경우에는 해당되지 않는다. 해당된다 해도 마태복음과 마가복음의 경우와 동일하지 않다. 누가복음은, 예루살렘과 갈릴리가 지닌 이야기상의 상징적 역할과 관련해 예루살렘이 갈릴리를 이겼다는 방식과 같은 반전을 이루지 않기 때문이다.

누가복음의 경우 예수와 예수의 제자들은 갈릴리에 다시 모이지 않으며, 복음 이야기는 예루살렘에서 계속 이어진다. 그러나 누가는 다른 방

---

23) Ibid., 271-272.

식, 곧 사도행전에서 계속 이어지는 이야기에서 출애굽과 정복 전승의 우월성을 유지함으로써 반전을 이룬다.

이스라엘의 출애굽-정복 이야기는 사도행전에 나오는 설교에서 반복적으로 주목된다. 압제로부터의 해방과 사탄의 세력에 대한 승리라는 —경제적, 정치적 차원과 범주에서도— 복음 이야기는 사도행전의 이야기에서까지 계속 이어진다.[24)]

이런 점에서 누가복음 역시 '갈릴리' 전승의 정서를 지닌 신학을 지니며, 어느 정도로는 '예루살렘' 전승을 통제하는 셈이다. 순례 여정 중에 있는 선지자로서 예수께서는 잔치의 주가 되시며, 잔치의 왕이신 예수는 계속해서 순례 중에 있고 동시에 배척받는 선지자로 규명되고 있다. 이 점은 엠마오 도상의 이야기(눅 24:19)에서, 그리고 보다 일반적인 형태이지만 사도행전에 나오는 예수에 대한 기술(행 2:22; 3:22; 10:34-38)에서 잘 나타난다.

이와 같은 북쪽과 남쪽의 전승에 대한 독창적인 활용은 공관복음서가 초기 유대 전통의 기독교 내에 있던 보다 뿌리 깊은 다양한 신학적 입장을 보여준다는 것을 의미한다. 몇몇 학자들의 연구 결과를 통해서 '사마리아' 혹은 헬라 전통의 경향성과 일맥상통하는 '북쪽' 전승이 규명된 바 있는데, 이러한 경향성은 사도행전 6장, 요한복음, 누가의 중간 여정 이야기 속에 분명히 나타나 있다.[25)]

이러한 연관관계는 가능하기는 하지만, 이런 입장을 규명해주고 대변해 줄 수 있는 자료가 거의 없기 때문에 증거를 입증하기는 어렵다. 그러나 공관복음서라는 문헌적 실체는 갈릴리와 북쪽 전승의 상호 연계성을

---

24) 안디옥은 예루살렘과 관련하여 특정한 역할을 하는데 이 역할은 마태복음과 마가복음이 보여주는 갈릴리의 상징적 중요성을 어느 정도 담고 있다.

25) 이와 관련해 다음을 보라: C. H. H. Scobie, "North and South : Tensions in Biblical History," *Biblical Studies, Festschrift W. Barclay*, ed. J. R. McKay and J. F. Miller(Philadelphia : Westminster, 1976), 87-98; Moessner, *Banquet*, 317-322.

분명하게 보여주며, 동시에 하나님의 나라의 선포라는 목적을 위해 강력한 남쪽의 성전 전승과 시온 전승을 완화시키는 역할의 비평적인 신학적 입장을 분명하게 드러낸다.

이 하나님 나라의 선포는 갈릴리로부터 온 세상에 미치는 해방과 정복이라는 독특한 형태를 담고 있다.

### 갈릴리로의 귀환 : 왕적 전승과의 조화와 일치

마태복음과 마가복음에서 갈릴리로의 귀환은 일견 구약의 북쪽과 남쪽의 전승과 공관복음서의 갈릴리-예루살렘이라는 구조 사이의 평행관계를 위태롭게 하는 것처럼 보일 수 있다. 구약은 남쪽 전승에 대한 북쪽 전승의 우위를 지지하는 어떠한 선례도 담고 있지 않기 때문에[26] 공관복음서에서 갈릴리로의 회귀는 구약 전승이 말하는 것 너머로 나아가는 것처럼 보인다.

그러나 구약이 보여주는 비전은 예루살렘의 시온이 회복될 것이며 융성할 것이라는 사실에 국한되지 않는다. 하나님이 이스라엘로 하여금 열방의 빛이 되도록 하셨다는 이사야의 비전(사 42:6; 49:6)은 이스라엘의 신앙 전승과 공관복음서가 말하는 갈릴리로의 회귀 사이의 연결 관계를 제공한다.

앞서 주장한 바 있듯이 갈릴리로의 회귀는 예수를 통한 온 세상에 대한 하나님의 선교를 상징적으로 진두지휘하는 역할을 하며 동시에 선교를 상징적으로 통제하는 역할을 한다. 때문에 중요한 이 점과 관련해 이스라엘의 신앙 전승과 마태복음과 마가복음의 구조 사이에 강력한 연관관계가

26) 가나안 땅으로 귀환할 것에 대한 예언 중 어떤 예들에는 북조 이스라엘이 포함되지만 언제나 예루살렘을 하나님의 다스림의 중심으로 한 연합된 이스라엘로서의 귀환을 뜻한다. 영국 계열의 이스라엘인들의 억지 해석은 이와 완전히 다른 이야기이다!

존재한다.

본 연구는 갈릴리로의 회귀를 왕권 전승 아래 포함시켰으며 그런 점에서 제기될 질문은 과연 이것이 구약 이야기의 원래적 형태와 일치하는가 하는 점이다.

이사야 40-55장은 만국에 대한 이스라엘의 선교가 가장 명료하게 규정되는 본문이다. 그런데 과연 이 본문이 이스라엘의 왕권 전승의 일부로 간주될 수 있는가? 일반적으로 이사야 본문이 담고 있는 전승은 만국에 대한 정의를 행하는 여호와의 종과 연결되어 있다. 의심의 여지없이 만국의 복리라는 관심이 전승의 핵심에 놓여 있으며, 이 복리가 하나님의 종인 이스라엘을 통해 이루어진다는 것이다.[27)]

그러나 이것이 과연 왕권 전승인가? 이에 대한 대답은 당연히 '예'라 할 수 있다. 다음의 세 가지 이유에서다.

첫째, 여기서 여호와의 종은 여호와께서 자신의 영을 부어주신 자로서, 즉 성령으로 기름 부은 자로서(참조 사 61:1) 자신의 사역을 이룬다(사 42:1-4). 주어진 소명을 위해 기름 부음을 받음에 따라서 종 위에 성령이 내주하고 있다는 것은 아마도 예언 전승과 연계된, 왕적 계열의 메시아적 전통을 암시한다.[28)] 왕적 계열의 여호와의 종의 선교는 정의를 이루며 —이 점은

27) 다음을 보라: M. C. Lind, "Monotheism, Power, and Justice : A Study in Isaiah 40-55," *CBQ* 46 (1984), 432-446.

28) C. Westermann이 기름부음을 받은 종이 초기에 둘로 나뉘어 있던 왕적 전승과 예언적 선지 전승을 통합한다는 견해를 취한다(*Isaiah 40-66 : A Commentary*, trans. D. M. H. Stalker [London : SCM, 1969], 97). 그러나 기름 붓는 행위가 선지자의 소명과 관련해 사용되는 구약의 명시적인 예에서 이를 예증하기는 쉽지 않다. 열조를 '기름 부은 자'로, 그리고 '선지자들'로 말하고 있는 시 105:15이 이러한 연결을 암시하지만, "나의 기름부음 받은 자들"이라는 표현은 열조의 왕적인 지위를 암시한다. 선지자에게 성령이 오셔서 그 위에 임한다거나(겔 2:2; 11:5) 성령이 한 사람에게서 다른 사람에게 전가된다는 것(왕상 19:6)은 왕의 기름부음과는 다른 것이다. 왕의 기름부음은 직위와 관련된 것이요 왕의 즉위와 관련된 것이며, 능력을 부여하는 사건으로써 동일하게 공동체에 의해서 인정되는 바이다. 그러므로 종의 기름부음은 단지 예언적 전통으로만 이해할 수 없으며, 왕적 지위가 분명히 의도되고 있다.

이사야 40-55장에서 모두 11회 나타남— 이방인들을 이러한 정의의 복에 참여시키는 것이다.

둘째, 여호와의 종의 역할은 여호와의 왕권에서 기인하며 왕권에 달려 있다. P. 하너(Philip Harner)가 보여주었듯이 이사야 후반부에서 모두 30회나 나타나는 "나는 여호와라"는 하나님의 자기-규명은 고대 근동 지방 왕들의 자기-규명과 유사하다.[29)]

셋째, 여호와는 시온에서 다스리신다(사 40:9; 52:7-10). 여호와께서 시온에서 다스리신다는 사실에서 기인하는 평화와 구원의 복음은 온 땅의 끝까지 넘쳐흐른다.[30)] 더욱이 구약의 탈굼역본이 이사야 40장 9절의 "너희 하나님을 보라"는 표현과 이사야 52장 7절의 "너희 하나님이 다스리신다"는 표현을 "너희 하나님의 나라가 나타났도다"[31)]라고 변역한 것을 상기할 때 구약의 왕권 전승이 분명히 이사야 40-55장에 나타나 있음을 알 수 있다.

본 연구가 갈릴리-예루살렘을 공관복음서의 구조로 제시하지만, 마태복음과 마가복음에서 공관복음서 구조는 갈릴리-예루살렘-갈릴리이다. 갈릴리라는 마지막 장면은 마가복음에서 예기되고 마태복음에서 실현되고 있으며 결국 양자 모두에서 왕권이라는 주제를 절정에 달하게 한다. 갈

---

29) P. B. Harner, *Grace and Law in Second Isaiah : "I Am the Lord"* (ANETS 2; Lewiston, N.Y./ Queenston, Ont. : Edwin Mellen, 1988).

30) 이 주제는 다음의 이사야 본문에 널리 퍼져있다: 사 40-55; 42:1-6; 51:4-5; 52:7-10. 심지어 고레스왕도 하나님에 의해 기름부음을 받아 시온을 회복하는 데 사용되지만 궁극적으로는 이스라엘을 통해서 하나님의 이름이 해 뜨는 데부터 해지는 데까지 알려진다(44:28-45:6). Richard Hays의 로마서 주석은 바울의 이스라엘 성경 사용에 나타나는 이와 비슷한 사고 구조를 보여주는데, 이러한 구조는 이방인들을 종말론적 백성 중에 포함시키시는 하나님의 목적을 보여주기 위한 의도를 지닌 롬 1:16-17의 사 51:4-5의 암시와 특히 롬 15:7-13에 나오는 일련의 구약 인용들(시 18:50; 신 32:43; 시 117:1; 사 11:10)이 잘 보여주고 있다 (Hays, *Echoes of Scripture*, 58-62, 112-118).

31) B. Chilton, "REGNUM DEI," 103을 보라. 또한 이 책 3장의 각주 96번을 보라.

릴리의 마지막 장면은 더 이상 인간 전통의 왕권과 연계되지 않으며, 예수의 사역을 분명하게 여호와 하나님의 왕권, 즉 구원의 복음을 온 세계에 선포하는 하나님의 왕권과 동일시한다.

이와 동일한 신학적 입장이 누가복음에도 적용되지만 누가복음의 경우 이러한 요지를 다른 방식으로 나타낸다. 즉 누가복음은 복음이라는 단어의 동사형(εὐαγγέλιζω)을 사용하고, 그 뒤에 평화(εἰρήνη)라는 용어를 사용해 '평화의 복음을 전한다'고 말함으로써, 그리고 하나님의 나라가 예루살렘에서 로마로 퍼져나간다고 말함으로써 동일한 요지를 말한다.

마태와 마가가 '갈릴리로의 회귀'를 통해서 상징적으로 이루고 있는 것을 누가는 사도행전에서 이야기를 통해 서술하고 있다. 그러나 두 형태 모두 부활하신 하나님의 아들이신 예수 안에서, 예수를 통해서 "주 하나님이 다스리신다"는 이사야의 비전이 이루어지고 있음을 말한다.

## 공관복음서의 구성의 기원과 역할에 대한 설명

당시 동시대적 세계에 놓여 있었던 공관복음서의 문학적 구성의 의미를 이해하는 데 도움을 줄만한 매우 다양한 일차적인 유대 문헌과 그리스-로마 문헌에 대해 연구하는 것은 본 연구의 범주를 벗어나는 일이지만 이와 관련한 몇 가지 고려할 점이 필요하다. 그리고 이어지는 연구에서 이들에 대한 보다 자세한 분석이 필요하다.

### 당시의 유대 전통과 유대-크리스천 전통의 문헌들

본 연구는 연구에 필요한 통찰을 얻기 위해서 공관복음서보다 이른 혹은 동시대의 문헌이 보여주는 유사한 문학적 현상을 비교 고찰하는 연구방식을 거부해왔던 것이 사실이다. 이렇게 하는 것이 내러티브 구성 분석이라는 방법과 충돌하기 때문이다. 그러나 여전히 비슷한 시대의 문헌에 나타나는 몇몇 유사한 문학적 현상을 생각해보는 것이 유용하다고 생각한다.

일반적인 의미에서 이스라엘의 주요한 신앙 전승이 구약 외경과 구약 위경, 랍비 문헌과 다른 신약 문헌에서 반향된다는 점은 널리 인지되는 사실이다. 이러한 문헌이 본 연구에서 주목하고 고찰한 바 있는 구조 혹은 주제와 유사한 요소를 보여주지 않는다면 이러한 문헌은 본 연구의 관심을 끌만한 아무런 이유를 갖지 못한다.

그러나 몇 가지 점이 우리의 주의를 끈다. 기원전 2세기 경 *시락서(Sirach)*의 이스라엘 역사에 대한 언급에 모세-출애굽, 여호수아-가나안 땅 정복, 다윗과 솔로몬-왕권, 성전(45-47장) 등 공관복음서의 네 가지 주요한 신앙 전승이 모두 포함되어 있다는 점이다.

이와 마찬가지로 공관복음서와 동시대 저작이며 주후 1세기경 기록된 *모세의 유언서(승천기)*는 주요한 신앙 전승을 포함하는 방식으로 이스라엘 역사를 서술하고 있다.

(1) 출애굽(1장)

(2) 가나안 땅, 지도자들, 왕자들(2:1-3)

(3) 성전 건축, 우상숭배를 통한 성전의 오용과 성전 멸망(2:4-3:1)

(4) 이방 나라에 의한 오랜 동안의 압제 이후 천상의 통치자와 천상의 왕국의 출현(10장).[32)]

또 다른 1세기 저작인 *유사-필로(Pseudo-Philo)*에는 다음과 같은 주제가 담겨 있다.

32) Charlesworth, *OTP* 1, 927-932.

(1) 출애굽과 율법(9-10장)

(2) 가나안 땅의 분배(20:1-10)

(3) 사울 왕권과 다윗 왕권(56-59장)

또한 출애굽과 왕권 전승이 요한복음에 널리 퍼져 있다(부록 1). 사도행전 7장과 13장 16b-23절에 나오는 설교는 이러한 구약 신앙의 주제를 담고 있다(비록 행 7장은 "다윗의 때"라는 표현을 사용함으로써 왕권에 대해 침묵하고 있음; 행 13장은 성전에 대한 언급이 없음).

덜 명시적이지만 이러한 유사점과 평행관계라는 특징이 도처에 나타난다.[33] 그렇더라도 이러한 특징을 근거로 공관복음이 보여주는 구조적 형태들, 즉 '갈릴리, 예루살렘을 향한 여정, 예루살렘'이라는 형태를 통해 구약의 신앙 전승을 사용하는 공관복음서의 현재적 모습을 설명할 수는 없다.

이상의 문헌이 보여주는 증거는 의심의 여지없이 유대 전통의 신앙-회상이 본 연구에서 살펴본 바 있는 네 가지 구약 전승을 강조하고 있음을 분명히 한다. 그러나 이 전승이 인용되고 활용되는 방식에서는 중요한 차이점이 존재한다. 요한복음과 사도행전을 제외한 이상의 문헌은 구약 이야기에서 유래한 이러한 특징적 요소만을 언급하고 있을 뿐 메시아적 성취에 대한 어떠한 암시도 담고 있지 않다.

이런 점에서 문헌상의 평행 관계를 기초로 공관복음서가 다른 문헌에 의존해 있거나 다른 문헌을 사용하고 있다고 주장할 수는 없다.[34] 하지

---

33) 특별히 다음을 보라: H.-R. Weber, *Power : Focus for a Biblical Theology* (Geneva : WCC Publication, 1989). 이 책에서 H.-R. Weber는 어떻게 구약의 여섯 가지 신앙 전승이 일반적 의미에서 신약의 책들을 강조하고 있는지를 보여준다. 본 연구가 표방하는 네 가지 신앙 전승에 덧붙여 Weber는 *지혜*와 *가난한 자*들을 포함시킨다.

34) 앞의 각주 3번을 보라.

만 이러한 평행 관계는 이상 살펴본 유형의 신앙-회상과 해석학적 과정이 이미 당시의 *시대정신*(Zeitgeist)의 일환으로 팽배해 있었음을 분명하게 보여준다.

이러저러한 문헌(또한 요세푸스의 저작들을 보라)[35] 내에 있는 차이점과 유사점을 자세히 분석하고 연구하기 위해서는 또 다른 연구와 또 다른 저술이 필요하다. 더욱이 본 연구의 논지는 공관복음서가 보여주는 구조상의 특이점과 분명한 독특성, 즉 이스라엘의 신앙 전승을 다음과 같은 독특한 구조와 연계시키고 있다는 특이점을 상정하고 있다.

마태복음과 마가복음의 경우 갈릴리, 예루살렘을 향한 여정, 예루살렘, 갈릴리로의 회귀라는 구조를 띤다. 이상 비교되는 문헌이 이스라엘의 구약 전승을 사용하고 있더라도 공관복음서가 지닌 이러한 구조상의 특징을 담고 있는 경우는 없다고 봐야 한다.

### 이스라엘의 축제일이 미친 예전적 영향

본 연구에 근본적인 자료를 제공했던 이스라엘의 네 가지 신앙 전승은 또한 이스라엘의 축제일에 깊이 뿌리를 두고 있다. 공관복음서의 네 섹션은 다음과 같이 의미 있는 방식으로 이스라엘에서 매년 행해진 축제일과 상호 연계시킬 수 있다.

| | |
|---|---|
| 닛산월의 유월절 축제 | 갈릴리 섹션 |
| 첫 열매 소출에 대한 축제 | 예수께서 열두 제자들을 만드심(막 3:13 이하) |
| 율법/오순절 | 산상수훈(마 5-7장/ 눅 6장) |

35) 비록 *Ant.*에 나오는 요세푸스의 1권부터 11권까지의 책이 창조에서 포로 유형에 이르는 이스라엘 역사를 이야기하고 있지만, 이 책들은 본 연구에서 주목하고 있는 사건과 주제를 선택하지 않음을 보여준다. 요세푸스의 이야기의 끝(τέλος)은 메시아의 성취가 아니라 유대 전쟁이다.

| | |
|---|---|
| 티쉬리의 초막절 | 광야에서 기적을 통해 무리들에게 떡을 먹이심 |
| 새해와 | 길-정복의 순례와 |
| 대 속죄일 | 수난 예고들/변화산상의 변화 사건 |
| 성전봉헌의 축제 | 성전 섹션 |
| 유월절에 이르는 과정 | 수난기사 속의 왕권과 |
| 그리고 종교적인 새해에 | |
| 이루어지는 왕의 등극 | 부활 기사 |

연례적 축제일과 토라 낭송과 Haftarah 낭송(예언서 낭송) 사이의 연관관계가 굴더(Goulder) 주장의 핵심이다(2장을 보라). 굴더의 주장은 매년 순차적으로 이루어지는 토라와 Haftarah 낭송을 지지한다. 이 점은 뷰흘러(Bűuchler)가 일찍이 주장했던 3년 주기의 순환적 읽기에[36] 반하는 것이다.

*Jewish Encyclopedia*(1901-19066)와 *Encyclopedia Judaica* (1971)는 뷰흘러의 3년 주기 제안을 지지한다. 비록 이 제안이 바벨론에서 행해진 1년 주기의 순환이(Tishri[유대 달력의 일곱 번째 달]에서 Tishri까지를 한 주기로 취급함) 주후 1세기경에 시행되었다고 말하지만 말이다.[37] 그러나 굴더의 주장과 공관복음서의 구조는 닛산 월에 시작하여 다음해 닛산 월에 끝나는 1년 주기의 순환을 지지한다.[38]

---

36) A. Bűcher, "The Reading of the Law and the Prophets in a Triennial Cycle," *JQR* 5 (1893), 420-468, 6 (1894), 1-73. 이 이론과 다른 이론들을 평가하는 문헌을 위해 Goulder의 *Calendar* 20-21페이지의 notes 부분을 보라.

37) 12세기 이후로 1년 주기가 유대교에 의해서 보편적으로 받아들여져 왔다(*EncylJud*, 1971, 15.1386).

38) Goulder*(Calendar)*는 마가복음을 반년용의 예배용 성구집으로 간주하며, 이런 연유에서 마가복음은 초기에 잘 사용되지 않았다고 한다. 그러나 P. Carrington이 보여준 바 있듯이 예배용 성구집으로 갖고 있는 현존하는 가장 이른 시기의 주요 사본(MS)상의 증거는 마가복음의 경우 바티칸 사본(Codex B, 4세기경)으로 48번의 본문 읽기가 있다(*The Primitive Christian Calendar* [Cambridge : Cambridge University, 1952]; *According to Mark* [Cambridge : Cam-

축제일과 관련한 예배용 성구집이라는 논지에 대한 증거로 본 연구에서 기인하는 두 번째 부류의 증거는 누가복음의 예루살렘을 향한 여정 이야기의 구조적 형태이다. 본 연구는 누가복음의 여정 이야기와 신명기 사이의 본문상의 평행관계를 받아들임으로써 유대 전통의 달인 티보트(Teboth)의 둘째 주부터 쉐바트(Shebat)와 아달(Adar)을 지나는 기간 (12월 중순부터 2월에 이르는 기간) 동안의 토라 낭송과 누가복음 낭송과 관련한 굴더의 축제일 일정을 지지한다.

이 문제, 즉 축제일과 관련한 논쟁을 어떻게 평가해야 하는가? 공관복음서의 기원에 관한 이론을 근거로 축제일과 관련한 연례적 성구 낭송 이론을 설명하는 것이 본 연구의 목표가 아니며,[39] 또한 이러한 가능성을 부정하는 것도 본 연구의 목표가 아니다.

이스라엘의 예전집인 시편에 구약의 네 개의 주요한 신앙 전승이 두드러지게 나타난다는 사실은 (특히 출애굽과 왕권 전승; 또한 시편 78, 135, 136에 나오는 신앙 낭송 부분을 보라) 우리에게 공관복음서에 대해서도 유사한 목적을 고려하도록 경각심을 불러일으킨다. 특별히 앞서서 지적한 대로 공관복음서의 구조에서 이스라엘의 신앙 고백의 구조가 나타날 경우 그렇다. 또한

---

bridge University, 1960]. Carrington의 견해의 몇 가지 문제점에 대해선 다음을 보라: Swartley, "Markan Structure," 216의 23번; C. T. Ruddick, "Behold I Send My Messager," *JBL* 88[1969], 381-417). 필자가 판단하기에 구약의 축제일과 공관복음의 구조 사이의 상관관계는 마태복음이나 누가복음에서보다는 마가복음에서 더 분명하다(Swartley, "Markan Structure," 217이하, 비록 Drury[Tradition, p. 141]와 Goulder[Calendar, pp. x, 21-35, 49]가 마태복음의 다섯 개 강화와 이스라엘의 다섯 가지의 연례 축제일 사이의 상관관계를 제안한 바 있지만 말이다).

39) 이 점에 이르게 되면 예배용 성구집이라는 이론이 단순한 추론이 아니라 실제적인 것이라면 공관복음서가 *세 개* 존재하는 이유가 새롭게 이해될 수 있다는 제안을 아무도 피해갈 수 없다. 학자들은 3년 주기의 순환적 읽기가 동방지역과 팔레스타인, 그리고 이집트 지역에서 1세기 유대교 가운데서 실행되었다는 데 동의한다. 이것은 *세 개*의 복음서가 필요했다는 사실에 대한 논리적인 작은 진전이다. 다시 말해서 3년 주기로 일 년에 복음서 하나씩 모두 3년에 걸쳐 예배용 성구집으로 사용되기 위한 것이었다는 뜻이다.

네 가지 신앙이 모두 나타나 있는 구약 본문 중 하나가 모세의 노래를 담고 있는 출애굽기 15장이다.

더욱이 케펄루드(Kapelrud)와 다른 학자들이 이미 보여주었듯이[40] 시편과 이스라엘의 예전적 삶은 일반적으로 남쪽과 북쪽의 다양한 역사와 공동체에서 기인하는 신앙 전승의 '도가니'(melting pot)였다.

이스라엘의 네 가지 주요한 신앙 전승이 공관복음서를 구성하는 데에, 그리고 이스라엘의 축제일과 시편을 사용한 예배에서 전승이 나타나는 데에 결정적인 역할을 했다는 본 연구의 증거에 비추어 볼 때 공관복음서의 기원이 최소한 초대교회의 절기에 따른 구약 낭송의 필요와 예배의 필요 모두에 연결되어 있다는 결론을 거부하기 어렵다.

그러나 절기에 따른 구약 낭송 이론을 제안한다는 것은, 그것이 굴더의 주장이든 케링톤(Carrington)의 주장이든 본 연구가 제시하는 증거를 훨씬 넘어서는 일이다. 더욱이 공관복음서의 기원을 절기 사용 목적으로만 국한해 설명하는 것은 공관복음서에 너무도 두드러지게 나타나 있는 신학적이며 변증적인 특징을 충분히 설명하지 못한다. 확실히 복음서는 교회의 필요를 이루기 위해서 기록되었다. 그러나 이 모든 필요가 본질상 절기적 필요나 혹은 예전적 필요가 아니다.

또한 예수 이야기를 이스라엘의 주요한 신앙 전승을 중심으로 구조화한다는 것은 복음서의 변증적 목적을 설명할 수 있는 역할을 한다.[41] 우리가 변증적이며 절기적인 혹은 예전적인 역할을 서로 경쟁적인 설명들로 간주할 수 있을지 모르지만, 이 역할 중 두 역할을 한데 합치는 것이 복음서 전승이 이룬 온건한 업적들 중 하나일 수 있으며, 이 점은 공관복음서

---

40) 이 책 2장 '구약의 신앙 전승'의 앞부분을 보라.

41) 예를 들어 학자들에 의해서 폭넓게 받아들여지는 Barnabas Lindar의 견해를 보라. 그의 견해에 따르면 이스라엘의 성경에서 크리스천 신앙이 유래한 것에 대한 변증을 제공할 목적이 공관복음서 저작의 일차적 동기였다(Lindars, *New Testament Apologetic*, 특히 285-286).

가 시편을 매우 자주 사용하고 있다는 점에서도 분명하다.

왜냐하면 시편 2, 22, 31, 110, 118편을 사용하고 있는 공관복음서에서 예수의 인성과 사역은 이스라엘의 전승에 의해 옳다 신원함을 받고 있지만, 동시에 시편에서 예수의 인성과 사역은 하나님에 대한 찬양의 언어와 울부짖음의 언어와 연결되어 있기 때문이다. 더욱이 복음서의 저자들은 자신의 저작이 회중 가운데서 교훈과 예배의 목적으로 읽히기를 기대했음이 사실상 확실하다.

이런 연유에서 초기 유대 크리스천 전통의 축제일이라는 요소와 축제와 예배를 위해 모인 회중 사이에서 읽힐 수 있도록 저작된 문헌이라는 요소는 서로 연계된 힘으로 한데 어우러졌다. 이 연계된 힘은 공관복음서의 특정한 구조는 예배용 성구를 지지한다는 결론에 이르며, 이 구조는 아마도 공관복음서가 만들어지게 된 하나의 동인인 절기에 따른 예배용 성구로서의 역할을 지지한다는 결론에 이른다.

그 이유는 공관복음서 저자들은 예수의 이야기를 전하되 이야기의 구성 전개를 이스라엘 축제일의 순환 구조와 연계시키고, 이를 통해서 이스라엘의 신앙에 대한 회상과 축제에까지 크리스천의 성구 낭송을 확장시켜 나가는 방식으로 전하기를 원했다는 몇몇 증거가 존재하는 것처럼 보이기 때문이다.

### 공관복음서의 기원을 낳게 했던 다른 요인들

도드(C. H. Dodd)와 B. 린다스(Barnabas Lindas), D. 쥬엘(Donald Juel)은 공관복음서에 미친 구약의 영향의 몇몇 요소를 보여주는 데에 크게 기여했다. 이들의 기여는 N. 달(Nils Dahl)의 저작에 대한 보완적 역할을 하는 것으로 보인다(2장을 보라).

한편으로 공관복음서 저자들이 구약을 활용해 초기 크리스천들의 자기 정체성에 대한 자기-이해를 표현했음이 사실이지만(달과 쥬엘의 주장), 동시에 복음서 저자들은 변증적이고도 선교적인 목적을 위해서 구약을 사용했다(린다의 주장).

정체성을 위한 목적이나 변증적 목적, 선교적 목적은 모두 한데로 모아진다(이 점은 도드의 주장 가운데 암시적으로 나타나 있다). 본 연구의 결과는 이들의 견해를 지지하며 한걸음 나아가 이상의 학자들의 기여를 보완하고자 한다.

공관복음서의 구조와 신학을 형성하는 데에 이스라엘의 신앙 전승이 사용되었다는 점은 초기 크리스천들의 독특한 정체성을 드러내 주는 것이다. 초기 크리스천들은 자신을 이스라엘을 향한, 그리고 이스라엘을 통한 하나님의 구원 역사에 대한 상속자로 간주했다.

공관복음서는 예수를 하나님의 참된 아들이시며 하나님의 고난 받는 의인으로 묘사한다. 마태에 의해서 교회라고 규정되는 예수의 제자들은, 예수를 지속적으로 따르며 예수의 사역을 계속적으로 이어감으로써 이스라엘의 아들 됨의 공동 상속자요 동시에 이스라엘의 선교적 소명의 공동 상속자가 된다(복음서의 끝과 사도행전을 보라).

예수의 이야기는 이스라엘의 신앙 이야기의 구조와 언어에서 들리고 있다. 이스라엘의 이야기가 공관복음서에서 제시되는 예수의 이야기를 구성하고 있다. 정말로 구약은 공관복음서의 예수 이야기에 대한 선결조건이라 할 수 있다.

예수의 이야기는 이스라엘에 대한 하나님의 언약 약속의 성취라는 독특한 성격을 지니고 있기 때문에 본질상 선교와 변증적 차원을 담고 있다. 모든 복음서에서(요한복음을 포함해) 예수의 사역은 이방인들을 포함한다.

마가복음에서 이 점은 예수께서 바다를 건너시는 행위와 갈릴리 동편에서 일어나는 사건과(특별히 귀신들린 거라사인에 대한 축사 장면과 이에 대한 막 5:19

의 예수의 명령, 4천 명을 먹이시는 사건) 11-15장에 나오는 이방(ἔθνη)에 대한 강조에 의해서 이루어진다.

마태복음의 경우 이 점은 무리 중에 이방인들이 섞여 있다는 점과 이들이 함께 찬양의 후렴구를 노래한다는 점, 마태복음의 결론 부분에 나오는 모든 민족(ἔθνη)에 대한 대위임명령을 통해 이루어진다.

누가복음의 경우 누가의 이야기가 지속적으로 '모든 육체'라는 표현이 암시하듯이 보편주의적 경향과 사회적으로 소외된 자들이 하나님의 백성 중에 포함된다는 점(특히 많은 비유에 나타나고 있음)을 강하게 시사하는데, 이를 통해서 누가는 사도행전이 말하는 바인 이방인들이 교회에 포함된다는 점을 미리 보여주는 셈이다(참조 요 12:20-23. 여기서 헬라인들이 예수를 보기 위해 오는데, 이 점은 '예수의 때의 도래'를 촉발시키고 있다).

이와 같이 예수의 이야기가 철저하게 선교와 연계되어 있기 때문에 예수 이야기가 지닌 변증적 성격은 양면적이라 할 수 있다.

한편 공관복음서는 종종 구약을 사용해 배타적인 유대인들의 주장을 배척하고 반대로 예수와 그를 따르는 자들을 변호한다. 복음서의 이야기는 유대 지도자들과의 논쟁의 색조를 띤다. 유대 지도자들은 복음서 이야기 구성상 악역을 맡은 자들이다. 이들은 예수를 죽이기 위해 음모를 꾸미고 계획을 세워 함정에 몰아넣고 결국 예수를 사로잡는다. 심지어 예수를 십자가에 죽이라고 울부짖는다.

이와 마찬가지로 복음서의 많은 비유는 종교적으로 소외된 자들 혹은 하나님의 은혜와 복 밖에 있는 외인들의 권리를 변호한다. 복음서의 이러한 일관된 강조는 예수를 메시아로 인정하기를 거부하고 예수를 배척하는 유대교에 비추어서 예수와 예수를 따르는 자들, 믿음의 크리스천 공동체를 변호하고 있는 것이다. 이런 연유에서 공관복음서에는 유대 지도자들에 대한 강력한 심판의 언어가 나타난다.

공관복음서는 유대교를 메시아이신 예수와 깊은 긴장관계 속에 놓고 있는데, 예수는 이스라엘을 회복시키는 사명을 근간으로 하는 사역을 이루시는 분일뿐만 아니라 해방과 정복, 거룩함의 중재, 왕권을 배타적이지 않은 보편적 차원과 주장 가운데 제시하시는 분이시기도 하다.

다른 한편 예수의 이야기는 이방인들에 대한 변증과 변호로써 제시된다. 이러한 변증적 방식을 통해서 이 이야기는 예수를 하나님의 나라와 구원을 모든 사람에게 가져오시는 분으로 묘사한다. 이런 점에서 이 이야기는 변증적이고, 동시에 고백적이라 할 수 있으며, 이러한 고백적 성격은 십자가 밑에서 이루어진 백부장의 말 가운데 극명하게 나타난다.

복음서 이야기에서 이방인들은 일반적으로 예수의 복음에 대해 수용적인 태도를 보이는 자로 묘사되며[42] 이런 점에서 이들은 복음서를 읽는 독자들이 쉽게 동일시할 수 있는 모델과 같은 자들이라 할 수 있다.[43]

공관복음서의 변증적 성격이 지닌 이러한 고백적인 측면에서 기인하는 또 다른 중요한 요소가 있다. 이 점은 공관복음서의 기원과 관련한 많은 주장 중에 중요한 고려사항으로 반드시 다루어져야 마땅하다. 어느 정도로 공관복음서는 특별히 당시 그리스-로마 세계의 사람에게 적합하고도 호소력 있는 장르와 문학적 장치를 사용한 것일까?

공관복음서를 당시 현존하던 유형의 그리스-로마 계통의 문학적 장르와 동일시하려는 수많은 학문적인 연구와 제안이 주장되었다(이와 달리 불트만은 복음서는 자체의 고유한 형식을 주창하는 초기 크리스천 케리그마의 확장된 한 형태라고 주장했다). 모든 공관복음서의 예수의 왕권이 지닌 절정의 역할을 고

42) 비록 막 10:42이 상당한 비중을 차지하는 예외적인 것으로 보일 수 있기는 하지만 여기서 강조점은 *전형적의미*의 이방인들이 아니라 이방인들의 *왕*들에 놓여 있다.

43) 이것은 마가의 이야기에 나오는 대부분의 여인들에게 적용되는 사실이다. 이 책 6장 각주 47번을 보라.

려할 때 공관복음서는 그리스 전통의 전기적 장르와 유사하다는 탈버트(Talbert)의 제안이 설득력을 얻는다. 그 이유는 전기적 장르에 속한 한 유형(이 유형을 탈버트는 유형 B라 함)이 지도자나 통치자 혹은 철학자의 잘못된 이미지를 떨쳐버리고 이들에 대한 정확한 묘사를 제공하는 역할을 하고 있기 때문이다.44)

그러나 탈버트는 누가복음과 마태복음은 다른 유형의 전기적 장르로 분류한다. 탈버트는 누가복음과 사도행전을 유형 D로 간주하는데, 이 유형은 창시자의 삶에 뿌리를 둔 참된 전승의 원천과 전승의 성격을 규명하며, 이러한 전승이 창시자의 후예에 의해서 이어져 나가고 있음을 보여주려는 의도를 지닌 유형이다.

이에 반해 마태복음은 탈버트에 따르면 유형 E를 대변하는데 이 유형은 창시자의 교훈과 그가 제정한 바를 적법화 하고 창시자의 "교훈과 법령이 지닌 의미에 대한 하나의 해석학적 열쇠"를 제공하는 유형이다.45)

본 연구 역시 모든 공관복음서에서 위에서 열거된 다른 문헌의 강조점과 관련이 있는 요소를 주목한 바 있지만, 복음서의 본질적 성격은 전기가 아니며 이스라엘의 신앙 전승에 의해 형성된 이야기임이 분명하다. 구약 축제일 차원, 절기에 따른 성구 낭송, 양면성을 지닌 변증적 성격 등은 복음서가 전기라는 장르에 속한다는 주장이 의심스러움을 잘 드러낸다.46) 비록 버리쥐(Burridge)가 수많은 장르상의 특징을 기초로 복음서가 전기라는 장르에 속한다는 견해를 새롭게 주장하고 있지만 말이다.47)

---

44) C. H. Talbert, *What Is a Gospel? The Genre of the Canonical Gospels* (Philadelphia : Fortress, 1977), 77-79, 133-134.

45) Talbert, *Genre*, 134.

46) 다른 비평적 이슈를 위해 다음을 보라: P. L. Shuler, *A Genre For the Gospels : The Biographical Character of Matthew* ((Philadelphia : Fortress, 1982), 21-22.

47) R. A. Burridge, *What Are The Gospels? A Comparison with Greco-Roman Biography* (SNTSMS 70; Cambridge : Cambridge University, 1992), 특별히 191-219.

최근의 몇몇 특정한 복음서 연구가 그리스-로마 전통의 문학 장르와 공관복음서 사이의 다른 연관관계를 제안하고 있다.48) 쉴러(Shuler)는 *전기(bios)* 형태에 대한 탈버트의 연구를 보다 정교하게 하여 마태복음은 찬양과 설득을 목적으로 하는 전기적 형태에 잘 들어맞는다고 제안한 바 있다. 쉴러는 마태복음이 헬라 전통의 찬양 연설과 일치하는 장소(τοποι), 문학적 장치, 목적을 사용한다는 점에서 '찬양 연설 전기'(encomium biography)로 간주한다.49)

헬라 전통의 문헌에서 마가복음의 장르에 대한 원천을 찾고자 하는 시도 가운데 톨버트(Tolbert)는 마가복음이 '역사적/전기적 유형의 고대 소설'에 가장 가깝다고 제안한다.50) 불행히도 이런 유형의 소설은 현존하지 않기 때문에 —오직 에로틱한 유형의 소설은 존재한다— 마가복음이 이 장르에 속한다고 추정하는 것은 불가능하다. 비록 톨버트가 수많은 특징적인 평행관계를 설득력 있게 보여주기는 했지만 말이다.

이와 동일하게 설득력을 지닌 주장이 빌리지키안(Bilezikian)에 의해서 제기된 바 있다. 빌리지키안은 마가복음과 그리스 비극 사이에는 많은 내러티브상의 특징적 평행관계가 존재하며, 이런 점에서 마가는 비록 그리스 비극이라는 작품을 쓰려는 의도를 갖고 있지는 않았지만, 결국 마가복음

---

48) 전체적인 개관을 위해 다음을 보라: D. Dormeyer and H. Frankemölle, "Evangelium als literarische Gattung und als theologischer Begriff ...," *ANRW* II. 25.2; ed. W. Hasse (Berlin/ New York : W. de Gruyter, 1984), 1543-1704; D. L. Tiede, "Religious Propaganda and the Gospel Literature of the Early Christian Mission," *ANRW* II. 25, 2, (idem), 1705-1729.

49) Shuler, Biographical Character, 92-109.

50) Tolbert, Sowing, 63-65. D. R. Edwards는 사회적 역할과 관련한 사도행전과 로마 Chariton의 역사적 낭만소설 사이의 유사점을 규명한다. 즉 사회의 변방에 놓여 있는 사람들이 '권력의 거미줄'에 붙잡혔을 때 이에 어떻게 대처하며 번성했는가를 보여준다. "Acts of the Apostles and the Greco-Roman World : Narrative Communication in Social Contexts," *SBL 1989 Seminar Papers* (Atlanta : Scholars, 1989), 362-377. 여기서 연관관계는 장르에 관한 것이라기보다는 역할에 관한 것이라 할 수 있다.

은 그리스 비극을 읽은 독자들에게 호소력이 있는 많은 특징적 요소를 담고 있다고 주장한다.[51)]

누가복음의 경우 최근 주장이 제기되었는데 이들 주장은 누가복음을 그리스-로마 계통의 역사로 분류하며, 이러한 분류는 고대 역사의 성격과 현대의 비평적 역사 사이의 중요한 차이점을 전제로 이루어진다.

스털링(Sterling)은 누가복음과 사도행전을 요세푸스의 *History*와 보다 앞선 시기의 헬라 전통과 유대 전통의 역사가들(디미트리우스[Demetrius], 아르타파누스[Artapanus], 익명의 사마리아인, 유폴레무스[Eupolemus])의 역사와 유사한 변증역사로 규정한다. 이런 유형의 역사는 내용과 형식, 역할과 기능면에서 누가복음에서 발견하는 바와 일치하는 것이 사실이다.[52)]

발크(Balch)는 누가복음-사도행전과 로마의 디오니시우스(Dionysius)의 정치 역사 사이의 유사점을 규명하는데, 이 정치 역사에 따르면 이야기는 정치적 역할과 일치하는 방식으로 수사적 효과를 내기 위해 서술되고 있다는 것이다. 요세푸스와 디오니시우스는 모두 "역사를 선조, 창시자(들), 후예의 세 기원으로 나누어 서술하고 있다."[53)]

이상의 분석은 수사적 기법에 대한 로빈스(Robbins)의 연구가 시사하듯이[54)] 어느 정도의 중요성을 지닌 유비관계들을 시사해주지만[55)] 이 문제

---

51) 이에 관해서는 다음을 보라: G. Bilezikian, *The Liberated Gospel : A Comparison of the Gospel of Mark and Greek Tragedy* (Grand Rapids : Baker, 1977), 특별히 100-109.

52) G. f. Sterling, "Luke-Acts and Apologetic History," *SBL 1989 Seminar Papers* (Atlanta : Scholars, 1989), 332-342.

53) D. L. Blach, "Comments on the Genre and a Political Theme of Luke-Acts : A Preliminary Comparison of Two Hellenistic Historias," *SBL 1989 Seminar Papers* (Atlanta : Scholars, 1989), 360.

54) C. B. Puskas는 마가복음과 요한복음은 그리스-로마의 비극 계열의 드라마를 닮았으며, 마태복음은 전기를, 누가복음은 역사서를 닮았다는 도발적인 주장을 한다(*An Introduction to the New Testament* [Peabody,Mass. : Hendrickson, 1989], 109-138).

55) Robbins, *Jesus the Teacher*.

에 대해서는 시갈(Sigal)의 제안이 가장 적절하다고 할 수 있다.

먼저 시갈은 복음서들 자체에 나타나는 다양한 장르에 주목하며 또한 신명기와 —시갈에 따르면 신명기는 역사, 전기, 정확한 연대기의 부재, 일화나 기담, 교훈들 영웅(모세)의 변천 과정, 영웅의 신비로운 사라짐 등을 담고 있다— 엘리아와 엘리사의 이야기을 중심으로 한 구약 모델에 대한 이들의 의존적인 개연성을 주목한다.

시갈은 이와 같은 점에 주목한 후에 복음서가 신적 영웅의 기적 이야기(artelogy)로 간주되어야 한다는 주장을 옳게 반대한다.[56] 또한 시갈은 복음서가 예전서(liturgies) 요소를 담고 있지만 신적 영웅의 기적 이야기가 그랬듯이 복음서가 예전서로 읽혀서는 안 되며 오히려 복음서는 교훈을 위한 미디어였다고 말한다.

시갈은 계속해서 "구약처럼, 복음서는 예배를 위한 찬양 가운데 성구 낭송집으로 포함되어 있지만, 복음서 자체가 '예전서'로 간주되지 않았다"[57]고 말한다. 그런 다음 복음서 내용과 역할을 파피아스와 저스틴의 인용과 언급을 따라서 '회고록' 혹은 '추억록'이라고 밝힌다. 즉 복음서의 내용과 역할은 구약 모델을 본 따서 이루어진 신학적이고 전기적인 성격을 지니며, 전기적이며 역사적인 회상을 위한 절기별 낭송집(lections)의 역할을 했지만 예배를 위한 낭송집(lectionaries)은 아니었다는 것이다.

복음서의 기원과 관련한 이상의 개념은 크게 보아서 바른 방향에 서 있는 것처럼 보인다. 본 연구는 복음서가 지닌 역할과 관련해 역사적 회상이

---

56) M. Hadas and M. Smith, *Heros and Gods* (New York : Harper & Row, 1965).

57) P. Sigal, "Manifestations of Hellenistic Historiography in Select Judaic Literature," *SBL 1984 Seminar Papers* (Chico, Calif. : Scholars, 1984), 176-177. 마찬가지로 R. Pervo는 사도행전의 역사에 대한 다음과 같은 헬라어성경 선례들을 주목한다: 1-4 Kgdms., 1-2 Macc. ("Must Luke and Acts Belong to the Same Genre?," *SBL 1989 Seminar Papers* [Atlanta : Scholars, 1989], 315).

라는 역할보다는 신앙-고백적 역할과 선교적-변증적 역할에 훨씬 더 큰 비중을 두고 있지만 말이다.

그렇다고 해서 이것이 복음서 기원에 대한 불트만의 케리그마적 논지를 지지하는 것은 아니다. 단지 복음서가 지닌 역할을 고백적인 용어로 보다 포괄적으로 표현하고자 하는 의도일 뿐이다.

### 요한 마가의 역할과 초대교회의 종족상의 구성

본 연구는 마가복음이 최초로 기록되었다는 마가 우선설(Markan priority)을 전제하지는 않지만, 각 공관복음서가 구조상의 공통적 패턴과 갈릴리와 예루살렘의 상징적 역할을 다루고 있는 방식을 볼 때 마가가 현재의 문학적 형식 가운데 있는 공관복음 구조의 창시자였는가에 대한 질문이 새롭게 제기된다.

이렇게 말하는 것이 마가-이전의 구전 단계의 선구자의 존재나 마가-이전의 문학적 형태로 존재한 공간복음서의 구조가 지닌 섹션의 존재를 부정하는 것이 아니다. 그러나 어떤 경우이든 단지 추론을 보다 매끄럽게 할 수 있을 뿐이다.

사도행전에서 언급되는 요한 마가가 마가복음의 저자라는 점에 대한 학자들의 회의에도 불구하고, 필자가 판단하기로는 이것이 여전히 가장 개연성 있는 견해라고 생각한다. 초대교회 역사 가운데 요한 마가가 차지했던 역할은 그가 최초의 복음서인 마가복음을 기록할 수 있는 독특한 자격을 부여한다. 다음에 제시되는 네 가지의 서로 연계된 고려사항들이 이런 입장을 지지한다.

(1) 마가가 '복음'(εὐαγγέλιον)이라는 단어를 명사형을 통해 독특하게 사용하고 있는 점은 바울이 자신의 서신에서 동일한 용어를 사용하고 있는

것과 유사점을 보인다. 그런데 바울의 서신들은 바울 자신의 선교적 복음 선포의 상황을 분명히 반영하고 있으며, 이 복음 선포 상황에서 요한 마가가 바울의 1차 선교 여행에서 바울의 공식적인 ὑπηρέτης(수종자)로서 바울을 도왔음이 분명하다(행 13:5-13).

P. 슈툴마허(Peter Stuhlmacher)는 εὐαγγέλιον / εὐαγγέλιζομαι에 대한 바울의 사용과 마가의 사용 (그리고 누가의 사용) 사이의 연관관계를 설득력 있게 제시한 바 있다.[58] 슈툴마허는 신약 저자들에 의한 이 단어의 사용은 몇몇 중요한 구약 본문, 즉 이사야 52장 7절과 61장 1-3절에 그 뿌리를 두고 있음을 잘 드러내 보인다. 그런데 이 구약 본문은 다른 차원에서 볼 때 본 연구의 논지에 대한 증거 본문으로 기여한 바 있다.

(2) 요한 마가는 초대교회에서 베드로의 지도적 위치와 바울의 지도적 위치를 연결시키는 중요한 접점이었다. 베드로에 의해서 예수 전승의[59] 공식적인 구전 낭독자로 훈련받은 바 있는[60] 요한 마가는 바나바와 바

---

58) *Das paulinische Evangelium, I. Vorgeschichte* (Göttingen : Vandeahoeck & Ruprecht, 1986), 특별히 234-244. 또한 다음의 저작에 있는 Stuhlmacher의 두 글을 보라: *The Gospel and the Gospels*, ed. idem (Grand Rapids : Eerdmans, 1991), 1-25와 149-174.

59) 공동체 내에서 구전과 전승의 중요한 전달자 역할에 대해서 다음을 보라: "The Path of the Gospel Tradition," in *The Gospel and the Gospels*, ed. P. Stuhlmacher (Grand Rapids : Eerdmans, 1991), 75-96. 또한 Gerhardsson의 보다 이른 시기의 저작인 다음을 보라: *Memory and Manuscript* (Lund : C. W. K. Gleerup, Uppsala, 1961), 108-119, 243-244. 또한 H. Riesenfeld, *The Gospel Tradition* (Philadeiphia: Fortress, 1970), 16-19, 54-55를 보라. 눅 1:2에서 누가가 ὑπηρέται(일꾼/종)와 '목격자들'을 한 쌍으로 표현하고 있음을 주목하라.

60) 여기서는 필자는 M. Hengel에 동의한다. Hengel은 요한 마가를 마가복음의 저자로 생각하는 것과 관련해파피아스 전승에 중요한 가치를 부여한다. Hengel은 마가가 베드로에게 의존해 있음을 강력하게 논쟁하며, 이 견해에 대한 초기의 반대는 더 이상 설득력이 없다고 주장한다 ("Literary, Theological, and Historical Problems in theGospel of Mark," in *The Gospel and the Gospels*, ed. P. Stuhlmacher, 202-251, 특별히 232-246). 또한 Hengel은 마가가 사용하는 εὐαγγέλιον의 기원의 문제를 다루는데, 이유는 이 용어가 사도행전의 설교에서 베드로와 연계되지 않기 때문이다. 비록 Hengel은 막 13:10과 14:9의 εὐαγγέλιον의 용례가 바울을 연상시키는 반향을 갖고 있음을 인정하지만, 그는 이 용어에 대한 마가의 사용은 출애굽과 시내산에서

울을 따라 1차 선교 여행에 동행했는데, 이 때 요한 마가는 선교팀이 가는 회당에서 예수의 가르침과 행적을 자세히 이야기해주는 역할을 했던 인증된 ὑπηρέτης(수종자)였다.

요한 마가가 집으로 돌아가기 위해 팜필리아를 떠난 것은 바울과 바나바에게 큰 손실이었는데, 그 이유는 이 사건 때문에 당시 선교팀이 예루살렘 교회와 맺고 있었던 관계가 소원해졌고 선교팀이 나사렛 예수와 맺고 있었던 역사적 연속성 역시 훼손되게 되었기 때문이다.

마가가 바울과 바나바를 '버린 것'은 신학적 이유 때문이었다. 다시 말해서 바울이 이방세계로 계속 나아가게 됨에 따라, 또한 바울이 자신의 선교 소명에 따라 이방인들을 받아들여서 이방인들로 구성된 신앙 공동체의 일원으로 불러들임에 따라 요한 마가는 바울 선교 사역 배후에 있던 예루살렘 교회에 대한 지지를 유지하고자 했던 것이다.

이런 결과로 소집된 예루살렘 공회는 베드로와 바울을 이방인 선교에 한데 연합시키고자 하는 마가의 노력과 연계되어 있다. 이방 선교에서 당시 초대교회의 두 지도자들의 일치는 사도행전에서 증명되는데 한편으로는 바울의 부르심의 사건이 먼저 나오고 있다는 사실에 의해서(9장), 다른 한편으로는 베드로의 행동의 우선성에 의해서(10-11장) 증명된다.

요한 마가가 베드로와 바울과의 동역 중에 자신의 복음서를 기록했다는 견해는 아마도 콥틱 전승의 복음서(행 15:39-구브로는 아마도 이집트에 대한 보다 큰 선교 여행의 첫 번째 기착지였을 것이다)를 포함해서 초대 크리스천 전통의

---

율법을 받은 위대한 사건을 구원 사건, 즉 복음으로 간주하는 일반적인 전승에서 기인한다고 주장한다(247-249). 필자의 판단에 따르면 이러한 난제에 대한 적절한 해결책은 Stuhlmacher와 Hengel의 논지를 하나로 연결하여 요한 마가가 베드로와 바울 모두에게 의존해 있다고 주장하는 것이다. 신학적으로 그리고 언어적으로 요한 마가가 최초의 복음서를 쓸 수 있게 했고, 이런 점에서 공관복음서의 귀중한 기여의 토대를 놓을 수 있게 했던 것은 다름 아닌 이러한 독특하고도 동시에 깨어지기 쉬운 바울과 베드로와의 이중적 관계성이었다.

기원을 잘 설명해준다.

그런데 이 견해에 따르면 요한 마가는 예수에 대해 증거하는 베드로를 복음의 수종자(ὑπηρέτης)라고 해석했다. 또한 요한 마가는 복음을 만국에 전하라는 바울의 소명에 함께 참여했다. 바울이 후에 가서 요한 마가의 가치를 인정하는 것(골 4:11; 딤후 4:11)과 베드로가 요한 마가를 자신의 사랑하는 아들이라 부르는 것(벧전 5:13)은 요한 마가가 바울과 베드로 모두에게 연결되어 있음을 보여주는 초기 전통의 지지의 일환이라 할 수 있다.

베드로의 권위에 대한 바울의 조급스러움(갈 1:15-2:14)은 바울이 자신의 2차 선교 여행에 요한 마가를 수종자로 데리고 가기를 원치 않았음을 보여주는 완고한 태도(행 15:38-39)를 잘 설명해준다.

(3) 요한 마가는 전개되는 복음 선포의 이야기에서 역사적으로 중요한 시점에 언제나 함께 했다. 바울의 1차 선교 여행의 뿐만 아니라 그 이전에도 함께 했다. 이 때 요한 마가는 자신의 어머니인 마리아의 집에서 이루어진 사도들과 보다 큰 차원의 제자들 간의 모임에 대한 증인의 역할을 했다(행 12:12).

만약 이 모임 장소가 사도행전 1장 14절에 나오는 '다락방'과 공관복음에 나오는 최후의 만찬의 장소와 동일한 곳이라면 요한 마가는 아마도 주후 29-45년의 기간 전반에 걸쳐서 예루살렘에 있었던 초대교회 역사의 주도적 증인이었음이 분명하다.[61] 이 기간은 예루살렘에서의 예수 자신의

61) 요한 마가가 다음과 같은 사례에 해당되는 청년이었을 가능성이 있다: 막 14:13에서 머리에 물항아리를 메고 다락방의 최후의 만찬을 준비했던 청년; 14:50-51에서 벌거벗은 몸으로 도망했던 겟세마네 동산의 청년; 부활의 아침에 무덤에 있었던 청년(16:5). 이 중 겟세마네 동산의 청년과 무덤에 있었던 청년의 경우는 최후의 만찬을 준비했던 청년의 경우보다 내러티브 분석을 토대로 할 때 더 강력한 지지를 받는다. 최후의 만찬을 준비했던 청년의 경우가 역사적으로 더 개연성이 있고 특히 행 1:14과 12:12의 이야기와의 연속성에 비추어 볼 때 그렇다하더라도 말이다. 이 문제에 대한 필자의 견해를 위해 필자의 저서인 *Mark*, 34-36과 214-215의 6-8번 부분을 보라.

마지막 날부터 시작해서 초기 크리스천 공동체의 출현까지 이어지는 기간이었다.[62]

(4) 요한 마가는 예루살렘의 경건한 이스라엘 사람들처럼 유대 전통의 믿음에 굳건한 뿌리를 내리고 있었으며 유대 전통에서 자라고 성장했던 자로 여겨진다. 이런 점에서 요한 마가는 예수의 이야기를 설명하기 위해서 유대 전통의 신앙에 근본적인 방식으로 호소하고 의존했던 이해를 사도들과 예수 자신과 함께 공유했다.

헹겔(Hengel)은 "마가는 헬라어를 말하는 유대 계통의 크리스천으로서 또한 아람어를 이해했던 사람이었다"[63]고 말하고 있는데 그의 주장은 옳아 보인다. 더욱이 마가의 초기 신학적 경향은 바울의 신학적 경향과 비슷했던 것처럼 보이는데 특히 그가 "히브리인 중의 히브리인"이었다는 점에서 그렇다.[64]

그러나 마가는 "히브리인중의 히브리인"이라는 문제에 관해서 일종의 '개종'을 경험했으며 그 결과 예수에 대한 그의 복음 이야기는 근본적인 점에서 당시 유대교에 도전하게 되었다. 그 이유는 예수가 메시아라는 복음 이야기의 주창은 이방인들로 하여금 예수 자신의 언약 갱신 가운데 절정에 다른 언약 축복의 공동-상속자가 되도록 초청하고 있기 때문이다(막 14:26-30; 13:10; 15:39).

공관복음서의 기원과 복음서의 구조적 형태와 관련해 요한 마가의 역할

---

62) 이러한 재구성에 반하는 사실은 누가가 마가의 이야기를 쓴 것이 아니라 사도행전의 이야기를 썼다는 점이다. 그러나 실제로 누가는 사도행전 이야기를 구성하는 데에 역사적인 기술을 염두에 두고 있었을 뿐 아니라 신학적인 목적들과 교회론적 목적들, 그리고 선교적인 목적들 사이의 풍요로운 상호작용을 또한 마음에 그렸다.

63) Hegel, "Problems in the Gospel of Mark," 230.

64) J. H. Farmer, "Mark," *ISBE*, 2d ed., 3. 1987.

을 새롭게 조명하는 것이 필수적일 뿐만 아니라 초대교회의 종족상의 구성이란 문제는 관심을 끌기에 충분하다. 이상 제시된 논지가 적합하다면 공관복음서 중에 어느 하나라도 들었던(혹은 읽었던) 최초의 공동체가 거의 이방인들이었다는 주장은 받아들이기가 어려울 것이다.

공관복음서는 헬라 세계와 헬라 문화 가운데에 있던 대부분 유대-크리스천들로 구성된 교회들을 위해 기록되었음이 분명하다. 유대 관습과 관련한 아람어를 설명하고 있는 것이 바로 이러한 실상, 곧 이방의 청중이나 독자들이 있었다는 실상의 한 국면이다.

그러나 본 연구에서 이미 증명해 보였던 많은 구약의 히브리 성경의 인용과 암시, 반향은 초대교회의 구성상의 실체에 대한 다른 국면을 보여준다. 즉 헬라 계열의 유대-크리스천들이 초기 크리스천 공동체의 중요한 핵심을 구성했다는 점이다. 실제로 공관복음서에서 이방인들이 아브라함의 식탁에 앉아 있음을 볼 수 있지 않는가! 이방 크리스천들은 본질상 유대적 성격을 지닌 신앙이라는 맥락에서 예수의 이야기를 배우고 간직하고 전달했다.

이런 점에서 이스라엘의 신앙 이야기와 공관복음서의 예수 이야기는 서로 불가분의 관계에 있다. 이스라엘과 예수는 모든 사람을 위한 하나님의 구원의 한 이야기이기 때문이다.

### 요약 : 공관복음서의 독특한 성취

최초로 예수를 따랐던 자들은 히브리 성경의 전승 속에서 배우고 자라난 자들이다. 이런 정황 속에서 이들은 예수의 삶의 이야기를 처음 바라보았고, 이 이야기를 이스라엘의 주요한 신앙 전승인 출애굽-시대산, 길-정복, 성전, 왕권을 반향하고 반영하는 구조의 형태로 전했다.

구약의 이야기에 대한 자연스럽고도 반향적인 방식으로 전해진 예수의 이야기는 구약 이야기가 지닌 남쪽의 전승 요소와 북쪽의 전승 요소에 대한 존중 가운데 갈릴리와 예루살렘이라는 양대 축을 중심으로 발전되었다. 공관복음서의 예수 이야기가 지닌 이러한 독특한 양상은 이스라엘의 주요한 신앙 전승과의 연속성과 중요한 새로운 변화를 보여준다.

다음과 같은 최소한 세 가지 근본적인 차원에서 공관복음서는 문학적이며 신학적인 독특한 성취를 대변한다.

### 형식

공관복음서의 저자들이 자신의 이야기를 각자 달리 보여주고 있기 때문에 —마가는 자신의 이야기를 복음(εὐαγγέλιον)으로, 마태는 책(βίβλος)으로, 누가는 이야기(διήγησις)로 표현하고 있음— 세 개의 정경적 복음서가 장르와 형식에서 정확히 동일하다고 간주될 수는 없지만, 복음서가 지닌 공통적인 구조적 형태와 구약의 신앙 전승에 대한 반영은 분명히 독특한 문학적 장르임을 극명하게 보여준다.

공관복음서라는 책의 장르를 유대 혹은 헬라 전통 원형과의 비교를 통해서 규명하려는 수많은 시도는 너무도 다양한 제안들에 의해서 심각하게 좌초되어 왔다. 보다 더 중요한 문제는 어느 시도도 본 연구가 집중해왔던 공관복음서의 독특한 구조상의 특징들을 제대로 설명하지 못했다는 점이다. 이러한 구조상의 특징 중에서 특히 두 가지는 실제적이고도 중요한 함의를 지닌다.

첫째, 본질상 *새로운* 예수 이야기를 이스라엘의 신앙 이야기가 지닌 구조와 모티프, 주제에 맞추어 구성하고 있다는 점은 다른 어떤 문헌에서도 결코 유래를 찾을 수 없는 경우이다.

둘째, 신학적이고도 선교적인 중요성을 담고 있는 갈릴리의 상징적인 이야기 역할은 그 성격상 다른 문헌과 복음서를 완전하고도 확연하게 구분

짓는 요소라 할 수 있다. 요한복음이 부분적으로 두 번째 특징을 드러내 주지만, 요한복음은 완전히 다른 구조로 이루어져 있다. 더욱이 비-정경적 복음서는 이 두 가지 특징이 모두 결여되어 있다(부록 I을 보라).

### 전승의 새로운 변화

이스라엘의 출애굽, 길-정복, 성전, 왕권 전승이 세 복음서에서 공관복음서의 구조와 이야기 형태 구성에 관여하며 예수의 이야기를 이해하고 전하는 데에 독특한 공관복음 형태를 만들어내면서 보여주었던 주요한 변화들을 주목한 바 있다.

우리가 주목했던 것은 차일즈(Childs)가 '전면적 해석'이라고 불렀던 것과 같은데, 이 해석은 구약 전승에 대한 신약의 사용에 의해 효력을 발생한다.

> "이 과정의 핵심에 자리 잡고 있는 것은 변증법적 움직임이다. 이 움직임 안에서 발전하던 신약의 전승은 자신이 전해주고 선택하고 하나의 성경적 규범으로 형성하던 바로 그 자료의 내용에 의해서 도리어 형태를 갖추게 된다."**65)**

차일즈는 어떻게 구약 성경이 신약 형성에 영향을 미쳤는가 하는 이슈에 대한 자신의 반응에서 본 연구가 제시했던 바와 유사한 대답을 다음과 같이 제시한다.

> "매일의 예배와 특별한 축제일에 대한 회당 전통의 예전, 특히 상당한 양의

65) Childs, *Canon*, 21.

> 성경 구절이 낭송되었던 당시 회당의 예전은 구약 성경에 대한 신약의 사용에 영향을 미쳤던 중요한 요소였다. 더욱이 유대인들과 크리스천들은 모두 정경적 모음집에 대한 총체적인 이해를 갖고 있었다.[66]

차일즈의 이러한 견해는 공관복음서의 구조의 형성을 이해하는 데에 중요한 두 가지 요소를 잘 설명해 준다.

첫째, 구약의 네 가지 주요한 전승의 흐름은 기본적 개념과 신학적 중요성을 모두 지닌 온전한 상태로 존재했다는 점이다. 이 전승의 흐름은 무의미하게 관행적으로 사용된 것이 아니라 —비록 무의식적인 차원은 아니지만— 깊은 잠재의식적 차원의 예전에서, 의미 있는 정도로 복음서의 저자들에 의해 의도적으로 사용되었다.[67]

이런 점에서 구약 이야기는 사고의 범주를 제공하며, 이 범주에 따라서 예수 이야기가 이해되고 전해질 수 있게 된다. 구약 이야기에서 신앙 전승이 원래적으로 가리키는 특정한 것들이 예수의 이야기에 대한 구성적 관점의 *양태*(gestalt)를 제공하는 역할을 하며, 이를 통해서 구약 전승이 원래적으로 가리키는 바들이 새로운 가리킴의 대상과 새로운 적용으로 이어지게 된다. 이렇게 해서 상황화와 새로운 변화가 일어나게 된 것이다.

둘째, 복음서의 저자와 내레이터는 특정한 구약 본문을 인용하여 구약 전승의 권위를 구체화한다.[68] 전승은 성경과 함께 생명을 유지하며 성경

---

66) B. S. Childs, "A Response," *HBT* 2 (1980), 203.

67) 여기서 두 가지 차원의 의미가 작동된다. 비록 잠재-의식적인 의도가 어디에서 시작되고 의식적인 의도가 어디에서 시작되는가를 말하기는 불가능하지만 말이다. R. Hays가 바울의 구약 성경 사용과 Hollander의 영어시에서 책간-본문상의 반향에 대한 추적을 비교하면서 주목하듯이 성경 문헌에서 책간-본문상의 반향이라는 현상은 다른 유형의 문헌의 책간-본문상의 반향과 유사하다(*Echoes of Scripture*, 200, 각주 75). 또한 저자의 의도를 복원할 수 있는 가능성에 대한 Hays의 설명을 보라(201, 각주 90번).

68) 비록 본 연구가 특정한 구약 인용을 살펴보는, 보다 전형적인 일을 하고 있지는 않지만 사실상 성전 섹션의 모든 구약 인용이 이스라엘의 삶에서 성전이란 실체와 함께 씨름했던 선지자들의 저

에서 이루어지는 인용은 이야기를 제시함으로써 권위 있는 말씀을 전달한다.[69)]

두 차원 즉, 증경적 증언이 담고 있는 보다 큰 섹션에 의존하고 있는 총체적 이해 차원과 특정한 구체적인 인용 차원에서 공관복음서는 구약 증언의 말씀을 갖고 새로운 이야기를 전하다. 이 구약 증언은 성경에서 기인하며 동시에 세대에서 세대를 걸쳐 만들어낸 전승에서 기인한다.[70)]

초대교회의 역할

본 연구는 공관복음서의 기원과 목적이 다음과 같은 삶의 네 차원과 연관되어 있다는 제안을 한다.

(1) 전승의 새로운 변화. 이 변화를 통해서 초대교회는 자신을 이해했다.

(2) 신앙 공동체에서 성서 낭독을 위한 성구집. 이를 통해서 신자들의 예배와 관련된 필요를 채우고 그들을 양육하는 역할을 했다.

(3) 언약 백성 됨과 관련한 유대 전통의 배타적 주장에 대한 변증적 역할.

(4) 예수를 통해 만국에 대한 하나님의 왕국 구원의 문을 활짝 열었던 고백적 성격의 변증.

이즈음에서 환원주의는 피해야 할 것으로 여겨진다. 즉 문헌이 지닌 복

---

작에서 기인한다는 점은 주목할 만한 사실이다. 마찬가지로 수난 기사의 구약 인용은 왕적 전통과 연계되어 있는 시편에서 기인한다. 갈릴리 섹션과 예루살렘을 향한 여정 섹션에는 훨씬 적은 구약 인용이 존재한다. 이 중 어떤 인용은 각자의 역할에 따라 구약의 각각의 섹션에서 비롯되지만 모든 인용이 그런 것은 아니다.

69) 종종 이에 대한 증거 본문으로 제시되는 마태복음에 대해서는 Stendahl의 *School of St. Matthew*을 보라.

70) 신약의 구약 사용에 대한 설명 중에 Childs에 의해서 다음과 같이 비슷한 진술이 개진된다: “Aber-und hier liegt der wichtigste Punkt- das Neue Testament erzählt seinne neue Geschichte mit den Worten des alttestamentlichen Zeugnisses.” In “Biblische Thelogie und Christliche Kanon,” *Jahrbuch fur Biblische Theologie* 3 (1988), 22.

잡성과 다층적 성격은 수많은 상호교류적이고도 상호보완적인 목적과 역할을 증거한다. 그러나 다음과 같은 점은 분명하다. 정체성을 규명하는 일과, 예배와 양육을 돕는 일, 변호와 선교 양자 모두에서 변증적 역할을 돕는 것 등이 복음서-형성과, 복음서-사용, 정경-유지 과정에서 본질적인 요소라는 점이다.

이 역할들은 오늘날 우리가 복음서를 사용하는 데에 많은 것을 시사한다. 신앙 공동체의 삶은 위에서 열거한 강조점과 복음서의 역할에 비추어서 평가되어야 한다는 점이다.

예를 들어 교회 회중의 양육과 예배는 '성도들을 교육하는' 일상적인 과제 중에 모든 형태의 속박에서 해방이란 점에 대한 중요한 강조점을 활용하고 있는가? 또한 악과 죄에 대한 복음의 승리의 방식을 활용하고 있는가? 회중의 삶을 위해서, 세상을 위해서 거룩한 것들에 대한 포괄적인 중재 역할을 하고 있는가? 십자가를 알며 모든 압제적 형태의 힘을 비판하는 왕권에 대한 이해를 갖고 있는가? 예배와 양육, 크리스천 회중의 공동체 삶은 십자가에 죽으신 메시아에게 신실하며 이 메시아에 합당한가?

간략히 말해서 구약의 신앙 이야기에 의해서 형성된 공관복음서의 예수 이야기는 우리가 오늘날 선포하고 가르치며 삶 가운데 구현하고 있는 예수의 이야기에 대한 형성적 차원의 영향을 미치고 있는가? 만약 그렇다면 우리는 세대에서 세대로 가장 중요한 성경적인 해석학적 패러다임을 전해줄 수 있게 될 것이다.

# 결어

우리 함께 참되게 예수 이야기를 구현하며 삽시다.

속박과 압제에서 해방된
자유하게 된 삶

삶의 여정에서 순종하는 제자들로서 생각하고 행동하는
신실한 삶

결코 제약받지 않으며 동시에 결코 제약하지 않는 예배를 통해
성취된 삶

십자가로 이루어진 왕 되심 곧 높이 들려진 예수 가운데 계신 하나님에 대한
예배의 삶

하나님께 찬양과 영광을 드립니다.

# 부록

Israel's Scripture Traditions and the Synoptic Gospels

부록 1

# 본 연구가 요한복음과 비-정경 복음서에 미친 영향

여기에서는 이상의 연구 관점에서 요한복음과 비-정경적 복음서에 대한 관찰에 집중할 것이다. 반면 이들의 기원이나 상호연관성과 관련한 연대기의 문제에 대해서는 다루지 않을 것이다.

## 요한복음

### 요한복음의 갈릴리와 예루살렘

요한복음은 예수의 사역을 기본적으로 예루살렘에 위치시키면서 예수께서 몇 차례에 북쪽에 있는 갈릴리로 가시고 딱 한 번 사마리아 지역으로 가시는 것으로 기술하고 있다. 이 점에서 요한복음은 공관복음서들과 다르다. 한 지역에서 다른 지역으로 넘어가는 전환점은 다음과 같다.

갈릴리로(요 1:43); 가나(요 2:1-11); 가버나움(요 2:12)

예루살렘으로(요 2:13)

유대 지역으로(살림에 가까운 에논)(요 3:23)

사마리아를 거쳐서 갈릴리로(요 4:3-4), 그리고 가나에 다다름(요 4:46)

예루살렘으로(요 5:1)

갈릴리에 나타나심(요 21장)

7-20장에서 예수의 사역은 예루살렘과 인근 마을, 즉 주로 베다니를 중심으로 이루어진다(요 11:1 이하; 12:1 이하). 사역 중에 예수께서 세례 요한이 최초로 세례를 베푼 곳인 요단강을 건너 잠시 자리를 비우시는 기간이 있다(요 10:40). 예루살렘을 향한 예수의 여정에 대해 말하는 것이 일반적 관행이지만, 이렇게 말하는 것은 공관복음의 구조를 요한복음에 투영한 결과이다.

요한복음 자체의 구조라는 견지에서 볼 때 예수께서 북쪽으로 세 차례 여행하셨다고 말해야 한다. 각 여행에 대해서는 다음과 같은 한 가지 주요한 사건만이 언급된다.

(1) 가나의 혼인잔치 비유
(2) 가버나움 관리의 아들의 치유(참조 마 8:5-13; 눅 7:1-10)
(3) 5천 명을 먹이신 사건(공관복음서에서 평행절들이 있음)

S. 프레인(Sean Freyne)은 복음서에 나타난 갈릴리에 대한 자신의 최근 연구에서, 그리고 W. 믹스(Wayne Meeks)는 요한복음에 나타난 선지자-왕으로서의 예수에 대한 연구를 통해서 갈릴리는 요한복음에서 긍정적인 상징적 의미를 담고 있다고 주장한 바 있다. 이 결론은 다음과 같은 사실에 기초한다.

(1) 가나에서 행하신 예수의 첫 번째 기적에 대해 갈릴리 사람들이 보인 긍정적인 반응(요 2:11)

(2) 사람들의 수용적 태도와 관련한 유대/예루살렘과 갈릴리 사이의 대조(요 4:43-45)

(3) 가버나움 백부장의 모범적인 믿음(요 4:46-54)

(4) 기적으로 무리를 먹이신 사건에 대한 호의적 반응(요 6:14-15)

(5) 예루살렘에서 예수를 찾은 벳새다로부터 온 헬라인들의 이야기 역할(요 12:20-23)

그러나 프레인이 6장에 나오는 예수와 갈릴리 사람들 사이의 잇따른 논쟁에 대해 언급했듯이 갈릴리의 유대인들은 예루살렘의 유대인들만큼이나 불신의 사람들일 수 있다(요 6:41 이하). 예수의 '어려운 말씀'을 듣자마자 몇몇 갈릴리 출신의 제자들이 예수를 버려두고 떠난다(60, 66절).[1] 역으로 예루살렘이 있는 많은 이들은 믿었다(요 2:23; 참조 3장에 나오는 니고데모). 더욱이 예수의 정체성에 대한 가장 긍정적인 선언은 사마리아(4장)와 베다니(11-12장) 사람들에게서 나온다.

이런 점에서 오직 갈릴리만을 긍정적인 반응과 연계시키고 예루살렘은 불신의 부정적인 반응과 연계시키는 것은 불합리하다. 그러나 이와 같은 극명한 양극화 현상은 공관복음서에 역시 존재하지 않는다.

이와 관련해 일군의 갈등 이야기(막 2:1-3:6과 평행절들)과 예수께서 나사렛에서 배척을 받으셨다는 점을 언급하는 것으로 충분하다. 나사렛 지역에서 배척은 누가복음의 경우 예수의 생명을 위협하는 적의의 장면임이 분명하다.

그럼에도 불구하고 공관복음서와 요한복음에 나타나는 전체적인 묘사는, 갈릴리에 대한 묘사가 보다 큰 수용적 태도이며, 예루살렘에 대한 묘사는 보다 큰 배척, 즉 예수의 죽음으로 이어지는 악의적인 대적의 상태이

---

1) 이 문제에 관해 필자는 Freyne에 동의한다. 필자는 Freyen의 다음과 같은 결론을 특별히 강조하고자 한다: "우리는 요한복음에서 갈릴리 사람들이 예수가 행하신 일에 대한 피상적인 태도의 반응을 지지하고 있음을 보는데 이 태도는 바리새인 전통의 율법주의만큼이나 참된 실체를 보지 못하는 눈먼 상태의 태도이다"(132). Freyne, *Galilee*, 120-125.

다(눅 13:31-35을 보라).

갈릴리 사람들은 7장 52절에 따르면 예수에 대해 동조적인 자들의 전형을 이룬다. 이 구절에서 예루살렘으로부터 온 대제사장들과 바리새인들은 니고데모를 '갈릴리 사람처럼' 넌지시 말하면서 예수가 저주의 말을 하고 있기에 자신들 앞에서 심문을 받아야 한다고 말한다.

요한의 이야기는 이 말을 갈릴리 사람들에 대한 남쪽 계열의 종교적 오만으로 묘사하고 있으며, 이를 통해서 예루살렘-갈릴리라는 양극성을 아니면 최소한 남쪽과 북쪽 사이의 대조를 수용적인 사람들의 태도를 통해 부각시키고 있다.

믹스는 4장 44-45절에 초점을 맞추어서 이 구절을 유대/예루살렘과 갈릴리가 지닌 상징적 역할 사이의 대조에 대한 가장 강력한 내러티브 증거로 제시한다. 이 구절의 "선지자가 고향에서는(ἐν τῇ ἰδίᾳ πατρίδι) 높임을 받지 못한다"는 표현에 나오는 '고향'은 문맥상 예루살렘을 가리키고 있음이 분명하다.

믹스가 지적하고 있듯이 "πατρὶς는 예수의 태어난 땅이 아니라 예수 *자신의* 땅을 가리킨다."[2] *자신의* 땅에서는 받아들여지지 못했지만 갈릴리, 즉 그가 *태어난* 땅에서는 따뜻한 영접을 받았다는 뜻이다. 여기서 요한이 "그 자신의"라는 표현을 사용하고 있는 것은 아마도 1장 1절에서 말하고 있는 내러티브 주제 곧, "그가 자신의 땅(τὰ ἴδια)에 오매 자신의(οἱ ἴδιοι) 백성이 영접하지 아니하였다"와 연결짓고 있음이 분명하다.[3] 믹스는 이러한 대조를 다음과 같이 잘 요약하고 있다.

> 요한복음에서 예루살렘을 향한 여정의 기사는 구속주가 "자신의 땅"에 오

2) Meeks, *Prophet-King*, 40.

3) Ibid.

신 것과 예루살렘 거민들에 의해 배척을 받으심을 상징하고 있으며, 반면 강조되고 있는 유대로부터 갈릴리로의 움직임(특별히 4:43-45)은 구속주가 다른 사람들, 곧 참 이스라엘이요 참된 "하나님의 자녀들이 되는" 다른 자들에 의해서 받아들여짐을 상징하고 있다.[4]

이로부터 추론되는 갈릴리에 대한 긍정적인 상징성은 "속에 간사함이 없는 이스라엘 사람"으로 부각되는 갈릴리 사람 나다나엘의 내러티브 역할에서 기인한다(요 1:47; 참고 21:2). 예수는 "하나님의 아들이시며, 이스라엘의 왕이라"라는 나다나엘의 고백은 참된 기독론을 드러낸다(요 1:49).[5] 비록 이 고백은 예수를 천상의 기원을 두고 있는 분으로 묘사하고 있는 요한의 독특한 기독론에 의해서 보완되어야 함이 마땅하지만 말이다(요 1:50-51). 예수를 메시아-그리스도로 지칭하는 안드레의 말(요 1:41) 역시 갈릴리 사람들에 대한 긍정적인 묘사와 관련해 보완적 역할을 하고 있다.

그러나 나다나엘과 안드레의 내러티브 역할은 요한복음에서 갈릴리에 긍정적인 역할을 부여하는 데에 빈약하다 할 수 있다. 그들이 예수에 대해 보이는 반응과 관련해 이야기 자체에 의해서 갈릴리 사람들로 명시적으로 명명되고 있지 않기 때문이다. 물론 이렇게 추론할 수는 있지만 말이다.[6]

갈릴리와 예루살렘이 지닌 내러티브 역할에 대한 요한의 '유형 분류'와 관련해 두 가지 부가적 요소가 언급될 필요가 있다.

---

4) Ibid., 41.

5) 요한은 마가가 기독론의 문제와 관련해 종결짓는 부분을 이어 받아 자신의 복음서를 쓰고 있는 것처럼 보인다. 마가의 목표는 예수의 왕권이 고난 받아 죽어가는 하나님의 아들임을 드러내기 위함이었다(요 15:39). 그러나 고난의 요소는 요한복음의 경우 보다 후에 나타난다. 요한복음에서 고난의 모티프가 1장 29절의 "하나님의 어린양"이라는 칭호를 통해 암시적으로 나타나는 것을 제외하고서는 1장에서 이 모티프는 분명하게 나타나 있지 않다.

6) 안드레가 예수를 메시아임에 틀림없는 분으로 고백하는 시점에서 이야기는 예수를 아직 갈릴리에 위치시키고 있지 않다(요 1:35-43).

첫 번째 요소는 2장에 나타나는 대조적인 묘사의 요소로써 이러한 대조적인 묘사는 상당한 정도로 공관복음서가 보여주는 갈릴리-예루살렘이라는 신학적 중요성을 드러내고 있다. 갈릴리는 혼인잔치의 기적이 일어난 지역으로 이곳에서 하나님의 나라의 포도주는 하나님이 친히 만드신 것으로 묘사되고 있으며 이 포도주는 잔치의 손님들에게 제공된다.

이와 대조적으로 예루살렘은 유대 종교가 우선시하고 있는 것들에 대한 심각한 왜곡에 대해서 심판을 받게 되는 장소이다. 혼인잔치의 때가 도래했으며, 이전 제도들은 정화되고 새롭게 개혁되어야 한다. 그렇지 않으면 대안은 멸망을 당하는 것뿐이다.

요한복음의 이야기 속에서 예수께서 공생애 초기에 대담한 행동을 하신 것에 대해 거의 설명이 없는데, 이를 통해서 갈릴리와 예루살렘이 각각 지닌 상징적 역할이 크게 부각되고 있을 뿐만 아니라 후에 나타날 갈릴리-예루살렘 묘사에 대한 하나의 기초를 놓고 있는 셈이다(특히 요 4:44-54). 비록 요한의 이야기는 갈릴리와 예루살렘에서 예수의 행동의 결과로 많은 사람들이 믿었다는 점을 지적하고 있지만 말이다.

두 번째 중요한 요소는 예컨대 벳새다와 그 인근 지역으로부터 헬라 사람들이 왔다는 점인데, 이들이 예수를 보기 위해서 빌립을 만났기 때문이다. 이 사건을 담고 있는 이야기는 일반적으로 생각하는 것보다 더 중요한 내러티브상의 의미를 지닌다. 그 이유는 이 사건이 예수의 '시계'에 따른 자명종 소리를 울리고 있기 때문인데, 이 자명종 소리는 요한복음에서 매우 중요한 내러티브 표지이다(요 2:4을 보라; 7:6).

곧 이어 예수께서 헬라 사람들, 즉 이방인들이 그를 보기 위해서 왔다는 소식을 들었을 때 "인자가 영광을 얻게 될 때가 왔도다"라고 말씀하신다(요 12:23). 이 때로부터 요한의 이야기는 대단원, 곧 인자가 모든 사람을 자기에게 이끌기 위해서 십자가에 높이 달리심으로써 영화롭게 되는 일로 진행되어 나간다(요 12:32).

공관복음서에 대한 지금까지의 연구를 통해서 이방인들이 예수의 메시아 사역이 가져온 유익에 참여하게 되는 것은 복음 이야기의 본질적 양상이었음을 주목해왔다. 이것이 요한복음에도 사실이라 말할 수 있다. 비록 이를 보여주는 요한복음의 내러티브 장치가 아주 미묘하고 쉽게 간과될 수 있기는 하지만 말이다. 그러나 요한복음의 내러티브가 지닌 거친 논리도 세밀한 독자는 말할 것도 없고, 다소 부주의한 독자의 관심을 끌기에도 충분하다.

예수께서 헬라 사람들이 자기를 보기 위해 와 있다는 말을 들었을 때, 예수께서는 "그래 좋다, 그 때가 지금이다"라고 말씀하신다. 그리고 예수께서는 곧바로 분명한 어조로 수난의 사건을 개략적으로 말씀하신다(계속해서 뒤이어 사용되고 있는 '때'라는 용어가 어떻게 수난 기사를 앞으로 진전시키고 있는지를 주목하라. 특히 요 13:1과 17:1). 아주 분명히 요한은 공관복음서들이 말하는 바에 동조하지만, 자신만의 독특한 이야기 방식으로 만약 예수의 복음이 모든 사람을 위한 것이 아니라면 결코 복음이 아니라고 선언한다.

이러한 신학적 확신과 내러티브 장치는 이야기 속에서 갈릴리가 지닌 긍정적 역할을 부각시키는 효과를 지닌다. 그러나 보다 더 중요한 사실은 갈릴리가 긍정적으로 묘사되는 이유가 갈릴리는 이방인들이 유대인들과 함께 어우러지는 장소이기 때문이라는 점이다. 갈릴리에서 이루어진 예수의 유일한 치유 기적은 백부장의 아들을 치료한 사건으로써 여기서 백부장은 커다란 믿음을 가졌던 이방인을 대변한다.

이런 연유에서 요한복음에서 갈릴리가 지닌 긍정적 중요성은 상당한 부분에서 갈릴리가 유대인들의 땅일 뿐만 아니라 이방인들의 땅이라는 사실에 기인한다. 요한이 자주 사용하고 있는 '누구든지'(이 단어는 사실은 '모든'을 의미하는 헬라어 πᾶς임)라는 표현이 시사하는 바가 매우 중요하다 할 수 있다.

### 요한의 보다 더 깊은 차원의 '유형적 분류'

갈릴리가 예루살렘과 달리 긍정적 내러티브 역할로 표현된 반면 이보다 신학적으로 더 깊고도 심오한 '유형적 분류'가 요한복음에서 이루어지고 있다.

요한복음에서 '어디서 왔는가?' 라는 기원의 문제와 관계없이 긍정적 묘사로 표현된 사람들은 예수의 참된 정체성, 즉 예수를 위로부터 보내심을 받은 분이라고 고백하는 자들이다(요 1:49; 4:25, 29, 42; 11:27; 19:9).

이러한 반대적 양극성은 단순히 갈릴리와 예루살렘이라는 양극성을 넘어선다. 믿는 자들이 갈릴리 사람이라고 '분류'되지는 않지만(요 7:52의 암시는 예외임), 믿지 않는 자들이기에 예수의 대적들이 된 자들은 '유대인'('Ιουδαῖοι)으로 분류된다.[7] 7장 40-52절에 나오는 논쟁, 즉 그리스도가 갈릴리로부터 나올 수 있는가의 논쟁에 대한 믹스(Meeks)의 주장은 요한이 말하는 다음과 같은 참된 양극성을 가리킨다. 예수의 참된 기원이 하늘로부터 왔다는 사실을 인식하는 자들과 눈이 멀어서 이러한 진리를 볼 수 없는 자들 사이의 양극성.

이 점은 '갈릴리-베들레헴'이라는 논쟁을 넘어서며 '그리스도-선지자'라는 표지를 넘어선다.[8] 이런 연유에서 "정작 중요한 질문은 예수께서 갈릴

---

7) Freyne은 'Ιουδαῖοι란 단어를 "이스라엘 사람들, 유대사람들, 그리고 갈릴리 사람들"과 대비되는 것으로 옳게 사용하고 있다. 심지어 예수의 형제들도 결국에서는 'Ιουδαῖοι의 편에 선다. 'Ιουδαῖοι은 십자가 장면에 나타나지 않으며 예수의 어머니의 부탁을 받지도 않는다(*Galilee*, 131).

8) 41절에서 '그리스도'라는 칭호는 '선지자'라는 칭호와 구별되지만, 52절에서 이 두 칭호는 간접적으로 서로 연계되어 하나의 동일한 대상을 가리킨다. 이 점은 Meek가 6:14-15에서의 상호연관관계를 근거로 요한이 예수를 선지자-왕으로 묘사한다고 주장하는 논지와 관련해 중요하다. 그러나 Meek은 그리스도와 선지자 사이의 단절성을 강조하는데 (바로 7:41의 본문을 사용하여), 그 이유는 Meek는 요한복음에서 '그리스도'는 왕권에 종속된다고 주장하고 있기 때문이다. 여기서

리 출신인가 유대 출신인가의 문제가 아니라 그가 하나님께로부터 오신 분이라는 사실이다."[9]

더욱이 예수의 심문에 대한 이야기는 공관복음서들보다도 훨씬 더 예수의 왕권이 지닌 강렬함과 아이러니를 크게 고조시키는 반면에 예수는 공관복음서에서와 달리 요한복음에서 어디에서도 '그리스도'(Χριστος)라고 불리고 있지 않다.[10]

또한 예수는 요한복음의 심문 이야기에서 '이스라엘의 왕'이라고도 불리지 않는다. 요한복음에서 주창되는 '유대인의 왕'이라는 예수의 정체성은 극적으로 전개되는 이야기의 중요한 움직임으로[11] 다음과 같은 아이러니한 대화에서 절정에 달한다(요 18:39; 19:12, 14, 16, 20, 22).

> 빌라도 : 너희는 내가 유대인의 왕을 너희에게 놓아주기를 원하느냐?
>
> [잠시 후]
>
> 유대인들 : "자기를 왕이라 하는 자는 누구든지 가이사를 반역하는 것이니이다."
>
> 빌라도 : "보라 너희 왕이로다" … "내가 너희 왕을 십자가에 못 박으랴?"
>
> 유대인들: "가이사 외에는 우리에게 왕이 없나이다"
>
> 대제사장들이 히브리어와 라틴어 그리고 헬라어로 기록된 십자가 위에 붙

---

왕권은 보다 큰 카테고리로서 반드시 다윗 계열의 메시아적 전통은 아니지만 다른 유대 전통에 기반을 둘 수 있는 카테고리이다.

9) Meeks, *Prophet-King*, 38.

10) Ibid., 60, 81.

11) 예수가 스스로를 '하나님의 아들'이라 불렀다는 유대인들의 고소(요 19:7)는 실제적으로 요한복음 어디에서도 그 근거를 갖고 있지 않다. 유대인들의 심문과 재판은 단지 예수의 가르침에 대한 질문만을 언급하고 있으며(요 18:19), 신성모독이나 성전모독에 대한 고소나 심문을 담고 있지 않다. 예수를 빌라도에게 넘겨줄 때, 유대인들은 예수가 악을 행했다(κακὸν ποιῶν)는 빈약한 핑계를 대고 있다.

여진 패에 대해 빌라도에게 말하더라: "유대인의 왕이라 말고 자칭 유대인의 왕이라 쓰라"

빌라도 : "나는 나의 쓸 것을 썼노라."

이 대화는 18장 36절 이하에 비추어서 이해되어야 한다. 이 구절에서 예수께서는 유대인의 왕권에 대한 빌라도의 질문에 다음과 같이 대답하신다.

> 나의 나라 (나의 왕권)는 이 세상에 속한 것이 아니라 만일 나의 나라(나의 왕권)가 이 세상에 속한 것이었다면, 내 종들이 싸워 나로 유대인들에게 넘기지 않게 하였으리라. 그러나 나의 나라(나의 왕권)는 이 세상에 속한 것이 아니니라(RSV)

더욱이 다음과 같은 예수의 이어지는 대답은 동일한 요점을 이어간다.

> 네 말과 같이 내가 왕이니라. 내가 이를 위하여 태어났으며 이를 위하여 세상에 왔나니 곧 진리에 대하여 증거하려 함이라

예수의 왕권의 성격이라는 이러한 기독론적 이슈[12]는 요한복음 전반에 걸쳐서 전개되는 믿음과 불신이라는 양극성의 핵심적 접점으로 부각된다. 요한의 이야기는 독자들로 하여금 이야기 속의 어느 등장인물도 명시적으

---

12) 수난 기사에서의 이 주제에 대한 훌륭한 내러티브 분석과 이 주제가 지닌 신학적 중요성을 위해 다음을 보라: D. Hill, "My Kingdom Is Not of This World," *IrishBibStud* 9(1987), 54-62; D. Rensburger, "Jesus' Kingship in John's Trial Narrative," *JBL* 103(1984), 395-411(동일한 형태로 다음 책의 5장에 나타남: *Community and Liberation in John's Gospel* [Philadelphia : Westminster, 1988]).

로 말할 수 없는 '예수의 왕권은 하나님께로부터 온 것이다!'와 같은 사실을 보도록 권면하고 있다.

믹스는 이러한 천상의 왕권과 선지자라는 자기 규명을 바르게 연결짓는데 이 두 요소는 6장 14-15절에서 연계되어 나타난다. 이를 통해 요한은 왕권과 다윗 계열의 왕적 신분 사이의 차이점을 강조하고 있다. 그런데 왕권은 그리스도를 통해 표현되고, 다윗 계열의 왕적 정체성은 다윗의 계보를 통해 전달된다. 둘 사이의 차이점은 7장 42절 이하에서 좁혀지지 않는다.

그러나 그리스도는 예수의 왕권의 성격에 대한 분석을 통해서 이해되어야 한다. 예수의 왕권의 성격이 그리스도에 대한 분석을 통해 이루어진다는 결론[13)]보다 더 본질적인 것이 존재한다.

즉 예수의 왕적 신분을 가리키는 모든 표현은 — '이스라엘 왕'(요 1:49), 선지자-왕으로서의 예수(요 6:14-15), 갈릴리 혹은 베들레헴으로부터 기인한 그리스도(요 7:41, 52), 혹은 유대인의 왕(심문 이야기)— 핵심적인 대립관계인 위로부터인가 아니면 세상으로부터인가라는 점에 비추어서 이해되어야 한다는 점이다(요 1:50-51; 3:3-12, 31; 6:33, 51; 8:42; 18:36-37).

믹스 보다 후대의 저작인 *The Man From Heaven in Johannine Sectarianism* 역시 이런 방향을 가리키고 있다.[14)]

### 요한복음과 공관복음서들

요한복음과 공관복음서들 간의 차이점은 보다 근본적이다. 이제 이러한 차이점을 살펴보면서 간략하게 서술해보고자 한다.

---

13) Meeks, *Prophet-King*, 81.
14) W. A. Meeks, "The Man from Heaven in Johaaine Sectarianism," *JBL* 91(1972), 44-72.

1. 갈릴리와 예루살렘은 복음 이야기 내에서 지니고 있는 각각의 상징적 역할과 관련해 서로 유사한 신학적 중요성을 담고 있지만 갈릴리-예루살렘이라는 지리적 형태에 관한한 이와 아주 다루다.

요한복음은 독특한 성격을 지닌 북쪽 섹션이 동일하게 독특한 성격을 지닌 남쪽 섹션을 앞서는 특징을 지닌다. 요한복음은 마가복음 8장 27절-10장 52절과 이에 대한 공관복음서의 평행절이 담고 있는 예루살렘을 향한 확장된 여정 부분을 전혀 담고 있지 않다. 오히려 예루살렘은 요한복음에서 '땅의 중심'이며 갈릴리는 변방 지역으로 공관복음서가 담고 있는 개념과 아주 다른 개념을 담고 있다.

갈릴리가 상징하는 바인 예수 복음에 대한 수용의 땅이라는 개념과 예루살렘이 상징하는 바인 거절의 장소라는 개념이 요한복음에서도 분명 존재하지만, 두 개념 모두 '참된 이스라엘 사람-유대인들(헬라어)이라는 양극 개념에 의해 압도되고 있다. 다시 말해서 모든 땅, 모든 지역으로부터 온 사람들은 믿음-불신이라는 양극단 어디에라도 속할 수 있다는 뜻이다.

2. 요한복음에서 근본적인 양극성은 '위로'라는 기독론적 개념과 '아래로'라는 기독론적 개념 사이의 대비로 이루어져 있다. 왕권은 다윗의 왕적 계열의 메시아 전승이라는 맥락으로 이해되지 않고 대신 모세 계열의 선지자-왕 모델로 이해된다. 이 선지자-왕 모델에 따르면 위로부터 온 만나, 곧 예수의 말씀과 표적이 위로부터 보내진 참된 선지자의 말씀과 표적이다. 이런 연유에서 출애굽 모티프와 왕적 모티프가 요한복음 이야기 전면에 널리 퍼져 있지만, 이 모티프들은 다른 방향의 이스라엘의 전승을 반영하고 있다.

믹스가 보여주고 있듯이 이러한 다른 방향의 이스라엘 전승은 필로와 요세푸스의 문헌, 랍비 계열과 사마리아, 영지주의 전통의 문헌에 있는 묘사에서 암시되는 것에서부터 기인한다.[15] 공관복음서들이 예수의 왕적 정체성을 이스라엘의 메시아 계열의 전통 가운데 위치시키는 데 비해서 요한복음은 예수의 왕권을 보다 후대의 다양한 유대 전통을 통해서 설명한다.

그러나 요한의 신학적 목표는 배타적이고 민족주의적인 왕권 이해로부터 예수의 왕권을 구별하려는 것인데, 이것은 공관복음서들의 목표와 유사하다.

3. 공관복음서들과 달리 요한복음은 출애굽, 순례-정복, 성전, 왕권 전승에 대한 일련의 강조점을 발전시켜 나가는 구조상의 형태를 지니고 있지 않다. 요한복음 6장과 요한복음의 수난 기사는 공관복음서들과 가장 가까운 평행관계를 지니고 있는 부분들이다. 요한복음에서 예수의 성전 청결 사건은 2장에 나타나며 성전 전승은 수난 기사에서 아무런 역할을 하고 있지 않다.[16]

또한 요한복음에서 공관복음서들의 성전 섹션을 대체하는 부분은 예수의 '다락방' 고별 강화로써 여기서 다락방은 비교적 승리를 자아내는 위치와 분위를 담고 있는데, 이 점은 성전 지역에서 있었던 논쟁과 비교된다. 다락방에서 예수께서는 이미 제자들의 보혜사-선생으로 묘사되고 있으며 약속된 보혜사 성령께서 이러한 예수의 역할을 계속 이어갈 것으로 묘사되고 있다.

---

15) Meeks, *Prophet-King*, 100-285.

16) 예수의 성전 청결 사건에 대한 요한의 묘사에 따르면 예수는 "너희가 이 성전을 헐라 내가 사흘 동안에 일으키리라"고 말씀하신다 (요 2:19). 누가 성전을 허무는가? 여기서 주어는 '너희'이다. 공관복음서들의 묘사에 따르면 주창되는 바는 *예수께서* 성전을 허무실 것이라고 말했다는 것이다. 요한복음의 묘사는 예수께서 가리키는 것은 '그의 몸의 성전'(2:21)임을 분명히 하고 있다. 이런 연유에서 성전 청결과 예수의 말씀은 요한복음에서 성전에 대한 변증으로 자리 잡지 않고 있으며 예수의 심문에서도 고소의 대상의 역할을 하지 않는다.

누가복음에서는 예수의 다윗 계열의 왕적 신분을 선지자요 의인이라는 묘사를 통해서 제한하고 완화시키고 있다. 이러한 누가복음의 형태는 아마도 요한복음의 기독론적 전략에 원형적 형태를 이룬다고 할 수 있다.[17) 물론 요한복음과 누가복음 사이에는 유사점보다 차이점이 훨씬 더 두드러지는 것이 사실이지만 말이다.

요한복음과 누가복음 사이의 이러한 유사점은 하나의 기독론적 성향을 보여주는 듯한데, 이 성향은 예수의 왕권을 강력하게 확언하고 있지만 동시에 왕권은 세상 제국들을 초월하는 왕권이요 이 제국들에 대한 심판을 집행하는 왕권임을 암시한다.

### 요약

요한복음의 지리적인 구조와 기독론적 강조점이 지닌 독특성은 본 연구의 다음과 같은 논지를 증언하고 있다. 공관복음서들의 주요한 특징은 갈릴리-예루살렘이라는 독특한 구조와, 기본적인 일련의 형태로 나타나는 이스라엘의 네 가지 주요한 신앙 전승(출애굽-시내산, 길-정복, 성전, 왕권 전승)에 대한 활용을 연계시키고 있다는 점이다. 이 논지에 따르면 이를 통해서 예수의 사역의 성격과 예수의 인성의 정체성이 설명된다.

## 비-정경 복음서들

이하의 간단한 설명은 비-정경 복음서들을 공관복음서들과 비교하여 자세히 분석하려는 데에 목적이 있지 않고, 본 연구에서 드러난 공관복음서들과 비-정경 복음서들 사이의 차이점에 관해 간략하게 살펴보려는 데에 목적이 있다.

---

17) 예수를 가리켜 누가가 '선지자'라는 표현을 사용하고 있는 것에 대한 Meek의 요약적 설명을 보라 (*Prophet-King*, 28, n. 1).

슈니멜허(Schneemelcher)는 비-정경 복음서들을 세 가지 유형으로 분류하는데, 그의 분류는 여기서 제시하는 설명들에 유용하다.

첫 번째 유형은 '정경 복음서와 밀접하게 연결된' 유형으로 정경 복음서 혹은 공관복음 전승에 대한 의존성을 보여준다. 슈니멜허는 이 유형에 속한 많은 것들 중에서(P. Oxyr. 840, 그리고 2) 유대-크리스천 전통의 복음서들을 이 유형에 포함시킨다. 그런데 이 복음서들은 불행하게도 파편적으로 남아 있으며 대부분은 교부들의 인용에 나타나고 있을 뿐이다.

두 번째 유형은 영지주의적 유형의 복음서들이다. 이 유형에 따르면 예수는 더 이상 역사적 예수가 아니라 영적인 사람들을 계몽하기 위한 목적의 비밀스러운 진리인 γνωσις를 중재하는 '높이 들림 받은 계시자'이다.

세 번째 유형은 정경 복음서들의 몇몇 측면을 보완하고자 하는 유형이다. 예를 들어 유아기 복음서들(the Infancy Gospels)이 여기에 해당된다.[18)]

유형 중에서 첫 번째 유형과 세 번째 유형의 비-정경 복음서들만이 정경 복음서들과 잠재적인 친밀성을 보여주며, 특히 하나의 특정한 내러티브 구조를 반영하고 있다. 두 번째 유형은 기본적으로 계시된 γνωσις인 어록으로로 구성되어 있으며, '역사-유형'의 이야기 형태를 전혀 띠고 있지 않다.

복음은 오직 내러티브 구조 혹은 이야기 형태를 통해서 예수 사역에 대한 해석학적 범주로서의 이스라엘의 전승을 활용할 수 있으며, 이 점을 공관복음서들 가운데서 이미 확증한 바 있다. 다름 아닌 내러티브 그 자체가 특정한 전승을 담고 있는 역사 속에 이야기를 정초시킨다.[19)]

---

18) W. Schneemelcher, ed., in E. Hennecke, *New Testament Apocrypha* (Philadelphia : Westminster, 1963), 1. 82-84.

19) 여기서 다음의 H. Frei의 중요한 저작을 보라. 이 저작은 내러티브를 역사와 같은 사건들의 담지자로 규정하고 있다: *The Eclipse of Biblical Narrative* (New Haven/ London : Yale University, 1974). 18세기와 19세기의 이성적 석의가 내러티브 증언을 밀쳐 내버린 최초의 찬탈자가 아니다. 영지주의 계열의 복음서들이 훨씬 이전에 이미 자신들의 방식으로 이러한 일을 했다.

세 번째 유형의 비-정경 복음서들은 매우 적은 분량의 내러티브만을 발전시키고 있을 뿐, 복음 이야기 전체의 역사-국면을 약화시키거나 제거하고 있다. 예수의 어린 시절이나 빌라도의 성격과 같은 삽화 혹은 파편들이 윤색되고 확장되어 Novelle(픽션의 단편 소설)나 혹도덕적인 변증적 유형의 이야기로 바뀌고 있다.

한스 프라이(Hans Frei)의 표현을 빌자면 오직 첫 번째 유형만이 '역사-유형'의 사건을 구현하는 내러티브 특성을 반영하고 있을 뿐이다. *the Gospel of the Nazareans*과 *the Gospel of the Ebionites*는 너무도 파편적인 형태로 남아 있기에 어떠한 판단도 내릴 수 없을 정도이다. 물론 전자의 경우는 마태복음에 대한 확장된 역본의 형태를 띠고 있지만 말이다.[20]

이 파편적 형태에는 앞서 우리가 다루었던 마태복음의 네 섹션 모두에 속해 있는 구절에 대한 다른 독법이나 확장된 독법이 담겨져 있지만, 이들 형태에는 갈릴리에 대한 언급이 전혀 없다. 두 개의 구약 인용이 마태복음 2장에 대한 이들 버전에 나타나며, 이들 버전에서 예수의 시험 사건에 대한 간략한 이야기는 사탄이 예수에게 '거룩한 도시'가 아니라 '예루살렘'을 보여주는 것으로 되어 있다.[21]

*the Gospel of Peter*의 경우 정경 복음서들의 수난-부활 기사와 유사점을 보인다. 예수를 두 차례에 걸쳐 '이스라엘의 왕'으로 부르고 한 번은 '하나님의 아들'로 부르는데, 세 경우 모두는 '조롱' 중에 사용된다(3:7-11).

이 베드로의 복음서(*the Gospel of Peter*)는 서기관들과 바리새인들, 장로들에 대한 묘사에서 정경 복음서들의 증언을 넘어선다. 즉 이 복음서에 따

---

20) R. Cameron, ed., *The Other Gospels : Non-Canonical Texts*(Philadelphia : Westminster, 1982).

21) Ibid., 99.

르면 종교 지도자들은 자신이 행한 악을 깨달은 후에 "자신들의 가슴을 치고 있으며", "보라, 그가 얼마나 의로운 자였는가!"라고 외치고 있다(8:28 보라; 눅 23:47 참조). 그러나 이 복음서 어디에서도 복음 이야기를 구성하는 이스라엘의 전승에 대한 의미 있는 묘사를 발견할 수 없다.

마태복음의 내러티브 구조를 반영하고 있는 듯한 *the Gospel of the Nazareans*의 경우를 제외하고서 *the Apocryphon of James*에 대한 다음과 같은 카메론(Cameron)의 지적이 모든 비-정경 복음서들에게 동일하게 해당될 수 있다.

> "종국적으로 신약에 포함된 네 개의 정경 복음서와 달리 *the Apocryphon of James*는 어떠한 형태의 내러티브 구조도 담고 있지 않다."[22]

이러한 지적이 우리가 말하고자 하는 바와 관련해 지니는 중요성은 다음과 같이 이중적이다.

(1) 역사-유형의 (history-like events) 사건에 대한 전승을 담고 있는 매체로서의 내러티브 형태는 정경복음서들의 특징적 표지이며, 정경성에 대한 하나의 중요한 요소이다.

(2) 이스라엘의 이야기가 지닌 구성적 차원의 영향을 반영하고 있는 공관복음서들의 내러티브의 독특성은 비-정경 복음서들에는 없는 특이한 요소들이다.

예수의 이야기를 이스라엘의 이야기가 지닌 개념적이고도 국가-제의적인 범주에 놓고 있는 것은 정경 복음서들을 모든 다른 비-정경 복음서들과

22) Ibid., 55.

확연히 구분 짓는 요소일 것이다.[23] 더욱이 공관복음서들과 요한복음이 지닌 갈릴리-예루살렘이라는 구조가 비록 서로 다르기는 하지만 이 구조 역시 비-정경 복음서들에서는 찾아볼 수 없다.

이와 같은 갈릴리-예루살렘이라는 역사적-지리적 구조는 정경 복음서들을 예수와 교회의 역사에 정초시킬 뿐만 아니라 가장 중요하게는 예수와 교회의 역사적인 분투, 곧 이스라엘과 이스라엘을 통해 맺으신 하나님의 언약 약속을 이방인들에게까지 확장시키려는 분투에 위치시킨다.[24]

23) H. Koester는 복음서 기원을 다룬 바 있는데 이러한 그의 시도에서 정경복음서들의 발전과 비정경복음서들의 발전이 상호작용하는 것으로 간주된다. 그러나 Koester는 정경복음서들의 이러한 독특한 형태를 간과하고 있다 (*Ancient Christian Gospels : Their History And Development* [Philadelphia : Trinity International, 1990]).

24) 문헌 자체에 내재된, 정경 형성에 영향을 미치는 이 두 요소에 덧붙여 William R. Farmer의 다음과 같은 제안이 있다: 초대교회에 대한 박해와 특정한 책을 죽으면서까지 지키고 소중하게 보존하려는 시도 사이에 있었던 상호작용이 세 번째 기둥을 제공하는데 이 기둥은 정경 과정을 역사적 분투와 연결짓는다. 이 제안에 따르면 정경으로 들어오게 된 책들이 정경으로 채택된 이유는 이 책들이 고난 속에 있는 크리스천들에게 양분을 주었고 이들에게 힘을 주었기 때문이다. 고난 가운데서 위로와 힘을 준다는 이 주제가 사실상 모든 신약 저서들에 널리 퍼져 있다는 것은 주목할 만한 사실이다. 다음을 보라: Farmer, *Jesus and the Gospel*, 177-221. Farmer는 정경으로 떠오르는 책들의 목록과 핍박 사이의 상관관계를 보인 다음에 다음과 같이 결론 내린다: "초대교회에 있었던 크리스천들의 순교라는 엄연한 사실과 신약 정경으로 크리스천 저작들이 선택되었다는 사실은 서로 간에 활력 있는 관계 속에 놓여 있는데, 이 점은 이러한 복잡한 역사적 질문에 대해 추론될 수 있는 것, 그 이상으로 확실하다"(221). 또한 다음을 보라: Farmer and Farkasfalvy, *Formation of the New Testament Cannon*, 7-95. 이와 연관된 논쟁들을 위해 이 책 4장 각주 59번을 보라.

# 부록 II
## 본 연구의 논제에 대한 2차적 테스트 :
## 본 연구의 결과와 공관복음서의 독특한 내용과의 연관관계

공관복음서는 다음과 같은 두 개의 독특한 구조상의 특징을 갖는다.

(1) 갈릴리-예루살렘 구조

(2) 내러티브의 분수령으로서 베드로의 고백이 지닌 역할로 이 고백을 통해 이야기의 세팅이 갈릴리로부터 예루살렘을 향한 여정을 거쳐서 예루살렘으로 바뀜[25)]

이에 덧붙여 다음의 여섯 가지 주제가 공관복음서의 독특한 요소들이다.

(1) 하나님의 나라

(2) 귀신을 내어 쫓음

(3) 세리들과 죄인들[26)]

---

25) 누가는 변화산상의 사건을 세팅의 전환 이전에 놓고 있으며, 이런 점에서 갈릴리-예루살렘이라는 구조를 수정하고 있다. 요한복음의 평행부분을 공관복음서들과 동일한 맥락에 놓을 경우, 이 부분은 요 6:68-69에 나타난다.

26) 요한복음 4장과 8장 1-2절에는 세리들과 죄인들이란 동일한 주제가 나타나기 때문에 이 주제가 오직 공관복음에 속한 것이라 말할 수 없음을 암시하고 있다. 주제를 신학적으로 구성한다는 목적에 비추어 볼 때 이것이 사실일 수 있다. 그러나 요한은 어디에서도 "세리와 죄인들"이란 표현

(4) 비유들

(5) 감람산 대 강화를 담고 있는 성전 세팅과 연관된 수난 이전 기사

(6) 유월절이라는 상징을 확장시키고 있는 주의 성만찬의 제정

이 요소 중 어떤 것도 요한복음에는 나타나지 않는다. 몇몇 요소는 소수의 비-정경 복음서에서는 나타나지만 말이다.[27] 그러나 이 여섯 가지 주제가 공관복음서에서 취하고 있는 형태와 정도는 매우 독특하고 특이하다.

각 공관복음서는 다음에서 알 수 있듯이 하나님의 나라라는 주제를 일차적으로 크게 부각시키고 있다.

(1) 막 1:14-15에 나오는 핵심적 진술

(2) 마 4:17에 나오는 예수의 사역에 대한 선포

(3) 눅 1:33에 나오는 하나님의 나라라는 주제에 대한 예기와 눅 4:43에서 "하나님의 나라에 좋은 소식을 선포하기 위함"이라는 예수의 사역 목적에 대한 독특한 진술[28]

---

을 사용하지 않으며, 또한 사마리아의 여인 혹은 음행의 현장에서 붙잡힌 여인을 "죄인"이라 규명하지 않는다. 아래 설명에서 보겠지만 "세리와 죄인들"이란 표현은 특별한 사회적 함의를 담고 있다.

27) "하나님의 나라"가 도마복음서에 나타나는 반면에 이 표현은 신학적인 함의와 깊이를 결여한다. 모든 비정경복음서들과 달리 공관복음서들의 기여는 하나님의 나라에 대한 예수의 선포를 이스라엘의 종말론적인 소망과 신학적 비전이란 문맥에 놓고 있다는 점이다. 많은 비정경복음서들이 양적으로 다양한 정도의 수난 기사를 담고 있는데 가장 주목할 만한 것은 the Gospel of Peter(베드로 복음서)이다. J. D. Crossan은 이 복음서를 정경복음서들과 비교 고찰하면서 보다 일차적인 자료인 Cross Gospel의 존재가 이 모든 복음서들 이면에 놓여 있는 자료들이라고 제안한다. 다음을 보라: J. D. Crossan, *The Cross that Spoke : The Origins of the Passion Narrative* [San Francisco : Harper & Row, 1988].

28) B. Chilton은 예수의 가르침에 나타난 하나님의 나라의 의미와 중요성에 대한 수많은 학자들의 연구를 하나의 책으로 묶은 바 있다. 이 모음집의 글은 예수의 왕국 사역의 중요성을 효율적으로

두 번째로 각 공관복음서는 귀신을 내어 쫓는 사건을 담고 있는 반면 요한복음은 이러한 축사 사건을 담고 있지 않다.[29] 앞서 4장에서 언급했듯이 예수의 축사는 악한 세력에 대한 예수의 능력과 하나님의 능력을 보여주는 것이다. 공관복음서에서 복음의 선포(누가복음에서는 εὐαγγελιζω; 마가복음과 마태복음에서는 εὐαγγελίον)는 축사와 치유를 동반한다. 이것이 바로 예수를 통해 이루어지는 하나님의 나라의 능력을 도래시키는 표지이다.

세 번째로 예수께서는 식탁 교제를 세리들과 죄인들에게까지 확장시키심으로써 바리새인들 계열의 유대교 정결법을 위반하고 계실 뿐만 아니라 이들에게 하나님의 거룩한 임재와 하나님의 복을 중재하고 계신다. 누가는 이러한 주제를 가장 강력하게 강조하고 있으며, 이 주제는 모든 공관복음서에 나타난다.[30]

---

잘 설명하고 있다. W. G. Kummel은 하나님의 나라는 현재적이며 동시에 미래적임을 보여주고자 한다. M. Lattke는 '하나님의 나라'라는 개념의 의미를 유대적 배경, 즉 왕이시며 다스리는 분으로서의 하나님이라는 유대 전통 속에서 이해하고자 한다. N. Perrin은 '하나님의 나라'는 보다 확장된 의미를 허용하는 축약된 상징의 역할을 한다고 제안한다. 가장 중요하게 Chilton은 '하나님의 나라'라는 용어는 자기 백성을 해방하고 보호하시기 위해서 권능 가운데 임하시는 하나님의 오심이라는 역동적 실체를 암시하고 있음을 강조한다. 다음을 보라: B. Chilton, ed., *The Kingdom of God in the Teaching of Jesus* (Philadelphia and London : Fortress and SPCK, 1984).

29) 요한복음에서 구조상 전략적 중요성을 지닌 두 진술이 악에 대한 예수의 승리를 선언하고 있다: "이제 이 세상의 임금이 쫓겨날 것이라 (ἐκβληθήσεται)" (요 12:31); 요한복음에서 영광으로 "들려 올려지는" 것을 의미하는 예수의 죽음의 절정에서 "다 이루었다"(요 19:30). 어두움의 세력에 대한 예수의 싸움과 승리에 대한 이러한 묘사는 비록 매우 심오한 의미를 담고 있지만 예수께서 악한 세력을 공격하여 승리하시는 공관복음서의 묘사와 상당한 차이를 보인다.

30) 역사적 진정성의 문제는 공관복음서의 내러티브 묘사에 집중하는 본 연구에서는 문제가 되지 않는다. 그러나 Walker와 Horsley는 역사적 예수에 대한 재구성의 일환으로서의 이러한 강조의 역사적 진정성의 문제를 제기하며 그들의 주장을 개진한다. 하지만 그들의 주장은 설득력이 약하다. 그들은 예수 자신의 행동을 별개로 전승의 발생이란 문제를 설명하지 않고 있다. 다음을 보라: W. O. Walker, "Jesus and the Tax Collectors," *JBL* 97 (1987), 221-238, Horsley, *Spiral Violence*, 212-223.

Norman Perrin은 죄인들과 세리들과의 예수의 식탁 교제가 예수의 죽음을 가져올 수 있었는데 그 이유는 세리들과의 교제는 유대의 주도적인 정치 집단들에 의해서 반역을 부추기는 행동으로 여겨졌기 때문이라고 주장한다. Josephus가 말했듯이 세리들은 "자신들을 이방인들로 만들었

네 번째로 공관복음서는 예수를 많은 비유를 사용하시는 선생으로서 묘사하는 공통점을 지닌다. 그러나 요한복음에는 예수의 비유가 나타나지 않는다. 몇몇 비-정경 복음서에는 약간의 비유가 나타나고 있고 특히 도마복음에서 그러하다.

그러나 비-정경 복음서에서는 공관복음서의 비유와는 다른 세팅과 역할을 갖고 있다. 예를 들어 공관복음서에서 비유는 본질상 하나님의 나라와 하나님의 나라가 요구하는 것들에 대한 예수님의 선포와 연결되어 있다.[31] 예수의 예루살렘 사역에 대한 수난 이전 섹션에서 각 공관복음서는 예수와 성전과의 관계를 발전시킨다.

마가복음의 경우 수난 이전 섹션의 모든 기사는 성전과의 관계 속에 놓여 있는데, 이러한 특징은 마태복음과 누가복음에서도 비중 있게 나타난다. 이에 반해 요한복음은 이러한 요소들을 담고 있지 않으며[32] 12장-17

---

던 유대인들"이었다 (Rediscovering the Teaching of Jesus[New York : Harper & Row, 1967], 93-103). J. Donahue는 Norman Perrin의 주장을 평가한 뒤에 주후 44년까지 갈릴리 지역이 로마의 직접적인 통치에서 자유로웠다는 사실에 근거하여 다음과 같은 결론을 내린다: 이러한 판단은 단지 예루살렘에서 또한 이러한 전승들이 사용되었던 시기인 보다 후대의 시기 동안에만 가능했었을 것이다. 이것은 예수의 갈릴리에서의 행동이 예루살렘에서 정죄의 대상이 되었던 것과 마찬가지이다("Tax Collectors and Sinners : An Attempt at Identification," *CBQ* 33 [1971], 39-61, 특별히 59-60).

이러한 특이한 현상을 예수께서 잘 다루셨다는 의미에서 예수에 대한 설득력 있는 묘사를 보여주는 다음을 보라: M. Borg, Conflict, 52-82; Jesus : A New Vision, 87-92, 131-137. 또한 훌륭한 내러티브 연구인 다음을 보라: Joanna Dewey, *Markan Public Debate : Literary Technique, Concentric Structure, And Theology in Mark 2:1-3:6* (SBLDS 48; Chico, Calif. : Scholars, 1980), 138ff.

31) J. Jeremias는 공관복음서의 비유의 아홉 가지 주제를 제안한 바 있다 (*The Parables of Jesus* [New York: Scribner's, reb. ed. 1963], 115-226); J. W. Miller는 비유들을 세 가지 주요 표제로 묶는다 (*Step By Step Through the Parables* [New York : Paulist, 1981], ⅴ-ⅶ); R. H. Stein은 비유의 메시지를 네 가지의 주요 주제 하에서 다룬다 (*An Introduction to the Parables* [Philadelphia : Westminster, 1981], 82-148); M. C. Connick는 비유들을 일곱 개의 표제 아래 분류한다 (*Jesus : The Man, The Message, and The Mission* [Englewood Cliffs : Prentice-Hall, 2d ed. 1974), 14장.

32) 막 14:49과 이에 대한 공관복음서의 평행절과 비슷한, 요 18:20에 나오는 성전이 지시는 하는 대

장의 수난 이전 기사에서 성전 청결 사건을 담고 있지 않다. 요한복음은 성전 청결 사건을 2장에서 발전시키고 있으며 예수의 예루살렘 승리의 입성 이야기에서는 성전을 전혀 언급하고 있지 않다(요 12:12-18).

공관복음서의 독특한 구조적-주제적 특징과 비견할 만한 그 어떠한 것도 비-정경 복음서들에는 나타나지 않는다.

다섯 번째로 공관복음서와 요한복음의 유사점과 관련해서 분명한 사실은 복음 이야기에 대한 그 어떤 섹션에서보다도 수난 기사 가운데서 이러한 유사점이 더 많이 나타난다는 점이다. 그러나 공관복음서와 요한복음의 가장 주목할 만한 차이점은 주의 성만찬과 주의 성만찬이 지닌 유월절과의 관계와 관련해서다.

요한복음은 주의 성만찬에 대한 기사를 담고 있지 않다. 주의 성만찬에 대한 심오한 신학이 요한복음 6장 53-57절에서 나타나고 있지만 말이다. 이 단락은 *갈릴리에서 있었던* 예수의 사역에 대한 요한복음의 짧은 토막 기사 중 하나이다! 그러나 각 공관복음서에서 주의 최후의 만찬은 예수의 몸과 피를 통해서 예수를 따르는 자들과 맺으시는 하나님의 언약의 (재)제정을 나타낸다. 이 언약 속에 들어가는 일은 예수의 몸과 피를 각기 상징하는 떡과 잔에 참여하는 일을 통해 이루어진다.

공관복음서에서 성만찬과 성만찬의 사건은 명시적으로 유월절 사건이라고 규명된다. 이 언약(누가복음에서는 '새 언약'이라고 표현됨)은 예수 자신의 임박한 죽음을 가리키는 표현 즉 "이것[잔]은 죄의 용서를 위해 (마태복음) 많은 사람들을 위해 흘리는 나의 언약의 피"라는 무시무시한 표현으로 기술된다(마 26:28; 막 14:22). 누가복음은 "너희를 위해 흘리는 이 잔은 내 피로 세운 새 언약이라"(눅 22:20)와 같이 기술하고 있다.

---

상은 사실상 요한복음의 전반부에 나오는 사건들로서 이것은 공관복음서의 연속적인 장소-구도와는 아주 다르다.

주의 성만찬 사건이 지닌 비장함과 온 세대에 걸친 역사적 중요성은 이 사건을 도입하고 있는 마가복음과 누가복음의 도입부에 의해서 더욱 강화된다. 이들 도입부는 이 때(무교절의 첫째 날)가 "유월절 어린양을 잡을" 때(누가복음의 표현임, 22:7)라고 밝힌다.

공관복음서는 무교절의 첫째 날에, 그 다음 날에 찢기고 흘려질 예수 자신의 몸과 피를 나타내기 위해서 유월절 어린양의 몸과 피를 사용하고 있는 데 비해서 요한복음은 예수를 예컨대 전날 밤에 이루어진 유월절 준비의 일환으로 죽음 당한 어린양으로 제시한다(요 19:31).[33]

*이 여섯 가지의 특징적인 주제는 어떤 점에서 본 연구에서 제시된 논지와 연계되어 있음이 분명하다.* 왜냐하면 여섯 가지 주제와 본 연구의 논지라는 두 범주의 특징이 공관복음서 고유한 특징을 보여주는 것이 사실이라면, 이 둘 사이에는 분명 어느 정도의 연계성이 존재함이 틀림없기 때문이다.

이 여섯 가지 주제 중에서 두 가지 주제인, 하나님의 나라와 비유라는 주제는 —이것들은 사실상 주제라기보다는 일종의 문학적 유형에 가깝다— 공관복음서라는 전체를 특징짓는다. 동일한 맥락에서 이스라엘의 신학적 전승이 강조하는 네 가지 주제인 출애굽, 길-정복, 성전, 왕권 역시 하나님의 나라라는 주제와 연결되어 있다.

갈릴리 섹션에서 하나님의 나라는 복음이 지니고 있는 해방의 능력과

---

33) 이러한 차이는 달력의 문제를 담고 있다: 공관복음서는 예수의 십자가의 죽음이 유월절 다음 날인 니산월 15일에 이루어진 것으로 본다. 그러나 요한복음은 유월절 당일인 니산월 14일에 이루어진 것으로 본다. 이 차이를 해결하기 위한 가장 철저한 학문적 시도를 위해서 다음을 보라: A. Jaubert, *The Date of the Last Supper*, trans. I. Rafferty (New York : Alba, 1965). D. G. Dix 또한 이 문제에 대해 다음에서 폭넓은 관심을 부여한다: *The Shape of the Liturgy* (London, 1945; rep. New York : P. Marshall, 1982). I. H. Marshall은 이 차이를 해결하려는 수많은 시도를 유용하게 개관하고 평가하고 있다(*Last Supper and Lord's Supper* [Grand Rapids : Eerdmann, 1980], 67-75.

연결되어 있다. 사람들을 자유롭게 하는 좋은 소식은 다름 아닌 하나님의 나라의 복음이다. 더욱이 하나님의 나라는 성격상 포괄적인 것으로 종족상의 장벽과 경제적인 장벽, 남자와 여자의 성적인 장벽을 허물고 있다. 예루살렘에 이르는 중간 여정 섹션에서 "하나님의 나라에 들어가는 것"은 자기-희생을 동반하는 값비싼 제자도를 통해서 이루어진다.

성전 섹션에서 심판은 성전을 남용하고 성전이 나타내는 중재적인 역할을 남용한 것에 대해서 하나님의 나라의 언약 백성들에게 임하고 있다. 포도원의 악한 소작인들의 비유에서 하나님의 나라가 포도원의 성전 소작인들로부터 취해져서 다른 자들에게 주어진다.

수난 기사에서 하나님의 나라라는 모티프는 모든 공관복음서에서 주의 성만찬과 연결되어 나타난다. 언약-제정이 본 연구가 수난 기사 가운데에서 강조한 바 있는 왕권 모티프보다는 오히려 출애굽 모티프를 반향하는 것처럼 보이는 것에 비해서 여기서 언약은 조건적인 모세 전통의 언약 유형에 속한 것이 아니라 시온-다윗 계열의 무조건적인 유형에 속한 것이라는 점을 주목할 필요가 있다.[34)]

이런 연유에서 비록 '언약의 피'라는 표현이 출애굽기 24장과 모세 전통의 언약 제정 의식을 떠오르게 하지만, 언약의 용어들은 사무엘하 7장 13-16절과 시편 89편, 시편 132편의 다윗 계열의 왕권 언약을 반향하고 있는 것이다.

이런 연유에서 하나님의 나라라는 주제가 수난 기사에서 나타나는 중

---

34) 이러한 구별에 대해서 다음을 보라: D. N. Freedmann, "Divine Commitment and Human Obligation," *Int* 18 (1964), 427 이하. 여기서 Freedmann에 의해서 고찰되고 있듯이 아브라함의 언약의 성격은 다윗 언약으로 확장되어 간다. 정확히 모세의 조건적 언약이 인간 당사자에서 무거운 의무조항을 부여하고 있기에 B. W. Anderson에 따르면 제2이사야는 자신의 포괄적인 출애굽 전승들 가운데 시내산 언약 전승을 상기시키지 않았다("Exodus and Covenant in Second Isaiah," 349-357).

요한 시점에 있는 유월절의 성만찬 사건 그 자체는 왕권 전승과 다윗 계열의 언약을 반향하고 있다. 이 사건의 절정 부분에 나오는 "그것을 하나님의 나라에서 새롭게 마시기까지"라는 표현이 담고 있는 강조점 역시 메시아 잔치에서의 기름진 것들의 향연에 대한 이사야가 말하는 왕적 계열의 시온 이미저리를 반향하고 있는 것으로 여겨진다(25:6).

그렇다면 하나님의 나라라는 주제는 공관복음서의 구조와 신학에 영향을 미쳤던 구약의 네 가지 신학 전승과 각각 직접적으로 연계되어 있는 것이다.

예수의 비유는 공관복음서의 12개 섹션(세 복음서가 각각 지니고 있는 구약의 네 전승으로 구성된 섹션들) 중 6개 섹션에서 나타난다. 마가복음 4장에서 비유는 예수께서 시작하시는 하나님 나라 공동체의 성격을 기술한다(막 4:13-34). 12장 1-12절에서 포도원의 악한 소작인들의 비유는 성전 이미저리를 반향하고 있을 뿐만 아니라 성전 종사자인 종교적 지도자들의 왕국 복음에 대한 반응을 전형적으로 기술한다.

누가의 비유는 예루살렘을 향한 중간 여정 이야기에 집중되어 있으며, 전체적으로 구약의 길-정복 이야기에서 발전된 다음과 같은 핵심 주제를 강조해서 묘사한다: 소외된 자들, 심지어 원수들에 대한 하나님의 사랑, 이들에 대한 하나님의 은혜, 그리고 이들이 하나님의 나라에 포함됨.

마태복음에서 하나님 나라의 비유(13장)은 처음과 나중 된 자들 모두에 대한 도전, 그리고 값비싼 희생을 강조하고 있다. 이런 점에서 언약-율법의 예기들이라는 시내산 전통의 모티프를 반향하고 있다. 마태복음의 전환 부분에 해당되는 섹션에 나오는 비유는 죄와 악에 대한 승리의 삶을 유지하는 데 필요한 태도와 행동을 묘사한다.

마태의 성전 섹션에 나오는 앞부분의 비유(21-22장)는 성전 종사자들에 대한 심판을 말함으로써 성전 주제와 직접적으로 연계된다. 그리고 뒷부분의 비유(24-25장)는 다음과 같은 의미에서 성전 주제와 간접적으로 연계되어 있을 뿐이다. 성전 종사자들에게 임한 심판이 이제는 마태의 공동체의 목전에 놓여 있으며 동시에 신실하고도 깨어 있는 반응과 형제들을 불쌍히 여기는 태도의 반응을 요청한다.

공관복음서에만 나타나는 고유하고 독특한 특징 중 나머지 두 가지인 예수의 축사 사건과 세리와 죄인들과의 식탁 교제는 대부분은 갈릴리 섹션에 나타나고, 중간 여정 섹션에서는 몇몇 군데에서만 나타난다. 갈릴리 섹션과 중간 여정 섹션 사이의 주제상의 강조점과 이 두 가지 특징은 비교적 용이하게 연결될 수 있다.

이 두 특징은 본 연구에서 이미 보여주었듯이 이들 섹션에 속한 주제상의 강조점인 해방과 정복을 정확히 부각시키고 있다. 예수의 축사 장면은 사탄의 속박으로부터 자유하게 하는 예수의 구속의 능력을 예증하고 있고, 죄인들과 세리들과의 예수의 식탁 교제는 예수의 구속과 해방이 종교적이며 사회-경제적 차이로부터 생겨난 장벽을 종식시키고 있음을 보여준다. 이런 연유에서 이 두 주제는 본 연구가 발견한 바들과 직접적으로 연계되어 있는 셈이다.

성전 주제와 성전에 대한 강조 사이의 연관관계는 동의적인 반복에 속하며, 그런 점에서 자명하다 할 수 있다. 마지막 독특한 특징으로서 주의 성만찬과 유월절 사건사이의 관계를 들 수 있는데 이에 대해선 앞선 주장에서 이미 출애굽 주제와 왕권 주제가 한데 어우러져서 주의 성만찬 제정에서 나타나고 있음을 보인 바 있다(본서 pp. 394-397, pp. 445-446, pp. 479-480, p. 480의 각주 5).

이런 연유에서 공관복음서의 특정한 주제상의 특징 모두가 본 연구가 주장한 바와 배치되는 점이 없다고 말할 수 있다. 또한 모든 주제상의 특징은 본 연구가 주장한 바를 지지하며, 구약의 네 가지 신학 전승은 내러티브 구조 안에서 복음 이야기에 대해 영향을 주는 도구들이라 할 수 있다.

이런 점에서 본 연구의 가설에 대해 결국 본 연구가 발견한 점이 옳았다는 것이 증명된 셈이다. 본 연구의 증명을 통해서 구약 이야기의 네 가지 주요한 신학 전승이 미친 영향은 공관복음에 독특한 것으로 일반적으로 인식되는 이상의 여섯 가지 주제상의 특징의 본질적인 일환이었음이 드러났다.

그러므로 구약의 신앙 전승의 영향은 말하자면 공관복음서의 구성과 형성의 본질적인 요소이지 결코 사치스러운 부과적인 요소가 아닌 것이다. 구약 신앙 전승의 영향은 공관복음서의 구조적 형태의 핵심에 놓여 있으며 공관복음서의 청사진에 속한다. 예수와 초대교회, 그리고 공관복음서 저자들의 사고에 미친 이 전승들의 영향이 없었다면 아마도 우리가 현재 공관복음서 형태라고 알고 있는 문헌적 현상, 특히 특징적인 구조와 형태를 지니고 있는 현재의 공관복음서라는 문헌적 현상은 존재할 수 없었을 것이다.